经济高效的城市轨道骨干线

深圳地铁3号线工程规划设计总结与思考

周明亮　张中安　周　勇　陈馨超　编著

西南交通大学出版社
·成　都·

图书在版编目（CIP）数据

经济高效的城市轨道骨干线深圳地铁 3 号线工程规划设计总结与思考 / 周明亮等编著. —成都：西南交通大学出版社，2022.3

ISBN 978-7-5643-8440-1

Ⅰ. ①经… Ⅱ. ①周… Ⅲ. ①城市铁路－轨道交通－铁路工程－工程设计－总结－深圳 Ⅳ. ①U239.5

中国版本图书馆 CIP 数据核字（2021）第 257889 号

Jingji Gaoxiao de Chengshi Guidao Gugan Xian
Shenzhen Ditie 3 Hao Xian Gongcheng Guihua Sheji Zongjie yu Sikao

经济高效的城市轨道骨干线
深圳地铁 3 号线工程规划设计总结与思考

周明亮 张中安 周 勇 陈罄超 编著

责任编辑 姜锡伟
封面设计 何东琳设计工作室

出版发行 西南交通大学出版社
（四川省成都市金牛区二环路北一段 111 号
西南交通大学创新大厦 21 楼）
邮政编码 610031
发行部电话 028-87600564 028-87600533
网址 http://www.xnjdcbs.com
印刷 四川玖艺呈现印刷有限公司

成品尺寸 185 mm × 260 mm
印张 30.25
字数 754 千
版次 2022 年 3 月第 1 版
印次 2022 年 3 月第 1 次
书号 ISBN 978-7-5643-8440-1
定价 298.00 元

本书编委会

前言

PREFACE

中国城市轨道交通正值飞速发展的历史阶段，深圳地铁在近 30 年的规划建设历程中，始终秉承“绿色环保、节能高效”和“建地铁就是建城市”的规划设计理念，通过创新驱动有力地支撑和促进了深圳城市快速发展。深圳城市轨道交通规划建设、运营管理、经营开发理念和实践已位列城市轨道交通行业的领先水平。其中，深圳地铁 3 号线工程就是“绿色环保、节能高效”和“建地铁就是建城市”的典型代表和创新实践的先行者。深圳地铁 3 号线一期与西延线路全长约 41.666 km，设车站 30 座，地上线路长度近 60%，于 2011 年 6 月全线贯通运营，为第 26 届世界大学生运动会在深圳的成功举办提供了重要的交通保障。

深圳地铁 3 号线位于深圳市东部发展轴，为深圳东中西三个重要发展轴的主要客运走廊上的地铁骨干线，连接福田区、罗湖区和龙岗区，承担深圳市福田—罗湖中心与东部副中心快速交通联系。线路最高行车速度 100 km/h，车辆采用 B 型车，6 辆固定编组。自 2011 年开通至今已 10 年，为规划设计年限的近期，日均客运量在 90 万人次以上，单日最大客流量突破 100 万，是深圳市满载率最高、运营能耗最低、运营效益最好的线路之一。

深圳地铁 3 号线是城市轨道交通规划设计“建地铁就是建城市”创新设计理念的首次成功实践。规划设计以站点为核心，通过珠链式的城市发展模式，对轨道沿线土地利用进行规划调整，促进了城市更新和土地开发利用，实现了轨道交通建设的 TOD 发展；通过对国道 G205 进行城市快速路功能改造，对沿线重大基础设施的全面更新，将轨道交通建设与城市基础设施改造提升结合，推进了城市东部发展轴带的形成；通过以轨道为骨干，推进地面公交、城市路网及慢行系统等的提升建设，形成了以轨道交通为骨干，多种交通方式协同发展的综合交通体系；通过构建福田和布吉综合交通枢纽，以及老街站轨道枢纽，实现对外对内交通的良好衔接。

深圳地铁 3 号线结合对国道 G205 进行城市快速路功能提升改造，在城市发展轴采用高架敷设方式为主进行规划建设，高架和地面线长 24.302 km，占 58.3%。在设计时高度重视高架线路景观营造和综合减振措施，通过 205 国道沿线周边用地规划调整和控制，以及沿线城市更新改造相结合的方式，从根本上解决了轨道交通建设与城市发展的融合和环境协调的难题，打破了轨道交通在国内特大城市和超大城市沿重要发展轴不能采用高架敷设的魔咒。高架敷设方式除节约建设成本约 30%外，还节省运行成本。若按行业内一般的测算结论，在 30 年测算周期内，运营成本的资金缺口将到达初期建设投资的 1~2 倍。因此，节省初期投资将大大减轻全寿命周期成本，为城市轨道交通可持续发展进行了有益尝试。

深圳地铁 3 号线规划设计和建设经营高度重视“节约和集约”利用土地，首次在国内进行了横岗双层车辆段设计，并在国际上首次在双层车辆段上进行了上盖物业开发的成功实践，实现车辆段用地指标为 385 m^2/辆的奇迹，并且利用节约白地和双层车辆段上盖开发，实现开发规模超 75 万平方米，创造经济效益超过 52 亿元人民币，为实现城市轨道规划建设外部效益内部化，为轨道交通财务可持续探索了成功之路；同时，深圳城市核心区用地相当紧张，车辆基地选址极为困难。但鉴于 3 号线为深圳单中心放射线路，为了轨道节省运行成本，提高运行效率，在国内首创地下停车场设计方案，将停车场设置于线路南段的城市中心公园地下，通过采光井充分利用自然通风及采光，同时对公园进行升级改造，实现了城市绿地保护和设置地铁停车场的双重功能要求；另外，将草埔主变电所设置于道路立交匝道围合地的地下后进行上部复绿，充分利用了土地资源，减少环境敏感设施对周边居民影响。在 2005 年尚未实现特区内外一体化的年代，高效集约地利用土地，是实践城市轨道交通“节约集约化利用土地”可持续发展的先行者和成功典范。

深圳地铁 3 号线在设计时，为改善环境景观质量、提高运行效率、提升服务水平、节省工程投资、减少地铁建设对城市环境的影响，进行了大量技术创新设计。为高标准、高质量地建设成高效益的轨道交通线路，首次成功采用了多种新技术、新工艺，克服了多种工程建设困难。在罗湖旧城区首次采用最小约 1.6 m 的上下重叠盾构隧道，成功穿越长达 998 m 不良地基条件下的建筑群，确保了地上既有建筑物的安全与正常使用；在不影响运营的条件下，采用主动桩基托换技术，首次穿越最高运营时速达 200 km 的广深铁路连续梁桥、连续刚构桥，保证了铁路运营安全；在益田站站后停车线同步实施的 3.6 万平方米社会地下停车场，创造性地采用泄水减压技术等，大大降低了工程建设投资，运行 10 多年来效果良好。同时，我们首次全线（含车辆基地）采用三轨供电，有效解决了高架景观问题，简化了车辆和供电系统配置；首次采用集中 UPS 系统，节省了土建规模，优化了系统配置；在 15 年前采用了技术领先的基于通信的移动闭塞信号系统（CBTC），点式 ATP 系统作为降级模式，提升了轨行区运行安全，经过 10 年来的实践证明，系统性能安全、可靠，基本达到了设计目标，也为后续 CBTC 的持续改进和优化提供借鉴。

深圳地铁 3 号线规划设计和建设运营通过新技术的综合应用，使深圳地铁 3 号线建设成了“节能环保、经济高效、景观协调、财务可持续”的城市轨道交通骨干线路，成功践行了“建地铁就是建城市”的规划设计理念，为城市轨道交通可持续发展提供了经验借鉴。

在整个过程中，除了本书的各位编写者外，中铁二院工程集团有限责任公司还有大量的设计及管理者参与其中，为工程的最终建成付出了极大的贡献，在此予以真心的感谢！其中有罗世培、高建强、林宗良、柴家远、胡京涛、徐正宣、张波、向红、周小炜、叶冲、林惠中、熊建、向骏、张培胜、王刚、徐光强、王成、熊冰、倪昌、李若林、陈欢、李震、周旭、许发军、周华龙、李建强、肖星球、沈建东、黄莹、谭云勇、王志巍、汪晓江、包晗、曾毅、吴向峰、荀明中、喻涛、徐剑旋、赵新征、王晋川、杨子啸、周钰敏、刘永红、李昱、漆尔富、徐德新、王明飞、常新亮、张娜、连鹏飞、袁亮、钟建国、万曲波、燕强、徐起万、戴睿、张磊、曾鹏、潘成松、梁晓东、张新胜、张常委、周超、何珂、童亮、冷凯、曾令辉、陈名、杨海燕等主要人员。

编著者

2021 年 11 月

目 录

CONTENTS

第 1 篇

概　述

深圳地铁于1997年获批一期工程，即1、4号线首期工程，并于2004年底建成。2003年，深圳市启动了二期工程的前期研究，按照轨道交通建设审批模式开展相关线路敷设、站点设置等研究工作。值此时机，国办发〔2003〕81号文颁布，要求城市轨道交通以利于城市发展的目标组织编制建设规划。因此，深圳市按照81号文的要求编制了《深圳市城市轨道交通建设规划（2005—2010）》。2005年3月，建设规划得到了国家发展和改革委员会（以下简称国家发改委）批复。结合深圳市城市总体规划以及龙华、光明、体育及东部4个新城规划和深圳北站铁路枢纽规划，建设规划经批复后根据城市发展要求略有些调整，于是深圳市编制了《深圳市城市轨道交通建设规划调整（2005—2011）》。2008年11月，国家发改委批复了建设规划调整。因而，深圳地铁3号线（建设期又名“龙岗线”）首期工程（建设期又名“首期段”或“一期工程”）和西延段（建设期又名“二期工程”）工程在国家批复建设规划基础上得以立项。

2003年，深圳地铁3号线作为深圳地铁二期建设规划的项目之一，与建设规划同步开展了前期研究。建设规划批复之后，依据建设规划开展了工程可行性研究工作。

深圳地铁3号线起于深圳福田区的益田村，分别设益田、石厦、购物公园、福田、少年宫、莲花村、华新、通新岭、红岭、老街、晒布、翠竹、田贝、水贝、草埔、布吉、木棉湾、大芬、丹竹头、六约、塘坑、横岗、永湖、荷坳、大运、爱联、吉祥、龙城广场、南联、双龙30个站，终点位于龙岗区的双龙片区（图1.1）。深圳地铁3号线分为一期工程及西延段工程两部分，于2003年底开始进行前期研究工作。其中：一期工程可行性研究报告于2006年得到国家发改委的批复，2007年进入全面施工阶段，2010年底高架段开通试运营；西延段工程于2007年开展前期研究工作，2009年初可行性研究报告得到国家发改委的批复，2011年6月实现全线贯通运营。

为适应深圳地铁1、2、3、4、5号线工程的同期整体建设，深圳市开展了轨道交通投资、建设、运营和管理的新尝试，以深圳市地铁三号线投资有限公司承担3号线的管理、建设和运营，通过招标，我司有幸承担3号线勘察设计总承包工作。创新设计的理念和思维，思考如何建设一条“经济、适用、安全、高效”的轨道交通线路，带动深圳市东部发展轴，特别是龙岗区（当时位于特区“关外”）的发展，是业主和所有参建单位的追求和理念。

深圳市地铁三号线投资有限公司与中铁二院工程集团有限责任公司等参建单位作为深圳地铁3号线工程技术方案的制订者及落实者，从规划概念到实施落地，实时紧扣城市发展、把握政策法规、落实规划要求，整个过程中采用了不同于其他地铁线的设计理念及设计服务。本书从规划与设计、难题与破解、总体性研究、土建工程、车辆与机电设备、车辆基地、枢纽设计、交通一体化与综合开发、经济效益等9个方面阐述整个工程的设计理念与方法。

1.1 工程规划

深圳地铁3号线的建设正值深圳人口、经济及城市建设高速发展时期，交通问题已成为深圳市实现“改革开放的先锋城市、中国特色的国际性城市、与香港和珠三角共建世界级都市区”目标的瓶颈。为改善阻碍城市发展的交通问题，深圳市确定了以大力发展“轨道交通为核心的城市公共交通系统”的目标。在深圳市轨道交通线网发展的过程中，赋予了3号线不同的定位。

西延段工程于2007开展前期研究工作并进行施工准备，2009年初得到国家发改委的批复。

一期工程于2006年得到国家发改委的批复，2007年进入全面施工阶段。

地下线长17.364 km，2011年6月与高架段实现全线贯通运营。

高架线长21.809 km，地面线长2.493 km，于2010年底开通试运营。

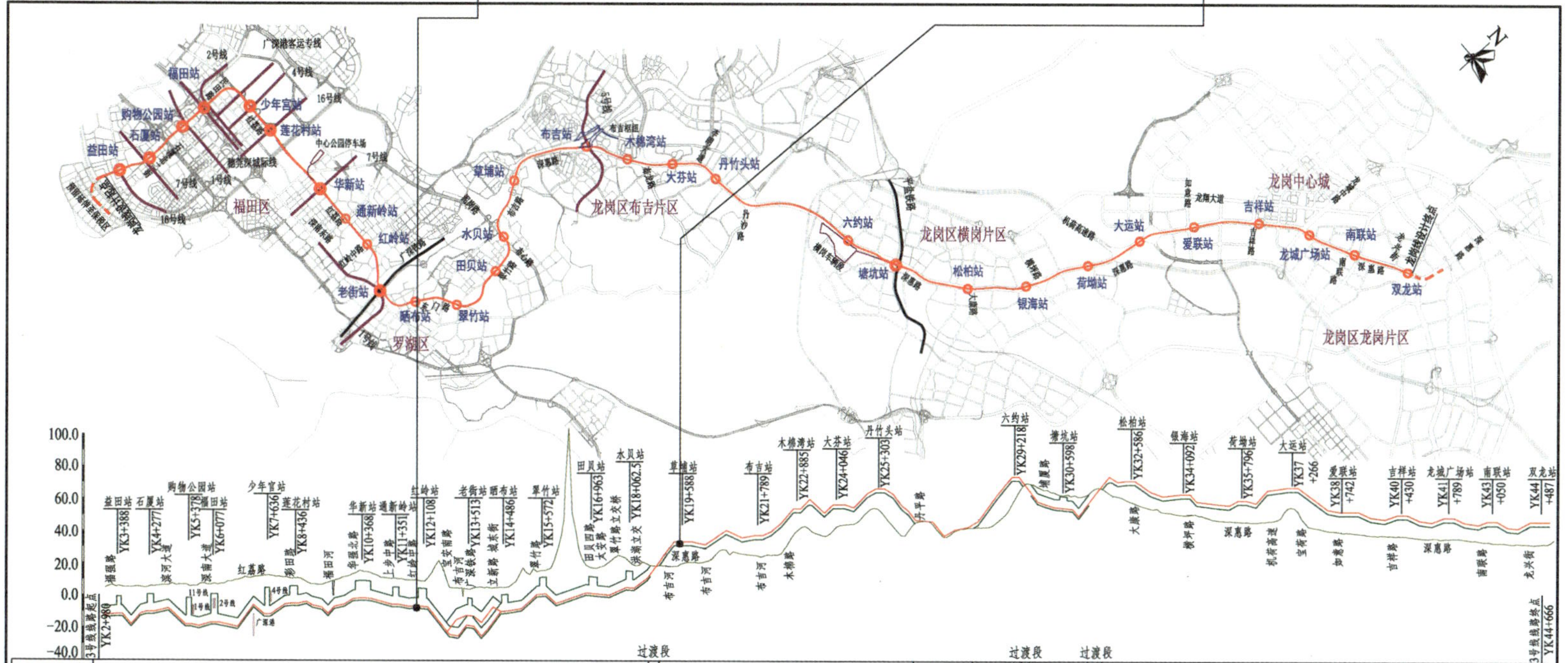

线路敷设方式：地下段 | 过渡段 | 高架线 | 地面线 | 高架线 | 过渡段 | 地下线 | 过渡段 | 高架线

最大坡度/‰	25	20	7	29	15	29.4	6	5	29	29.5	20	20	10	29.5	15	25	20	22	29	29	28	15	12	25	20	10	10	10	12
最小曲线半径	350	1 200	2 000	350	1 200	800	800	3 000	350	350	50	350	350	350	400	400	1 000	550	450	350	400	450	700	1 200	600	1 500	600	800	600
站间距离	892	1 101	699	1 559	800	1 932	983	764	1 320	973	1 086	1 391	1 100	1 518	2 210	1 087	1 161	1 257	3 915	1 380	1 989	1 507	1 704	1 470	1 476	1 688	1 359	1 261	1 437

线路里程：K3 K4 K5 K6 K7 K8 K9 K10 K11 K12 K13 K14 K15 K16 K17 K18 K19 K20 K21 K22 K23 K24 K25 K26 K27 K28 K29 K30 K31 K32 K33 K34 K35 K36 K37 K38 K39 K40 K41 K42 K43 K44

注：本图里程采用龙岗线运营里程

深圳地铁3号线（龙岗线）起于福田区南侧益田村的益田站，主要沿民田路、红荔路、东门路、翠竹路、布心路及深惠路（G205深圳段）敷设，途经福田、罗湖、布吉、横岗及龙岗片区，止于龙岗老城区龙兴街的双龙站，两端预留线路延伸条件。深圳地铁3号线最终实施长度为41.666 km，全线设车站30座，其中地下站14座，半地下站1座，高架站15座；设银海、草埔主变电所2座；设横岗车辆段及中心公园停车场各一处。

图 1.1 深圳地铁 3 号线线路平纵断面简图

1.1.1 《深圳市城市轨道交通建设规划（2005—2010 年）》（2003 年 11 月）

《深圳市城市轨道交通近中期发展综合规划》（2002 年 8 月）、《深圳市城市轨道交通建设规划》（2003 年 11 月）按照城市布局结构及其交通特征，确定了近中期轨道交通网络由 8 条线路组成，即 4 条市区干线和 4 条市区外快速轻轨线路，包括地铁 1、2、3、4 号线，轻轨 8 号线，城市铁路 11 号线以及西北方向城际线和东北方向城际线，形成长约 246.4 km 的近中期轨道网，如图 1.2 所示。

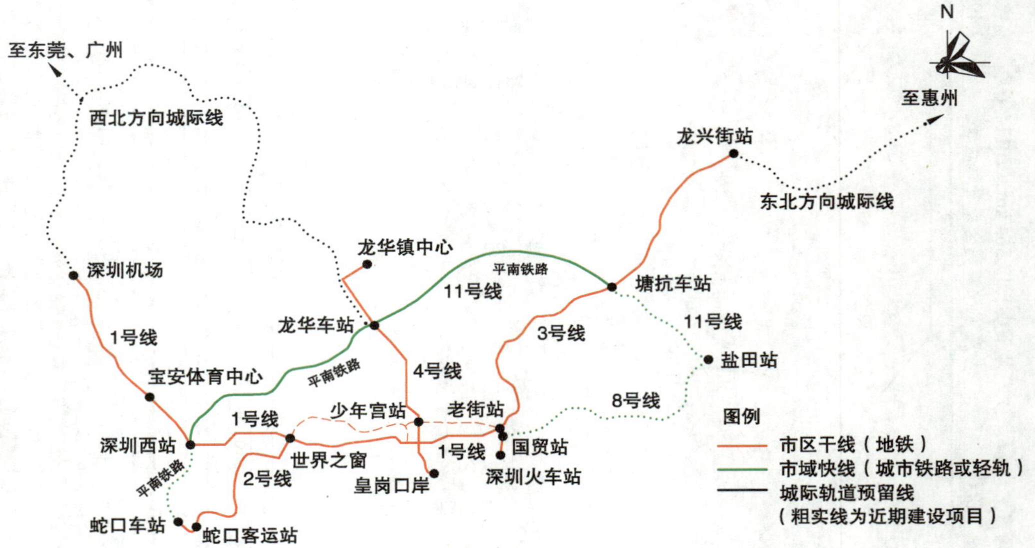

图 1.2 《深圳市城市轨道交通建设规划》（2003 年 11 月）示意图

地铁 3 号线是位于深圳市东部客运走廊的地铁主干线，连接罗湖与龙岗区，预留东北方向城际线的换乘接驳条件，在轨道交通网中占有举足轻重的地位。3 号线与地铁 1、4 号线共同构筑东、西、中部发展轴的重要客运交通走廊，并与至惠州方向的东北方向城际线相接，加强城市轨道交通网的结构，充分发挥既有线路和新建线路的能力，扩大轨道交通的服务范围，增加客流吸引，从而形成以城市轨道交通为骨干的客运交通系统。

1.1.2 《深圳市城市轨道交通建设规划调整（2005—2011 年）》（2008 年）

轨道交通二期工程包括 1 号线续建工程（世界之窗—深圳机场）、2 号线（蛇口客运港—黄贝岭）、3 号线（益田—龙岗中心城）、4 号线续建工程（少年宫—龙华镇中心）以及 5 号线（前海湾—黄贝岭）等 5 条线路，总长约 153.5 km。

为满足深圳市 2011 年举办第 26 届世界大学生运动会的需要，2008 年 10 月，国家发改委以发改投资〔2008〕2678 号文《国家发展改革委关于深圳市城市快速轨道交通建设规划（2005—2011 年）调整方案的批复》，同意深圳市在建设 1 号线续建工程、2 号线工程、3 号线工程、4 号线续建工程、5 号线工程的基础上，增加建设 2 号线东延段工程（世界之窗—新秀）和 3 号线西延段工程（红岭中路—益田村），如图 1.3 所示。

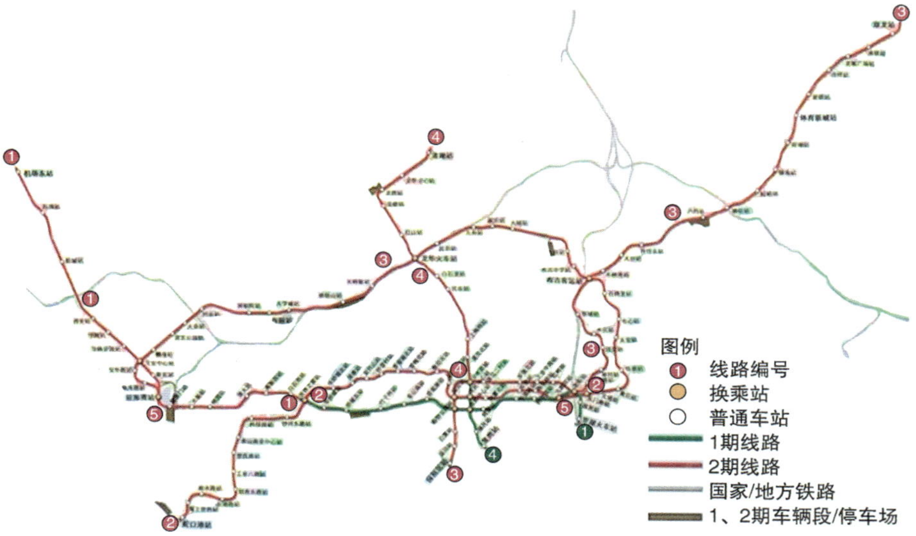

图 1.3 《深圳市城市轨道交通建设规划调整（2005—2011 年）》示意图

1.1.3 《深圳市轨道交通规划（2007—2030 年）》

2007 年，深圳市结合总规编制，开展轨道线网规划，规划线网由轨道快线、轨道干线、局域线 3 个功能层次构成，共 16 条线路，其中快线 4 条、干线 6 条、局域线 6 条，总长约 596.9 km，如图 1.4 和表 1.1 所示。3 号线为轨道干线。

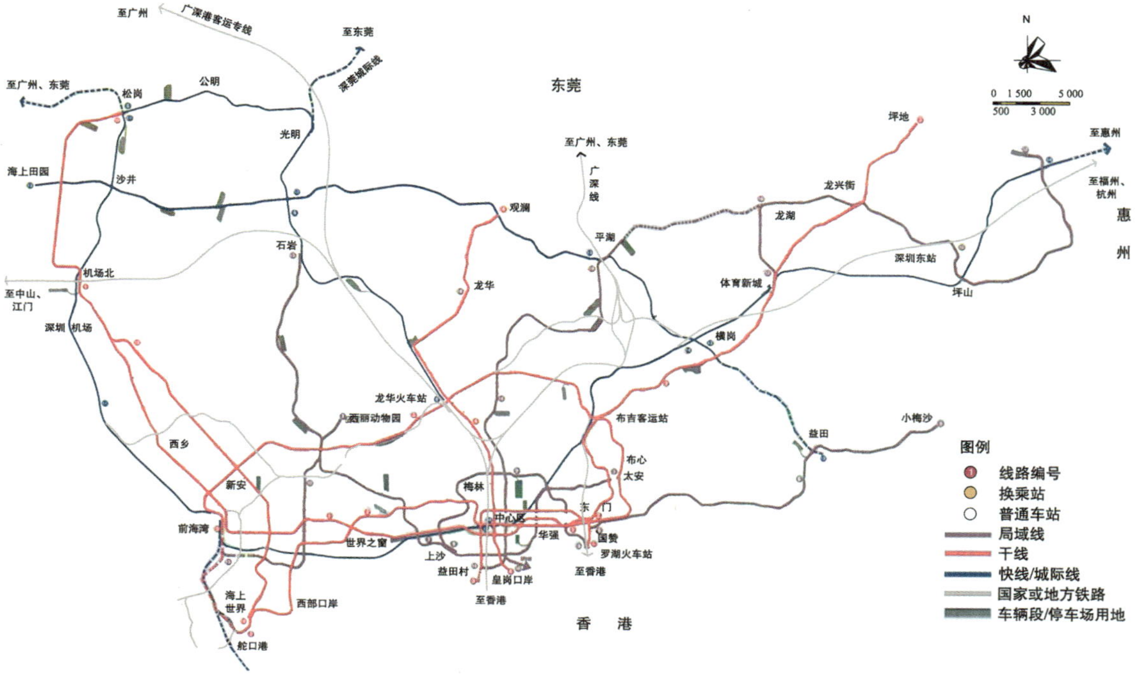

图 1.4 《深圳市轨道交通规划（2007—2030 年）》示意图

表 1.1 《深圳市轨道交通规划（2007—2030 年）》线网构成

线路	起点	终点	功能等级	长度/km
1 号线	罗湖火车站	机场北	轨道干线	44.1
2 号线	赤湾	新秀	轨道干线	35.8
3 号线	**保税区**	**坪地**	**轨道干线**	**49.4**
4 号线	福田口岸	观澜	轨道干线	27.6
5 号线	前海湾	黄贝岭	轨道干线	40.1
6 号线	深圳北站	松岗	组团快线	37.2
7 号线	太安	动物园	局域线	29.8
8 号线	国贸	小梅沙	局域线	26.4
9 号线	罗湖火车站	上沙	局域线	25.0
10 号线	海上世界	松岗	轨道干线	42.2
11 号线	福田中心区	松岗	组团快线	51.2
12 号线	大运新城	坑梓	局域线	35.1
13 号线	海上田园	塘坑	组团快线	48.1
14 号线	福田中心区	坑梓	组团快线	50.7
15 号线	前海路	田心	局域线	24.7
16 号线	益田村	平湖	局域线	29.5
合　　计				596.9

1.1.4 《深圳市轨道交通规划（2012—2040 年）》

2015 年，广东省住建厅（住建部委托）和深圳市政府分别审查通过《深圳市轨道交通规划（2012—2040 年）》，规划 20 条轨道线路，总长约 753.0 km（含弹性发展线路 73.7 km），其中快速服务线路 5 条 239.5 km，普速服务线路 15 条 509 km，形成城际线、快速、普速三层次的轨道网络体系，如图 1.5 和表 1.2 所示。此后，3 号线按其运行速度等级划为普速线路。

图 1.5 《深圳市轨道交通规划》（2012—2040 年）示意图

表 1.2 《深圳市轨道交通规划（2012—2040 年）》线网构成

线路	起点	终点	主要功能	长度/km
1 号线	罗湖火车站	机场东	普速服务	40.8
2 号线	赤湾	莲塘	普速服务	38.8
3 号线	**福田保税区**	**坪地**	**普速服务**	**51**
4 号线	福田口岸	牛湖	普速服务	31.1
5 号线	赤湾	黄贝岭	普速服务	47.2
6 号线	科学馆	松岗	快速服务	49.7
7 号线	太安	西丽	普速服务	30.3
8 号线	国贸	葵涌	普速服务	39.6
9 号线	文锦渡	前海	普速服务	35.6
10 号线	福田保税区	平湖、观澜	普速服务	39.1
11 号线	大剧院	碧头	快速服务	57
12 号线	太子湾	大空港新会展中心	普速服务	33.3
13 号线	深圳湾	公明	快速服务	39.5
14 号线	福田	坑梓	快速服务	52.8
15 号线	前海	西乡	普速服务	35.7
16 号线	大运新城	田头	普速服务	27.8
17 号线	深圳火车站	平湖北	普速服务	25.6
18 号线	空港新城	平湖	快速服务	43.2
19 号线	坑梓	碧岭	普速服务	23.4
20 号线	空港新城	T4 枢纽	普速服务	11.5
合 计				753

1.1.5 《深圳市轨道交通规划（2016—2035 年）》

2016 年，深圳启动《深圳市轨道交通规划（2016—2035 年）》的编制工作，2018 年 1 月通过深圳市城市规划委员会审查，2 月通过广东省住建厅技术审查并备案。规划远景全市城市轨道共 33 条线路，总长约 1 335 km（含弹性发展线路 112 km），其中：市域快线 9 条，总长 494.5 km；普速线路 24 条，总长 840.5 km。该规划与国铁深圳枢纽规划共同形成了城际铁路、市域快线、普速线路三层次的轨道线网体系，如图 1.6 和表 1.3 所示。

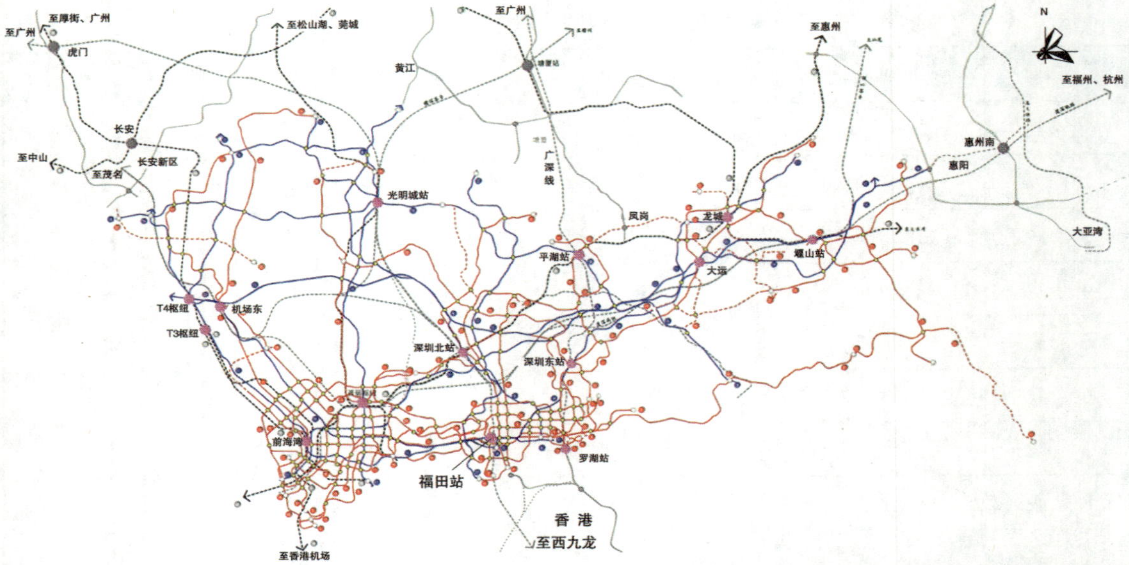

图例 —— 国家铁路 —— 城际铁路 —— 快速复位线路 —— 普速复位线路 —— 周边城市轨道 - - - 弹性发展线路 ● 综合枢纽 ○ 换乘站 ○ 线路起终点 ○ 线路编号

该轨道线网规划已于2018年1月经城市规划委员会审校通过，尚待省住建厅审查批复。

图 1.6 《深圳市轨道交通线网规划（2016—2035 年）》

表 1.3 《深圳市轨道交通规划（2016—2035 年）》线网构成

线路	起点	终点	线路功能	长度/km	弹性线路长度/km
1 号线	罗湖	机场东	普速	40.5	
2 号线	赤湾	莲塘	普线	39.3	
3 号线	**福保**	**坪地六联**	**普线**	**52.6**	
4 号线	福田口岸	牛湖	普线	30.5	
5 号线	邮轮母港	大剧院	普线	53.2	1.9
6 号线	科学馆	松岗	市域快线	49.3	
6 号线支线	光明城	中山大学/东莞	市域快线	11	
7 号线	太安	学府医院	普线	33.3	
8 号线	国贸	溪涌	普线	30.7	
9 号线	文锦	宝安公园	普线	46.9	
10 号线	福保西	黄阁坑	普线	41.9	10
11 号线	大剧院	碧头	市域快线	57.1	
12 号线	松岗	左炮台	普线	49.1	
13 号线	深圳湾口岸	公明西田公园	市域快线	45.4	
14 号线	会展中心西	沙田/惠阳	市域快线	53.7	
15 号线	前海	西乡	普线	32.5	
16 号线	大康	田头	普线	36.6	7.9
17 号线	罗湖	山厦	普线	28.6	
18 号线	盐田路	半岛北	市域快线	63.1	
19 号线	四联	沙田北	普线	33.3	11
20 号线	皇岗口岸	半岛北	市域快线	47.4	3.7
21 号线	前保	坪地	市域快线	62.7	

续表

线路	起点	终点	线路功能	长度/km	弹性线路长度/km
22 号线	福保西	黎光	市域快线	36.5	
23 号线	大运北	官湖	普线	34.1	14.1
24 号线	小南山西	东湖公园	普线	36.5	
25 号线	石岩西	文锦	普线	37.7	
26 号线	机场东	公明西田公园	普线	25.6	
27 号线	前湾公园西	雪象南/观澜富士康	普线	50	11.9
28 号线	邮轮母港	桃源居	普线	24.8	7.2
29 号线	红树湾南	光明农场西	普线	36.5	5.5
30 号线	凤凰山	空港半岛西	普线	10.1	10.1
31 号线	五联	碧岭	普线	14.9	14.9
32 号线	溪涌	新大	普线	24.1	13.8
33 号线	机场北	坑梓	市域快线	68.3	
合计				1 335	112

1.2 工程设计概况

1.2.1 线 路

深圳地铁 3 号线采用先进的航拍摄影技术辅助平面选线设计，在尽量确保 100 km/h 列车最高运行速度的前提下，根据不同环境和造价要求进行高架、地面及地下等多样化的敷设，同时与国道 205（深惠路）改造工程进行一体化设计及施工。

线路全长约 41.666 km（其中地下线长 17.364 km，高架线长 21.809 km，地面线长 2.493 km），全线设车站 30 座（其中地下站 14 座、半地下站 1 座、高架站 15 座）、主变电所 3 座（新建 2 座、利用 1 座）、车辆段及停车场各 1 座，如图 1.7 所示。

1.2.2 行车组织与运营管理

3 号线推荐采用 B 型车 6 辆/列的固定编组，初、近、远期均为一个大交路运行，全线设计平均旅行速度为 38.5 km/h。

初期（2014 年）高峰小时开行对数 16 对/h，设计运输能力 2.30 万人次/h；近期（2021 年）高峰小时开行对数 26 对/h，设计运输能力 3.74 万人次/h；远期（2036 年）高峰小时开行对数 30 对/h、设计运输能力 4.32 万人次/h。

全线行车交路及配线如图 1.8 所示。

1.2.3 车 辆

首次全线（包括段场）采用 DC 1 500 V 三轨供电方式、交流异步电机传动的 B 型车，最高运行速度 100 km/h，为 3 号线高架线路营造出简洁的城市景观。VVVF（变压变频）逆变器的功率元件采用比较先进的 IPM（智能功率模块）元件，减少磨耗，节约能源，延长寿命。列车编组如图 1.9 所示。

图 1.7 深圳地铁 3 号线（龙岗线）线路平纵断面示意图

续表

线路	起点	终点	线路功能	长度/km	弹性线路长度/km
22 号线	福保西	黎光	市域快线	36.5	
23 号线	大运北	官湖	普线	34.1	14.1
24 号线	小南山西	东湖公园	普线	36.5	
25 号线	石岩西	文锦	普线	37.7	
26 号线	机场东	公明西田公园	普线	25.6	
27 号线	前湾公园西	雪象南/观澜富士康	普线	50	11.9
28 号线	邮轮母港	桃源居	普线	24.8	7.2
29 号线	红树湾南	光明农场西	普线	36.5	5.5
30 号线	凤凰山	空港半岛西	普线	10.1	10.1
31 号线	五联	碧岭	普线	14.9	14.9
32 号线	溪涌	新大	普线	24.1	13.8
33 号线	机场北	坑梓	市域快线	68.3	
合计				1 335	112

1.2 工程设计概况

1.2.1 线 路

深圳地铁 3 号线采用先进的航拍摄影技术辅助平面选线设计，在尽量确保 100 km/h 列车最高运行速度的前提下，根据不同环境和造价要求进行高架、地面及地下等多样化的敷设，同时与国道 205（深惠路）改造工程进行一体化设计及施工。

线路全长约 41.666 km（其中地下线长 17.364 km，高架线长 21.809 km，地面线长 2.493 km），全线设车站 30 座（其中地下站 14 座、半地下站 1 座、高架站 15 座）、主变电所 3 座（新建 2 座、利用 1 座）、车辆段及停车场各 1 座，如图 1.7 所示。

1.2.2 行车组织与运营管理

3 号线推荐采用 B 型车 6 辆/列的固定编组，初、近、远期均为一个大交路运行，全线设计平均旅行速度为 38.5 km/h。

初期（2014 年）高峰小时开行对数 16 对/h，设计运输能力 2.30 万人次/h；近期（2021 年）高峰小时开行对数 26 对/h，设计运输能力 3.74 万人次/h；远期（2036 年）高峰小时开行对数 30 对/h、设计运输能力 4.32 万人次/h。

全线行车交路及配线如图 1.8 所示。

1.2.3 车 辆

首次全线（包括段场）采用 DC 1 500 V 三轨供电方式、交流异步电机传动的 B 型车，最高运行速度 100 km/h，为 3 号线高架线路营造出简洁的城市景观。VVVF（变压变频）逆变器的功率元件采用比较先进的 IPM（智能功率模块）元件，减少磨耗，节约能源，延长寿命。列车编组如图 1.9 所示。

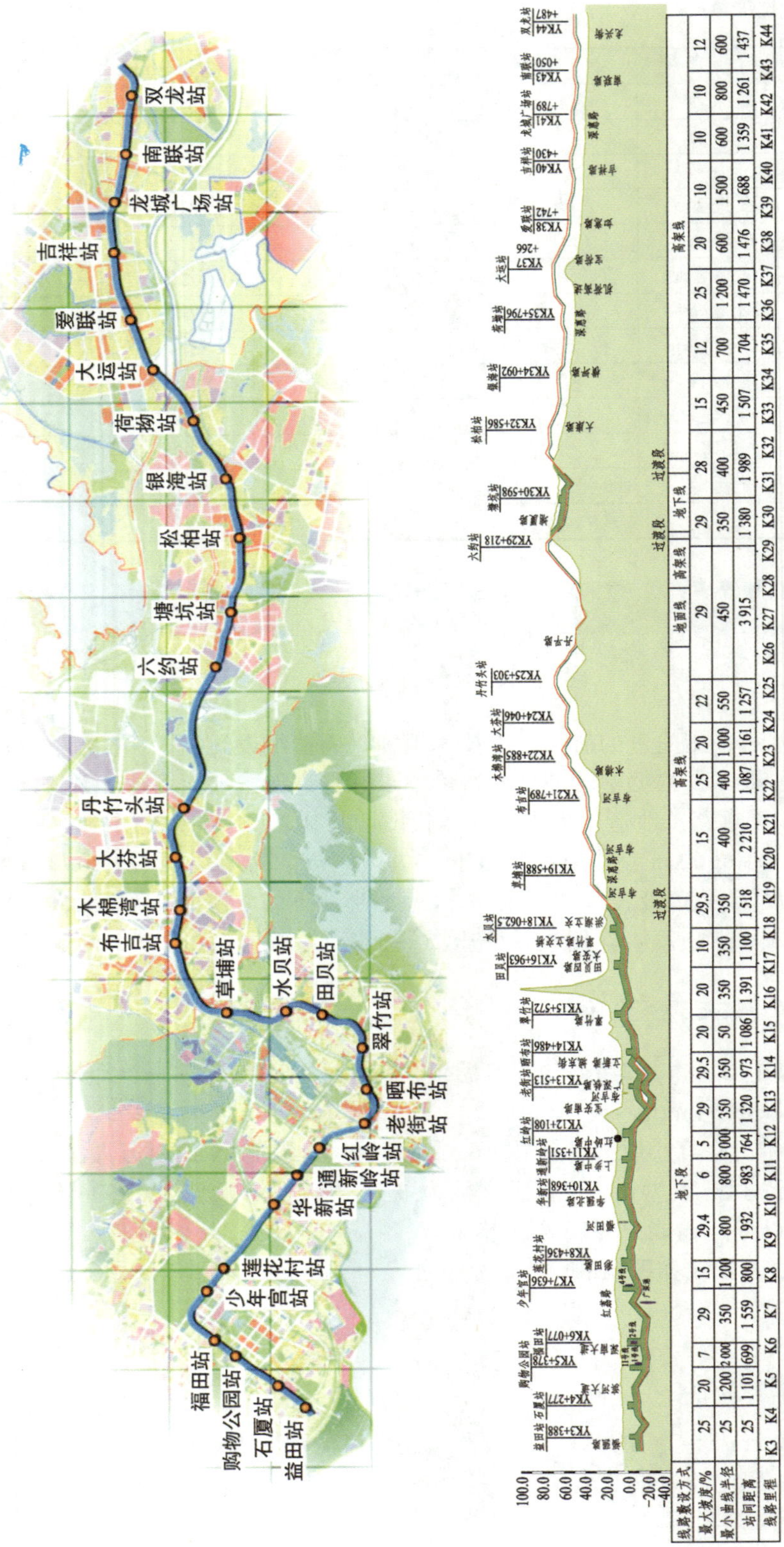

图 1.7 深圳地铁 3 号线（龙岗线）线路平纵断面示意图

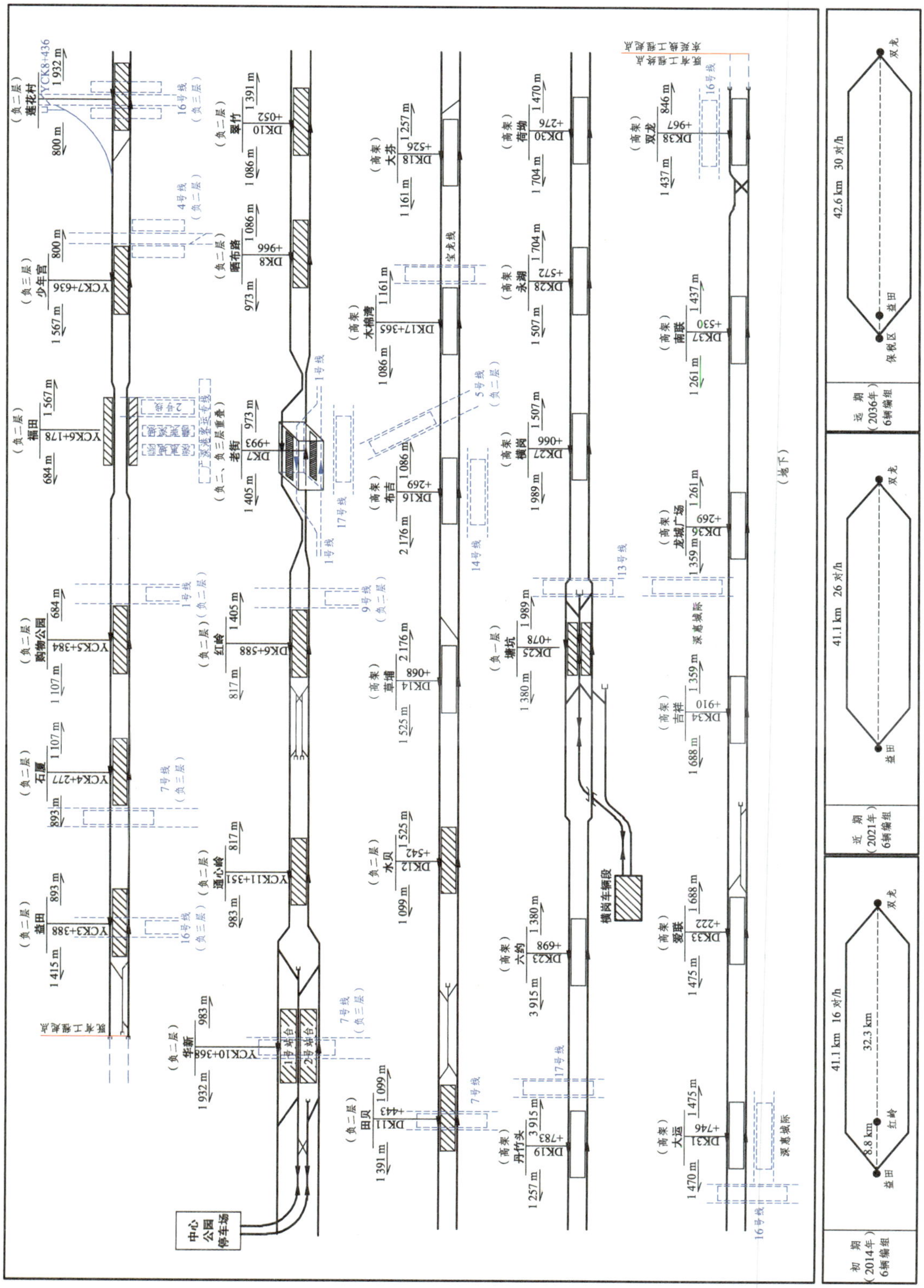

图 1.8 全线行车交路及配线示意图

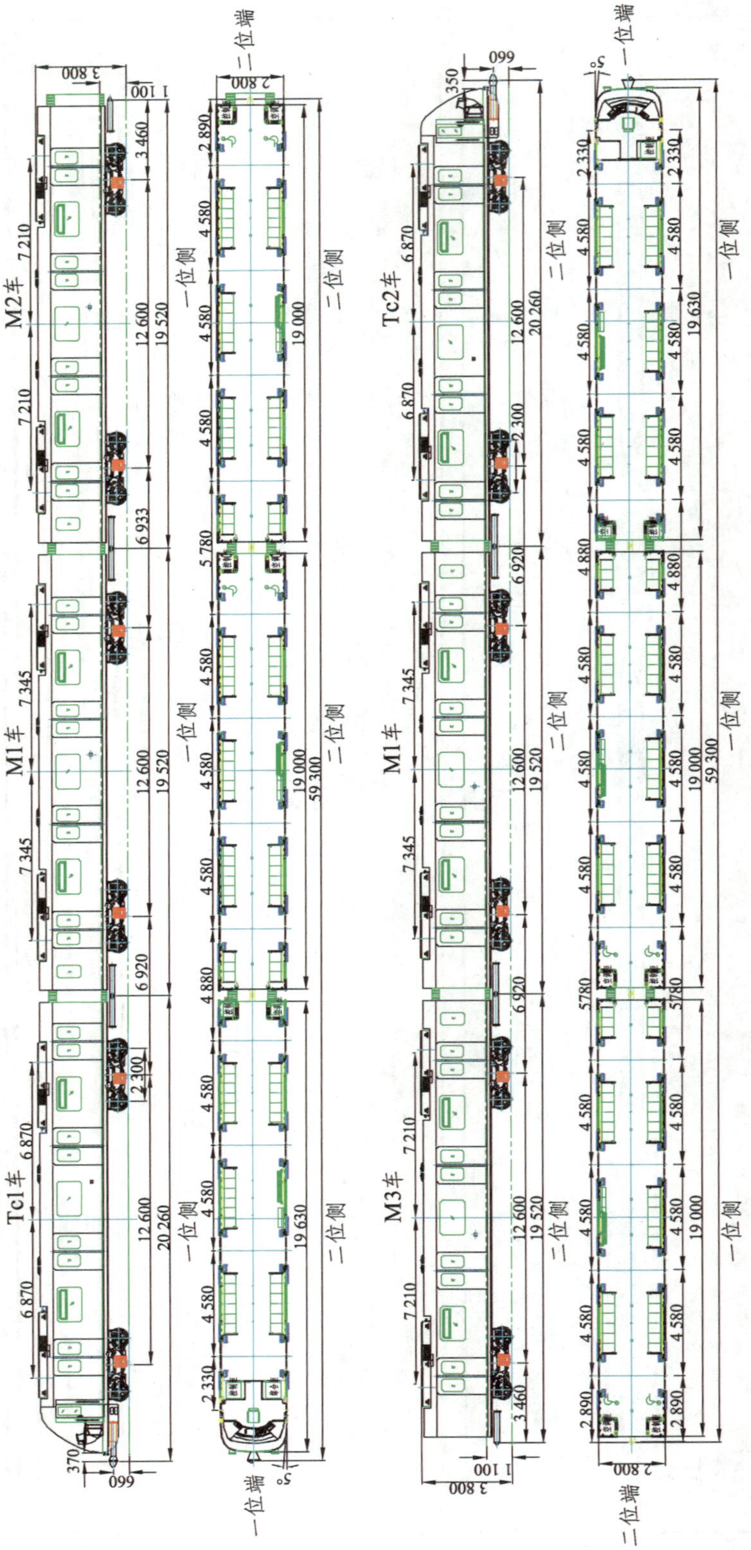

图 1.9 列车编组

1.2.4 限 界

制定限界的核心是车辆。本工程是国内首次采用最高运行速度 100 km/h、DC 1 500 V 三轨授电的 B 型车，为确保制定的各类限界达到安全、经济的目标，开展了大量的限界研究工作，特别是对于高架桥限界和接触轨限界的研究。

全线高架车站均为岛式站台，可以制定统一的高架车站和区间建筑限界。综合考虑隔声降噪与紧急疏散要求，疏散平台设于两线中间(侧门疏散方案)，既有效降低了列车轮轨噪声，又提高了紧急疏散情况下的通过能力和安全性，充分利用两线间的空间，适当加宽了疏散平台，并加装安全扶手。通过综合研究，优化了轨行区内的设备布置，有效控制了桥面宽度，最终确定的桥面宽度为 8.5 m，比国内其他同类地铁工程桥面宽度减少了 0.4 ~ 0.5 m，减轻了桥梁体量，节约了工程投资，如图 1.10 所示。

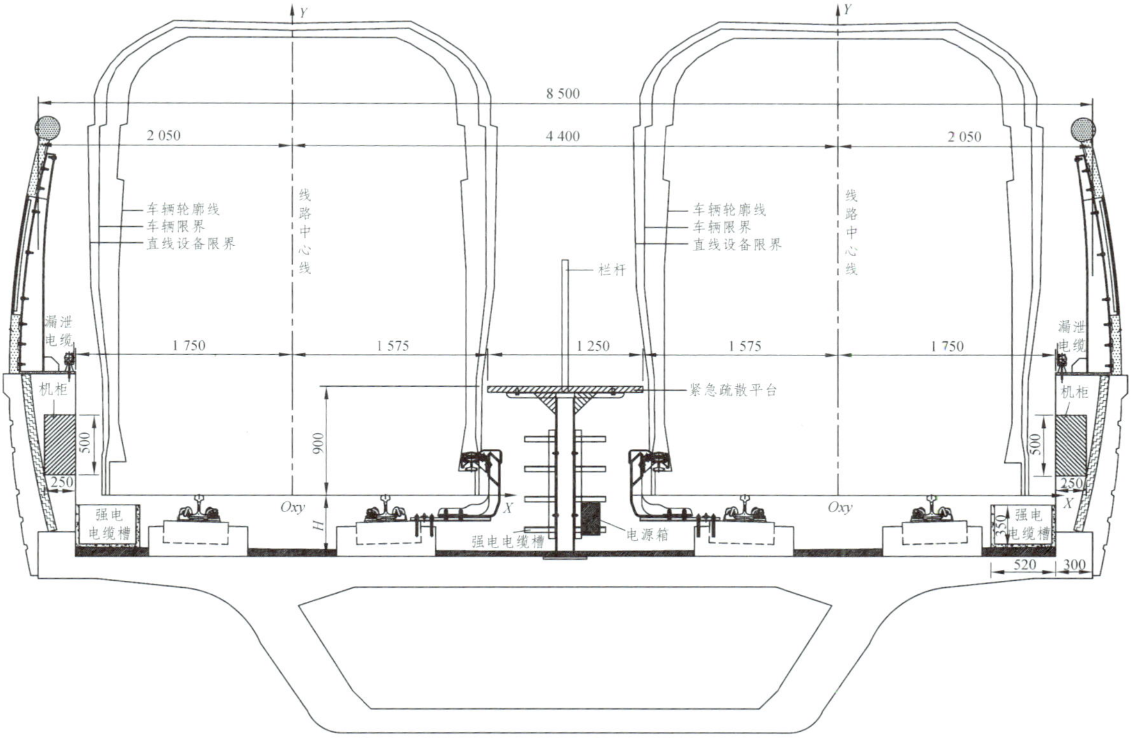

图 1.10 高架区间限界设计图(单位：mm)

对于地下区间建筑限界，充分研究了车辆与接触轨的关键参数，尤其是协调好接触轨与集电靴的外形和定位尺寸，既保证了车辆结构的合理性，又预留了隧道内设备和管线的良好安装条件，最终接触轨中心线至线路中心线的水平距离采用 1 444 mm。在此条件下，确保本工程仍采用常规矩形隧道和盾构隧道限界尺寸，没有额外增加土建工程投资，如图 1.11 所示。

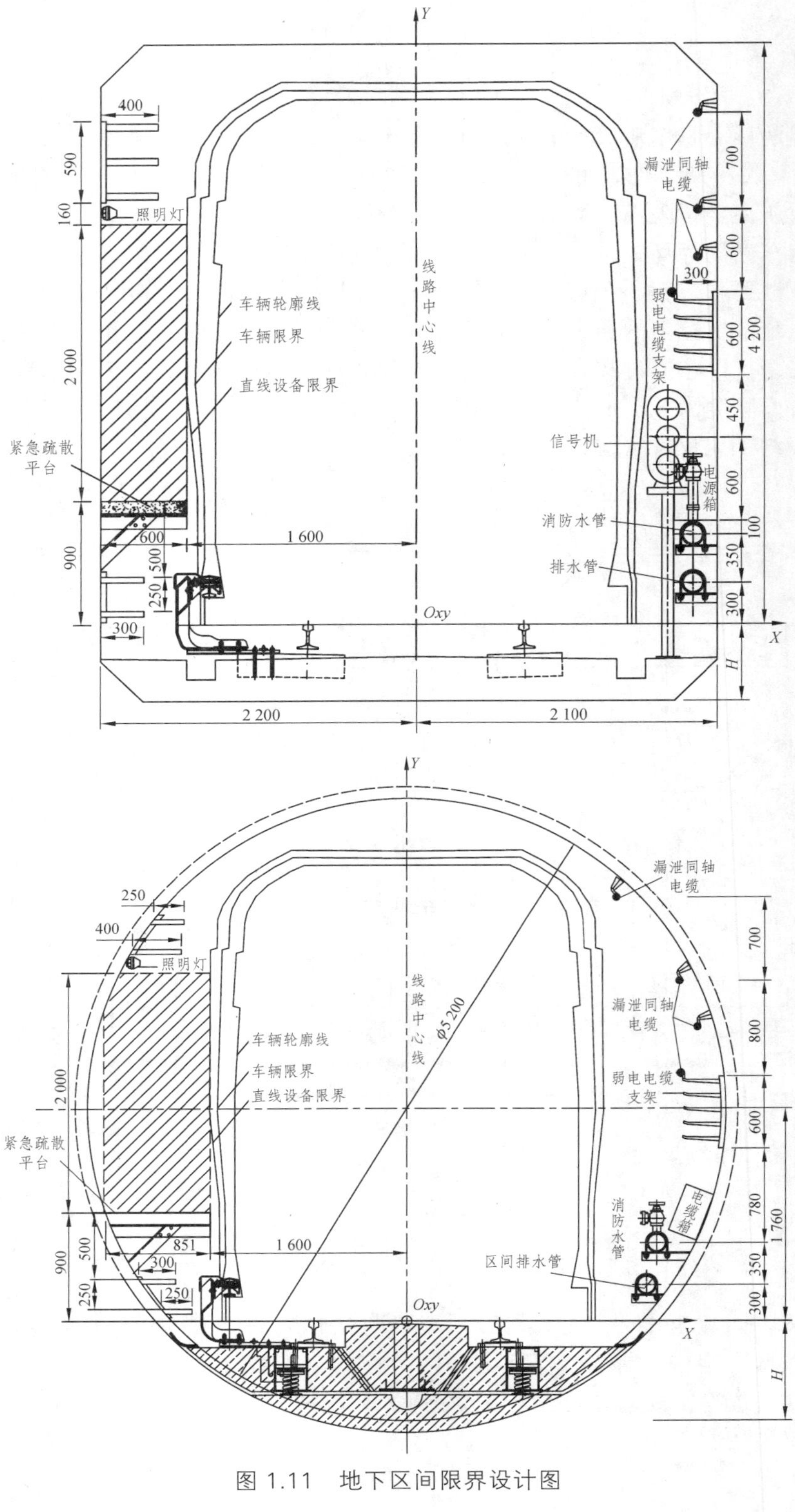

图 1.11 地下区间限界设计图

1.2.5 轨 道

在国内首次采用国际较为通用的“用户需求书”招标模式，充分发挥设计单位功能设计及设备厂家产品设计的优势。高架线在国内首次采用ϕ16 的 DT-Ⅲ型小阻力扣件；为提高道岔可靠性及延长尖轨的使用寿命，该线正线在国内首次全面采用道岔辊轮技术，如图 1.12 所示。

图 1.12 DT-Ⅲ型小阻力扣件及道岔辊轮

1.2.6 节 能

地铁 3 号线全线长 41.666 km，高架线线路长度为 21.8 km，地面线线路长度为 2.5 km，地上线路占全线长度的 58.3%，降低了工程造价，节约了运行费用。

（1）高架车站和区间采用自然通风，大大节省了电力资源，降低了运营能耗。

（2）优化全日行车计划，尽量减少列车开行对数，节约牵引能耗，提高运营效益。

（3）减小车站规模，合理选取装修材料，配置节能照明灯具等。

（4）采用轻量化不锈钢车体，在减轻自重的同时，增加了车体的耐久性。牵引传动系统采用 VVVF 交流牵引传动技术，有效提高了传动系统效率，降低了牵引系统的自身能耗。

（5）采用再生制动控制技术，再生制动能量回收可达总耗电量的 21%左右。

（6）采用 DC 1 500 V 全线钢铝复合接触轨方案可以最大限度地减少能量损耗。

（7）管理用房采用风机盘管加独立新风系统，每个房间均可单独控制，做到“人走机停”，可有效降低这些房间的运行能耗。

经十年多的运营证明，深圳地铁 3 号线成为全网车公里能耗和人公里能耗最低的线路。

1.2.7 环境保护

声屏障为在桥面板边缘加设弧形吸隔声挡板后再安装弧形钢结构。经过对全线敏感点位置、与线路高差关系、房屋类型高度等进行综合分析，分别采用 2.188 m、3.66 m、全封闭声屏障及在高架桥梁中间疏散平台设吸声板等防噪措施，如图 1.13 所示。环境噪声增量得到了有效控制，实现了规划设计的相关指标要求。

图 1.13 半高声屏障及疏散平台下吸声板

3 号线地下段大多穿越或邻近住宅区、文教区，设计中采用了中等（或特殊）减振措施，环境振动值均能满足所属功能区标准的要求。

1.2.8 防灾与人防

地下车站及区间隧道内设置防烟、排烟与事故通风系统；配备了在发生灾害时供救援人员进行地上、地下联络的无线通信设施。车站的防洪标准按百年一遇的洪水进行确定，车站出入口后部设置了防淹挡板存放处。区间隧道最低点设排水泵站，以保证区间隧道结构渗漏水能及时抽升排入城市排水管网中。所有地下车站和区间（以封堵或隔断后的地下空间为界）均按 6 级人防设防。按一个车站加区间为一个防护单元进行设计。

1.2.9 土建工程

1.2.9.1 车站建筑

全线共设车站 30 座，其中地下车站 14 座、半地下车站 1 座、高架车站 15 座。除老街站考虑与 1 号线平行换乘采用上下重叠布置、福田站与 11 号线岛侧换乘采用侧式站台外，车站均为岛式站台车站，适应本线潮汐客流的特性需求。图 1.14 为典型地下两层车站布置形式。

各车站采用平坡设计能减少自动扶梯安装误差问题，方便屏蔽门的安装，方便地面、墙面铺装，便于物业开发和地下空间衔接，便于不同线间换乘站站厅的顺接。

高架站采用岛式站台能方便乘客使用，客流组织顺畅，提供高质的服务及发挥有效的运营管理，如图 1.15 所示。楼、扶梯设备少，车站规模较小，遮风避雨性能佳，不仅降低了初期建设成本，长期运营还可节约能源，降低运营成本。

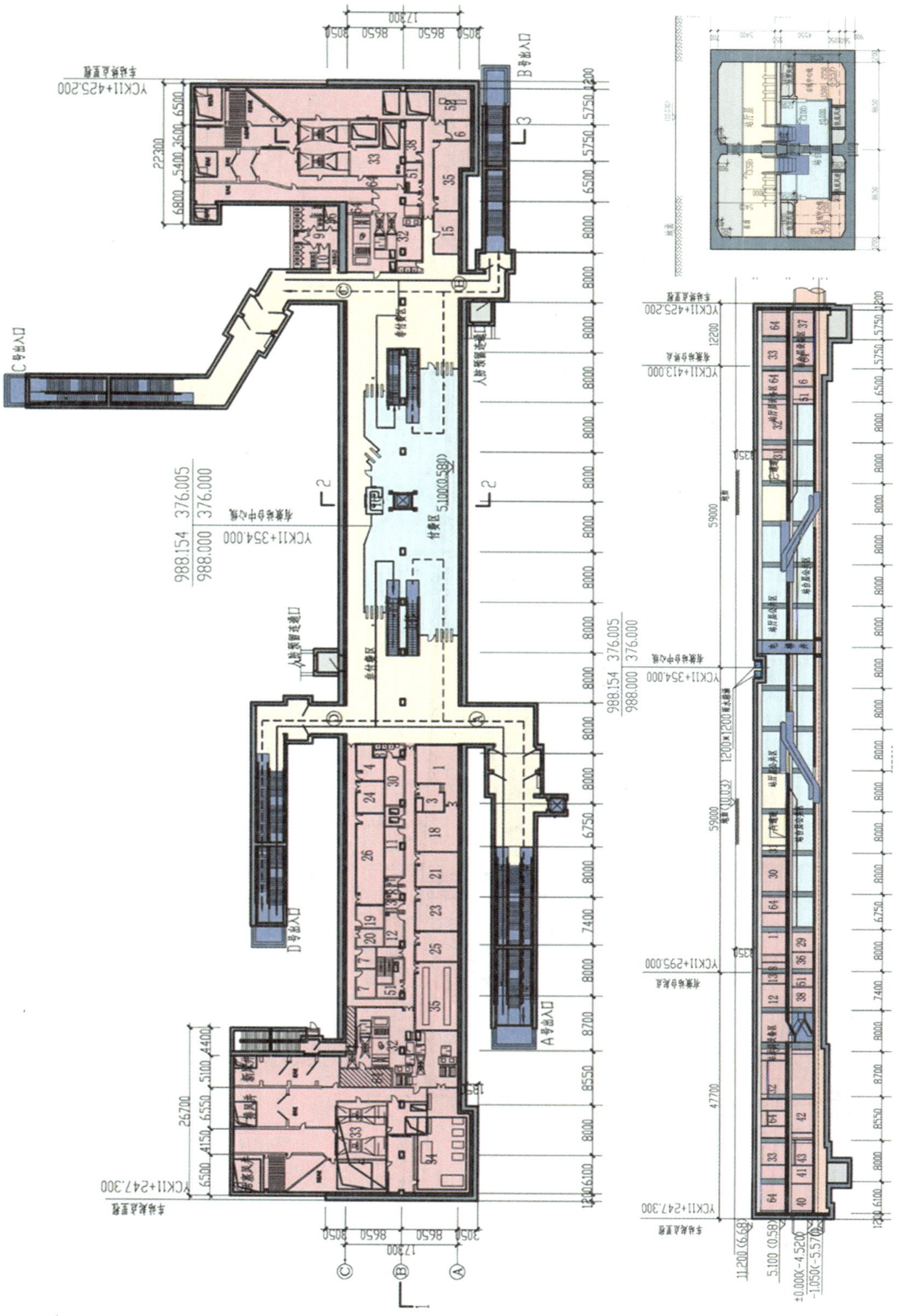

图 1.14 典型地下车站平纵断面图（单位：mm）

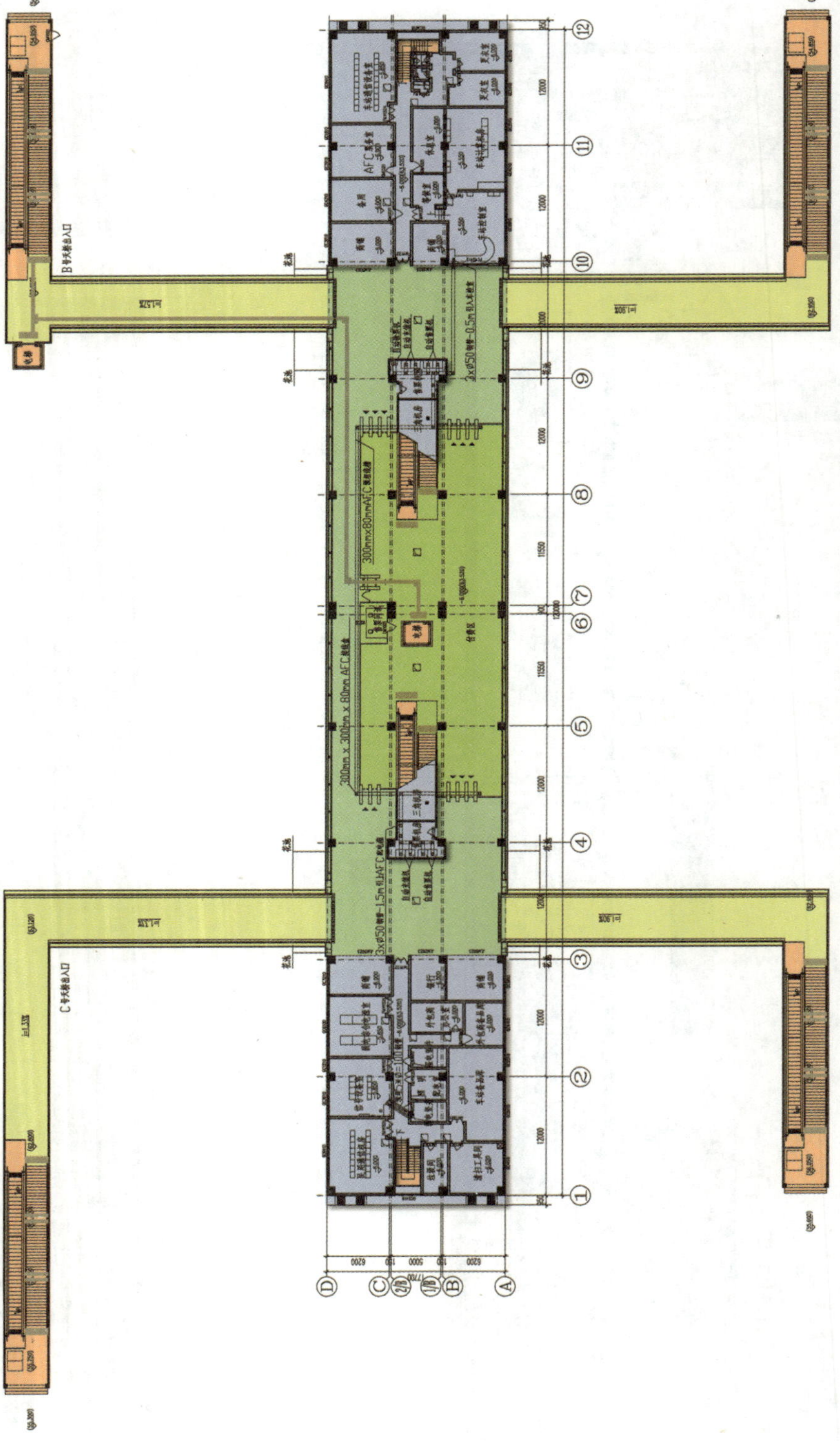

（a）

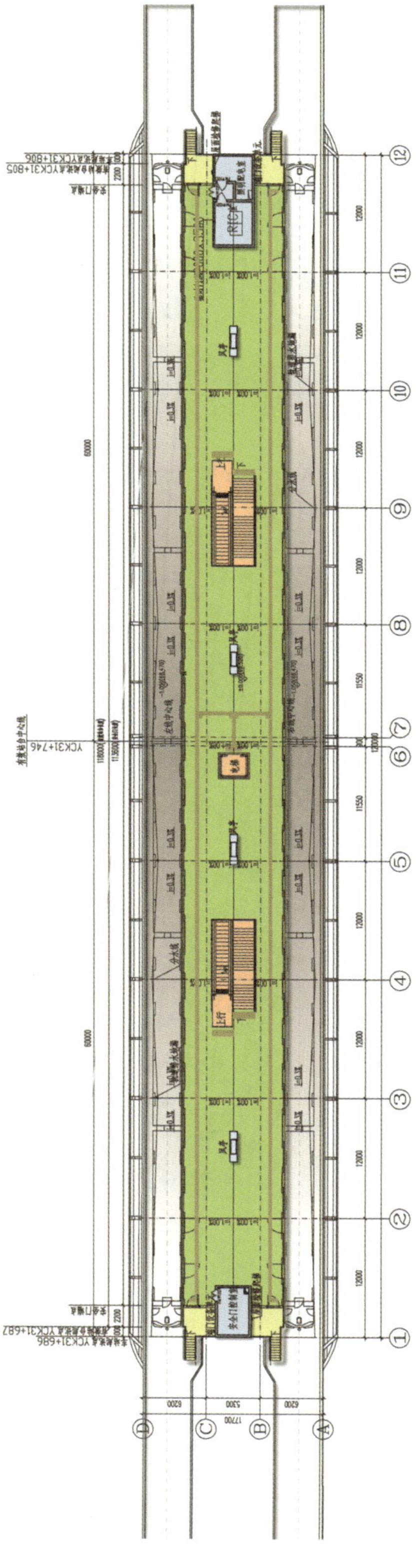

(b)

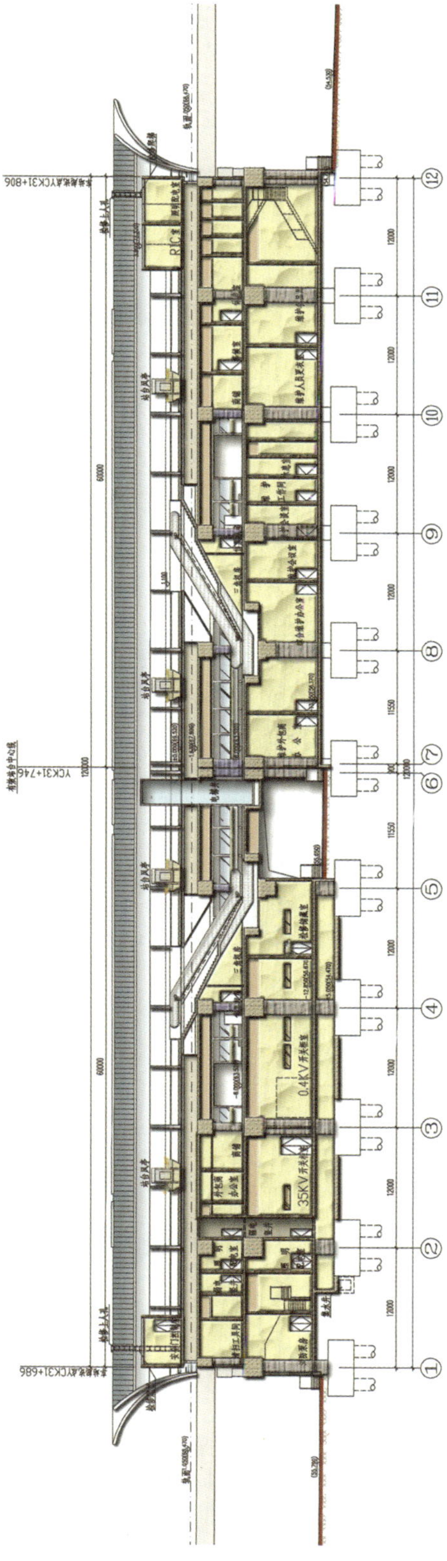

(c)

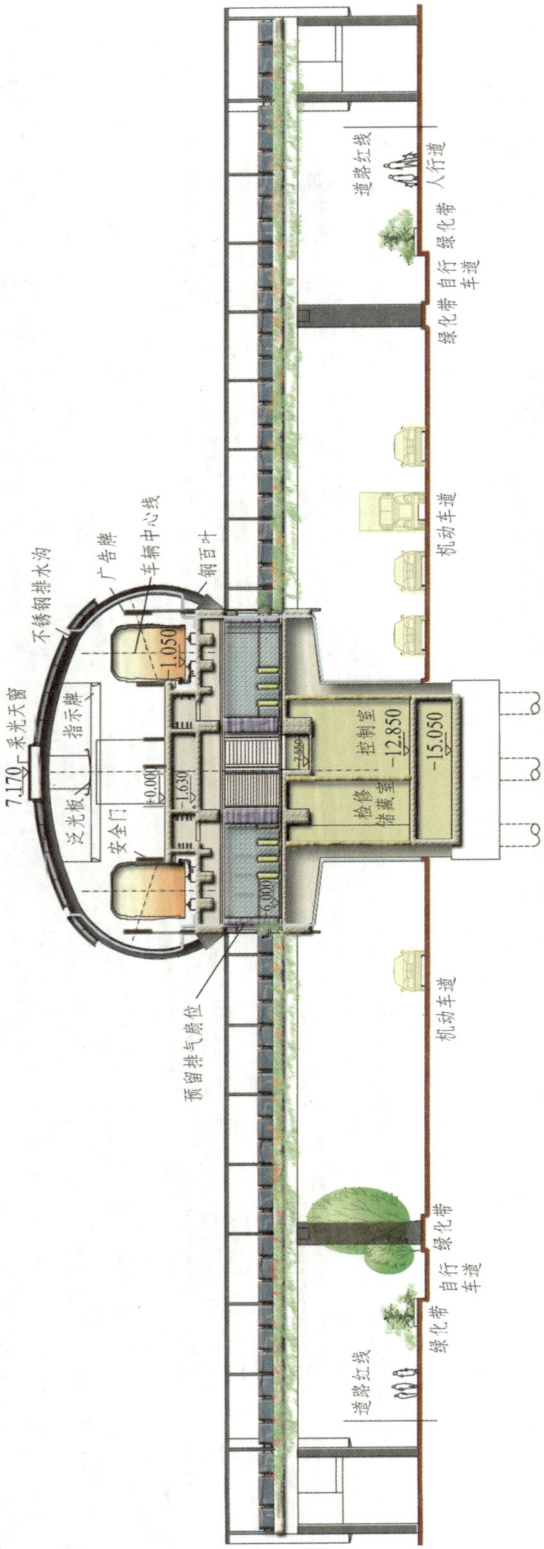

(d)

(e)

图 1.15 典型高架车站平纵断面及站台效果图（单位：mm）

高架车站采用“一线一景”的标准化设置方式（图 1.16）、9 m（10 m）宽岛式站台，有效站台长度为 120 m。地面层根据道路情况要求布置部分设备房或架空。站厅层一般设 4 个出入口，两端布置设备和管理用房。

图 1.16 高架车站站厅、站台层实景照片

1.2.9.2 车站结构

地下车站主体基坑以采用地下连续墙为主，部分采用钻（冲）孔灌注桩、矩形人工挖孔桩。地下车站主体结构取消变形缝设置，避免结构渗漏水。采用叠合结构侧墙，节省工程投资，如图 1.17 所示。

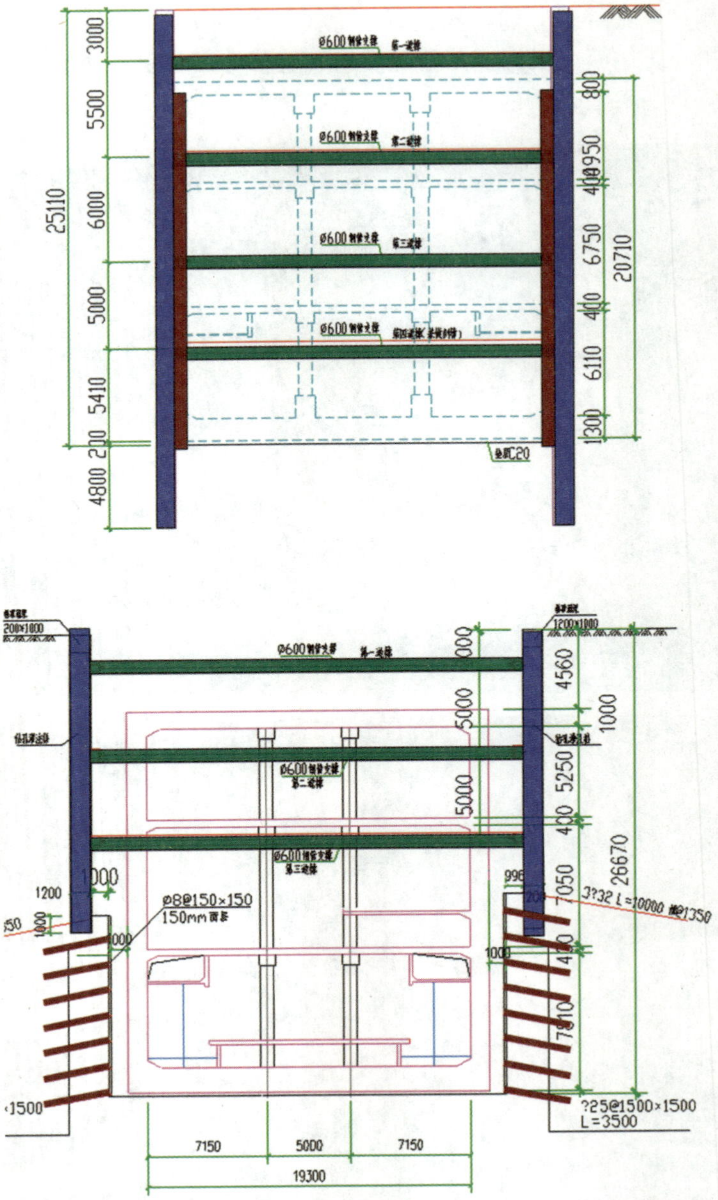

图 1.17 典型地下车站结构施工工法（单位：高程为 m，其余为 mm）

高架车站采用“桥-建”合一空间框架结构形式，在车站中部设置一处伸缩缝，将车站分成 60 m 长的两联结构。通过设置后浇带，对车站进行分段浇筑，减小收缩对结构的影响；双向受弯墩柱截面配筋设计如图 1.18 所示。

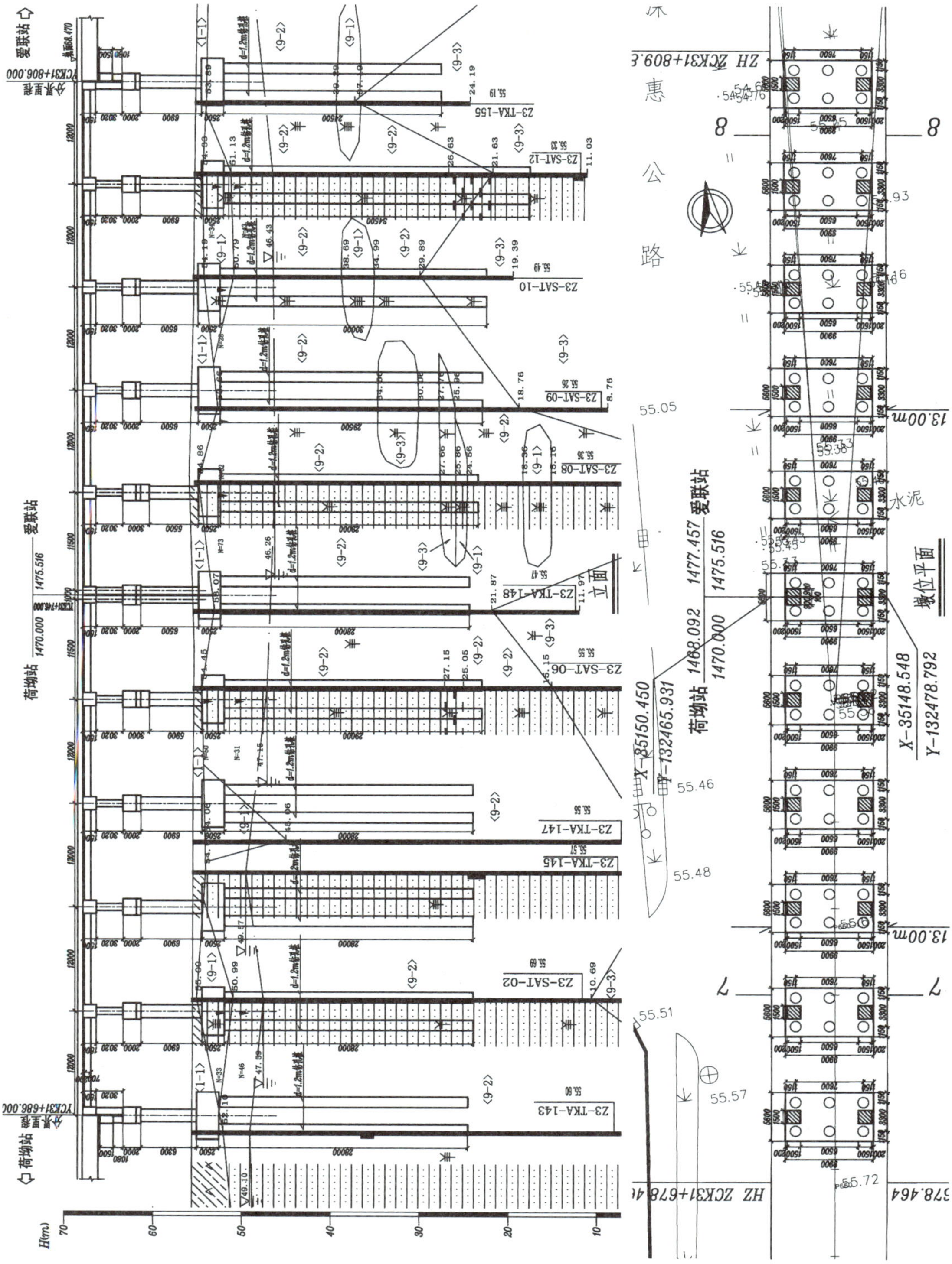
立面
墩位平面
荷坳站
爱联站
惠
公
路
13.00m

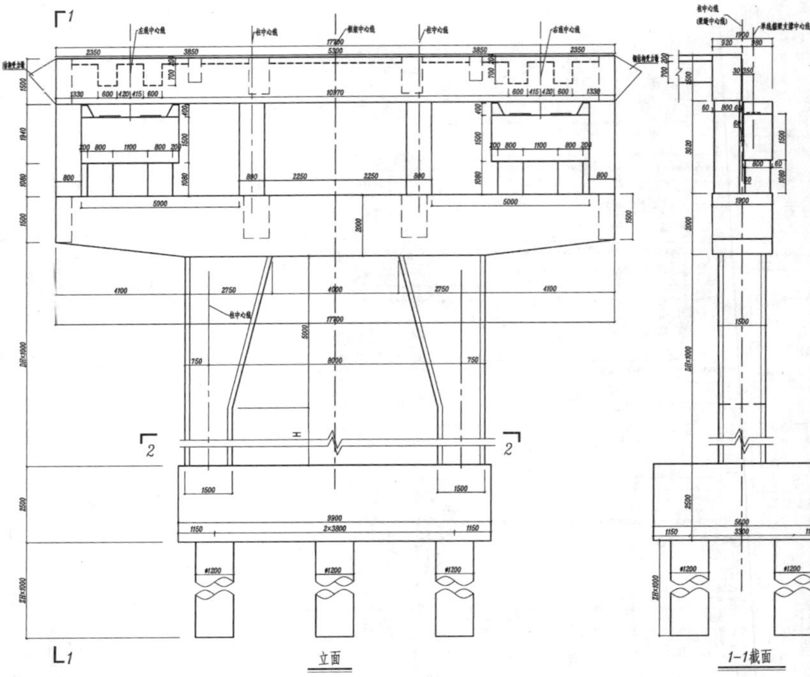

图 1.18 典型高架车站桥梁结构布置图（单位：高程为 m，其余为 mm）

1.2.9.3 区间隧道

区间隧道施工工法主要以盾构法为主。在地质条件较好、周边环境相对简单的区间采用矿山法，在硬岩段落较长、岩石强度较高地段采用矿山法开挖、初支、盾构通过时拼装管片的工法，区间联络通均采用矿山法开挖。在配线段及区间与高架过渡段采用明挖法施工。

盾构隧道为内径 5.4 m 的圆形断面，其横断面及通用衬砌环构造如图 1.19 所示；矿山法隧道一般以马蹄形断面为主，联络通道采用直墙拱形断面，明挖法一般采用矩形框架结构。

1.2.9.4 高架桥梁

为使全线高架桥梁在景观上连续顺畅并结合现浇施工的工法特点，简支梁采用桥面曲线曲做箱体曲线直做，连续梁采用桥面曲线曲做箱体曲线曲做。

区间疏散平台采用“疏散通道 + 电缆支架 + 吸隔声板”组合一体设计的方式，大大提高了桥面空间有效利用率，减小了桥面宽度，让桥梁结构体量和景观效果得到优化提升。

梁部采用飞雁式斜腹板箱梁，外观简洁，轻盈的出挑感强化了桥梁的横向线条，在整体上降低了梁截面的厚重感。下部采用花瓣式桥墩，上下采用流畅圆顺的线条连接，如图 1.20 所示。

1.2.9.5 路基工程

路基采用了 U 形槽结构，它是一种新型结构形式，突破了以往路基段填、挖边坡开挖的传统方式，大大节约了用地和路基填料；墙身外侧亦可做景观设计，增加了市政工程的美观性；设置的防撞墙兼为公路的防撞墙，节省了圬工，避免了工程浪费，如图 1.21 所示。

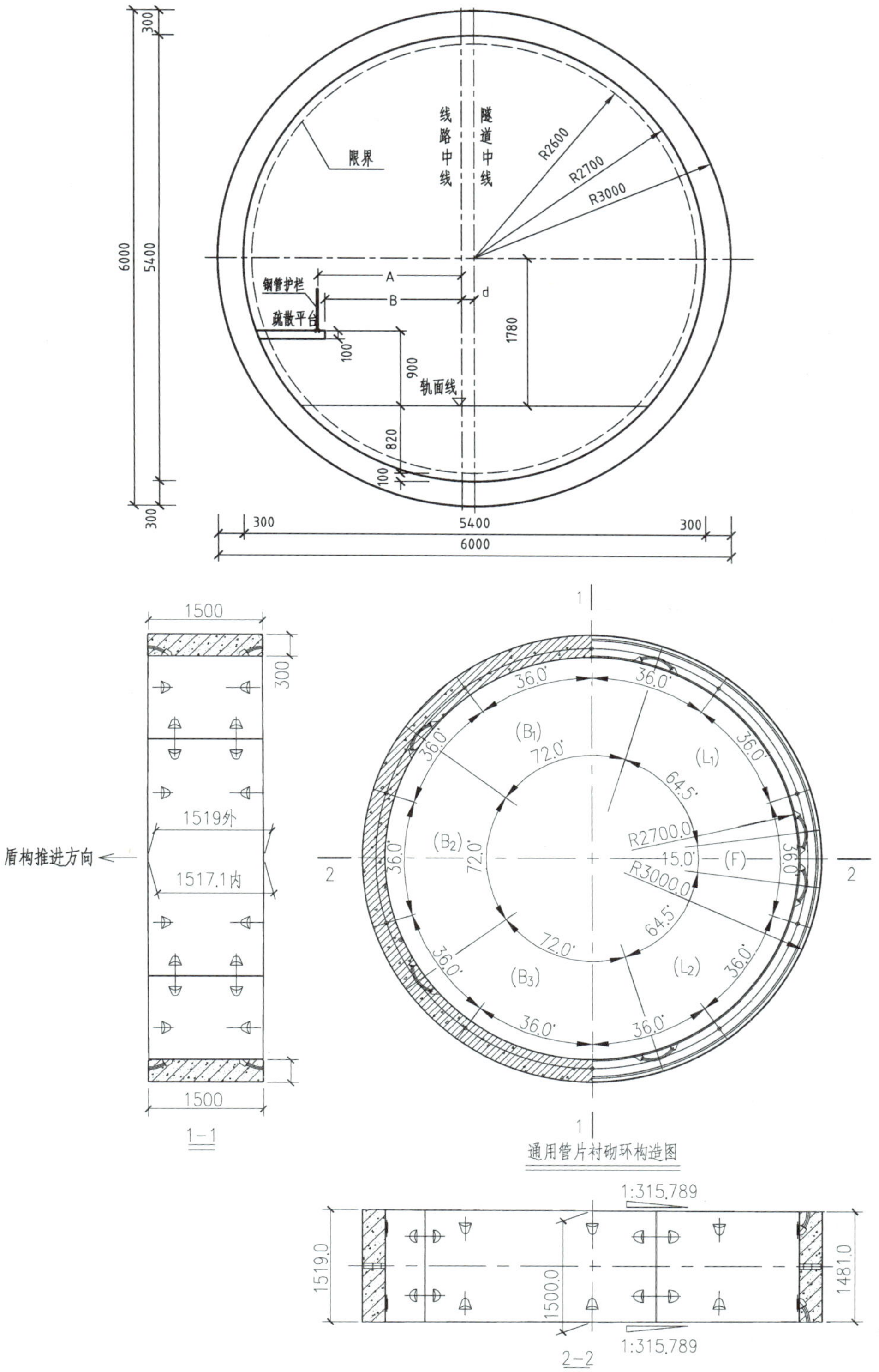

图 1.19　盾构隧道横断面及通用衬砌环构造图（单位：mm）

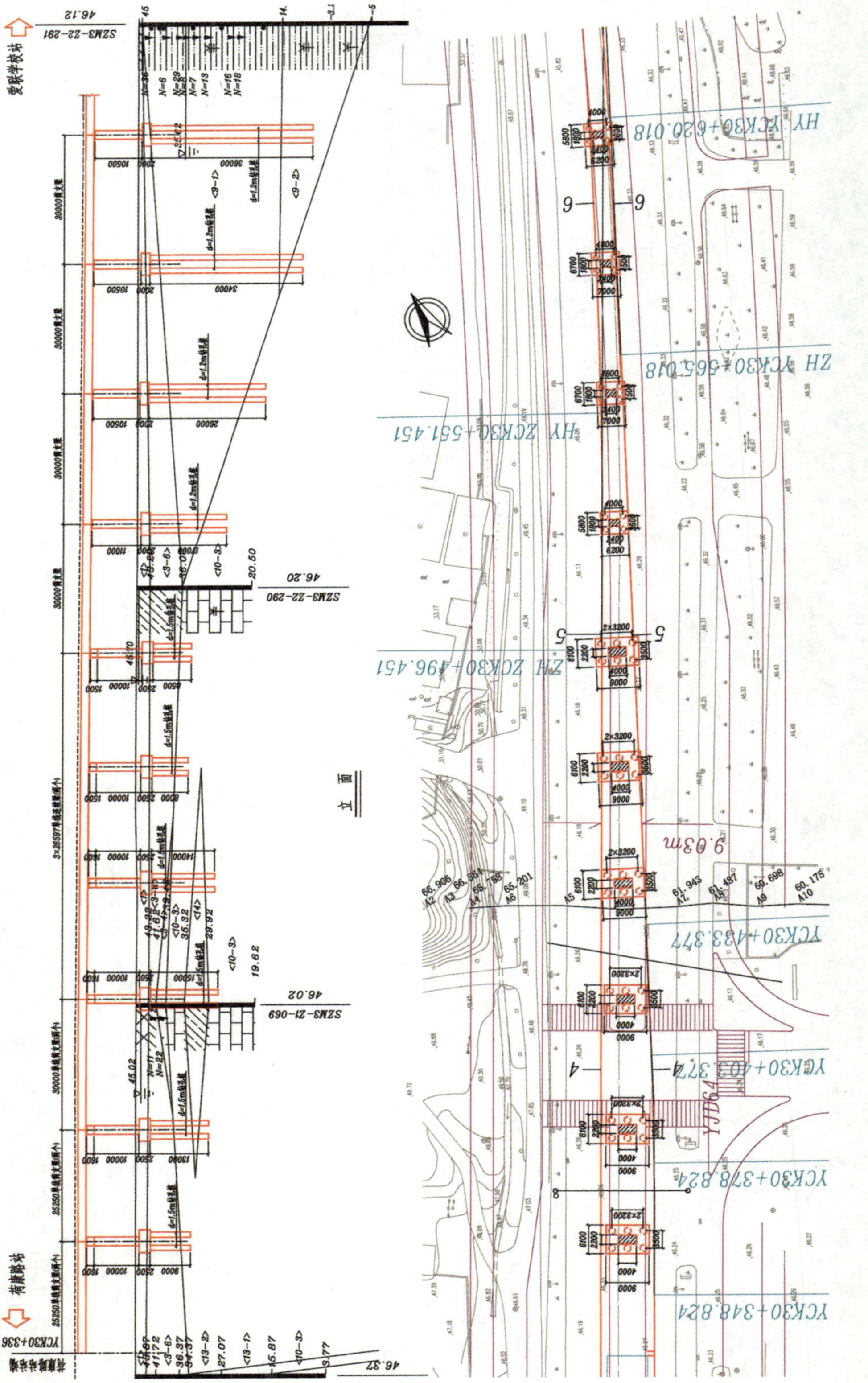
立面
YCK30+336
HY YCK30+620.018
ZH YCK30+565.018
HY ZCK30+551.451
ZH ZCK30+496.451
YCK30+433.377
YCK30+403.374
YCK30+378.824
YCK30+348.824

(a)

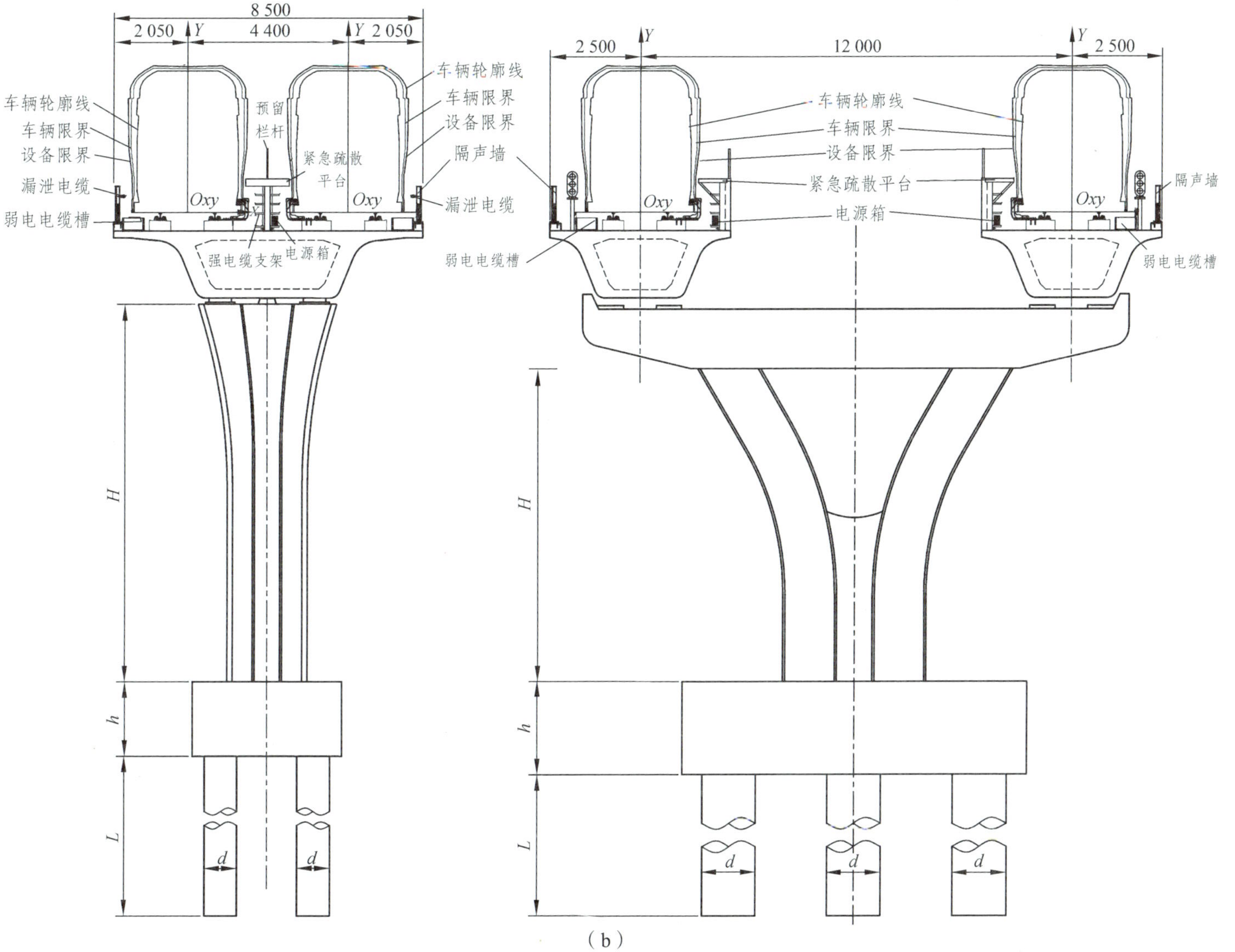

图 1.20 高架区间桥型布置及横断面示意图（单位：高程为 m，其余为 mm）

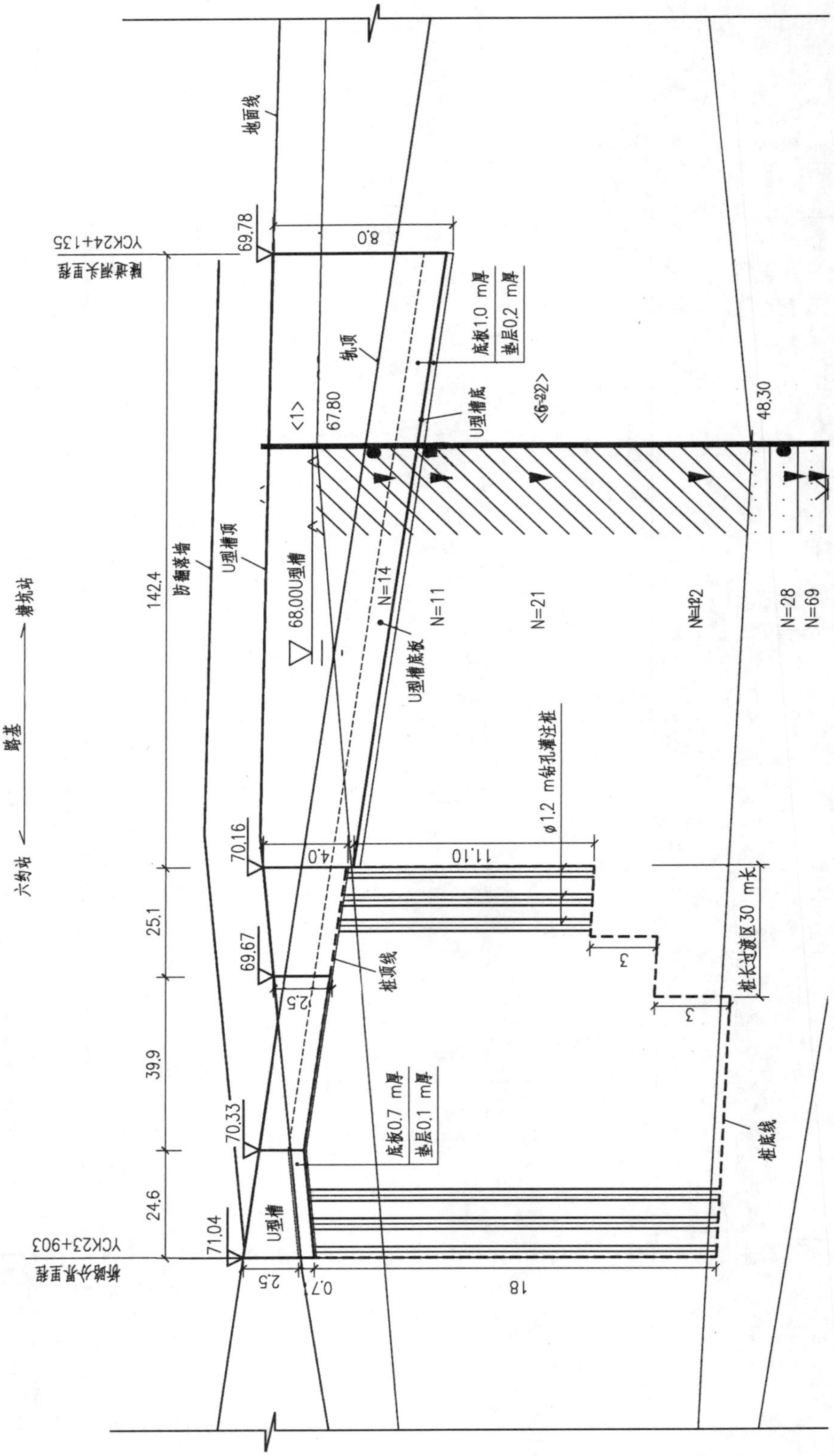
地面线
YCK24+135
69.78
8.0
底板1.0 m厚
垫层0.2 m厚
轨顶
<1>
67.80
U型槽底
<6-2-2>
48.30
U型槽顶
防额落墙
142.4
68.00U型槽
N=14
N=11
N=21
N=28
N=69
U型槽底板
路基
六约站
塘坑站
ø1.2 m钻孔灌注桩
70.16
4.0
11.10
25.1
69.67
2.5
桩顶线
桩长过渡区30 m长
3
39.9
70.33
底板0.7 m厚
垫层0.1 m厚
桩底线
24.6
71.04
U型槽
YCK23+903
2.5
0.7
18

(a)

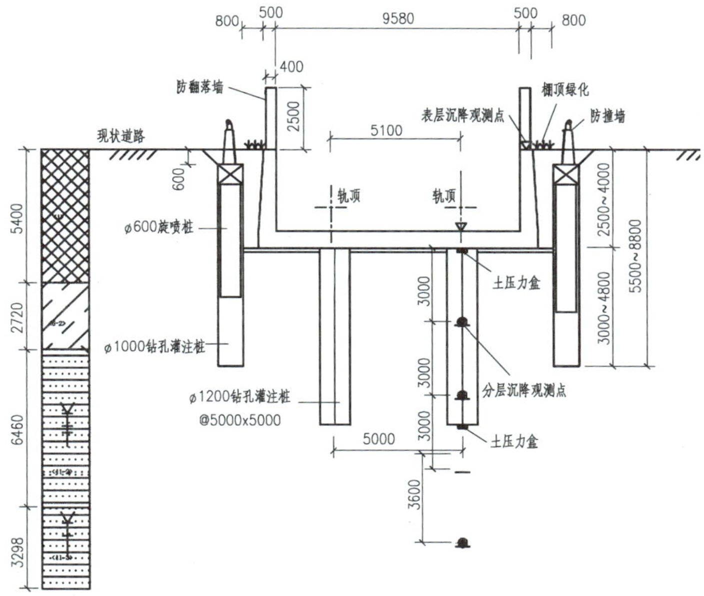

（b）

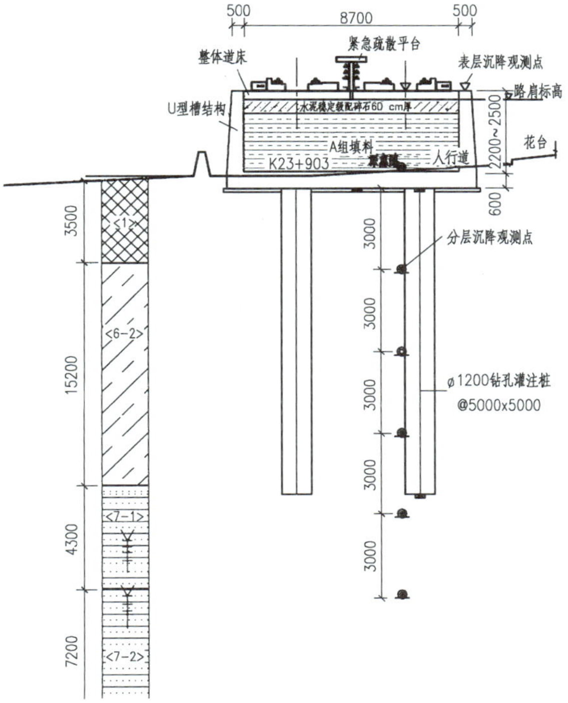

（c）

图 1.21 路基结构纵断面及横断面示意图（单位：纵断面为 m，横断面为 mm）

1.2.9.6 桩基托换

3 号线线路下穿广深铁路桥，需对铁路新老桥梁桩基进行托换（图 1.22）。托换过程中须

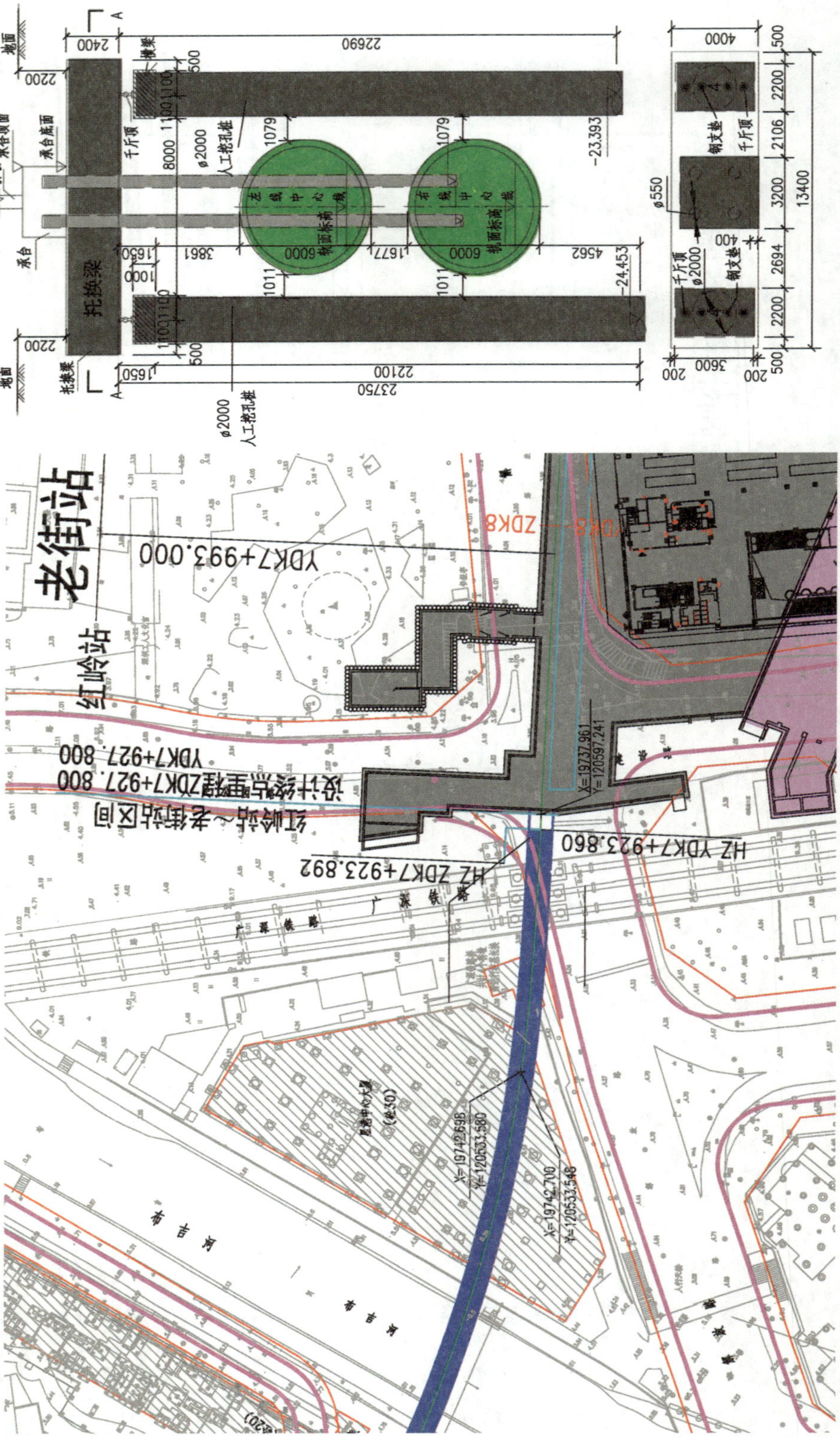

图 1.22 广深铁路四线桥桩基托换示意图

在不中断铁路营运的情况下保证铁路营运安全，确保铁路运输的畅通。设计时对桩基托换中进行的基坑开挖降水和托换施工对既有桥梁的影响进行全面分析；在施工过程中须严格控制各墩不均匀沉降，设置临时钢支架对桥上线路进行扣轨，减小列车动活载对托换结构的振动影响，并设置“观测-分析-调整”一体联动的观测处理系统，对连续刚构桥有针对性地采取处理措施和应急预案保证安全。

对高速铁路连续刚构桥梁主墩桩基础进行托换，这在国内是第一例。设计时通过对既有桥梁进行整体分析，确定托换过程中和托换后桥梁的整体水平、竖向刚度和变形、变位、自振频率等，确保托换过程中桥梁结构的安全和托换后桥上铁路客车乘坐的舒适度、列车运营安全性及轨道平顺性要求。

1.2.9.7 车站装修、广告及导向

公共区装修天、地、墙、栏杆等内容标准化的设计有利于工厂快速生产，也利于施工承包商大面积快速的施工，更利于日后运营公司的备品备件及维护。公共区装修采用标准化设计模式，简洁的形式体现交通建筑快速通过、功能为主的特性，如图 1.23 所示。

图 1.23 车站装修效果图与实景照片对比

1.2.9.8 景观设计

3 号线的景观设计是以突出高架景观为重点和挑战，通过调研和分析确定景观设计原则为简洁、明快、易于识别，并体现现代交通建筑的特点；色彩上采用金属色这一科技感较强的搭配；在适当位置进行镂空处理，既能有效遮挡夏季的强烈阳光，又能很好利用自然风降低站内温度，还能使室内外景致互相穿插，与环境融合，如图 1.24 所示。

同时，根据不同的气候条件及周围环境条件，地下线人行通道地面出入口的建筑形式可设为敞口式、带盖式及与邻近建筑结合式。风亭、冷却塔通过围栏进行隔离，并配以适当的绿化或广告牌遮挡，可让人们忽略它们的存在，通过绿化也能够较好地降低噪声的污染，如图 1.25 所示。

图 1.24 高架车站效果图与实景照片对比

图 1.25 地下车站出入口、风亭效果图与实景照片对比

1.2.10 常规设备

1.2.10.1 通风空调

充分考虑各种运行模式的安全性，重点是火灾状况时排烟和人员的安全疏散。对隧道通风、大系统、小系统的防灾措施予以重点考虑。系统设计结合深圳市气候特点，根据本工程要求，坚持“固本简末”的原则，精心设计，实现合理控制工程规模及投资。

在深圳地铁首次采用单活塞作为地下站技术标准，改变了以往各线均为单端四风井模式的状况。首次在高架车站站台设置通风器，增加了站台公共区气流流动，加强乘客迎面气流扰动，给乘客一定的迎风感，保证站台公共区空气质量。

1.2.10.2 动力照明

动力照明系统主要包括变电所低压配电系统、动力配电和控制、照明配电和控制、防雷及接地系统 4 大部分。高架站在负荷集中端（重负荷端）设置一个降压变电所；地下站根据车站规模和负荷分布情况，采用两所（降压所、跟随所）或一所一室（降压所、低压室）的供电方案。地下站两端均设置通风空调集中配电室，车站同端的通风空调集中配电室与低压配电室合并配电。车站低压配电系统和环控设备采用智能监控模式，实现智能控制。

用电负荷根据其用途和重要性，按一、二、三级划分。一级负荷采用双电源末端切换；二级负荷采用一路电源放射式直供；三级负荷采用一路电源放射式、树干式或链式供电。车站设置强弱电及防雷共用的综合接地网。

1.2.10.3 给排水及消防

高架站消防给水直接从市政给水管网抽水，增压后供高架车站消防用水。高架站消防给水系统采用稳高压系统，室外设置消防环状管网，解决了高架站无法设消防水箱的问题。

车辆段运用库设计中大胆利用新技术，设置大空间自动喷水灭火系统。

地下停车场在当时无现行消防规范可依的情况下，通过参考国家相关类似场所的消防规范，设置了消火栓系统、灭火器系统、自动喷水灭火系统和水幕系统，保障了停车场的消防安全。

1.2.10.4 自动扶梯、电梯

车站采用公交重载型自动扶梯，扶梯采用变频调速，实现节能运行。有条件的出入口设置上下行扶梯。站内采用无机房电梯，站厅至地面出入口至少设置一台电梯。车辆段电梯根据功能需要设置货梯和客梯，均采用有机房电梯。

1.2.10.5 屏蔽门/安全门

地下站采用屏蔽门系统，高架站采用 1.5 m 半高安全门系统。依据 B 型车 6 辆编组，以车站站台中心线为基准，沿站台两边纵向布置门体，每侧设置 24 扇滑动门，12 扇应急门。在不侵限的前提下，尽量缩小门体与列车之间的间隙。

1.2.11 供电系统

3 号线采用 110 kV/35 kV 集中供电方式。全线共用既有主变电所 1 座，新建 2 座，其

中草埔主变电所为一座采用 SF_6 气体绝缘变压器的地下变电所，在国内城市轨道交通领域属首次。

全线共设置 16 座牵引降压混合变电所，其中正线共设 14 座牵引变电所，在车辆段和停车场各设 1 座牵引变电所。

牵引网系统在满足技术要求和经济性的前提下充分考虑与城市景观之间的协调。本工程除车场库内检修线路牵引网悬挂类型采用滑触线系统外，全线其余牵引网均采用 DC 1 500 V 钢铝复合接触轨下部受流方式。

1.2.12 系统设备及控制中心

在国内首次采用弱电系统集中统一配置 UPS 电源和蓄电池，增加设备利用效率，节省土建工程投资。首次在国内采用“站群控制”的运营管理模式，各系统与之对应设置。

1.2.12.1 信号系统

信号系统由正线移动闭塞制式的列车自动控制系统和车辆段计算机联锁设备组成。列车自动控制系统采用庞巴迪 CITYFLO 650 基于无线通信技术的移动闭塞系统，车辆段和停车场计算机联锁采用铁道部科学研究院 TYJL-Ⅱ型计算机联锁系统，实现列车自动保护（ATP）、列车自动驾驶（ATO）、列车自动监控（ATS）、计算机联锁（CBI）等主要功能。

引入全新的运营管理模式，即采用先进的“后备线控站”和“站群控制”管理模式，并节省系统的投资，减少设备和人员配置数量，有利于节约运营成本。

1.2.12.2 通信系统

3 号线运营模式采用“站群控制”管理方式，除运营控制中心（OCC）外，各轴心车站均具有监控其邻近卫星车站能力。“站群控制”管理模式能提高运营管理人员的管理素质及技术水平，达到减员增效，使运营管理更方便、高效。

采用先进的数字录音系统，模拟地铁建筑风格的视频监控系统。

1.2.12.3 自动化集成

自动化集成系统集成机电设备监控系统（BAS）、电力监控系统（SCADA），与防灾自动报警系统（FAS）、自动售检票系统（AFC）、信号系统（SIG）、屏蔽门系统（PSD）、门禁系统（ACS）、时钟系统（CLK）、闭路电视监视系统（CCTV）、广播系统（PA）、乘客资讯系统（PIS）、综合 UPS 系统（UPS）互联，旨在提高对机电设备的运营管理水平，提高管理效率，同时为运营维护部门和公司管理决策提供相关信息支持。

引进香港地铁的车站群管理运营模式，车站级 AIS 系统有两种形式：一种为轴心站 AIS 系统，另一种为卫星站 AIS 系统。

1.2.12.4 门禁系统

门禁系统采用中央、车站两级管理和中央、车站、终端三级控制模式，横岗车辆段设中央计算机，每个车站设车站计算机，终端设备通过控制器和网络接入门禁计算机。为提高系统网络的可靠性，门禁现场网络采用环形总线，总线中任何一点发生故障不影响控制器通信。系统采用非接触式 IC 卡技术，门禁卡与地铁员工卡合用。

1.2.12.5 自动售检票

采用非接触式 IC 卡技术，兼容 ISO14443 TYPE A、TYPE B、TYPE C 三种标准，不仅与深圳市既有线路票卡兼容，而且预留广州“羊城通”卡和香港“八达通”卡等的接入条件。

1.2.12.6 控制中心

控制中心位于横岗车辆段维修公务大楼的四、五、六层，建筑面积约 4 000 m^2，便于对 3 号线实行集中管理。为便于集中统一指挥和各系统间的相互协调，中央控制室按两级调度管理模式、三层的布置格局考虑，分别为显示层、操作层和指挥层。

1.2.13 车辆基地

深圳地铁 3 号线车辆基地为一段一场布局，设置横岗双层车辆段和中心公园地下停车场，如图 1.26 所示。由于 3 号线是深圳市近中期线网中最先采用地铁 B 型车建设的线路，横岗双层车辆段定位为深圳市线网性 B 型车大/架修基地，承担 3 号线及线网相邻线 B 型车辆大、架修任务，以及 3 号线列车的定修、临修、周月检等任务。中心公园地下停车场由于条件限制，其功能主要是停车列检及简易临修。

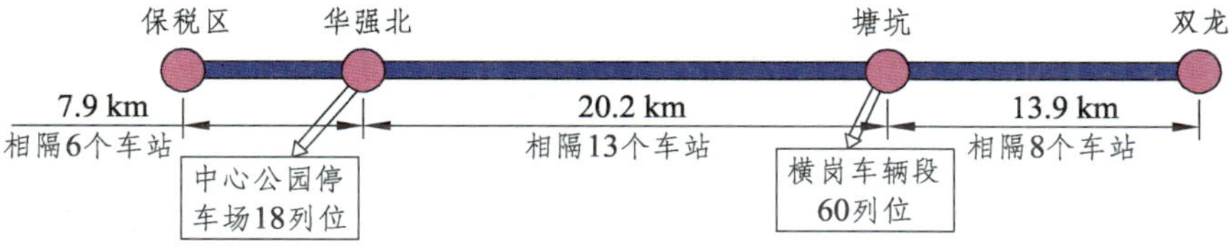

图 1.26 地铁 3 号线段场布局示意图

3 号线段场在土地集约化方面实现了国内轨道交通历史性创新和突破。横岗车辆段是国内第一座双层地铁车辆段，并综合物业开发，解决了抗震、消防、运营模式维修习惯等多项技术难题，节省土地资源 60%，具有较高的技术经济价值，如图 1.27 所示。

中心公园停车场是国内第一座全地下地铁停车场，上盖绿化公园，在消防设计、减震降噪等方面均为以后的地下车辆基地设计提供了借鉴和参考，是国内车辆基地结合城市规划集约化土地的又一个典范，如图 1.28 所示。项目建成运营后，国内同行纷纷前往考察和调研。

（a）横岗车辆段综合物业开发规划示意图

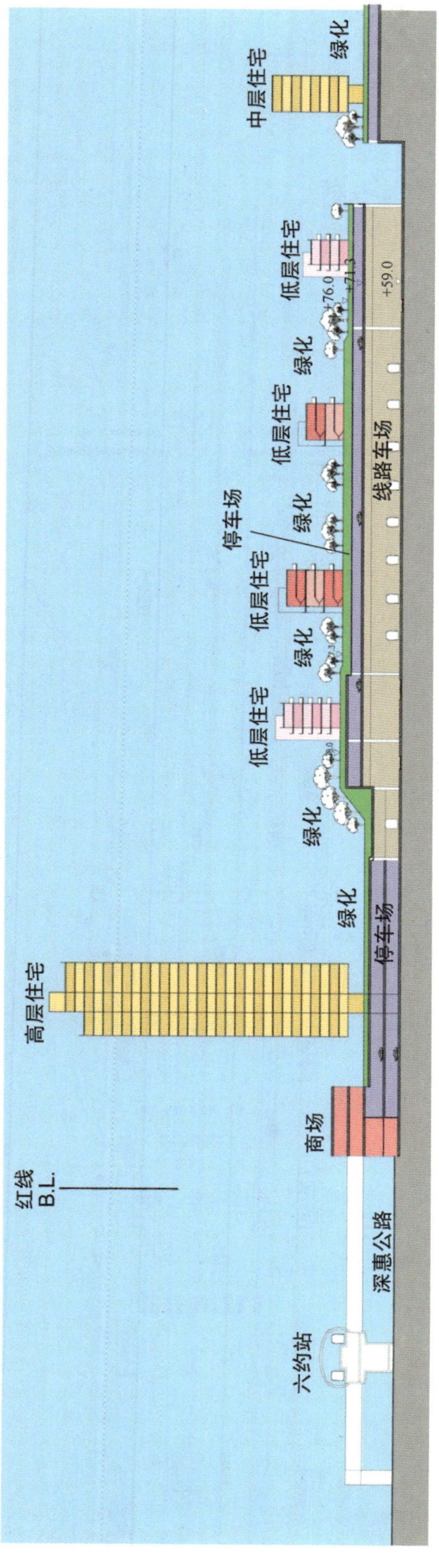

（b）

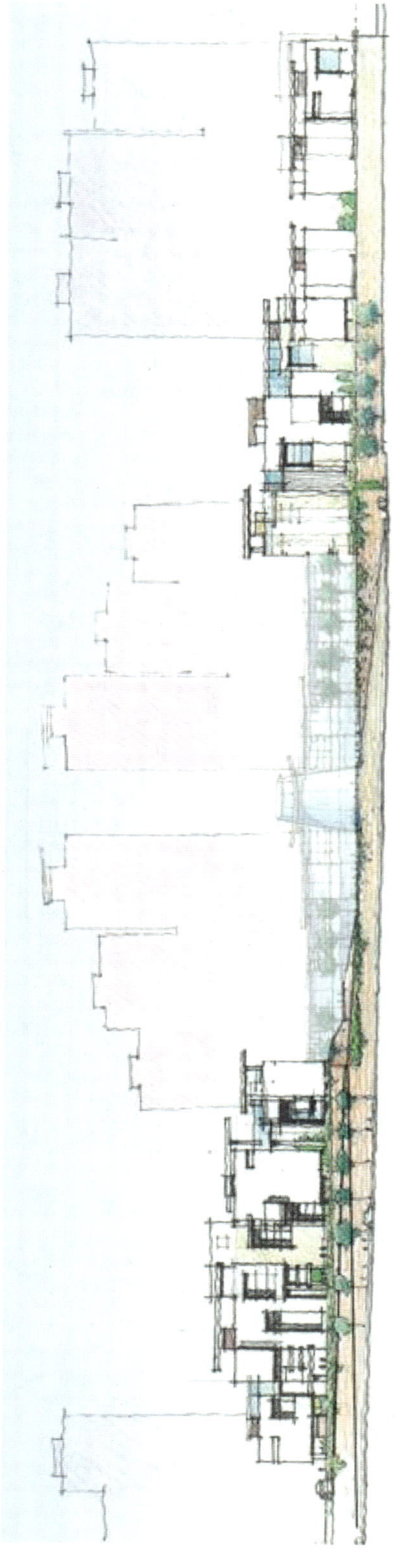

（c）

图 1.27 横岗车辆段综合物业开发竖向设计示意图

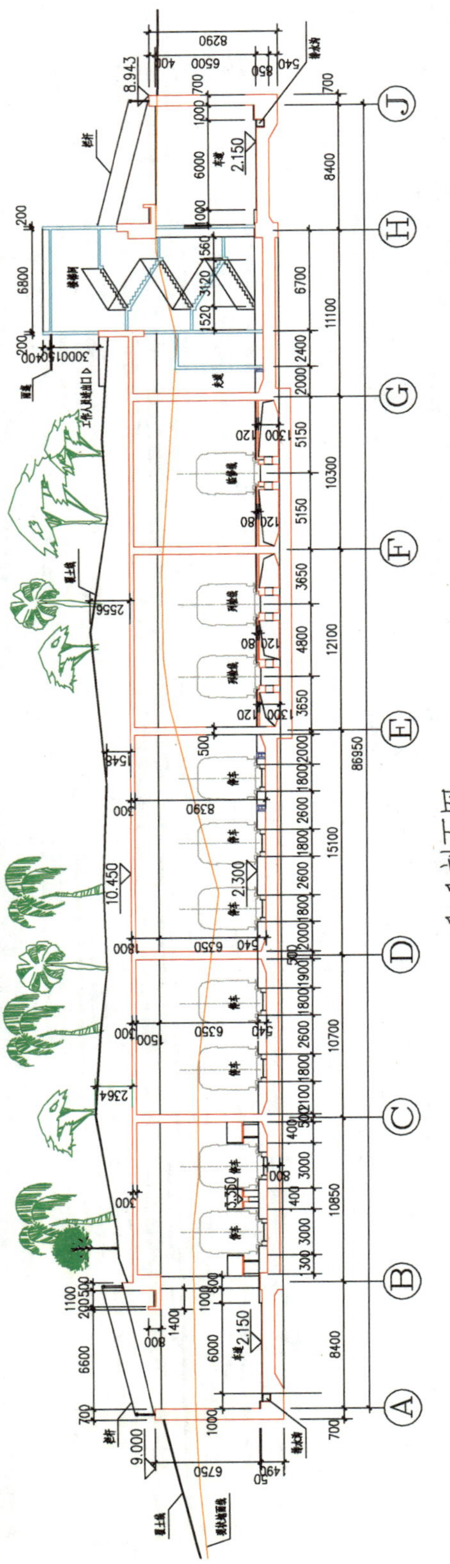

1-1剖面图

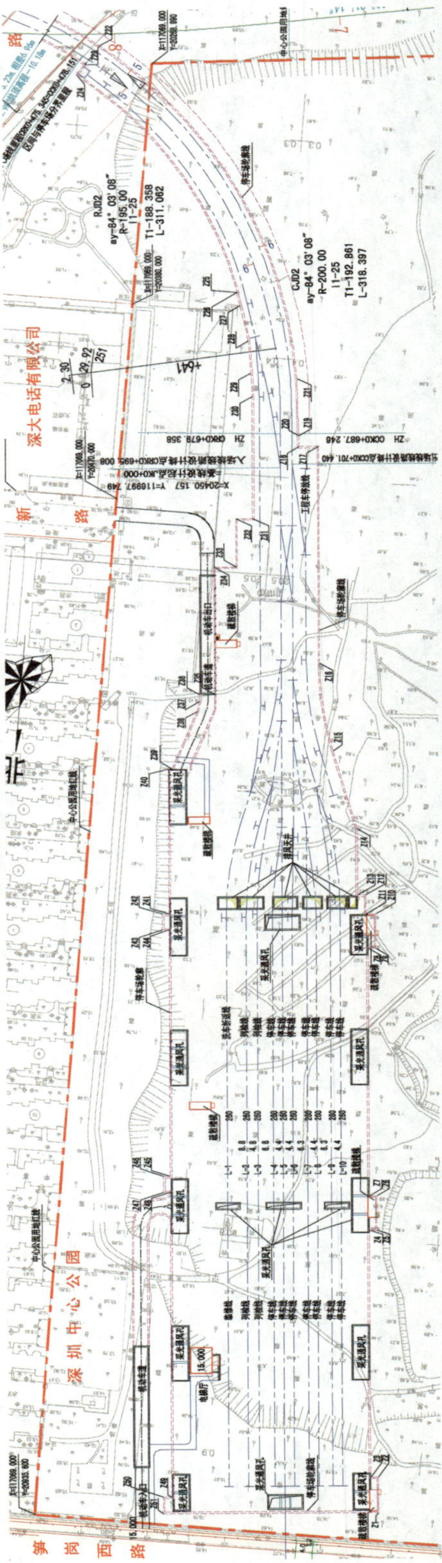

图1.28 中心公园停车场布置示意图

1.2.14 福田综合枢纽

福田站综合交通枢纽工程包括 2、3、11 号线地铁福田站，广深港高铁福田站及深南大道南、北侧配套设施，福田综合交通枢纽工程总建筑面积约 27 万平方米，如图 1.29 和图 1.30 所示，为国内首座结合国铁在城市中心区设置于地下的综合交通枢纽。

图 1.29 福田枢纽总体规划图

1.2.15 工程经济

地铁 3 号线全线长 41.666 正线公里，其中高架段长 21.809 km，地下线（含地面线和过渡线）长 19.857 km，项目总投资为 166.98 亿元（首期段 113.18 亿元，西延段 53.80 亿元），技术经济指标 4.01 亿元/正线公里。

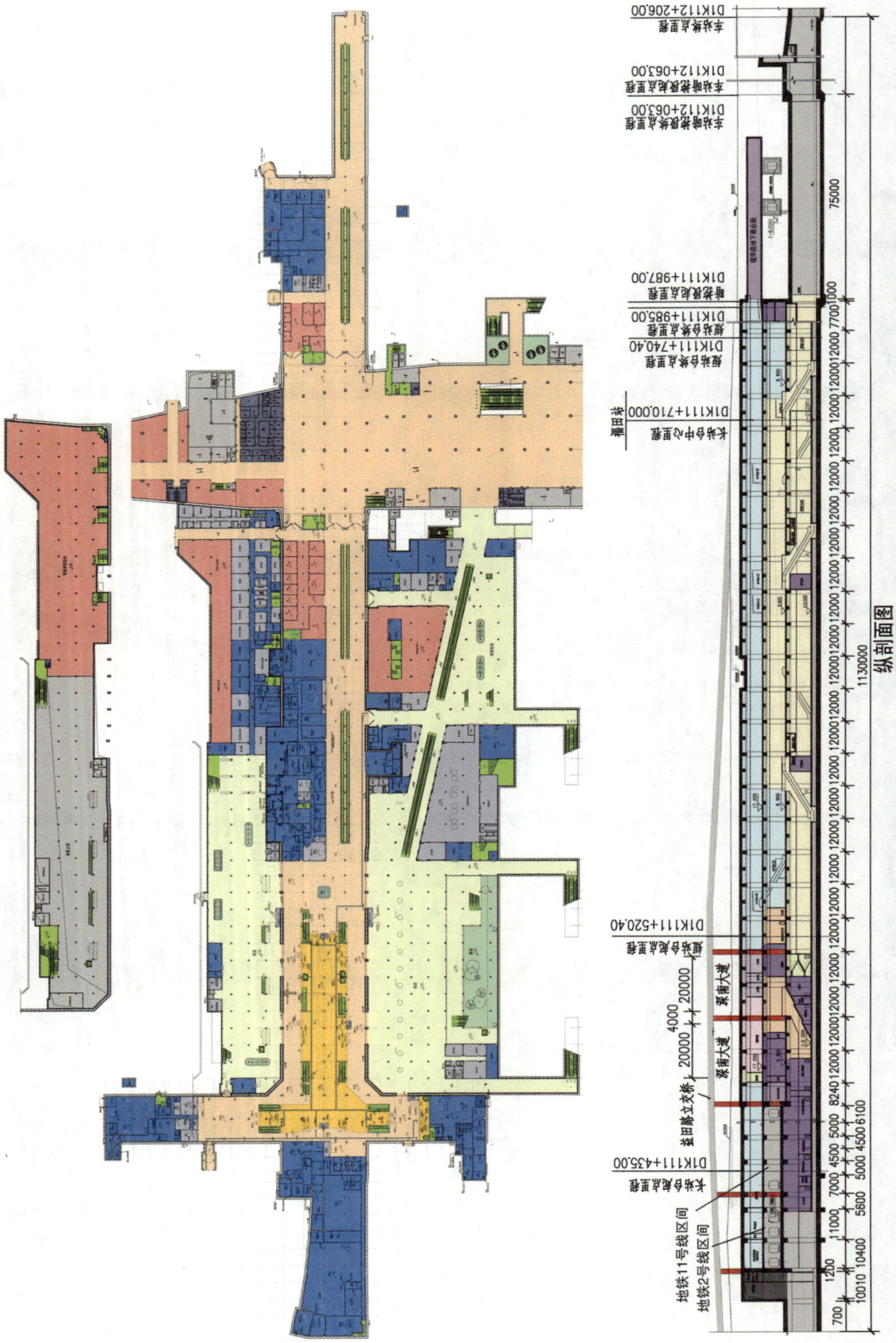

图 1.30 福田枢纽地下一层及纵断面示意图（单位：mm）

首期段（红岭站～双龙站）长 32.912 正线公里，地下线（含地面线和过渡线）长 11.103 km，高架段长 21.809 km。设车站 22 座，其中地下站 7 座，高架站 15 座。国家发改委批复工可投资估算 106.56 亿元，技术经济指标 3.24 亿元/正线公里；较预可投资估算 118.29 亿元，减少 11.73 亿元。经深圳市发改委评审中心评审后初步设计概算为 113.18 亿元，技术经济指标 3.44 亿元/正线公里。

西延段（益田站—红岭站）长 8.754 正线公里，均为地下线，共设车站 8 座，其中换乘站 7 座，在中心公园设停车场一处，主变电所利用深圳地铁 3 号线首期段 1 座主变电所供电，控制中心利用 3 号线首期段控制中心，车辆采用 B 型车 6 辆编组。国家发改委批复工可投资估算 57.87 亿元，技术经济指标 6.61 亿元/正线公里；较《建设规划调整》投资估算 51.82 亿元，增加 6.05 亿元，其中：直接工程费增加 3.67 亿元，工程建设其他费用增加 1.61 亿元，预备费增加 1.31 亿元，专项费用减少 0.53 亿元。经深圳市发改委评审中心评审后初步设计概算为 53.80 亿元，技术经济指标 6.15 亿元/正线公里。

1.2.16 技术管理

1.2.16.1 工程测量

首次在城市轨道交通设计中采用航测、航空摄像、航空摄影等辅助设计技术，为设计提供翔实、直观的基础资料。首次在城市轨道交通勘测中采用航测方法测绘 1∶500 工点图和横断面，解决了地下段位于繁华商业地带，高楼林立、交通繁忙、人流拥挤等引起测量困难的问题。

1.2.16.2 地质勘察

在充分研究利用区域地质和既有地勘资料的基础上，采用远观近察、由面至点、点面结合的工作方法，进行工程地质调绘。依据分段工程地质特征、勘探方法的适宜性和工程类型，实施了以钻探、静探、动探、旁压、标贯和物探等相结合的综合勘探。勘察过程中使用了当时地铁勘察中很少用到的测试，如现场 K_{30} 试验、旁压试验、孔透试验等。

老街站—晒布路站区间下穿密集房屋地段，很长一段因场地原因无法施钻，采用孔透试验，解决了由于场地限制不能实施钻探部分的地质勘察。

通过综合勘探，各种勘探方法相互印证，保证了资料准确性，设计方案的合理性和工程建设的安全性。

1.2.16.3 系统保障

深圳地铁 3 号线工程在项目的设计管理中，首次引入了国际上通行的系统安全保障及风险管理手段，保证了设计及施工的顺利进行和运营的安全可靠。

完成了设计系统安全保障第一阶段工作，是城市轨道交通建设在设计中采用国际上通行的安全理念的一次尝试。在实施过程中依据我国已有的法规，吸取了国内外一些工程项目的经验并结合深圳地铁 3 号线的实际情况，制定和形成了设计工作的系统安全保障及风险管控思路和程序。

1.2.16.4 行政审批

工程报建工作主要体现为和相关政府职能部门沟通和协调，满足其规定和要求，以实现顺利通过各部门的各项审批，使工程建设能顺利实施。设计配合业主完成了与相关政府职能部门的协调、报建文件编制、报建文件跟踪处理等工作。

1.2.16.5 勘察设计总承包管理

勘察设计总承包管理工作做到了在服务周期全方位、全天候、全过程服务，从项目前期研究，到决策阶段的工可研究，再到项目实施阶段工程的总体设计、初步设计和施工图设计，直到后期服务的配合施工、联调验收、开通运营，并延伸至投运后的缺陷责任期。

1.3 建设过程

3 号线首期工程从 2006 年 12 月底动工建设，西延段工程从 2008 年 5 月动工建设，于 2011 年 6 月开通试运行，总工期为 4 年 6 个月。为了尽快实现项目的社会经济效益，利用高架线路工程建设优势，高架段提前到 2010 年 12 月实现载客运营。工程主要里程碑如图 1.31 所示。

1.4 通车运营效果

（1）项目沿线覆盖城市用地约 50 km^2，服务居民约 144 万人，建成后土地价值提高 150%，同时直接提供了约 2 500 个就业岗位。

（2）深圳核心区与龙岗次中心区之间的公共交通出行时间由建设前的 2 h 以上，缩短至 45 min 以内；高架段地面小汽车速度由原来的 20 ~ 30 km/h 提高到建设后 50 ~ 60 km/h。

（3）项目投资结算额为 154.59 亿元，较计划投资节约 11.81 亿元。工程投资利用率高，工程投资经济指标达到预期。

（4）截至 2014 年底，客运总量达到约 8 亿人次，日均客运量 56 万人次。其中：举行世界夏季大学生运动会比赛期间乘客数总量达到 2 000 万人次。

（5）2014 年，深圳地铁 3 号线除列车牵引供电外，设备全年用电量为 6 380 万千瓦时，较同期开通的、全地下的地铁 2 号线（线路长约 36 km，设 29 座车站）节省用电 1 980 万千瓦时，节约运营费用 1 700 万元。全年客运收入达到 6.1 亿元，实现收支结余 6 300 万元，是中国效益较好的极少数轨道交通之一。

（6）改变了居民对地铁高架线的认识，较好解决了全线约 60%地上线路的景观和环境影响、道路交通协调等问题，成功打破了在国内特大城市沿重要发展轴采用高架轨道交通系统的禁忌，为中国城市轨道交通可持续发展做出了示范。沿线居住类物业售卖价格开通后比开通前平均上升 2 000 元/m^2，与深圳市原特区内物业价增值情况相当。

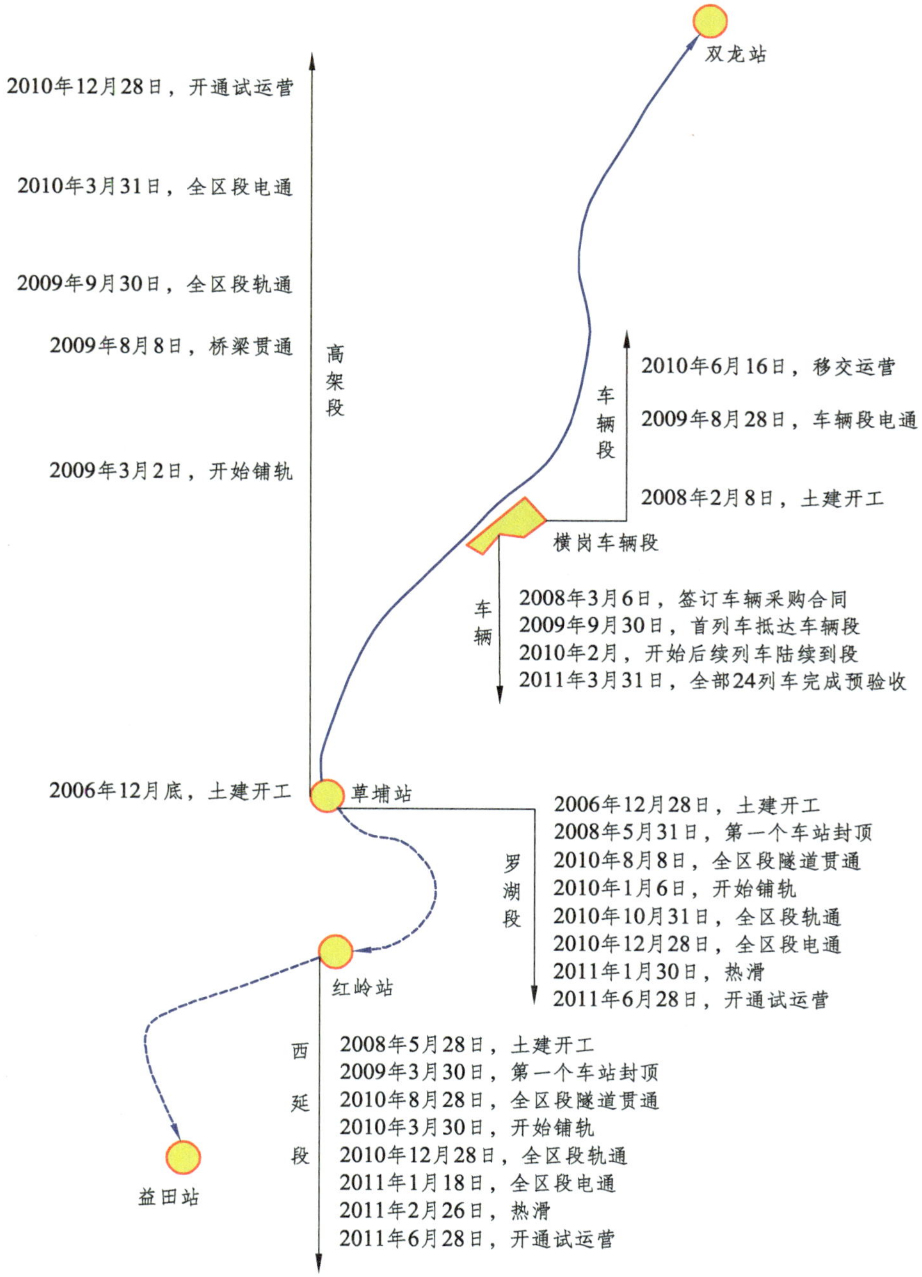

图 1.31 工程主要里程碑示意图

第 2 篇

规划理念与创新设计

2.1 规划引领

在工程可行性研究及勘察设计的过程中，对于原特区内罗湖、福田区较为成熟的已建设区，3 号线的主要功能更多的是服务既有城市交通功能的需求；而 3 号线大部分线路所在原特区外的龙岗区，给地铁建设赋予了更多的功能需求。此段线路不单解决乘客出行，同时肩负着沿线城市更新、国道 G205 城市化改造等功能。为此，深圳市开创性地进行了《深圳地铁 3 号线详细规划》，为项目提供不同于国内其他线路的顶层设计。本章重点介绍规划设计在 3 号线一期建设中的引领作用。

2.1.1 规划设计理念

项目规划设计中参考大量国内外轨道建设的既有经验，结合深圳市城市发展的实际情况，为促进城市轨道交通建设、运营中的经济、社会、生态效益的共赢发展，提出了以下几点规划设计理念，并贯穿于整个线路设计中。

（1）“建地铁就是建城市”的模式创新与实践：3 号线主要沿国道 G205 布设，由于改革开放之初“马路经济”发展形成的城市布局已不适应城市发展需求。因此，借地铁建设的同时对城市完成全面更新，主要包括轨道沿线土地利用规划调整，对国道 G205 进行城市快速路功能改造，对沿线相关重大基础设施全面更新。以此探索、践行“建地铁就是建城市”的理念。

（2）城市发展珠链式的轨道建设模式：以平衡城市开发量为前提，实现车站核心区内高强度综合开发，以及核心区外良好的生态环境，如图 2.1 所示。

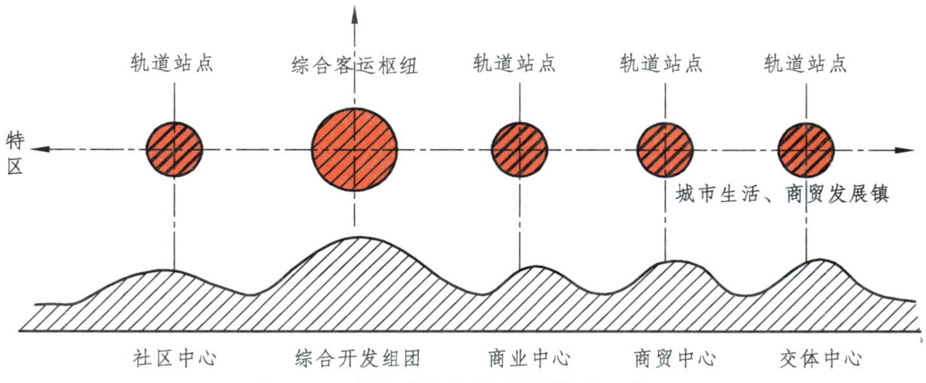

图 2.1 珠链式的轨道建设模式示意图

（3）以轨道交通为骨干的综合交通模式：在轨道沿线，利用车站来组织公交、路网、人行系统等，使轨道交通成为主要交通方式和主要接驳对象。构建福田、布吉综合交通枢纽，实现对外交通的良好衔接，如图 2.2 所示。

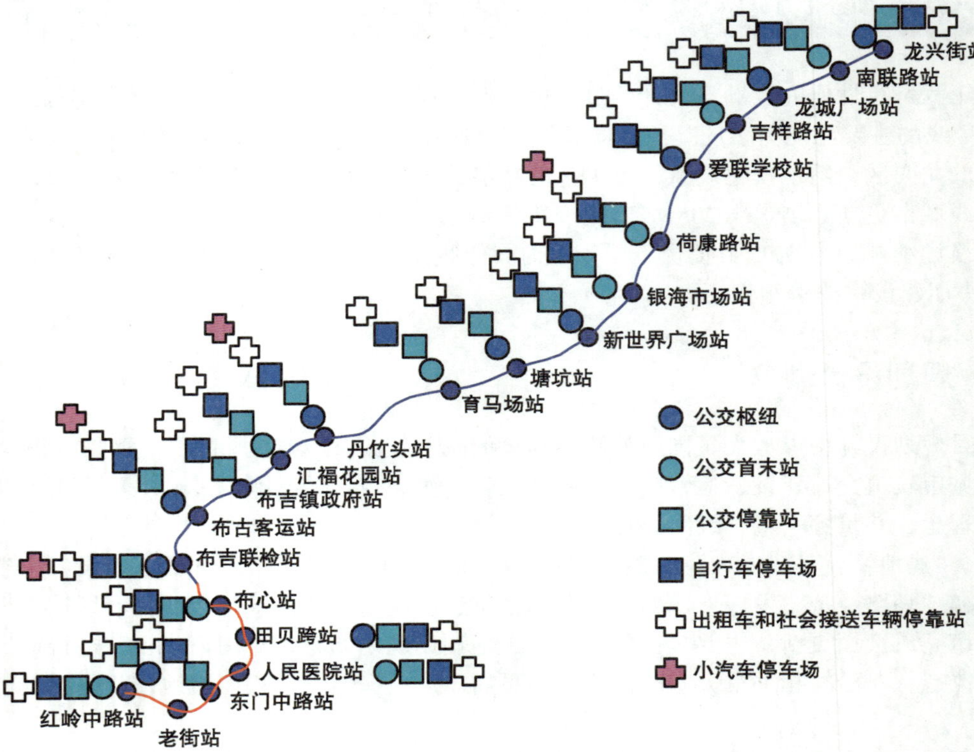

图 2.2 交通网络的整合示意图

（4）践行集约和节约土地资源利用：深圳市主城规模较小，由于受山水地形条件制约建设用地紧张。因此，交通设施用地成为制约城市轨道交通建设和运营的主要因素，探索集约和节约化设置 3 号线主变电所、车辆基地等轨道建设新模式。

2.1.2 车站综合功能定位

轨道车站，作为大运量客运交通最安全和最快捷的服务设施，其最基本和最重要的功能就是“交通服务功能”。同时轨道车站的建设，在有效改善和提高所在区域的交通可达性和通达性的基础上，将提高沿线地区土地价值及发展潜力。因此，“车站功能”的内涵既表现为“客运交通枢纽功能”，又表现为具有对车站周边土地功能特征的影响趋势。可将沿线土地利用规划调整的用地城市服务功能属性进行车站用地功能划分车站性质。

2.1.2.1 车站交通功能定位

通过对外交通及轨道交通接驳、常规公交接驳线网结构及接驳区域、小汽车接驳、集散客流量与换乘客流量的汇总分析，以 3 号线红岭站—双龙站段为例，如图 2.3 所示，其交通接驳功能定位如下：

- 综合枢纽站：布吉客运站（运营站名为“布吉站”）；

● 交通接驳站：布吉联检站（运营站名为“草埔站”）、丹竹头站、荷康路站（运营站名为“荷坳”）；

● 片区接驳站：老街站、田贝路站（运营站名为“田贝站”）、塘坑站、新世界广场站（运营站名为“横岗站”）、龙城广场站、龙兴街站（运营站名为“双龙站”）；

● 一般乘换站：红岭中路站（运营站名为“红岭站”）、东门中路站（运营站名为“晒布站”）、人民医院站（运营站名为“翠竹站”）、布心站（运营站名为“水贝站”）、布吉镇政府站（运营站名为“木棉湾站”）、汇福花园站（运营站名为“大芬站”）、育马场站（运营站名为“六约站”）、银海市场站（运营站名为“永湖站”）、爱联学校站（运营站名为“爱联站”）、吉祥路站（运营站名为“吉祥站”）、南联路站（运营站名为“南联站”）。

注：为如实反映设计时的规划条件，本章均采用原规划站名。

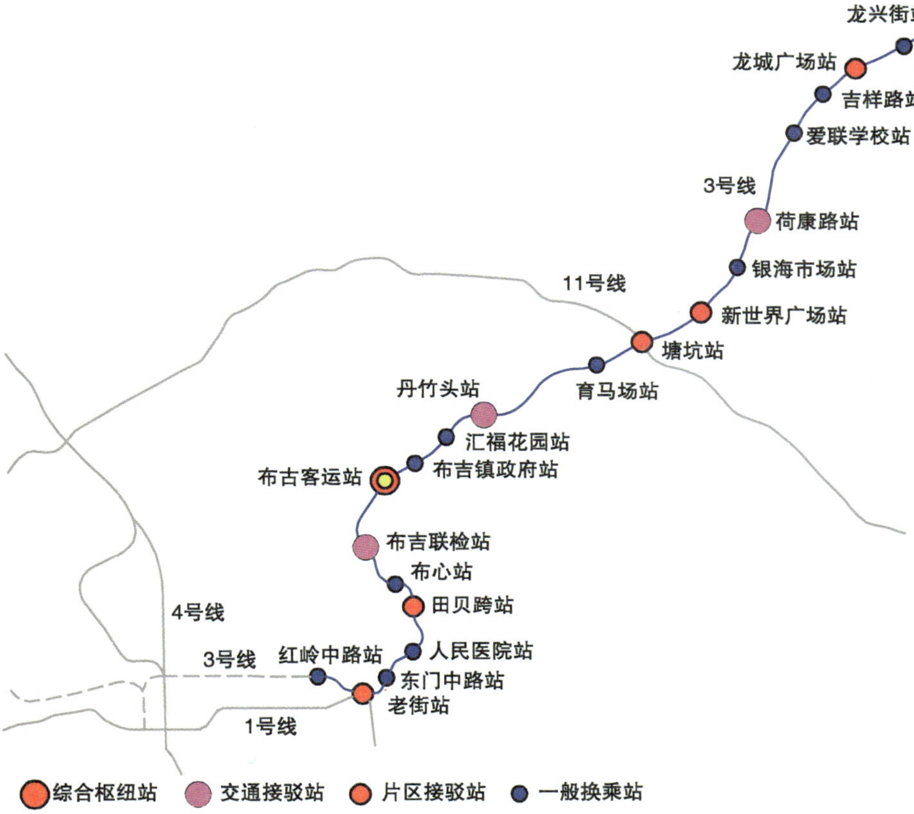

图 2.3　一期工程交通接驳定位分析图

2.1.2.2　车站用地功能定位

深圳地铁 3 号线一期沿线原特区内罗湖段及布吉段是较高密度的建成区，原特区外沿国道 G205 改造为深惠路两侧布设段，规划设计之初，沿线主要由需改造的旧城区以及部分未开发用地构成。在开展车站交通设计时，就对沿线土地利用规划及发展进行了深入调查分析。沿线车站 500 m 半径覆盖面积 2 206 hm^2，其中罗湖段 704 hm^2，布吉段 344 hm^2，横岗段 636 hm^2，龙岗段 521 hm^2。具有改造潜力的用地约 784 hm^2，其中罗湖段 67 hm^2，布吉段

130 hm²,横岗段 282 hm²,龙岗段 305 hm²;具有新发展潜力的用地约 170 hm²,其罗湖段 9 hm²,布吉段 37 hm²,横岗段 98 hm²,龙岗段 26 hm²。潜力用地共计 954 hm²,占站点核心腹地范围的 43%,如图 2.4 所示。

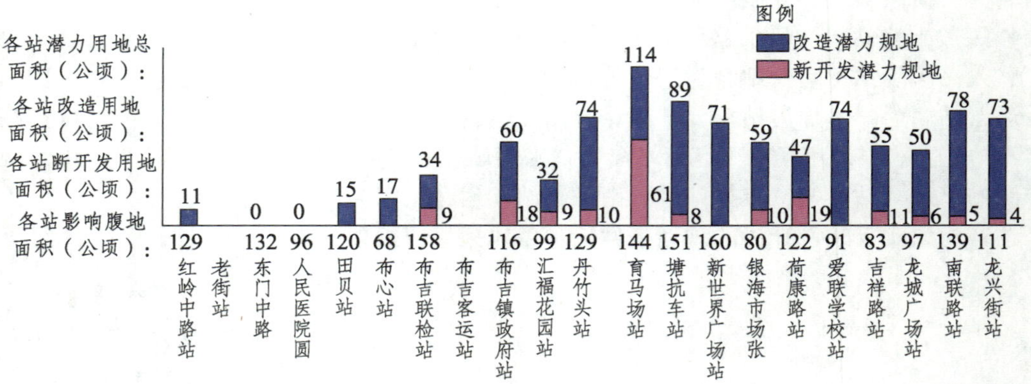

(a)沿线各站潜力用地柱状图

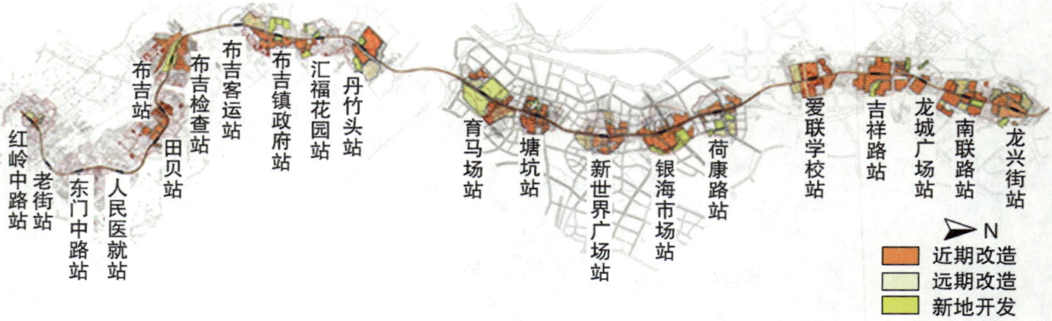

(b)沿线各站潜力用地分析图

图 2.4 一期工程沿线各站点潜力用地分析图及柱状图

根据以上土地利用规划调整对一期工程沿线各车站用地功能分析如下:

1)罗湖段

结合站点腹地土地利用现状和相关规划对站点功能发展的定位,罗湖段站点用地功能定位为:老街站和田贝站为商业中心站,布吉联检站为交通枢纽站,其他站为一般居住站,如图 2.5 所示。

2)布吉段

结合站点腹地土地利用现状、发展潜力和相关规划对站点功能发展定位意向,布吉段 4 个站点功能发展定位为:布吉镇政府站为活动中心站,布吉客运站为交通枢纽站,其他站为一般居住站,如图 2.6 所示。

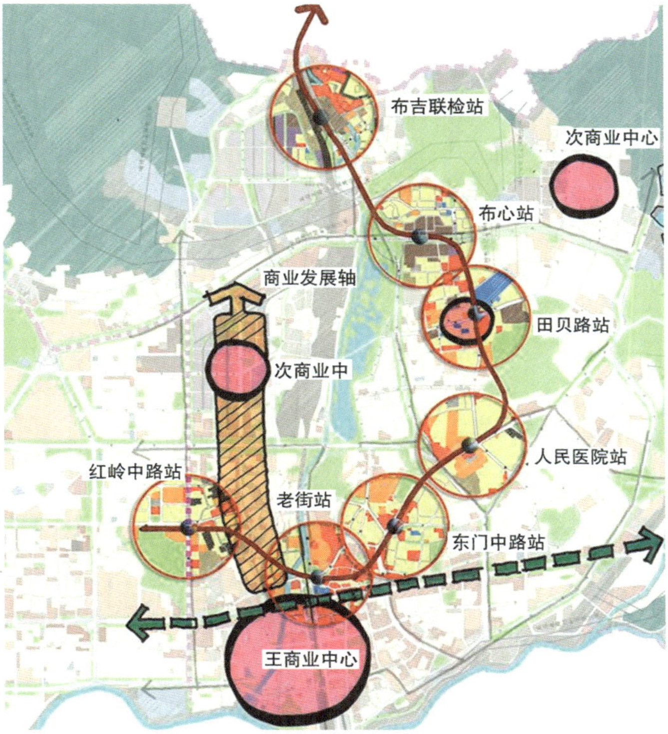

图 2.5 罗湖段站点周边规划用地示意图

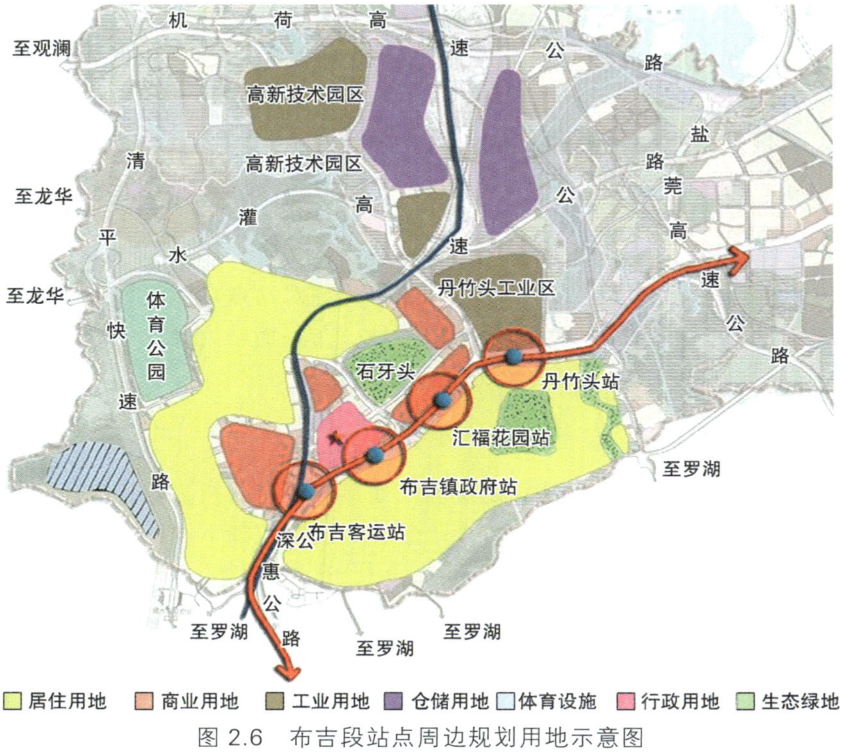

图 2.6 布吉段站点周边规划用地示意图

3）横岗段

由于本段内各站都存在足够数量的可发展潜力土地，依据相关规划发展意向和土地利用规划调整：塘坑站及新世界广场站所处片区为综合服务核心区，可依托现有行政办公、综合商贸基础，结合轨道建设形成物流组团核心区，定位为商业中心站；银海市场及荷康路站所处片区：传统工业区，包括保安、荷坳片传统工业区，通过升级改造形成东部高新技术产业带的配套加工基地，站点核心区为配套居住用地为主，定位为一般居住站；育马场站所处片区为居住工业混杂片区，均定位为一般居住站，如图 2.7 所示。

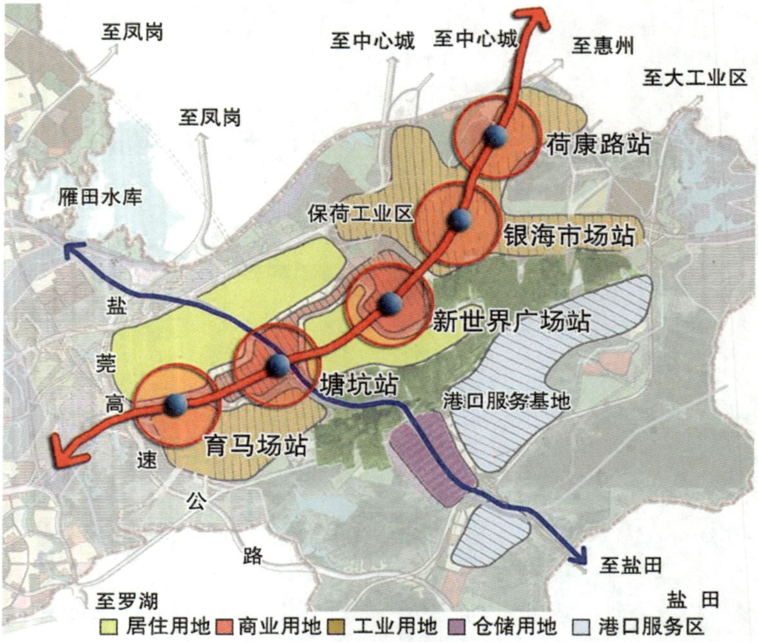

图 2.7 横岗段站点周边规划用地示意图

4）龙岗段

结合站点腹地土地利用现状、发展潜力和相关规划对站点功能发展定位意向，龙岗段 5 个站点功能发展定位为：龙城广场站为活动中心站，龙兴街站为商业中心站，其他站为一般居住站，如图 2.8 所示。

2.1.2.3 车站综合功能定位

根据 3 号线沿线各车站的开发特色定位和交通接驳定位分析，轨道交通二期工程 3 号线（红岭站至双龙站段）沿线各车站（共 21 个）总体功能定位如下（图 2.9）：

综合枢纽站 1 个：布吉客运站；

交通接驳站 3 个：布吉联检站、丹竹头站、荷康路站；

片区中心站 7 个：老街站、田贝路站、塘坑站、新世界广场站、龙城广场站、龙兴街站、布吉镇政府站；

图 2.8 龙岗段站点周边规划用地示意图

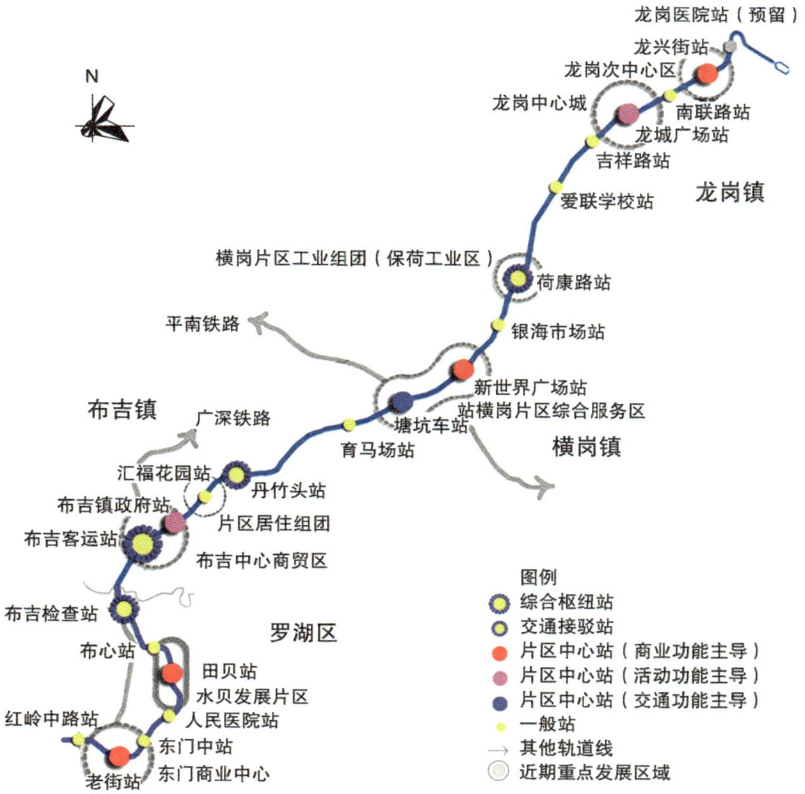

图 2.9 一期工程车站综合功能定位示意图

一般站 10 个：红岭中路站、东门中路站、人民医院站、布心站、汇福花园站、育马场站、银海市场站、爱联学校站、吉祥路站、南联路站。

2.2 设计理念与创新

中国在近十多年来取得了令世界瞩目的经济高增长，但城市发展过程中出现用地紧张、能源匮乏、环境污染、投资效率低等矛盾日益凸显。虽然这些矛盾通过建设轨道交通得到了一定的缓解，但是，使轨道交通建设如何确保项目自身财务可持续已经成为一个发展的挑战。把 3 号线建设成为“节能环保、经济高效”轨道交通项目是规划、设计者追求的目标。为此，我们在深圳地铁 3 号线工程中进行大胆探索与实践，形成了一套完整的理念和方法。实践成果为国内后续项目及业内所借鉴和参考。

2.2.1 集约高效利用土地，实践城市轨道交通可持续发展

1）首创世界级的双层车辆段＋物业开发的实践先例

横岗车辆段采用两层布置形式，下层停车，上层检修，并进行上盖综合物业开发，如图 2.10 所示。整个建筑相当于在高 23.9 m 的双层高架结构上加设如“塔林”般的民用住宅和社区设施，并能满足 7 度抗震设防烈度要求，在国际上实属罕见，具有独特的设计创意和极高的技术难度。

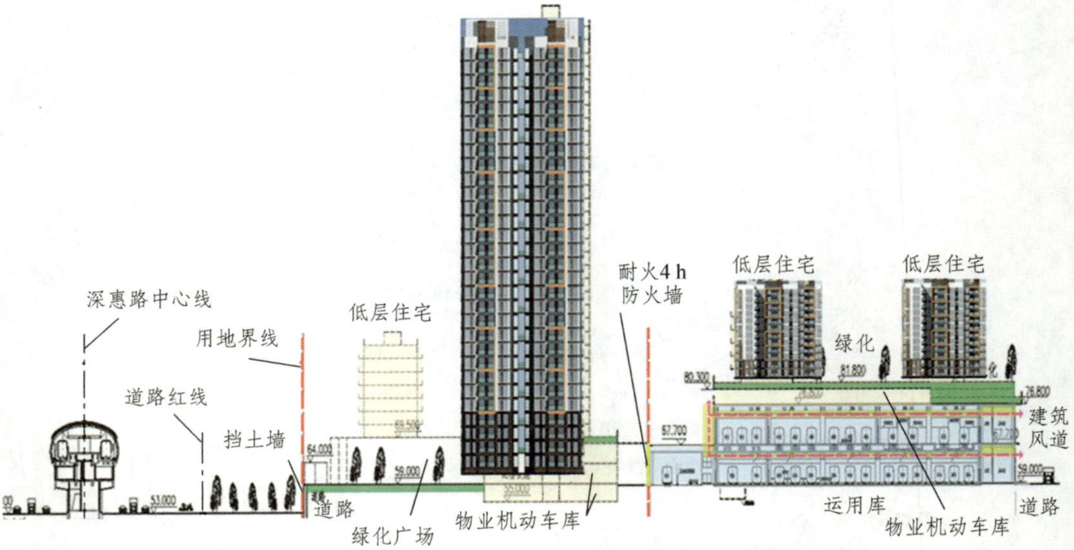

图 2.10 横岗车辆段与六约车站横剖面示意图

车辆段双层布置后，地铁维修功能分区更明确，用地面积由规划的 28.28 hm^2 减少到 18.24 hm^2，节省用地 36%。同时，进行上盖及周边物业综合开发，开发总用地面积达到 21.24 hm^2，成为集工业、商住及商业配套于一体的大型综合物业开发典范，如图 2.11 所示。

横岗双层车辆段实际总物业开发面积达 75 hm^2，其中为深圳市提供保障性住房 33 hm^2，并于 2015 年交付入住。商业开发用地面积 11.12 hm^2，物业开发面积 42 hm^2，预计创造土地收益和开发利润将超 50 亿元人民币。

图 2.11 横岗车辆段物业开发规划示意及建成后照片

2）建设国内首个地铁地下停车场

中心公园停车场采用半开敞 + 天窗设计方式置于城市中心公园地下，并充分利用自然通风及采光，实现节能、消防、救灾要求。同时对公园进行升级改造，实现了保护城市绿地和设置地铁停车场的双项功能要求，如图 2.12 所示。

3）充分发挥城市空地价值，设置地下主变电所

将草埔主变电所设置于道路立交匝道围合地的地下，上部复绿。充分利用周围既有道路形成的隔离空间，同时首次采用气体绝缘变压器等先进设备，尽量减少环境敏感设施对周边居民影响，如图 2.13 所示。这种充分发挥市政公共用地价值的方式，已成为地铁主变电所选址的重要思路。

（a）

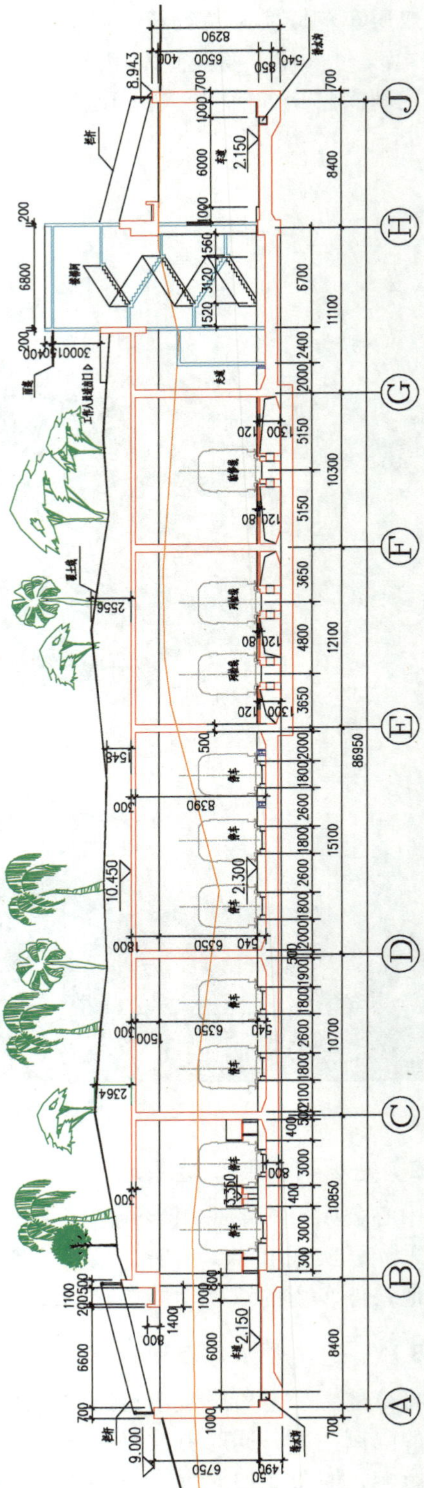

（b）

（c）

图 2.12 中心公园停车场与公园关系示意及建成后照片

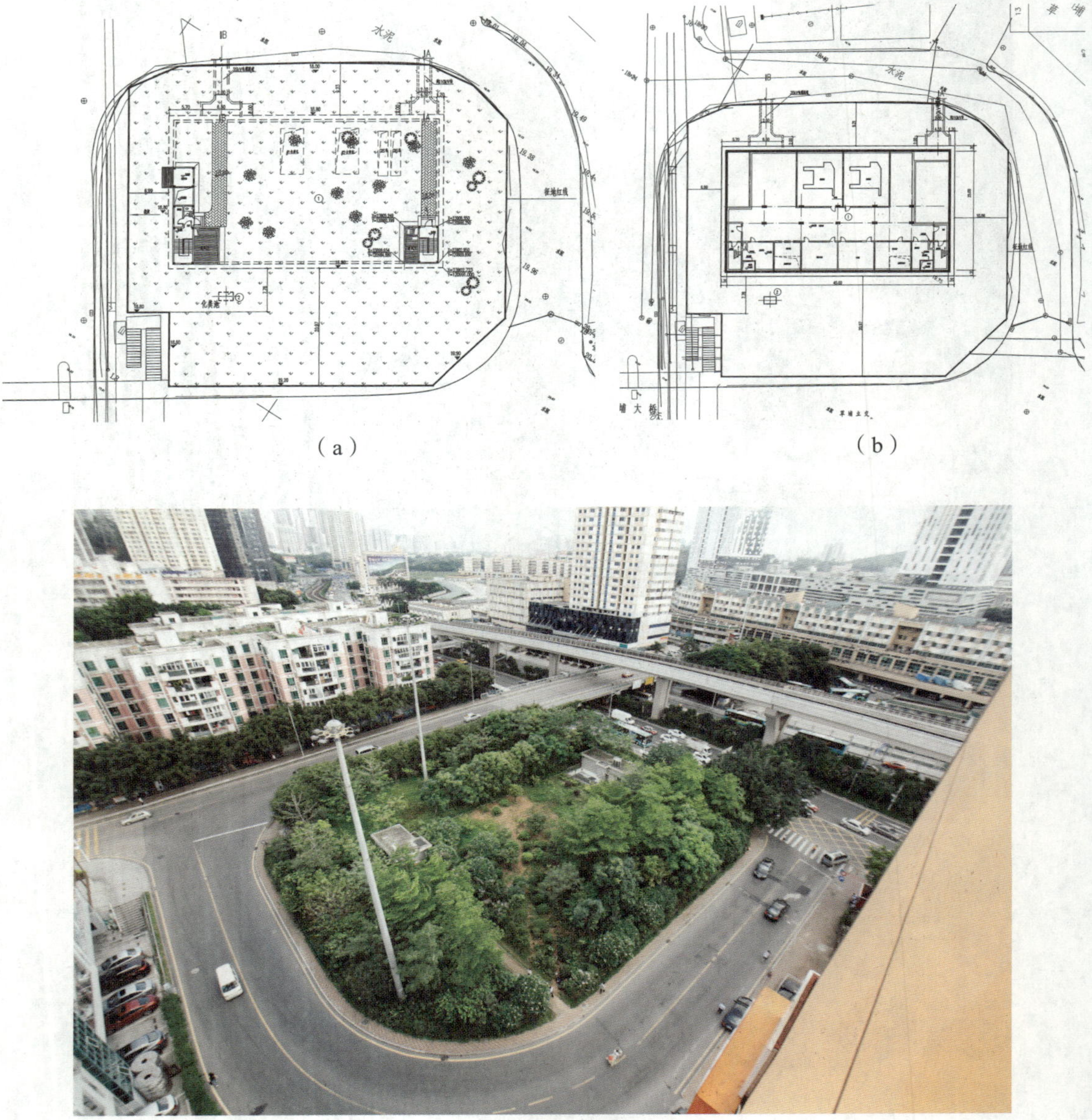

（a） （b）

（c）

图 2.13 草埔主变电所地面、地下总平面布置示意图及建成后照片

2.2.2 进行整体化规划设计，提升交通服务水平和效益

1）福田综合枢纽

福田枢纽汇集了广深港客运专线、5 条地铁线、多条公交及出租车等，总建筑面积约 27 万平方米，为中国首个全地下交通枢纽工程，如图 2.14 所示。

图 2.14 福田站建设后地面环境、站厅层及剖视图

2）老街站综合换乘体

老街站换乘综合体为中国内地首个上下重叠同站台平行换乘 + 上盖物业车站，目前换乘客流达 7.8 万人次/d，如图 2.15 所示。

图 2.15 老街站剖视图及 1/3 号线换乘关系

3）布吉枢纽站

布吉枢纽在用地仅为 4.88 hm^2 的区域内，采用高架（地铁 3 号线）、地面（广深铁路、城市广场、公交）、地下（地铁 5 号线）的立体、紧凑布置方式，形成深圳东部重要的交通枢纽，如图 2.16 所示。

（a）

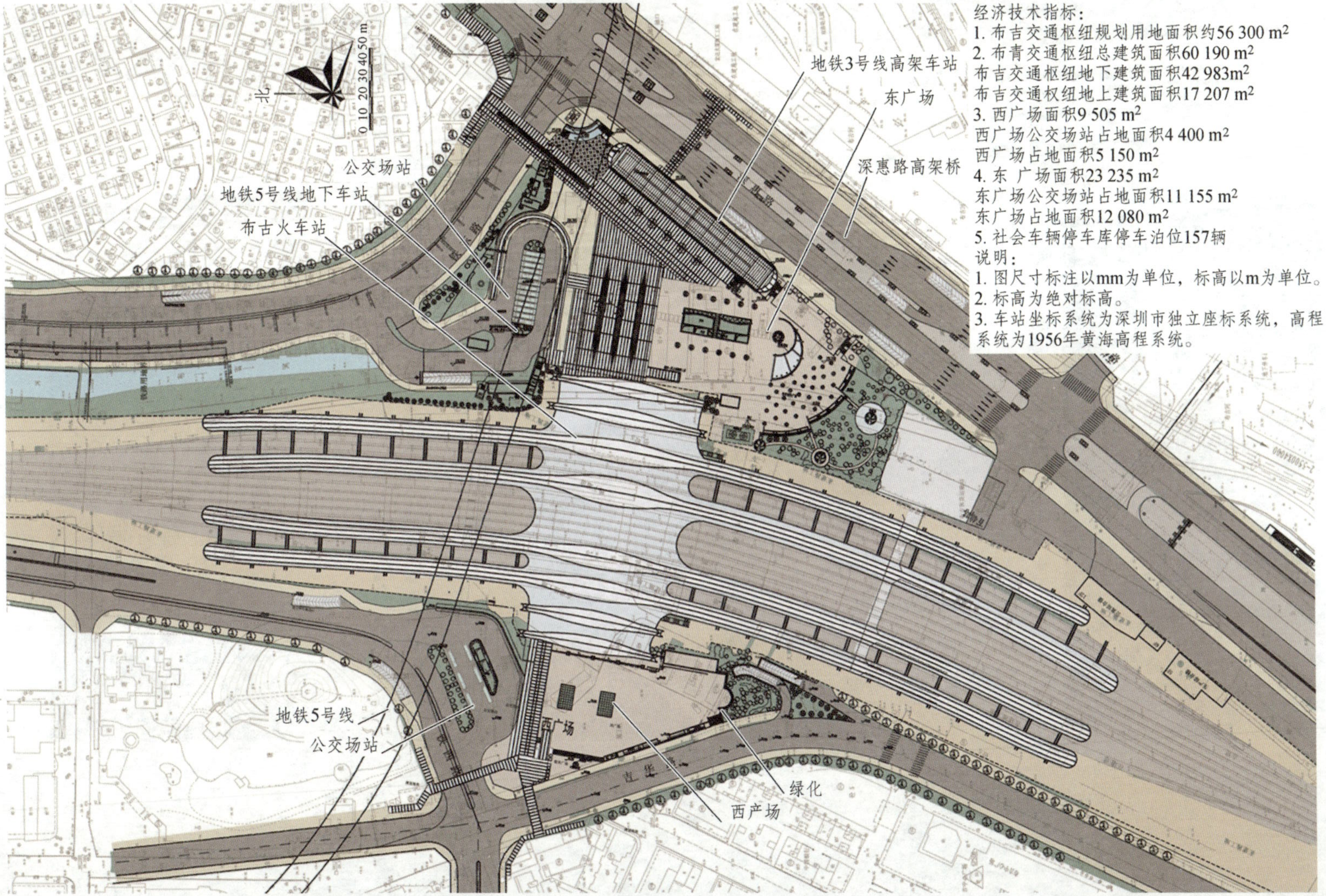
经济技术指标：
1. 布吉交通枢纽规划用地面积约56 300 m²
2. 布青交通枢纽总建筑面积60 190 m²
布吉交通枢纽地下建筑面积42 983m²
布吉交通权纽地上建筑面积17 207 m²
3. 西广场面积9 505 m²
西广场公交场站占地面积4 400 m²
西广场占地面积5 150 m²
4. 东 广场面积23 235 m²
东广场公交场站占地面积11 155 m²
东广场占地面积12 080 m²
5. 社会车辆停车库停车泊位157辆
说明：
1. 图尺寸标注以mm为单位，标高以m为单位。
2. 标高为绝对标高。
3. 车站坐标系统为深圳市独立座标系统，高程系统为1956年黄海高程系统。
地铁3号线高架车站
东广场
深惠路高架桥
公交场站
地铁5号线地下车站
布吉火车站
北
0 10 20 30 40 50 m
地铁5号线
公交场站
西广场
绿化
西产场

（b）

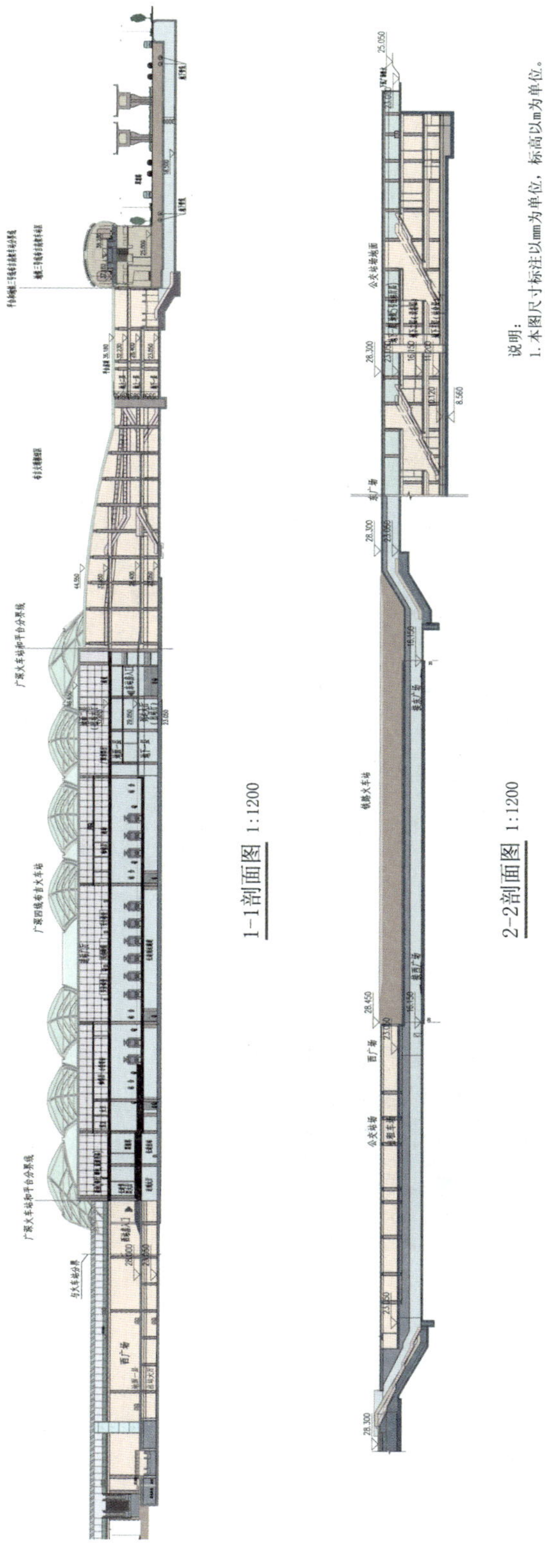

说明：
1. 本图尺寸标注以mm为单位，标高以m为单位。
2. 标高为绝对标高。
3. 车站坐标系统为深圳市独立座标系统，高程系统为1956年黄海高程系统。

（c）

图 2.16 布吉枢纽总平面及横剖面

2.2.3 践行“建地铁就是建城市”的理念

在3号线建设时，同步规划建设G205国道改扩建工程，实现城市快速路功能提升。

1）道路改造与功能提升

通过地铁3号线工程高架段与G205国道（深惠路）改建工程“一体化”设计施工方式，在建设地铁的同时实现G205国道改造，为城市道路“深惠路”的道路功能转换和景观升级，使高架地铁更好地融入了城市景观设计，如图2.17所示。

图2.17 改建后的G205国道与地铁3号线工程高架桥

2）轨道与道路建设提升城市环境、景观质量

高架车站采用“一线一景”、自然通风的设计理念，以提高施工效率，减少工程投资。高架桥梁采用均衡和谐的3∶1∶1长宽高比，实现技术经济和景观最佳平衡。同时配合车辆、轨道、桥梁、声屏障等多重综合措施，使振动、噪声得到有效控制。在高度城市化的深圳发展轴上，成功实施了长达24.83 km的高架和地面线路，如图2.18所示。

图 2.18 地铁 3 号线工程高架段内、外实景照片

2.2.4 不断提升勘察设计技术水平，攻克工程建设技术难题

1）小净距上下重叠隧道

在老街站相邻区间，国内首次采用最小约 1.6 m 的上下重叠盾构隧道，成功穿越长达 998 m 全风化、透水性地层上的建筑群，以减少盾构区间对特区最早建设的城市房屋密集区建筑的影响，如图 2.19 所示。

2）客专桥梁桩基托换

在不中断运营的条件下，采用主动桩基托换技术，首次穿越最高运营速度达 200 km/h 的广深铁路连续梁桥、连续刚构桥，保证了铁路运营安全，如图 2.20 所示。

3）大跨度叠合车站底板及大型地下空间泄水减压技术

在购物公园站采用大跨度叠合车站底板技术；在益田站同步实施的 3.6 万平方米社会地下停车场创造性地采用泄水减压技术等，减少工程投资，并具有较高的技术水准，如图 2.21 所示。

4）CBTC 信号系统的点式 ATP 降级模式

采用世界上技术领先的点式 ATP 系统作为降级模式的基于通信的移动闭塞信号系统（CBTC），经过这三年以来的载客运营，其性能安全、可靠，如图 2.22 所示。

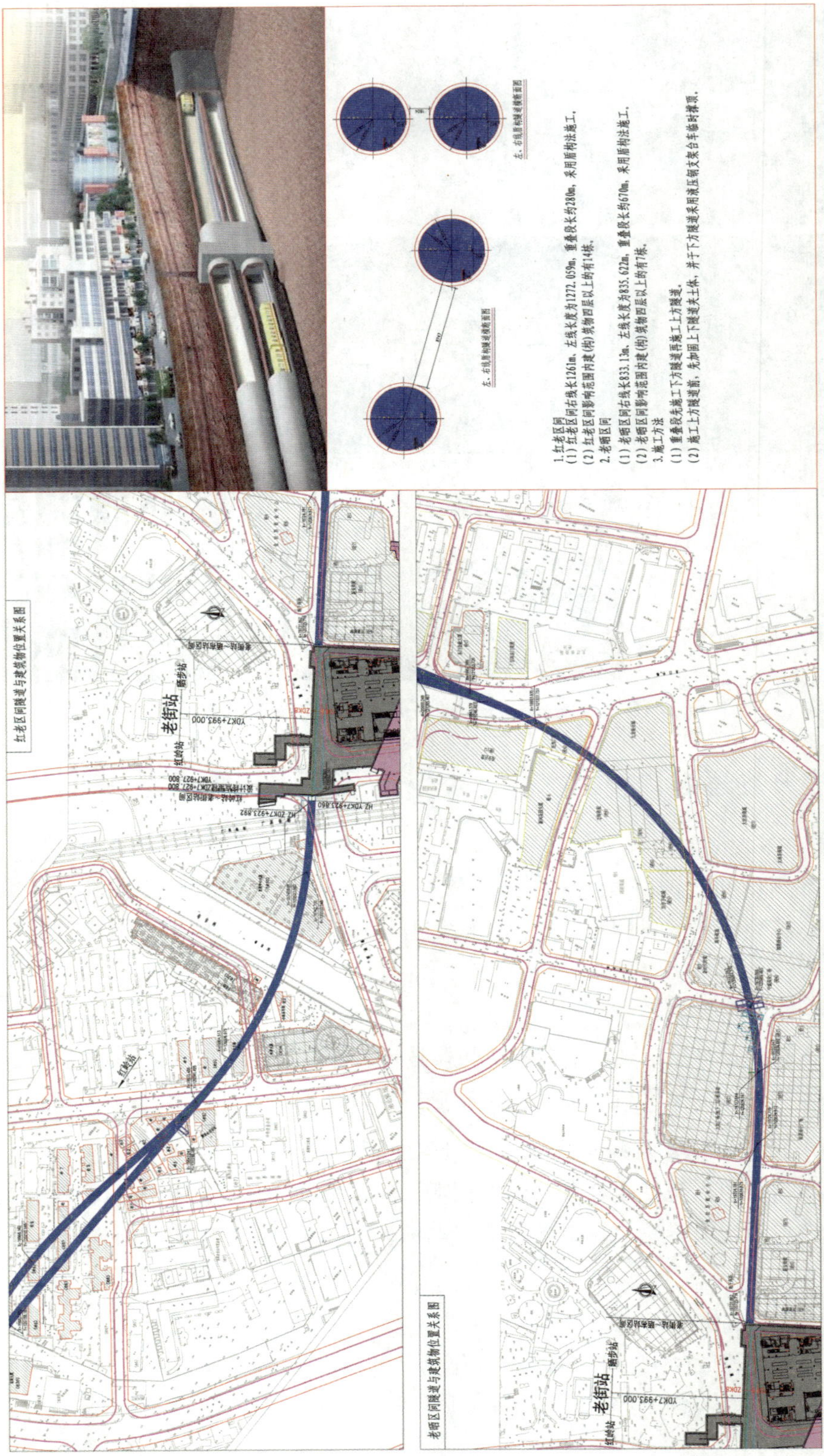

图 2.19 老街站相邻区间重叠隧道图

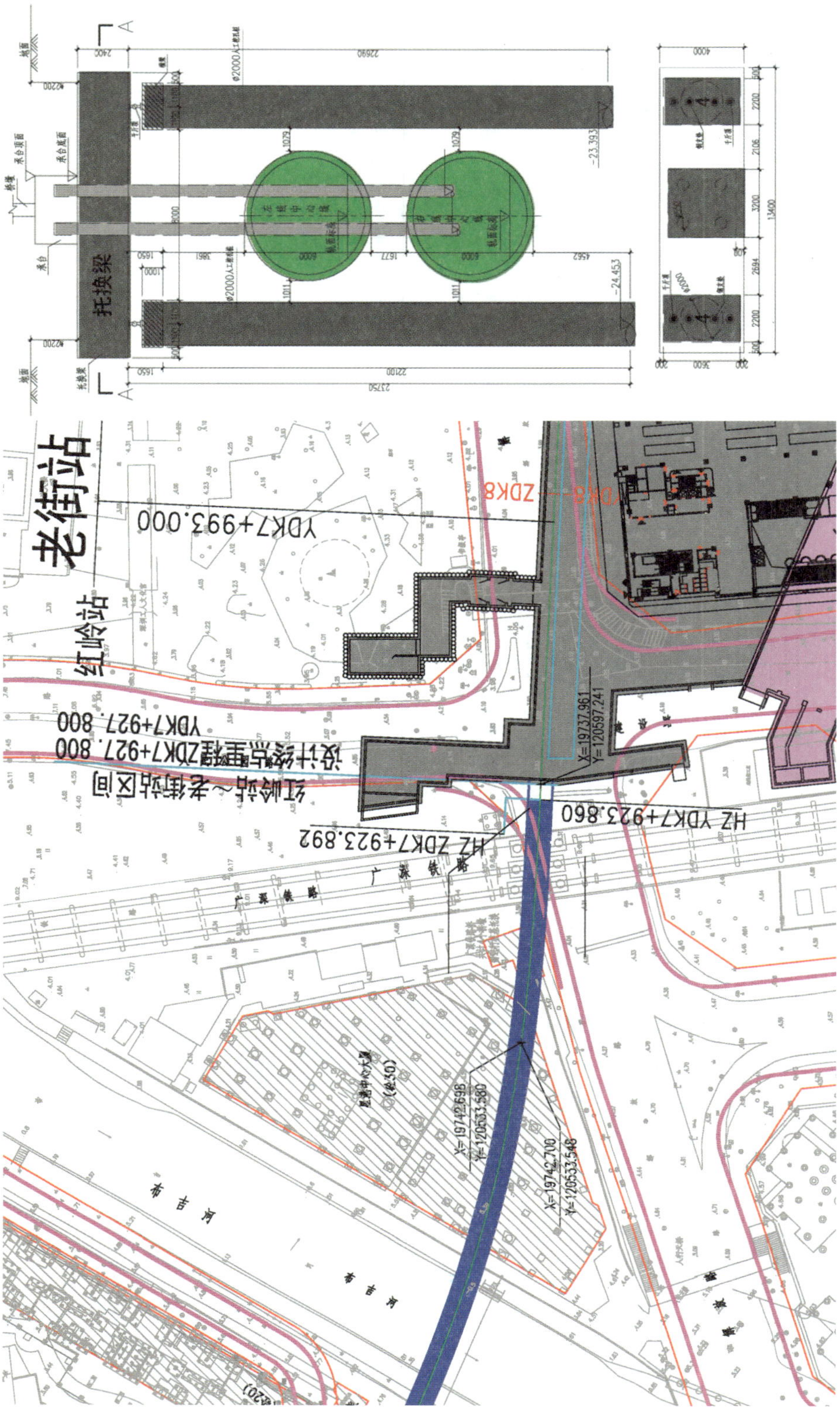
托换梁
老街站
红岭站
YDK7+993.000
YDK7+927.800
HZ YDK7+923.860
HZ ZDK7+923.892
广深铁路
布吉河
-23.393
-24.453

（a）

（b）

图 2.20 广深铁路梁桥托换示意图及现场照片

图 2.21 益田站同步实施的社会地下停车场

图 2.22 CBTC 信号系统主机、信标、定向天线、漏缆照片

5）单活塞风隧道风系统设计

在地下车站创造性地采用单活塞风井布置形式，较传统的双活塞风井方案，每站每端少设置风井 1 处。全线 13 座地下车站，减少 26 处风井及相应噪声源，节约用地面积 520 m^2，节省投资近 5 000 万元，如图 2.23 所示。

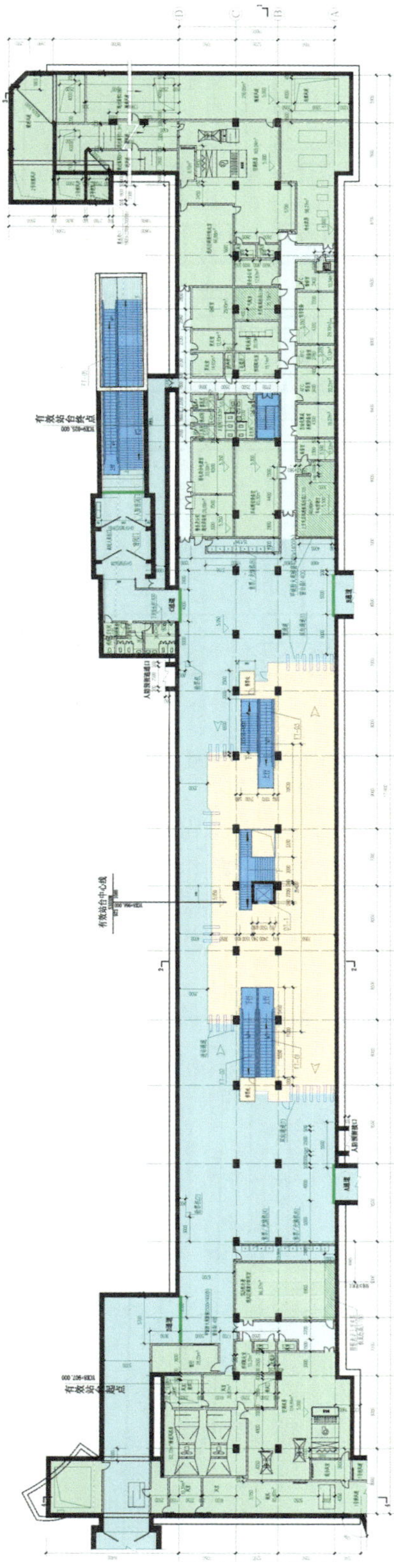

站厅层平面布置图

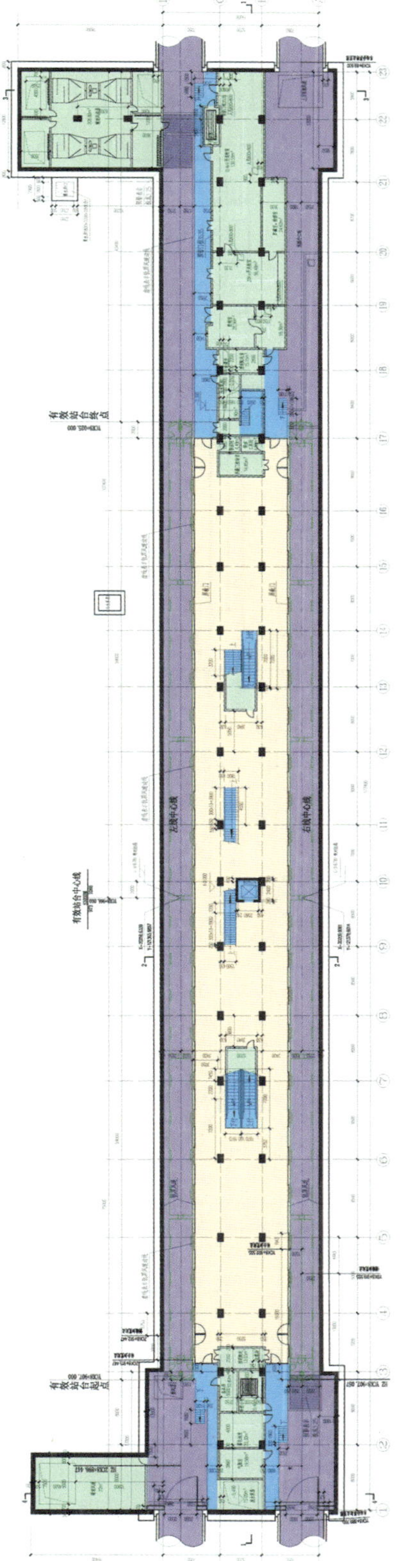

站台层平面布置图

（a）

说明：1. 图中单位为毫米，标高单位为米。
2. 图中±0.000相当于绝对标高-8.658。

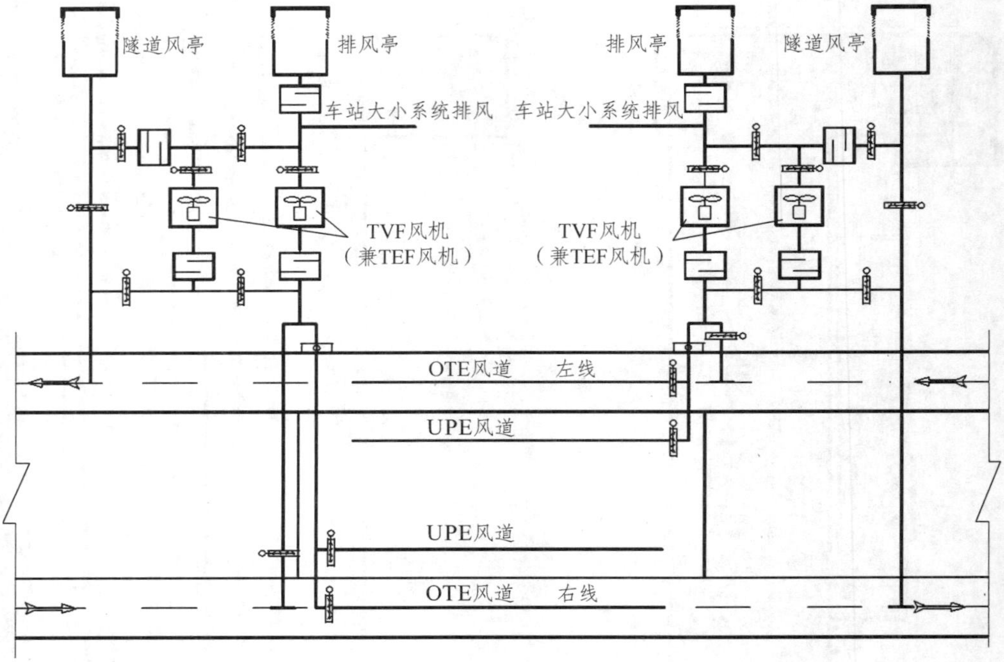

（b）

图 2.23 单活塞风典型车站布置及隧道风系统设计示意图

第 3 篇

难题与破解

3.1 高架线路选择

为节省全寿命周期成本，轨道交通采用地面或高架敷设方式是有效的解决方案。本项目利用205国道改为城市道路的机会，将两项目同步设计，巧妙地解决了空间和时间的制约因素，但是方案的成功设计仍然有不少难题需寻求破解之道。

3.1.1 高架线路的主要优点

3.1.1.1 节省工程投资、降低运营费用

影响地铁敷设方式的因素主要有沿线环境景观要求以及投资控制两个方面。地铁、轻轨和城市铁路都可以有地下、高架及地面三种。在同一系统中，若同时具备地下、高架和地面三种敷设的条件，其造价比大略为 3.5∶2∶1。因此，在有条件的地方，尽可能采用地面或高架敷设方式。

以经济适用、节约资源的方式进行轨道交通建设，科学合理地做好各项设计，可以大大降低轨道交通的建设与运营费用，使轨道交通以经济高效的方式可持续发展。

深圳地铁3号线一、二期工程（运营期又名深圳地铁龙岗线）工程线路全长约41.666 km（其中地下线长17.364 km，高架线长21.809 km，地面线长2.493 km）；全线车站30座（其中地下站14座、半地下站1座、高架站15座）。

根据测算，深圳地铁3号线采用高架敷设为主的方式，建设费用节省约76.6亿元，每年运营及设备折旧费用估算约0.9亿元。

3.1.1.2 节约工期

地铁如采用地下线方式，因车站、区间通风、空调设备布置需要，地下车站规模大，施工难度和建设周期也较长，各个车站范围内施工时需对地面交通及地面建筑造成影响，且其影响时间及范围也远远大于高架方式。地铁3号线工程与国道205改建工程一体化设计、同期实施，它们可以在工序、工期上相互协调、统一，最大限度地减少两工程对周边建筑、居民的影响。

深圳地铁3号线一期工程有效地证明了，结合205国道改造的高架段，比同期开工建设的地下段提前约6个月开通运营，高架段于2010年底开通运营，而一期工程2011年6月才全线贯通运营。

3.1.2 综合减振降噪措施

高架轨道线路虽然全寿命周期成本有较大优势，但是线路振动及噪声防护的确是一个主要难题。

3.1.2.1 噪声传播

据国内外地铁（尤其是香港地铁）实际运营经验，高架桥上由轮轨摩擦所产生的空气传

播噪声是污染的源头，其最有效的防治方法是建造轨旁的隔声屏障的同时，采取合理的减振降噪措施。根据沿线建筑物现状及规划高度、与地铁的相对距离及其本身的敏感度，分别设1.5 m至4 m的隔声屏（图3.1），并全线预留了安装隔声隧道（隔声屏的一种）的条件。

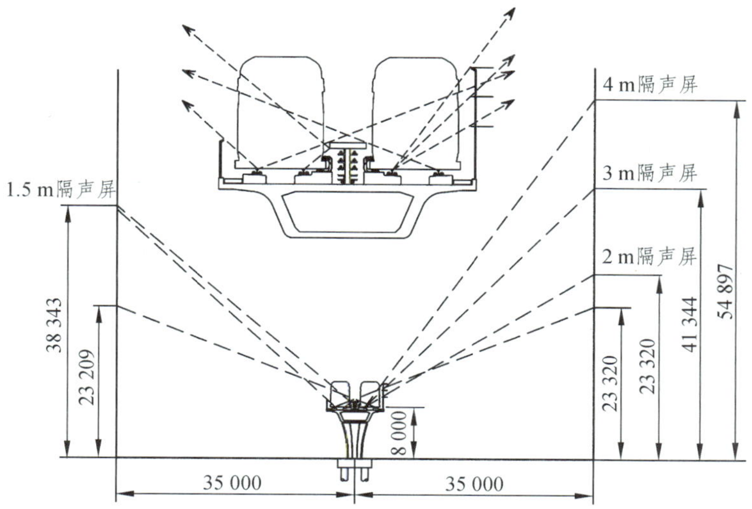

图3.1　国道205（深惠路）上轨道交通噪声传播示意图（单位：mm）

3.1.2.2　综合减振降噪

地铁3号线开工建设之前，整个工程对周边环境的影响进行了充分的调查及评估，对影响超标地段采取了综合处理措施，并以《环评报告》的形式得到国家、省、市环保部门认可后，经过相关环保措施验证后，才得以开工建设。其中对于沿线振动、噪声超标地段采用了隔声屏、吸声材料、道床减振等多项综合措施（图3.2），以使列车运行振动满足《城市区域环境振动标准》（GB 10070—88）的要求，噪声满足《城市区域环境噪声标准》（GB 3096—1993）的要求。

深圳地铁3号线采用的降噪措施主要有：

（1）高架桥梁采用钢筋混凝土梁，桥梁采用盆式或板式橡胶支座，纵向承轨台外侧设隔声屏。

（2）在国内，首次在3号线轨道两线之间设置疏散平台作为上下行列车直接的隔离吸音措施，有效阻挡噪声传播路径。

（3）轨道采用无缝线路，分开式弹性扣件；购置地铁车辆时，严格按照声学指标，检查车辆的声学性能。

（4）地铁3号线运营后，加强线路与车辆的维护、保养，定期旋轮和打磨钢轨，保持车轮圆整和轨道平顺，减少轮轨噪声。

（5）大部分敏感点轨道交通噪声对总噪声级的贡献值较小，主要受到道路交通噪声的影响，对这部分敏感点及其邻近的敏感建筑物较集中的路段，加高隔声屏障以降低噪声对环境的影响，并采用减振扣件。

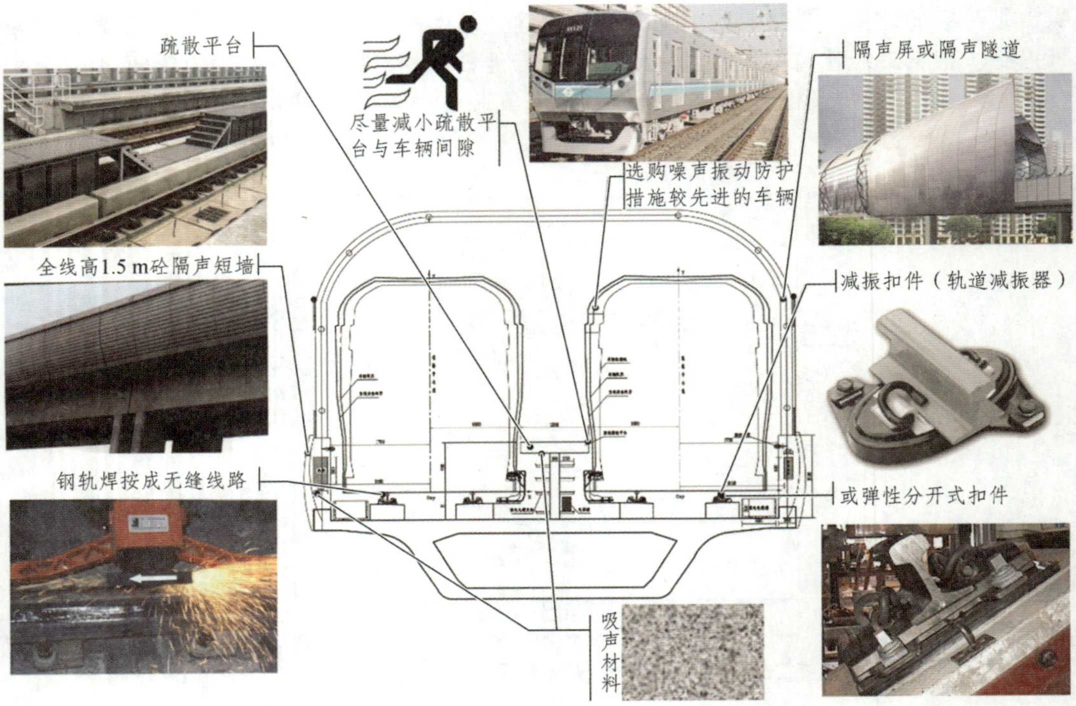

图 3.2 深圳地铁 3 号线综合减震降噪措施图

3.1.3 高架段桥梁选型及景观分析

深圳地铁 3 号线为减少高架桥梁对城市景观的影响，在对国内外轨道交通高架结构工程实例考察调研和资料收集的基础上，紧密结合本线工程的环境和技术特点，对本线高架结构类型进行了多方案比选，通过建立空间模型与国道 205 改造环境结合进行了各视点、各方向的景观分析和论证后，采用以下方式以减少对城市景观的影响：

（1）高架地段区间综合布线优化处理，充分利用横断面空间，减少高架桥梁的宽度至 8.5 m，从而减少结构纵向体量，降低景观影响。

（2）线路在无特殊要求地段采用轨面高度 10 m，结合与高架桥梁的 30 m 跨度及高架桥梁宽度 8.5 m 等尺寸，形成了 3：1：1 的高架结构最协调的比例，改善景观。

（3）采用 DC 1 500 V 接触轨供电方式，取消了桥上接触网，极大地改善了城市景观效果。

（4）采用隔墩种植绿色攀爬植物，改善桥墩的视觉跨度。

（5）高架车站采用岛式站台，减少车站体量，同时通过通透、轻盈的站上建筑设计，形成独特的城市景观节点。

深圳地铁 3 号线草埔站实景照片如图 3.3 所示。

3.1.4 线路空间布设方式

规划国道 205 改造标准段道路宽度 70 m，路中设置 10 m 宽绿化带（图 3.4）。因此结合

205 国道改造，3 号线主要布设在路中，对道路两侧的乘客都有较好的视觉和环境影响感受，也利于降低噪声和振动对两侧建筑物的影响。

图 3.3 深圳地铁 3 号线草埔站实景照片

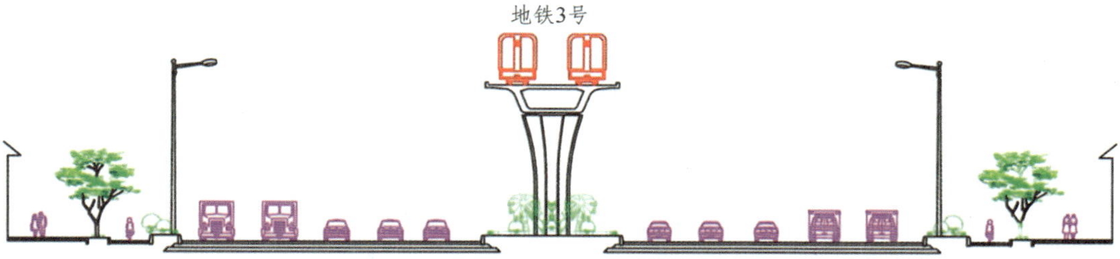

图 3.4 一般地段横断面图（路中布设）

线路布设位置也不是机械地全部设置在路中，而是根据国道 205 现状及规划情况合理选择。草埔站至布吉客运站区间有约 1.5 km 长区间与广深铁路并行，该段国道 205 道路东侧为陡坎，陡坎之上还有居民楼，道路宽度不足 60 m，同时结合布吉火车站改造规划，与铁路部门协调后，将 3 号线设于道路靠广深铁路一侧，既降低了对东侧居民的影响，又利于与布吉枢纽的换乘衔接，如图 3.5 所示。

图 3.5 广深铁路并行段道路横断面图（路侧布设）

布吉火车站段国道 205 路中有既有高架桥，且无拆除计划，经协调后将 3 号线布吉客运站设于道路西侧的火车站广场内，避免了拆除道路高架桥，同时又与布吉火车站、公交场站有机结合，如图 3.6 所示。

图 3.6 布吉客运站布设方案效果图

3.1.5 地铁 3 号线与深惠路道路线形拟合及各相交道路的净空控制

3.1.5.1 线形拟合

地铁线路一般均为标准平曲线；道路线形比较多样化，除了标准平曲线外还有 S 形、C 形、卵形等多种形式。设计过程中注意地铁线路中心线与道路中心线的拟合，对特殊地段采取了“同弯不同半径”“同道不同宽度”的设计方法。

如丹竹头站—六约站区间规划南坪路至规划深峰路段，就采取了这种办法（图 3.7）。“同弯不同半径”——国道 205 改造为 C 形曲线（*R*1 500 m 圆曲线 + 缓和曲线 + *R*2 400 m 圆曲线），3 号线采用几段标准平曲线的拼接（*R*1 600 m 平曲线 + *R*1 800 m 平曲线 + *R*1 200 m 平曲线 + *R*1 800 m 平曲线）。“同道不同宽度”——国道 205 改造中央分隔带宽度有 15 m、13 m、10 m、4 m 等几种宽度。

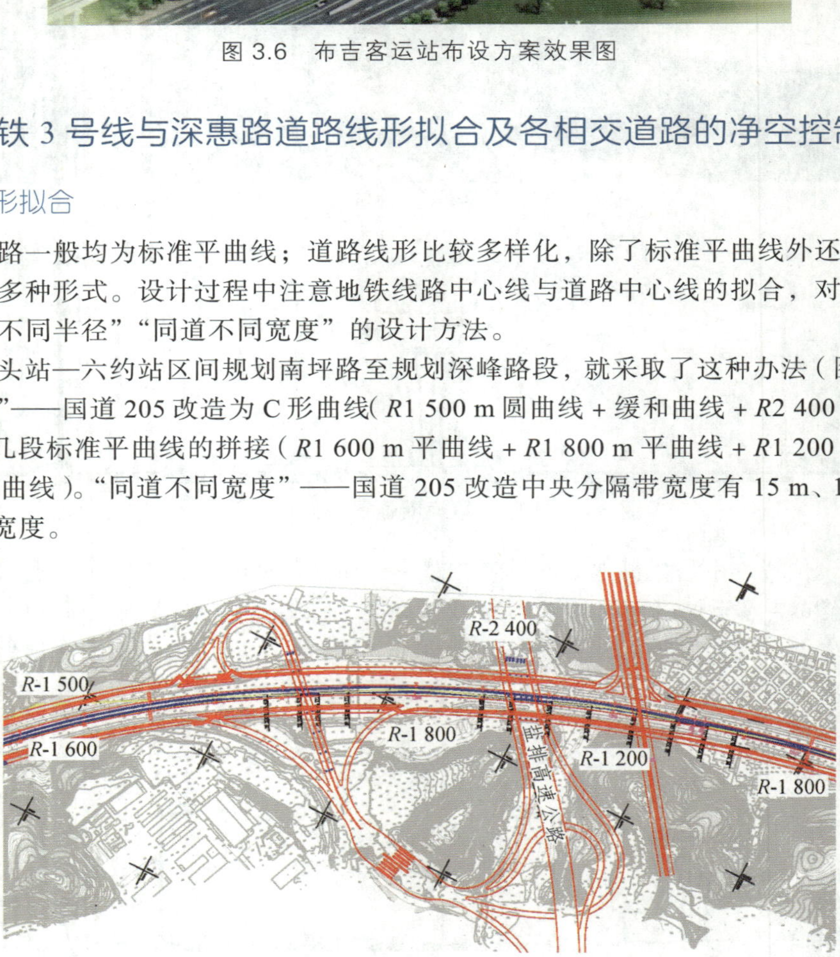

图 3.7 丹竹头站—六约站区间线路平面示意图

3.1.5.2 各相交道路的净空控制

高架线下的桥下净空应满足下列要求：跨越城市道路主干路不小于 5.5 m，跨越次干路不小于 5.0 m，跨越其他道路不小于 4.5 m，跨越铁路不小于 6.75 m。

3.1.6 车站位置与路口的关系

高架车站结构的跨度为 12 m，通常不跨路口设置，否则对地面交通影响较大。车站距离路口多远合适，需综合考虑地面交通左转或者掉头车道的布置、行车视线要求、车站地面层是否设置设备用房等。经综合研究后，本线高架车站端部距斑马线 15 m。

高架车站宜位于直线道路上，方便车站布置。有时规划站位在道路的转弯处，就需要地铁线路调整，必要时也可对道路进行调整，并与相关部门协调。如银海站规划站位在永红路路口，该段国道 205 改造道路位于 *R*-700 m 曲线上。地铁 3 号线设计期间也在进行国道 205 改造设计。因此，地铁线路与道路路线进行多次调整修改，将国道 205 改造弯道尽量南移，同时地铁车站北移约 120 m 设于直线道路上（图 3.8）。

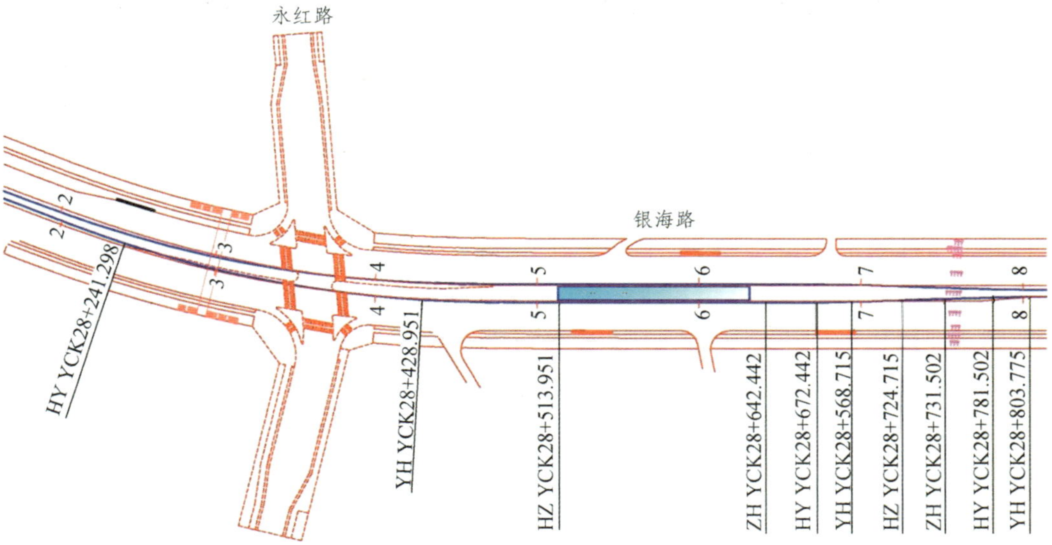

图 3.8 银海站段线路平面示意图

3.1.7 站台形式的选择

对车站形式进行了岛式站台和侧式站台的综合分析比较，研究认为：

（1）岛式站台可以更好地适应本线客流潮汐分布特征。

（2）岛式站台不需要在两侧站台之间建立连接通道，方便乘客自由选择乘车方向。

（3）岛式站台车站断面宽度比侧式站台小 5 ~ 6 m，工程规模缩小。

（4）岛式站台可优化楼扶梯及电梯布局，减少设备数量，节省工程投资和运营成本。

（5）国道 205 同期进行道路改造设计，路中绿化带宽度满足岛式站台车站设置结构墩柱布设要求。

因此 3 号线高架段采用岛式站台车站，同时设计中也处理好了车站外线间距过渡的问题。

草埔站车站鸟瞰效果图如图 3.9 所示。

图 3.9 草埔站车站鸟瞰效果

3.1.8 岛式车站与区间线间距过渡段的处理

高架岛式车站相对于高架侧式车站，在适应客流潮汐特征、方便乘客使用、缩小车站规模方面具有优势，但车站与区间线间距过渡段的处理方案需要重点研究。

深圳地铁 3 号线高架站设计为岛式车站，线间距一般为 12 m 或 13 m。区间在桥中设置了疏散平台，曲线地段限界加宽的问题通过调整疏散平台宽度来解决，区间直线地段和曲线地段最小线间距均为 4.4 m。为减小工程量，出车站后需尽快将线间距缩小为 4.4 m。

车站外道路如果有较长直线段，属于标准的收喇叭口的做法，现在常用的线路设计软件都有这个功能，本书不再赘述。车站外道路如果直线段较短，就直接利用道路转弯曲线将线间距缩小，不需另外增加曲线。

车站外道路如果直线段适中，可参考图 3.10 所示做法。图中交点 *A* 和 *C* 为左线交点，交点 *B* 为右线交点。圆 *A* 和圆 *B* 为同心圆，圆 *A* 半径比圆 *B* 半径大 4.4 m。

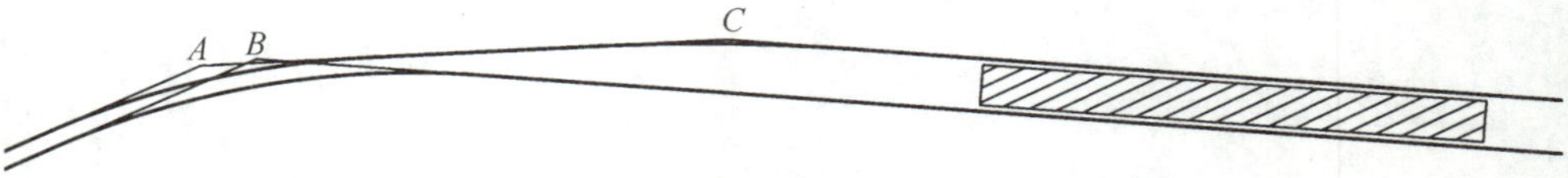

图 3.10 高架岛式车站与区间线间距过渡的一种做法示意图

高架岛式车站的缩短渡线用一个交点，以尽快将正线线间距缩小，如图 3.11 所示。图中交点 *A* 为左线的交点，交点 *B* 为缩短渡线的交点，交点 *C* 为右线的交点。这种做法缩短渡线长约 80 m，同时正线线间距也可尽快缩小。

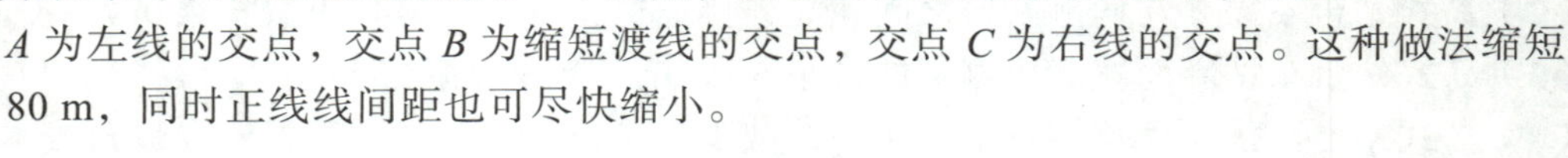

图 3.11 高架岛式车站缩短渡线做法示意图

通过以上一些做法，高架段出站后的两幅单线桥经过 4 跨或 5 跨 30 m 标准桥梁就过渡到一幅双线桥，如图 3.12 所示。

图 3.12 深圳地铁 3 号线大运站线间距过渡实景图

3.1.9 相交高压输电线的处理

高架线路与相交高压输电线的关系事关高架方案能否成立，因此设计开始阶段就要对沿线高压输电线进行认真调查。根据输电线路等级、净空情况、沿线现状及规划条件等，采取不同的处理办法。调整输电线路高度方案、与高压输电线的竖向距离关系等需要专门研究，并得到供电部门的批准或认可。

深圳地铁 3 号线沿线高压输电线横跨地铁的地方有 5 处（图 3.13）：太白路口、丹竹头、盐排立交、横岗、荷坳。太白路口地铁处于地下到高架的过渡段，现有输电线下的有效净空能保证地铁的通过。丹竹头处的 110 kV 输电线、横岗处的 110 kV 输电线和荷坳立交处的 220 kV 输电线均采取升塔改造方案，并上报电力主管单位得到批准。

图 3.13 深圳地铁 3 号线高架段高压输电线位置示意图

地铁3号线高架段与相交高压输电线的关系如表3.1所示。

表3.1 地铁3号线高架段与相交高压输电线的关系表

序号	位置	电压等级	地铁敷设方式	地铁与输电线关系
1	太白路口（地铁洞口）	220/110 kV	路基	不影响
2	丹竹头村（丹竹头站）	220 kV	高架	改造（升塔）
3	盐排立交（六约站）	220/500 kV	地面	无影响
4	横岗长途汽车站（荷坳站）	简横一线 110 kV	高架	改造（升塔）
5	机荷高速（荷坳立交）	马坪乙线 220 kV	高架	改造（升塔）

盐排立交处的高压输电线电压等级为500 kV，高架方案无法满足净空要求。由于该输电线电压等级及其重要性，电力主管单位不同意进行输电线路改造。考虑到此段线路位于布吉与横岗两组团间，为深圳市的水源保护区，国道205两侧限制土地开发，且国道205地面层无横向交通要求，因此采用地面线敷设方式避让高压输电线（图3.14、图3.15）。

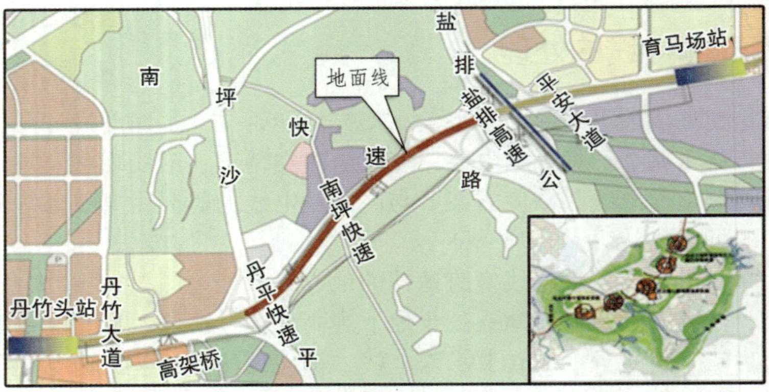

图3.14 深圳地铁3号线地面线段线路平面示意图

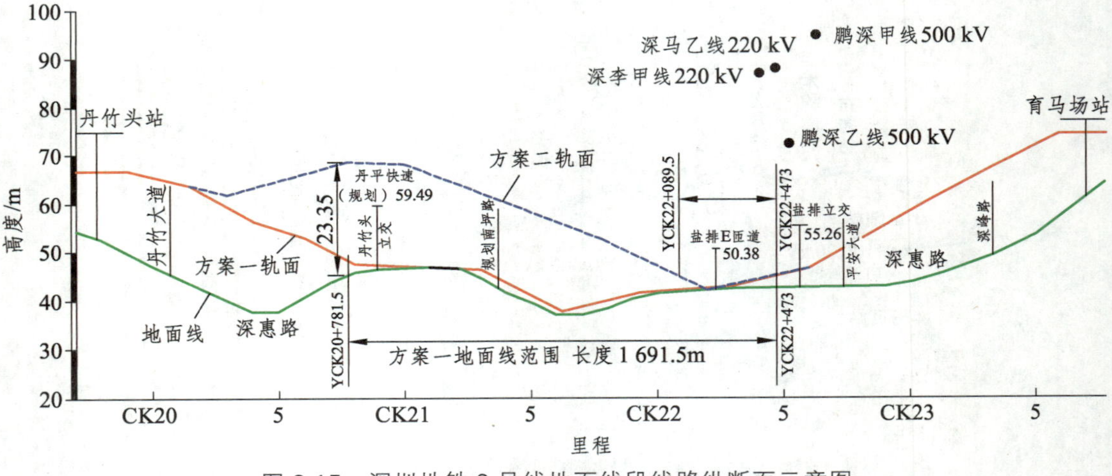

图3.15 深圳地铁3号线地面线段线路纵断面示意图

3.1.10 小 结

以经济适用的方式进行轨道交通建设，科学合理地做好各项设计，可以大大降低轨道交通的建设成本与运营费用，使轨道交通以经济高效的方式可持续发展。根据测算，深圳地铁3号线以采用高架敷设方式为主的建设方案，建设费用节省约76.6亿元，每年运营及设备折旧费用估算约0.9亿元。

地铁3号线工程与国道205改建工程一体化设计、同期实施，它们在工序、工期上的相互协调、统一，最大限度地减少了两工程对周边建筑、居民的影响。

地铁3号线开工建设之前，整个工程对周边环境的影响进行了充分的调查及评估，对影响超标地段采取了综合处理措施，并且《环评报告》的形式得到国家、省、市环保部门审批认可后，采取综合环保措施再开工建设。其中对于沿线振动、噪声超标处采用了隔声屏、吸声材料、道床减振等多项综合措施，以使列车运行振动满足《城市区域环境振动标准》（GB 10070—88）的要求，噪声满足《城市区域环境噪声标准》（GB 3096—1993）的要求。

深圳地铁3号线高架段线路在设计过程中，重点解决线路布设、车站站位与路口的关系，地铁与道路线形拟合、高架岛式车站外线间距过渡精心设计，重视高架线路与相交高压输电线的关系并采取合理措施，适当增加区间桥高以取得好的景观效果，最终取得了较好的景观设计和运营效果。

轨道交通越来越高的建设成本和运营费用正在给轨道交通建设城市带来现实的财政压力，地面及高架敷设方式可大大降低工程投资和运营支出。高架岛式站台车站相对于侧式站台车站，在站台利用、车站布置、减少扶梯电梯数量等方面具有明显的技术应用优势，但需要精心设计车站两端外线间距的过渡。

3.2 景 观

深圳城市发展目标为努力创建“和谐深圳、效益深圳”，将深圳建设成为高科技城市、现代物流枢纽城市、高品位的文化和生态城市。科技、生态、高品位、高效益是深圳地铁设计的目标，也是深圳城市文化特色在地铁形象上的体现。

深圳地铁龙岗线的景观设计主要体现在几个方面：

（1）高架车站的造型景观设计。

（2）高架区间景观设计。

（3）地下车站出入口风亭设计。

（4）车站周边环境绿化设计。

3.2.1 设计理念

地铁龙岗线跨越了深圳特区内外，沿城市东部发展轴将城市福田、罗湖中区与布吉、横岗、龙岗三个卫星新城相连，是连接特区与龙岗中心城的东部客运主干线，是促进龙岗城市经济发展、推动城市一体化的重要动力，也是连接城市中心和次中心的一条快速通道。通过十多年的规划发展，现龙岗中心城已发展成为深圳市的城市副中心。

根据龙岗线周边环境分析，确定以“一线一景”为设计原则，高架车站建筑形式全线统一；车站形式不仅要满足车站的使用功能，同时体现城市文化内涵、与城市发展特征和周边环境相协调，充分考虑车站与城市的融合，使之成为人性化的具有深圳特色的城市设施。并注重室内外绿色生态植物的重塑，同深惠路 10 m 的绿化带和周边出站环境的接驳形成绿色生态环境的融合，建筑形式上强调“绿色生态通道”概念。

高架桥梁的景观定位突出“绿色、环保、生态”的特色，突出轨道交通线的整体效果和沿线景观的“符号意义”，提高本项目的城市可识别性和可意象性，形成现代化的一道交通建筑风景线，如图 3.16 所示。

图 3.16　高架段景观设计概念图

地下站出入口风亭强调与环境的协调一致，出入口以延续 1 号线的风格为主，强化地铁出入口的概念，风亭体现“小”“藏”的设计理念，弱化风亭的体量感，配以适当的绿化、广告等元素使其融入周边环境，如图 3.17 所示。

图 3.17　地面附属景观设计概念图

3.2.2　设计方案

3.2.2.1　高架车站的造型设计

车站应当在城市设计中处于从属地位，低调地存在于城市设计之中，为城市未来发展预留可能性。深圳 3 号线工程结合对站点周边高强度开发的规划要求及站点周边环境条件，提出了“一线一景”的设计理念。如图 3.18 所示，高架车站整体建筑造型统一，将整条线路打造为连接福田、罗湖、布吉、横岗、龙岗四区的一道风景线。

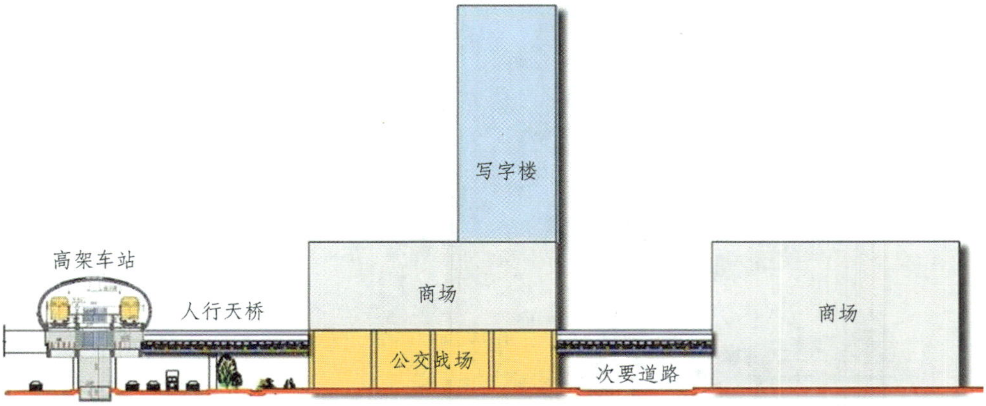

图 3.18 车站与城市的关系

车站建筑景观设计简洁、明快、易于识别，并体现现代交通建筑的特点；色彩上采用金属色这一科技感较强的搭配；在适当位置进行镂空处理，既能有效遮挡夏季的强烈阳光，又能很好利用自然风降低站内温度，还能使室内外景致互相穿插，与环境融合，如图 3.19 所示。

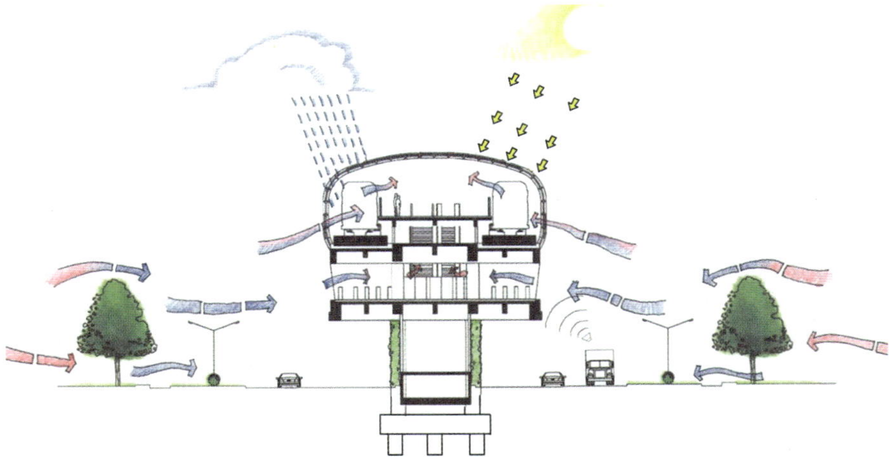

图 3.19 高架车站环境分析

车站的绿化主要布置在车站公共区部分以及人行天桥两侧。公共区的绿化设计满足了站内与站外的景观需求，同时考虑了车站内的通风遮阳的要求，兼顾美观与实用的要求。除了公共区的绿化之外，还考虑在高架车站的地面层外墙面侧加种攀缘植物，弱化高架车站的体量，使其形成“绿墙”，美化城市景观，淡化车站体量，如图 3.20 所示。

人在进入站厅层平面之后，两侧都在与人行天桥桥面一样的高度上布置了绿化。在进入公共区之后，绿化的高度提升到了与围护栏杆相同的高度，使其与人的距离拉近，感觉更加亲近。

同时在车站站台层设置局部通风器，主要改善室内的通风环境，在局部通风器的两侧设置花池，使绿化从室外延续到室内。

图 3.20 高架车站绿化示意

3.2.2.2 地下站出入口、风亭、冷却塔环境景观设计

地下车站与环境景观密切相关的主要体现在出入口、风亭及冷却塔的设置上。

1）出入口设计

根据不同的气候条件及周围环境条件，人行通道地面出入口的建筑形式可设为敞口式、带盖式及与邻近建筑结合等形式。

出入口建筑体量较小、功能形式较单一，一般设于人行道边及城市广场周边的醒目位置，是一种具有功能性的、设于交通及人流密集地段的街道建筑小品，其最大的特点就是对城市景观具有重要的视觉影响。需要通过项目业主、规划设计、市政和周边地块等各方对环境的认识及敏感性，把握不同环境中可利用的设计元素来进行环境设计和艺术创造。因为脱离了环境就无法判断一个出入口的好坏，同时，随着城市建设环境被不断重塑，重要的是使它适应于已存在环境的同时，重塑环境，也应相互协调，与其他出入口在形式、色彩、材料特性、标志等方面存在一种内在的联系，给城市景观以良好的视觉效果。

敞口式、带盖式出入口的体型一般是由基本几何要素组合而成的。在追求功能与结构合理的基础上，应使几何要素能够巧妙地结合为一个有机的整体，并与周围环境一起构成完整统一的效果。与邻近建筑结合式的出入口应重视与邻近建筑功能上的互补，在建筑形式上要以邻近建筑的风格为主调，并采用空间渗透及引导的方式，增加乘客对出入口的识别性。独立建设的出入口则应具备较强的可识别性，深圳地铁 1 号线已经开通多年，其出入口的形式已经得到广大市民的认可。因此，在 3 号线的出入口设计中主要沿用 1 号线出入口的模式，并结合深圳市夏季多雨的气候特征，选用了斜坡顶的出入口模式，尽量不采取敞口出入口。为避免顶盖后部高度过低，人员容易攀爬，在 3 号线的设计中进行了优化，将出入口端部加高，减缓坡道，并利用后部空间设置存放垃圾和防淹挡板的房间，将多种功能集成，并在周边设置花池、铺地，与周边城市道路结合，如图 3.21 所示。

图 3.21 出入口设计与实施效果

2）风亭的景观设计

根据周围环境条件，风亭可分为独立式和结合式两种。根据地铁建设的经验，风亭作为地铁车站的地面附属设施，除了影响周边环境，还影响城市景观。因此深圳龙岗线地下车站首先优化环控设计，采用两端各设 1 个活塞风井的单活塞通风模式，同时各端设置 1 个进风井和 1 个排风排烟井。一般情况下，每个活塞风井的净面积不应小于 16 m^2，地面进风风亭须设在空气洁净的地方，风亭口部距任何建筑物的距离不小于 5 m。同时环控要求进风亭百页底部距街道室外地面高度应大于 2 m，只有布置在绿化地带内时，高度才可根据现场情况适当降低。当进风亭与排风亭合建时，进风口与排风口方向应尽量错开，避免二次污染。

由于以上几方面车站环控相关要求，增加了风亭与城市景观协调的难度。目前已建设的车站风亭普遍存在着建筑形式较单一，以及体量、质感和视觉效果对城市景观有一定影响的问题。紧凑的空间尺度、丰富的形式和质感、整个视觉上的连续性，这几个要素形成的最佳组合是景观处理的关键。

风亭是大体量、单一功能的建筑，由于风井净面积及车站内部功能的要求，风亭的体量感及采用某种特殊的形状受到一定的局限性。在可能的情况下将风亭和其周围的环境需要融合在一起，并和周围建筑共同组合成一个统一的有机整体，是首选的处理方式（图 3.22）。如老街站风亭与上盖物业合建，减少风亭对人们的视觉冲击，如图 3.23 所示。另一种形式是进行景观化的风亭处理，在广场这样一个环境中，配合大范围的空间尺度，随着风亭体型的流线型起伏变化，取得一种有机、统一、完整的良好效果。晒布站风亭设置在物业前的广场上，利用圆柱形的造型，形成小品，与环境和谐融合。大多数的风亭设置在路侧，应尽量采用弱化其体量的模式，可通过绿化、广告来转移人们对风亭本身的感受，如图 3.24 所示。

图 3.22 风亭效果图

图 3.23 老街站合建风亭

图 3.24 弱化的风亭设计

3）冷却塔的景观处理

冷却塔是车站环控系统的重要设备之一，其通常设置于地面，由于要求通风，且该设备会产生一定的水雾及噪声，因此冷却塔的处理也是景观设计的重要内容之一。深圳的地铁 3 号线车站冷却塔有独立占地、设置在风亭上方及设置在周边建筑物屋顶三种方式。设置在周边建筑物屋顶对环境、视觉影响小，人们通常不宜接触到，噪声的影响也少，应尽量采用这种模式。但是更多的情况，仅能设置在风亭附近的地面，则需要通过围栏进行隔离，并配以适当的绿化，可让人们忽略冷却塔的存在，通过绿化也能够较好地降低噪声的污染。

3.2.2.3 车站装修

深圳地铁 3 号线是为 2011 年大运会服务的轨道交通线路，如何更好地向世界各地的运动员、大运会官员、工作人员与观众展示深圳市的文化特色，如何保质、保工期地按时通车，是深圳地铁 3 号线装修设计考虑的主要问题。

深圳地铁 3 号线公共区装修设计结合室内装饰各系统空间概念设计（装饰、导向、商业、广告、艺术品、接口设计、共性元素），通过对全线地理环境、人文环境、气候特征等详尽的调查分析与研究，提出了“绿色生态通道”的概念，并将这一设计概念全面应用于建筑空间内外及装饰各相关系统中，从整体环境与运营角度出发全盘考虑全线景观规划、建筑造型、室内空间、导向、广告、艺术品各系统之间的协调统一。在“一线一景”的设计思路上，全线装修风格、材料统一，只在站厅付费区和天花局部区域体现车站个性，在部分重点或特色站结合车站条件进行适当的调整。

全线公共区装修原则：

（1）全线以一线一景为主导，体现其统一性。

（2）各站在统一中以色彩、天花方通穿组合及站厅付费区艺术柱的变化，结合车站所处的地域环境体现各站个性。

（3）以站厅客服中心、站台监察亭、座椅等作为共性元素，使全线车站在使用上方便，识别性强。

深圳地铁 3 号线公共区装修主要装饰材料为：

天花：天花设计以基本模数组合为主，两边管线较多区域为 A 区，采用 25 mm × 80 mm、60 mm × 100 mm 白色方通垂片加双管灯盘；中间管线较少区域为 B 区，采用 25 mm × 140 mm 白色方通垂片穿插布置组成图形。

地面：采用 600 mm × 600 mm × 20 mm 芝麻白花岗石铺砌。

墙柱面：统一使用以干挂方式安装的搪瓷钢板。高架站站厅层中部两棵半椭圆大搪瓷钢板柱为艺术柱，每个站根据车站特点所绘制了以中国画形式为表现手法的南国花卉图案；地下站在站厅付费区内的 6 ~ 8 棵搪瓷钢板柱子上绘制用白描形式为表现手法的南国花卉图案，如图 3.25 所示。

图 3.25 地下站（红岭、老街、翠竹站）柱式

高架站站台层风亭为装修、给排水、环控、信号、导向标识等的集成体，风亭外立面统一使用干挂铝板，如图 3.26、图 3.27 所示。

图 3.26 高架站柱式（一）

图 3.27 高架站柱式（二）

3.2.3 工程建设及运营效果

随着生活水平的不断提高，居民对乘坐地铁已经不仅仅是舒适、安全、快捷的简单需求，地铁车站也不再是作为单纯交通功能空间，而是日益成为功能复杂的、值得被探访的城市空间，它的公众角色将具有越来越重要的社会意义和文化属性，人们需要在乘坐交通工具的同时得到心理、生理和精神上的愉悦与满足。目前，国内的相关设计以“功能型”为主的轨道交通研究较多，“文化型”的研究较少。但是景观主要集中在地下空间的环境设计与公共艺术的研究方面，车站作为城市空间景观一部分的研究并不多见。深圳地铁龙岗线同时考虑了绿化景观设计，体现绿色深圳，符合深圳市的气候特征，同时也与低碳社会的发展理念契合，在车站本身淡雅低调的设计中通过植物丰富多彩、日久常新的色彩来活跃车站本身的环境。

总之，高架线的景观是一个“仁者见仁、智者见智”的难题，但是设计需要涵盖诸多方面的内容，不仅要从整体布局、结构选型、区间布置等方面去综合考虑和策划，还要在细节处理、接口协调、施工质量上进行重视，运营管理上认真研究。深圳地铁 3 号线通过在项目初期建立一套完善的理念，中期制定一套合理的标准，后期执行一套严格的制度，基本达到预期的效果和目标。但是，作为一个城市轨道交通的组成部分，如何做到体现城市共性的景观并合理展示各自的特点，是深圳地铁 3 号线建设、设计人员需要考虑的问题，只有与城市整体轨道系统的融合、统一、协调，才能做到城市轨道真正意义上的景观。

从现阶段已建成的运营效果来看，本线的整体景观效果基本体现了预期结果，体量与周边环境比较协调，主要在细节上尚存在些问题，如外墙处理、节点的连接等方面。本线的绿化在运营初期还是有较好的效果，但是由于植物养护及排水措施的疏通不畅，现阶段绿植的保养效果已日渐衰落。

3.3 环 保

3.3.1 设计理念

深圳地铁 3 号线充分考虑人与自然和谐共处，秉承“预防为主，防治结合”的环保设计理念。结合本线通过轨道交通与国道改造一体化的规划特点，因地制宜，首先考虑线路与环境敏感建筑保持合理的距离，合理选线选址及敷设方式为主的线路特点；对主要环境影响因子，实行环境保护和污染物排放严格限制，确保环境质量不恶化，同时通过轨道交通建设实现综合环境质量改善和提升的目标。

3.3.2 设计方案

按照项目环境影响报告书及批复文件要求，环保设计主要针对地铁特征污染因子噪声和振动开展。

3.3.2.1 降噪方案

本工程降噪方案主要分为高架段降噪方案、地下车站风亭降噪方案、车辆段试车线降噪方案等，具体如下：

1）高架段降噪方案

地铁 3 号线与深惠公路同步建设，高架线路基本位于道路路中，结合两侧建筑物功能分布情况，高架段桥梁采用了全线贯通设置 1.5 m 高吸隔声挡板的设计，桥梁两侧挡板内贴 70 mm 厚非金属吸声板，桥梁中间疏散平台下部钢结构安装 100 mm 厚双面非金属吸声板，在部分路段增设 0.7 ~ 2.2 m 高吸声声屏障，由此构成高架段降噪系统方案，如图 3.28 所示。

声屏障结构采用特制 H 型钢插 80 mm 厚多孔金属吸声板和 12 mm 厚聚碳酸酯透光板方式，顶部设置 ϕ200 mm 多孔金属吸声帽，上下部分整体成圆弧形，如图 3.29 所示。

2）地下车站风亭降噪方案

首先优化选址，确保风亭距离敏感建筑物间距大于 15 m；其次，对于有条件的车站，设置低风亭，并在风道内设置阵列式消声器（图 3.30），以满足风亭百叶（图 3.31）处噪声达标排放，不恶化区域声环境。

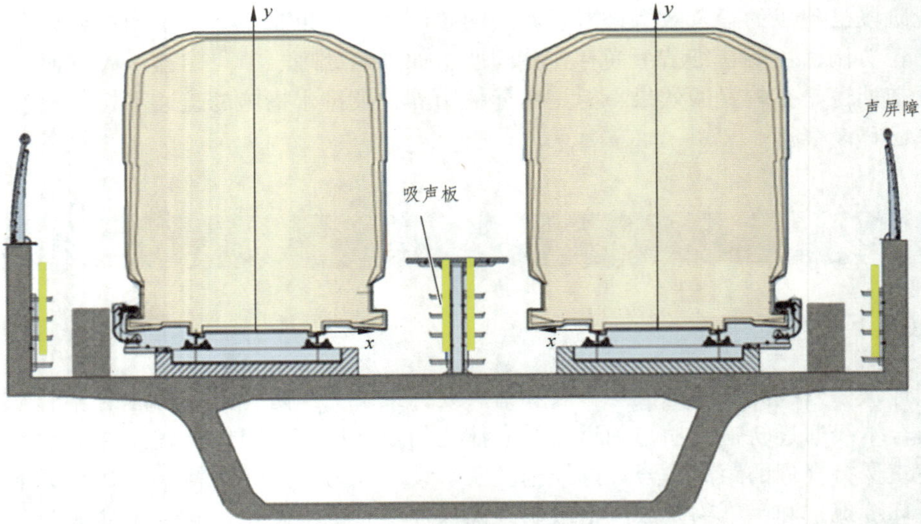

图 3.28 箱梁降噪系统方案

图 3.29 声屏障疏散平台吸隔声板

图 3.30 消声器

图 3.31 风亭百叶

3）车辆段降噪方案

横岗车辆段规划上盖物业，试车线位于前排落地开发与车辆段上盖物业开发之间，若不能有效控制试车线噪声，会影响地块 TOD 开发价值。因此设计在充分考虑景观因素的情况下，在横岗车辆段试车线上采用全封闭圆弧形结构，结构受力构件采用 H 型钢，底部 1.5 m 高度处插入 80 mm 厚多孔金属吸声板，上部和顶部外贴 12 mm 厚聚碳酸酯透光板，如图 3.32、图 3.33 所示。其作用为降低车辆试车时轮轨噪声对线路外侧高层房屋的影响。

图 3.32 试车线位置示意图

图 3.33 试车线全封闭声屏障

3.3.2.2 减振方案

本工程地下段穿行于深圳市罗湖中心城区，地面建筑以住宅、办公为主，隧道多处直接下穿建筑。为有效控制地铁运营产生的振动对建筑物形成负面影响，隧道与地面建筑物的桩基础在高程上有冲突的，结构设计中进行桩基托换或基础处理。隧道的主体结构及其他基础结构（如进出通道、给排水管道、通风管道等）设计中远离地面建筑物及其基础，在无条件远离时，采取了隔离措施，设计中均没有进行刚性连接。按照环评报告书要求，对穿越或邻近住宅区、文教区，设计中采用了高等和特殊减振措施，3 号线采用了轨道减振器、弹性短轨枕（图 3.34）、钢弹簧浮置板道床（图 3.35）等，减振里程总长 15.73 km。其余全部采用整体道床和弹性扣件，为降低振动环境影响起到了积极作用。

图 3.34 弹性短轨枕

图 3.35 钢弹簧浮置板

3.3.3 工程建设与运营效果

3.3.3.1 工程建设情况

本工程高架区间混凝土吸隔声板与钢结构声屏障设计圆弧连接，使外形连贯美观，且增加了降噪性能。声屏障吸声板设计采用金属吸声板、透光板、吸声帽的工厂组合，实现了工地现场拼装化，保证了高架施工的安全。横岗车辆段全封闭声屏障采用大面积外挂式透光板，增强了外观的新颖性。

3.3.3.2 工程运营效果

2016 年底，深圳地铁集团公司组织对 3 号线进行环保验收，顺利通过环保部审查。工程产生的噪声振动环境影响总体可控。从目前 3 号线沿线近 10 年来看，城市快速发展有力地证明了轨道交通建设对环境保护起到了预期效果。

3.4 节 能

3.4.1 数据整体说明

对深圳地铁 2016—2018 年运营线路能耗进行了初步分析，数据包括：2018 年各月用电能耗，含牵引（高压）电耗和动力（低压）电耗；深圳地铁 3 号线 2017 年和 2018 年全年分站分月低压用电数据；深圳地铁 2 号线、3 号线、5 号线和 11 号线 2016 年全年分月牵引能耗和标准站动力能耗数据；深圳地铁 3 号线六约站（标准高架站）和通新岭站（标准地下站）5 月 15—17 日高峰和非高峰时段低压柜分相电压、电流数据。

在上述实际运营数据的基础上，重点从深圳地铁牵引及动力能耗随运营月变化的关系图中，研究分析能耗数据与外部条件、各能耗数据之间的既有联系和内在规律，以期为后期优化相关设计和运营模式提供参考。

3.4.2 各线分月电耗分析

根据深圳地铁 2018 年运营能耗统计月报表（高压），绘制得出全部线路的主所总电耗（含牵引用电及动力用电）随运营月变化的关系图，如图 3.36 所示。可以看出：主所总能耗全年最大值出现在 8 月，为 117 807 800 kW・h，最小值出现在 2 月，为 65 254 200 kW・h，全年月平均值为 96 456 287 kW・h，以平均值为参考，数据波动区间为 –32.3%～+22.1%。曲线整体表现为一条以 8 月数据为波峰，以 2 月数据为峰谷，波峰和波谷差异较大，达 80%。同时，在全年客流数据除春节外并未随运营月发生明显变化。因此，除 2 月份因客运量较小引起能耗降低外，其他月份室外气候条件直接关联的车站通风空调及隧道通风排热系统能耗的波动是导致主所总电耗随时间发生变化的主要原因。

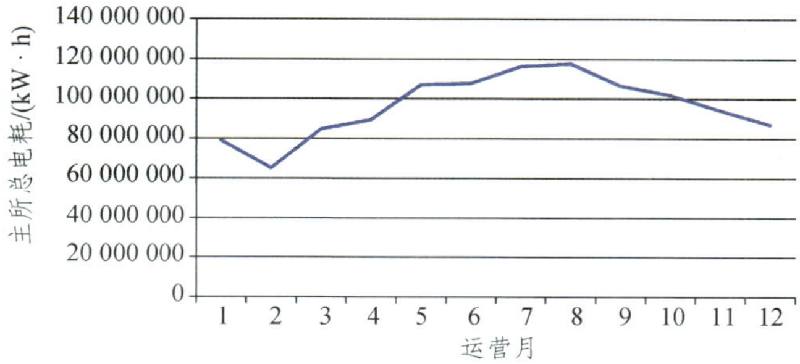

图 3.36　深圳地铁 2018 年主所总电耗随运营月的变化关系图

2018 年全年分线总能耗随运营月的变化关系图，如图 3.37 所示。可以看出各线总能耗数据曲线（包括 NOCC）表现出与主所总能耗基本一致的规律，均在 8 月达到峰值，2 月降为谷值，数据波动范围分别为：1 号线 –35.3%～+23.4%，2 号线 –35.0%～+26.8%，3 号线 –33.7%～+21.0%，4 号线-31.8%～+19.0%，5 号线 –23.1%～+34.5%，7 号线 –21.5%～+29.9%，9 号线 –21.9%～+31.2%，11 号线 –26.0%～+19.3%，各线能耗数据波动范围基本相近，均在 –35%～+25%区间内。

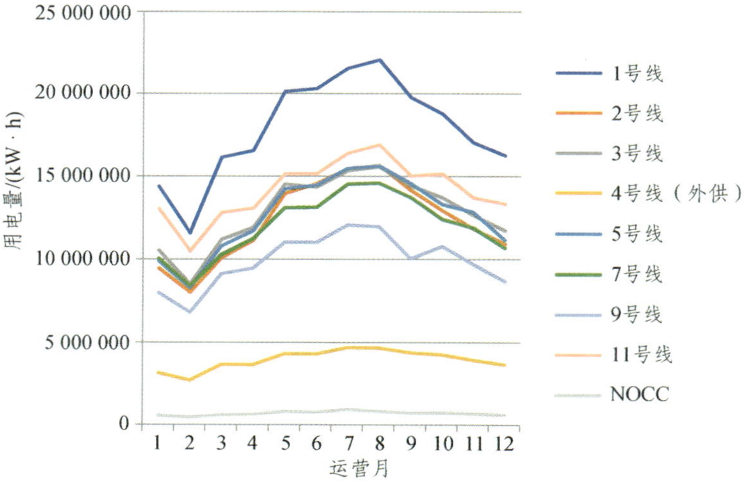

图 3.37　深圳地铁 2018 年分线总电耗随运营月的变化关系图

地铁总电耗主要包含牵引电耗和动力电耗两部分，二者对应随运营月变化的关系图分别如图 3.38 和图 3.39 所示。可以看出：无论是牵引电耗还是动力电耗都表现出随运营月从 2 月至 8 月逐月递增，从 8 月至 2 月逐月递减的整体趋势，且动力电耗的波动百分比明显高于牵引电耗。

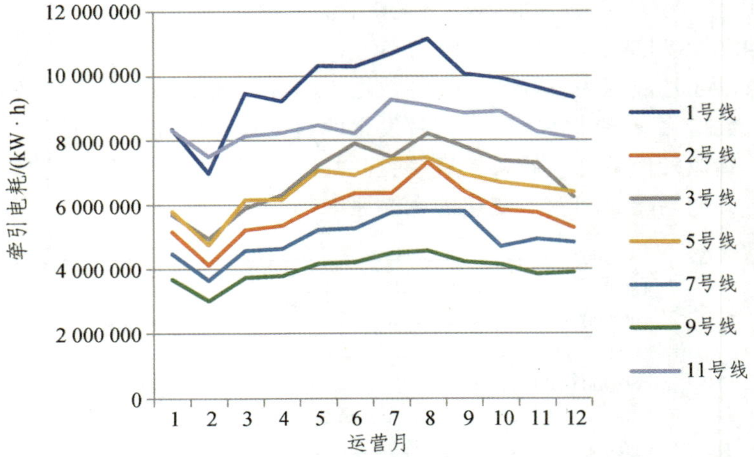

图 3.38 深圳地铁 2018 年分线牵引电耗随运营月的变化关系图

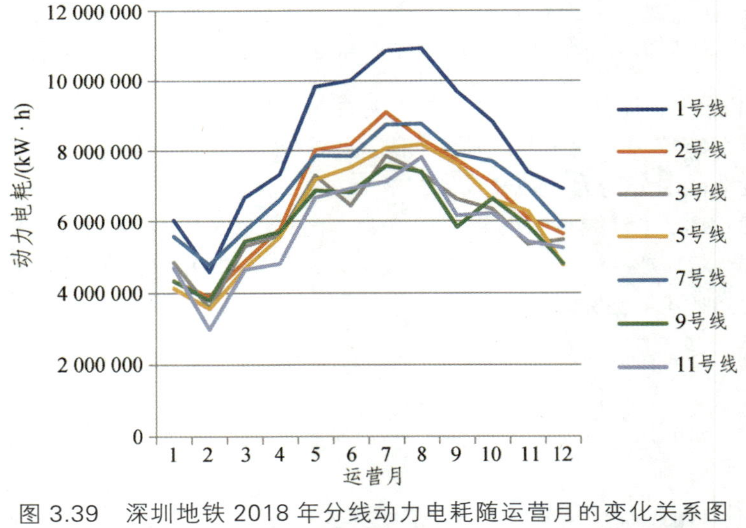

图 3.39 深圳地铁 2018 年分线动力电耗随运营月的变化关系图

动力电耗随运营月的变化主要源自车站空调和隧道通风在不同室外气温下的能耗波动，其整体变化较为剧烈，以平均值为参考，逐月电耗波动的百分比区间为：－45%～＋35%。但牵引电耗也存在随运营月的数据波动，分析主要的原因可能是来自车载空调器的能耗波动，其整体变化不大，同样以平均值为参考，逐月电耗波动的百分比区间为：－15%～＋10%。

在不考虑客流因素的前提下，可换算得出：车站通风空调系统及隧道通风系统的用电容量约占低压动力总容量的 60%[1－（100%－45%）/（100%＋35%）]，与设计参数统计规模相当；车载空调器用电容量约占高压牵引总容量的 20%[1－（100%－15%）/（100%＋10%）]。

3.4.3 电耗影响因素分析

由前述分析可知，在客流强度一定时，影响逐月电耗最主要的因素是室外气象条件。但运营数据显示，客流量及列车开行对数也随着运营月的不同有所区别，因此有必要进一步分析客流强度和列车开行对数对全线牵引和动力能耗的影响。

图 3.40 ~ 图 3.42 分别显示了是深圳地铁 2 号线、3 号线和 5 号线 2016 年逐月的客流对数、客运量、全线牵引能耗和全线低压能耗的曲线关系图。从图中可以看出：牵引电耗与列车开行对数曲线变化趋势相近，二者同一月份的纵坐标之差在 7/8 月最小，在 12/1 月达到最大，产生该变化的原因主要是隧道空气温度变化导致的车载空调能耗波动；同时，低压电耗与客运周转量曲线变化趋势相近，二者纵坐标值在 7/8 月差异最小，在 12/1 月差异最大，产生该变化的原因则主要是站外气温条件不同引起的车站通风空调系统和隧道通风系统的能耗波动。

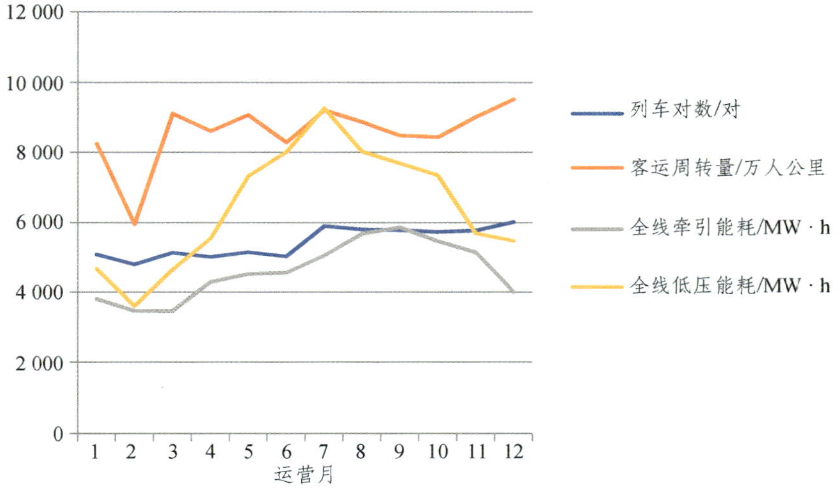

图 3.40 深铁 2 号线 2016 年全线牵引能耗、动力能耗和列车对数、客运量的关系图

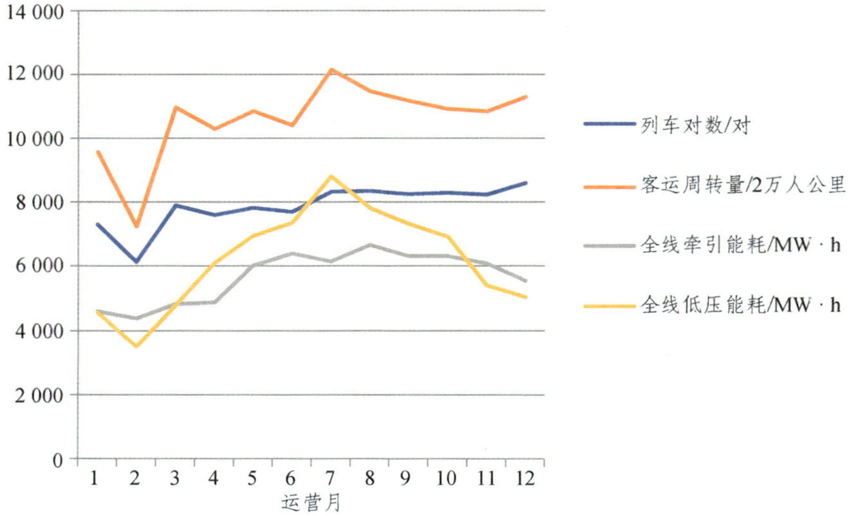

图 3.41 深铁 3 号线 2016 年全线牵引能耗、动力能耗和列车对数、客运量的关系图

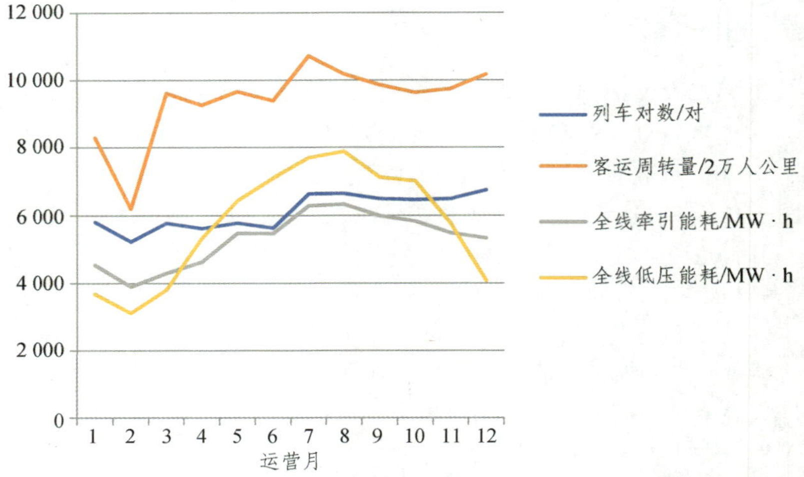

图 3.42 深铁 5 号线 2016 年全线牵引能耗、动力能耗和列车对数、客运量的关系图

因此，对于一条既定线路，影响全线低压能耗的主要因素有站外大气温度和客运周转量，影响全线牵引能耗的主要因素有隧道空气温度和列车开行对数。

3.4.4 分站分月电耗分析

根据深圳地铁 3 号线 2017 年全年的分月低压总能耗数据，分析得到如图 3.43 所示的各站低压能耗随运营月变化的关系曲线。可以看出：全线车站按低压电耗可大致分为 2 类，一类月平均电耗约 50 000 kW · h，另一类月平均电耗约 200 000 kW · h，前者全部为高架站，后者则全部为地下站。同时，各车站低压总电耗的分月数据曲线与全线电耗曲线走势基本一致，均在 8 月出现峰值，2 月出现谷值。同时，地下站低压电耗的变化幅度和波动范围明显高于高架站，主要原因可能是地下站比高架站多一套通风空调系统和一套隧道通风系统，这两个系统随运营月的不同存在全部开启或全部关闭的情况。

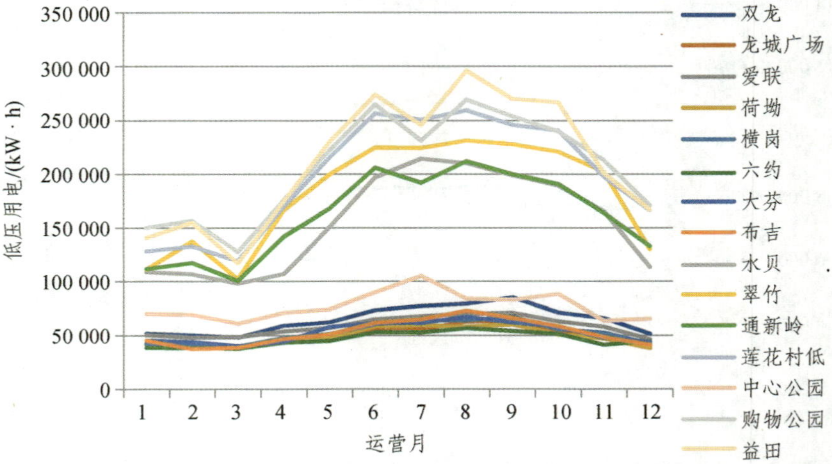

图 3.43 深圳地铁 3 号线 2017 年各车站低压能耗随运营月变化的关系图

3.4.5 典型站分时段电耗分析

由前述分析可知，不同类型的车站低压电耗随运营月不同所表现出的特性具有较大的差异，因此分别选取六约站（标准高架站）和通新岭站（标准地下站）为独立研究对象，针对2012 年 5 月 15—17 日的两站运营期间高峰时段和非高峰时段的低压柜进线电流，经分析如图 3.44 和图 3.45 所示。

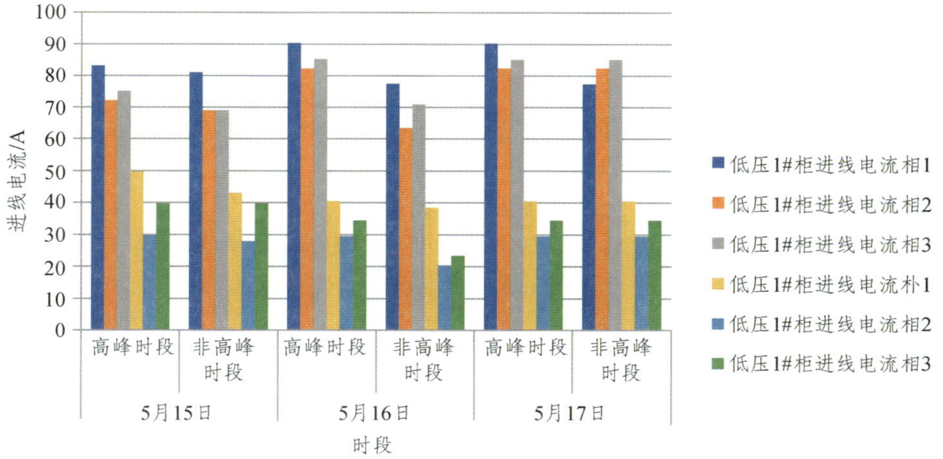

图 3.44 深铁 3 号线六约站 2012 年 5 月 15—17 日不同运营时段低压柜进线电流柱状图

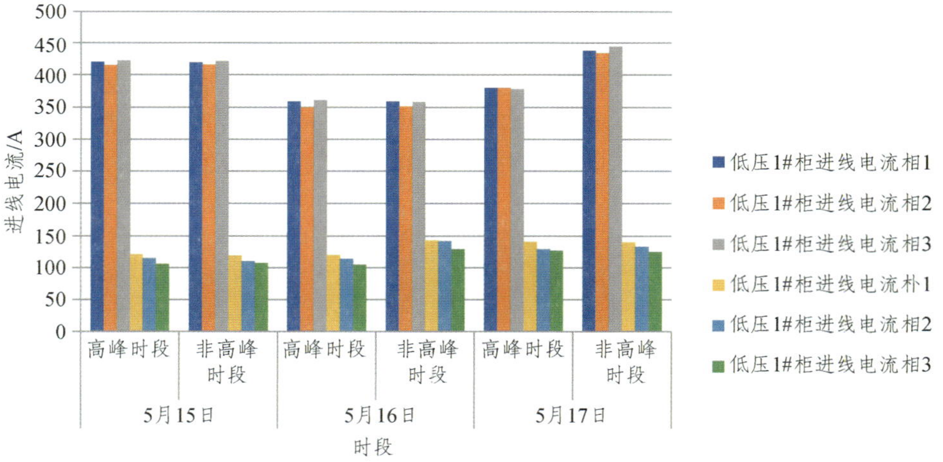

图 3.45 深铁 3 号线通新岭站 2012 年 5 月 15—17 日不同运营时段低压柜进线电流柱状图

根据低压负荷计算公式 $P = 0.22 \times 1 \times (I_A + I_B + I_C)$，可换算得到 3 个运营日内六约站的低压总功率基本在 60 ~ 80 kW 的范围内，高峰时段约 80 kW，非高峰时段在 60 kW 附近。与运营提供的该站 5 月总用电量 46 600 kW · h（24 h 平均值为 62 kW）的数据基本一致。通新岭站 3 个运营日内的低压总功率在 310 ~ 380 kW 之间波动，若全年按平均功率 300 kW 运行，则全年总耗电 263 万千瓦时，与运营实测的地下标准站年能耗 260 万千瓦时电相当。数据还表现出：高架站高峰时段的低压总电耗略高于非高峰时刻，而地下站高峰时段的低压总电耗与非高峰时段相当，甚至有出现非高峰时段电耗大于高峰时段的情况。地下站的这个情况需要进一步分析。

同时，六约站低压2#柜的母线负荷不平衡，极有可能是运营时主备用的关系未按图实施。六约站的变压器设计容量为500 kV·A，正常运行时最大一台的变压器负载率仅为12%，通新岭站的变压器设计容量为1 000 kV·A，正常运行时的变压器负载率也仅有38%。此外，六约站和通新岭站的功率因数基本全时段均高于0.9，正常运营时无须投入无功补偿。

3.4.6 分析总结

（1）同一条线路的标准高架站月平均电耗约为标准地下站的1/4，且地下站低压电耗的变化幅度和波动范围明显高于高架站。

（2）若以平均值为参考，主所逐月总能耗的数据波动区间为 –35%～+25%；全线牵引逐月能耗的数据波动区间为 –15%～+10%，其主要原因为客运量和车载空调器；全线动力逐月能耗的数据波动区间为 –45%～+35%，主要原因来自车站通风空调系统和隧道通风系统。

（3）根据牵引及动力电耗曲线特性，可在理论上换算出：车站通风空调系统及隧道通风系统的用电容量约占低压动力总容量的60%，车载空调器用电容量约占高压牵引总容量的20%。

（4）对特定线路而言，影响全线低压能耗的主要因素有站外大气温度和全日客运量；影响全线牵引能耗的主要因素有隧道空气温度、客运周转量和列车开行对数。

（5）无论是主所总能耗、全线牵引电耗还是全线动力电耗，其逐月最大值均出现在8月，最小值均出现在2月。

（6）深圳地铁高架站高峰时段的低压总电耗略高于非高峰时刻，而地下站高峰时段的低压总电耗与非高峰时段相当，甚至有出现非高峰时段电耗大于高峰时段的极端情况。

（7）正常运行时高架站的变压器负载率仅为12%，地下站的变压器负载率也仅有38%。全线车站低压供电的功率因数基本全时段均高于0.9，无须投入无功补偿。

第 4 篇

总体方案研究

4.1 规划设计

深圳地铁 3 号线（龙岗线）起于福田区南侧益田村的益田站，主要沿民田路、红荔路、东门路、翠竹路、布心路及国道 205 改造后深惠路敷设，途经福田、罗湖、布吉、横岗及龙岗片区，止于龙岗老城区龙兴街的双龙站(图 4.1)，线路预留延伸条件。线路全长约 41.666 km，其中地下线 17.364 km，高架线 21.809 km，地面线（含过渡段）2.493 km；全线车站 30 座，其中地下站 14 座、半地下站 1 座、高架站 15 座；主变电所 2 座；车辆段及停车场各一处。初期车辆配置 43 列；3 号线分为首通段和西延段共两期建设，总工期约 6.5 年。

图 4.1 深圳地铁 3 号线（龙岗线）线路平面走向图

4.1.1 沿线各片区建设城市现状及规划

根据《深圳 2030 发展策略》，深圳城市空间发展策略为：南北贯通，西联东拓。深圳地铁 3 号线的功能定位为连接福田、罗湖中心区与东部发展轴的轨道干线，与 2 号线共同形成特区内第二条东西向客运主通道。深圳地铁 3 号线的建设有利于城市空间发展策略的实现。

4.1.1.1 福田段

福田区作为深圳市中心城区，其建设发展目标为适应 21 世纪深圳与国际交流功能要求的中心商务区。深圳地铁 3 号线西延段延伸至福田南，是实施西联东拓策略的重要保障，同时进一步强化“罗湖—福田主中心”，对实现“中心强化”策略具有重大意义，不仅可以满足福田南居住片区与罗湖、福田中心区的客运要求，同时也是对 4 号线服务区域的补充，有利于进一步完善福田区的轨道网络。

福田区土地利用规划图如图 4.2 所示。

深圳地铁 3 号线福田区段依次经过益田—石厦片区、福田中心区、莲花村—中心公园片区和华强北—上步片区。

1）益田—石厦片区

根据《深圳市城市总体规划（1996—2010 年）》以及《福田区分区规划》，益田—石厦片区的功能定位为：区级行政中心和中心区配套生活居住区。该片区是 3 号线西延段全线最主要的居住片区，线路和车站应加强对居住功能的配合与协调，为该片区居民出行提供便捷的服务。深圳地铁 3 号线西延段在该片区设益田、石厦两站。

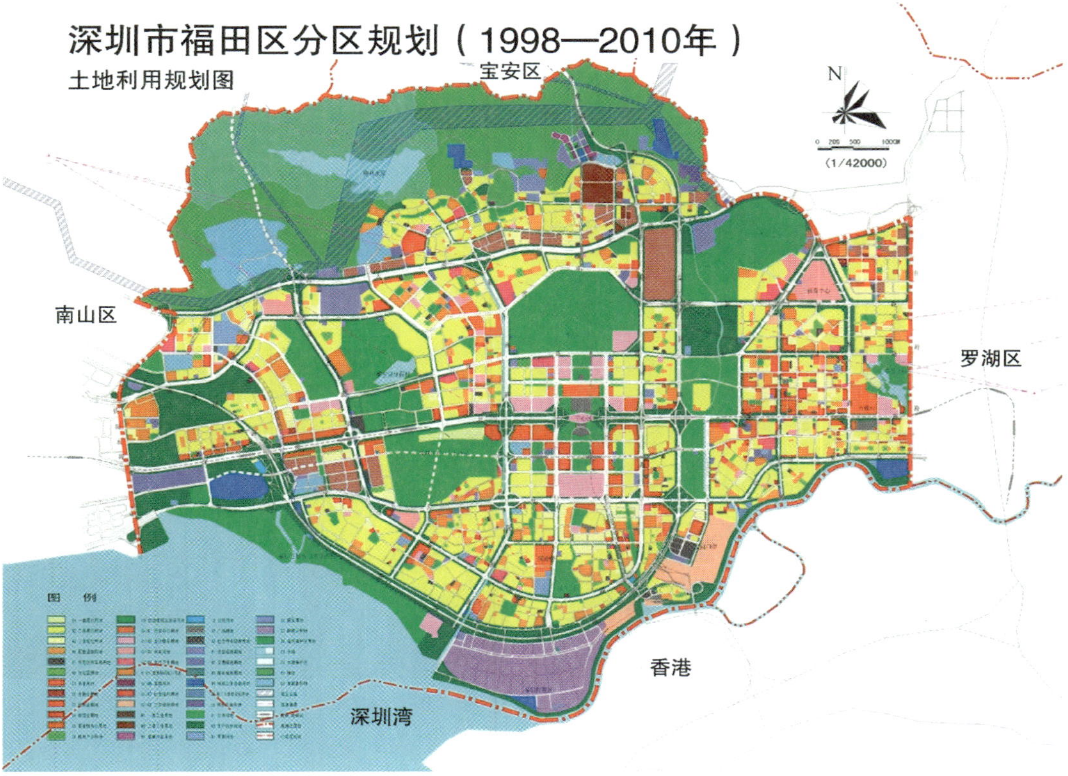

图 4.2　福田区土地利用规划图
（深圳市规划与国土资源局编制，2002 年）

2）福田中心区

福田中心区是深圳市的核心区域，这里不仅是深圳市的政治行政中心，也是会展、商贸和文化中心。中心区规划北部多为行政文化设施以及居住社区南部多为商务办公区。深圳地铁 3 号线西延段在该片区设购物公园、福田及少年宫三站。

根据深圳市轨道远景网络规划，除已有的 1、4 号线外，地铁 2、3 号线以及广深港客运专线将穿越中心区并设站，中心区的土地功能必将趋向高度的综合。轨道建设计划给中心区土地、交通及地下空间的整合带来新的契机。

西延段沿线实景图如图 4.3、图 4.4 所示。

3）莲花村—中心公园片区

《深圳市城市总体规划（1996—2010 年）》对莲花村片区的功能定位是：以居住为主，兼有部分办公等功能，为深圳市中心区周边地区大型综合住宅区之一。深圳地铁 3 号线西延段在该片区设莲花村站。

石厦二街　石厦北二街　福田中心区　民田路

图 4.3　西延段沿线实景图一

红荔—华强弱路口　红荔—上步中路路口　红荔路西段鸟瞰　中心公园鸟瞰

图 4.4　西延段沿线实景图二

4）华强北—上步片区

该区主体功能是以区域性电子专业市场为代表的国际物流中心，多元混合的市级商业中心，高新技术研发中心，兼有商务办公、居住等功能的综合性片区。深圳地铁 3 号线西延段在该片区设华新、通新岭两站。

城市空间环境和交通配套设施条件是制约华强北—上步片区进一步发展的主要因素之一，因此，需要大力改进交通设施，改善华强北—上步片区与周边主要居住片区的联系。3 号线西延段有利于优化城市新旧中心的联系，促进福田—罗湖城市住中心的形成和强化，将大大改善上步片区交通条件，促进该片区的改造升级和长远发展。

4.1.1.2　罗湖段

地铁 3 号线罗湖区段所处深圳市特区内东部发展轴的辐射核心，与布吉片区紧密相连，是深圳市传统的金融商贸中心区、文化娱乐区、居住区及综合服务基地。作为深圳市较早开始发展的成熟建成区域，罗湖区段呈现居住、商业、办公、工业等混合功能特色，建筑密度大，人流密集，其中老街、东门、人民医院等都已形成相对成熟的城市功能片区，承载以商业、商务等为主的活动模式。区段现状腹地范围内可发展用地总量约占 10%，改造潜力有限。

罗湖段设有红岭中路站（运营期站名为“红岭站”）、老街站、东门中路站（运营期站名为“晒布站”）、人民医院站（运营期站名为“翠竹站”）、田贝站、布心站（运营期站名为“水贝站”）、和布吉联检站（运营期站名为“草埔站”）7 个车站，如图 4.5 所示。

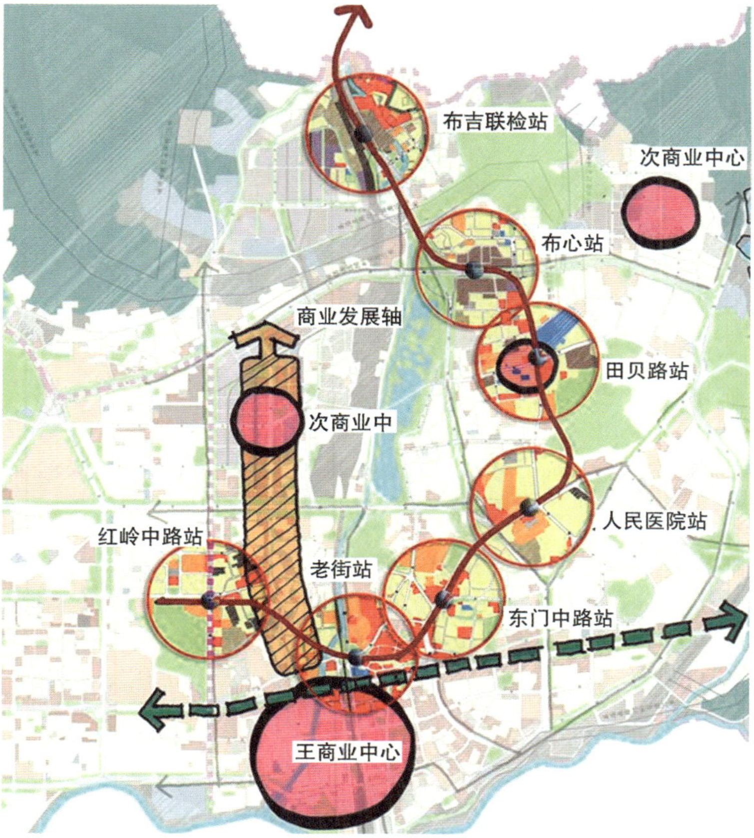

图 4.5 罗湖段规划解读

4.1.1.3 布吉段

深圳地铁 3 号线布吉区段处于特区外东部，与罗湖区紧密相连，西部为坂雪岗片区，北部为平湖，东北部为横岗。现设有布吉客运站（运营期站名为“布吉站”）、布吉政府站（运营期站名为“木棉湾站”）、汇福花园站（运营期站名为“大芬站”）和丹竹头站 4 个站。广深铁路南北穿越，交通状况复杂。沿线腹地范围内存在约 37 hm^2 可新开发潜力用地，同时近远期可通过改造发展的用地潜力较大，约 130 hm^2，共计约占腹地覆盖总面积的 48%左右。

结合站点腹地土地利用现状、发展潜力和相关规划对站点功能发展定位意向，布吉段 4 个站点功能发展定位为：布吉政府站为活动中心站，布吉客运站为交通枢纽站，其他站为一般居住站，如图 4.6 所示。

4.1.1.4 横岗段

地铁 3 号线横岗区段位于特区外东部，布吉镇石坑山以东，梧桐山风景以北，深圳市中

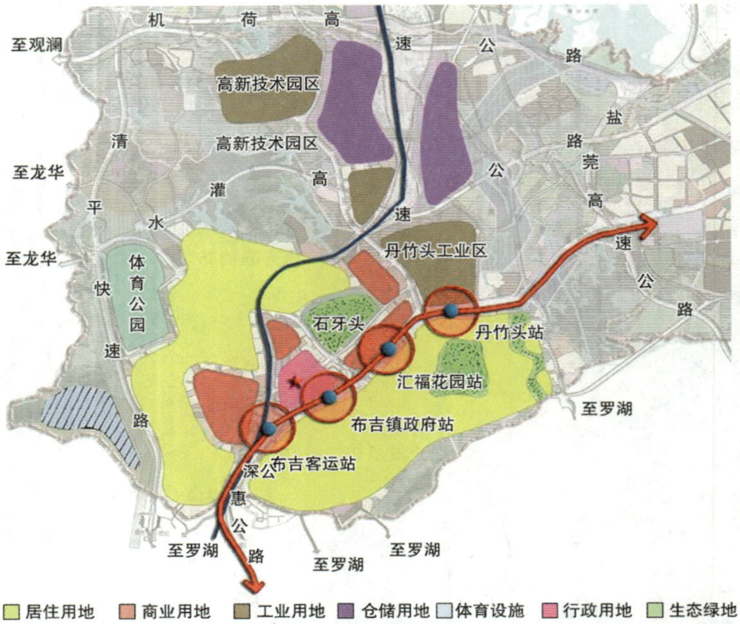

图 4.6 布吉段规划解读

部组团隔离绿化带以西。现状土地可开发潜力较大，其中具改造潜力用地约 270 hm^2，具新发展潜力用地约 100 hm^2，共计约占车站腹地覆盖总面积的 58%左右。横岗段设有育马场站（运营期站名为“六约站”）、塘坑站、新世界广场站（运营期站名为“横岗站”）、银海市场站（运营期站名为“永湖站”）和荷康路站（运营期站名为“荷坳站”）5 个车站，如图 4.7 所示。

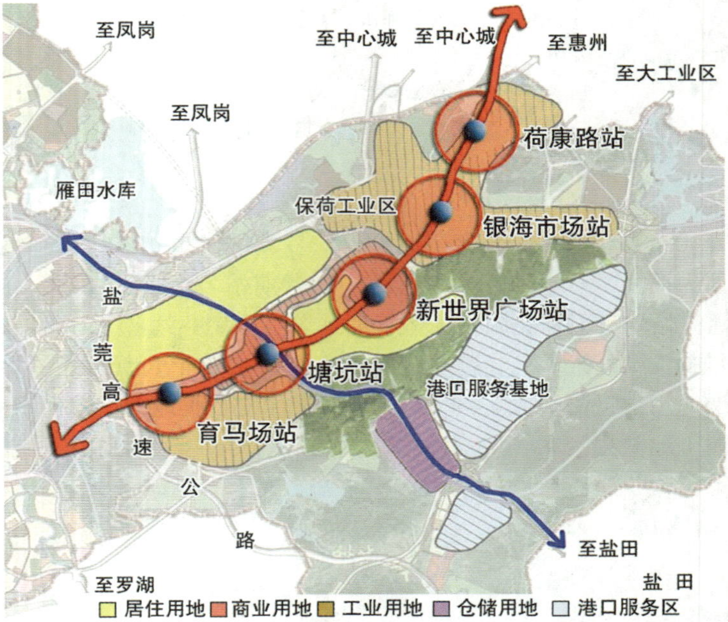

图 4.7 横岗段规划解读

由于本段内各站都存在足够数量的可发展潜力土地，依据相关规划发展意向：塘坑站及新世界广场站所处片区为综合服务核心区，可依托现有行政办公、综合商贸基础，结合轨道建设形成物流组团核心区，定位为商业中心站；银海市场及荷康路站所处片区为传统工业区，包括保安、荷坳片传统工业区，通过升级改造形成东部高新技术产业带的配套加工基地，定位为一般居住站；育马场站所处片区为居住工业混杂片区，均定位为一般居住站。

4.1.1.5 龙岗段

深圳地铁 3 号线龙岗区段处于特区外东部，为龙岗区中心所在区段。龙岗属深圳市次中心，是城市组团的综合服务中心、第三产业集中区和重要的工业基地。站点腹地内新发展用地潜力很大。龙岗段设有爱联学校站（运营期站名为“爱联站”）、吉祥路站（运营期站名为“吉祥站”）、龙城广场站、南联路站（运营期站名为“南联站”）和龙兴街站（运营期站名为“双龙站”）5 个站。

结合站点腹地土地利用现状、发展潜力和相关规划对站点功能发展定位意向，龙岗段 5 个站点功能发展定位为：龙城广场站为活动中心站，龙兴街站为商业中心站，其他站为一般居住站，如图 4.8 所示。

图 4.8 龙岗段规划解读

4.1.2 线站位方案

4.1.2.1 益田站—福田站段

线路起点设于益田村广场南侧，向北沿石厦二街进入石厦村，下穿石厦村东南侧自建房（30 栋，5 ~ 9 层）后以两个 R-400 m 的反向曲线转向正北方向行进，沿石厦大街敷设，在福民路路口北侧设石厦站（与 7 号线换乘）。出站后线路沿石厦北二街向北敷设，下穿滨河大道后沿民田路敷设，在民田路与福华路路口南侧设购物公园站（与 1 号线换乘），下穿 1 号线香蜜湖—购物公园区间，在深南大道北侧设福田站（与 2 号线、11 号线及广深客运专线换乘），如图 4.9 所示。

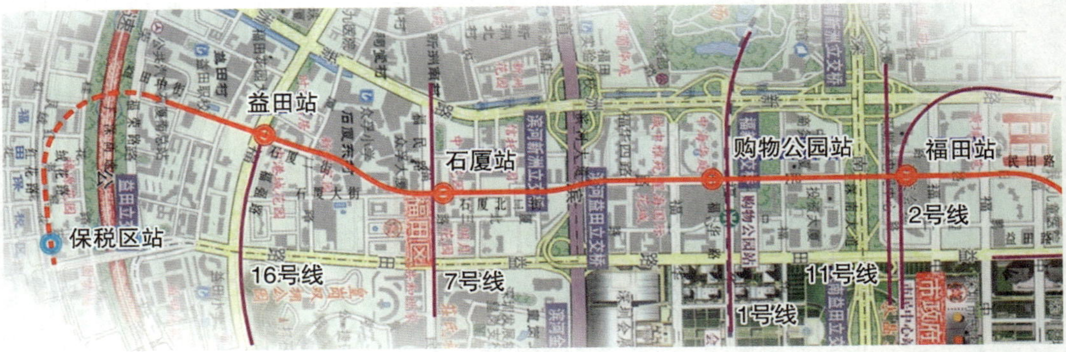

图 4.9 益田站—福田站段线路平面走向图

本段线路长约 3.18 km，设益田、石厦、购物公园及福田四站，最小曲线半径 400 m。主要控制性因素有：

- 益田站需与益田村规划的地下停车场相结合；
- 益田站需预留与 16 号线的换乘条件；
- 线路下穿石厦村自建房，隧道顶距离 117 号自建房桩基约 4.35 m（图 4.10）；

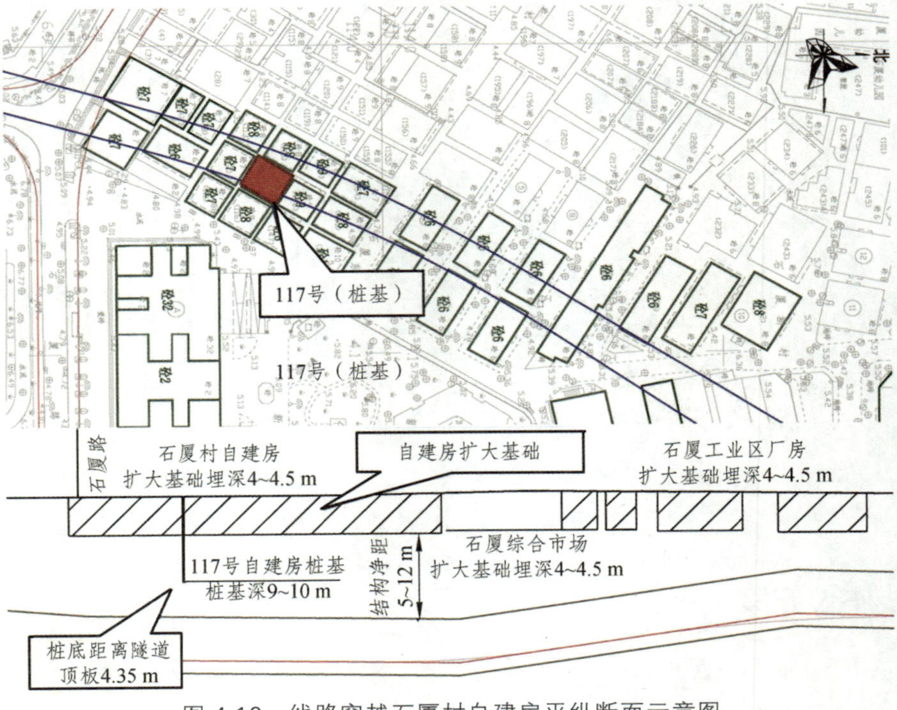

图 4.10 线路穿越石厦村自建房平纵断面示意图

- 石厦站预留与 7 号线的换乘条件；
- 1、3 号线区间隧道空间位置关系；
- 福田换乘枢纽各条轨道交通线路空间位置关系的预留衔接；

在益田站南侧，预留了线路远期通往保税区的条件。预留线路自起点向南，由益荣居 3 号楼和 4 号楼之间的益田中街穿出（楼间距约为 30 m），之后取向东南，下穿福强路和广深高速公路，进入保税区。

4.1.2.2 福田站—红岭站段

线路经过福田站后在红荔路路口以 R-350 m 的曲线转向东行，下穿儿童医院宿舍楼（8 层）后沿红荔路敷设，在益田路路口上跨广深港客运专线区间。少年宫站（与 4 号线换乘）设于深圳书城北侧，线路出站后下穿 4 号线区间，延伸至彩田路路口设莲花村站（与 16 号线换乘）。之后线路穿越深圳中心公园，在华强北路路口设华新站（与 7 号线换乘），在上步中路路口设通新岭站，并与红岭站相接，如图 4.11 所示。

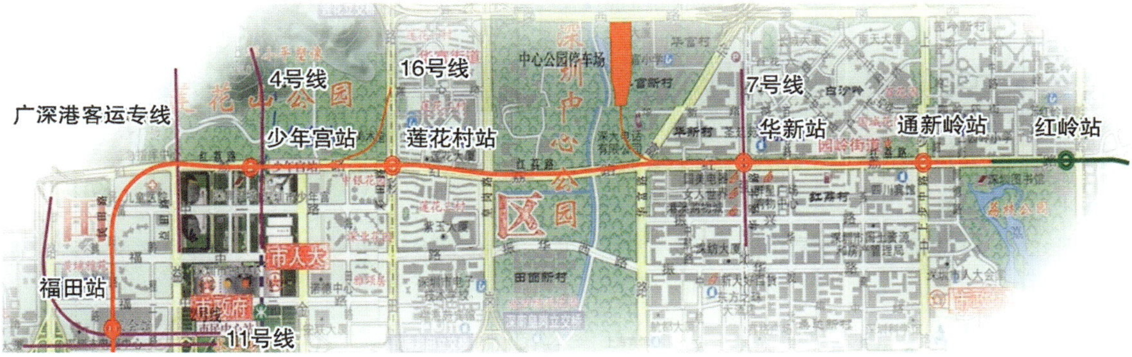

图 4.11 福田站—红岭站段线路平面走向图

本段线路长约 5.72 km，设少年宫、莲花村、华新及通新岭四站，最小曲线半径 350 m。本段线路主要控制性因素有：

- 线路左线中心线距离黄埔雅苑会所（2 层）地下室 6.25 m；
- 线路避让福中路人行天桥桩基；
- 线路下穿儿童医院宿舍楼（8 层、桩基）；
- 3 号线与广深港客运专线区间隧道空间位置关系；
- 3、4 号线区间隧道空间位置关系；
- 莲花村站预留与 16 号线的换乘条件，同时西侧预留 3、16 号线联络线设置条件；
- 区间下穿福田河；
- 华强北站预留与 7 号线的换乘条件。

车段线路中的控制因素示意如图 4.12 ~ 图 4.15。

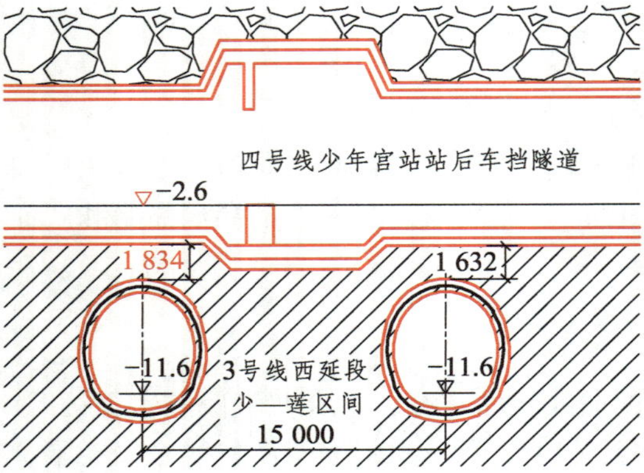

图 4.12 与 1 号线区间关系示意图

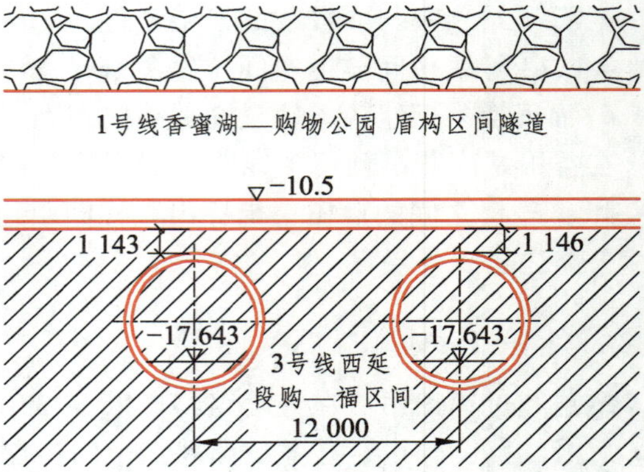

图 4.13 与 4 号线区间关系示意图

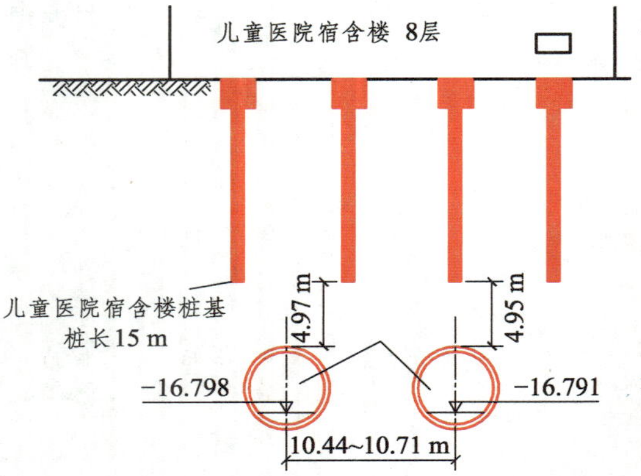

图 4.14 儿童医院宿舍横断面示意图

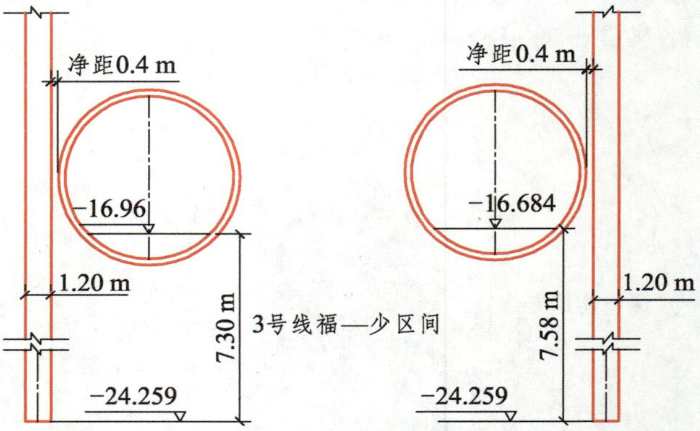

图 4.15 福中路天桥横断面示意图

4.1.2.3 红岭站—晒布站段

本段线路长约 2.6 km，其中除了红岭、老街、晒布三站及车站端部线路设于道路下方外，其余约 1.4 km 线路在商厦、民宅下穿过。为方便 1、3 号线换乘同时减小对沿线建筑物的影响，老街两端部分区间采用了左右线上下重叠（左线在上，右线在下）的线路方案，如图 4.16 所示。最小曲线半径 350 m。

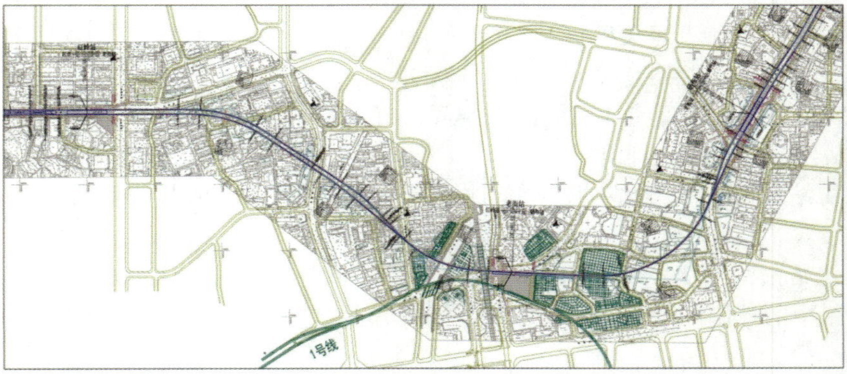

图 4.16 红岭站—晒布站段线路平面走向图

本段线路设计主要控制性构筑物有骏庭名苑、宝丽大厦、电影大厦、百桂园、星港中心、太阳广场、茂业百货等：

- 地铁区间隧道从骏庭名苑裙楼（3 层）下通过，如图 4.17 所示；
- 线路中心线距宝丽大厦、电影大厦、百桂园结构边缘距离分别为 13.2 m、8.3 m 和 6.5 m；
- 从星港中心预留通道下通过，如图 4.18、图 4.19 所示；
- 需托换广深铁路三线桥墩一处（须处理桩基）；
- 需处理太阳广场桩基础 5 根。

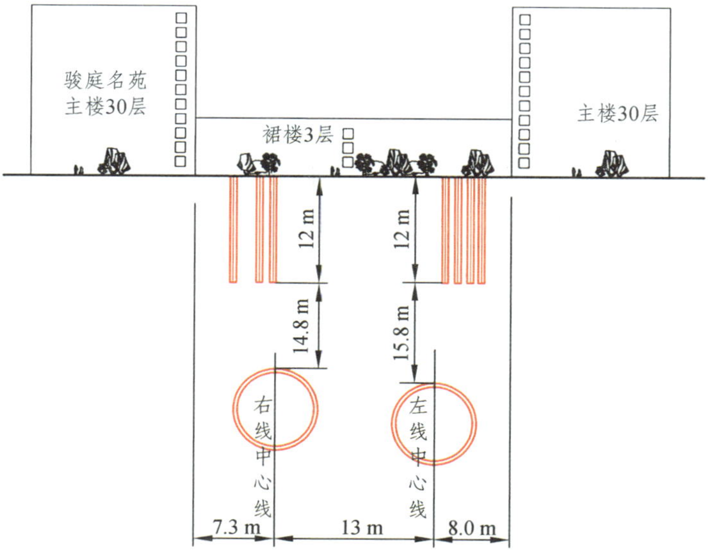

图 4.17　骏庭名苑横断面示意图

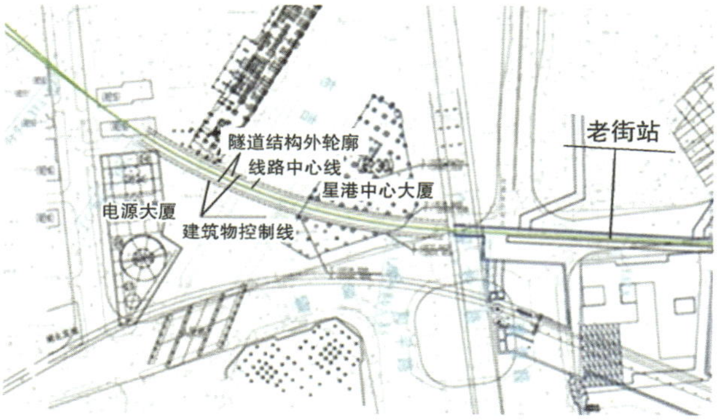

图 4.18　星港中心预留通道平面图

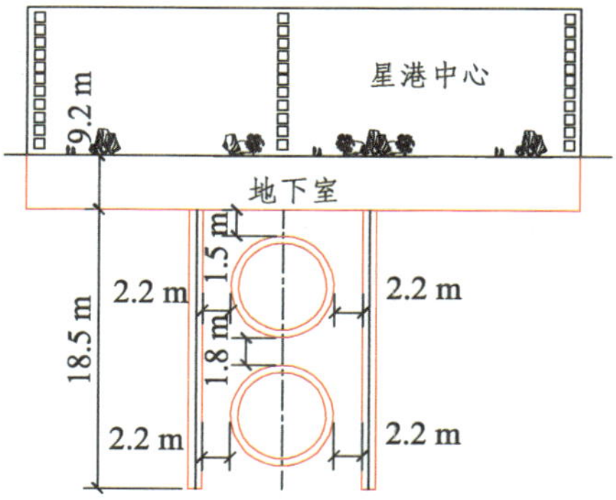

图 4.19　星港中心横断面示意图

4.1.2.4　晒布站—水贝站段

本段线路主要沿东门中路、翠竹路、布心路行进。线路沿东门中路路中前行，从雅园立交桩基之间通过，设翠竹站后以 *R*-350 m 的曲线从翠菊楼（23 层）和翠竹楼（21 层）之间的空隙以及康宁医院病房和翠拥华庭（砼 32）之间通过，沿翠竹路北上，在田贝四路路口设田贝站，并以 R-350 m 的曲线从翠竹路立交路基段西拐到布心路设水贝站，如图 4.20 所示。本段线路最小曲线半径为 350 m。

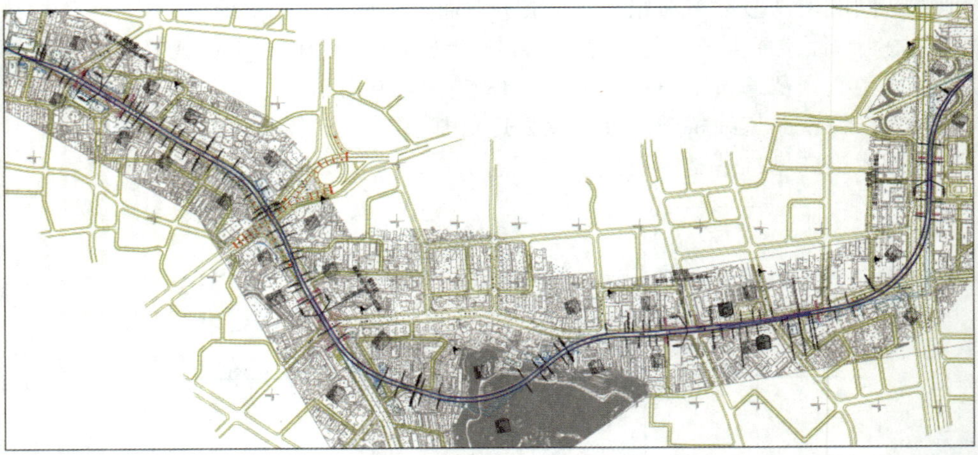

图 4.20 晒布站—水贝站段线路平面走向图

控制性构筑物有雅园立交桩位、翠菊楼（砼 23）、翠竹楼（砼 21）、翠拥华庭（砼 32）、趣兰阁（砼 16）、康宁医院病房（精神病医院）。对这些控制性建筑物均进行了实测，线路避开了这些控制性建筑物。本段线路下穿 4 层以上建筑物共 9 栋，最高层数为 7 层。

4.1.2.5 水贝站—布吉站段

过水贝站后，线路从布心路拐向布吉路时下穿洪湖立交路基段，并在太白路南侧路中出洞，线路由地下转为高架，在布吉检查站处设草埔站。之后线路转到国道 205 西侧与广深铁路并行，在布吉枢纽前广场内设布吉站，如图 4.21 所示。本段最小曲线半径为 350 m。

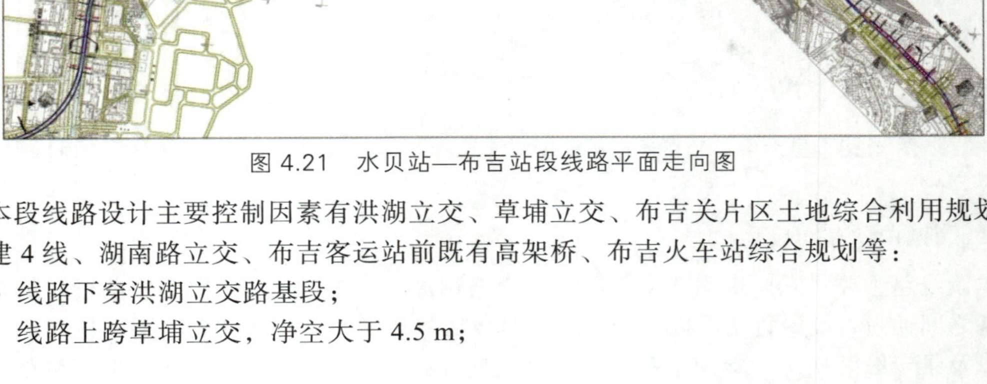

图 4.21 水贝站—布吉站段线路平面走向图

本段线路设计主要控制因素有洪湖立交、草埔立交、布吉关片区土地综合利用规划、广深增建 4 线、湖南路立交、布吉客运站前既有高架桥、布吉火车站综合规划等：

- 线路下穿洪湖立交路基段；
- 线路上跨草埔立交，净空大于 4.5 m；

- 布吉联检站站位满足站点周边综合利用规划；
- 地铁线路设计考虑了湖南路立交，桥跨布置较方便；
- 地铁和铁路部门多次协调、密切配合，地铁 3 号线和广深铁路增建 4 号线均得到了较好的布设，如图 4.22 所示；
- 地铁线路从布吉客运站前既有高架桥西侧通过，避开了该桥。

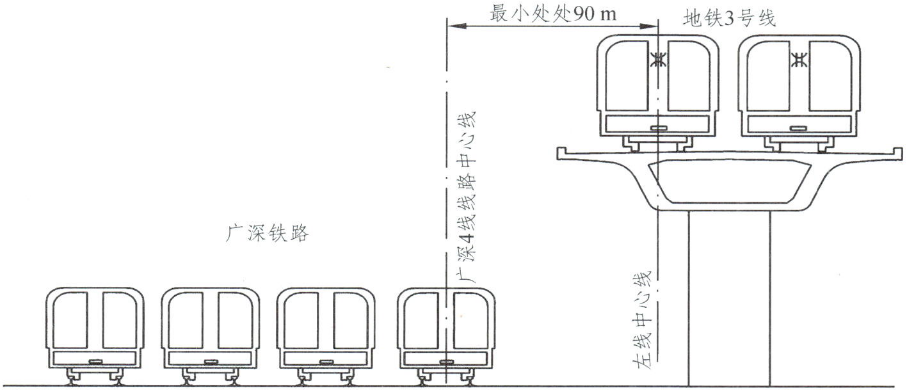

图 4.22　与广深增建 4 线并行段横断面示意图

4.1.2.6　布吉站—双龙站段

线路出布吉站后，由路侧拐回国道 205 路中绿化带敷设，依次设木棉湾、大芬、丹竹头三站。过丹竹头站后，线路经丹竹头立交、盐排立交，前行至横岗六约村，在深峰路西侧设六约站并在国道 205 路中进洞，转为地下线敷设至平盐铁路西侧、国道 205 南侧设塘坑站，下穿平盐铁路后，由国道 205 路侧回到路中，过莲心路后由地下逐渐转为高架，一直敷设至双龙立交西侧，如图 4.23 所示。本段线路沿国道 205 敷设，工程条件较好，最小曲线半径为 $R = 400$ m。

图 4.23　布吉站—双龙站段线路平面走向图

本段线路平面设计主要控制因素有：布吉客运站前规划高架（原布吉高架延长）、大芬立交、丹竹头村高压输电线（110 kV 和 220 kV）、盐排立交及该处高压线、机荷高速立交等，如图 4.24 ~ 图 4.26 所示。

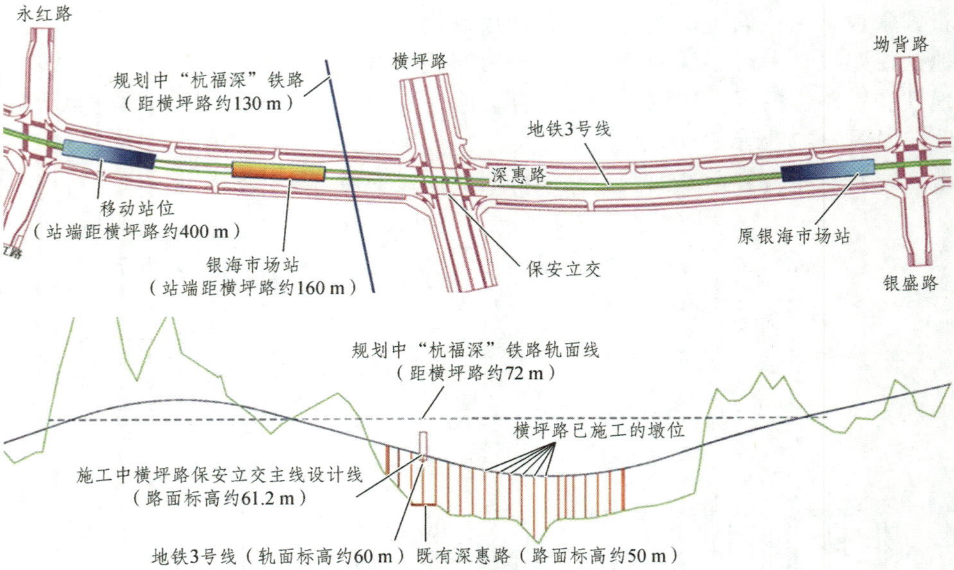

图 4.24 地铁 3 号线、深惠路、横坪路、“杭福深”铁路关系示意图

图 4.25 高压输电线现场环境照片

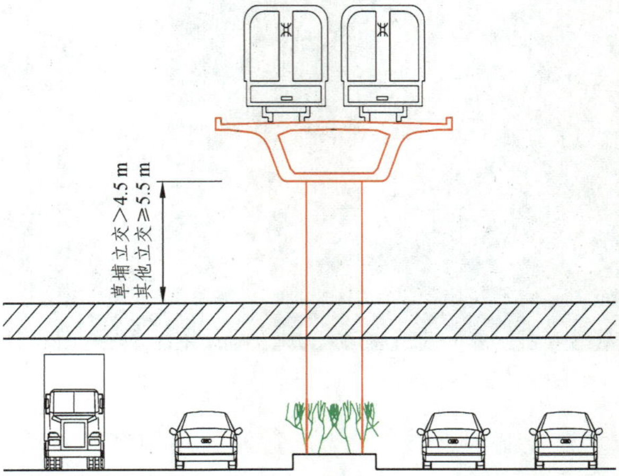

图 4.26 草埔立交、大芬立交、荷坳立交、宝荷立交横断面示意

4.2 客流与行车组织

4.2.1 设计理念

3 号线的功能定位为深圳市轨道干线，贯通深圳市西南至东北方向主要发展轴，承担深圳市中心区至龙岗次中心大量客流需求，也满足了原特区内外轨道覆盖均衡性的需求。

同时，3 号线又是连接 2011 年 26 届世界夏季大学生运动会主会场（体育新城站）的唯一地铁线路，担负着运动会期间观众及部分运动员的输送任务。它的建成将“拉近龙岗与深圳的距离，并随着大运会的召开拉近与世界的距离”。

因此，在本项目行车组织设计过程中，根据项目实际情况提出以下设计理念：

1）地铁运营，安全第一

地铁运营，安全是第一位的，安全地运送乘客是地铁运营的首要目标。地铁运营安全，与地铁的硬件设施及地铁的软件服务密切相关。

在 3 号线的设计与建设中，深入贯彻“安全地铁”的设计思路，在运营机构、行车管理、车站管理、设备管理、人员培训等方面，就如何确保地铁安全运营，提出合理化建议，以供项目业主和新组建运营公司参考。

2）服务乘客，以人为本

全面贯彻“设计为建设服务，建设为运营服务，运营为乘客服务”的设计理念。地铁的社会效益体现在公众服务，因此，地铁设计必须贯彻“服务乘客，以人为本”的设计思路。这就要求在地铁的设计、建设、运营过程中，必须强调乘客服务意识。乘客的需求，是地铁的追求。

行车组织设计从地铁车站换乘方式、列车运行计划、停站时间等设计方面均着重考虑了如何适应潮汐客流的变化、提高乘客出行效率、满足乘客由于生活水平的提高而伴随的各种需求。

3）服务运营，效益优先

为实现 3 号线可持续发展，行车组织设计充分考虑了全日运能与效益之间的平衡设计，包括服务水平与运营效益的平衡、列车满载率与乘客舒适度的平衡、最高运行速度与牵引能耗的平衡。

4.2.2 预测客流及现状客流

4.2.2.1 预测客流

2005 年，客流预测单位完成了 3 号线一期工程扩大初步设计的客流预测报告，预测范围为购物公园站—双龙站，3 号线各设计年度客流预测指标汇总详见表 4.1。

随着深圳市新一轮的轨道交通网络规划修编，相关边界条件发生变化后，客流预测单位对 3 号线全线重新进行了客流预测，并完成了《深圳市地铁 3 号线西延段工程客流预测报告》（2008 年 11 月通过专家评审）。

表 4.1 3号线各设计年度客流预测指标汇总表（2005年）

指标	单位	初期（2012年）	近期（2019年）	远期（2034年）
线路运营长度	km	32.150	38.900	38.900
车站数量	座	21	27	27
日均客运周转量（双向）	万人公里	622	917	1 356
日均客运发送量（双向）	万人	44	93	139
客流平均运距	km/乘次	14.1	9.8	9.8
单向早高峰最大断面	万人/h	1.54	2.84	3.90
单向晚高峰最大断面	万人/h	1.90	3.26	4.44

因此，3号线西延（购物公园站—益田）后，益田站—双龙站全线各设计年度客流预测指标汇总详见表4.2。

表 4.2 3号线各设计年度客流预测指标汇总表（2009年）

指标	单位	初期（2014年）	近期（2021年）	远期（2036年）
运营长度	km	41.1	41.1	42.1
车站数量	座	30	30	31
日均客运量	万人	50	97	143
日均周转量	万人公里	764	1 369	1 590
平均乘距	km/乘次	15.4	14.1	11.1
单向早高峰最大断面	万人/h	2.03	3.37	3.92
单向晚高峰最大断面	万人/h	2.19	3.61	4.08

4.2.2.2 3号线开通运营以来的客流情况

1）日均客流量

3号线一期工程（红岭站—双龙站）2010年10月通车，二期工程（益田站—红岭站）2011年6月通车。线路自开通以来客流量呈逐年稳步上涨趋势，2019年7月日均客运量达到92.56万人次。深圳轨道交通三期工程开通以来，3号线客流增长速度有所增长，2019年涨幅约13.46%，如图4.27所示。

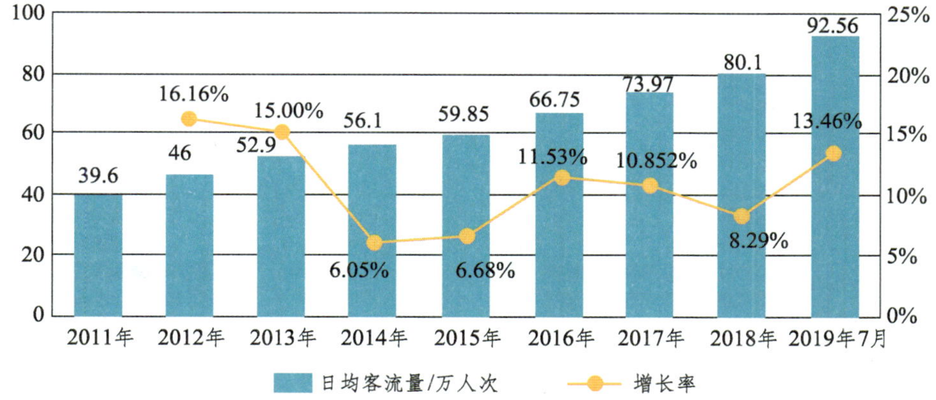

图 4.27 深圳地铁 3 号线历年日均客运量变化情况

2）客流强度及平均运距

3 号线的客流强度自开通以来不断增长，2019 年 7 月日均达到 2.24 万人次/km。平均运距呈现波动变化趋势，深圳轨道交通三期工程开通后持续下降，2019 年下降至开通以来最低值 10.0 km，如图 4.28 所示。

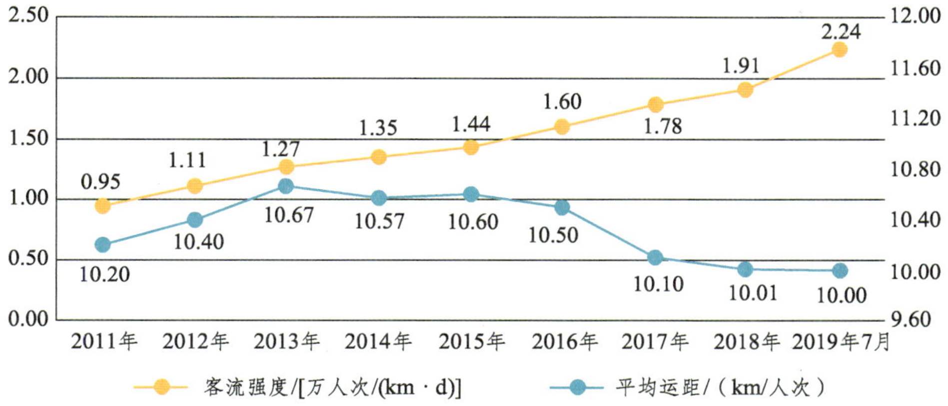

图 4.28 深圳地铁 3 号线历年客流强度与平均运距变化情况

3）高峰小时客流情况

3 号线为典型的通勤线，承担着龙岗区至罗湖区、福田区的通勤客流，潮汐特征尤为突出，早高峰时段上行方向（至市中心）客流量明显高于下行方向，晚高峰双向客流断面特征相反。早高峰由于大量外围居住人口往中心区方向乘车，断面客流逐渐上升，同时水贝片区为 3 号线进关后出行的首个大型岗位集中区，因此最高客流断面出现在草埔—水贝区间（上行区间，4.86 万人次/h），晚高峰反之亦然（水贝—草埔下行区间，3.26 万人次/h），如图 4.29 所示。此外，受 1 号线老街站换乘客流的影响，早高峰上行方向及晚高峰下行方向经过老街站后客流断面变化明显。

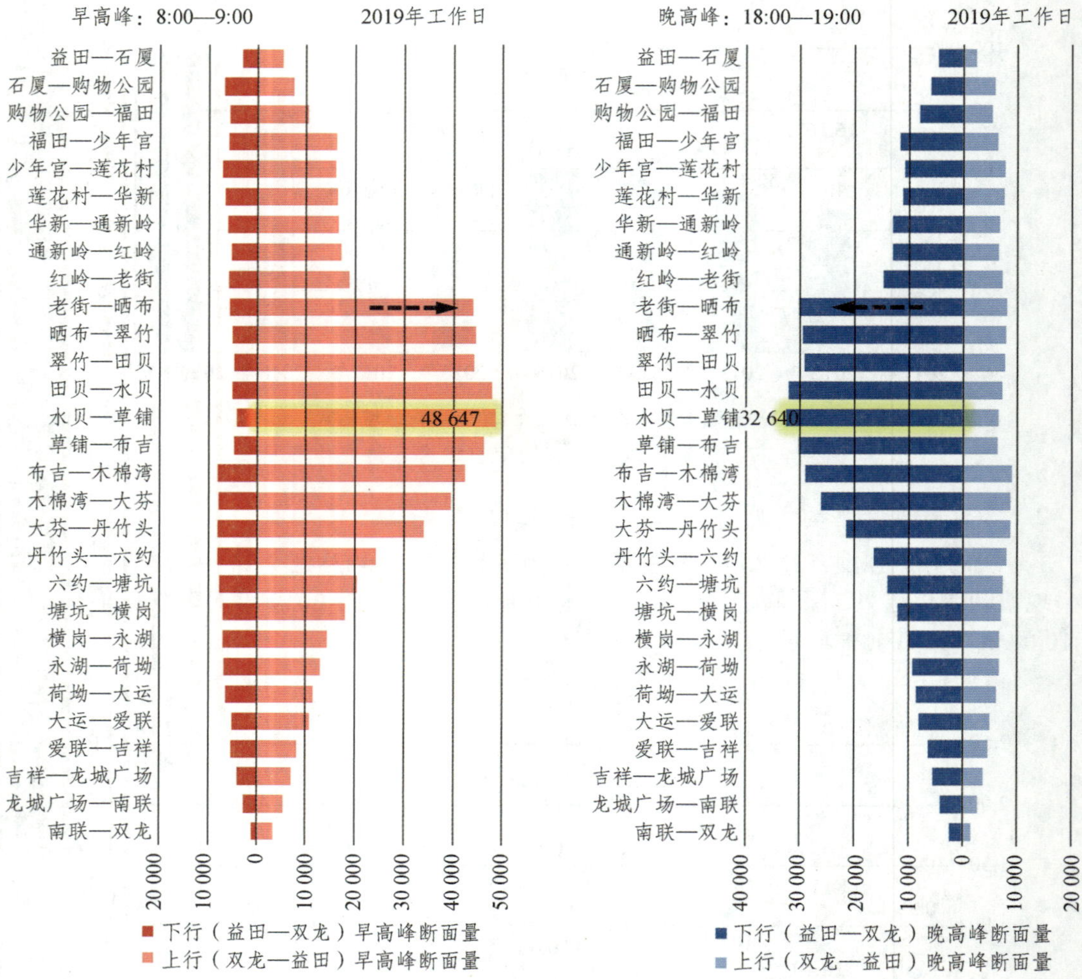

图 4.29　深圳地铁 3 号线 2019 年工作日早晚高峰断面分布情况

因此，从现状客流调查发现，3 号线具有全日客运强度大、潮汐现象明显、高峰小时拥挤度高等特点。

4.2.2.3　原预测客流与现状客流分析

根据 3 号线一期工程客流预测结果，3 号线近期（2019 年）客流预测数据，早高峰最大断面客流 2.84 万人次/h，晚高峰最大断面客流 3.26 万人次/h，高断面集中在老街—塘坑区间，呈现出“双鱼刺”特征，平均运距约 9.8 km。

根据 3 号线西延段工程客流预测结果，3 号线西延线预测的近期（2021 年）客流预测数据，早高峰最大断面客流 3.37 万人次/h，晚高峰最大断面客流 3.61 万人次/h，高断面客流均集中在线路的中部，呈现出“纺锤型”分布，平均运距约 14.1 km。

通过两版预测与现状客流的对比分析可知，现状客流在以下几个方面与原预测客流出现较大的差异。

1）客流形态发生变化，潮汐现象进一步加剧

现状客流高断面集中在老街—布吉区间，最大断面区间为草埔—水贝，比原设计文件向线路西侧移动，主要原因是 3 号线与 5 号线的换乘站由塘坑站调整至布吉客运站。同时，3 号线运营近 10 年来，现状客流潮汐现象进一步加剧，以 2019 年 6 月工作日某一天的客流为例，早高峰上、下行客流断面不均衡系数达到 6∶1。

2）高峰时段出现反转

现状客流的时段分布与预测客流完全相反，两版预测客流最高断面均出现在晚高峰时段，晚高峰约为早高峰的 1.1 倍，而现状客流最高断面出现在早高峰时段，而且早晚高峰差异较大，早高峰为晚高峰的 1.5 倍。

3）全日客流量级基本一致，但高峰小时客流量级远超预期

现状客流全日客流量与客流分析基本一致，但现状客流断面增长情况明显超出预期，目前 3 号线最大断面客流（早高峰）已达 4.86 万人次/h，比原 3 号线近期（2019 年）预测客流最大断面（晚高峰）增幅 49.1%，比 3 号线西延线近期（2021 年）预测客流最大断面（晚高峰）增幅 35.6%。

4）平均运距存在一定的差异

深圳三期线路（7 号线、9 号线、11 号线）开通后，3 号线平均运距约为 10 km，现状平均运距较原西延线预测数据相差约 4 km。

深圳地铁 3 号线原设计与现状客流对比如表 4.3 和图 4.30、图 4.31 所示。

表 4.3 深圳 3 号线原设计文件（近期）与现状客流指标统计

项 目	设计年度		
	3 号线一期工程近期预测客流（2019 年）	西延线近期预测客流（2021 年）	现状客流（2019 年 6 月工作日）
运营长度/km	38.9	41.3	41.3
车站数	27	30	30
客运量/万人次	93.0	96.9	91.35
周转量/（万人次/km）	917	1 369	914
平均运距/km	9.80	14.10	10.00
客运强度/（万人次/km）	2.39	2.30	2.24
早高峰/（万人次/h）	2.84	3.37	4.86
晚高峰/（万人次/h）	3.26	3.61	3.26

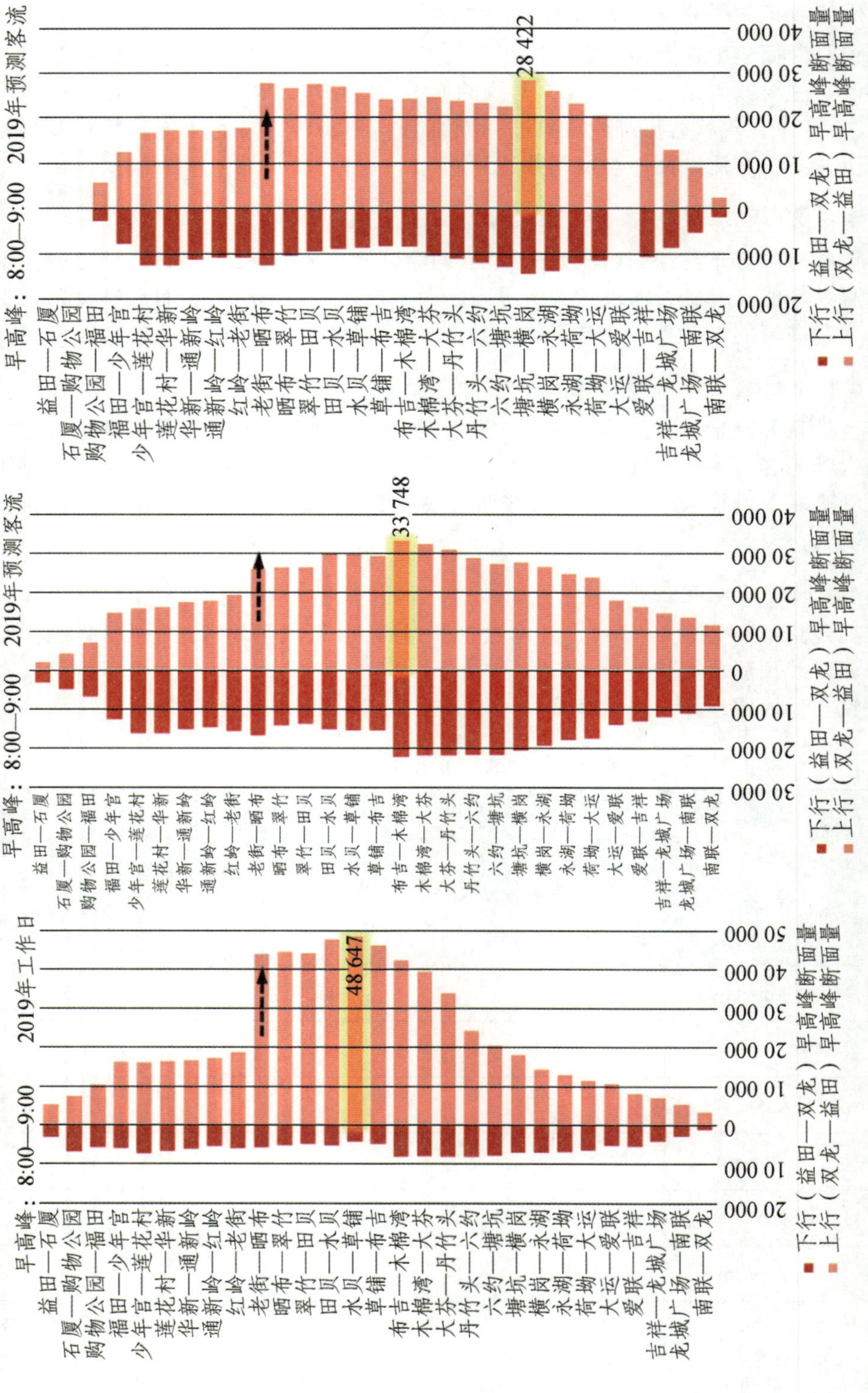

图 4.30 深圳 3 号线原设计文件与现状早高峰断面客流

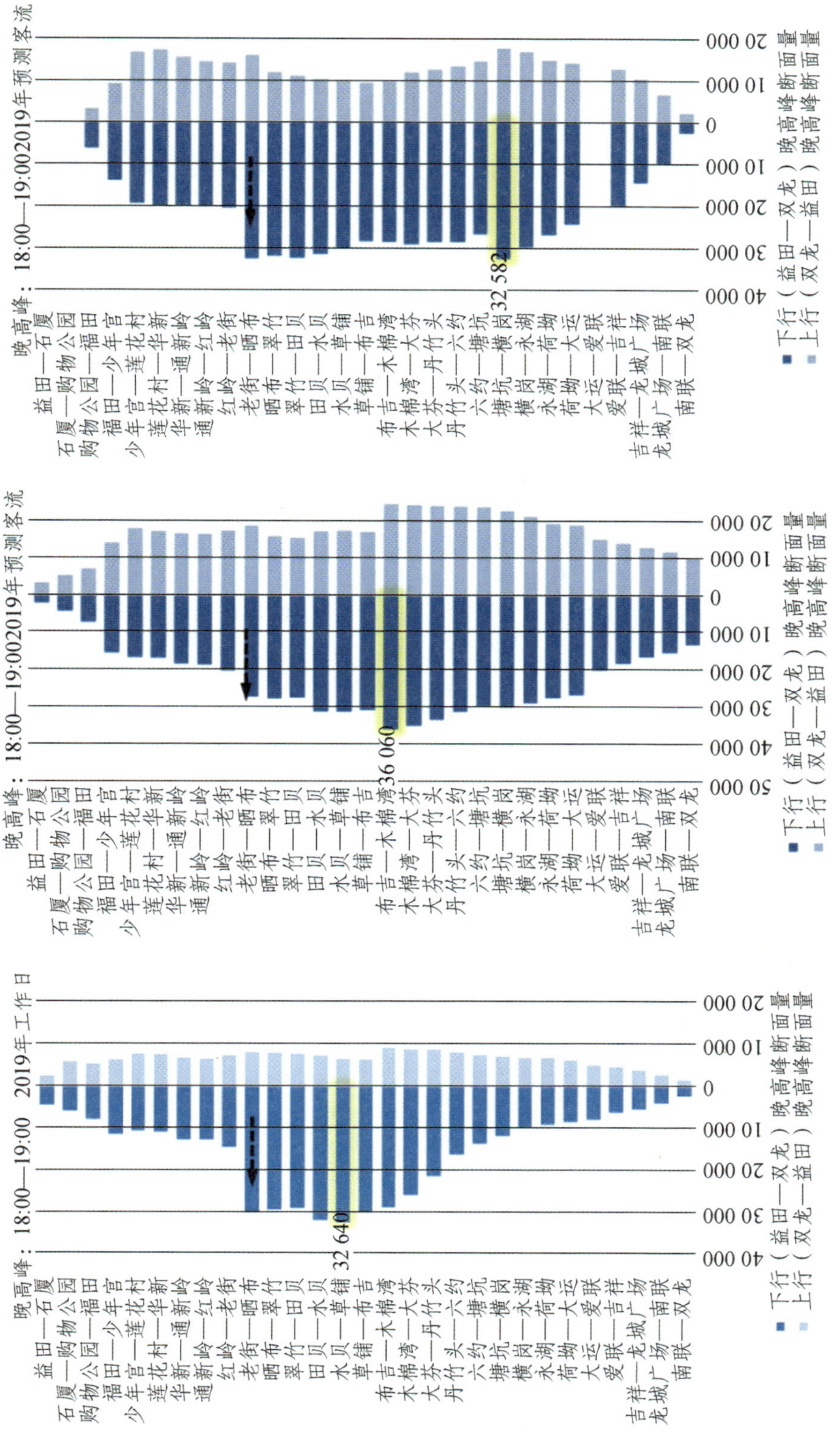

图 4.31 深圳 3 号线原设计文件与现状晚高峰断面客流

4.2.2.4 关于预测客流与现状客流差异性反思

3号线作为由罗湖中心区往龙岗区对外辐射的一条射线，自开通以来，客流一直处于稳步增长中，充分发挥了其贯通深圳市西北方向至东南方向的骨干线功能，实现了3号线“承担深圳市中心区至龙岗次中心大量客流需求”的规划意图。

虽然全日客流总量与预测客流量差异不大，但是3号线现状客流特征与预测值也出现了较大的偏差。特别潮汐现状明显，高峰小时客流量级远超预期，说明深圳核心的集聚效应进一步强化，职住分离现象愈发明显，早高峰小时出行量远超预期。

这同时也说明了以高架为主的3号线自开通以来，并未影响沿线城市发展、土地开发和居民出行意向，沿线的规划发展超越预期；随着城市更新的推进，沿线职住平衡将得到改善，有助于减小平均乘距。

4.2.3 设计方案

4.2.3.1 车辆制式选择

3号线一期工程设计时，预测的远期客流量级为4.44万人次/h，属大运量轨道交通项目。根据客流预测，可选择的车型为地铁A、B型车。然而，规划设计时，初步预测线网中其他线路的客流量级均普遍小于4万人次/h。因此，基于当时的规划和线网规划前提，判断未来深圳轨道交通线路将以B型车为主。同时，考虑3号线作为一条以高架敷设为主的线路，B型车相比A型车而言，车辆轴重较轻，车体更小，转弯半径更小，选线更灵活，高架桥梁结构更加美观、轻盈。因此，从车辆资源共享、线路选线、环境影响及城市景观多方面考虑，最终3号线车辆制式推荐采用DC 1 500 V三轨地铁B型车6辆编组，最大行车量按照34对/h设计。

然而，自3号线开通以来近10年来，现状客流的高峰小时最大断面已达4.86万人次/h，已超过预测的远期客流量级。3号线作为目前连接原特区外龙岗与特区内罗湖中心的唯一轨道交通线路，出现了早高峰客流断面大、潮汐现象突出等特征。2019年为了应对高峰小时客流断面量远超预期，综合考虑配属车辆和信号系统能力制约等因素，高峰小时采取单向（早高峰往益田方向、晚高峰往双龙方向）加车运营组织措施，单向最大行车量为25列/h。3号线由于运力不足造成高峰小时满载率达123%，由此导致“3号线采用B型车无法满足运量需求”的说法，间接导致了深圳目前运营和在建的轨道交通项目，仅3号线采用B型车，其余线路均采用A型车。

4.2.3.2 列车运行交路

1）列车运行交路设计

在设计过程中，对地铁3号线是否设置大小交路做了详细的分析、研究，最终推荐采用初、近、远期均为一个大交路运行的方案。

主要理由如下：线路东端1/2输送能力的客流点以东末端几个区间的客流断面维持在较高的水平，末端断面客流与最大断面客流的比例初、近、远期分别为27%、37%、43%。而西端1/2输送能力的客流点西端位于华强北站，虽然该站离西端起点益田站的距离为7.0 km，同时也是中心公园停车场的接轨站，理论上讲可以将华强北站设置成线路西端的小交路折返站。但设计时考虑以下因素，仍建议西端不设小交路折返点：

- 3 号线西端处于深圳市核心城区，3 号线西延的目的之一就是要扩大本线在城市核心区域的覆盖范围，以提高 3 号线在该区域的服务水平。
- 西延段 8 座车站中除上步中路站外，有 7 座车站与其他轨道交通线路换乘。
- 福田站为深圳市的大型综合交通枢纽，轨道交通（2、3 号线）、城际线（穗莞深、深惠城际线）、广深港客运专线、常规地面交通在此接驳，全天的客流量很大，该站初期全日客流集散量为 10.3 万人次/d，占全线的 10.4%。若设置小交路，则小交路折返点宜将福田站包含在内。
- 华强北站西侧相邻的几个断面客流与最高断面的比例均超过 42%，只是线路西侧末端益田至福田站 3 个断面的客流水平较低，从客流出行特征以及沿线城市环境分析，西端小交路折返站可以设置在福田站。但考虑福田站距起点站益田的距离仅有 2.8 km，设置小交路折返点的效果不明显。

3 号线西延线设计推荐交路方案如图 4.32 所示。

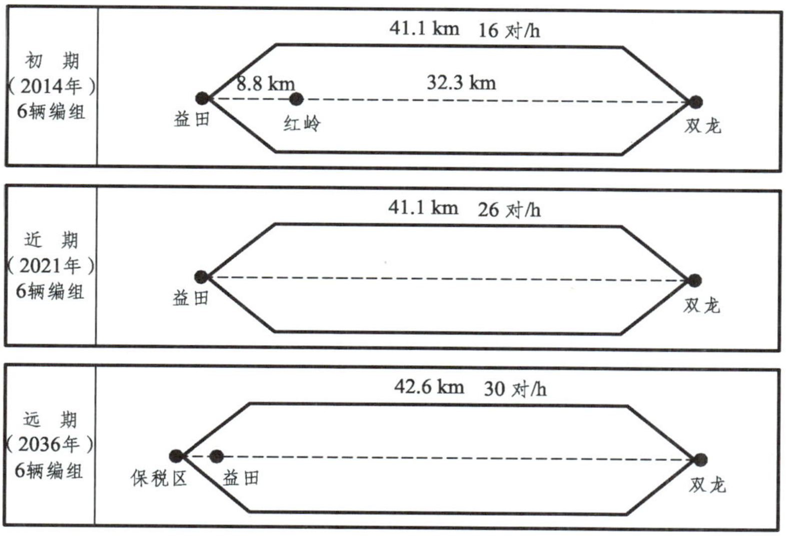

图 4.32 3 号线西延线各设计年度列车运行交路图

但考虑到客流预测的不确定性，在配线设计时，充分考虑了在红岭站和塘坑站根据客流实际发生情况，预留了组织小交路运行的条件。

2）现状交路情况

在实际运营过程中，由于 3 号线潮汐客流明显，线路中部的高端面持续范围较长，基本持续在老街站—丹竹头站，线路两端的客流回落较为明显，且华新站、塘坑站分别为中心公园停车场、横岗车辆段接轨站，华新站、塘坑站均为双岛接轨站的形式，车站中间设有专门清客线。

基于以上因素，为了更好地适应客流特征，从运营可持续发展的角度出发，目前运营单位在高峰时段已采用单向加车的小交路方案。这样，初、近期车辆有限配置梳理的前提下，可以加大单方向行车量增加运能。同时节约运营成本和场段规模，提高运营效率，缓解局部高峰客流运能需求，实践证明是潮汐客流明显的线路解决运能不足非常行之有效的手段。2019 年 3 号线高峰小时单向最大行车量为 25 列/h，列车运行交路如图 4.33 所示。

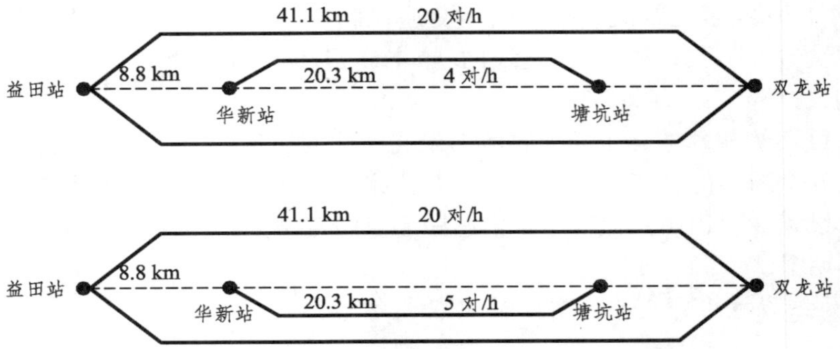

图 4.33 3 号线 2019 年高峰小时单向加车运行交路图

同时，为减少中间车站乘客等待首班车的时间，3 号线还在行车组织方面做了特别安排，即在首班车分别从首末站（即双龙站和益田站）开出的同时，还分别在上行线（双龙往益田方向）的塘坑站、丹竹头站、草埔站、晒布站和华新站以及下行线（益田往双龙方向）的华新站、红岭站和田贝站同时开出首班车，此举将极大方便市民早高峰时段乘车。在早高峰结束后，平峰期间在华新备用线和双龙下行线各备用 1 列。

4.2.3.3 车站辅助配线

1）设计方案

3 号线在车站辅助配线设计方面的技术难点主要包括以下三个因素：

（1）3 号线线路长，高架线路所经地区部分路段与 205 国道同时改造，考虑与地下段的施工条件和施工进度不同，全线辅助配线设置时需考虑不同开通时期列车折返和运营管理的需要。

（2）3 号线高架线长度约占全线的 50%，因此，辅助配线的设置在考虑线路的敷设方式、工程条件及工程造价等因素的基础上，同时应考虑配线对高架景观和对地面交通的影响。

（3）3 号线系统设计能力为 34 对/h，因此，辅助配线设置应充分考虑一定的运能余量以及运营管理的灵活性，尤其是起终点站配线方案将直接影响列车折返模式及系统能力。

3 号线一期工程及西延工程的配线图详见图 4.34 所示。

2）关于配线的使用情况

（1）横岗车辆段接轨方案。

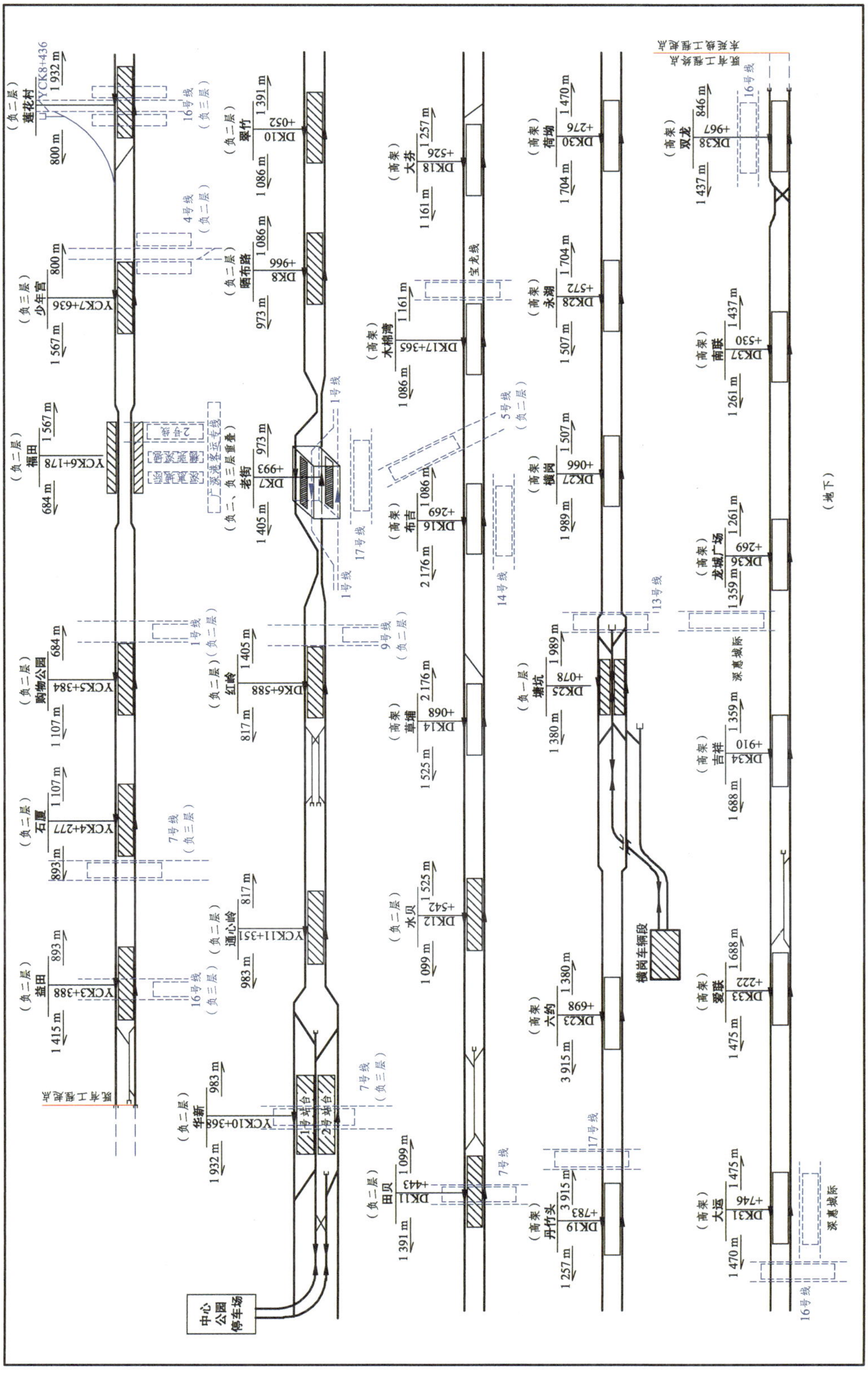

图 4.34 3号线工程车站配线图

3 号线车辆段位于横岗六约村附近，两出入段线均从塘坑站接入正线（图 4.35）。塘坑站为双岛式站台，两岛之间设置的站线为清客线，并作为出入段线延伸至车辆段东端；车辆段的另一条出入段线则直接与下行线路连接。其作业过程如下：

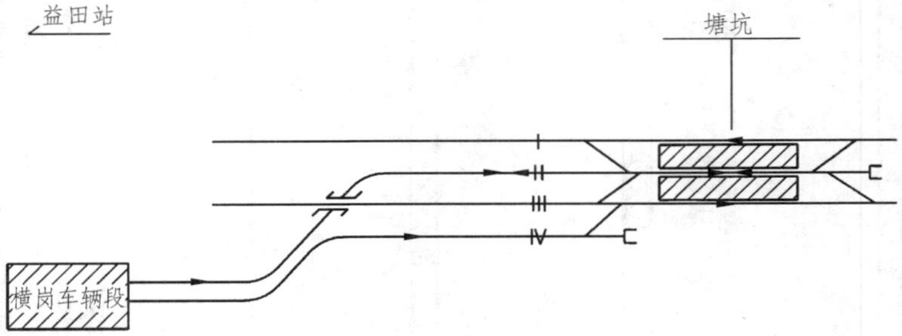

图 4.35 横岗车辆段接轨方案示意图

① 正常情况下，Ⅱ道为向益田站方向的收发车线，同时兼顾由双龙站方向收车的进路；Ⅳ道为向双龙站方向的发车线。

② 向益田站方向发车的列车由Ⅱ道出段停车，办理完上客作业后，调头向益田站发车；由益田站收车的列车经下行线进Ⅱ道，办理完下客作业后，调头入段。

③ 由双龙站方向收车的列车经上行线进Ⅱ道，办理完下客作业后，顺向入段；向双龙站方向发车的列车经Ⅳ道进下行正线，办理完上客作业后，顺向向双龙站发车。

由以上分析可知，益田站及双龙站两个方向的发车作业分别由Ⅱ道、Ⅳ道完成，而收车作业均由Ⅱ道完成，两个方向的收车作业容易发生冲突，因此现状在运营的过程中，Ⅱ道的收车作业紧张，需要通过调整运行图，延长部分列车运营时间以便入段来解决此问题。

（2）双龙站。

双龙站作为 3 号线的终点站，在初步设计阶段对双龙站车站配线方案做了岛式站前折返方案与侧式站后折返方案比较，最终初步设计阶段推荐方案二（即侧式站后折返方案）。当时主要考虑的因素如下：

① 岛式站台站前折返方案

优点：作为 3 号线终点站，列车折返作业是按不同列车到达—出发—到达—出发相间进行，因此，对同一趟列车，在站停留时间加长（经检算，最长停站时间可达到 112 s），改善了终点站的作业条件。

缺点：列车组织弹性较小，一趟列车晚点将影响下一趟列车的到达。

② 侧式站台站后折返方案。

优点：作为 3 号线终点站，列车折返作业是按同一列车顺向到达—折返—发车依次进行，列车组织有弹性，容易组织赶点运行，对满足系统能力要求最为有利。

缺点：列车停站时间受到达和发车间隔的控制，不能超过一定时间（经检算，不能超过 40 s），对终点站清客不利。

以上两种方案，在线路走向上均具备向东北方向延伸的条件。考虑到站后折返作业更加顺畅，初步设计阶段推荐采用侧式站台站后折返布置方案，如图 4.36 所示。

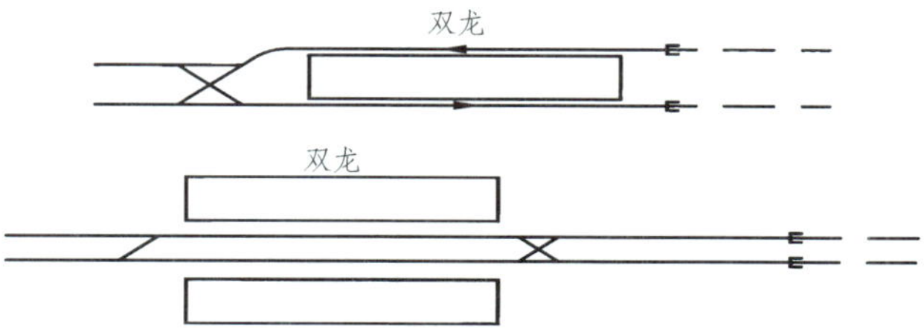

图 4.36 双龙站配线方案示意图

然而，在 3 号线一期工程施工图设计及实施过程中，双龙站由于功能需求、工程条件以及施工方法改变等，最终调整为岛式站前折返方案（即方案一）。

该方案在 3 号线进一步东延后，未来双龙站作为中间站的使用过程中，由于采用收线间距的配线方案，上行方向的列车（益田站方向）出站后存在侧向过岔的问题，将会增加道岔运营维护工作量，需要在线路预留延伸的工程设计中给予充分考虑。

（3）中心公园停车场接轨方案。

华新站采用具有入段列车清客功能的“双岛”站型，收发车作业流程基本与塘坑站一致，即益田站及双龙站两个方向的发车作业分别由Ⅱ道、Ⅲ道完成，而收车作业均由Ⅱ道完成。目前，中心公园停车场接轨方案存在的问题与塘坑站基本一致，即Ⅱ道的收车作业紧张，需要通过调整运行图，延长部分列车运营时间以便入段来解决此问题，如图 4.37 所示。

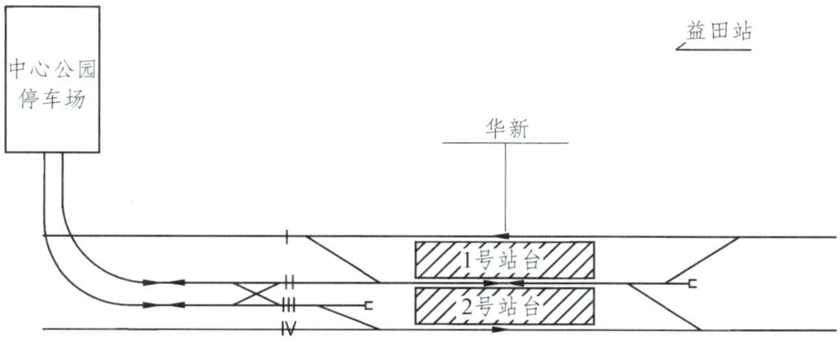

图 4.37 中心公园停车场接轨方案示意图

4.2.3.4 旅行速度及停站时间

设计阶段，通过列车模拟牵引计算，计算出在建工程范围（红岭—双龙）平均旅行速度为 43.8 km/h；线路西延后，西延段范围（保税区—红岭）平均旅行速度为 37.3 km/h，全线（保税区—双龙）平均旅行速度为 41.9 km/h。考虑到实际运营情况与理论计算会有一定差异，以及考虑运行调整的需要，一期工程平均旅行速度按 40.2 km/h 计算，西延段按 34.3 km/h 计算，3 号线全线平均旅行速度按 38.5 km/h 计算，全线旅行时间约 64 min。

根据深圳地铁现状列车运行计划，早高峰时段 3 号线上、下行早高峰时段列车正线旅行时间分别为 68 min53 s、69 min57 s，平均旅行速度分别为 35.8 km/h、35.3 km/h，较设计的旅行速度降低约 3 km/h，旅行时间分别增加了 4 min47 s、5 min51 s。

经过核实，旅行时间的差异最主要是由停站时间引起的。西延线设计时各站的停站时间与目前运营实际的停站时间差异如表 4.4 所示。设计时停站时间基本考虑按照 25 s、30 s 取值，而现状运营中间站的最短停站时间 36 s，最长的停站时间六约站为 50 s，导致全线的停站时间增加了 5 min49 s。出现上述情况的原因，除了设计与现状的车站客流乘降量差异外，非有效的停站时间（如开、关门等）同样存在差异，例如在实际运营中，各站受司机人工关门的影响严重，不同司机所用的关门时间不同。

表 4.4 3 号线设计及实际停站时间统计表

序号	车站	停站时间/s		序号	车站	停站时间/s	
		西延线设计	现状运营			西延线设计	现状运营
1	益田	30	35	17	木棉湾	25	40
2	石厦	30	40	18	大芬	25	40
3	购物公园	30	40	19	丹竹头	25	45
4	福田	35	40	20	六约	25	50
5	少年宫	30	45	21	塘坑	30	40
6	莲花村	30	36	22	横岗	25	40
7	华新	30	40	23	永湖	25	36
8	通新岭	25	36	24	荷坳	25	36
9	红岭	30	40	25	大运	30	36
10	老街	30	45	26	爱联	25	36
11	晒布	30	40	27	吉祥	25	36
12	翠竹	25	40	28	龙城广场	25	36
13	田贝	30	45	29	南联	25	36
14	水贝	25	40	30	双龙	35	35
15	草埔	25	45	中间站合计		775	1 124
16	布吉	35	45	（分：秒）		（12：55）	（18：44）

4.2.3.5 正线系统能力分析

3 号线设计的另外一个难点就是系统运输能力的确定。由于本线推荐采用 B 型车 6 辆固定编组，针对本线预测客流量级较大的情况，本线最大系统能力按 34 对/h，最小行车间隔 1.76 min 设计。

因此，需从土建、轨道、信号系统和运营管理等方面综合论证高行车密度的合理性和可行性，确保在软、硬件条件方面均能保障 1.76 min 列车发车间隔的实现。

2005 年，3 号线一期工程扩大初步设计中，为满足远期高峰小时 4.44 万人次/h 的最大断面客流，按系统最大能力 34 对/h 控制系统及土建设计规模。

2009 年，深圳市新一轮的轨道交通网络规划修编后，对 3 号线西延段工程客流预测进行了调整，远期高峰小时最大断面客流调整为 4.08 万人次/h。3 号线全线系统设计规模仍按 34 对/h 控制，每小时单向最大输送能力为 4.90 万人次/h。

但 3 号线开通后受部分区间追踪能力的影响，区间最小追踪间隔仅为 2 min25 s，最主要的原因在于部分闭塞区段划分过长，从而影响了全线的系统能力。因此，2019 年，3 号线通过信号系统改造（具体措施是在华新和塘坑两站共增加 7 个计轴点、4 个信号机），基本实现正线区间最小追踪间隔 2 min，但距离设计的最小追踪间隔 1.76 min 仍有一定的差距。

同时，目前双龙站高峰时刻采用交替折返，其折返间隔为 2 min25 s，也未能实现 34 对/h 的折返能力。不过由于此站位于郊区的线路末端，在实际运营中通过组织大小交路，可有效缓解此站的折返压力。且根据《深圳市城市轨道交通第四期建设规划调整（2017—2022 年）》的规划线路，3 号线将从双龙站进一步延伸，延伸后双龙站将作为中间站，不再有折返需求。该站的折返能力问题不是很突出。

因此，建议结合信号系统的设计使用寿命 15 年左右的特点，利用 3 号线东延线建设的契机，对 3 号线的信号系统进行改造和升级，满足线路东延的信号扩容需求，同时提升线路的系统设计能力。

第5篇

土建工程

5.1 车站建筑

地铁 3 号线一期工程起点位于红岭中路与红荔路交叉口的红岭中路站，终于龙岗区的双龙站，一期工程共设车站 22 座，其中地下站 6 座，高架站 15 座，地面站 1 座。西延段工程线路起点位于益田村广场南侧的益田站，终于通新岭站，与在建 3 号线红岭站西端折返线相接，西延工程共设置 8 座车站，均为地下站。全线换乘站共 13 座。

5.1.1 设计理念

由于地下车站投资高，本线一期工程主要在龙岗区沿同期改建的深惠路敷设，因此在该段选择了高架线路，全线高架和地下车站各占一半，能有效控制规模，高架车站位于道路中间，适当的体量能够减少对周边的环境影响，因此车站设计的主要原则应适当控制规模，同时合理组织好客流流线，地下站以减小车站埋深、站位的选择减少管线迁改等来确定车站方案及规模、高架车站以标准化设计为原则，全线主体和公共区布局统一，设备区布局根据功能需求局部调整，增加全线的可识别性。

5.1.2 设计方案

5.1.2.1 深圳地铁 3 号线一期工程

1）红岭站

红岭路站为 3 号线一期工程的起点站，位于红岭中路与红荔路的交叉路口地下。该处邻近深圳市青少年活动中心、深圳市图书馆、荔枝公园等公益场所，客源稳定，利用地下车站及其他市政地下人行通道可完善该地段的地下过街系统。车站为地下双层 11 m 宽岛式站台车站，设双停车线，总长 461.37 m，标准段宽 20.7 m，总建筑面积 24 222 m^2。红岭站总平如图 5.1 所示，高峰小时客流如表 5.1 所示。

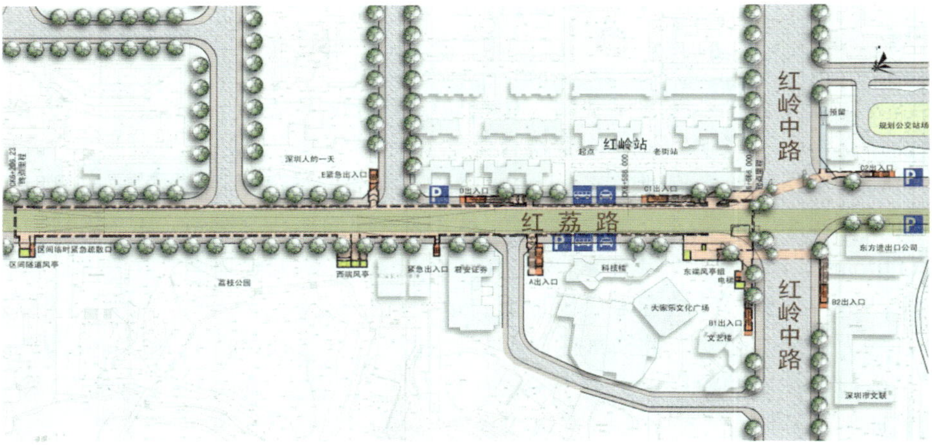

图 5.1 红岭站总平面图

表 5.1 红岭站高峰小时预测客流（单位：人/h）

站名	初期客流		近期客流		远期客流	
	早高峰	晚高峰	早高峰	晚高峰	早高峰	晚高峰
红岭站	5 601	5 996	5 408	5 966	6 307	6 942
	3 381	3 569	6 615	6 978	9 738	10 300

由于 3 号线西延后部分车站预测客流有较大变化，但一期工程各车站土建工程已经基本开始，无法对车站规模进行调整，因此一期工程段车站出现两种客流，分别进行对比，一期工程初近远期分别为 2012 年、2019 年、2034 年，西延后的初近远期分别为 2014 年、2021 年、2036 年。以上客流表中上排数据为在建段阶段的预测客流，下排数据为西延段阶段的预测客流（以下一期工程各站同）。

后期由于线网规划调整，本站与 9 号线换乘，由于车站已经施工，两线采用通道换乘，如图 5.2 所示。

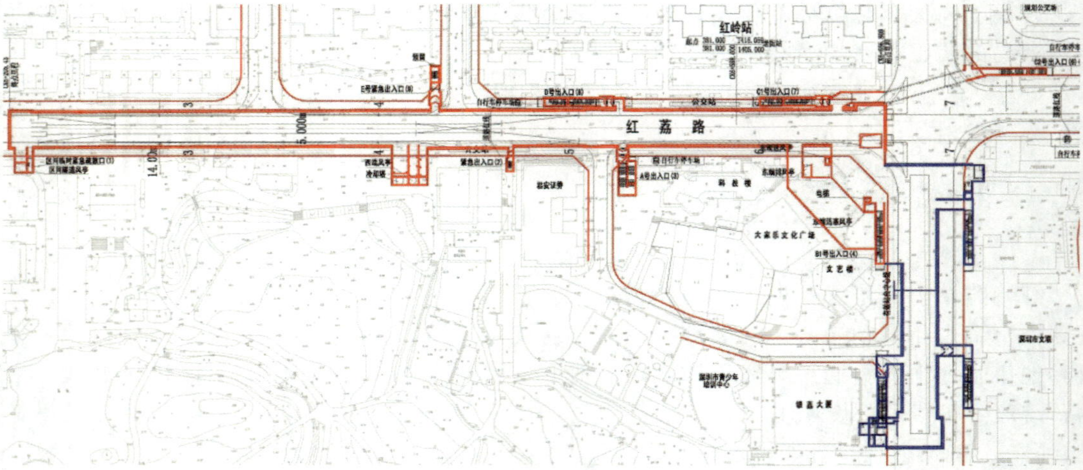

图 5.2 红岭站换乘总平面图

2）老街站

老街站为 3 号线与 1 号线的换乘站，根据轨道交通线网规划，车站站位设置于罗湖区解放路与建设路交会处、规划的公交换乘综合体和解放路地下，地处东门商业区，车站大致呈东西走向布置。车站周边高层建筑密集，用地紧张，与地铁 1 号线老街站在此形成同站台换乘关系。全长 129.57 m，为上下重叠车站，上下垂直线间距为 7.6 m，本工程地下部分总建筑面积 30 906 m^2（不含已建的 1 号线车站 10 440 m^2），车站上规划为高层建筑，其地面层为公交巴士车站，与地铁车站结合形成了地下、地面交通的换乘综合体。地面一层为公交巴士站，地下一层为地铁与公交车站换乘的转换层，地下二层至地下四层均为地铁功能区域。其中地下二层为地铁车站的站厅层，地下三层、地下四层分别为地铁 1、3 号线车站的站台层。老街站总平如图 5.3 所示，高峰小时客流如表 5.2、表 5.3 所示。

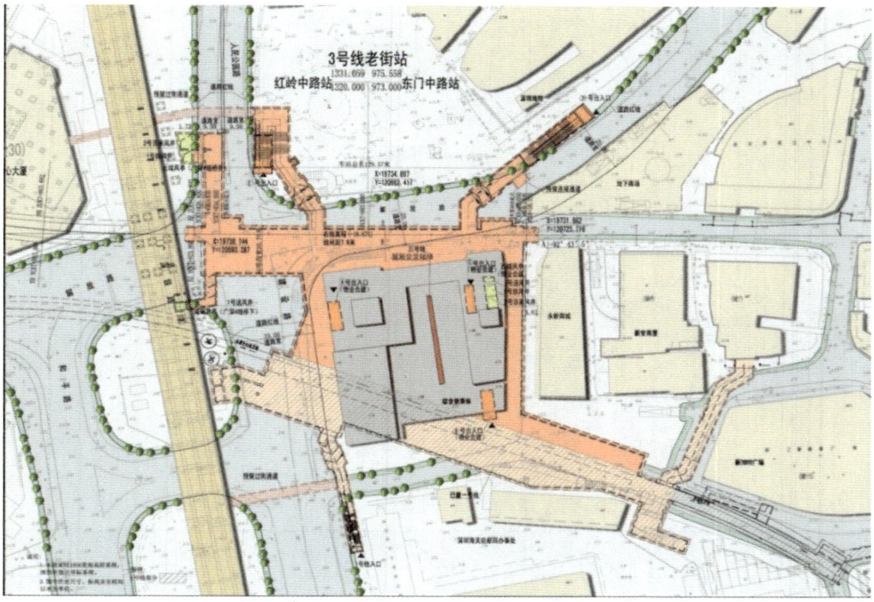

图 5.3 老街站总平面图

表 5.2 老街站高峰小时预测客流（单位：人/h）

站名	初期客流		近期客流		远期客流	
	早高峰	晚高峰	早高峰	晚高峰	早高峰	晚高峰
老街站	21 634	23 817	21 343	23 003	26 888	28 894
	9 174	10 194	15 405	16 581	19 279	20 418

表 5.3 老街站晚高峰小时换乘客流（单位：人/h）

老街站		2034 年 3 号线与 1 号线晚高峰换乘客流				
		3 号线		1 号线		合计
		往市区	往龙岗	往机场	往罗湖	
3 号线	往市区	—	—	3 606	485	4 092
	往龙岗	—	—	272	1 322	1 593
1 号线	往机场	1 104	1 136	—	—	2 239
	往罗湖	355	8 833	—	—	9 188
合计		1 458	9 969	3 878	1 807	17 112

3）晒布站

晒布站设于东门中路与晒布路交会处地下，地属东门商业区，车站周边商业建筑林立，用地紧张。车站主体呈东北、西南走向，为地下二层 12 m 岛式车站，总长 180.3 m，宽 21.30 m，总建筑面积 12 539.5 m^2。晒布站总平如图 5.4 所示，高峰小时客流如表 5.4 所示。

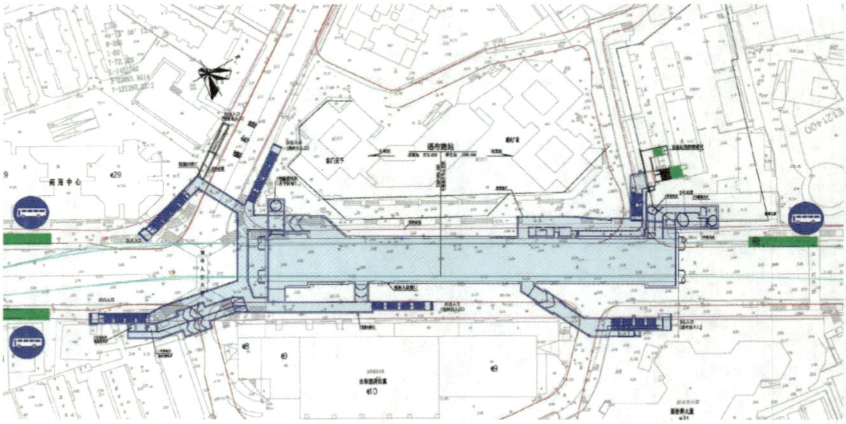

图 5.4 晒布站（原东门中路站）总平面图

表 5.4 晒布站高峰小时预测客流（单位：人/h）

站名	初期客流		近期客流		远期客流	
	早高峰	晚高峰	早高峰	晚高峰	早高峰	晚高峰
晒布站	6 880	7 509	14 583	16 402	17 016	19 794
	6 332	6 762	10 713	11 608	16 145	17 530

4）翠竹站

翠竹站设于东门北路与翠竹路、华丽路的交叉路口地下，邻近深圳市人民医院。车站呈一字形沿东门北路呈东北、西南走向位于东门北路东南侧道路下，主体总长 192.307 m，标准段线间距 15 m，标准段车站净宽 19.3 m，车站共设 4 个出入口和 3 个通道口，总建筑面积 8 108 m^2。翠竹站总平如图 5.5 所示，高峰小时客流如表 5.5 所示。

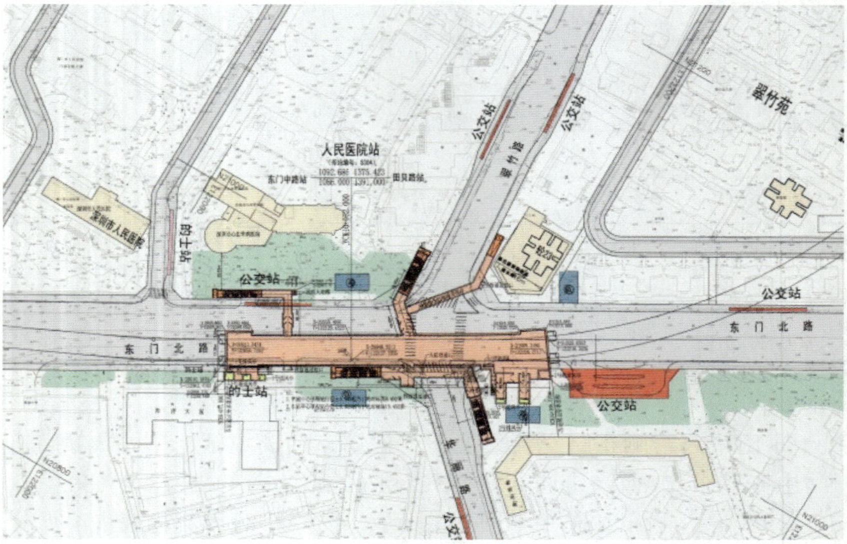

图 5.5 翠竹站（原人民医院站）总平面图

表 5.5 翠竹站高峰小时预测客流（单位：人/h）

站名	初期客流		近期客流		远期客流	
	早高峰	晚高峰	早高峰	晚高峰	早高峰	晚高峰
翠竹站	3 669	4 073	11 797	12 512	14 492	15 588
	2 979	3 204	4 708	5 076	8 041	8 041

5）田贝站

田贝站位于翠竹路与田贝四路、太宁路交叉路口处，邻临近水贝工业区。车站设停车线，位于翠竹路上，横跨田贝四路、太宁路和水贝路、太安路。车站主体呈南北走向布置。后期根据轨道线网调整，形成与 7 号线的换乘站，预留与 7 号线岛岛“十字”换乘的条件。车站主体总长 504.815 m，标准段线间距 15 m，标准段车站净宽 19.3 m，车站设 4 个出入口，并预留 3 个远期出入口，总建筑面积 19 502 m^2。田贝站总平如图 5.6 所示，高峰小时客流如表 5.6 所示。

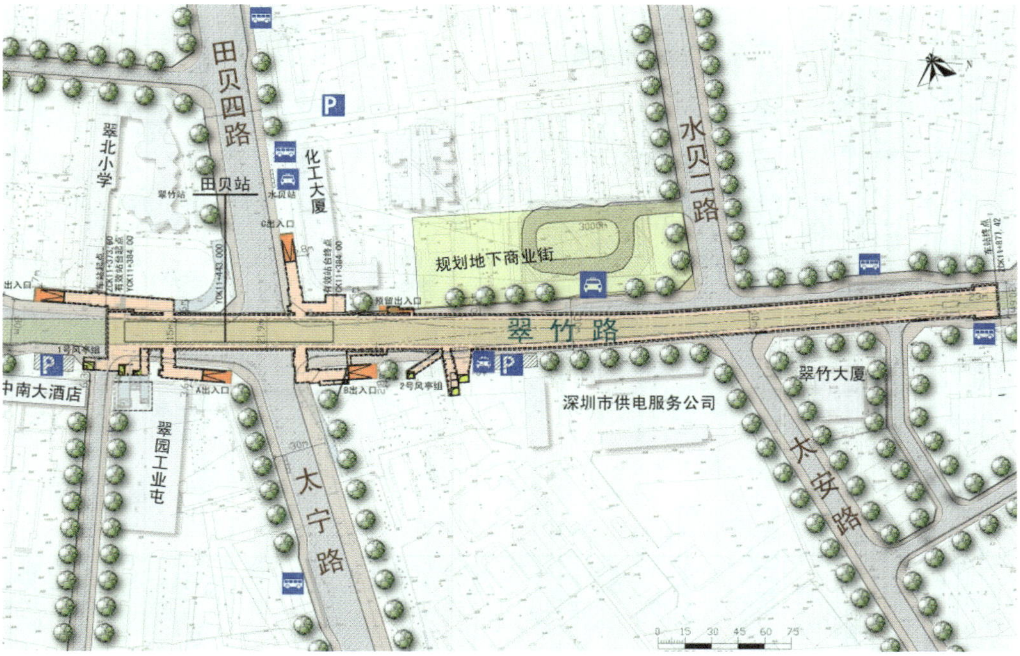

图 5.6 田贝站总平面图

表 5.6 田贝站高峰小时预测客流（单位：人/h）

站名	初期客流		近期客流		远期客流	
	早高峰	晚高峰	早高峰	晚高峰	早高峰	晚高峰
田贝站	3 217	3 536	14 332	15 614	19 981	21 878
	4 985	5 257	8 636	9 007	11 756	11 756

6）水贝站

水贝站（布心站）位于布心片区洪湖立交与翠竹路之间的布心路上。北侧为中华自行车有限公司和大地花园、独树村，南侧为水贝工业区，车站呈东西向布置于布心路北侧、中华自行车有限公司大厦南侧一段的地下，洪湖立交桥东侧。车站全长 92.059 m，标准段线间距 13 m，标准段车站净宽 17.3 m，设 4 个出入口，总建筑面积 8 649.44 m^2。水贝站总平如图 5.7 所示，高峰小时客流如表 5.7 所示。

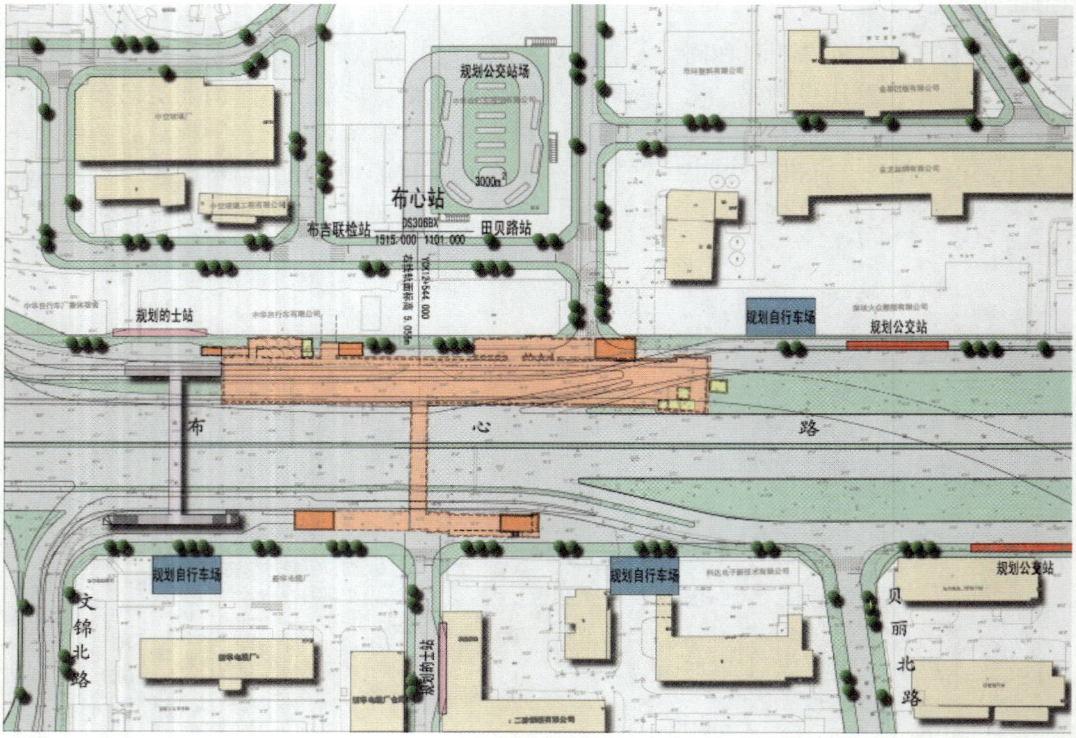

图 5.7 水贝站（原布心站）总平面图

表 5.7 水贝站高峰小时预测客流（单位：人/h）

站名	初期客流		近期客流		远期客流	
	早高峰	晚高峰	早高峰	晚高峰	早高峰	晚高峰
水贝站	2 962	3 200	3 332	3 621	4 179	4 627
	1 455	1 508	3 080	3 219	5 565	5 565

7）草埔站

草埔站设于布吉路与深惠路的交接处布吉联检站地块，该站为 3 号线从地下区间到高架区间的第一个高架车站。结合将来特区边界外移撤站以及该地区的物业发展，该站的设置将带来可观的土地增值效益。车站设置在布吉联检站前广场上，采用三层 9 m 岛式站台，设置 3 处天桥。草埔站实景如图 5.8 所示，高峰小时客流如表 5.8 所示。

图 5.8 草埔站实景图

表 5.8 草埔站高峰小时预测客流（单位：人/h）

站名	初期客流		近期客流		远期客流	
	早高峰	晚高峰	早高峰	晚高峰	早高峰	晚高峰
草埔站	2 575	2 879	5 089	5 527	6 170	6 571
	1 455	1 518	3 341	3 499	6 805	7 210

8）布吉站

3 号线布吉站为与广深铁路布吉火车站及地铁 5 号线的换乘站。该站布置在火车站东广场上，车站东侧为深惠路，火车站东广场除规划建设人流集散广场外，四周还将规划建设与之配套的公交车站、停车场，使之成为区域性交通枢纽。本站设置于深惠路侧，为地面 3 层 10 m 岛式站台高架车站，与地铁 5 号线及广深铁路均为通道换乘。布吉站实景如图 5.9 所示，高峰小时客流如表 5.9 所示。

图 5.9 布吉站实景图

表 5.9 布吉站高峰小时预测客流（单位：人/h）

站名	初期客流		近期客流		远期客流	
	早高峰	晚高峰	早高峰	晚高峰	早高峰	晚高峰
布吉站	3 051	3 535	7 381	7 726	9 430	9 924
	11 953	12 819	25 900	28 115	38 516	41 976

本站由于后期布吉火车站改造，5 号线引入，车站客流变化很大，车站规模不能满足现状客流的使用需要。

9）木棉湾站

木棉湾站设于深惠路北侧、布吉镇镇政府广场南侧，车站南侧为商业住宅区。该站沿深惠路中设置为 9 m 岛式站台地面三层高架车站，其出入口及通道将结合横跨深惠路人行通道进行设置。木棉湾站实景如图 5.10 所示，高峰小时客流如表 5.10 所示。

图 5.10 木棉湾站实景图

表 5.10 木棉湾站高峰小时预测客流（单位：人/h）

站名	初期客流		近期客流		远期客流	
	早高峰	晚高峰	早高峰	晚高峰	早高峰	晚高峰
木棉湾站	3 953	3 861	8 864	9 442	12 433	13 255
	3 304	3 403	6 846	7 113	11 533	12 144

10）大芬站

大芬站位于深惠路汇福花园城、康达尔花园地段，沿深惠路中设置为 9 m 岛式站台地面三层高架车站。出入口及通道将结合横跨深惠路人行通道进行设置。大芬站实景如图 5.11 所示，高峰小时客流如表 5.11 所示。

图 5.11 大芬站实景图

表 5.11 大芬站高峰小时预测客流（单位：人/h）

站名	初期客流		近期客流		远期客流	
	早高峰	晚高峰	早高峰	晚高峰	早高峰	晚高峰
大芬站	1 873	2 009	3 792	3 848	4 324	4 597
	1 835	1 876	3 515	3 594	5 996	6 208

11）丹竹头站

丹竹头站位设于深惠路丹竹头段道路南侧、丹竹头村北侧，龙泉别墅东端。该站沿深惠路中设置为 9 m 岛式站台地面三层高架车站，利用高架过街天桥连接深惠路南北两侧。丹竹头站实景如图 5.12 所示，高峰小时客流如表 5.12 所示。

图 5.12 丹竹头站实景图

表 5.12 丹竹头站高峰小时预测客流（单位：人/h）

站名	初期客流		近期客流		远期客流	
	早高峰	晚高峰	早高峰	晚高峰	早高峰	晚高峰
丹竹头站	3 908	4 181	7 674	8 484	8 737	9 623
	4 531	4 793	8 422	8 931	10 480	11 246

12）六约站

六约站位设于深惠路梧桐路西侧的深惠路路中，规划建设的 3 号线横岗车辆段北侧。该站设置可带动该地区的土地开发，提升土地价值，该站沿深惠路中设置为 9 m 岛式站台地面三层高架车站，与横岗车辆段上盖物业直接连通。六约站实景如图 5.13 所示，高峰小时客流如表 5.13 所示。

图 5.13 六约站实景图

表 5.13 六约站高峰小时预测客流（单位：人/h）

站名	初期客流		近期客流		远期客流	
	早高峰	晚高峰	早高峰	晚高峰	早高峰	晚高峰
六约站	2 023	2 292	3 706	4 032	4 332	4 763
	2 578	2 674	5 159	5 430	7 576	8 103

13）塘坑站

塘坑车站位设于深惠路横岗镇塘坑路段，深惠路与平盐铁路立交西侧、深惠路南侧，车站采用半地下双 10 m 岛式站台车站，地下一层为站台层，地面层为站厅层，并预留与规划线路通过二层换乘，以及上盖进行 4 层商业开发的条件。车站总长 216 m，标准段宽 31.55，总建筑面积 13 105 m^2。目前上盖物业已经建成。塘坑站总平面如图 5.14 所示，高峰小时客流如表 5.14 所示。

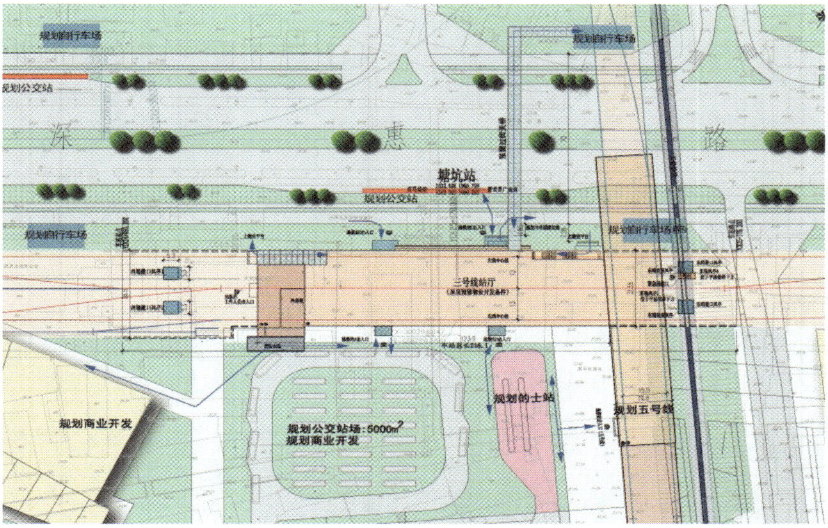

图 5.14　塘坑站总平面图

表 5.14　塘坑站高峰小时预测客流（单位：人/h）

站名	初期客流		近期客流		远期客流	
	早高峰	晚高峰	早高峰	晚高峰	早高峰	晚高峰
塘坑站	11 057	11 804	24 719	26 717	25 767	28 368
	1 926	1 941	3 848	3 961	10 791	10 819

14）横岗站

横岗站位设于深惠路与大康路交界路口西南侧，新世界广场对面，为高架车站。该站的设置带动该区域的旧城改造和房地产开发，提升土地价值。该站沿深惠路中设置为 9 m 岛式站台地面三层高架车站。横岗站实景如图 5.15 所示，高峰小时客流如表 5.15 所示。

图 5.15　横岗站实景图

表 5.15 横岗站高峰小时预测客流（单位：人/h）

站名	初期客流		近期客流		远期客流	
	早高峰	晚高峰	早高峰	晚高峰	早高峰	晚高峰
横岗站	1 937	2 513	10 014	11 768	13 042	14 316
	3 449	3 732	7 214	7 793	11 208	12 170

15）永湖站

永湖站位于深惠路路中，规划横坪立交以南，锦利路口北侧。该站沿深惠路中设置为 9 m 岛式站台地面三层高架车站。永湖站实景如图 5.16 所示，高峰小时客流如表 5.16 所示。

图 5.16 永湖站实景图

表 5.16 永湖站高峰小时预测客流（单位：人/h）

站名	初期客流		近期客流		远期客流	
	早高峰	晚高峰	早高峰	晚高峰	早高峰	晚高峰
永湖站	3 329	3 254	3 619	3 279	3 269	3 601
	3 572	3 615	7 366	7 684	12 719	13 768

16）荷坳站

荷坳站位于深惠路路中、横岗长途汽车站西侧。该站沿深惠路中设置为 9 m 岛式站台地面三层高架车站。荷坳站实景如图 5.17 所示，高峰小时客流如表 5.17 所示。本站为在建段初步设计后新增车站，因此没有在建段的客流。

图 5.17 荷坳站实景图

表 5.17 荷坳站高峰小时预测客流（单位：人/h）

站名	初期客流		近期客流		远期客流	
	早高峰	晚高峰	早高峰	晚高峰	早高峰	晚高峰
荷坳站	1 392	1 434	3 221	3 349	6 597	6 965

17）大运站

大运站为 3 号线建设中新增车站，位于机荷高速和黄阁南路之间的深惠路中，为服务于 2012 年的大运会场——奥体中心服务而建设，规划为 3 号线与 12 号线的换乘站，并在车站北侧规划有公交换乘枢纽。该站沿深惠路中设置为 10 m 岛式站台地面三层高架车站，车站总建筑面积 6 650 m^2。大运站实景如图 5.18 所示，高峰小时客流如表 5.18 所示。

图 5.18 大运站实景图

表 5.18 大运站高峰小时预测客流（单位：人/h）

站名	初期客流		近期客流		远期客流	
	早高峰	晚高峰	早高峰	晚高峰	早高峰	晚高峰
大运站	3 026	3 619	10 388	11 521	14 914	15 543

18）爱联站

爱联站位于深惠路路中、如意路口北侧。该站沿深惠路中设置为9 m岛式站台地面三层高架车站，站点的设置主要为带动深惠路沿线的土地开发与利用，改善交通环境，配合205国道的改造规划。爱联站实景如图5.19所示，高峰小时客流如表5.19所示。

图5.19 爱联站实景图

表5.19 爱联站高峰小时预测客流（单位：人/h）

站名	初期客流		近期客流		远期客流	
	早高峰	晚高峰	早高峰	晚高峰	早高峰	晚高峰
爱联站	1 219	1 324	1 872	2 029	1 708	1 889
	1 892	2 003	4 207	4 397	8 076	8 524

19）吉祥站

吉祥站位于深惠路路中、吉祥路交叉口东侧。该站沿深惠路中设置为9 m岛式站台地面三层高架车站，高架于道路中间绿化带上，利用高架天桥和楼扶梯连接道路两侧，使其既能满足乘客的上下车要求又能兼顾过街功能。吉祥站实景如图5.20所示，高峰小时客流如表5.20所示。

图5.20 吉祥站实景图

表 5.20 吉祥站高峰小时预测客流（单位：人/h）

站名	初期客流		近期客流		远期客流	
	早高峰	晚高峰	早高峰	晚高峰	早高峰	晚高峰
吉祥站	3 116	3 426	7 379	8 120	9 601	10 712
	1 754	1 833	4 386	4 551	8 897	9 285

20）龙城广场站

龙城广场站位于深惠路路中、龙城中路东侧。该站沿深惠路中设置为 9 m 岛式站台地面三层高架车站。出入口通过高架天桥和楼扶梯连接道路两侧，满足乘客上下车及兼顾行人过街需求。龙城广场站实景如图 5.21 所示，高峰小时客流如表 5.21 所示。

图 5.21 龙城广场站实景图

表 5.21 龙城广场站高峰小时预测客流（单位：人/h）

站名	初期客流		近期客流		远期客流	
	早高峰	晚高峰	早高峰	晚高峰	早高峰	晚高峰
龙城广场站	5 574	6 072	3 490	3 809	4 089	4 707
	3 749	4 079	3 072	3 236	5 878	6 130

21）南联站

南联站位于深惠路路中、南联路口东侧。该站沿深惠路中设置为 9 m 岛式站台地面三层高架车站，利用高架天桥和楼扶梯连接道路两侧，使其既能满足乘客的上下车要求又能兼顾过街功能。南联站实景如图 5.22 所示，高峰小时客流如表 5.22 所示。

图 5.22 南联站实景图

表 5.22 南联站高峰小时预测客流（单位：人/h）

站名	初期客流		近期客流		远期客流	
	早高峰	晚高峰	早高峰	晚高峰	早高峰	晚高峰
南联站	2 458	2 563	5 060	5 246	8 785	9 019

22）双龙站

双龙站为3号线与12号线的换乘站。车站设于龙岗商业旺区龙兴街与深惠路的交会处西侧、深惠路路中。该站沿深惠路中设置为 10 m 岛式站台地面三层高架车站，为深圳市轨道交通 3 号线工程的终点站，规划为与 12 号线换乘。双龙站实景如图 5.23 所示，高峰小时客流如表 5.23 所示。

图 5.23 双龙站实景图

表 5.23 双龙站高峰小时预测客流（单位：人/h）

站名	初期客流		近期客流		远期客流	
	早高峰	晚高峰	早高峰	晚高峰	早高峰	晚高峰
双龙站	6 280	6 959	25 297	27 872	33 374	37 316
	8 711	9 747	21 067	23 367	28 525	30 062

5.1.2.2 深圳地铁 3 号线西延段工程

1）益田站

益田站位于福强路与益田广场下，附近有益田名园、福田影剧院、福强小学。车站及站后停车线，主要位于益田广场下，车站横跨福强路。车站主体沿益田广场呈南北走向，线路预留向南延伸到保税区的条件。车站周边主要有益田居住区，益田名园，福田文化馆等。

车站为 10 m 单柱地下二层岛式站台车站。设 4 个出入口、3 组风亭，主体总长 461 m（含折返线），标准段宽 19.7 m。车站总建筑面积为 20 762 m^2。益田站总平面如图 5.24 所示，高峰小时客流如表 5.24 所示。

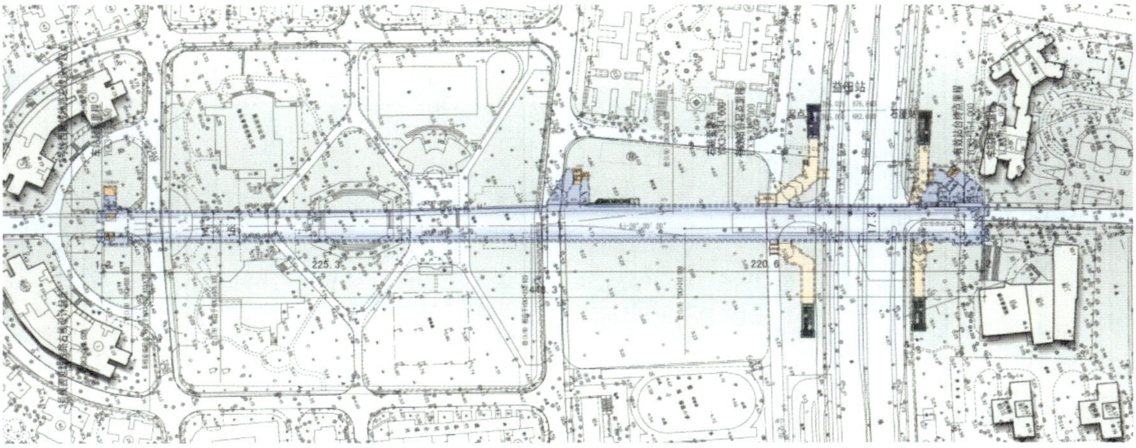

图 5.24 益田站总平面图

表 5.24 益田站高峰小时预测客流（单位：人/h）

站名	初期客流		近期客流		远期客流	
	早高峰	晚高峰	早高峰	晚高峰	早高峰	晚高峰
益田站	2 744	2 788	5 416	5 570	4 437	4 382

2）石厦站

石厦站为 3 号线与 7 号线的换乘站，3 号线车站位于 9 m 宽的石厦北二街路下，呈一字形南北方向布置。北侧为石厦北四街；南侧为福民路，在福民路与石厦北二街交叉路口处预留远期 7 号线换乘节点。车站西北侧为中央花园用地，东北侧为东方欣悦居用地，西南方向为星河明居，东南侧为深圳市公安局。车站采用 11 m 地下二层岛式站台车站，总长 188.300 m，标准段车站净宽 20.7 m，车站初期设 2 个出入口，总建筑面积 11 332 m^2。石厦站总平面及站厅换乘平面如图 5.25、图 5.26 所示，高峰小时客流如表 5.25 所示。

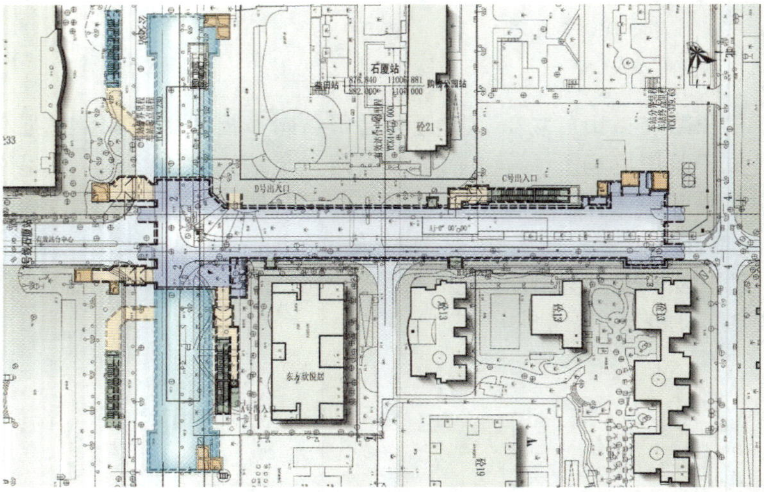

图 5.25 石厦站总平面图

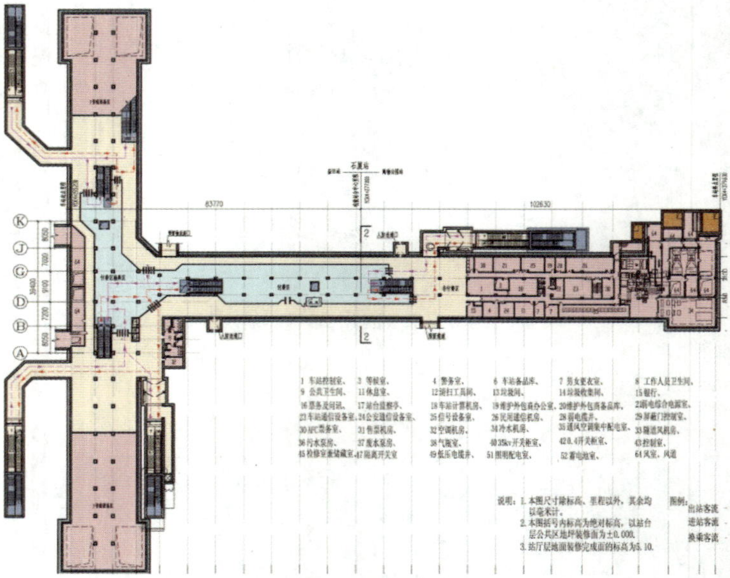

图 5.26 石厦站站厅换乘平面图

表 5.25 石厦站高峰小时预测客流（单位：人/h）

站名	初期客流		近期客流		远期客流	
	早高峰	晚高峰	早高峰	晚高峰	早高峰	晚高峰
石厦站	2 319	2 324	4 447	4 649	6 053	5 969

3）购物公园站

购物公园站为3号线与1号线的换乘站，3号线车站位于民田路下，福华路南侧，南北方向设置。车站西侧为中海华庭；东侧为购物公园；南侧为福华三路，有城中雅苑和星河国际花城住宅小区；北侧设置有 1 号线购物公园站。由于 1 号线为既有车站，且距民田路较远，故两线车站采用通道进行换乘。购物公园站地下三层 9 m 岛式无柱车站，车站全长 148 m，标准段宽 19.1 m，车站设 3 个出入口总建筑面积 14 103 m^2。受沿福华路的电缆廊道影响，与 1 号线换乘通道利用 CocoPark 地下室改建而成。购物公园站总平面如图 5.27 所示，高峰小时客流如表 5.26 所示。

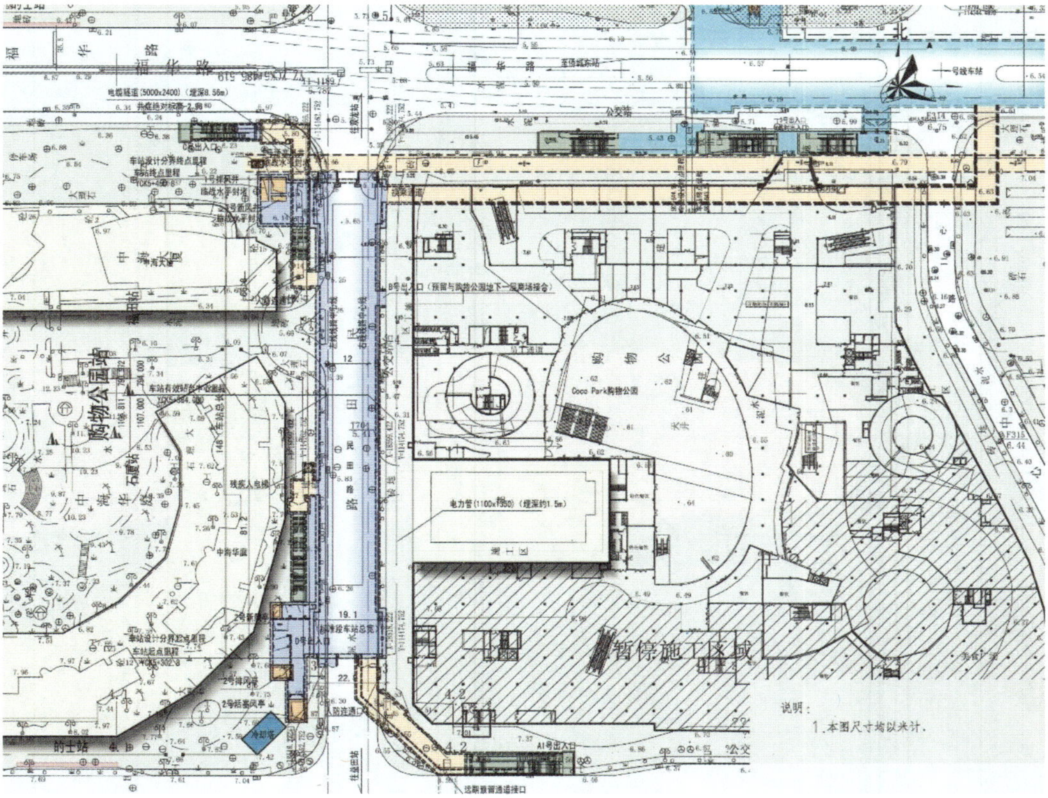

图 5.27 购物公园站总平面图

表 5.26 购物公园站高峰小时预测客流（单位：人/h）

站名	初期客流		近期客流		远期客流	
	早高峰	晚高峰	早高峰	晚高峰	早高峰	晚高峰
购物公园站	3 613	3 659	7 043	7 285	9 641	9 922

4）福田站

福田站为 2、3、11 号线的换乘站，并与广深港客运专线福田站、规划中的莞深、穗深城际线换乘，一起组成福田综合交通枢纽。3 号线车站设置于民田路和深南大道的交会处，车站北侧高交会馆旧址规划为深圳福田 CBD 金融聚集区，包括深圳证券交易所和其他金融业相关的高级写字楼，是深圳未来的“华尔街”，另有深圳市广播电影电视大楼。车站南侧为中心区布局最为密集、开发强度最高的高级办公商务区，主要有投资大厦、联通广场、兴业银行、航天大厦、时代卓越大厦、时代金融中心、中央商务大厦等等，均在 30 层左右。车站 500 m 腹地内主要包括商业及办公、居住等用地，容积率较高，也包括少量公共绿地等用地，道路用地比例较高。3 号线设置为地下三层侧式站台车站，与 2、11 号线成岛侧 T 字换乘。

3 号线福田站全长 200.2 m，标准段宽 26.4 m，车站外包总高 20.75 m，车站总建筑面积 19 140 m^2。福田站总平面如图 5.28 所示，高峰小时客流如表 5.27 所示。

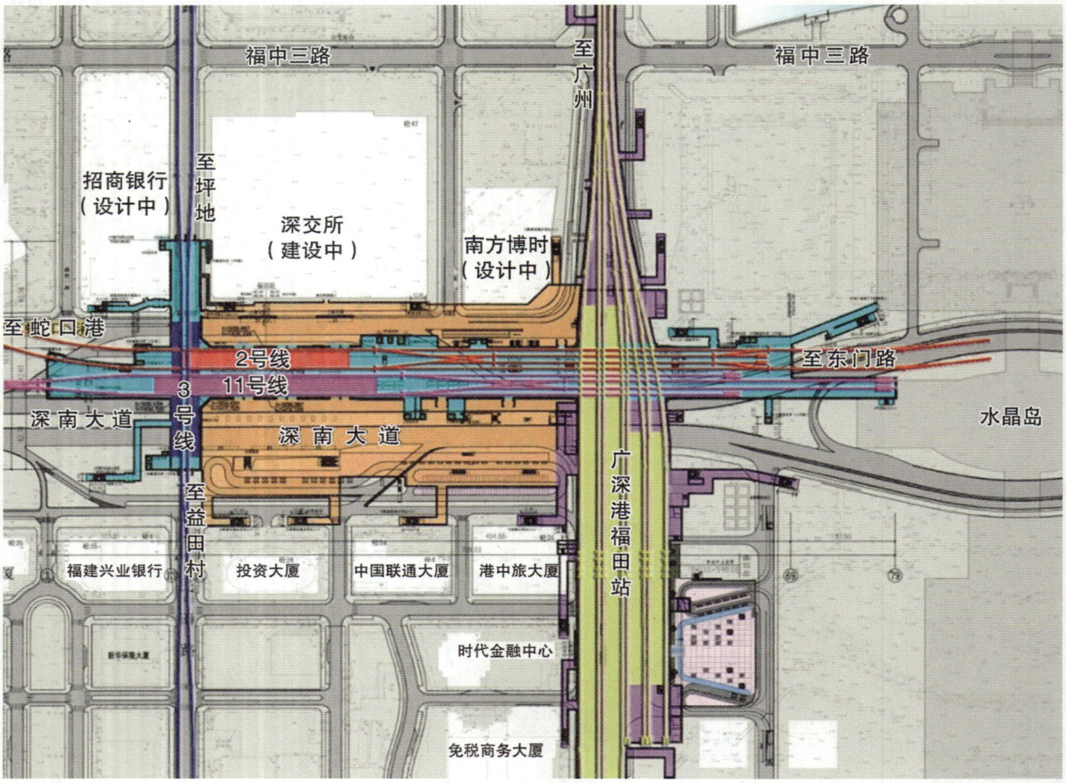

图 5.28 福田站总平面图

表 5.27 福田站高峰小时预测客流（单位：人/h）

站名	初期客流		近期客流		远期客流	
	早高峰	晚高峰	早高峰	晚高峰	早高峰	晚高峰
福田站	10 095	11 186	17 660	19 546	25 619	27 519

5）少年宫站

少年宫站为 3、4 号线的换乘站，3 号线车站沿红荔路下偏路南侧呈东西方向布置，北侧为莲花山，南侧有少年宫、深圳书城、地铁大厦等。4 号线少年宫站为 4 号线一期工程的终点站，站位设置于红荔西路以南，两站采用通道进行换乘。

本站与 4 号线车站换乘通过改造 4 号线车站 3 号出入口通道形成从车站南侧付费区接入 4 号线车站付费区。3 号线车站为地下三层 12 m 岛式站台车站，全长 136.66 m，标准段宽 21.57 m，车站总建筑面积 11 759 m^2。少年宫站总平面如图 5.29 所示，高峰小时客流如表 5.28 所示。

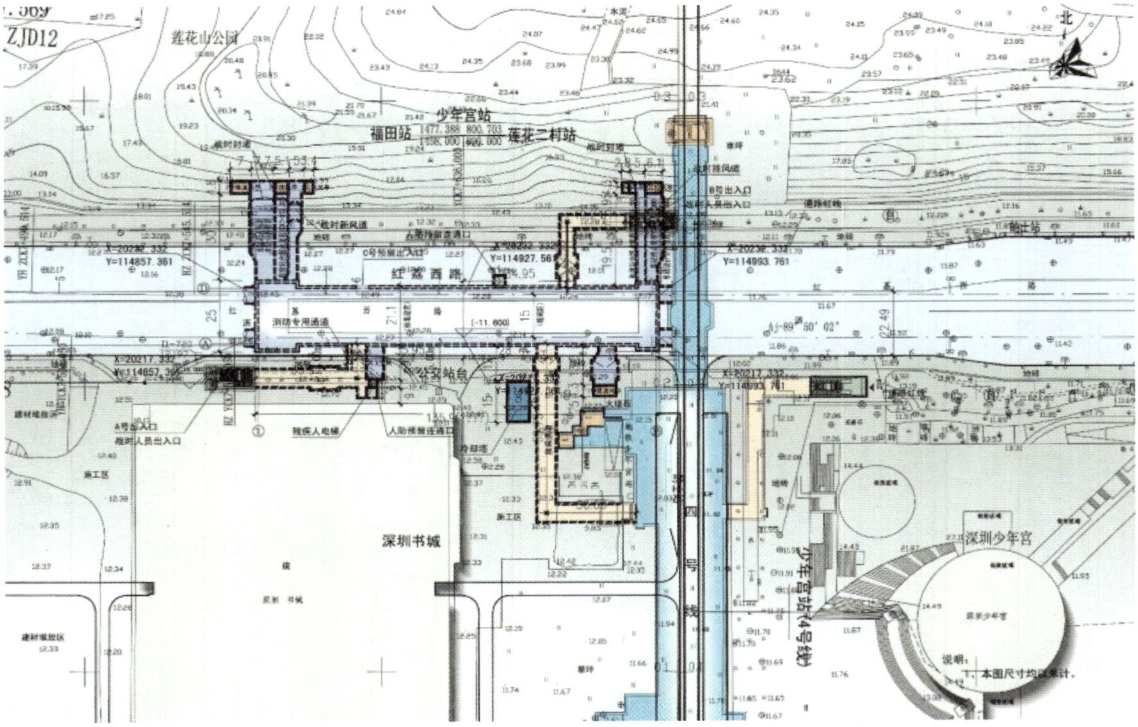

图 5.29 少年宫站总平面图

表 5.28 少年宫站高峰小时预测客流（单位：人/h）

站名	初期客流		近期客流		远期客流	
	早高峰	晚高峰	早高峰	晚高峰	早高峰	晚高峰
少年宫站	6 484	6 756	11 882	12 679	15 513	16 094

6）莲花村站

莲花村站为 3 号、规划 16 号线的换乘站。3 号线车站设置在彩田路和红荔路路口，与规划 16 号线十字相交，路口西侧有莲花山及中银大厦，东侧为莲花二村及福莲花园的居住区，两线采用岛侧换乘，并预留联络线建设条件。

车站为地下二层 11 m 岛式站台车站，全长 223.9 m，标准段宽 19.7 m，车站总建筑面积 13 036 m^2。莲花村站总平面及站厅换乘平面如图 5.30、图 5.31 所示，高峰小时客流如表 5.29 所示。

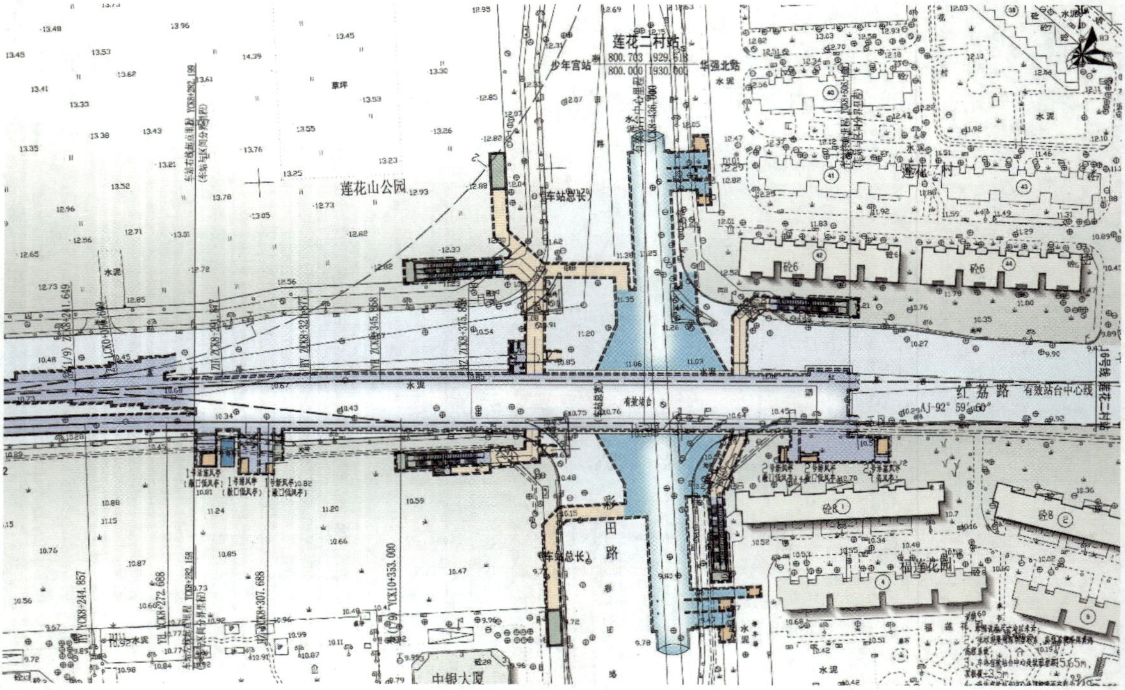

图 5.30 莲花村站总平面图

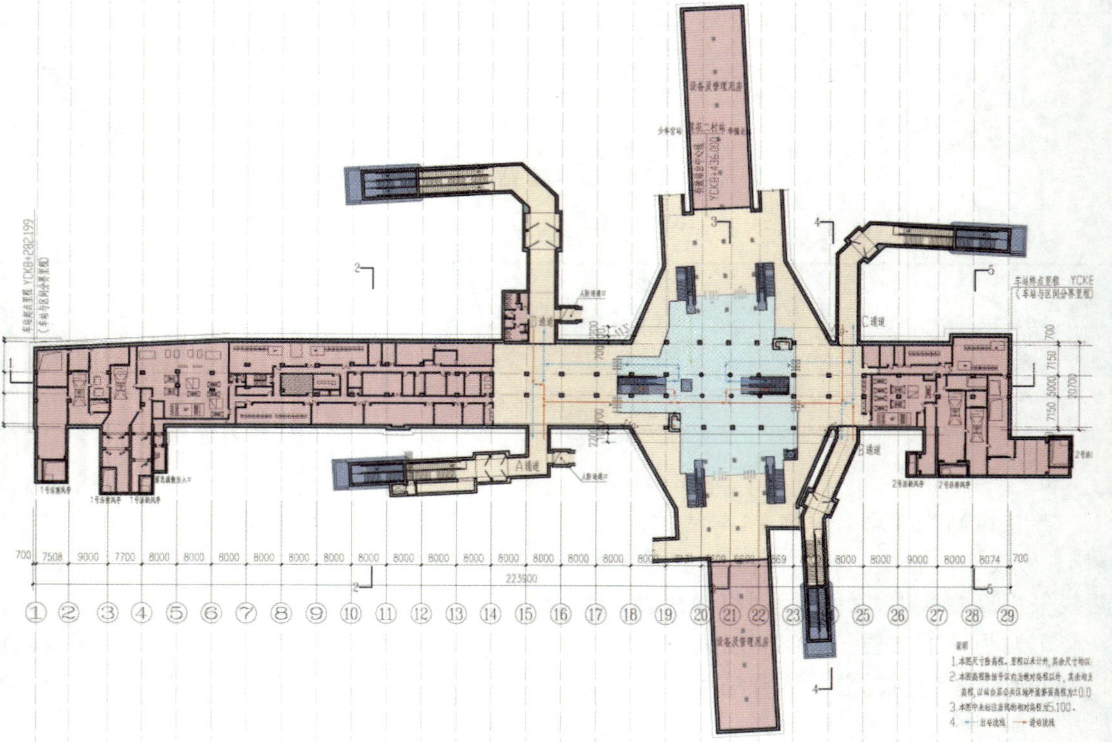

图 5.31 莲花村站站厅换乘平面图

表 5.29 莲花村站高峰小时预测客流（单位：人/h）

站名	初期客流		近期客流		远期客流	
	早高峰	晚高峰	早高峰	晚高峰	早高峰	晚高峰
莲花村站	1 328	1 351	2 660	2 767	8 893	9 319

7）华新站

华新站为 3、7 号线的换乘站，同时是与中心公园停车场的接轨站.车站设置于华强北路与红荔路的交叉路口，沿红荔路东西向设置。车站北边主要建筑有圣廷苑酒店、交银大厦，南边主要建筑有群星广场、绿杨食品世界等。

该站采用地下二层双 10 m 岛式站台车站，全长 635.37 m，标准段宽 32.7 m，车站总建筑面积 44 910 m^2，并设置与 7 号线的换乘节点，西段出入段线区间上方设置为物业开发空间。华新站总平面、站厅换乘平面及站台层平面如图 5.32～图 5.34 所示，高峰小时客流如表 5.30 所示。

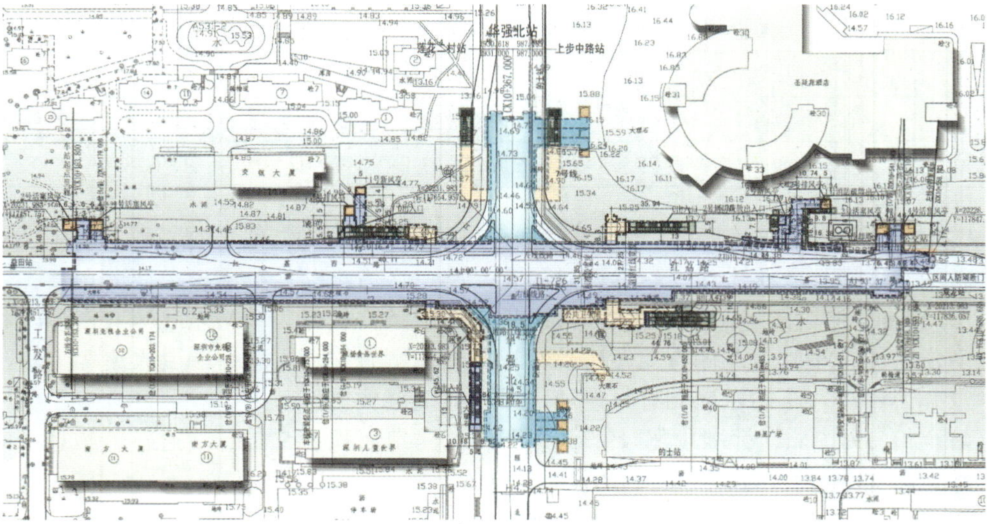

图 5.32 华新站（原华强北站）总平面图

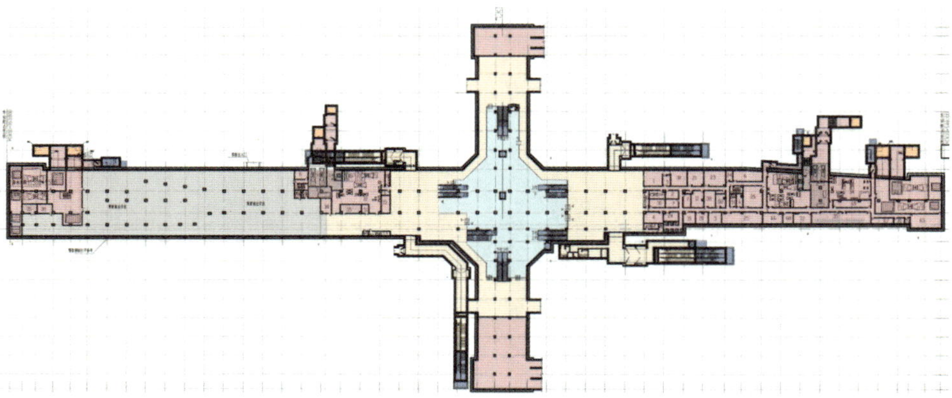

图 5.33 华新站（原华强北站）站厅换乘平面图

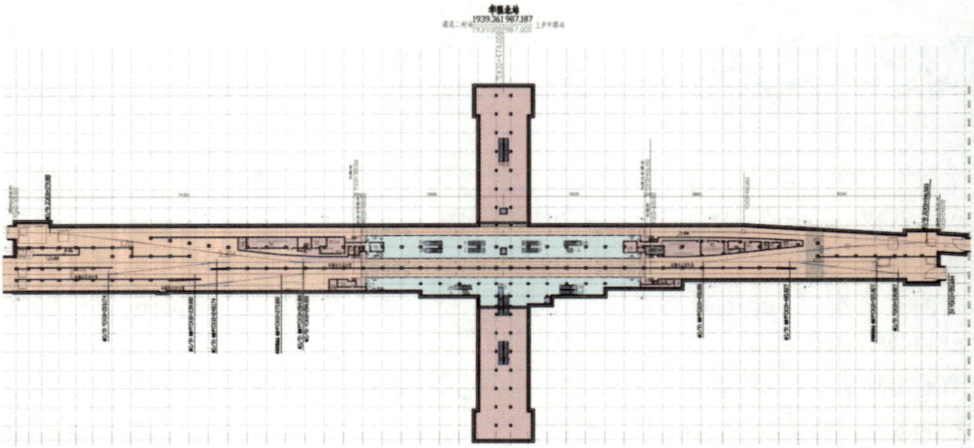

图 5.34 华新站（原华强北站）站台平面图

表 5.30 华新站高峰小时预测客流（单位：人/h）

站名	初期客流		近期客流		远期客流	
	早高峰	晚高峰	早高峰	晚高峰	早高峰	晚高峰
华新站	3 589	3 795	7 354	7 807	11 658	12 210

8）通新岭站

通新岭站设置于上步中路与红荔西路的交叉路口，沿红荔西路下呈东西向布置，为标准地下二层 10 m 岛式站台车站。车站周边绿地较多，条件较好。车站东北侧有白沙岭和园岭住宅大型住宅区；车站西北侧有儿童医院；车站西南侧有四川大厦、深勘大厦和上步工贸大厦等少量办公用房；车站东南侧有早期建设通心岭多层住宅区。

车站全长 177.9 m，标准段宽 19.7 m，车站总建筑面积 9 528 m^2。通新岭站总平面如图 5.35 所示，高峰小时客流如表 5.31 所示。

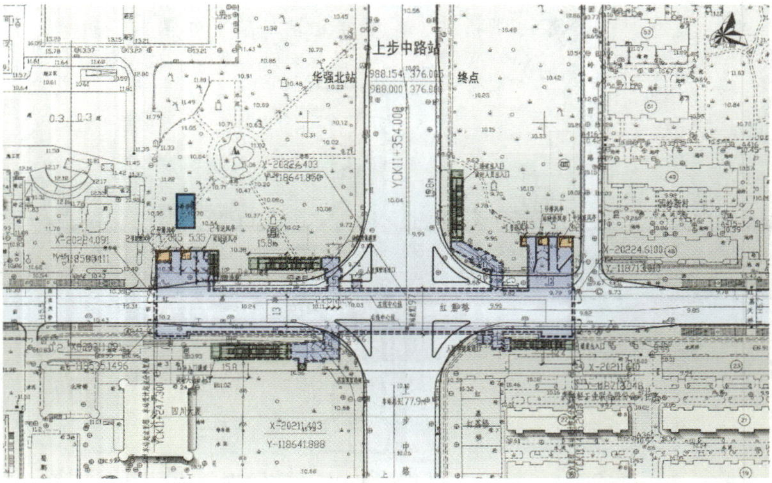

图 5.35 通新岭（原上步中路）站总平面图

表 5.31 通新岭站高峰小时预测客流（单位：人/h）

站名	初期客流		近期客流		远期客流	
	早高峰	晚高峰	早高峰	晚高峰	早高峰	晚高峰
通新岭站	2 114	2 174	3 853	4 020	6 047	6 257

5.1.3 车站设计规模与形式

车站规模以远期超高峰小时客流量为依据，并根据列车长度和限界要求，满足乘客乘降和集散安全以及车站运营要求，综合考虑其所处的地理位置、地面交通情况、地下管线位置、车站性质以及远期发展规划等因素合理确定车站规模。

车站超高峰系数根据车站规模、车站周围用地情况等所决定的客流性质不同分别取 1.1 ~ 1.4。为了有效控制工程造价，结合本线各车站客流和功能分析，确定了本线的基本规模。

1）站台宽度

站台宽度根据远期高峰小时客流量等综合因素计算确定。

地下岛式站台最小宽度 9 m，为本线购物公园站，受周边环境条件影响，采用地下三层无柱车站形式；侧站台宽度最小处为 2.5 m，能满足单侧站台高峰小时约 1.5 万人的进出站客流需求。

高架车站站台为无柱形式，最小站台宽度为 9 m，个别站客流较大的为 10 m。

2）自动扶梯

由站台至站厅和站厅至地面按地铁设计规范的规定，并结合 3 号线的具体情况，合理确定自动扶梯的设置标准：

车站出入口的提升高度大于 6 m 时，设上行自动扶梯。

车站出入口的提升高度大于 12 m 时，设上、下行自动扶梯。

2 层一般车站设置 2 组楼扶梯，均为 1 扶 1 楼，中部设置 1 台电梯。

5.1.4 高架车站形式

车站以满足深圳市公共交通的出行特征为指导思想。站位的设置综合考虑其所处的地理位置、地面交通情况、地下管线位置，以及远期发展规划等因素。为了有效控制工程规模造价，对本线各车站形式做了规模和功能分析。

本线一期工程主要以高架线路为主，因此在设计上重点对高架车站的形式进行了分析比较，高架车站基本形式的确定不仅影响车站的使用功能和结构体系，还影响区间桥梁施工工法、道路路幅要求、环境景观、工程投资等各个方面，按站台形式，高架站一般分为岛式站台和侧式站台形式。通过以下几个方面的分析来确定高架车站的站台形式：

1）全线客流适应性分析

本线客流呈明显的潮汐现象，进城和出城两个方向的客流在早、晚高峰分别有一定量级的差异，分布不均匀。岛式站台比侧式站台能更好地适应这种客流特征，大大提高站台利用率。

2）规模、体量分析

岛式站台车站最小宽度取 10 m，而侧式站台一侧宽（2.5 + 4）m，岛式站台比侧式站台总宽度小 3.3 m，体量较为轻盈。同时，建筑高度控制构件（站台雨棚）由车站外侧转移到内侧，可以减弱车站的体量感及其对邻近空间造成的压迫感，如图 5.36 所示。

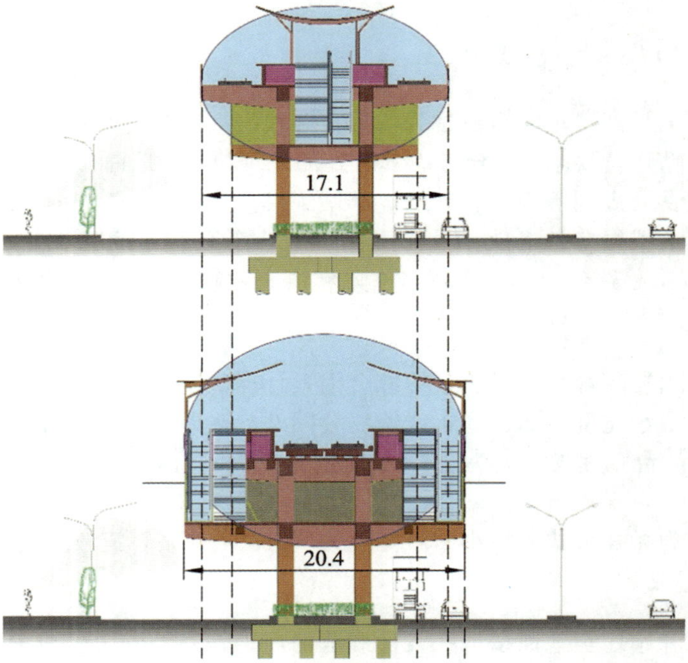

图 5.36　岛式、侧式站台车站横向体量分析图（单位：m）

3）结构受力比较

岛式站台中部设置自动扶梯，有利于采用“桥建合一”结构的车站受力；而侧式站台两侧设置自动扶梯，体量较大，会导致悬臂加大，影响城市景观。

4）站台布置比较

通过两组楼扶梯与站厅层相连，四周透空，采光通风及景观视线效果得到有效保证，整个站台空间宽敞、完整，如图 5.37 所示。而两个侧式站台之间需通过下部站厅或上跨天桥连通，给乘客带来不便，如图 5.38 所示。

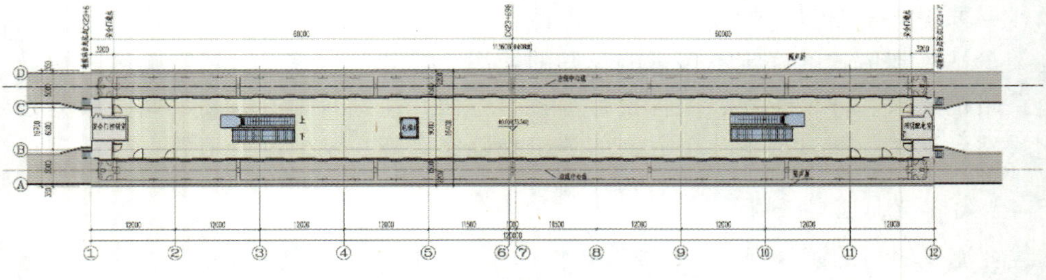

图 5.37　岛式站台车站站台层平面图（单位：mm）

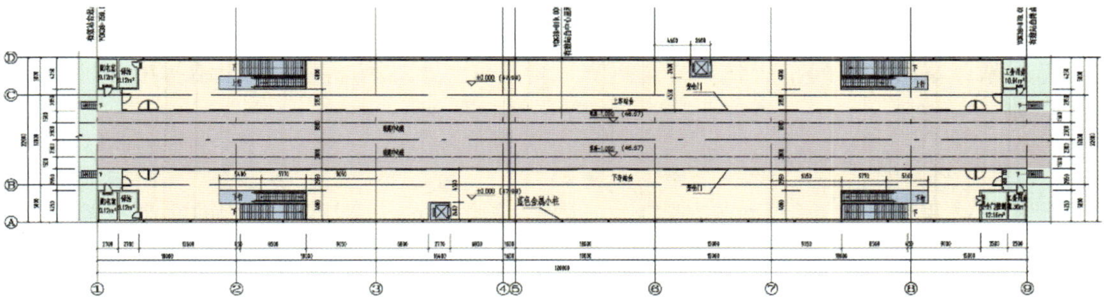

图 5.38 侧式站台车站站台层平面图（单位：mm）

5）站厅布置比较

岛式站台的站厅公共区两端设置非付费区，付费区位于中间，两个非付费区通过通道连通，方便乘客对方向的选择。付费区内设置两组楼扶梯，引导性强，便于识别，且进、出站客流流线明晰，避免相互交叉，如图 5.39 所示。

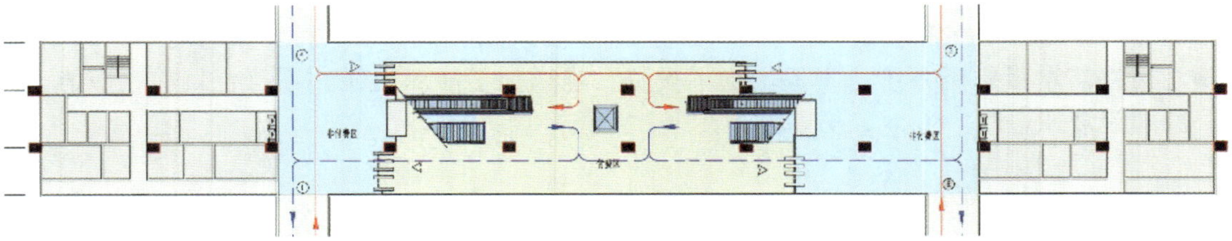

图 5.39 岛式站台车站站厅层平面图

侧式站台车站的站厅层由于楼扶梯沿车站外侧分别设置，其布置导致非付费区不能连通或者采用付费区分离形式。乘客需在站厅就选择好方向，以免上错站台，增加了乘客在站厅的停留时间，也增大了运营管理的复杂程度。付费区内进、出站客流存在交叉现象，如图 5.40 所示。

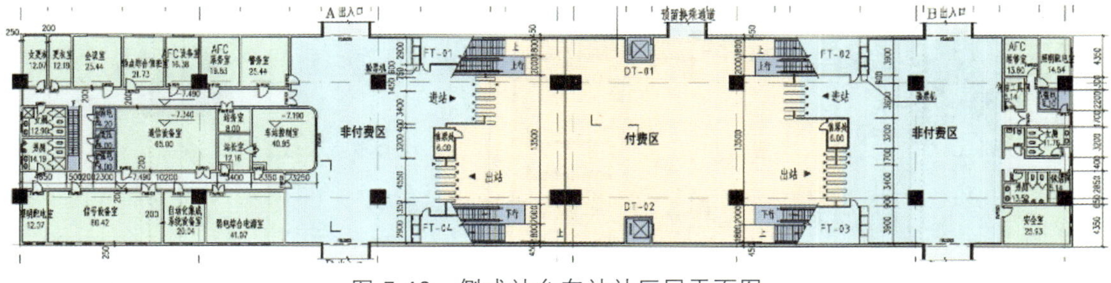

图 5.40 侧式站台车站站厅层平面图

6）楼扶梯配置比较

岛式站台车站只需配置 2 组楼扶梯和 1 台电梯即可满足站内的功能需要。

侧式站台车站在每个站台分别设置 2 组楼扶梯和 1 台电梯，相对于岛式站台车站来说交通设施规模增加一倍，初期投资和运营维护成本增加。

7）车站轨行区结构比较

岛式站台车站主要列车荷载在结构两侧。侧式站台车站列车荷载位于结构中部，结构受力更合理。

8）线路及区间的比较

岛式车站两端区间需设置“喇叭口”，过渡段长约 160 m/双线，采用曲线半径较大（大于 900 m），根据列车牵引计算结果，此线路设计不制约行车速度。侧式站台车站线路走行与区间一致，无须设过渡段，景观处理较容易。

岛式车站两端“喇叭口”梁下部采用 Y 形板式独柱墩，通过对桥墩和盖梁等的形体研究，对景观无太大影响。

9）车站抗风雨能力

岛式站台的人行区域位于车站中部，采用半开敞式屋盖，能有效遮挡雨水对站台的影响，并确保站台的自然通风，如图 5.41 所示。而侧式站台的人行区域位于车站两侧，雨水很容易侵入站台，给站台行人安全带来隐患，同时雨水顺着楼扶梯进入站厅，对车站设备和运营管理影响较大。特别是在深圳这类雨量较大的城市，若采用侧式站台，需要采用全封闭式结构，而随之带来需增设空调系统，不但增加了投资，也增加了能源消耗，不符合目前“节能、减排”的建设要求。

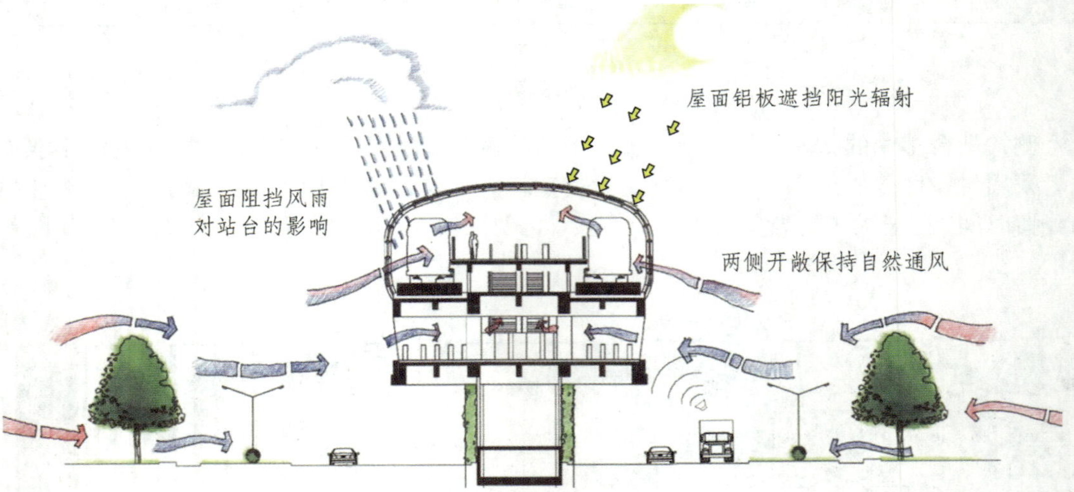

图 5.41　车站抗风雨断面图

10）高架岛式站台、侧式站台车站的方案特点分析比较（表 5.32）

通过以上比较可知：岛式站台方便乘客使用，客流组织顺畅，能提供高质的服务及发挥有效率的运营管理；楼、扶梯设备少，车站规模较小，遮风避雨性能佳，不仅能降低初期建设成本，长期运营还可节约能源，降低运营成本。因此，本线的高架车站均统一采用岛式高架三层的车站布局。通过 3 号线的成功实践，轨道交通 3 号线站台形式适应深圳气候、环境和客流特点，为深圳的高架车站设计奠定了基础形式。

表 5.32 高架岛式、侧式车站形式、技术经济分析比较表

车站形式	岛式站台车站	侧式站台车站
对客流特点适应性分析	能较好地适应潮汐式客流特征，乘客有足够的缓冲空间；站台面积利用率高，便于调剂客流	会出现两侧站台客流分布不均的情况，缓冲余地小；站台面积利用率低，不能调剂客流
横断面形式	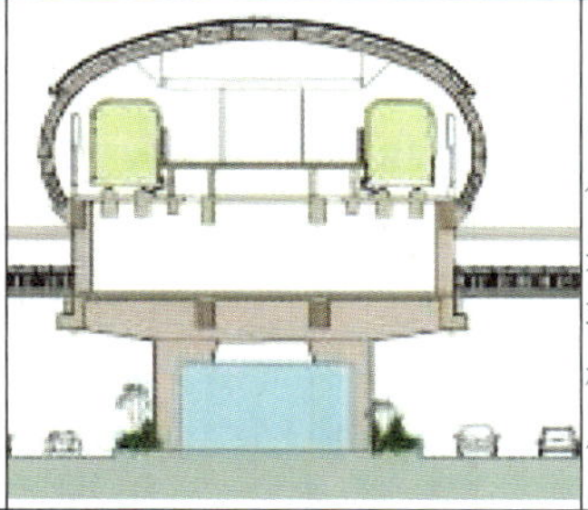 站厅至站台的楼扶梯位于车站中央，车站总宽较小，站台雨棚覆盖范围小，体量较小	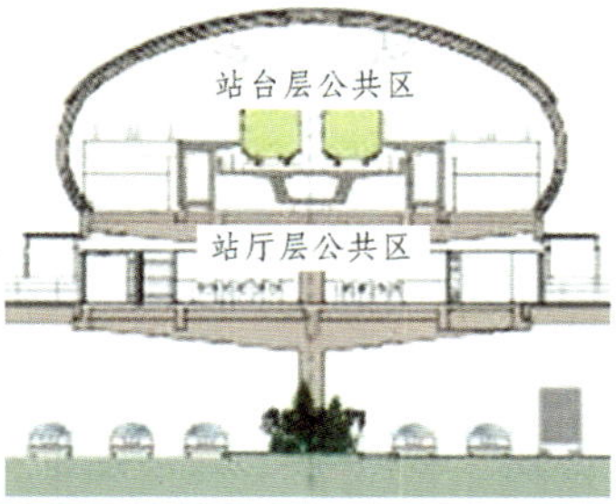 站厅至站台的楼扶梯位于车站外侧，车站总宽较大，站台雨棚覆盖范围大，体量较大
车站空间	站厅、站台空间宽阔完整	站台空间不连贯，乘客需选择站台
运营管理	方便	不方便
环境适应性	对遮风挡雨较为有利，特别是南方风雨天气较多的情况	对车站遮风挡雨较为不利，特别是对深圳地区的气候条件适应性较差，可以采用桥建分离，有利于轨道梁标准化，也可以采用桥建合一形式
站台至站厅提升设备布置	站厅至站台可仅设置一组上行自动扶梯和一部残疾人电梯	站厅至站台需分别为两个侧站台设置上行自动扶梯和两部残疾人电梯
与区间的衔接	需过渡段，结构形式有变化，对景观有一定影响，但有利于配线设置	无过渡段，线路并行，结构形式统一，景观较好，但是车站配线设置停车线困难
车站规模体量	建筑体量及规模较小	建筑体量及规模较大

通过以上分析基本确定本线高架车站的形式，高架车站以 9 m 岛式站台为主，其中布吉站、双龙站为 10 m 岛式，均为三层形式，车站沿深惠路中布置，地面层利用路中绿化带设置变电所，二层为站厅层，主要是车站进出站区域，设 4 个通道与道路两侧连通并预留与周边地块的衔接条件，三层为站台层。

全线地下车站一般站站台宽度以 10 m 单柱为主，换乘站采用 12 m 双柱，其中华强北为双岛式站台车站，受环境条件限制，购物公园站为 9 m 无柱车站。以 10 m 宽岛式站台车站为例，站台计算长度为 118 m，车站主体建筑面积约 6 700 m^2。站厅层共设 4 个通道，两端布置设备和管理用房，按安装屏蔽门系统设计。站台层主要设置降压变电所或混合变电所以及相关设备用房，车站设计总长约 190 m。

3 号线车站统一采用站厅层中部为付费区，两端为非付费区，两非付费区之间设走道连通。结合 6B 车站长度，付费区内一般设置 2 处连通站厅站台的楼扶梯。地下站采用一组上下行扶梯位于车站客流较大一端，一组上行扶梯和楼梯位于车站客流较小一端，在付费区中部设置一部透明无障碍电梯。高架车站两组楼扶梯均为上行扶梯加楼梯。

站厅付费区和非付费区之间设置进、出站检票闸机，系统设计能力满足远期超高峰小时客流量的要求，车站终端设备数量按近期超高峰小时客流量确定，车站建筑预留远期设备位置及安装条件。在靠近站内无障碍电梯出口处配备宽通道检票机，满足残疾人、婴儿车和大

件行李等的乘车需要。

地下车站采用屏蔽门系统，高架车站采用安全门系统，将站台候车区与车辆轨行区隔开，保证乘客安全并提高候车空间的舒适度。高架站站台为半开敞空间，不设置空调，站台设通风器，增强站台空气的对流。

5.1.5 高架车站上盖形式与设计

高架车站的体量也是设计的重难点，高架车站屋盖大都采用轻型钢结构，钢结构的设计通常由专业的设计公司完成，对以土建为主的设计院来说存在较大的困难，同时钢结构的围护材料由于材料及构造做法不同，通常也需要专业的厂家进行配合。因此在设计的前期，确定钢结构的做法及构造十分重要，其投资的控制也是初步设计阶段需要落实的重点。站台屋盖如果采取钢结构形式，结构设计需要在下部混凝土结构设计前完成结构建模和初步计算。其原因在于，钢结构与混凝土交接节点，可设计为刚接或铰接两种形式。不同的地脚结构形式，传递到混凝土结构上的荷载类型不同，必须预先确定，以便下部混凝土设计时予以考虑。

1）站台钢结构设计的荷载确定

站台结构设计中，需综合考虑各配套工程可能作用于主体结构的荷载。其中包括：标识牌吊架荷载、预留广告牌荷载、屏蔽门（特别是封闭式屏蔽门）、可能作用于主体结构的荷载。

2）建筑外形统一还是造型各异

在同一线路中连续出现的站台，其建筑设计采取统一外观，还是各具特色往往是业主关注的焦点。结合3号线情况，两种方式各有特色，如表5.33所示。

表5.33 建筑外形方案比较

比较内容	外形统一	造型各异
景观效果	不利于与站台所在的周边区域统一景观效果	可根据站台所在的区域，灵活设计不同外观效果
周边影响	统一的外观设计，影响站台成为当地的地标建筑	如果需要，可对部分重要站点采取特别设计，扩大对周边区域的视觉影响
线路运营	统一的建筑设计、有利于线路运营管理，减少维修成本	后期运营需考虑不同站台建筑的功能划分，增加管理难度。使用的建筑材料类型增加，维修成本加大
乘客使用	乘客容易适应各个站点，便于人流输送，增加乘客的舒适度；但需多处表明站台名称	乘客对标识的依赖增加
成本控制	设计成本、建造成本大幅下降	设计成本、建造成本大幅增加
施工难度	施工难度减小，便于缩短工期、控制质量	施工难度大，工期、质量、投资控制较难

综合以上分析，当所设计的线路沿线情况接近时，宜采取外形统一的设计方案。为提高与景观的匹配、乘客的辨识，还可采取外形统一、色彩差异的方式兼顾两者的优点。

3）通风与防雨

地铁高架站由于有列车进出的端口，采取封闭设计恒温控制，运营成本会增加很多，且与目前倡导的节能、减排观念相悖。由此，地铁 3 号线的站台设计通过对当地常年风向的分析，结合全线站房朝向（线路基本沿东西方向），采取了侧面加大通风面积的方案。在实际使用中，乘客反映通风效果良好，有很好的舒适性。

与通风相关的是站台层的防雨水问题。深圳为台风区域，暴雨强度极大，且伴随大风。由于站台高出地面较多且列车行驶中对站台形成不规律的紊乱气流，站台设计应加大外挑结构的面积，减小侧面雨水侵袭。从本线的运营情况来看，上部百叶设置稍高，车站飘雨有时较为严重，因此宜增加百叶窗的数量。

4）屋面采光

站台设计中，主要考虑充分利用有效的自然光，合理布置屋面采光。将屋面采光面积控制在 5%～8%，沿车站长度方向在顶部中间设置约 1 m 宽的采光带，并采用低透光率的采光材料（50%左右），以避免产生眩光。

5）屋面保温

由于站台采取开敞式设计，屋面的保温效果好像显得没那么重要。但实据我们的调查研究，华南地区夏季轻钢结构屋面材料在吸热后以低温辐射方式对站台的温度产生极大影响。由此，屋面的保温隔热设计极为重要。本线在设计中有效的屋面通风保温措施也能避免室内冷凝水的产生。

6）绿色建筑

参考美国 LEED 绿色建筑认证的要求，在站台设计中，应适当考虑绿色建筑要求。其要点在于：

（1）增加屋面反光率。采取银色或浅色系屋面材料。

（2）选择可重复利用的建筑材料。

（3）选择水溶性、低挥发性的油漆涂料和黏结剂。

7）防雷设计

普通公共建筑的防雷设计容易影响建筑外观。根据现行的国家防雷规范，如果选择厚度大于 0.5 mm 的金属外板，并满足相关涂料厚度要求，可替代接闪器。建议选择适当的金属面层，并通过有效的引下线设置，既能满足防雷要求，也能避免由于布置避雷带而影响建筑外观效果。

5.1.6 工程建设及运营效果

3 号线的通车运营，极大地方便了中心城区和龙岗片区的联系。3 号线客流具有明显的潮汐状态，岛式站台车站能更好地适应这种客流。从设计客流分析，车站设计规模基本满足客流需求，客流流线清晰顺畅。但是经过几年的运营，随着城市化进程的加快，客流增加十分明显，部分站点客流在近期已远远大于预测客流，部分重点车站已出现平面和竖向设施客流设计能力紧张、楼扶梯通行能力不足的现象。特别是以高架为主的 3 号线，位于中心城至龙岗区的主客流通道上，且客流通道仅有 3 号线一条轨道交通，车站拥堵情况在上下班高峰时刻较为严重。从高架车站布局来说，站厅—站台之间仅有上行扶梯，一方面服务水平偏低；另一方面，当扶梯出现故障时，由于客流量较大，仅有楼梯可以使用，导致乘客在楼梯口处出现严重拥堵，高峰时段部分车站会出现不能及时疏散完站台乘客的情况，影响进站客流到达站台和车站的正常运行，并带来安全隐患。因此有必要研究高架车站竖向通行能力不足的改善措施，特别明显的车站主要为布吉站（为与5号线的换乘站）、南联站（周边居住人群较多，存在明显的潮汐现象）。

5.2 地下结构

5.2.1 工程概况

深圳地铁3号线西起益田村益田站，向东、向北延伸至龙岗龙兴街双龙站，全长41.666 km，其中特区内益田站至水贝站为地下线，特区外除塘坑站及其两端部分区间为地下线外，其余均为地面或高架线。全线共设车站30座，其中地下站14座、半地下站1座、高架站15座。全线于横岗设车辆段1座、于中心公园设地下停车场一座。

地下车站及停车场结构形式及施工方法见表5.34。

表5.34 地下车站及停车场结构形式及施工方法汇总表

序号	车站名称	结构形式	基坑深度/m	围护结构型式	施工方法	结构长度/m	备注
1	益田站	双/三层双/三跨	18	连续墙	明挖，局部盖挖逆作	461	起点站，含折返线
2	石厦站	双/三层三跨	17/26	连续墙	明挖	188.3	含换乘节点
3	购物公园站	三层单跨	26	连续墙	明挖	148	
4	福田站	三层双跨	25.6	连续墙	明挖，局部盖挖逆作	200.2	与2、11号线车站共建
5	少年宫站	三层三跨	25	钻孔桩	明挖	136.66	
6	莲花村站	双/三层三跨	17.5/24.5	钻孔桩	明挖，局部盖挖	223.9	含换乘节点
7	华新站	双/三层多跨	17.9～23.5/26.8	连续墙	明挖，局部盖挖	635.27	含换乘节点，出入场线
8	通新岭站	双层双跨	18.28	连续墙	明挖，局部盖挖	177.9	
9	红岭站	双层双跨	17～18.5	连续墙	半边盖挖	461.37	含双存车线
10	老街站	三/四层多跨	26.5	连续墙	盖挖逆作	129.57	叠侧式站台，与1号线平行换乘
11	晒布站	双层三跨	17.5	矩形挖孔桩	明挖	180.3	
12	翠竹站	双层双跨	17.3	连续墙	明挖，局部盖挖	190.63	
13	田贝站	双层双/三跨	18～23	连续墙	明挖，局部盖挖	504.815	
14	水贝站	双层单/双跨	16.5～21	连续墙	明挖，局部盖挖	192.059	
15	中心公园停车场	单层多跨	8～15	放坡/局部排桩	明挖	717	

5.2.2 地质概况

地铁3号线经过地区主要穿越冲洪积平原区、海/冲积平原区、台地、丘陵等四个地貌单元。其中：冲洪积平原区分布于红岭中路—翠竹站之间及荷坳站至终点段，海/冲积平原区位于市区益田站—石厦站、购物公园站—福田站、少年宫站—华新站、上步站一带，台地分布于石厦站—购物公园站、福田站—少年宫站、华新站—红岭站一带，丘陵分布于翠竹站—双龙站街之间。

沿线地表为第四系地层所覆盖，下伏基岩为震旦系云开群、侏罗系中统塘厦组及吉岭湾组、石炭系下统测水组及石磴子组以及燕山期花岗岩。深圳地铁 3 号线地质构造纲要如图 5.42、图 5.43 所示。

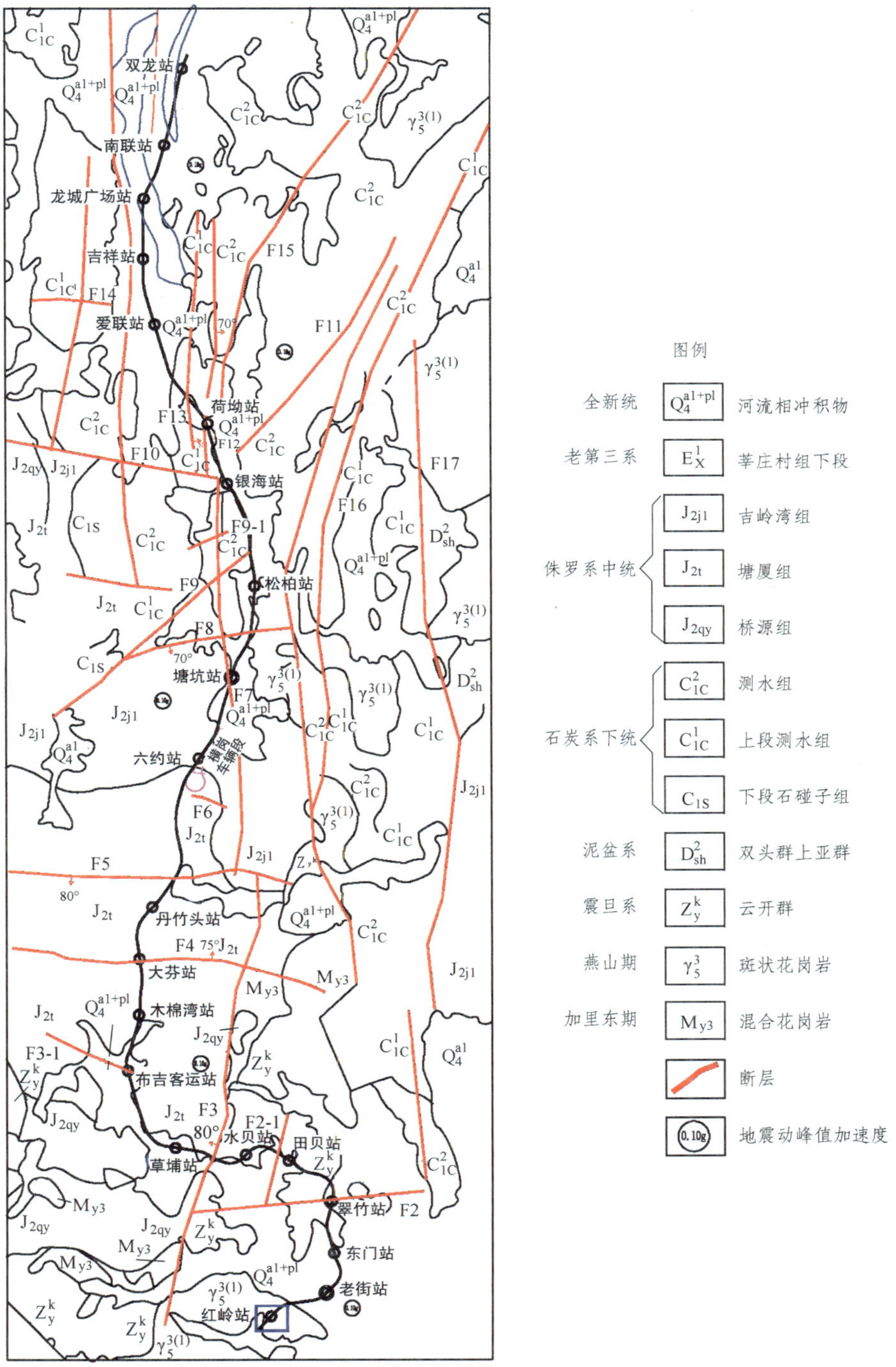

图 5.42 深圳市地铁 3 号线一期构造纲要图

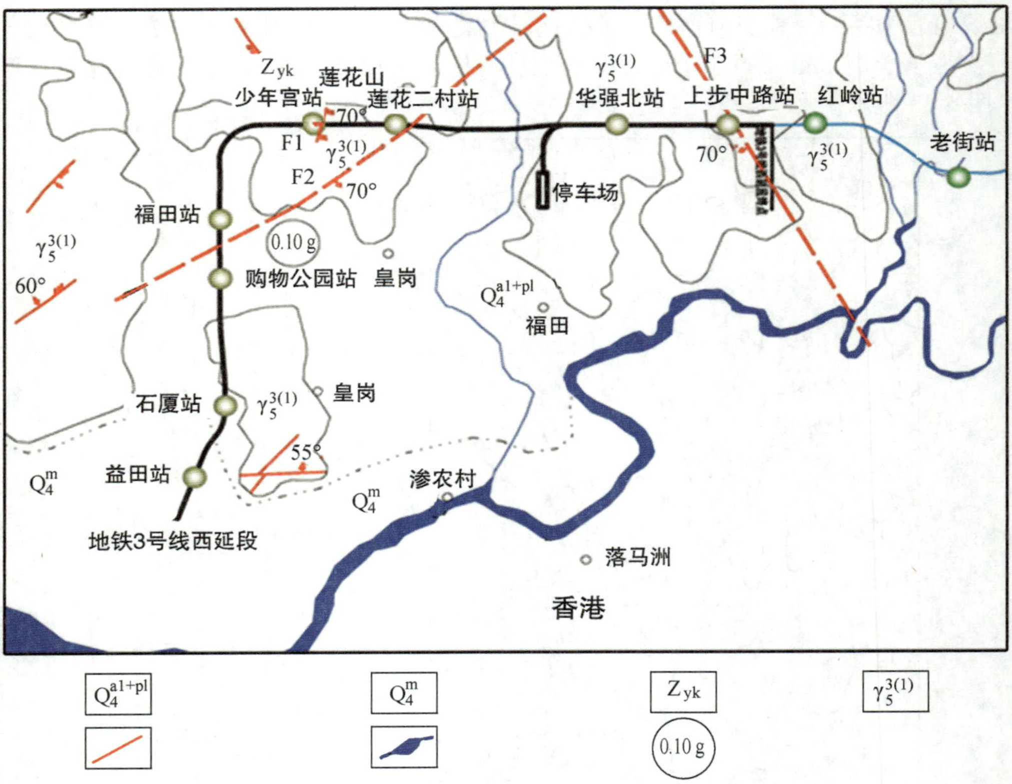

图 5.43 深圳市地铁 3 号线西延段构造纲要图

沿线地下水主要有三种类型：一是松散土层孔隙水，二是基岩裂隙水，三是岩溶水。地下水主要受大气降水及地表水补给。通常降水充沛的丰水期，一般是地表水补给地下水；相反，在降水稀少的枯水期，则是地下水补给地表水。

5.2.3 地下车站围护结构

5.2.3.1 围护结构的选型

地下车站基坑围护结构及开挖支护工程关系整个车站工程的成败，是地下车站安全施工的关键，也是工程事故的多发部位，其工程投资占车站土建工程投资的 1/3 左右，是车站结构设计的重点之一。

本线地下车站主体基坑以采用地下连续墙为主，少年宫站、莲花村站由于岩面较高，采用地下连续墙施工难度大、工效低，采用上半截钻（冲）孔灌注桩 + 下半截花岗岩微风化段直壁开挖喷锚支护的形式进行围护。

晒布站车站西侧原建筑基坑采用的支护锚索大量进入地铁基坑范围，且光纤通信管线改迁困难；老街站东端站台扩建工程围护结构需在永新商城地下室底板以下施工，不具备采用机械施工的条件，采用矩形人工挖孔桩，并在使用期间直接与主体结构各层板进行连接后形成“单一墙”结构。

5.2.3.2 围护结构的计算

1）增量法计算原理

标准的地下车站一般为地下二层、基坑深度 15～20 m，对于换乘站或受其他地下建（构）筑物影响的地方也有做成地下三层或地下四层的车站，则其基坑深度一般为 20～30 m 不等，甚至超过 30 m。在基坑开挖过程中，一般需在围护结构上设置多道支点（内支撑或锚索/杆），其受力体系随加载过程不断变化，为了更为准确地模拟围护结构及其支护体系的受力情况，设计一般采用“增量法”进行围护结构计算，即在每个受力阶段只施加该阶段增加的荷载，将其产生的内力与前面各阶段荷载产生的内力进行叠加后作为本阶段结构体系的内力，具体如图 5.44 所示。

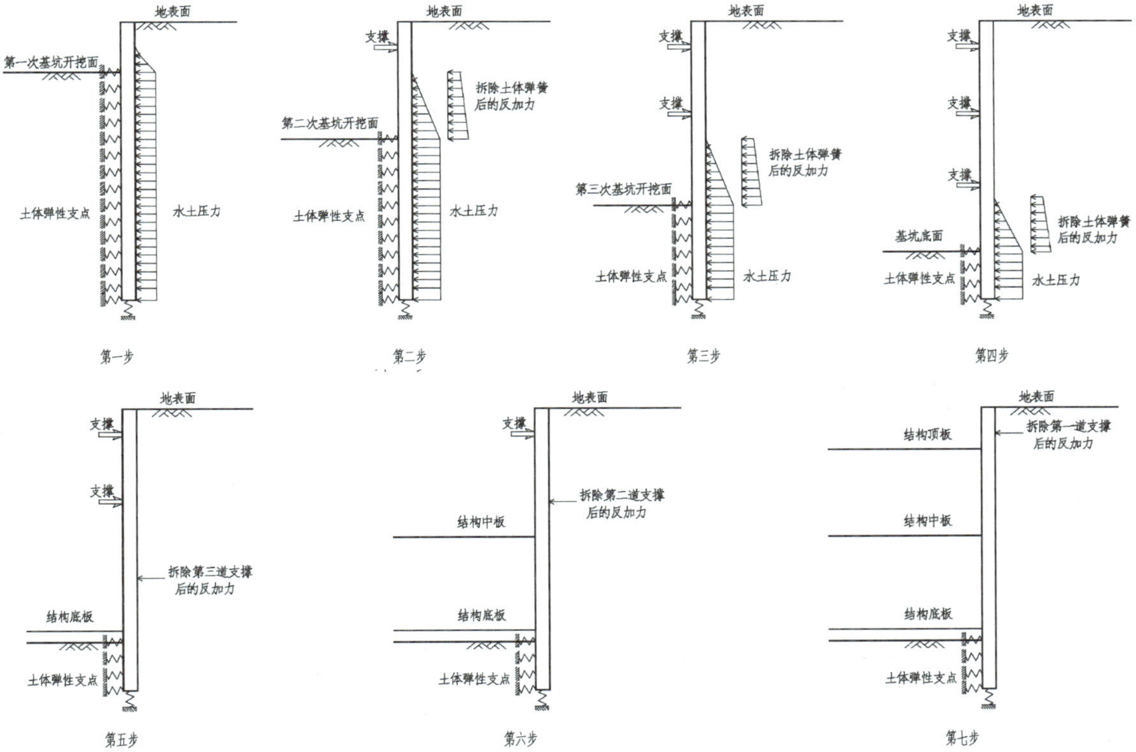

图 5.44 围护结构开挖各阶段计算简图

如图 5.44 所示，在第一步开挖时基坑外侧施加本阶段的主动土压力（基坑面以下按两侧主动土压力增量相同考虑，故为矩形），被动侧基坑面以下为土体弹性支点。由内力变形分析得出本开挖阶段所产生的计算内力和变形值。在第二步开挖计算时基坑侧安装了第一道支撑（也可用弹簧模拟），墙背施加本开挖阶段的水土压力增量及开挖部分土体卸载（拆掉土体弹簧，反加抗力模拟），被动侧基坑面以下仍为土体弹性支点，将本阶段内力变形值与第一阶段所产生的内力变形值叠加后即得本阶段的计算内力和变形值。第三、四步开挖亦以此类推。

2）水土压力取值

（1）“水土分算”与“水土合算”——主动侧水土压力的取值。

对基坑背后主动侧地下水位以上的地层土压力一般采用朗肯理论的主动土压力进行计算。施工阶段，对砂性土采用“水土分算”进行侧向水土压力的计算，对黏性土采用“水土合算”进行计算。

3 号线地下车站基坑开挖范围内的地层从上至下一般为填土层、冲洪积层（含砂层、粉质黏土层）、花岗岩残积层（一般为砾/砂质黏土层）、全风化、强风化、中风化及微风化花岗岩等。其中：冲洪积砂层渗透系数为 5 ~ 10 m/d，采用“水土分算”；冲洪积粉质黏土层渗透系数为 0.002 ~ 0.005 m/d，残积砾/砂质黏土层、全风化花岗岩层和强风化花岗岩的一个亚层（12-2-1，坚硬土状）的渗透系数为 0.1 ~ 0.75 m/d，微风化花岗岩渗透系数为 0.5 m/d，均属于弱透水，设计中采用“水土合算”。

对于强风化花岗岩的另一个亚层（12-2，半岩半土状）和中风化花岗岩层，其渗透系数分别为 3 m/d 和 2 m/d，设计上有以下几种处理方式：

① 按“水土分算”计算内支撑轴力及围护结构配筋，如红岭站。

② 按“水土合算”计算内支撑轴力及围护结构配筋，如少年宫站、莲花村站。由于少年宫站、莲花村站采用钻（冲）孔灌注桩临时围护结构，桩间止水性能一般，故按“水土合算”进行计算。

（2）*m* 法与 *k* 法——被动侧水平抗力的不同计算方法与实测对比。

对基坑面以下的土体抗力有按被动土压力和弹性抗力计算两种模式，根据《建筑基坑支护技术规程》（JGJ 120—99），除悬臂及单层支点的围护结构计算可按静力平衡条件将被动侧土压力按被动土压力进行计算外，一般均宜按“弹性支点法”进行计算。

“弹性支点法”的水平抗力系数[即《深圳地区建筑深基坑支护技术规范》（SJG 05—96）中的水平向基床系数，计算模型中的弹簧刚度]通常有 *k* 法和 *m* 法两种计算方法。其中：*m* 法中的 *m* 为开挖面以下土的水平抗力系数的比例系数，假定在同一地层中的水平抗力系数随深度按比例加大；而 *k* 法则假定同一地层中的水平抗力系数随深度不发生变化（对基坑面以下一定深度的土体水平抗力，考虑到基坑面土体所受的扰动和松弛，有时进行不同形式的折减），其中的 *k* 即开挖面以下土的水平抗力系数。

水平抗力系数的比例系数 *m* 应根据单桩水平荷载试验进行确定，或根据土层的固结快剪强度指标进行计算，由于没有进行单桩水平荷载试验，3 号线中仅红岭站采用了 *m* 法进行基坑计算，其 *m* 根据土层的固结快剪强度指标进行计算取值。

k 法的水平抗力系数可以通过旁压试验确定，也可通过标贯试验推算，《深圳地区建筑深基坑支护技术规范》（SJG 05—96）条文说明中也列出了不同地层基床系数（即抗力系数）的参考数值。3 号线各工点的地质详勘报告均提供了各地层的基床系数，从设计依据看，采用 *k* 法的基础数据较为充分，故除红岭站以外的基坑均采用了 *k* 法进行内力变形计算。

通过对红岭站 Z3-THZ-05 钻孔位置基坑围护结构进行对比计算，对计算结果中的各道支撑最大轴力及围护结构最大弯矩比较见表 5.35。

表 5.35 采用 *m* 法与 *k* 法计算对比表

计算项目	*m* 法	*k* 法	实测最大值	*k*/*m*
第一道支撑最大轴力/kN	987	1 054	未测	1.07
第二道支撑最大轴力/kN	2 590	2 159	1 530	0.83
第三道支撑最大轴力/kN	2 498	2 014	1 237	0.81
第四道支撑最大轴力/kN	1 664	1 305	828（部分未设）	0.78
倒换支撑最大轴力/kN	1 896	1 571	未设	0.83
围护结构最大弯矩/（kN·m）	783	535	未测	0.68

从表 5.35 可以看出，采用 k 法较采用 m 法计算的施工过程中最大支撑轴力和围护结构弯矩一般均偏小，且计算支撑轴力更接近实测值。通过分析认为，由于采用 k 法在靠近基坑面处的水平抗力系数较大，对围护结构在基坑面处形成了较为强有力的支撑效应，从而有效减小了内支撑所承受的轴力，也有效减小了围护结构的计算跨度，从而减小了围护结构的弯矩计算值。

我院从 1992 年开始进行的地铁车站基坑设计中，采用 SAP84 结构通用软件对基坑围护结构的受力进行模拟计算，为简化计算，一直按 k 法进行基坑围护结构内力和位移的计算，通过长期的工程实践证明采用 k 法进行计算对基坑的设计安全是有保证的。

5.2.3.3 理论与实际——田贝站支撑轴力计算值与施工实测值比较

基坑支撑轴力量测较为简单，其对应的值可以较为准确地反映实际的基坑侧向水土压力，通过收集不同部位支撑轴力监测的结果，用该位置地层条件、相应支撑设置情况等代入程序进行计算，与实测结果进行比较，通过对比可以为以后的设计优化提供一定的参考，见表 5.36。

表 5.36 计算与实测支撑轴力对比表

测点编号	钻孔编号	第一道支撑最大轴力值/kN		第二道支撑最大轴力值/kN		第三道支撑最大轴力值/kN		第四道支撑最大轴力值/kN		开挖至基坑底时支撑轴力之和/kN	
		计算	实测	计算	实测	计算	实测	计算	实测	计算	实测
26-1	Z3-STB-26	**330**	**702**	662	586	2 317	1 022	1 681	592	3 761	2 544
26-1	Z3-STB-25	**474**	**702**	787	586	2 431	1 022	1 679	592	4 051	2 544
33-1	Z3-TTB-03-1	588	381	842	530	1 651	976	900	560	3 122	2 372
33-1	Z3-TTB-03	771	381	1 128	530	2 456	976	1 488	560	4 569	2 372
37-2	Z3-TTB-04-1	685	420	1 088	468	2 706	825	1 426	655	4 623	2 333
37-2	Z3-TTB-04	699	420	1 103	468	2 794	825	1 765	655	4 962	2 333
15-1	Z3-STB-19	551	881	792	826	1 697	1 062	936	591	3 063	3 344
15-1	Z3-STB-18	438	881	885	826	2 044	1 062	1 445	591	3 627	3 344
55-1	Z3-TTP-09-01	776	461	1 588	650	4 104	995	2 882	666	7 330	2 503
55-1	Z3-TTP-10-01	869	461	1 775	650	3 285	995	2 202	666	6 467	2 503

从以上数据可以看出，除 26-1 和 15-1 两组（列）支撑监测的第一道支撑实测轴力大于计算轴力外（15-1 行根据 Z3-STB-19 号钻孔计算的第二道支撑轴力和总和轴力实测值大于计算值，但根据荷载平衡的原理，15-1 行支撑计算值应为根据另一端 Z3-STB-18 号钻孔计算的值，故 15-1 行第二道支撑轴力和支撑总和轴力仍大于实测值），其余部分支撑轴力计算值均大于实测值，其中开挖至基坑底时的支撑轴力和计算值较实测值平均大约 74%。

通过对比分析，第一道支撑实测轴力大于计算轴力的比例较高（根据理论计算的结果，第一道支撑轴力通常较小），建议设计时对第一道支撑适当加强。现设计一般要求第一道支撑采用混凝土支撑，对保证第一道支撑的安全和控制基坑围护结构变形较为有利。

5.2.3.4 矩形人工挖孔桩的应用

1）矩形人工挖孔桩在深圳地铁 3 号线中的应用

深圳地铁 3 号线分别在晒布站和新建 1 号线老街站东端站台工程中应用了矩形人工挖孔桩。

晒布站车站基坑范围内相邻建筑地下室基坑施工遗留了大量废弃锚索，地下连续墙成槽施工较为困难，因此采用矩形人工挖孔桩（1 000 mm 厚）并兼作主体结构侧墙，同时取消内衬墙，如图 5.45 所示。

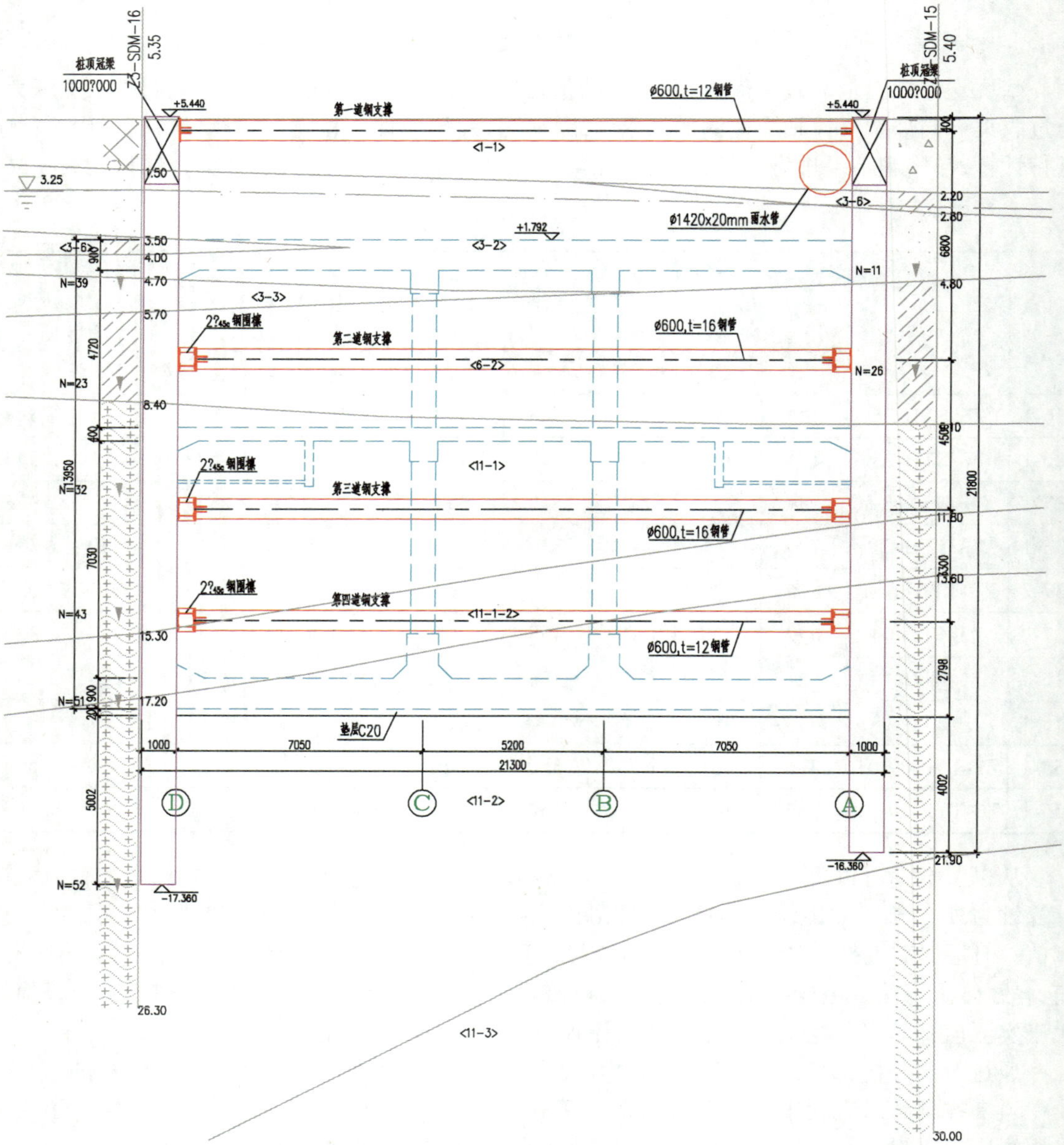

图 5.45 晒布站横剖面图（单位：标高为 m，其余为 mm）

新建 1 号线老街站东端站台工程围护桩受条件限制，只能在既有永新商业城地下室以下进行人工挖孔施工，又因围护桩需要兼作桩基托换的托换新桩，需要与永新商业城地下室边墙下的既有桩基本处于同一轴线，同时还需要保证新建的有效站台净宽度不小于 3.5 m 以满足疏散要求，设计采用 1 200 mm 厚矩形人工挖孔桩单层墙作为新建站台车站永久侧墙，如图 5.46 所示。

2）矩形人工挖孔桩的细部设计

（1）桩身采用凹凸榫槽并设置止水带。

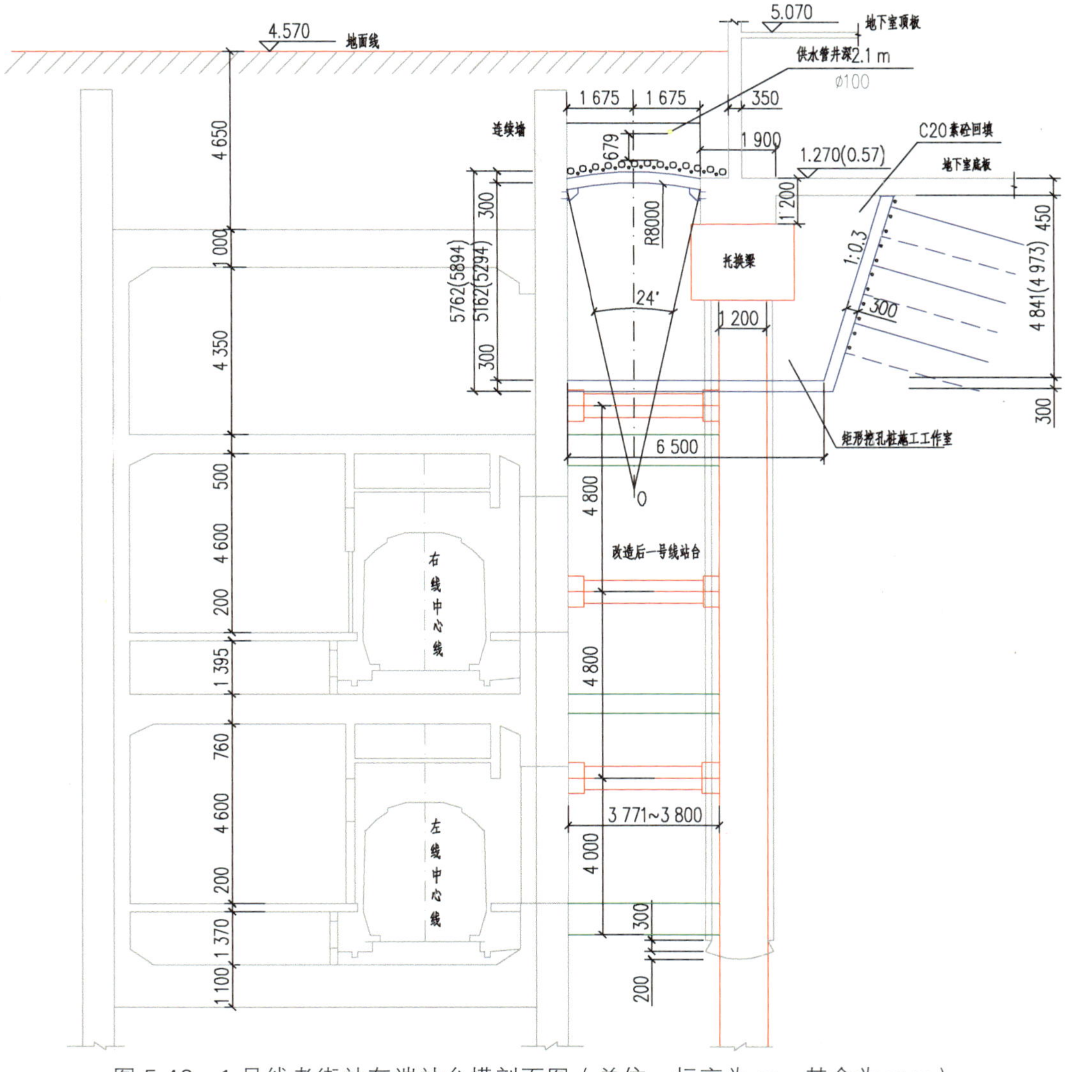

图 5.46　1 号线老街站东端站台横剖面图（单位：标高为 m，其余为 mm）

为避免桩间渗漏，设计采取在桩间设置凹凸榫槽连接并在榫槽位置加设止水带的措施，挖孔桩接头见图 5.47。

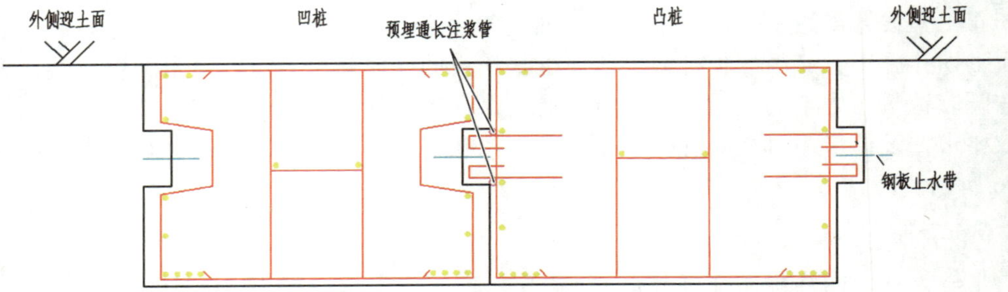

图 5.47 挖孔桩接头设计图

（2）采用表面平齐的钢筋混凝土护壁。

为保证桩面平整，采用内外表面平齐的护壁形式，护壁构造设计见图 5.48。

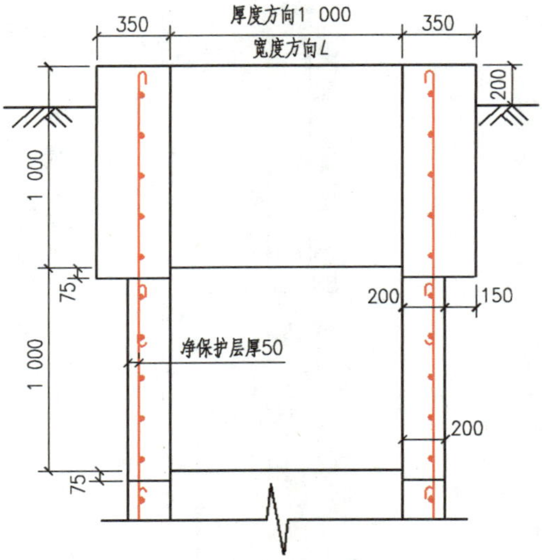

图 5.48 护壁构造图（单位：mm）

未加作内衬前老街站矩形挖孔桩侧墙见图 5.49。

图 5.49 老街站矩形挖孔桩侧墙（未加作内衬前）

3）结论及建议

采用矩形人工挖孔桩单层墙结构形式适用于特殊的工程环境，设计同时应考虑一定的附加工程措施，以保证工程达到设计要求。

5.2.4 地下车站主体结构

5.2.4.1 主体结构的选型

地下车站主体结构一般为地下 2～3 层的长条形结构，满足列车停靠、乘客乘降、人员集散、运营管理等需要，一般采用现浇钢筋混凝土框架结构，根据功能或其他要求布置为单跨到多跨、单层到多层的结构形式。

为改善乘客的乘坐体验，地下车站根据具体的环境条件可以有适当的变化或创新，本线地下车站结构设计在改善地下空间使用条件方面也进行了有益的尝试，具体落实在购物公园站、红岭站和水贝站的设计上。具体介绍如下：

1）购物公园站

购物公园站位于福田中心区购物公园（COCOPARK）以西的民田路上，与地铁 1 号线进行通道换乘、由于车站北端区间线路受 1 号线区间隧道影响埋深较深，车站为地下三层。车站所处民田路道路狭窄、两侧地下管线较多，车站站台宽度设置为 9 m 宽，根据建筑专业的要求，9 m 宽的站台设置中柱较为困难，因此整个车站均不设置中柱，在站厅、站台等公共空间形成无遮挡的视觉空间感受，提高了乘客的舒适度，如图 5.50 所示。

图 5.50 购物公园站站台实景

车站各主要构件设计思路如下：

（1）顶板。

为减少混凝土用量，车站顶板采用变截面板 + 肋梁的形式进行设计，顶板在跨中部位厚度为 500 mm，至两边支座处逐渐加厚至 1 700 mm；肋梁尺寸为 1 200 mm × 500 mm（宽 × 高），每 4 m 设置一根。对整个顶板而言，其跨中部分的弯矩由肋梁承担，边支座附近由于板厚较肋梁还高 200 mm，其负弯矩和剪力由厚板承担。根据三维计算结果证实，在边支座处，不论剪力还是弯矩，其纵向的分布基本均匀，没有受跨中设置肋梁的影响而出现分布不均的情况。

（2）中板。

中板一般按 700 mm 厚板进行设计，对楼、扶梯及环控等开孔较大的部位，在孔两端设置高度为 1 000 ~ 1 500 mm 的梁，孔边至侧墙间的板厚度减薄为 300 mm 厚。

（3）底板。

由于车站底板跨度达 16.3 m，承受约 25 m 高的水浮力，前期结构设计时曾考虑在底板以下设抗拔桩以减小底板厚度至 1 m，但由于本站底板以下地层摩阻力较小，其有效桩长将达到约 25 m，加上基坑面以上的空桩段长度，其总长超过 50 m，代价较大。为减小工程难度和节省投资，设计充分利用盾构机过站的加深空间，采用叠合底板进行设计，取消抗拔桩，先施工 1 m 厚的结构底板（此时底板以下设降水井持续降水，保证地下水位在底板底面以下），在盾构机过站并完成施工后施作 990 mm 厚的底板结构与先施工部分底板结构叠合形成总厚度约 2 m 的底板结构共同承受底板下的水浮力。

（4）侧墙。

车站主体结构侧墙充分利用基坑围护地下连续墙，在地下一、二层为 1 000 mm 厚地下连续墙单层墙，地下三层为 1 000 mm 厚地下连续墙 + 300 mm 厚内衬墙叠合墙，如图 5.51 所示。

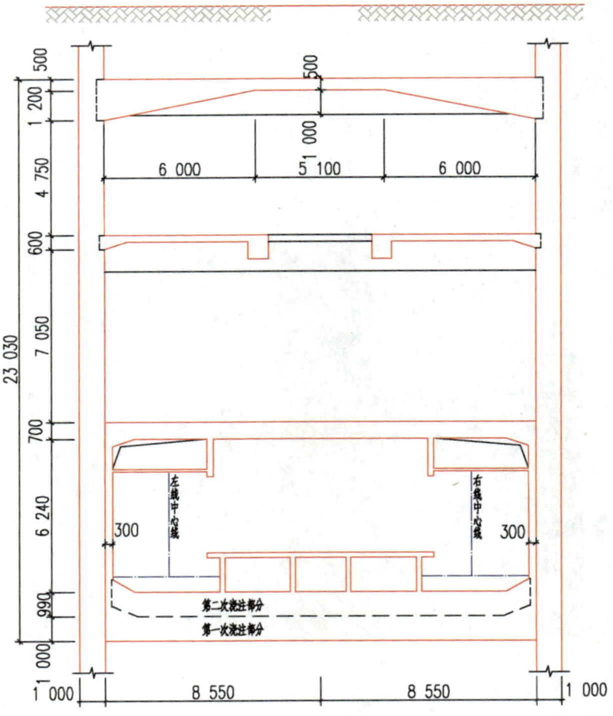

图 5.51 购物公园站主体结构横断面图（单位：mm）

2）红岭站

红岭站位于红荔路与红岭路交叉口以西，设有站后交叉渡线及存车线，车站总长约 461 m，根据本站的具体条件，车站站厅层公共区面积有富余，可以在中板上开大孔（两个 27 m × 10.5 m 的孔）从而形成高约 10 m 的“中庭”，一改地下空间常给人的“低、矮”印象，改善了乘客体验，如图 5.52 所示。

图 5.52　红岭站中庭实景

“中庭”部位取消中板改变了车站横向的结构受力体系。对于一般的地下车站而言，由于连续设置的中板对车站侧墙形成了水平支撑，使侧墙的计算高度（跨度）一般在 7 m 左右。对“中庭”式车站，一般有两种处理方式：

第一种处理方式是在中板开孔侧边设置边梁，则侧墙在中板位置的水平支撑由边梁承担；

第二种处理方式是取消“中庭”部位中板对侧墙的水平支撑作用，将该部位侧墙直接支承于车站顶、底板上。

以上第一种处理方式由于边梁净跨达 27 m，其计算弯矩、剪力均较大，边梁宽度（相应于中板为厚度）需要做到 800 ~ 1 000 mm 方可满足受剪截面验算条件，影响车站埋深，且配筋量较大；第二种处理方式侧墙的计算高度（跨度）加大为 11 m 左右，由于侧墙采用地下连续墙 + 内衬墙的叠合墙形式，其承载能力有一定富余，设计将内衬墙厚度由 400 mm 加厚为 600 mm，加上 800 mm 厚地下连续墙后侧墙总厚度为 1 400 mm，满足设计要求，配筋量亦不大。设计采用第二种处理方式，为避免中板孔边至边墙的部分板产生边梁效应，设计时将该部分板与其余板间设变形缝进行分割，以免其承担侧墙所传递的水平力后产生裂缝，如图 5.53 所示。

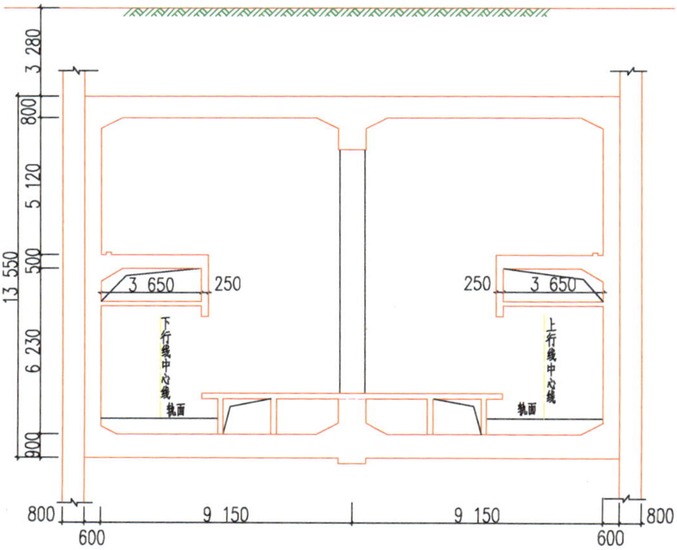

图 5.53　红岭站中庭段结构横剖面图（单位：mm）

车站顶、底板中部均设置纵梁及中柱支撑，与一般地下车站设计相同。

3）水贝站

水贝站位于布心路北侧、洪湖立交桥以东，为地下两层标准 10 m 岛式站台车站。本站采用站厅层公共区无柱的设计方案，在站厅层公共区创造了无障碍的视觉空间，如图 5.54 所示。

图 5.54　水贝站站厅实景

车站各主要构件设计思路如下：

（1）顶板。

车站顶板按 1 300 mm 厚平板进行设计，在两边支座附近设置 1 200 mm × 1 800 mm 的大掖角改善受力条件。

（2）中板。

车站中板与普通车站一样，在中部设置中纵梁和中柱。

（3）底板。

车站底板与普通车站底板类似，在中部设置底纵梁，与其他车站中柱传来顶板（及其上的覆土）和中板荷载不一样的是，其中柱只传来中板的荷载，与底板下的水浮力不能平衡。为改善底板受力条件，在底板中部（纵梁下）每隔 4.5 m 设置一根抗拔桩，从而有效减小了底板的计算跨度，底板的厚度设计为 1 000 mm。

（4）侧墙。

与其他车站一样，采用 800 mm 厚地下连续墙 + 400 mm 厚内衬进行设计，如图 5.55 所示。

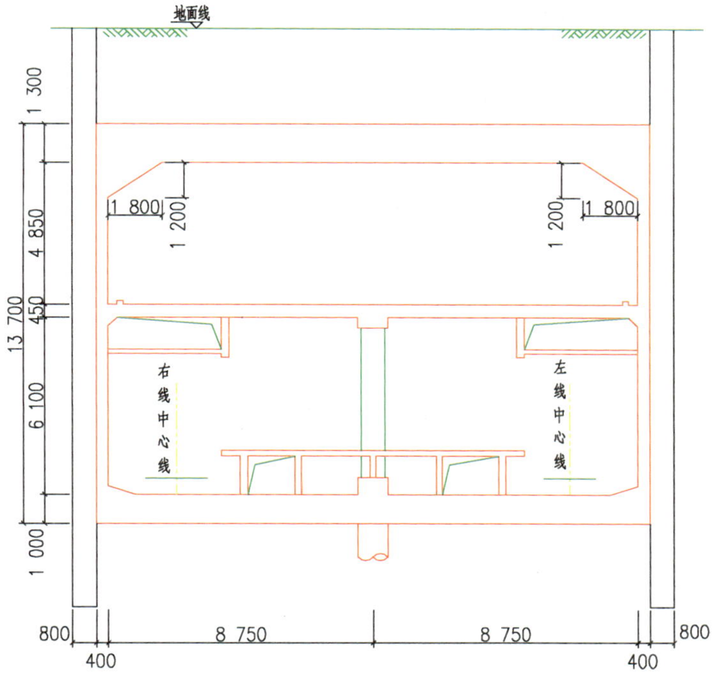

图 5.55 水贝站标准段主体结构横剖面图（单位：mm）

5.2.4.2 主体结构设计创新

1）购物公园站采用叠合底板

购物公园站为 3 号线与地铁 1 号线的换乘站，受区间埋深控制，车站底板埋深达 26 m，为地下三层单跨岛式站台车站。由于本站为盾构机通过车站，车站底板较通常情况降低 990 mm，该空间需在盾构机通过以后进行回填以施工轨道结构。

由于车站底板跨度达 16.5 m，承受约 25 m 高的水浮力，初步设计时曾考虑在底板以下设抗拔桩以减小底板厚度至 1 m，但由于底板以下地层摩阻力较小，其有效桩长将达到约 25 m，加上基坑面以上的空桩段长度，其总长超过 50 m，代价较大。为减小工程难度和节省投资，设计充分利用盾构机过站的加深空间，采用叠合底板进行设计，取消抗拔桩，先施工 1 m 厚的结构底板（此时底板以下设降水井持续降水，保证地下水位在底板底面以下），在盾构机过站并完成施工后施作 990 mm 厚的底板结构与先施工部分底板结构叠合形成总厚度约 2 m 的底板结构共同承受底板下的水浮力。

通过比较，采用叠合底板方案较采用抗拔桩方案减少了工程费用超过 600 万元。同时，底板加厚、取消抗拔桩使底板的结构自防水性能大为提高，取得了较好的技术经济效益。

2）地下车站主体结构取消变形缝设置

（1）规范对于结构变形缝的设置要求。

《混凝土结构设计规范》（GB 50010—2002）第 9.1.1 条规定，对土中现浇式地下室墙壁等类结构，结构伸缩缝最大间距为 30 m；第 9.1.3 条规定，对“混凝土浇筑采用后浇带分段施工”的情况，“如有充分依据和可靠措施”“伸缩缝最大间距可适当增大”。

《地铁设计规范》（GB 50157—2003）第 10.6.1 条（强条）规定，地下结构应设置温度变形缝，缝的间距可根据施工工艺、使用要求、围岩条件以及运营期间地铁内部温度相对于结构施工时的变化等，参照类似工程的经验确定。

（2）关于地下结构温度应力的分析。

根据深圳当地气象资料，深圳年平均气温约 22 °C，假定该温度为车站埋深范围内的地层温度，根据《地铁设计规范》第 12.2.3 条的规定，“地铁隧道夏季的最高温度”在“列车设置空调，车站设置屏蔽门时，不得高于 40 °C”，按列车晚上停止运营期间隧道内温度降低至地层温度，隧道内白天最高温度按 40 °C 考虑，则隧道内壁温度日变化幅度最大为 18 °C，其引起的隧道内表面混凝土结构应力变化值为（假定隧道纵向变形完全受限，隧道采用 C30 混凝土，混凝土弹性模量按 0.7 倍进行折减）：3.78 N/mm^2。

假定隧道内壁的平均应力值为 0，其最高/最低温度时产生的压/拉应力则为 ± 1.89 N/mm^2。根据《混凝土结构设计规范》的要求，采用 C30 混凝土的抗拉强度标准值为 2.01 N/mm^2，由于地下车站结构四周均与地层接触并承担地层的侧向压力，实际隧道内壁的平均压力值应大于 0，即其最大拉应力应小于 1.89 N/mm^2，亦小于 C30 混凝土的抗拉强度标准值，故夏季隧道内正常的气温变化所引起的隧道混凝土应力变化不会引起混凝土结构开裂。

对于冬季隧道内温度的变化，由于晚间地铁停运时隧道内空气与外界空气交流条件较差，外界冷空气对隧道内的降温效果有限，且地层储存温度对隧道内热量会有一定补充，故其昼夜温差应较夏季昼夜温差小，故不计算其昼夜温度变化对混凝土开裂的影响。

对于隧道内夏冬季温度变化，由于其变化较为缓慢，混凝土结构自身为弹塑性材料，在较长周期的变化中其应力会因徐变而松弛，故亦不计算其年温度变化对混凝土开裂的影响。

（3）变形缝实际设置情况。

由于地下结构设置变形缝多导致接缝处的渗漏水，且难以治理，故从广州地铁、深圳地铁一期工程等项目在地下车站主体结构（一般长度约 200 m）范围内均未设置变形缝，仅在车站与通道、风道及矿山法或明挖法隧道间设置了变形缝；部分项目（如南京地铁 2 号线）则在车站主体范围内设置了诱导缝（南京地铁 2 号线按 24 m 左右的间距设置），诱导缝处除底板/纵梁外所有钢筋全部断开。

根据已有工程经验，除要求结构分段施工（分缝长度一般为 12 ~ 16 m）、施工缝间各结构的混凝土应间隔浇筑以外，对采用 HRB335、HRB400 级钢筋作为结构纵向构造钢筋的情况，还应将其结构纵向构造钢筋配筋率由《地铁设计规范》要求的 0.2%提高到了不宜低于 0.25%。

深圳地铁 3 号线有地下车站 14 座、半地下车站 1 座，其中益田站、华新站、红岭站、田贝站设有存车线，车站长度均超过 450 m，华新站为与中心公园停车场的接轨站，为充分利用区间上方空间，车站加长到 635 m。为避免变形缝渗漏水影响车站使用，所有地下车站主体范围内均未设置变形缝；塘坑站为全线唯一的半地下车站，车站长度约 216 m，站台设于地下一层，站厅层设于地面，该站地下部分未设置变形缝，地面以上在车站中部设置了一道变形缝。

深圳地铁 3 号线中心公园地下停车场标准段宽约 88 m，标准宽度段长约 311 m，加岔线段（喇叭口段）总长约 487 m，在主体结构范围内未设置变形缝。

（4）未设置变形缝对实际结构的影响。

从深圳 3 号线最终实施完成的车站主体结构和运营 10 年来的结构状态来看，没有发现因未设置温度变形缝而产生的结构横向裂缝。

（5）结论及建议。

由于车站主体结构范围内设置温度变形缝影响车站建筑布置、较易导致在变形缝位置的结构渗漏水且难于治理，进而影响车站的正常使用和影响结构的耐久性，因此地下结构内应尽量避免设置变形缝。

对于标准车站（一般约 200 m 长）和带配线的超长车站（一般超过 450 m 长），由于周边土体对结构自由伸缩变形的抑制作用实际上是相似的，都已远远超出《混凝土结构设计规范》规定的 30 m 的要求，因此超长车站亦不必因其长度超过标准车站而另行考虑设置温度变形缝。

5.2.5 国内第一座同站台平行换乘车站——老街站的结构设计

5.2.5.1 工程概况

老街站位于罗湖区解放路与建设路交会处，在规划公交广场地块和解放路地下，地处东门商业区，车站大致呈东西走向布置。车站周边高层建筑密集，用地紧张。车站地面规划为公交总站（老街换乘综合体），南侧为已建地铁 1 号线老街站，东侧邻近永新商业城（限制老街站东端站台宽度的外在条件），西侧为南北走向的建设路及广深铁路高架桥。

老街站是深圳地铁 3 号线和 1 号线的平行换乘站，是我国（统计数据不含港澳台）第一座实现同站台平行换乘的车站，工程含地铁 3 号线车站、换乘综合体、地铁 1 号线老街站站台改造及东端站台扩建三个部分。

地铁 3 号线老街站与 1 号线老街站之间为换乘综合体，换乘综合体地面层为公交车站，地上为高层商业及办公楼，地下部分主要功能为公交及地铁 1 号线、3 号线之间的客流交换。换乘综合体先于地铁 3 号线立项，并已于地铁 3 号线老街站开工前施工完成其东、北、西侧围护结构（排桩加旋喷桩止水帷幕，南侧利用地铁 1 号线车站既有围护结构，不另设围护结构）和地下一层基坑开挖。地铁 3 号线老街站站位及方案确定后，换乘综合体地下部分移交地铁 3 号线公司与地铁 3 号线老街站同步建设，换乘综合体围护结构除东侧部分保留利用外，北侧和西侧围护结构根据车站换乘需要不需利用。

地铁 1 号线老街站于 2004 年建成通车，该站采用重叠式侧式站台，站台设置于轨道线的南侧，土建结构预留了将 1 号线车站站台改建至轨道线路北侧的条件。

在深圳地铁 3 号线建设之时，为了实现地铁 3 号线和 1 号线在老街站同站台平行换乘的设想，在 3 号线车站和 1 号线车站之间设置了地下四层的换乘综合体，同时考虑到充分利用老街站片区宝贵的地上空间，在换乘综合体上空还设计了高层商住楼，如图 5.56 所示。在综合换乘体东侧，由于既有 1 号线老街站距离永新商业城的桩基础距离仅 3.8 m，新建 1 号线站台还必须对永新商业城桩基础进行托换处理。

5.2.5.2 地质概况

1）地层岩性

根据区域地质资料，站址范围属冲洪积平原地貌，地势平坦，地面标高为黄海高程 4～5 m。站址范围内无断裂，地质构造较简单。主要揭露的地层有：上覆第四系全新统人工填土、冲洪积砂层、黏性土，下伏基岩为燕山期花岗岩、震旦系云开群花岗片麻岩。

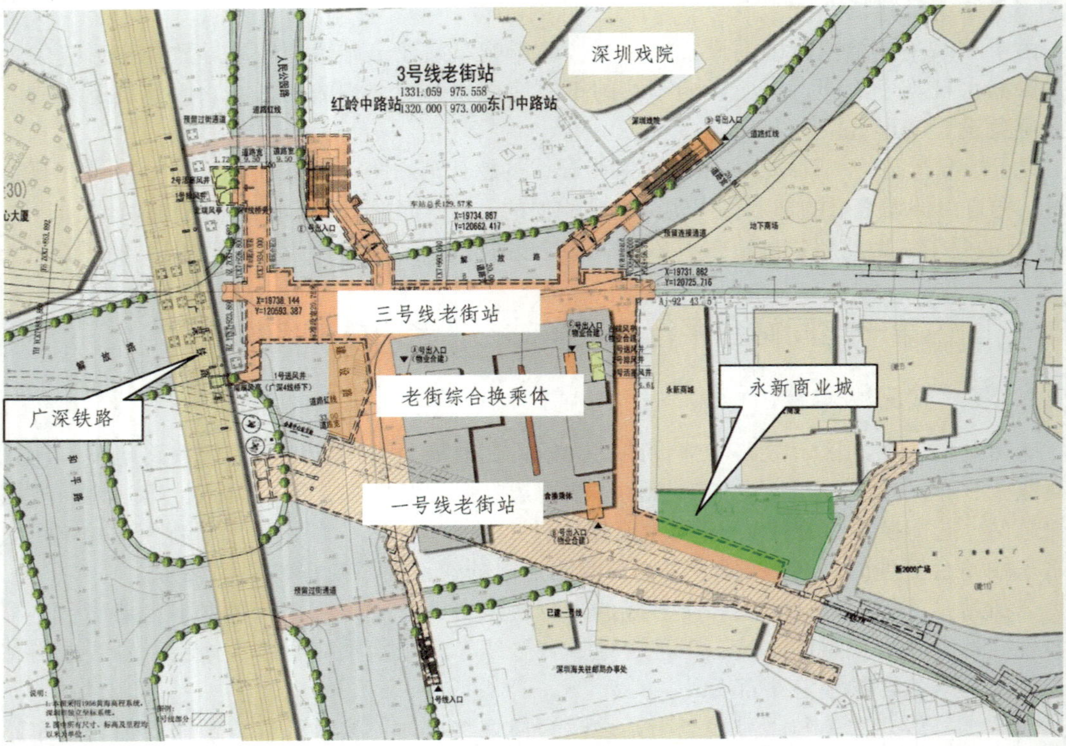

图 5.56 老街站总平面图

2）场地地下水

地下水主要有两种类型：一是松散土层孔隙水，二是基岩裂隙水。第一类地下水主要分布在第四系砂层中，透水性和富水性强，水位埋深 2.5 ~ 4.0 m。

孔隙水相互间的水力联系较为密切，相互补给。基岩裂隙水埋深较大，主要受孔隙水补给。地下水腐蚀性按Ⅱ类环境考虑，本场地地下水对钢结构具弱腐蚀性，对混凝土具中等腐蚀性，对钢筋混凝土中的钢筋具弱腐蚀性。

5.2.5.3 设计重点需要解决的问题

1）保证车站改造施工期间 1 号线老街站运营的安全

1 号线老街站已经于 2004 年投入运营，其每日的客流量居已运营的深圳地铁一期工程之首，其日均客流超过百万人次，保证地铁 1 号线的安全运营是重中之重，其轨道的变形量不容许超过 4 mm。

2）保证周边建构筑物的安全

老街站换乘综合体位于深圳市商业中心区，周边建筑物密集，东侧紧邻永新商业城，西侧靠近广深铁路，南侧为既有 1 号线车站，北侧有深圳戏院等，地面人流密集，工程施工期间周边环境及建构筑物的安全必须得到保证。

3）1 号线老街站结构改造

1 号线老街站侧墙原采用叠合结构，即 800 mm 厚地下连续墙加 400 mm 厚内衬墙，在前期的预留工程中，将车站有效站台部位相应的北侧内衬墙改为环框梁柱体系，先期施工的环框梁柱箍筋预留与后期施工部分的环框梁柱（在地下连续墙凿除后的位置上施作）的钢筋连接头，使前后期施作的环框梁柱可以形成整体参与结构受力。

由于原来设计在 400 mm 厚的内衬墙范围内设置的环框梁并不能承受 1 号线老街站各层板所传来的全部荷载，因此，原 1 号线老街站北侧地下连续墙也承担着部分 1 号线老街站各层板传来的竖向荷载，1 号线老街站结构改造需要将原来由地下连续墙承担的竖向荷载转换到新设置的环框梁柱之上，而新设置的环框梁柱需要在将原地下连续墙破除后在原地下连续墙的位置上施作。在这个将地下连续墙破除并替换成梁柱结构的过程中，需要保证 1 号线车站的正常运营。

4）东端站台的设置

由于老街站东端约 50 m 的有效站台紧邻永新商业城，原 1 号线老街站距离永新商业城的桩基础距离仅 3.8 m，为了将 1 号线老街站改到北侧，必须对永新商业城桩基础进行托换和截除，而由于该地寸土寸金的商业价值，施工过程中不允许占用永新商业城的地下室和地面空间。

5.2.5.4 1 号线车站改造方案

1）施工期间保证 1 号线老街站结构安全的措施

老街站综合换乘体及 3 号线老街站全部采用盖挖逆筑法进行施工，由于各层结构板在基坑向下开挖的过程中同步施作，以主体结构楼板代替了一般明挖顺筑法施工中的钢管或混凝土内支撑，其支撑水平刚度远远大于普通支撑。纵观整个施工过程，对 1 号线老街站造成的水平变形影响不到 1 mm，保证了 1 号线老街站和地铁 1 号线的安全运营。

由于采用盖挖逆筑法施工，整个车站的施工对周边环境和建构筑物的影响极小，有效保证了周边建构筑物的安全，同时还解决了在城市核心区极难解决的施工场地问题。

通过精心组织，老街站综合换乘体虽然采用盖挖逆筑法施工，且其体量巨大，但其进度却丝毫没有影响全线的工程筹划，不但按时完成了换乘综合体和 3 号线车站地下部分的工程，其地面以上的商住高层物业的建设也未受影响。

2）1 号线东端站台扩建

由于原 1 号线老街站东段距离永新商业城的桩基础距离仅 3.8 m，在该位置需要设置 1 号线的有效站台，为保证人流上下车安全和疏散需要，必须破除永新商业城该侧的基础桩并代之以地铁的结构墙，共需破除永新商业城的 6 根基础桩，每根桩荷载最大为 6 500kN，如图 5.57 所示。通过数轮的方案研究、比较、审查和协调，最终确定了采用暗挖施工托换工作隧道，在隧道内完成托换施工和站台开挖围护结构的方案，并得以实施，如图 5.58 所示。该方案完美地解决了施工占用地面或永新商业城地下室的难题，避免了高额的商业补偿，也一举创造了在暗挖隧道内一次托换桩基础最多和浅埋暗挖隧道与既有房屋建筑及既有地铁建筑物零净距的两项企业新纪录。

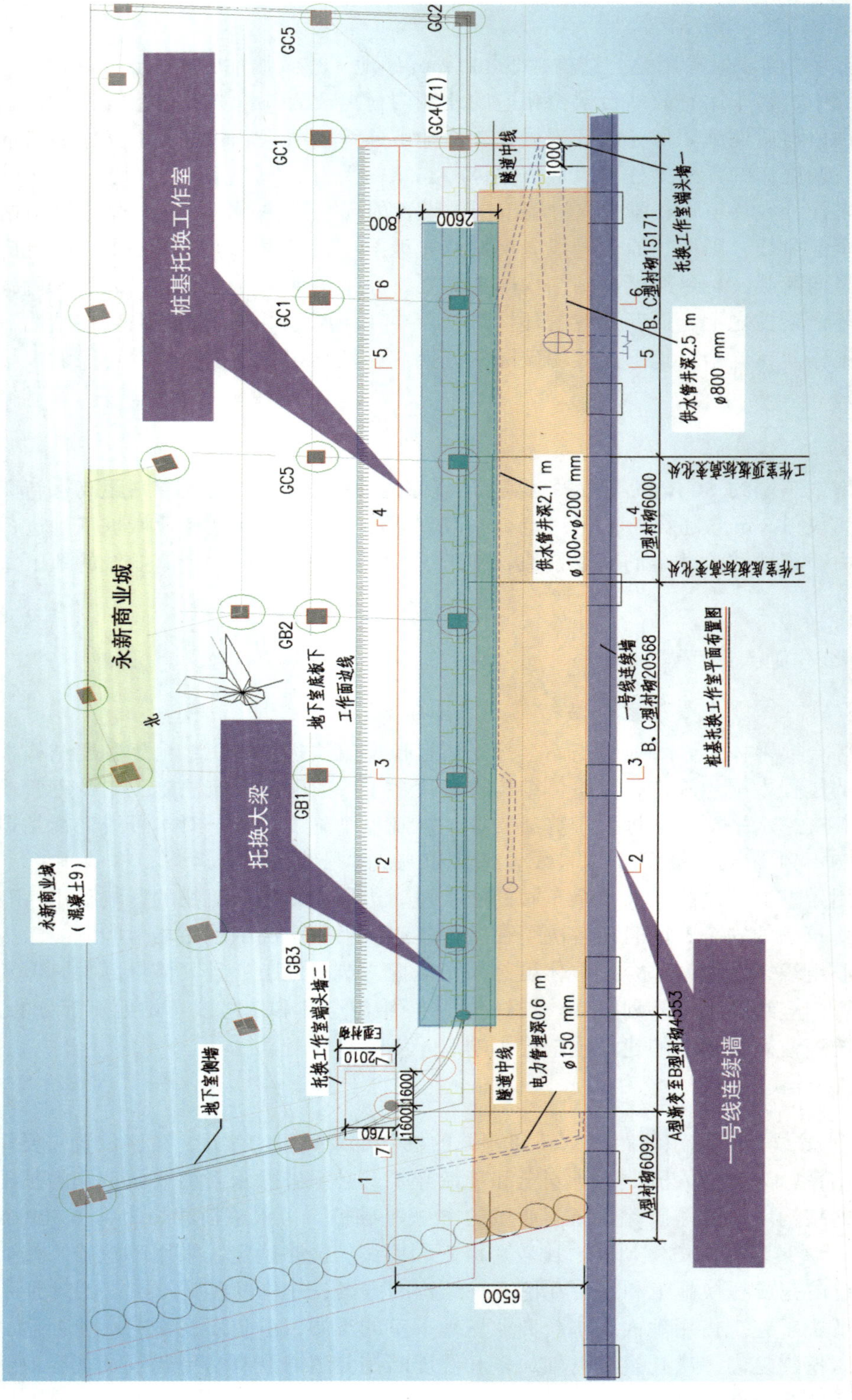

图5.57 老街站东端站台平面图

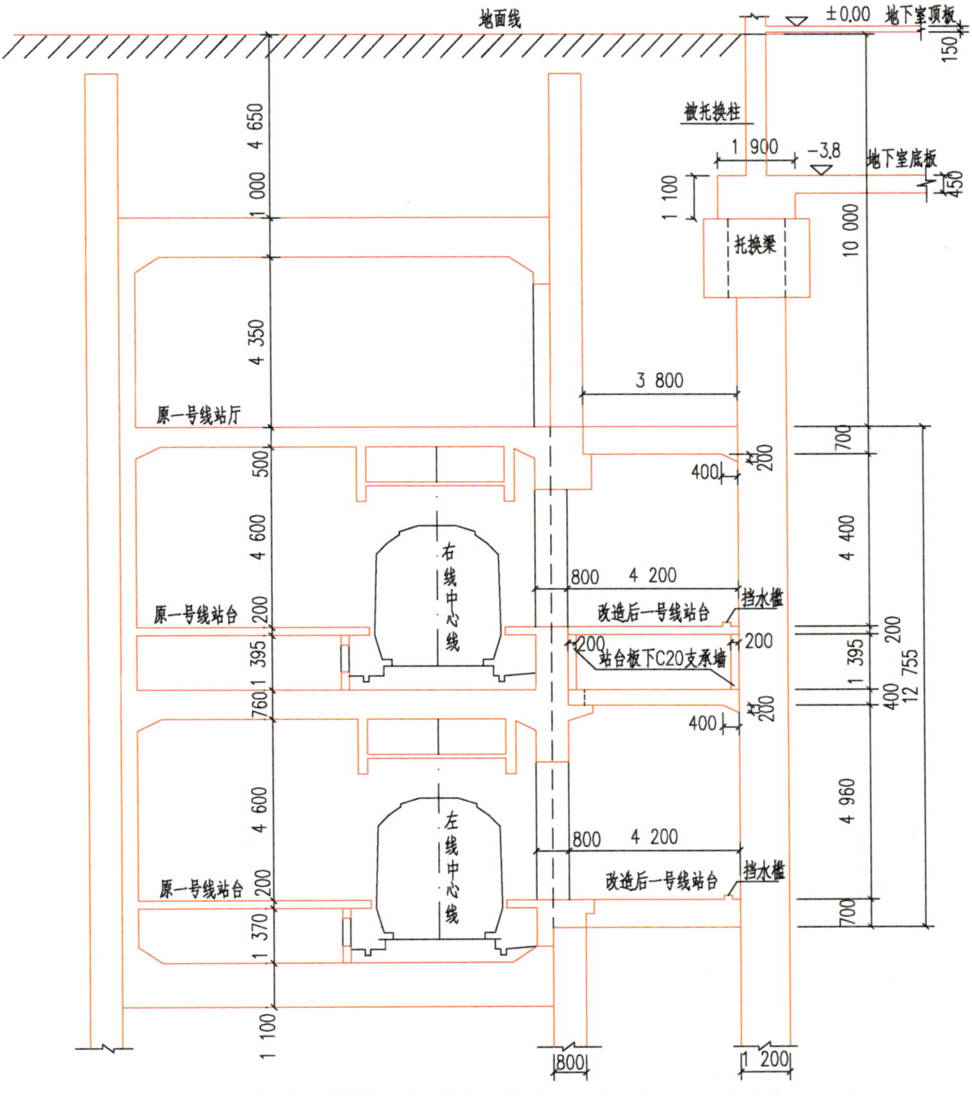

图 5.58 老街站东端站台剖面图（单位：标高为 m，其余为 mm）

（1）矿山法施工的桩基托换工作室。

1 号线东端站台扩建桩基托换工作室（暗挖隧道）位于永新商业城地下室下面及人行道下。地下室有空调机房、水泵房、库房，其余为地下停车场。地面为正在营业的商铺及戴斯酒店，与地铁 1 号线老街站仅一连续墙之隔。施工期间，戴斯酒店、一楼商铺、地下室及整栋楼业主需正常营业和使用。

桩基托换工作室长 55 m（主洞室约 53 m，次洞室约 2 m），采用矿山法施工。从正在施工的换乘综合体基坑内东侧围护桩处开洞门施作一条隧道，在永新商城地下室底板下形成桩基托换工作室。隧道主要在中砂与粉砂中穿过，局部为粉质黏土，地下水发育，工程地质条件差。

桩基开挖、桩基托换、基坑开挖在暗挖隧道内进行，施工所需基本操作空间决定隧道断面的大小（托换梁下人工挖孔桩的操作空间≥2 m，靠地下室侧在托换梁外缘 0.8 m），同时考虑隧道在托换、基坑开挖、主体结构等施工期间的安全性、可行性，以及既有构筑物的容许沉陷、结构受力及变形的需要确定结构横断面的合理拱轴线及结构尺寸。隧底净宽 6.5 mm，净高 5.5 ~ 6.5 m。隧道拱部形状断面形状分两部分组成，在永新商业城地下室外部分采用 8 m 半径的圆弧，弧的两端采用牛腿与 1 号线老街站地连墙和永新商业城地下室侧墙相连，1 号线地连墙为隧道边墙的一侧。在地下室正下方，地下室底板为隧道顶板，隧道另一侧边墙采用 1 : 0.3 的边坡采用锚网喷，坡顶置于地下室底板下。

暗挖隧道支护采用 300 mm 厚的型钢（I20a）锚网喷，并辅以大管棚和小导管作超前支护，及其长短结合的隧道全断面注浆加固地层。采用 CRD 法开挖。实现了与既有房屋建筑及既有地铁零净距的暗挖隧道施工。暗挖隧道断面见图 5.59，施作现场如图 5.60。

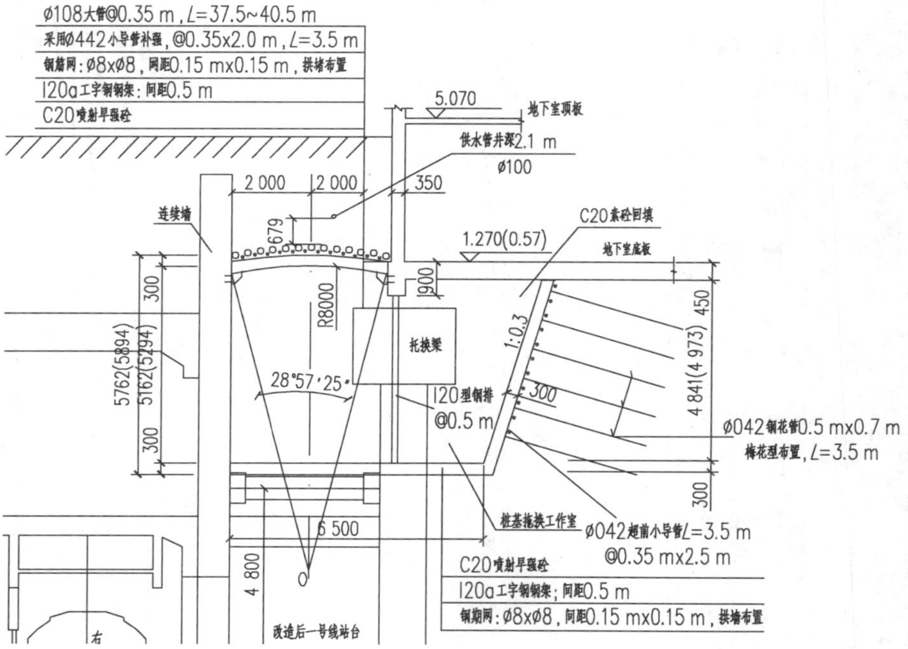

图 5.59 暗挖桩基托换工作室断面图（单位：标高为 m，其余为 mm）

图 5.60 暗挖桩基托换工作室

（2）桩基托换结构设计。

① 1 号线老街站东端站台扩建工程与永新商业城的关系。

根据永新商业城建筑物竣工资料，1 号线车站改造将影响永新商业城基础桩共计 6 根，其中 5 根桩（3 根 GB4、1 根 GC1 和 1 根 GC4）为柱（Z1 或 Z1a）下单桩基础，1 根桩（GB3a）为地下室侧墙下基础，有两根柱（Z14）的竖向荷载通过地下室侧墙和基础梁传到 GB3a。所有受影响的桩均位于地下室侧墙以下，柱与地下室侧墙为整体浇筑，地下室侧墙除承受侧向水土压力外，还承受地下室顶板（地面层楼板）传来的竖向荷载。各柱桩基本资料详见表 5.37：

表 5.37　被托换桩基本资料表

编号	柱桩关系	柱尺寸/mm	桩身直径/mm	桩扩大头直径/mm	单柱估算竖向荷载/kN
Z14—GB3a	柱—墙—桩	ϕ500	1 200	1 600	2 600
Z1a—GB4	柱—桩	700×700	1 400	1 700	6 500
Z1—GB4（两组）	柱—桩	700×700	1 400	1 700	6 500
Z1—GC1	柱—桩	700×700	1 400	1 700	6 500
Z1—GC4	柱—桩	700×700	1 400	1 600	6 500

② 托换方案。

Ⅰ. 基础托换结构体系及对建筑方案影响。

新建车站站台围护桩与永新商业城南边第一排桩轴线重合设置。由于老街站为换乘车站，客流量大，为尽量保证站台宽度满足即期客流需要，围护桩采用矩形人工挖孔桩（宽度为 1 200 mm，纵向长度一般为 1 500～1 800 mm）以便作为后期永久结构侧墙使用，从而使站台宽度得到最大限度的保证。由于永新商业城既有桩深度未达到新建车站的深度，同时由于该桩为圆形桩等，不适合利用来作为车站永久侧墙，故在施工过程中仍然需要托换后进行破除，并在原位施作新的矩形人工挖孔桩。

新建车站站台围护桩同时也是托换结构体系的托换新桩，托换梁和托换新桩平行设置，位于被托换桩承台底面以下。

托换梁对应于 3 根 GB4、一根 GC1 和一根 GC4 设置，主要在施工期间起作用，待被托换桩破除并施工该位置的矩形人工挖孔桩以后，上部柱荷载通过托换新桩直接传递至下部地层时即失去作为托换梁的作用，托换梁截面为 2 600 mm × 2 000 mm（B × H）。

对于 Z14-1、2（对应的被托换桩为 GB3a），由于柱荷载通过地下室侧墙和基础梁传至桩基础，桩、柱位不重合，施工时考虑先施工 Z14-1、2 柱下面的托换新桩（其中 Z14-2 柱下即为车站围护桩），将桩上部与柱对应的地下室底板和基础梁连接并浇筑密实，此时 Z14-1、2 柱荷载通过托换新桩直接传递至下部地层，GB3a 则在后期围护桩施工时凿除即可。

托换桩及围护桩平面布置见图 5.61。

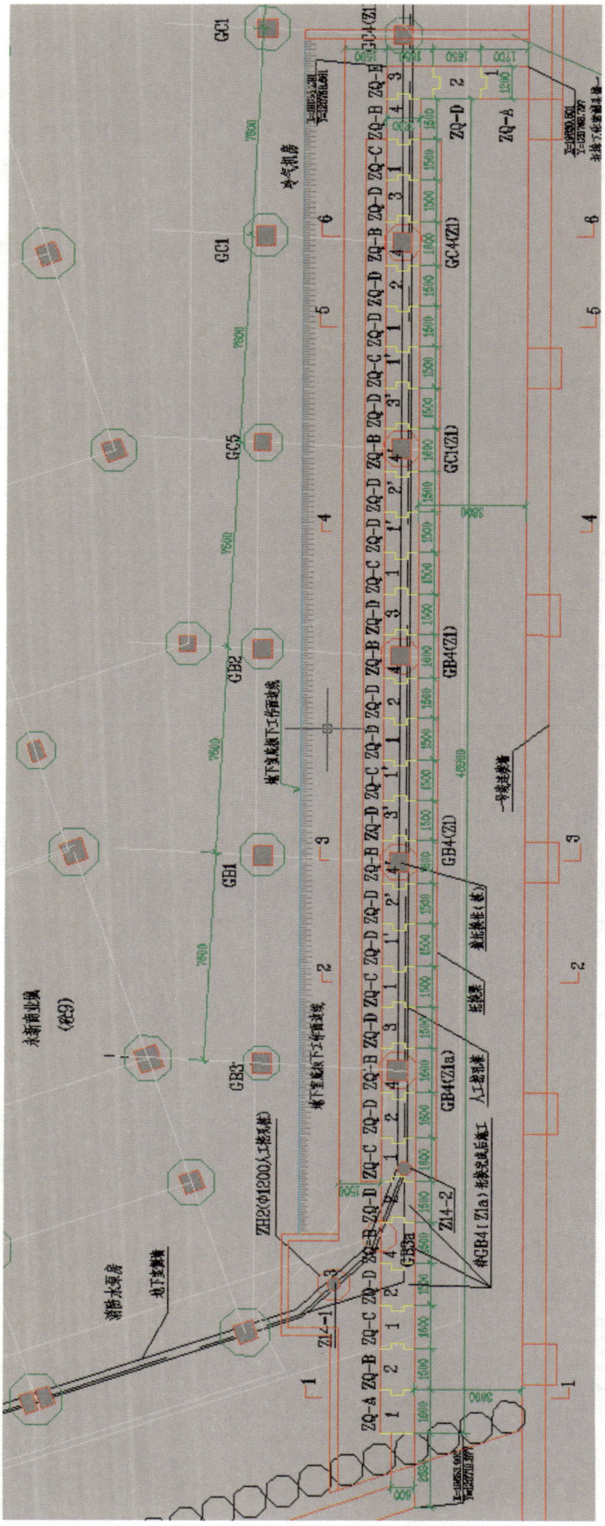

图 5.61 托换桩及围护桩平面布置图

Ⅱ. 基础托换工程施工工序。

基础托换工程施工工序为，详见图 5.62：

- 矿山法施工形成桩基托换工作室；
- 在桩基托换工作室内对围护桩开挖范围及周围土层进行注浆加固；
- 进行被托换桩及其两侧的围护桩之外的围护桩（1 序桩）施工；
- 施工托换梁，对 1 序桩加载预压；
- 施工被托换桩一侧的围护桩（2 序桩），对 2 序桩加载预压，原 1 序桩协调加载；
- 施工被托换桩另一侧的围护桩（3 序桩），对 3 序桩加载预压，原 2 序桩协调加载；
- 施工被托换桩位置的围护桩（4 序桩），同时破除被托换桩，围护桩与托换梁连接；
- 完成所有围护桩施工后回填地下室底板下工作空间；
- 施工地铁 1 号线车站新建站台。

Ⅲ. 托换施工特殊工法和要求。

● 矿山法施工形成桩基托换工作室期间地下水位将随之降低，同时部分既有桩顶部段的桩周土体将被挖除，通过隧道内全断面注浆加固可提高剩余部分桩周土体侧阻力，保证桩基竖向承载力。

● 桩基托换工作室空间有限，只能采用人工挖孔施工车站围护桩（也兼托换新桩），人工挖孔桩施工前应采用旋喷桩或注浆（通过现场试验确定其适应性后选用）加固桩周的砂层和软弱土层，施工中应加强孔内通风和护壁支护，确保人工挖孔施工安全。

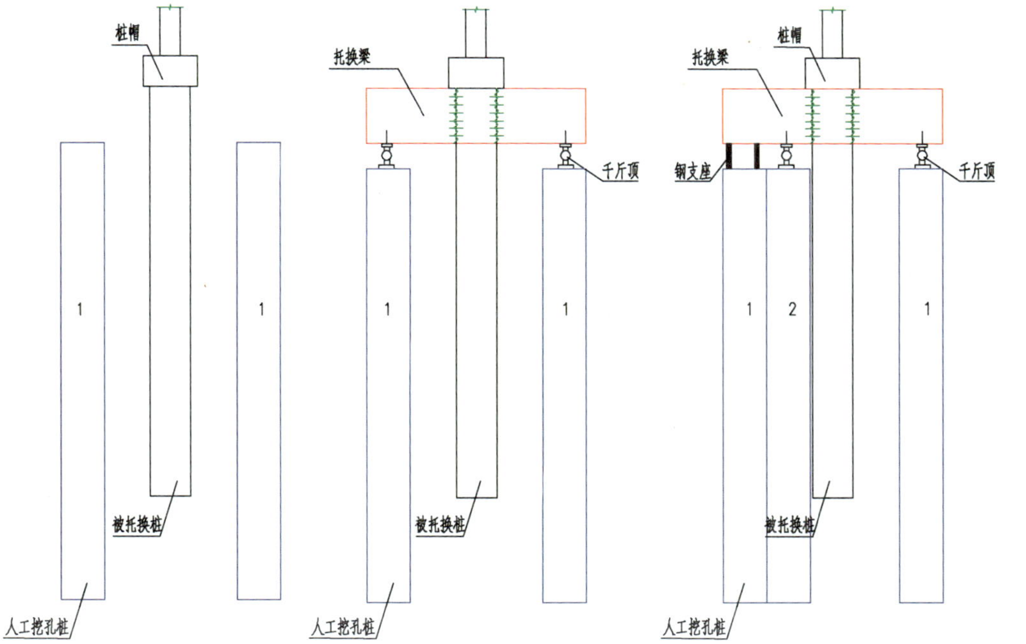

第一步

1.注浆加固，并开挖至地下室底板下工作面.

2.施工被托换桩两侧围护桩之外1序桩.

第二步

1.将原桩与托换梁接触面凿毛，在原桩植筋和绑扎钢筋.

2.浇筑托换梁混凝土.

3.托换梁达到设计强度后，在挖孔桩上安放千斤顶及钢垫块.

4.千斤顶加荷(总荷值≤3000kN)，待托换梁变形及新桩沉降稳定后，锁定千斤顶，并将钢垫块上下顶紧.

第三步

1.施工被托换桩一侧2序桩.

2.在二序桩上架设千斤顶及钢垫块.

3.对2序桩进行千斤顶预加载预压，同时对应的1序桩千斤顶进行协调加载.

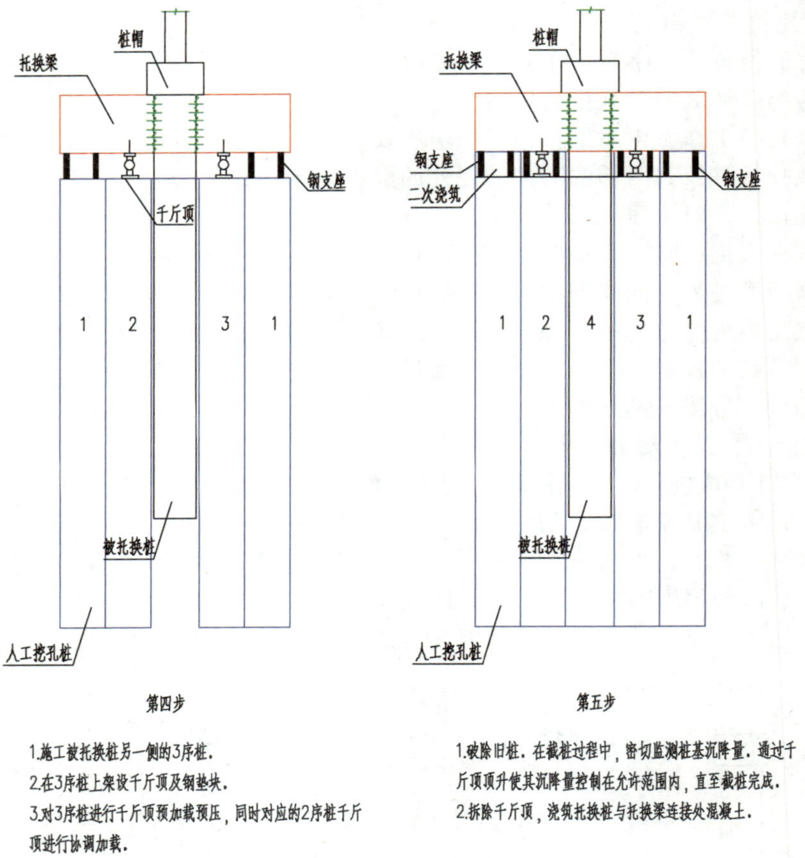

图 5.62　托换施工工序图

● 被托换桩与托换梁间需要采取齿槽、植剪力筋、涂刷混凝土界面连接剂、在被托换桩周围设置环形箍筋（加强托换梁新浇混凝土对被托换桩的握裹力）等综合措施确保竖向荷载通过梁桩结合面传递到托换梁上。

● 采用主动托换的方式对既有桩基础进行托换，必要时调整既有建筑物的竖向位移，保证既有建筑物位移在允许范围内。

● 托换梁在 2、3、4 序桩施工时受力各有不同，应考虑其不同施工阶段受力的状态进行设计。

3）1 号线老街站的结构改造

（1）本部分工程内容。

1 号线老街站东端站台扩建工程包括永新商业城段新建 1 号线车站站台工程、老街站综合换乘体工程的一部分、1 号线车站北侧地下连续墙的破除和环框梁柱后期部分的施工，其中前两部分的工程内容属于新建工程的内容，在前面已有叙述，这里主要叙述最后一部分工程——地下连续墙破除和在该位置施工的环框梁柱后期部分的实施方案。

（2）工程实施条件。

1 号线车站北侧地下连续墙的破除、环框梁柱后期部分的施工应在永新商业城段新建 1 号线车站站台部分工程和综合换乘体工程地下室部分主体结构完成之后实施。

（3）工程实施的关键点。

本部分工程实施前，整个工程（包括原有和新建的1号线车站、综合换乘体地下室、地铁3号线老街站）外围的侧向水土压力通过车站和综合换乘体各层板的传递实现平衡，1号线车站各层板竖向荷载通过先期施工的环框梁柱和地下连续墙传至基础，综合换乘体与永新商业城靠原1号线车站北侧地下连续墙的各层楼板和顶板竖向荷载（主要是自重和施工荷载，本部分暂不覆土）通过从上至下设置的满堂红脚手架或其他形式的强度足够的临时支架传至结构底板和基础。

在工程实施的过程中，必须保证以上所述的所有竖向和水平荷载的有效传递，保证所有结构处于安全状态。以下就上述各项荷载在施工过程中的路径转变分述如下：

① 原1号线车站各层楼板和顶板竖向荷载

本部分荷载原通过先期施工的环框梁柱和地下连续墙传至基础，由于地下连续墙将被破除，该部分荷载将部分转移到先期施工的环框梁柱上，需要对先期施工的环框梁柱体系进行加强，设计采取在先期施工的环框梁每跨的跨中增设从底至顶的竖向型钢支撑（与施工围蔽结合设置），保证该部分荷载的有效传递。该部分支撑在后期施工的环框梁柱全部完成并达到设计强度以后进行拆除，如图5.63所示。

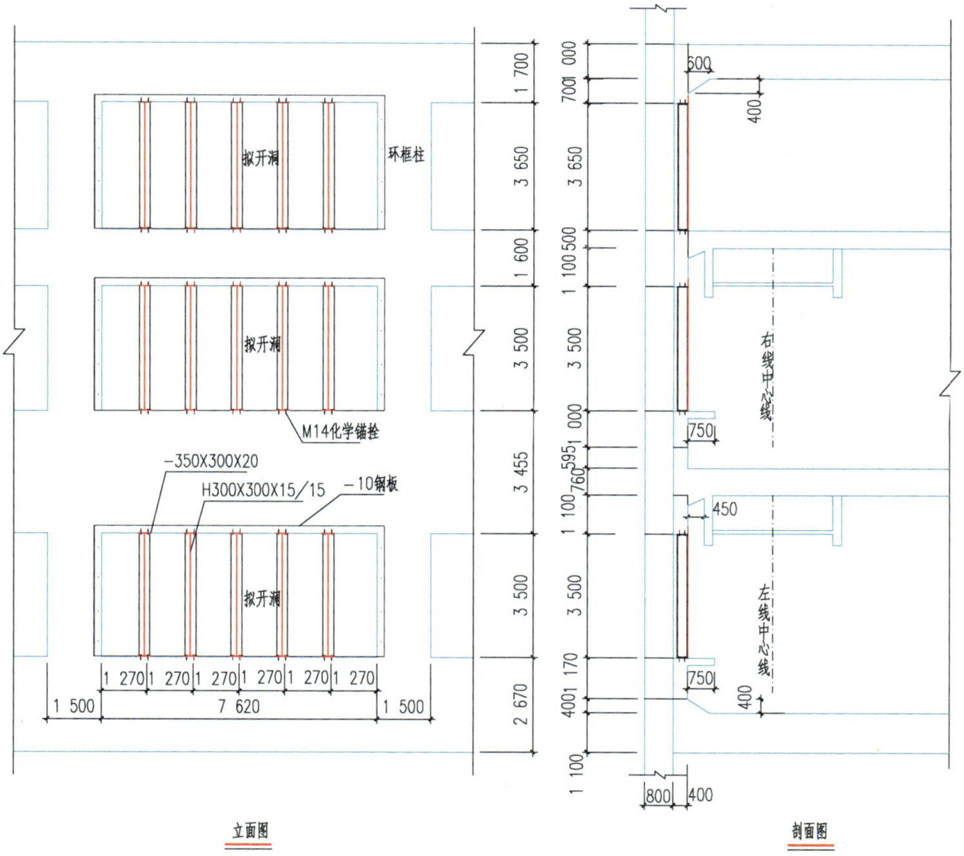

图5.63 连续墙破除施工围蔽及竖向支撑图（单位：mm）

② 侧向水土压力。

侧向水土压力通过车站和综合换乘体各层板的传递实现平衡，施工时地下连续墙凿除后该部位的水平荷载传递路径中断，采取的措施是对地下连续墙分段进行破除。破除段地下连续墙所受的水平压力通过与之相连的各层板传到两侧未破除的地下连续墙上，地下连续墙破除后在各层板相应的位置施工环框梁柱的后期部分。在破除其余部分的地下连续墙时，水平荷载则通过各层板传到已经施工的环框梁柱的后期部分进行传递。

③ 综合换乘体南侧靠地下连续墙的各层楼板和顶板竖向荷载。

综合换乘体采用盖挖逆作法施工，各层楼板和顶板原通过在 1 号线车站北侧地下连续墙上设置临时钢牛腿进行竖向荷载的传递，在地下连续墙破除之前，从底至顶设置临时钢支架进行竖向荷载传递，在环框梁柱后期部分施工时各层板与环框梁进行连接，各层板竖向荷载通过环框梁柱进行传递，在该段所有环框梁柱施工完成并达到设计强度之后拆除本段竖向临时钢支架，如图 5.64 所示。

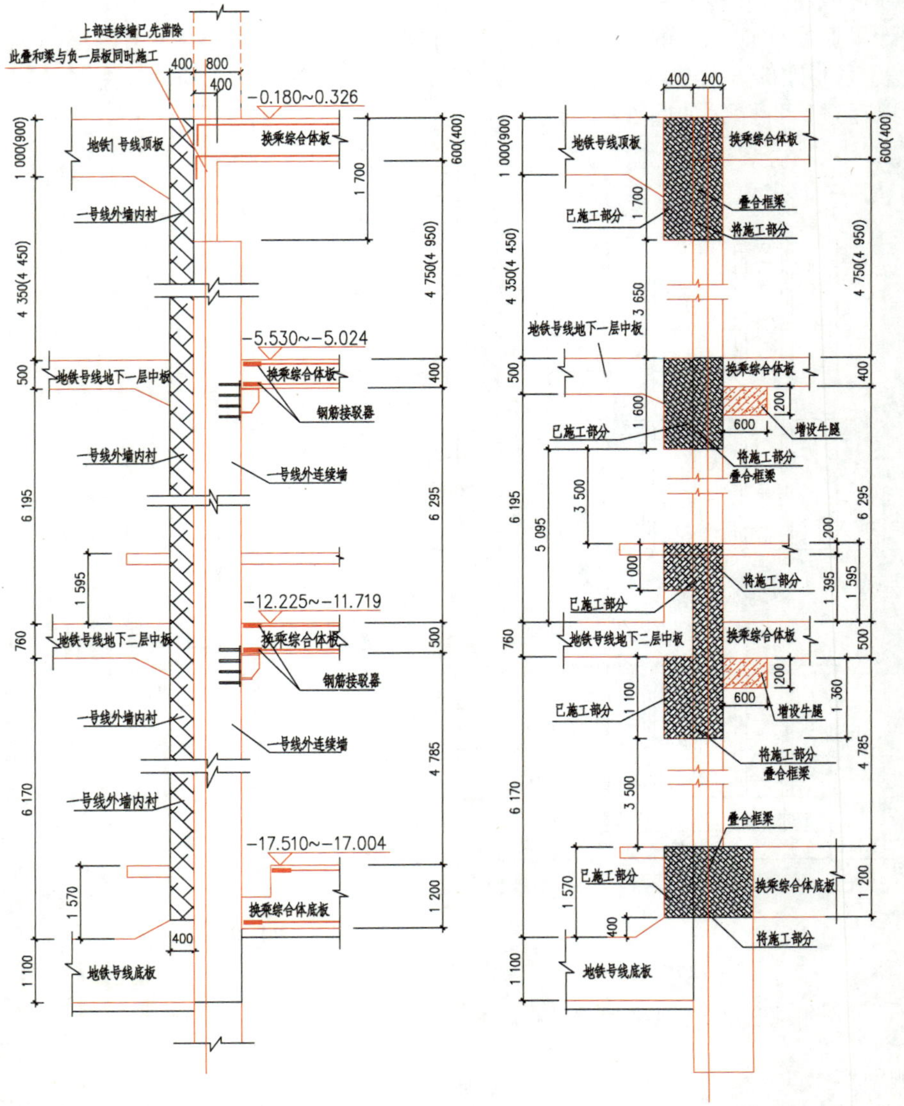

图 5.64 换乘综合体段结构接口处理剖面图（单位：标高为 m，其余为 mm）

④ 永新商业城段新建 1 号线车站各层楼板和顶板竖向荷载。

永新商业城段新建 1 号线车站站台工程采用盖挖顺筑法施工，各层楼板和顶板原通过从下至上设置的满堂脚手架传递至结构底板，为了给地下连续墙破除和环框梁柱后期部分工程的施工留出施工场地，在各层板混凝土达到设计强度以后可采用其他的临时钢支架进行替换，在环框梁柱后期部分施工时各层板与环框梁进行连接，各层板竖向荷载通过环框梁柱进行传递，在该段所有环框梁柱施工完成并达到设计强度之后拆除本段竖向临时钢支架，如图 5.65 所示。

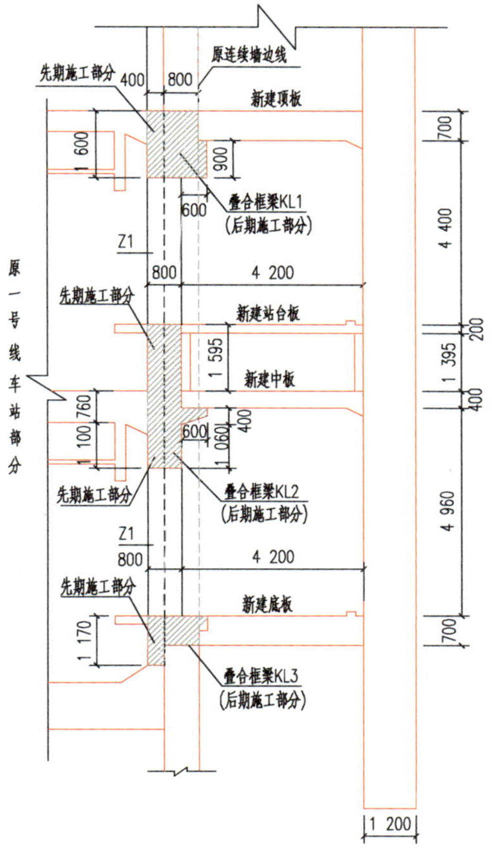

图 5.65 永新商业城段结构接口处理剖面图（单位：mm）

⑤ 对 1 号线车站既有结构的其他影响分析。

1 号线车站北侧地下连续墙的破除除对原 1 号线车站各层板的竖向荷载传递造成影响外，还将改变 1 号线车站既有的整个受力体系。

原 1 号线车站各层楼板和顶、底板在边墙位置均是固接支承条件，但在地下连续墙破除后变为接近于简支的支承条件，其所传递的负弯矩将大大减小，并向相邻跨中和支座转移，导致各层板邻近地下连续墙的跨中正弯矩和中柱位置的支座负弯矩将明显加大；在后期施作的环框梁柱施工完成并与相邻的新建结构板连接后，该点的支承条件接近于连续板，其所传递的负弯矩将有所增加。

通过顶底板部分卸载进行结构体系转换后再加载，实现结构体系的安全转换。

（4）1号线老街站土建改造工程施工工序。

① 换乘综合体和永新商业城段新建1号线车站站台土建工程施工。

② 设置临时钢支架（1号线北侧地下连续墙相邻跨的各层新建结构板间、先期施作的环框梁柱各层跨中）。

③ 从下至上逐层破除环框柱位及相邻地下连续墙，每层破除后即进行该部位环框梁柱后期部分的施工，在环框梁柱混凝土达到设计强度后再破除上一层的地下连续墙。

④ 在环框柱从下至上全部施工完成后，从上至下破除地下连续墙施作后期环框梁的跨中部分。

（5）地下连续墙破除和环框梁柱施工特殊技术要求。

① 环框梁柱后期部分箍筋应与先期施工完成的部分预留箍筋头焊接连接，最终形成整体受力构件，交接面按施工缝进行处理。

② 底板位置的地下连续墙凿除时应保留地下连续墙内的竖向钢筋，并将其锚入底板位置的后期环梁中，以加强主体结构底板与地下连续墙入土部分结构的连接。

③ 对与先期环框梁柱部位相接的地下连续墙凿除施工应特别注意，以免影响到已经完成的先期部分环框梁柱，对1号线车站各层板横向主受力钢筋预埋锚固在地下连续墙内的部分应进行保留，并与新建结构横向主筋焊接相连。

④ 对不需要保留钢筋的部分地下连续墙破除时应采用噪声和振动较弱的切割方式进行，其余部分混凝土的破除也应选用噪声和振动较小的机械进行施工，以减小对既有和新建结构的影响，降低对环境的影响。

⑤ 在地下连续墙破除改造之前，应对轨道侧现有墙上的广告灯箱、电线电缆、墙面装修盖板等设施物件进行清理，全部进行改移或清除，并在该侧侧墙开孔位置设置围蔽挡板，避免破墙施工影响地铁1号线的正常运营。

⑥ 后期环框梁柱混凝土浇筑在夜间进行，选择1号线列车停运时间作为混凝土的初凝时间，以尽量减小列车运行产生的振动对混凝土浇筑质量造成的不利影响。

为保证1号线老街站的结构改造过程中所有竖向和水平荷载的顺利传递和1号线老街站的结构安全和变形稳定，根据设计要求采取了分段、分层逐块破除既有地下连续墙并代之以新建梁柱结构体系的方法，就像蚂蚁啃骨头一样一块一块地完成了整片地下连续墙的破除的新结构体系的施工。

设计采取了通过设置钢板围蔽的方式对1号线车站运营区进行隔离，同时对既有混凝土的破除采用先进的切割工艺，整个施工过程犹如一场静悄悄的革命，在人流如织的地铁车站进行了一场伤筋动骨的大手术，避免了1号线老街站结构改造工程施工对1号线车站站台候车乘客造成影响，如图5.66所示。

由于采取的措施得当，整个施工过程得以顺利完成，达到了设计的预期要求。

5.2.5.5 3号线车站和换乘综合体盖挖逆筑法施工中柱及梁柱节点设计

1）逆作中桩

逆作中桩采用2 000 mm、2 200 mm、3 000 mm三种直径的人工挖孔桩，桩底分别扩大至3 000 ~ 4 000 mm不等。

换乘体部分人工挖孔桩从地下一层以下开始开挖，其余部分人工挖孔桩从地表开始开挖。

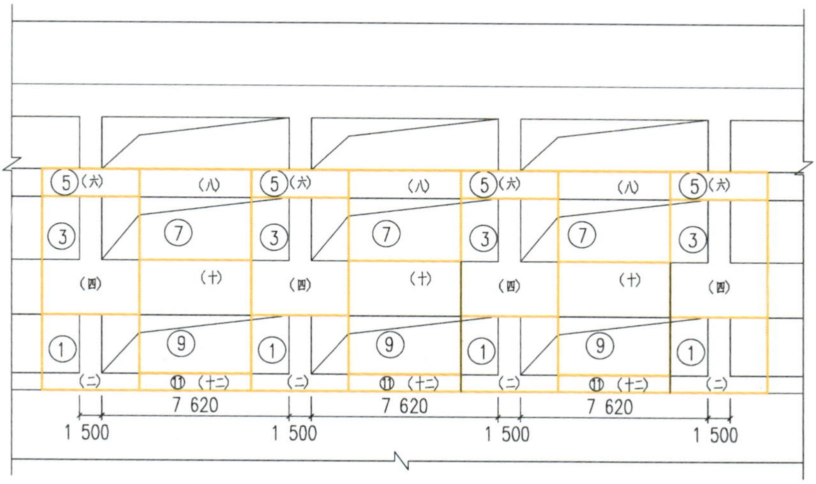

图 5.66 永新商业城段连续墙破除施工工序图（单位：mm）

2）逆作中柱

本站共设三种逆作中柱：Z1 为ϕ1 000 mm 钢管混凝土柱；Z2、Z3 为ϕ600 mm 钢管混凝土柱与钢筋混凝土叠合柱，最终分别形成ϕ1 000 mm 和 1 000 mm×1 000 mm 截面的叠合柱。

钢管内混凝土等级采用 C80，钢管外的混凝土等级为 C50。

3）梁柱节点

底板梁、柱、桩连接处设承台作为连接构件。

中板梁与柱连接采用两种节点形式：

一种为环梁节点，即沿柱周设环形梁，梁端部钢筋锚入环梁，通过环梁将梁端弯矩转换为环梁钢筋的拉力。环梁与钢管柱之间的剪力通过在钢管外焊接钢筋圈进行传递，并另设置抗剪钢牛腿，如图 5.67 所示。

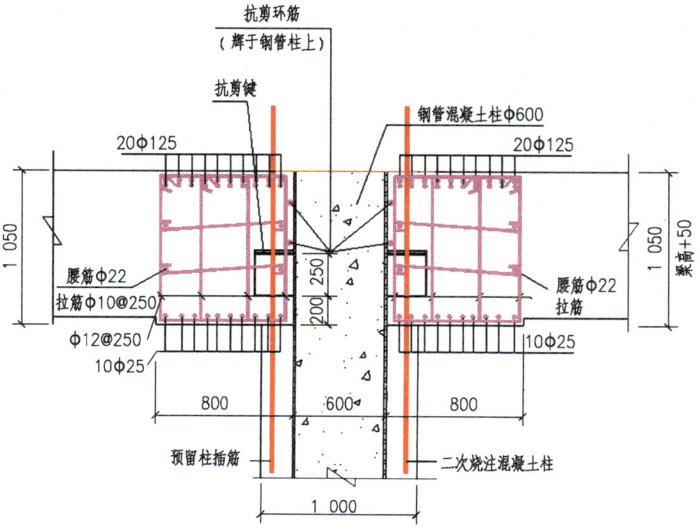

图 5.67 环梁节点示意图（单位：mm）

部分柱紧贴楼板开孔，无法设置环梁，此时采用环形钢板及钢牛腿节点，即在柱周焊接环形钢板与纵横梁钢筋连接，并沿柱周设置钢牛腿承担梁柱之间的剪力，并尽量采用叠合柱的形式，后期施工的外包部分混凝土柱可以保证梁柱节点的剪力得以可靠传递，如图 5.68、图 5.69 所示。

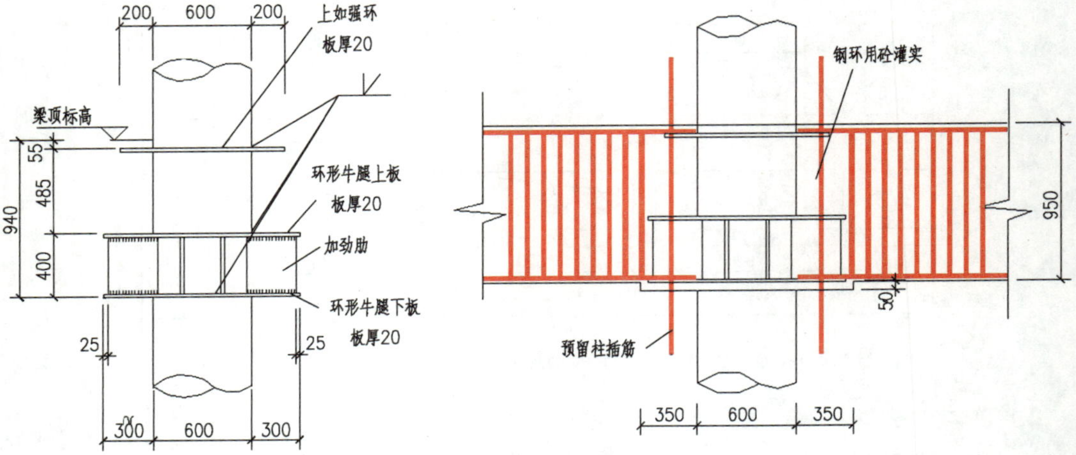

图 5.68　环形钢牛腿节点示意图（单位：mm）

图 5.69　梁柱节点

5.2.6　地下车站实施中的其他问题与对策

5.2.6.1　中等—强腐蚀环境的对策

益田站车站范围地下水对钢筋混凝土中的钢筋具有中等—强腐蚀性，车站连续墙钢筋、顶板和底板迎土侧钢筋、抗拔桩的钢筋原设计均采用镀锌防腐钢筋。后因钢筋笼镀锌防腐施工难度较大，取消钢筋镀锌工艺（图 5.70），迎土侧钢筋混凝土裂缝宽度计算按 0.15 mm 控制，以增强结构的耐久性。

图 5.70 地下连续墙镀锌钢筋笼

对于深圳地铁临海区段的结构耐久性研究是一个重大课题，应持续进行研究和监测，以期实现结构寿命目标。

5.2.6.2 地下障碍物的处理

本线在石厦站、购物公园站、晒布站等工点均遇到地层中残留的锚杆、锚索的问题，分别采取了不同的对策进行处理。

石厦站围护结构采用 800 mm 厚地下连续墙，施工成槽至锚索位置时，采用派潜水员下水进行水下切割的方式割除锚索进行处理。

购物公园站设计采用的 1 000 mm 厚地下连续墙支护结构，施工所采用的地下连续墙成槽设备功率较高，对成槽过程中遇到的锚杆、锚索均直接抓出，未对施工进度产生较大影响，如图 5.71 所示。

图 5.71 地下连续墙成槽机抓出的地层中废弃的锚索、锚杆

晒布站将原设计地下连续墙改为矩形人工挖孔桩围护结构，在孔内进行人工处理。

从以上实践可以看出，相邻工程残留障碍物对地铁施工（包括工期、投资和安全）造成极为不利的影响，特别是对安全施工的要求越高，可以选择的处理措施越少。因此，在城市建设中应明确空间边界，所有工程建设均需考虑对后续工程建设的影响，所有结构物不得侵入其他工程实施空间，并加强定向管理。

5.2.6.3 可回收锚索的应用实践

基于本工程实践中遇到的问题，为减少在地层中遗留障碍物对后期的城市建设造成的影响，地铁 3 号线在设计中考虑部分采用可回收锚索进行基坑支护，对减少结构支护体系残留进行了实践和探索，在中心公园停车场北端围护结构采用了 4 道可回收锚索。

5.2.6.4 支撑在回筑阶段兼作倒换支撑的结构处理

华新站西端接出入场线，左线下压，使左线基坑比右线基坑深度相差最多达 3.6 m，为减小第三道支撑拆除阶段对围护结构的不利影响，第三道支撑在施工完底板后暂不拆除（此时第三道支撑实际上起到倒换支撑的作用），施作内衬墙时在支撑位置留后浇洞，待中板施工完成后再拆除第三道支撑，后浇支撑头部预留孔洞，如图 5.72、图 5.73 所示。

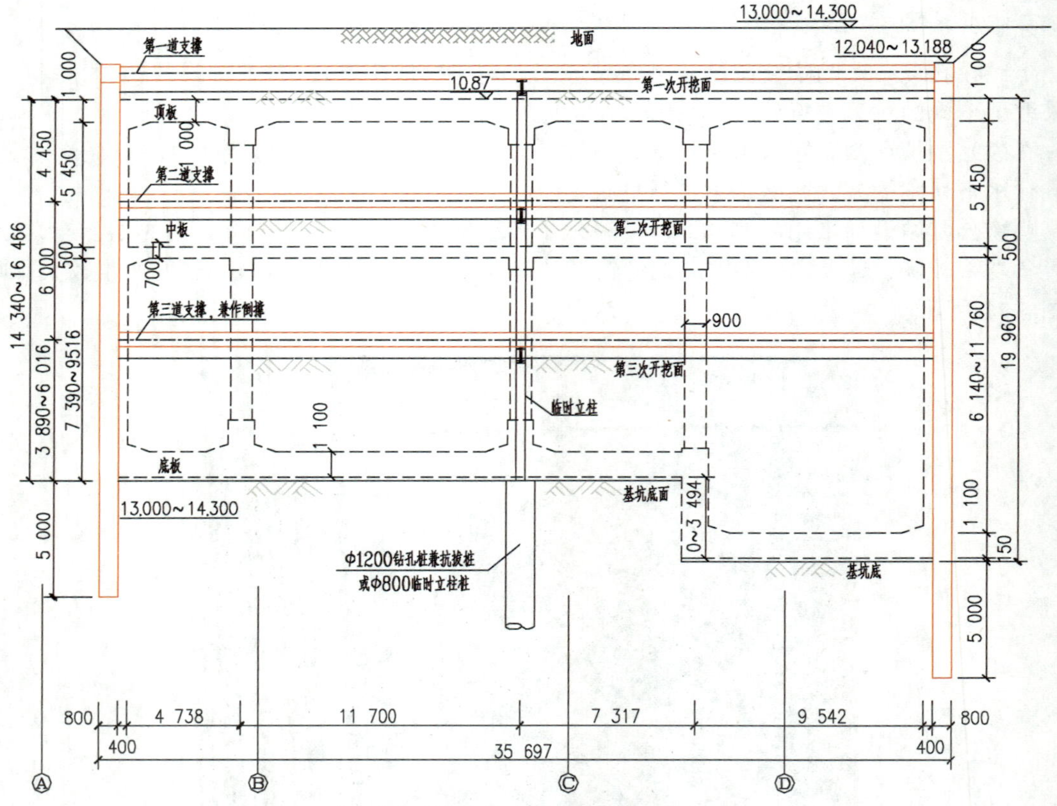

图 5.72 华新站西端围护结构横断面图（单位：mm）

图 5.73 第三道支撑兼倒换支撑在侧墙上留后浇洞

由于本站采用叠合结构侧墙，在车站侧墙没有设置全包的柔性防水层，所以保留支撑兼倒换支撑对车站防水层封闭不会造成影响，类似设计既避免了施工倒换支撑的困难，又保证了基坑安全，节省了工程投资。

5.3 区间隧道

5.3.1 工程概况

深圳市地铁 3 号线工程分首期工程和西延段工程分两期实施，同期运营。首期工程正线全长 32.9 km（双线），其中地下线长 8.5 km。西延段工程正线线路全长 8.8 km（双线），起于红岭站站后折返线末端与首期段接续，均为地下敷设，地下区间工法如表 5.38 所示。

表 5.38 深圳地铁 3 号线地下区间结构形式及施工工法

区间名称		概　况	结构形式及施工工法
首期工程共 8 座区间隧道	红岭站—老街站	起讫里程 K6 + 666.8 ~ K7 + 941.17，长 1 274.368 m	圆形盾构隧道
	老街站—晒布站	起讫里程 K8 + 056.37 ~ K8 + 889.5，长 833.13 m	圆形盾构隧道
	晒布站—翠竹站	起讫里程 K9 + 069.8 ~ K9 + 989.311，长 919.511 m	圆形盾构隧道
	翠竹站—田贝站	起讫里程 K10 + 167.23 ~ K11 + 374.8，长 1 207.57 m	圆形盾构隧道 矿山法隧道

续表

区间名称		概 况	结构形式及施工工法
首期工程共8座区间隧道	田贝站—水贝站	起讫里程K11+877.215～K12+429.441，长552.226 m	圆形盾构隧道
	水贝站—草埔站	起讫里程K12+620.3～K13+300，其中矿山法隧道长767.75 m，明挖隧道总长89.95 m，路基段（明挖U形槽）长175 m	矿山法隧道 明挖矩形断面 明挖U形槽
	六约站（隧道洞口）—塘坑站	区间起讫里程K23+903～K24+959.037，长：1 056.037 m；入段线RK0+000～RK0+963.202，长963.202 m，出段线DK0+032.41～DK0+988.596，长956.186 m	明挖矩形隧道 矿山法隧道
	塘坑站—松柏站（隧道洞口）	起讫里程K25+176.8～K25+820，左线长646.369 m、右线长643.2 m	明挖矩形隧道 矿山法隧道（158 m）
西延段共8座区间隧道	益田站—石厦站	起讫里程：K3+456.95～K4+193.23（长链2.838 m），长739.118 m	圆形盾构隧道
	石厦站—购物公园站	起讫里程：K4+381.53～K5+296.8，长915.27 m	圆形盾构隧道（硬岩段采用矿山法开挖、初支，盾构拼装管片）
	购物公园站—福田站	起讫里程：K5+444.8～K6+006.8，长562 m	圆形盾构隧道（硬岩段采用矿山法开挖、初支，盾构拼装管片）
	福田站—少年宫站	起讫里程:K6+206.821～K7+565.24（短链0.828），长1 357.591 m	圆形盾构隧道（硬岩段采用矿山法开挖、初支，盾构拼装管片）
	少年宫站—莲花村站	起讫里程：K7+703.7～K8+279.547，长575.847 m	马蹄形矿山法隧道
	莲花村站—华新站	起讫里程：K8+506.1～K9+973.26，长1 467.16 m	圆形盾构隧道（硬岩段采用矿山法开挖、初支，盾构拼装管片）、明挖矩形隧道
	华新站—通心岭站	起讫里程:K10+609.03～K11+244.26,长635.23 m	圆形盾构隧道
	通心岭站—红岭站	起讫里程：K11+422.66～K11+732.182，长309.522 m	马蹄形矿山法隧道

5.3.2 工程地质及水文地质概况

区间范围处于海冲积平原区，地形平坦。区间范围内街道、楼宇密布，车流较大，来往人员多，商业发达。区间范围上覆地层主要为第四系全新统人工填筑土（Q4 ml）、冲洪积黏性土及砂层（Q_4^{al+pl}）、残积黏性土层（Q^{el}），下伏基岩为燕山期（γ_5^3）花岗岩。特殊岩土主要为人工填土、风化岩和残积土。

地下水主要为松散土层孔隙水、基岩裂隙水，局部具有承压性，主要受大气降水及地表水补给，水量较丰富。地下水对混凝土及混凝土中的钢筋具有弱腐蚀性。

全线共 16 座地下区间涉及暗挖，其中有 2 座矿山法、8 座矿山法 + 盾构法、6 座盾构法，场地范围下伏基岩为花岗岩地层，花岗岩残积土及全强风化层具有遇水易软化崩解的特性，隧道主要在此地层穿越，局部地段穿越中微风化地层，存在上软下硬现象，同时局部地段穿越全硬岩。隧道穿越范围大多地下水丰富。

5.3.3 区间隧道重难点设计

5.3.3.1 近接隧道

1）上下重叠盾构隧道

为实现老街站 1、3 号线上下平行换乘，全线区间隧道存在上下重叠隧道的有红岭站—老街站—晒布站两座区间。

两座区间均为左右分修的两条单线隧道，受老街站的控制（与 1 号线同站台平行换乘，车站呈上下重叠的侧式站台形式）。左右线以 14 m 的线间距从红岭站平行出发，下穿多幢房屋、变电站、笔架山渠后以左、右隧上下重叠（最小净距 1.6 m）方式抵达老街站。线路出老街站后，下穿多幢房屋、东门老街繁华商业区后，在接近东门中路时左右线隧道逐渐由上下重叠过渡到左、右平行的结构形式。红老区间上下重叠段（左隧在上）及过渡段长度约 380 双延米（图 5.74 ~ 图 5.76），老晒区间上下重叠及过渡段长约 740 双延米。

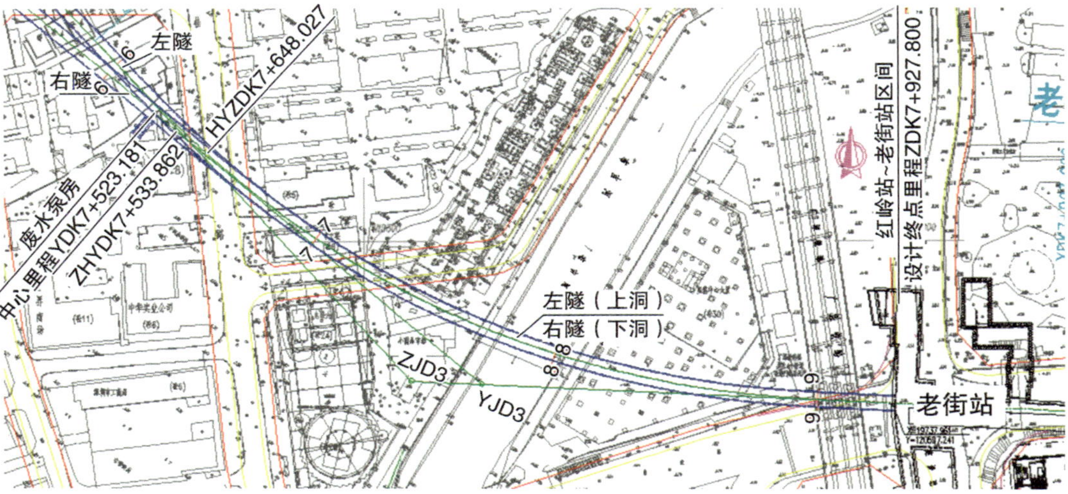

图 5.74 红老区间重叠段平面图

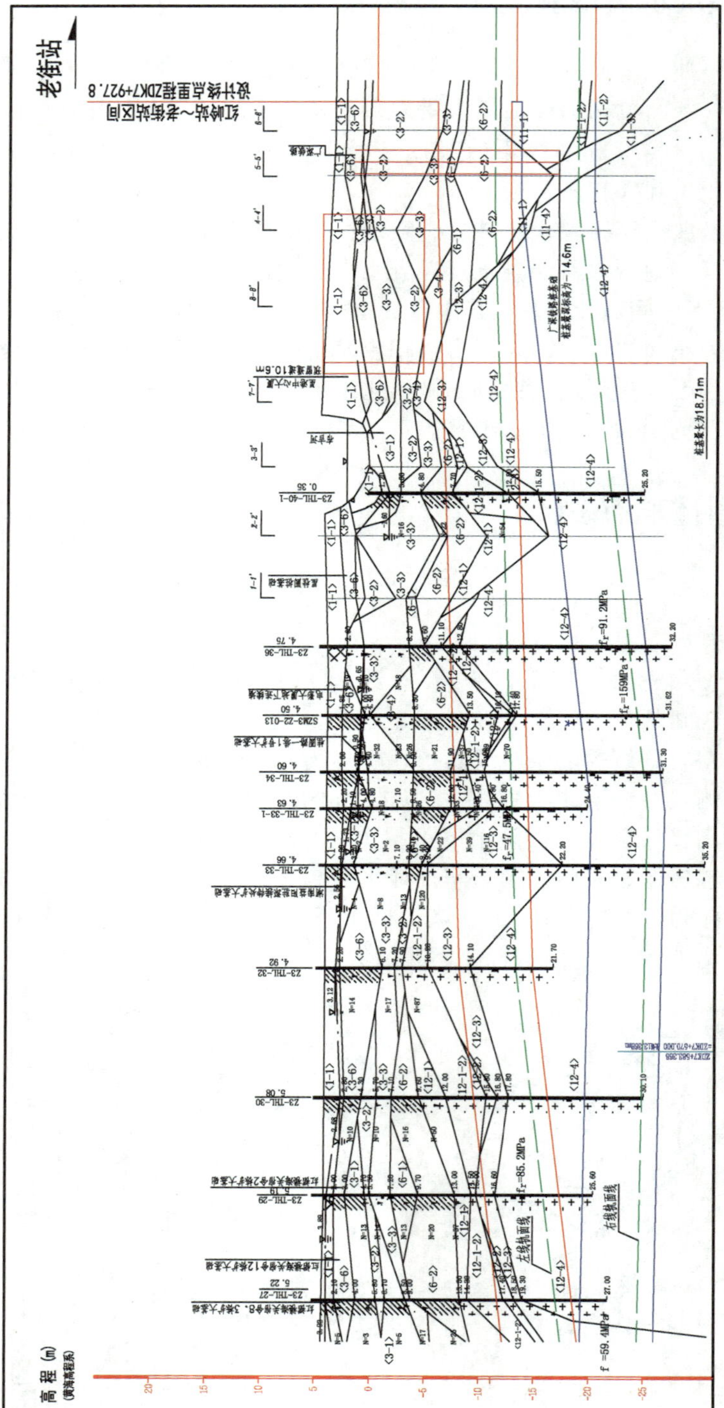

图 5.75 红老区间重叠段地质纵断面

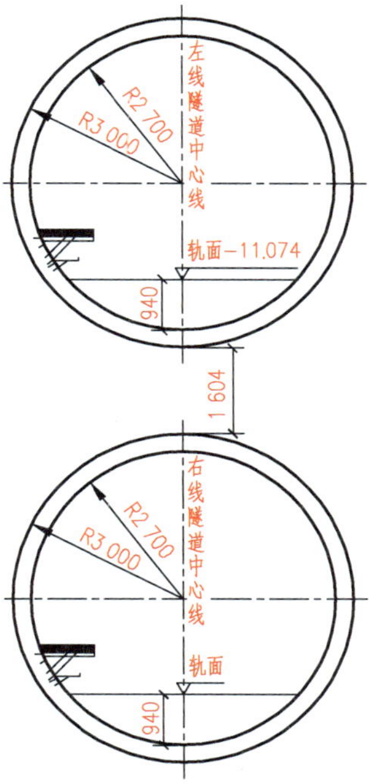

图 5.76 重叠段剖面图（单位：mm）

设计主要是对重叠隧道上下洞的相互影响、先后施工顺序、两隧道间最小净距的取值以及上下洞的加强处理措施进行分析研究。

（1）两隧道间最小净距的取值。

根据计算分析及工程类比，本次设计重叠隧道段两隧道间最小净距按 1.6 m 考虑，即上下隧道最小轨面高差取 7.6 m。

（2）上下洞的先后施工顺序。

采用有限元数值模拟方法对重叠隧道段施工顺序进行研究，研究结论为：先上洞再下洞的沉降量和管片内力都略小于先下洞再上洞，但差别很小，且无论采用哪种施工顺序，先期施工隧道均会因后期隧道施工过程中盾构机盾首的挤压和盾尾的地层损失而发生径向变形和纵向挠曲，但这些均可以通过对盾构管片的加强及施工过程中对先期施工隧道采取纵、径向加固等措施来保证先期施工隧道的安全。因此，两种施工顺序均应为可行方案，但也都具有一定施工风险。但考虑先上洞再下洞施工工序相当于在重叠隧道下洞上方附加了已建成建筑物，安全风险相对更高，从而推荐了先下后上的施工顺序。

红老区间采用 2 台盾构机从红岭站先后始发，老街站吊出。右线盾构机 2008 年 11 月 14 日始发、左线盾构机 2009 年 6 月 10 日始发，虽然右线盾构机提前了 7 个月始发，但因受盾构机机况和区间隧道穿越地层的影响，至 2009 年 9 月初，左右线隧道均掘进至 500 m 长度时，左线隧道已超过右线隧道，受工期影响，最终本区间重叠隧道段采用了先上后下的施工顺序。

老晒区间与相邻晒布站—翠竹站区间作为一个盾构施工单元，采用 2 台盾构机从翠竹站先后始发后掘进至晒布站，在晒布站过站后，继续掘进至老街站吊出。右线盾构机 2008 年 8

月16日从翠竹站始发，至2008年12月3日抵达翠竹站，在晒布站过站后，于2009年1月12始发，2009年4月17 日抵达老街站；左线盾构机2008年11月10日从翠竹站始发，至2009年2月16日抵达晒布站，在晒布站过站后，于2009年3月20始发，至2009年7月24日抵达老街站。

通过红老区间的案例，重叠隧道先上后下也是可行的，但仍推荐先下后上的掘进顺序。

（3）重叠隧道上下洞的相互影响。

对于重叠隧道，当后行隧道施工时，必然会对已建成的先行隧道产生影响。通过数值模拟分析，对重叠隧道先上后下的施工顺序得出如下研究结论：

① 重叠隧道施工过程中，做好掘进管理，严格控制施工参数，对于减小地层扰动和对既有结构的影响、控制地表沉降都是首要对策。

② 适当增加上洞隧道的柔性，减小刚度，可有效降低上洞结构内力。

③ 为有效降低下洞施工对上洞既有结构的影响，可在下洞盾构机工作面前后一定范围内对应的上洞结构内设置临时内支撑系统，增加纵向刚度，并承担施工过程中增加的临时剪力和弯矩。

④ 下洞施工过程中，上洞螺栓所受剪力较大，须采用高强螺栓。

⑤ 随着下洞盾构机的推进，地表发生位移的范围增大，盾构机后的地表点沉降值增加；在盾构机前的一定范围内，会产生地表隆起；距隧道中线左、右各25 m范围均处于沉降槽范围。

⑥ 在下洞盾构隧道施工过程中，上洞盾构隧道产生了类似地表隆起的位移，使上洞盾构拱顶处受拉、拱底处受压，即上洞盾构隧道整体在下洞盾构机附近受负弯矩作用。

⑦ 上洞列车通过时，下洞所受到的振动速度、结构内力均很小，不会对下洞结构产生结构损伤。

（4）上下洞的加强措施。

① 结构的加强措施。

根据重叠隧道上下洞的相互影响分析结果，上下洞的衬砌结构均做了加强处理。考虑到管片模板的成本，盾构管片厚度、宽度均与单洞情况相同，采用厚300 mm，分为6块的1.5 m宽通用环，通过加大管片配筋量和加强管片之间的连接螺栓，来满足管片的各项受力要求。具体为：对上下洞管片主筋及分布筋均进行加强，主筋采用 $8\phi20+4\phi22$，分布筋采用$\phi14$；管片连接螺栓：上下洞、环纵向均采用 M27、8.8 级连接螺栓。同时，管片采用错缝拼装方式，以增大衬砌的空间刚度。

② 上下洞间土体的加固。

上下洞间所夹地层为中微风化岩层时，无须进行加固处理；所夹地层为残积层和全风化花岗片麻岩层，需对上下洞间所夹土体进行了注浆加固处理。具体为：

在上洞掘进过程中，应首先加大同步注浆量和注浆压力，以保证盾尾的土体与管片空隙及相邻土体的密实性；在二次注浆孔中设置一定长度的注浆管，深入地层中，通过注浆管向上下洞间所夹土体进行注浆，以提高夹土体的强度，浆液采用水泥－水玻璃双液浆，要求加固后的土体无侧限抗压强度不小于0.4 MPa。在下洞施工中也应加大同步注浆和二次注浆量，并采用同样的方式向洞间所夹土体进行注浆。

③ 上洞（或下洞）临时保护支架。

上洞（或下洞）隧道贯通后，将为重叠隧道定制的液压支撑台车（由4节组成，总长22.5 m）

从车站端头下井、组装，推进至先行隧道内，各个支撑台车之间采用型钢连接，将四节支撑台车连成一个刚性体，对先行隧道管片进行支撑。后行隧道掘进过程中，保持盾体刀盘位于刚性液压台车 1/3 处相对位置不变，液压支撑台车随盾构机同步向前推进，直至后行隧道贯通。通过支撑台车增加先行隧道纵向刚度，从而减小先行隧道变形。

2）水平近接盾构隧道

购物公园站—福田站区间在 ZDK5 + 940 ~ ZDK5 + 990.1/YDK5 + 940 ~ YDK5 + 990.1 范围，以及福田站—少年宫站区间福田站端约 50 m 范围，左右线线间距为 11.0 ~ 7.8 m，隧道净距为 5 ~ 1.7 m。在此范围内，结合洞门地层加固和近接隧道施工考虑如下技术措施：

（1）在盾构通过前，针对影响范围内地层采用三重管旋喷桩加固。

（2）根据工程筹划，先施工左线隧道，后施工右线隧道。在左、右线盾构施工过程中，应注意控制盾构掘进参数和注浆参数，加强同步注浆和二次注浆，尽量减少地层扰动和损失。

（3）在右线隧道开挖至相应位置之前，在先建左线隧道内架设临时钢支撑，钢支撑主要采用 I22a，洞内临时支撑的制作和安装应确保支撑体系稳固、有效。

（4）在本段隧道管片上增设注浆孔，利用注浆孔打钢花管注浆；其中左线隧道洞内注浆应在右线隧道开挖到相应位置之前进行，右线隧道洞内注浆应在管片拼装后适时进行。

（5）在施工过程中加强监测，根据监测结果进行分析，调整、优化盾构掘进参数。

（6）小间距影响范围的管片结构配筋加强。

3）水平近接矿山法隧道

（1）水贝站—草埔站区间。

本区间采用工法有矿山法、明挖法（含 U 形槽），其中矿山法有 5 段，总长约 767.75 m，除 2 段（长 103 m）双线隧道直墙拱形断面外，其余为单线马蹄形断面。开挖方法有环形台阶法、CRD 法和双侧壁导坑法。

当净距小于 3 m 时，利用先建隧道向相邻待建隧道注浆加固，加固范围应进入相邻隧道不小于 1.5 m；两隧间设置间距 500 mm × 500 mm 对拉锚杆，对拉锚杆的预加应力为 10kN，其抗拉拔力设计值不小于 50kN。隧道拱部地层采取水泥 - 水玻璃双液浆进行加固，采用人工或机械开挖。

左右隧道错开一定距离（>30 m）。施工情况良好，监测无异常，未提前施作二衬。

（2）少年宫站—莲花村站区间。

本区间隧道全长约 576 双延米，隧道洞身主要从花岗岩中等风化、微风化带内穿过，基岩微风化层埋深起伏较大，局部存在上软下硬现象，工程地质条件较好，采用矿山法施工。

受莲花村站进站单渡线及地铁 16 号线联络线的影响而设有小间距喇叭口隧道，在 ZDK8 + 212.35 处设有龙岗线与地铁 16 号线的联络线，小间距喇叭口均为大断面隧道，最大断面开挖尺寸达 17.1 m，左、右线隧道最小净距 0.63 m，隧道结构布置和施工组织极其复杂，施工风险较大。

本区间设计了单线 A 型、B 型、C 型、D 型、E 型，喇叭口 AⅠ型、AⅡ型、B 型、C 型、D 型、E 型、F 型、G 型以及明挖隧道断面共 14 种形式（图 5.77）。喇叭口隧道衬砌适用于左、右线之间的渡线段以及左线与地铁 16 号线相接的联络线段的不同宽度段。

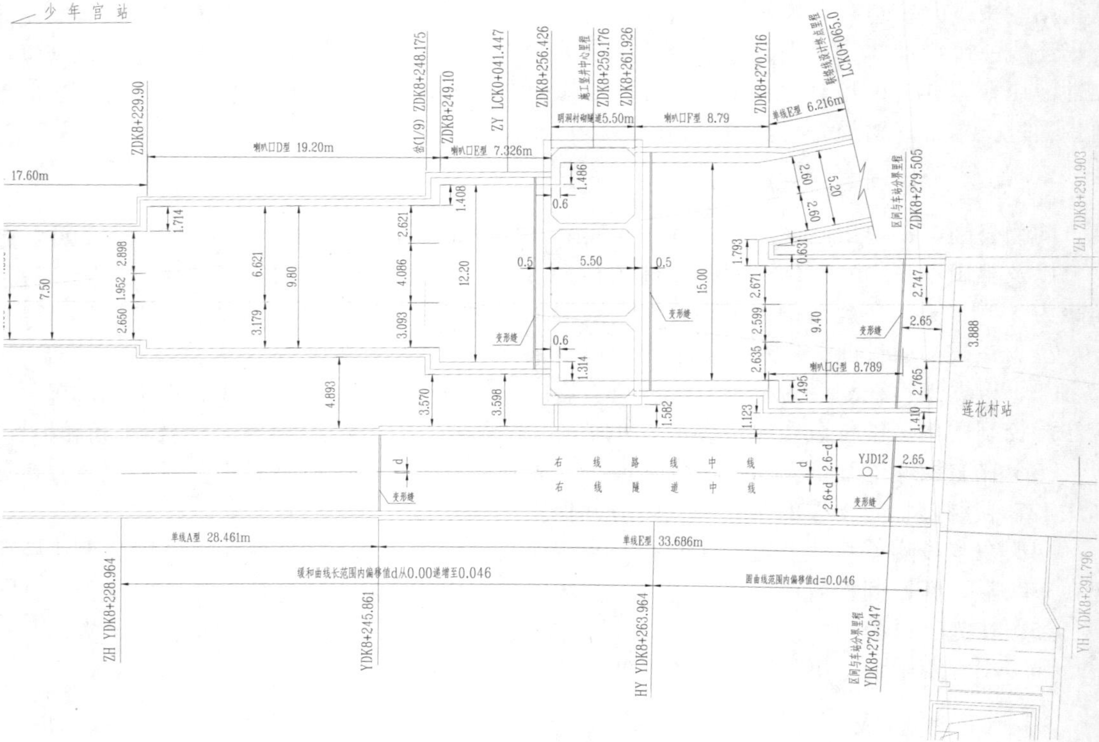

图 5.77 断面形式平面布置图（单位：m）

对于软弱围岩采用预支护和超前支护，对围岩较好的中风化和微风化岩层采用控制爆破技术开挖，具体工程措施以锚杆、小导管、注浆、钢筋网、喷射砼及钢架等作为主要施工支护手段，模筑钢筋砼二次衬砌，并通过现场监控量测指导设计和施工。

单线隧道采用台阶法、短台阶法和环形台阶法施工，喇叭口隧道了采用台阶法、短台阶法、CD 法、CRD 法施工。

5.3.3.2 桩基托换及处理

1）对广深铁路桥托换后旧桩的处理

红岭站—老街站区间下穿广深铁路桥，侵入隧道的桩基有 1、2、3 线桥共 12 根 ϕ550 mm 的预制打入摩擦桩，以及 4 线桥的 4 根 ϕ800 mm 钻孔灌注摩擦桩，盾构机掘进前需对桥桩提前处理。

为避免对盾构机的掘进造成障碍，经分析研究，在盾构机到达前对广深铁路桥 19 号桥墩的旧桩分别采取了如下处理措施：1、2、3 线桥共 12 根 ϕ550 mm 的预制打入摩擦桩，采用特制套管钻机进行拔除；4 线桥 4 根 ϕ800 mm 钻孔灌注摩擦桩，采用人工挖孔桩进行破除。

2）太阳广场桩基托换

老街站—晒布路站区间下穿太阳广场。太阳广场为地面七层、地下二层的框架结构，地面 1～5 层均为商场，6～7 层用于办公；地下室负 1 层为超市，负 2 层为地下车库，车库东南角为高 850 mm 的万佳超市卸货平台，卸货平台东南角设一垃圾存放间。太阳广场桩基础为独立桩基、人工挖孔桩（扩底桩），桩径共有 4 种，分别为 1.2 m、1.3 m、1.4 m、2.4 m。区间隧道以重叠的方式斜穿太阳广场东南角，该部位局部无地面楼层，仅为地下室二层结构；位于隧道顶部的桩基有 ZB12′、ZB13′、ZC14′，位于隧道两侧受隧道施工影响较大的桩基有 ZB11′、ZC13、ZB14′。ZB11′、ZB12′、ZB13′和 ZB14′沿地下室侧墙布置，桩上无柱，主要承受地下室两层荷载；ZC14′、ZC13 桩上有柱，柱截面为 0.8 m×0.8 m，承受地面 7 层及地下室两层荷载。各桩详细情况见表 5.39。

表 5.39　太阳广场桩基础资料表

桩号	桩长/m	桩径/mm	扩大头直径/mm	承台尺寸/m	原桩勃力标准值估算值/kN	原桩勃力设计值估算值/kN	桩端与盾构隧道的距离/m
ZB11′	6.500	1 200	1 600	1.6×1.6×1.3	2 853	3 560	0.859
ZB12′	6.000	1 200	1 600	1.6×1.6×1.3	2 793	3 494	0.541
ZB13′	6.000	1 200	1 600	1.6×1.6×1.3	3 009	3 765	0.313
ZB14′	6.000	1 200	1 600	1.6×1.6×1.3	4 240	5 315	施工影响范围内
ZC13	6.000	1 400	2 400	1.8×1.8×1.3	9 435	10 858	施工影响范围内
ZC14′	6.000	1 300	2 300	1.7×1.7×1.3	8 089	9 402	0.363

因区间隧道紧贴太阳广场几根桩的桩端穿过，位于隧道顶部的 3 根桩基需进行托换处理，其余位于隧道施工影响范围内的桩基需加固。

本区间在下穿太阳广场附近采用了 29.5‰的纵坡，区间隧道紧贴太阳广场东南角的几根桩桩端穿过，但仍有位于隧道顶部的 3 根桩基（ZB12′、ZB13′、ZC14′）需托换，位于隧道两侧的 ZB11′、ZC13、ZB14′桩基按加固考虑。桩基托换和加固均采用ϕ300 mm 嵌岩钢管灌注桩，在太阳广场地下二层内完成施工。ZB12′、ZB13′采用被动托换方式，托换梁外包被托换桩承台和结构基础梁，托换梁顶和地下室底板顶面平齐，被托换桩在托换梁底部截断；ZC14′采用主动托换方式，托换梁外包被托换桩承台和结构基础梁，托换梁顶和卸货平台顶面平齐，被托换桩在托换梁底部截断。

桩基托换在盾构隧道施工前完成。桩基托换段盾构隧道为上、下重叠隧道，两隧道最小间距仅为 1.6 m，托换新桩距离盾构隧道的最小水平距离仅为 0.5 m。为减小盾构隧道施工对托换结构产生较大的影响，盾构隧道施工时，严格控制盾构的掘进速度和防止发生偏移；在盾构通过时及时同步注浆及二次注浆，同时加强对该段的监测，根据监测结果及时调整盾构掘进参数。

3）华新站—通新岭站区间盾构遇桩基的处理

华新站—通新岭站区间下穿燕南人行天桥，在地铁开工前，市政部门已对地面以上的结构进行了拆除，但原有桩基未拆除（图 5.78），共有 8 根直径为 1.2 m 的桩基侵入右线盾构隧道，采取了比原桩基直径略大的人工挖孔桩自地表而下破除侵入隧道范围内的桩基础，然后采取素砼回填密实后盾构通过。

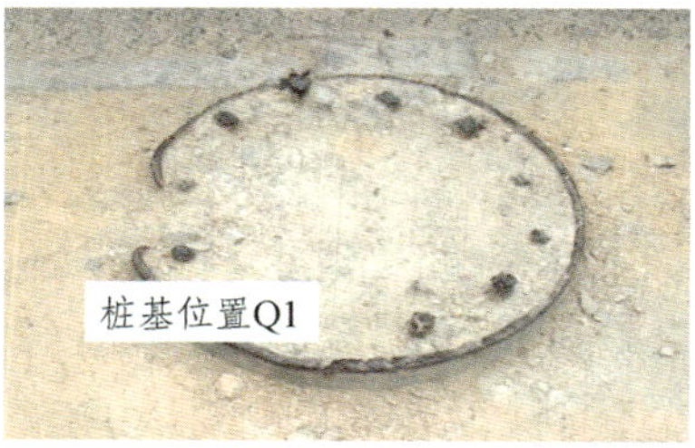

图 5.78　原有桩基位置

5.3.3.3 建（构）筑物保护

1）盾构（或矿山法）施工对房屋建筑的保护

地下区间沿线下穿房屋众多，房屋基础形式多为独立基础、条形基础、筏板或扩大基础；部分房屋为砖混结构。如红岭站—老街站就穿越40多幢房屋，还下穿了笔架山渠、布吉河、星港中心预留地铁通道，翠竹站—田贝站区间下穿10栋住宅小区楼房，益田站—石厦站区间下穿石厦村自建房屋群、石厦综合市场、石厦工业区厂房等。其主要保护措施如下：

（1）建立完善的变位监测系统，在隧道的两侧、房屋基础及周边埋设沉降观测点，对建（构）筑物进行系统、全面的跟踪测量，实行信息化施工。根据监测结果及时调整盾构的掘进施工参数，以验证选择施工参数的合理性，保持盾构开挖面的稳定，从盾构施工工艺上控制地层损失，减少建筑物变形。

（2）根据房屋的结构形式及与隧道的关系，制定房屋最大沉降量、沉降差的警戒值和控制值；多层及高层建筑的整体倾斜控制标准为0.004（$H_g \leqslant 24$ m）、0.003（24 m<$H_g \leqslant 60$ m）、0.002 5（60 m<$H_g \leqslant 100$ m），H_g为自室外地面起算的建筑物高度（m），倾斜指基础倾斜方向两端点的沉降差与其距离的比值。

（3）在曲线段，为减少盾构轴线与线路轴线偏角过大，造成因超挖及地层损失过大而引起的地面变形，需放慢掘进速度，勤纠偏、小纠偏，及时调整盾构机姿态。

（4）在衬砌环脱出盾尾的同时，及时同步压浆，并适当加大压浆量，填充隧道和地层间的建筑空隙；同时还应加强盾尾的密封。在盾构后约5环处再向衬砌背面进行二次注浆，以弥补同步压浆的不足。

（5）采用以上措施后，根据监测信息，当房屋沉降较大并接近控制值时，应停止盾构掘进，从地面在基础下方布置竖向或斜向袖阀注浆管，进行跟踪注浆，浆液采用水泥－水玻璃双液浆，根据监测控制注浆参数。

（6）盾构掘进前采用袖阀管从地面对邻近桩基础周围土体进行了注浆加固，加固后地层的渗透系数不大于1×10^{-5} cm/s，无侧限抗压强度不小于1 MPa。

2）明挖法施工对房屋的保护

六约站（隧道洞口）—塘坑站区间及出段线地处周边环境复杂，范围内有六约工业区、文兴手袋厂、永发塑胶厂、金图实业有限公司等企事业单位和个体企业；另外还包括深惠公路、六约人行天桥、埔夏路等。地下管线主要为污水管道、电力、电信、工业管道，主要位于既有深惠公路公路中央隔离带、两侧绿化带、人行道下方。隧道覆土较小，采用明挖法施工。

本区间基坑周边建（构）筑物密集，基坑边距离建筑物距离较小，房屋多为低层砖混结构，抵抗沉降及变形能力差，因此对基坑施工要求高。

为减少施工占地和房屋拆迁，部分地段考虑交通疏解，采用分期倒边施工。

出入线局部地段下穿右线正线隧道，形成坑中坑，对基坑的支护要求高，施工难度大。

出入线、牵出线、正线（左、右）共5线合建，主体结构断面形式多，结构受力复杂。

（1）围护结构。

采用排桩加桩间旋喷桩止水。

（2）基坑坑内排水。

① 基坑采用坑内明沟排水，施工时根据现场情况设置排水沟，排水沟中每隔20 m设一个直

径为 0.8 m 的集水井，排水沟沟底低于基坑底不小于 0.5 m，集水井底部低于沟底不小于 0.5 m。

② 在基外设截水沟，每隔 20 ~ 30 m 左右设一集水井，避免地面水流入坑内。

③ 根据监测情况确定是否设置回灌井，回灌井点设于被保护物前距围护结构不小于 6 m 处，间距 25 m 左右。回灌量根据观测到的水位变化情况而定，布置在建筑周边的地下水位监测孔可兼作地下水回灌井。

④ 基坑内排水沟在施作垫层前分段用黏土回填，以免地下水在沟内流动破坏地基土体。

通过以上工程证明在此类地层及周边环境情况下，围护结构应优先选取地下连续墙或咬合桩，并做好墙间止水和坑内降水措施。

3）福田站—少年宫站区间与市儿童医院的关系及措施

在区间中部约有近 40 m 范围下穿深圳市儿童医院宿舍楼，儿童医院宿舍楼建成于 1997 年，其基础为独立沉管灌注桩基础，桩径 480 mm，桩长 15 m，桩顶设独立承台，建筑物在地面层无连接体系，2 ~ 8 层为框架结构。儿童医院宿舍楼基础桩底标高约为 – 6.95 m，距地面深度约为 17.1 m，与隧顶净距 5 ~ 6 m。

拟建深圳儿童医院大楼基坑分两期施工，与区间隧道相互影响较大的主要是一期基坑范围（图 5.79）。基坑围护结构采用围护桩 + 锚索的形式：围护桩为ϕ1 200 mm@2 000 mm 钻孔桩，桩间采用ϕ1 200 mm 三重管旋喷桩止水。大楼上部为框架剪力墙结构，主楼 15 层，另有 3 层地下室；下部（地下室转换板范围）为冲孔灌注桩基础。冲孔灌注桩ϕ2 200 mm 或ϕ2 000 mm 沿隧道纵向间距 4 m，桩端进入微风化花岗岩层。

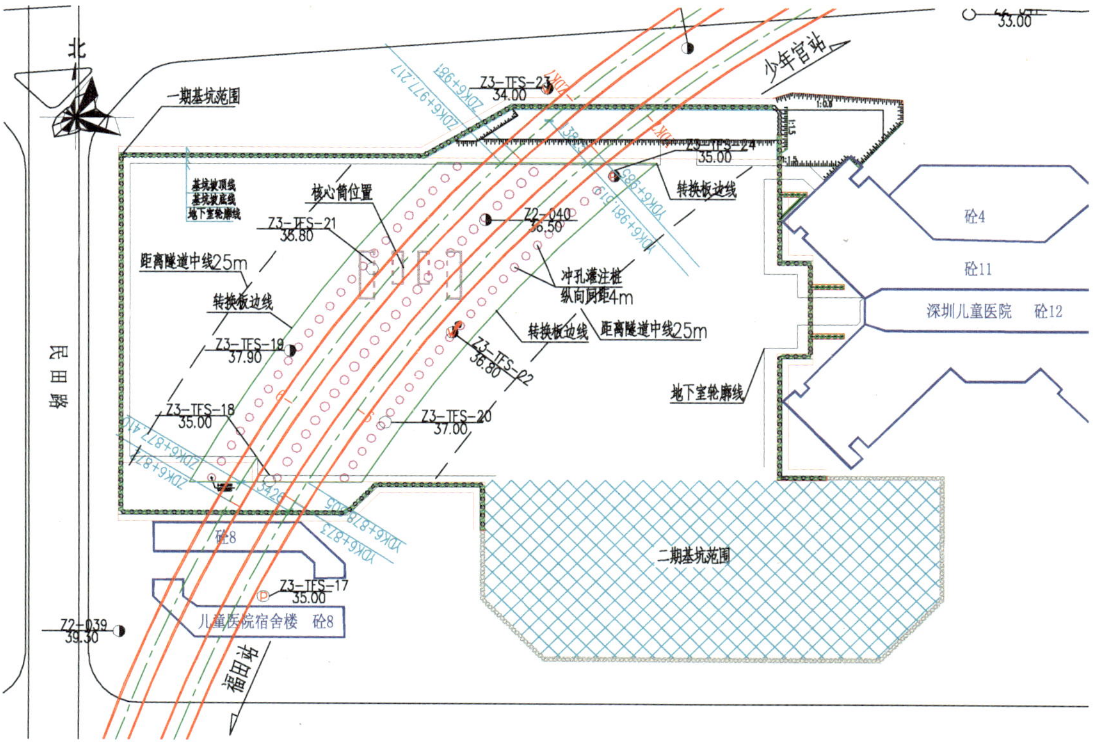

图 5.79 区间隧道与拟建儿童医院地下室合建平面图

（1）下穿既有宿舍楼。

本区间为盾构法施工，楼体桩基与隧道净距 5 ~ 6 m，施工过程中及时调整土舱压力、出土量、注浆压力、注浆量，信息化指导施工是关键。右线下穿楼体沉降为 7.5 mm，左线下穿楼体沉降仅为 7.1 mm，取得了非常好的效果，成功下穿深圳市儿童医院宿舍楼，为城市地铁施工下穿建筑群提供了成功经验。

（2）与拟建儿童医院大楼。

经多方协调，最终由儿童医院大楼与本区间隧道有影响部分的地下结构先期实施，预留地铁盾构通过的条件（图 5.80）。该工程的顺利实施，为地铁区间与周边在建或规划建设提供了一种可借鉴的案例，既节省了土地资源，又实现了双赢效果。

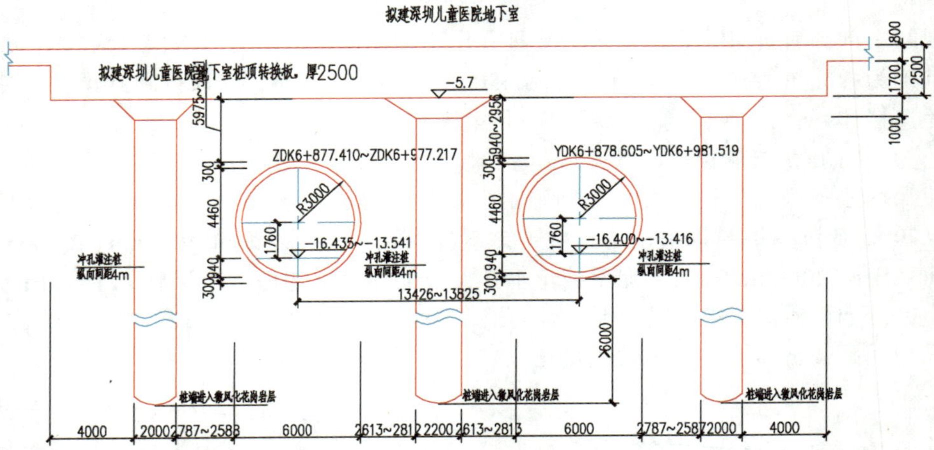

图 5.80 区间隧道与拟建儿童医院地下室合建剖面图（单位：标高为 m，其余为 mm）

4）莲花村站—华新站区间盾构下穿出入段线明挖结构

本区间左线盾构在 ZDK9 + 808.6 ~ ZDK9 + 848.3 段下穿出入段线明挖隧道，平面位置呈斜交，最小净距约 0.8 m（图 5.81）。

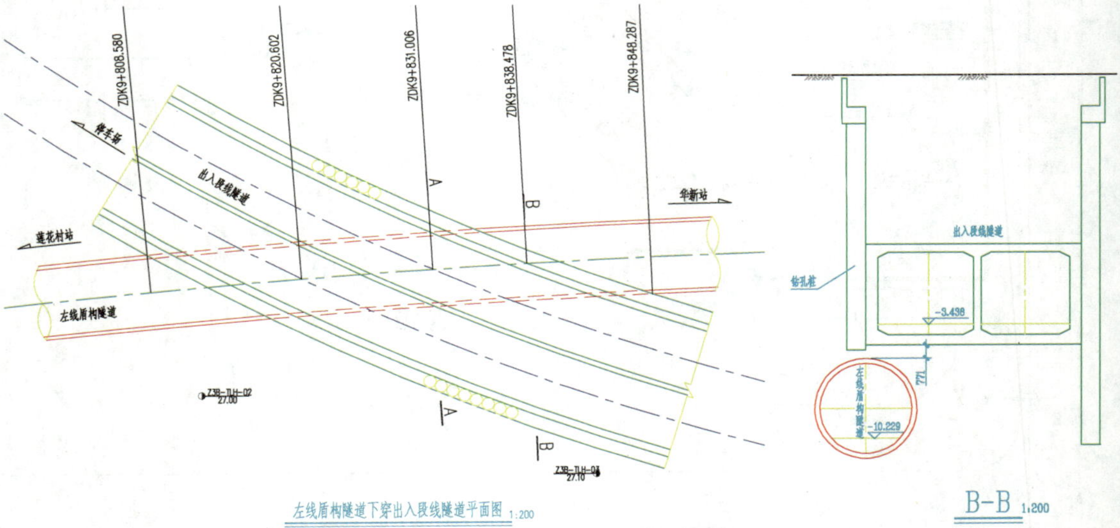

图 5.81 区间隧道与出入线关系图

采取的措施主要有：

① 利用明挖基坑对夹土体进行预加固，且明挖结构纵向钢筋加强；

② 明挖围护结构不侵入盾构机掘进范围，采取调整坑内支撑位置确保基坑安全；

③ 待明挖隧道施工完成并恢复路面后，左线盾构掘进通过；

④ 为减少运营过程中列车振动的相互影响，上下隧道均采用特殊减震道床。

5）晒布站—翠竹站区间下穿雅园立交桥

区间隧道从雅园立交桥的桥桩空隙中穿过，隧道与桥桩基础相对较近，桩长均在区间隧道下。其中左线区间隧道与立交桥 36 号桥桩的距离最近，两者间净距约 1.0 m，盾构掘进过程中要做好对桥桩的保护。其保护措施如下：

（1）盾构掘进过程中，应对桥梁进行全面、系统的跟踪测量，实行信息化施工。根据监测结果及时调整盾构掘进参数，以验证选择施工参数的合理性，确保盾构开挖面的稳定，从盾构施工工艺上控制地层损失，减少桥桩的变形。

（2）在盾构通过时，及时压浆及二次注浆。

在衬砌环脱出盾尾的同时，及时同步压浆，并适当加大压浆量，填充隧道和地层间的建筑空隙，是减小地面变形的重要措施之一。在盾构后约 10 环处再向衬砌背面进行二次注浆，以弥补同步压浆的不足，有效控制地面沉降。

（3）区间隧道穿越地层主要以残积层和全、强风化层为主，土层中含有一定的黏粒，在盾构施工中容易产生泥饼，使盾构掘进受阻。施工中应采取措施改善地层的流塑性，一般可向开挖面和密封舱添加泡沫黏土、膨润土或泥浆等，同时进行充分的搅拌，防止泥饼的产生。盾构刀盘应主要以刮刀为主，减少滚刀数量。

6）下穿既有运营地铁线路

（1）购物公园站—福田站区间下穿地铁 1 号线区间隧道。

在购物公园站北端福华路与民田路交叉口处，区间隧道下穿既有深圳市地铁 1 号线购物公园站—香蜜湖站区间隧道。该段区间隧道为盾构隧道，与 1 号线区间隧道的最小净距为 1.2 m（图 5.82）。

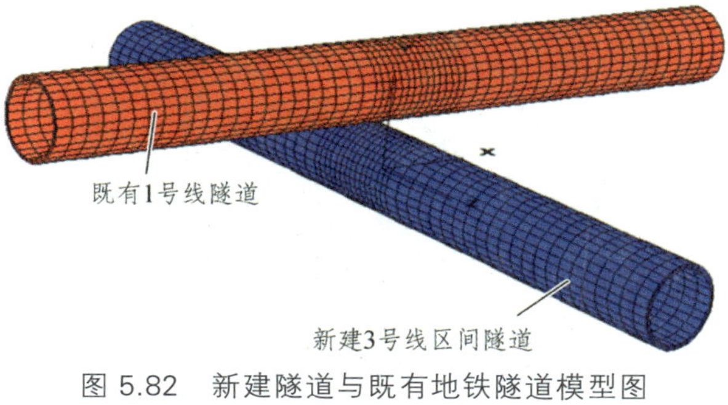

图 5.82 新建隧道与既有地铁隧道模型图

1 号线区间隧道主要位于砾质黏土层和全风化花岗岩层中，而本区间隧道主要穿越全风化花岗岩层和强风化花岗岩层。本区间盾构隧道在下穿 1 号线区间隧道时，主要采取如下措施：

① 在盾构施工过程中应注意控制盾构掘进参数和注浆参数，减少超挖，及时盾尾同步注浆并适当加大注浆量，加强洞内二次注浆（或多次注浆），以尽量减少地层变形。盾构采用土压平衡模式掘进，实际操作中应注意在确保掌子面稳定的同时，控制好刀盘前方推力，以减少1号线隧道拱起。盾尾同步注浆的主要目的是能快速、及时地充填盾尾间隙，减少地层沉陷；相应的技术参数，包括浆液类型及配比、注浆压力、注浆量、注浆时间等，应经现场试验或盾构试掘进的效果确定，并在施工过程中根据监测反馈信息进行调整、优化。

② 应伴随本区间施工过程对影响范围内1号线隧道和本区间隧道进行全面、系统的跟踪监测，实行信息化施工；根据监测结果及分析，调整、优化掘进参数，必要时及时采取有效的应急措施。

③ 隧道结构变形及轨道变形的监控控制指标：

主要按《城市轨道交通安全保护区施工管理办法（暂行）》（深圳市地铁有限公司，2007年4月）施行。其中：隧道结构变形控制值：绝对沉降量和水平位移量≤20 mm，纵向变形曲率半径≥15 000 m，相对变曲≤1/2 500；轨道变形控制值：轨道竖向变形±4 mm，两轨道横向高差<4 mm，水平及水平三角坑<4 mm/10 m，轨距（+6 mm，−2 mm）。由于现场施工的复杂性、监测误差以及其他因素，一般取上述轨道变形控制值的50%作为现场监测预警的控制指标。

④ 在地铁1号线隧道内安置自动监测系统，对其进行连续、精确的监测。采用电子水平尺自动监测系统，用于监测道床及轨道的纵向不均匀沉降和横向差异沉降；采用巴赛特收敛监测系统或全站仪收敛监测系统，用于自动监测隧道的收敛变形。同时也可考虑人工监测作为辅助监测措施，用于校核自动监测结果。

通过上述措施的实施，本区间盾构掘进顺利，1号线区间运营正常。

（2）少年宫站—莲花村站区间。

本区间隧道下穿既有的运营4号线车挡（双线马蹄形）隧道，净距1.8 m（图5.83），两隧均处在微风化花岗岩地层中。

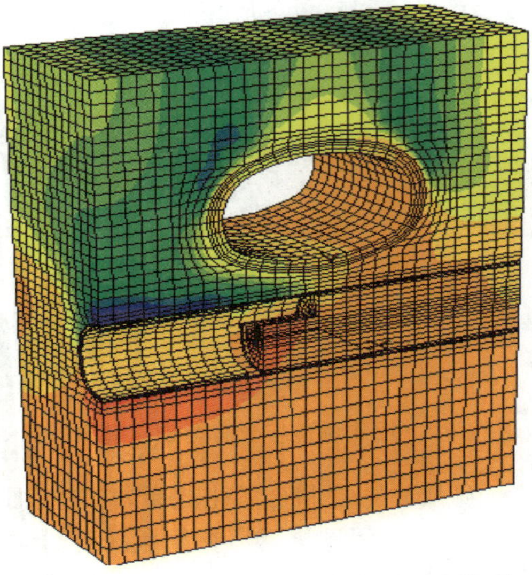

图5.83　3号线隧道与4号线车挡隧道模型图

新建本区间（单线马蹄形）隧道采用矿山法施工对既有 4 号线隧道可能产生如下影响：

① 可能引起既有 4 号线车挡隧道结构和轨道结构变形和内力增加，超过其承受能力和允许值时，就可能引起结构破坏，甚至危及列车运营安全。

② 由于既有隧道结构和轨道结构的变形，还可能导致净空限界不足，而影响列车运营安全。

通过较为详细的前期调查工作、现状分析、模拟计算等，本区间隧道设计采取的措施如下：

① 新建下穿 4 号线车挡隧道段隧道衬砌断面设计。

新建本区间下穿 4 号线车挡隧道段隧道内净空尺寸为直径 6 600 mm，隧道按锚喷构筑法进行设计和施工，支护参数按工程类比和数值分析拟定，根据隧道穿越地层情况确定衬砌支护参数（表 5.40）。

表 5.40 新建隧道衬砌断面支护参数表

衬砌类型	单线隧道
围岩级别	Ⅱ～Ⅲ级
砂浆锚杆或注浆锚管	ϕ22 mm 砂浆锚管，L＝1.5～3.0 m，间距 1 m（环）×0.5 m（纵），拱墙布置
钢筋网	ϕ8 mm，间距 0.2 m×0.2 m，全断面单层布置
喷射早强砼	厚 0.35 m，强度等级 C20
格栅钢架	I22a 型钢钢架，榀距 0.5 m
二次衬砌	C30、P10 防水钢筋砼，厚 0.35 m
辅助措施	ϕ108 mm 大管棚，间距 0.4 m，L＝27 m；超前注浆小导管ϕ42 mm×3.5 mm，L＝3.5 m，间距 0.4 m（环）×2.0 m（纵），拱部 120° 范围布置
施工方法	拱部导坑超前、环形台阶法

② 对既有 4 号线隧道的保护控制标准

根据深圳市《城市轨道交通安全保护区施工管理办法（暂行）》的规定以及参考国内其他城市的地铁保护措施，并通过 ANSYS 模拟计算分析建隧道施工对既有车挡隧道影响，制定了既有 4 号线车挡隧道控制标准（表 5.41）。

表 5.41 既有隧道保护控制标准

项　目	控制值	备　注
轨道水平沉降量	±5 mm	以 50%作为监控警报值
两轨横向高差	<8 mm	
轨距	（＋9 mm，－4 mm）	
水平及三角坑（扭曲）	<8 mm	

③ 下穿4号线车挡隧道段施工控制技术措施：

a. 施工前，进一步搜集到既有隧道的竣工资料，并掌握既有隧道投入运营后隧道结构的检修情况，认真核查车挡隧道情况。

b. 施工过程中应加强地质核对工作。

c. 新建区间隧道采用顶部导坑超前、环形台阶法施工，注意控制进尺长度，每次进尺应控制0.5 m内，台阶长度控制在1～2 m。在开挖过程中为避免爆破振动速度对既有4号线车挡隧道的影响，采取微震、预裂等控制爆破，严格控制装药量，爆破振动速度控制在<2.5 cm/s。左右线隧道的掌子面施工应错开50 m以上的距离。

d. 要求隧道爆破施工时4号线车挡隧道不能停车，若确因爆破对隧道及轨道造成破坏，则应对轨道进行调整及结构修复。

e. 隧道初支及时封闭成环，初支背后及时压浆，且合理控制注浆压力，二衬紧跟，结构配筋也进行了加强。

f. 施工承包商加强与4号线的运营部门联系，掌握其停运或停车时间，隧道爆破的时间避开了4号线运营时间，并在既有4号线车挡隧道内设置有监测点。提出了当监测发现变形、沉降超过警戒值等异常情况时的应急预案（及时采取加设钢架横撑、提前施作二衬等措施）。

g. 施工前，对既有4号线车挡隧道内的设备采取了加固等保护措施，确保了设备的正常使用。

通过上述措施，3号线区间隧道施工顺利，未出现任何监测预警和施工险情。

5.3.3.4 盾构隧道遇锚索的处理

1）晒布站—翠竹站区间遇天诚广场（奥运城）锚索

位于东门中路西侧的天诚广场（奥运城）基坑围护结构采用加强型土钉墙支护，其中预应力锚索长18 m，按水平间距2 m、层间距2.4 m布置；钢筋土钉10～12 m，按照水平间距1.2 m、层间距2.4 m布置。根据锚索、土钉与晒翠区间隧道的相对位置关系，共有28根预应力锚索和6根钢筋土钉侵入晒翠区间左线隧道内，盾构机直接切削处理困难。

本段隧道埋深约10 m，隧道穿越地层为残积层和花岗片麻岩的全风化层，综合考虑周边环境条件、道路交通、工程风险、工程地质与水文地质条件，采用了在东门中路西侧的人行道上、地下管线之间设置矩形人工挖孔桩，挖至锚索高度处，沿与道路平行方向挖水平小导洞，将天诚广场（奥运城）基坑围护结构的锚索、土钉暴露出来，然后采用特制的套管钻机将侵入区间隧道的锚索、土钉全部拔除。

2）益田站—石厦站区间盾构遇锚索

在YDK4 + 099～YDK4 + 166.9，长67.9 m范围，已竣工的天虹商场地下室围护结构锚索已侵入右线隧道洞身范围，盾构直接掘进困难，见图5.84。

实施过程中，在天虹商场侧挖2.5 m宽的13个小竖井，利用竖井作为工作面，采用千斤顶将锚索拔出后盾构掘进。后续盾构掘进顺利，证明通过明挖竖井拔锚索的方案是成功的、安全的。

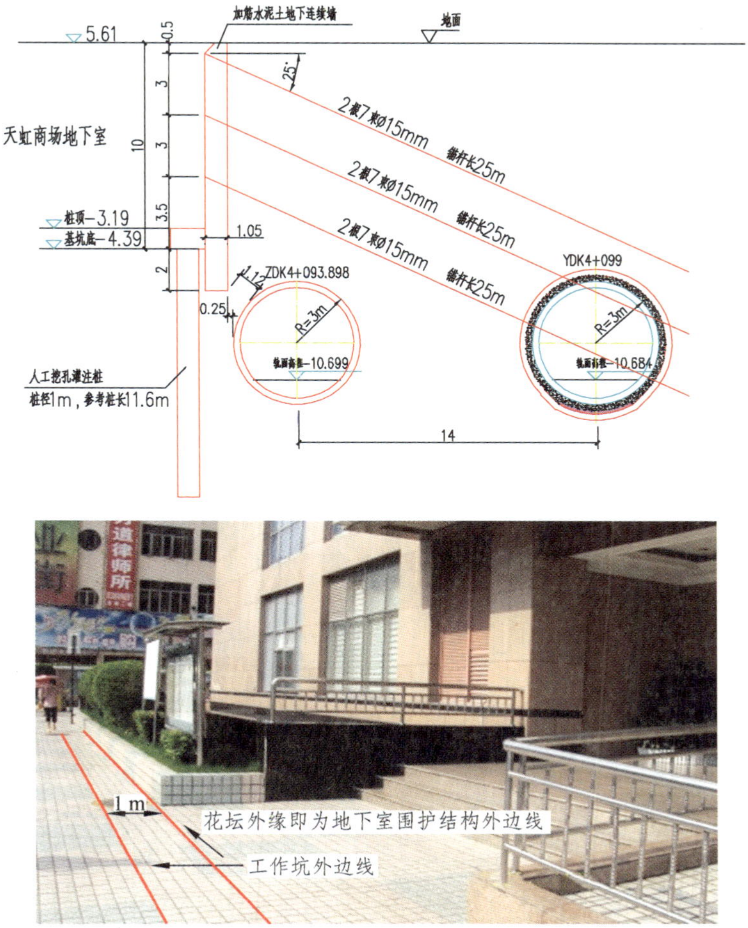

图 5.84 区间隧道与天虹商场地下室围护结构关系图

5.3.3.5 上软下硬地层及在高强度微风化花岗岩中盾构掘进措施

1）上软下硬地层中的掘进措施

场地范围下伏基岩主要为花岗岩，岩面起伏较大、隧道埋深变化较大，个别区间有长达几百米的上软下硬地段，盾构掘进过程中，容易对盾构机刀具造成损坏，盾构机发生偏移或被卡住，在软层超挖，引起土层扰动或缺失，注浆不及时，易产生地面沉降甚至塌陷。若盾构机土舱压力过大，还会引起地面隆起。

在上软下硬地层中掘进，为保护盾构及其刀具，不宜追求施工进度。在此地层掘进必须控制掘进参数，推力不宜太大，刀盘转速不宜太快，刀具贯入量不宜太深。同时掘进期间要有计划地检查刀具、刀盘状况。具体措施如下：

（1）及时检查刀具磨损状况并及时更换，在进入上软下硬地层之前必须提前停机，对刀具做全面的检查，确保刀具的完好性。

（2）对上软下硬的地层，不宜建立土压平衡时，采用气压辅助方式掘进，控制地层沉降。减小贯入量，降低掘进速度。

（3）要严格控制盾构机掘进姿态。

（4）注意泡沫剂等改善土体及刀具环境的添加剂使用。

（5）要注意对每环出土量的控制。

（6）加大地面沉降监测和周边建筑物监测的频率，并及时根据监测数据合理调整掘进参数。

（7）除红岭站—老街站区间外，其余区间均存在上软下硬，在有设置施工竖井的前提下，均采用了矿山法开挖、初支，盾构空推拼装管片的工法。如石厦站—购物公园站区间（左隧 188.5 m、右隧 219.5 m）、福田站—少年宫站区间（左隧 165 m、右隧 152.5 m）、莲花山站—华强北站区间（左隧 179.7 m）上如下硬段采用了此工法，盾构掘进顺利，施工风险相对较小。

2）在高强度微风化花岗岩中盾构掘进措施

当岩石强度超过 100 MPa 时，盾构掘进将十分困难，对盾构的刀盘及刀具磨损严重，需经常更换刀具。而微风化花岗岩的饱和单轴试验抗压强度最大达 159 MPa，而红岭站—老街站区间盾构机在高强度微风化花岗岩中掘进最长约 800 m（见图 5.85），施工过程中采取了以下措施：

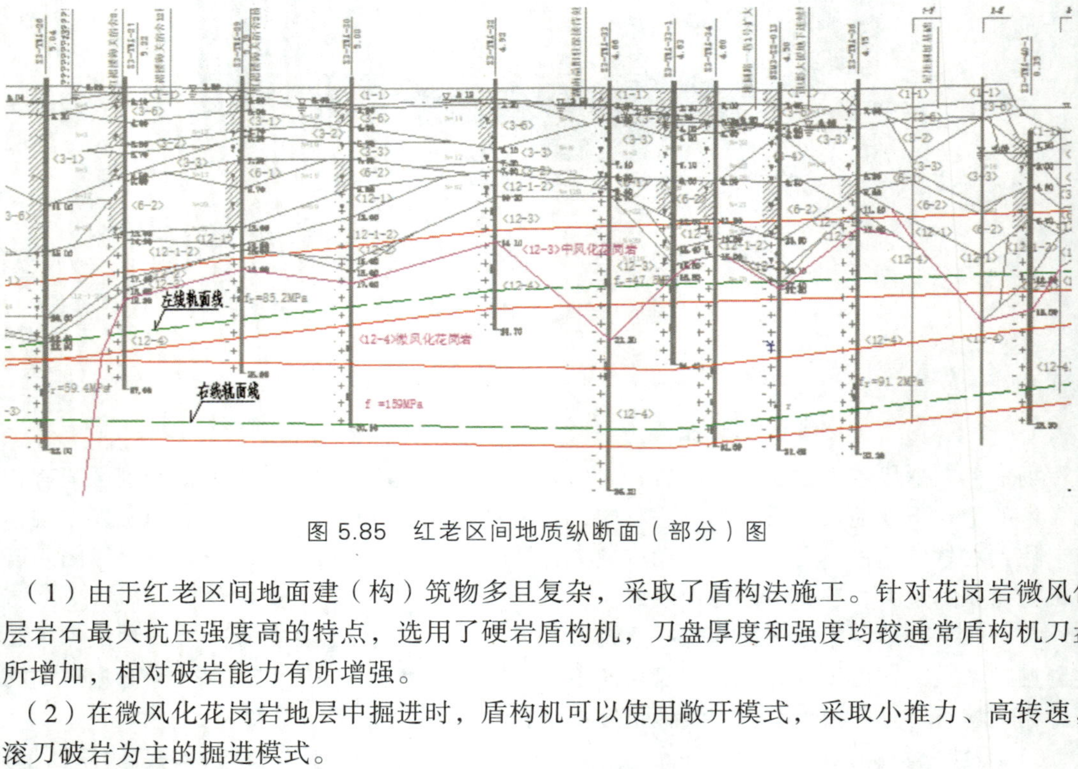

图 5.85 红老区间地质纵断面（部分）图

（1）由于红老区间地面建（构）筑物多且复杂，采取了盾构法施工。针对花岗岩微风化地层岩石最大抗压强度高的特点，选用了硬岩盾构机，刀盘厚度和强度均较通常盾构机刀盘有所增加，相对破岩能力有所增强。

（2）在微风化花岗岩地层中掘进时，盾构机可以使用敞开模式，采取小推力、高转速，以滚刀破岩为主的掘进模式。

（3）掘进过程中向土舱内注入泡沫，减小刀盘的扭矩，减小刀具的磨损量。

（4）掘进期间有计划地检查刀具状况，避免造成刀具偏磨、刀盘磨损。

（5）注意保持盾构机姿态和保证注浆量，控制管片姿态，避免管片上浮。

（6）利用降低推进速度、刀盘正反转等措施对盾构机旋转角度进行滚动角的控制。

5.3.3.6 砂层及富水地层的处理措施

1）红岭站—老街站区间下穿布吉河段的处理措施

布吉河河床距左线隧道最小净距约 6 m，左右线隧道净距为 2.6 ~ 3.4 m。布吉河河面宽度 31 m，四季流水不断，河水深随季节雨量变化而变化，深度一般在 0.5 m 左右。在河底段右线隧道穿越全断面硬岩，布吉河对其施工影响较小；左线隧道存在上软下硬，且隧道顶部主要为透水性很强的砂层，布吉河对其施工影响较大。

为保证盾构机顺利通过布吉河段，对布吉河范围内地层进行预加固处理（图 5.86），为达到较好的加固效果，根据地层条件，采用三重管旋喷桩对布吉河底土体进行加固，要求加固体 28 d 的无侧限抗压强度≥2 MPa，渗透系数≤10^{-6}cm/s。由于布吉河常年有水条件，通过倒边围堰筑岛完成了布吉河的加固施工。

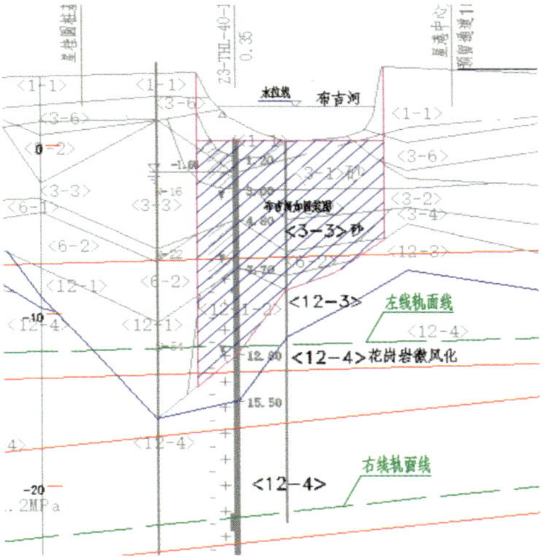

图 5.86 红老区间下穿布吉河加固剖面

本区间盾构机选型主要考虑硬岩盾构掘进问题，而对于下穿布吉河遇砂层，且与河水有联系的软弱地层采取了加固处理，确保了硬岩盾构机穿越布吉河的施工安全。

2）红岭站—老街站区间邻近老街站端地层加固

该段区间上下重叠（净距 1.6 ~ 1.8 m），左隧覆土厚度约 10 m。该段要穿越已完成桩基托换的广深铁路桥，受管线迁改、广深铁路桥桩基托换施工及老街站施工的影响，该段环境条件尤其复杂。左线隧道所穿越地层为中粗砂层和残积层，右线隧道所穿越地层为残积层和全风化花岗片麻岩层，局部为上软下硬地层，上下隧道间所夹地层为残积层和全风化花岗片麻岩层。星港中心—老街站间隧道长 50 m，其中老街站盾构端头旋喷桩加固段长 6 m，该加固段和广深铁路桥桩基托换地基加固处理段连成一体共长 31.5 m，余下 19.5 m 范围，在盾构机到达之前，采用ϕ600 mm@450 mm 的密排旋喷桩从地面进行加固处理，加固宽度范围为盾构隧道及其两侧各 3 m 的范围，加固深度范围为上隧道顶以上 3 m 至下隧道底以下 3 m 的范围，加固后要求加固土体的 28 d 无侧限抗压强度大于 1.5 MPa，渗透系数小于 10^{-6} cm/s。

5.3.3.7 联络通道两洞口高差较大的处理

莲花村站—华新站区间为左右分修的两条单线盾构隧道，穿越地层上软下硬现象严重，分布不均，为尽可能减少隧道穿越上软下硬地层，采取了调整线路纵坡的方式予以规避，致使 2 号联络通道与正线洞口高差达 2.6 m，给联络通道的纵坡、人防门的布置等带来困难，设计采取在通道内设置了 17 级步梯，采用矿山法施工（图 5.87）。

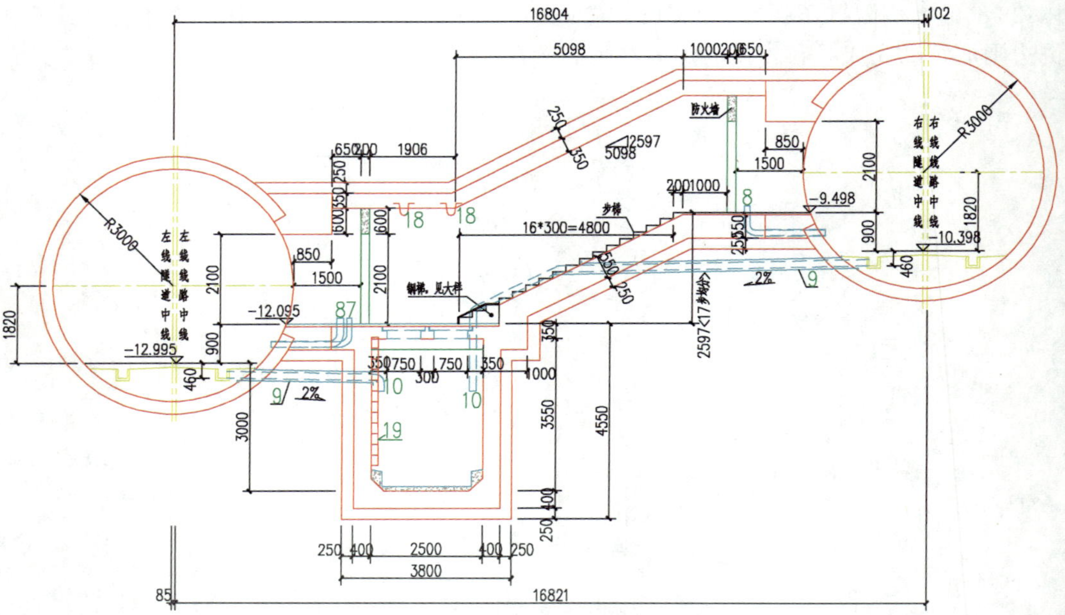

图 5.87 联络通道剖面图（单位：mm）

5.3.3.8 花岗岩残积土及全强风化地层采用矿山法施工

通新岭站—红岭站区间长约 310 双延米，为左右分修的两条单线隧道。线路主要在红荔路下敷设，道路两侧房屋密集（多为 20 世纪 80 年代的建筑），地处繁华闹市区，地面人流集中，交通繁忙，市政管线较多。

隧道覆土约 10 m，穿越的地层主要有冲洪积黏土、砂土、残积黏性土、花岗岩全风化地层，在小里程端隧顶距砂层较近（围岩级别为Ⅵ级）。特殊地层及不良地质主要为：花岗岩残积土及全强风化层有遇水易软化、崩解的特性；F_3 断层从 ZDK11 + 417 通过。地下水较发育，断层带附近地下水较富集，水量较大。工程地质条件差（图 5.88）。

由于无盾构始发场地，该段采用矿山法施工。在区间的中部右侧约 15 m 处设临时施工竖井及横通道对本区间隧道进行施工。

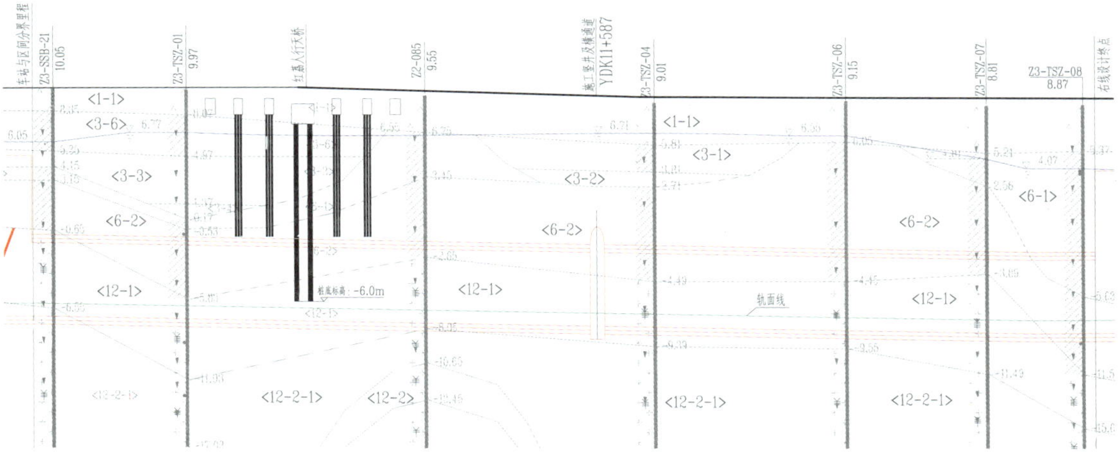

图 5.88 通红区间地质纵断面

1）工程重难点

花岗岩残积土及全强风化层遇水软化、崩解的特性。

本区间地表水、松散岩类孔隙水相互间的水力联系较为密切，相互补给。如何切断地下水的联系，是确保隧道掌子面稳定的关键。采取洞内加固和止水，同时加强隧道支护参数，最大限度地减小了地面道路及周边房屋建筑的影响。

2）采取的辅助措施

采用洞内全断面深孔预注浆对地层加固和止水，当地面有条件时，改为地面注浆加固地层和止水。本区间主要辅助施工措施如下：在隧道拱部 120°范围采用ϕ42 mm 注浆小导管超前支护，上台阶设置临时仰拱。

5.3.4 区间隧道防水设计

5.3.4.1 盾构隧道

1）防水原则及措施

隧道防水等级为二级。本线采用预制防水混凝土管片，抗渗等级为 P12。在有侵蚀性地段采取了抗侵蚀措施，混凝土抗侵蚀系数不得低于 0.8，在腐蚀严重区段在管片外侧涂刷环氧类防腐层。

2）接缝防水设计

（1）管片之间设置密封垫沟槽，其内设置高弹性三元乙丙橡胶密封垫。

（2）螺栓孔采用了可更换的遇水膨胀橡胶密封圈加强防水。

（3）用作注浆的吊装孔采用微膨胀水泥聚氨酯密封胶进行封堵。

（4）要求管片环缝错开量不大于 10 mm，错台率不大于 10%。

（5）要求在张量为 8 mm 时能抵抗 0.6 MPa 的水压。

3）洞门防水设计

（1）盾构进出洞时，用特殊的帘布橡胶圈以及可靠的固定装置，减少漏泥、漏水。

（2）采用聚合物混凝土合成纤维混凝土浇捣井圈，采用止水带、遇水膨胀橡胶止水条、密封胶加强抗裂与防水。

4）联络通道防水设计

采用 1.5 mm 厚的 PVC 防水板 + 无纺布对联络通道进行了全包防水。

5）防腐设计

（1）裂缝控制不得大于 0.2 mm，且不得有贯穿裂缝。

（2）在有侵蚀性介质的工点，混凝土的耐蚀系数不得小于 0.8，对于存在中等及以上腐蚀介质的工点，混凝土须掺入防腐蚀添加剂或采用抗硫酸盐水泥。

（3）为改善混凝土的体积稳定性和抗裂性能，水泥细度（比表面积）不超过 3 500 cm^2/g，游离氧化钙不超过 1.5%。

（4）选用坚固耐久、级配合格、粒形良好的洁净骨料。

（5）对于硫酸盐环境的混凝土结构应使用硅酸盐类的抗硫酸盐水泥或高抗硫酸盐水泥，同时掺有矿物掺和料。

（6）盾构区间隧道管片与管片之间要求绝缘，不应有电气连接。

5.3.4.2 矿山法隧道

1）设计原则

强调以结构自防水为主。结构砼采用防水混凝土，抗渗等级不小于 P8，并可根据需要增设附加防水层或采用其他防水措施。

区间隧道防水等级为二级，防水标准同盾构隧道。

2）防水及防腐设计

（1）在初支与二衬之间的拱墙部位设置 1.5 mm PVC 复合防水板 + 400g/m^2 无纺布，防水板与二次衬砌之间在边墙下端设纵向排水盲管，以排出渗入防水层后的少量地下水。

（2）在有侵蚀性介质的工点，混凝土的耐蚀系数不得小于 0.8，对于存在中等及以上腐蚀介质的工点，混凝土须掺入防腐蚀添加剂或采用抗硫酸盐水泥。

（3）混凝土加入 20%的优质粉煤灰及抗裂（密实型）外加剂，具体掺量根据试验确定。

（4）防止及抑制砼收缩微裂纹的产生及发展，提高砼结构的耐久性和防水性能，在隧道二衬砼中添加适量的聚丙烯腈纤维，具体掺量根据试验确定。

隧道二衬钢筋按防迷流要求进行设计和施工。

3）接缝防水措施

（1）施工缝。

隧道施工缝间距≤10 m。环向施工缝浇注混凝土前应凿毛、洁净处理，并涂刷水泥净浆或界面剂。在施工缝处预埋一道ϕ12 mm 注浆管。

（2）变形缝。

分别在二衬外侧设一道背贴式止水带，在变形缝中部设一道带注浆管的橡胶止水带，共同形成封闭的防水线；在拱顶及边墙内侧设置不锈钢接水槽对少量渗水引流，仰拱内侧嵌填聚硫密封胶。为减少结构不均匀沉降，在变形缝处设有剪力键。

5.4 区间桥梁

5.4.1 工程环境

1）自然地理、环境条件、气象、地形、地貌

地铁3号线始于罗湖区红桂路，穿越繁华的东门商业区，沿东门中路、翠竹路、步心立交、布吉路，至布吉检查站，沿途为特区，楼宇众多、人口稠密、交通繁忙；经布吉检查站，进入龙岗区，与惠深公路并行，止于龙岗镇龙兴街。

深圳地处北回归线以南，属亚热带海洋季风气候，年平均气温22.2 °C，最高气温在7月，月平均气温28.2 °C，极端最高气温38.7 °C；最低气温在1月，月平均气温14 °C，极端最低气温 0.2 °C。年平均降雨量 1 879.8 mm，日平均最大降雨量 282 mm，日暴雨量最大值385.8 mm。年平均风速2.6 m/s，台风极端最大风速为40 m/s。地铁3号线经过地区主要穿越以下两个地貌单元：

（1）冲洪积平原区（Ⅰ区）：

该区又分为两个亚区：

Ⅰ-1 区：位于市区中心地带，地形平坦，地面高程5～20 m，分布于红岭中路—人民医院之间（起点～AK10＋300）。

Ⅰ-2 区：位于荷坳路站至终点段（AK32＋000～终点），为冲积盆地，地面高程20～50 m。

（2）丘陵区（Ⅱ区）：低丘与河流阶地相间，地势起伏不平。地面高程一般为20～100 m，山坡坡度5～15°，阶地地面高程一般在50 m以下，分布于人民医院—龙兴街之间（AK10＋300～AK32＋000）。

2）地质概况、地震动参数

地铁3号线高架段经过地区主要穿越冲洪积平原区和丘陵区两个地貌单元，沿线高架段地质情况按基底持力层不同大致可以分为两类：

（1）持力层主要以泥质砂岩、变质砂岩、炭质页岩及泥岩为主，无液化砂土和溶洞等不良地质情况，工程地质条件好。

（2）持力层主要以灰岩、大理岩、花岗片麻岩、花岗岩为主，局部有液化砂土、大范围有溶洞等不良地质情况，工程地质条件较差。

根据《中国地震动参数区划图》（GB 18306—2001），地铁3号线通过地区的地震动峰值加速度为0.10g，地震动反应谱特征周期为0.35 s。

3）水文地质

根据地下水的赋存条件，沿线地下水主要有三种类型：一是松散土层孔隙水，二是基岩

裂隙水，三是岩溶水。

地下水主要受大气降水及地表水补给。通常降水充沛的丰水期，一般是地表水补给地下水，相反，在降水稀少的枯水期，地下水补给地表水。

地下水的渗流方向主要受地形及区域侵蚀基准面控制，从地下水位反映的形态看，地势高则地下水水位高，反之则地下水位低。从沿线地貌及区域侵蚀基准面看，育马场站以北，地下水径流方向为由南向北，而育马场站以南，地下水流向则为自北向南。

5.4.2 桥梁设计

5.4.2.1 桥跨布置主要原则

（1）路桥分界高度：一般路基地段路桥分界高度宜控制在 2.5 m 以下。

（2）桥跨布置原则：根据两站间作为一个孔跨布置单元进行桥跨布置，区间桥跨尽量采用标准跨均匀布设，避免出现跨度差异较大，影响城市景观。具体结合地形地貌、河流水文、工程地质、跨越功能、经济性、工期、施工方法等条件综合考虑。

（3）桥跨布置时，优先采用标准跨 30 m 布置，当采用其他较小跨度作为调整跨时，梁高采用与 30 m 箱梁等高处理。

建设后的实际效果如图 5.89 所示。

图 5.89 路桥分界和跨道口桥跨布置

5.4.2.2 一般桥梁结构设计

1）桥梁结构选型

根据轨道交通的特点，截至 2005 年，轨道交通高架桥梁结构常用梁体截面有 T 形截面、箱形截面、槽形截面。在当时建造技术下，各类梁型综合比较见表 5.42。

表 5.42 梁部结构形式综合比较表

项 目	箱 梁	T 形梁	槽形梁
结构性能	刚度大动力性能好	受力明确	抗扭性能差
徐变拱度	后期徐变拱度小，适用于无砟轨道	后期徐变较大	后期徐变拱度小
景观	简洁	显得凌乱	梁体显得庞大
适应性	直线、曲线、渡线	直线、曲线、渡线	直线
经济性比较	1.35	1.0	1.5
适宜施工方法	预制架设	单片预制吊装	现浇
建设经验	技术成熟	铁路大量应用	使用经验少

桥梁截面形式是高架结构设计的重要前提，由于箱梁截面抗弯、抗扭性能好，外观简洁、整体性强、刚度大、结构耐久性好，此外，箱梁还具有良好的动力性能，在列车走行时产生的振动及噪声均相对较小，有利于城市的环境保护。同时由于箱梁截面竖向刚度大，混凝土后期徐变上拱较小，尤其适用于在无砟轨道中应用。箱梁是当时国内外城市轨道交通高架桥梁普遍采用的主要梁部结构形式。

深圳地铁 3 号线 2005 年通过对不同梁型不同跨度进行了经济性分析综合考虑连续梁跨越能力、桥面行车平顺性和景观等因素，最终确定一般桥梁采用技术成熟的 3-30 m 预应力混凝土连续箱梁，辅以 30 m 预应力简支箱梁作为调跨和配跨使用的梁型方案。

下部结构采用花瓣式板式桥墩，上下采用流畅圆顺的线条连接，既能表现桥梁结构的力量美，又体现了城市高架的韵律性和流畅美。整体如图 5.90、图 5.91 所示。

图 5.90 区间双线箱梁和花瓣式板型桥墩

图 5.91 喇叭口单线箱梁和 Y 型桥墩

2）桥墩构造

（1）标准花瓣墩（图 5.92）。

① 适用范围：适用于双线箱梁，梁底宽 3.8 m。

② 桥墩分类：分为Ⅰ、Ⅱ、Ⅲ三种类型。Ⅰ类适用于连续梁的固定中墩，Ⅱ类适用于连续梁的活动中墩，Ⅲ类适用于简支梁墩、连续梁边墩 + 连续梁边墩、连续梁边墩 + 简支梁墩。

③ 墩身构造：墩顶横宽 3.8 m，与梁体箱宽一致，墩底宽 2.2 m、2.4 m 随墩高确定，中间设圆弧段过渡；墩身纵向为直坡，宽 1.6 m、1.8 m 随墩高及桥墩类型确定。

图 5.92 刚施工完的标准花瓣墩

（2）加宽花瓣墩（图 5.93）。

① 适用范围：适用于双线箱梁加宽墩或单双相接墩，梁底宽大于 3.8 m。

② 墩身构造：为统一利用曲线模板，方便施工，在标准花瓣墩的基础上，增加墩横向直线段尺寸，保证墩顶横向与梁体底部等宽，墩身纵宽为 1.8 m。

图 5.93 刚施工完的加宽花瓣墩

（3）Y 型墩-钢筋混凝土盖梁（图 5.94）。

① 适用范围：适用于喇叭口处，线间距满足 6 m≤S<10 m。

② 桥墩分类：单线梁＋单线梁、单线连续梁中跨、单线梁＋双线梁、单线梁（斜腹板梁）＋单线梁（直腹板梁）。

③ 盖梁构造：盖梁高度 0.8～1.5 m，盖梁横宽＝线间距 S＋3.2 m，盖梁纵向宽度 2.6 m。

④ 墩身构造：Y 型墩纵向宽度 2.2 m。Y 肢由直线段和圆弧段组成，圆弧段外侧半径 7.5 m，内侧半径 9 m，最大中心距 8.8 m，横向宽度 1.5 m；墩身横宽 4.4 m，中间开槽；墩身纵向为直坡。

图 5.94 刚施工完的 Y 型墩

（4）Y 型墩-预应力混凝土盖梁（图 5.95）。

① 适用范围：适用于喇叭口处，线间距满足 10 m≤S<13 m。

② 桥墩分类：单线梁 + 单线梁、单线连续梁跨中、单线梁（梁高 1.8 m）+ 单线梁（梁高 2.2 m）。

③ 盖梁构造：盖梁高度 0.9～1.6 m，盖梁横宽 = 线间距 S + 3.2 m，盖梁纵向宽度 2.6 m。

④ 墩身构造：Y 型墩纵向宽度 2.2 m。Y 肢由直线段和圆弧段组成，圆弧段外侧半径 7.5 m，内侧半径 9 m，最大中心距 8.8 m，横向宽度 1.5 m；墩身横宽 4.4 m，中间开槽；墩身纵向为直坡。

图 5.95 刚施工完的 Y 型墩

5.4.2.3 特殊桥梁结构设计

跨越路口、河流需要采用大跨度桥梁时，根据桥梁所在线位、桥高、跨越地物及地质情况等条件，比较选用连续梁或连续刚构结构，按照以下原则布设：

（1）跨越公（道）路道口布置形式。

跨越既有道路路口时，按满足交叉道口桥下道路通行功能的要求，结合各规划路幅及平面交叉口交通渠化分析，以桥墩跨过人行斑马线控制桥跨布置。

（2）跨越河流的桥梁，尽量结合既有深惠路改造工程与深惠路公路桥对孔布置，桥墩不应设在背水坡，且一般宜用桩基，承台宜上抬，尽量少挖或不挖河堤。当与既有深惠路公路桥冲突且实施一体化难度较大时，宜一孔跨越。

全线结合现场跨越需要和施工条件等实际情况，跨越道路、立交、河流等分别采用了（33 + 48 + 33）m 连续刚构、（41 + 68 + 37）m 连续刚构、（40 + 50 + 40）m 连续刚构、（38 + 53 + 38）m 连续梁、（30 + 50 + 30）m 连续梁、（23 + 35 + 23）m 连续梁道岔桥、（40 + 60 + 40）m 连续梁、（40 + 68 + 40）m 连续刚构、（3 – 30 + 4 – 30 + 3 – 30）m 爱联站道岔区及存车线桥梁（图 5.96）。

图 5.96 道岔梁桥底

5.4.2.4 桥梁附属设施设计

1）桥梁区间供电受流设施

高架桥梁区间供电受流采用 DC 1 500 V 接触轨方式，需按相关专业要求设置预埋件。

2）桥梁区间防杂散电流设施

（1）在高架桥梁区段，梁部和桥墩之间应设置氯丁橡胶支座绝缘。

（2）选择梁部内的顶层结构钢筋（包括承轨台内的钢筋）作为杂散电流收集网，被选作收集网的结构钢筋应均匀分布，以增加杂散电流收集效果。每段梁内的纵向钢筋如有搭接，必须进行搭接焊，焊接长度不小于 30 mm。沿梁纵向每隔 5 m 用一根横向钢筋与交叉的所有收集网纵向钢筋（包括承轨台内的钢筋）焊接，形成高架桥梁区段的杂散电流收集网。

（3）在每一段梁的两端头部（即靠近梁缝处），用 5×50 mm 的铜排与所有的收集网钢筋焊接之后在梁的左右两侧引出铜排连接端子，并在上面打 ϕ12 mm 孔，用于电气连接及测量。连接端子设置于控制电缆槽旁的隔声屏底座内侧，另一侧位置和其相对应。

（4）在每一段梁内选一根纵向钢筋作为排流条和所有的收集网横向钢筋焊接，并和梁端头部的铜排焊接。用电缆将伸缩缝两侧的铜排连接端子连接，使全线的整体道床和高架桥梁收集网钢筋全部纵向电气连续。在有牵引变电所的车站，梁内收集网钢筋应引出排流端子，以备将来与牵引变电所内的排流柜连接。排流端子可以利用靠近牵引变电所的梁缝连接端子。

（5）在高架桥梁区段，每隔 200 m 左右，利用桥墩结构钢筋做地网，在桥墩结构钢筋的最上部，用 5×50 mm 的铜排和桥墩所有竖向结构钢筋焊接，并引出接地网连接端子，并在上面打 ϕ12 mm 孔，用于高架区段的防雷接地用。

（6）高架桥面应设置良好的排水措施。

3）桥梁区间检修、疏散设施

桥面检修可利用中央疏散平台作为通道，桥墩处一般不设置检查梯等外设检查附属设施，可采用带升降载人栏的移动检查车，利用深惠路行进，并对梁体外观等相关项目实施检测。对出现问题需详细检测并维护处，可采用桥下挂篮实施。

4）桥梁防、排水设施

高架区间桥面应采用防水卷材与防水涂料结合的防水层体系，采用纤维混凝土防水层作为保护层，防止桥面水侵蚀。伸缩缝处应做好防、排水处理，梁端纵向应设置挡水块，避免纵向流水通过伸缩缝渗流。应设滴水檐防止水从侧面淌入梁侧及板底面。

桥面采用集中汇水并排入两侧泄水管的方式，通过埋置在墩柱内的排水管直接排入城市排水系统中，并结合桥梁景观适当设置引水槽。排水口不得紧贴混凝土构件表面，排水管的出口应离开结构墩柱一定距离。

5）桥梁区间照明设施

桥面不单独设置运营用照明设施，但应根据相关专业要求预留电源接线箱。区间根据业主要求预留景观照明及广告照明条件。

6）桥梁区间隔声障设施

（1）矮隔声障设于桥面两侧悬臂端，桥梁应为矮隔声障的安装预留连接装置，矮隔声障底部与桥面结构之间不应留有缝隙。梁缝处的隔声障结构应能适应梁的伸缩变化。中央疏散平台下应设置吸声设施。

（2）对于环评评价敏感区，需根据相关要求布设隔声屏障或隔声隧道，并预留相关条件。

7）桥梁区间综合管线设施

通信、信号及电力等弱电电缆布设于两侧的挡墙上，强电布设在中央疏散平台下电缆支架上，并设置综合接地设施。全线采用三轨供电方式，三轨布设于线路前进方向左侧，如图 5.97 所示。

图 5.97 桥面附属设施

5.4.2.5 主要设计创新

1）对梁部施工方法进行了系统的比选分析

（1）地铁 3 号线的高架区间工程概况。

深圳地铁 3 号线高架地段基本位于特区外，除局部地段位于道路一侧外，其余基本位于既有深惠路路中，高架地段全长约 22 km。梁部一般采用 3 × 30 m 预应力混凝土连续梁或 30 m 预应力混凝土简支梁。

全线梁部主要为双线单箱单室斜腹板箱梁，高架站采用岛式站台车站，站端两侧喇叭口地段采用单线单箱单室斜腹板箱梁，道岔区采用单箱多室箱梁，车站内梁部采用桥建合一整体框架结构。

高架区间最大纵坡 30‰，最小半径 400 m。

全线高架地段共计跨越平交道口 29 处，均采用特殊跨度跨越。跨越深惠道路、既有立交、河流的特殊结构共计 4 处，特殊跨度共计 24 联。

综合线路条件等因素，各高架区间有条件采用预制法施工的桥梁共 211 孔 30 m，7 孔 28 m 简支梁，线路总长 6 540 m。

（2）高架区段工法选择的主要思路。

地铁 3 号线高架段全长约 22 km，但线路在塘坑站相邻区间局部采用地面和地下线将高架段分为两段，高架段基本走行于既有深惠路路面上（路中或半幅车道上）。通过总体设计、初步设计的详细论证，高架地段的梁部工法选择的主要思路是：

高架区间为满足城市景观要求和结构自身受力，一般采用整体式箱梁，按 30 m 标准跨计算，一孔简支梁重 410 t。由于梁体长度对既有道路的运输条件及吊装重量制约，且沿线周边预制梁场地的选择困难，采用整孔预制吊装的梁部工法对本线是不适合的。

高架区段基本与既有深惠路并行，施工时应充分考虑既有道路的交通疏解和既有道路改造同步实施的工程条件，同时必须避免出现施工造成对既有道路交通行车、行人的安全事故。

（3）施工工法适应性分析与选择。

① 结合本线高架地段的设计现状，节段拼装法有如下不利之处：

a. 全线能采用节段拼装的梁段连续性不强，最长的区段也仅 24 孔 30 m，这样会造成架桥机具的移动不连续，且各非连续地段也将作为工期的控制点，造成整个施工的困难。

b. 全线多处跨越既有立交桥，若采用下行式架桥机，会受到道路的净空限制而无法实施。若采用上行式架桥机，架桥设备对桥墩的要求较高，会导致结构尺寸因架设要求造成永久性的增加，影响景观（图 5.98），且沿线的高压电线也将影响架桥设备的运行（图 5.99）。

c. 预制节段的运输将局部影响既有道路交通。

② 满堂支架法，主要具有以下几点优势：

a. 高架地段基本位于既有道路上，205 国道多年的汽车碾压以及混凝土既有道路路面，是架设支架很好的基础条件，会减少支架的地基处理费用和时间。

b. 高架地段平均墩高基本在 9 ~ 10 m，支架施工高度适中。

c. 梁部外观变化较大，特殊桥跨组合较多，采用现浇施工能灵活处理。

图 5.98 既有大芬立交

图 5.99 既有机荷立交

d. 采用现浇法施工，能灵活选取开工工点，对工期的适应性较强，能满足工期紧迫的需要。

e. 施工技术成熟，工程费用较低。

当然满堂支架法也有它的不足之处：

a. 采用现浇施工，施工质量控制必须加强，加大对灌注、脱模技术的研究和控制，保证结构的质量。

b. 采用现浇施工，施工中对周边道路交通及环境有一定的影响。

③ 本线施工工法选择。

基于本线高架区段工程结构方案和沿线工程环境特点的综合考虑，高架区间的梁部施工工法采用满堂支架现浇法施工，施工期间将线路中线两侧共 11.5 m 宽度作为施工场地使用。特殊较大跨度的变截面连续梁或刚构，采用悬臂对称法挂篮施工。

2）梁端构造设计

预应力混凝土梁部采用满堂现浇施工，必须考虑预应力钢束张拉空间的需要，为满足多联梁同时施工，采用了 A 型和 B 型两种梁端类型，A 型梁端先施工，给后施工的 B 型梁端留出千斤顶张拉空间，A 型梁端横隔梁混凝土在 B 型梁端张拉完毕后再浇筑。为了保证 A 型梁端钢束张拉时腹板的稳定和强度，横向设加强联系钢筋，在 A 型梁端钢束张拉完毕后，为了满足 B 型梁端千斤顶张拉的空间切断部分钢筋，张拉完一束，再按施工规范要求把截断的钢筋焊接，然后再张拉另一束，依次张拉。B 型梁端张拉完毕后再浇筑 A 型梁端未浇筑混凝。

3）小半径曲线梁设计

深圳地铁 3 号线高架段最小曲线半径 $R = 600$ m，基本桥跨布置为 3-30 m 连续梁，梁部采用现浇施工。为使全线高架桥梁在景观上连续顺畅并结合现浇施工的工法特点，曲线梁按以下原则进行设计：

（1）简支梁采用桥面曲线曲做箱体曲线直做，连续梁采用桥面曲线曲做箱体曲线曲做。

（2）简支梁箱体采用平分中矢设置横向偏心，梁端横向按径向于右线布置，连续梁与简支梁相接时采用线性内插设置横向偏心值，个别特殊站端喇叭口左右线对称曲线布置时，梁端横向按平行站端布置。

（3）小半径曲线梁桥设计时，应注意以下要点：

① 弯桥在外荷载的作用下会同时产生弯矩和扭矩，并且互相影响，使梁截面处于弯扭共同作用的状态，其截面主拉应力往往比相应的直梁桥大得多。

② 弯桥在外荷载的作用下，还会出现横向弯矩。

③ 由于弯扭耦合，弯桥的变形比同样跨径直线桥要大，外边缘的挠度大于内边缘的挠度，而且曲率半径越小、桥越宽，这一趋势越明显。

④ 弯桥的支点反力与直线桥相比，有曲线外侧变大，内侧变小的倾向，内侧甚至可能产生负反力，出现梁体与支座的脱空的现象。

（4）为确保单线曲线梁在曲线半径较小时，内外侧支反力和梁体横向倾覆稳定性，设计时对每一个小半径曲线桥梁进行分析计算，确定了桥梁布置及支座横向距离，最终全线统一双线梁支座间距为 2.59 m，单线梁支座间距为 1.9 m。

对曲线地段单线梁，为增强横向稳定性，通过在梁体支承处设置加宽块，横向支座中心矩加宽采用 1.9 m，其横断面及主要尺寸如图 5.100 所示。

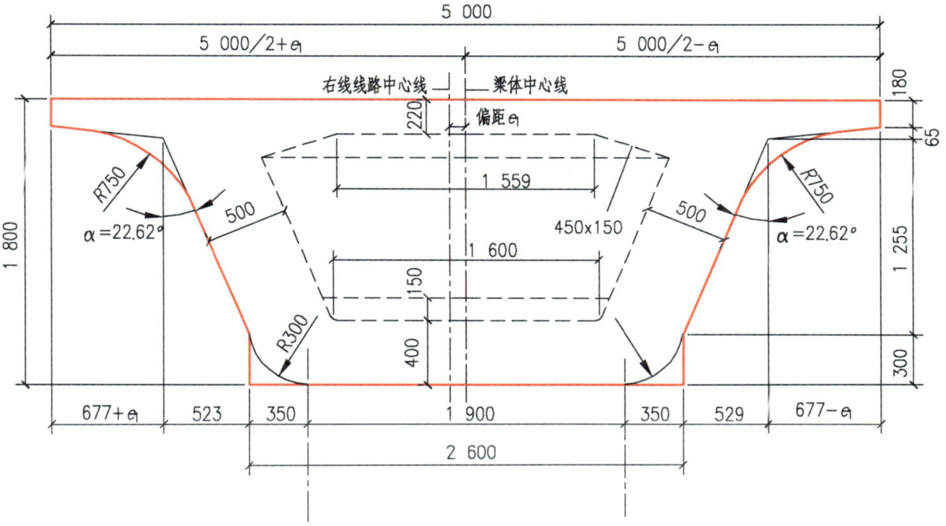

图 5.100　标准单线梁横断面示意图（单位：mm）

5.4.3　高架车站

5.4.3.1　桥梁结构设计

1）桥跨布置

高架车站有效站台 120 m，为控制车站体量，车站总长也为 120 m，大多均位于规划深惠路中央 10 m 宽绿化带。车站两侧是规划道路，受场地宽度限制，桥梁孔跨布置时，综合考虑房建结构受力及净空布置，车站采用岛式站台，桥墩采用Π形悬挑门架墩，柱间距 8 m，桥梁顺线路采用 12 m 标准孔跨布置，在车站中部墩、梁设置一处伸缩缝，将车站分成 60 m 长的两联结构，如图 5.101、图 5.102 所示。

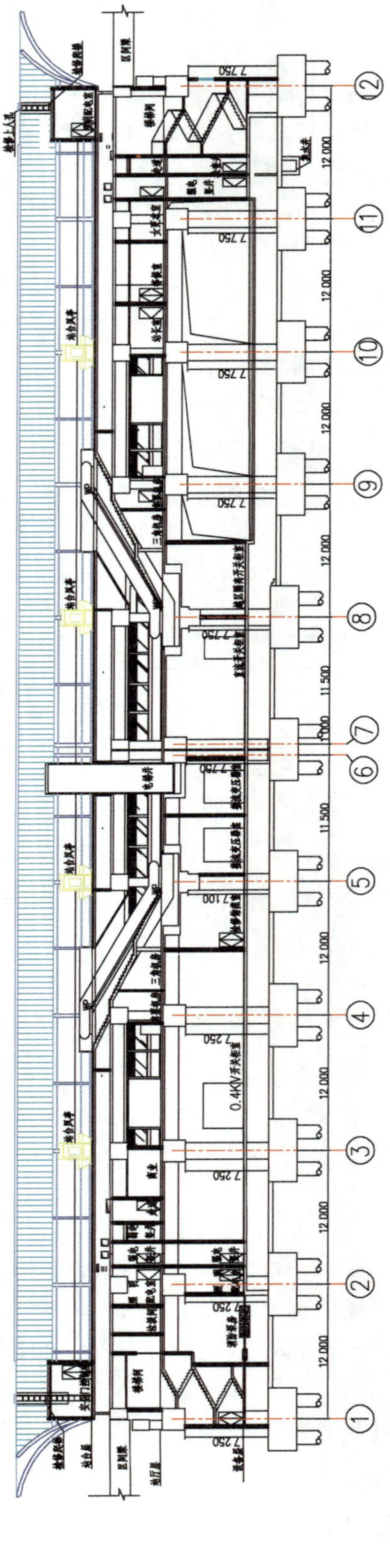

图 5.101 高架车站立面图（单位：mm）

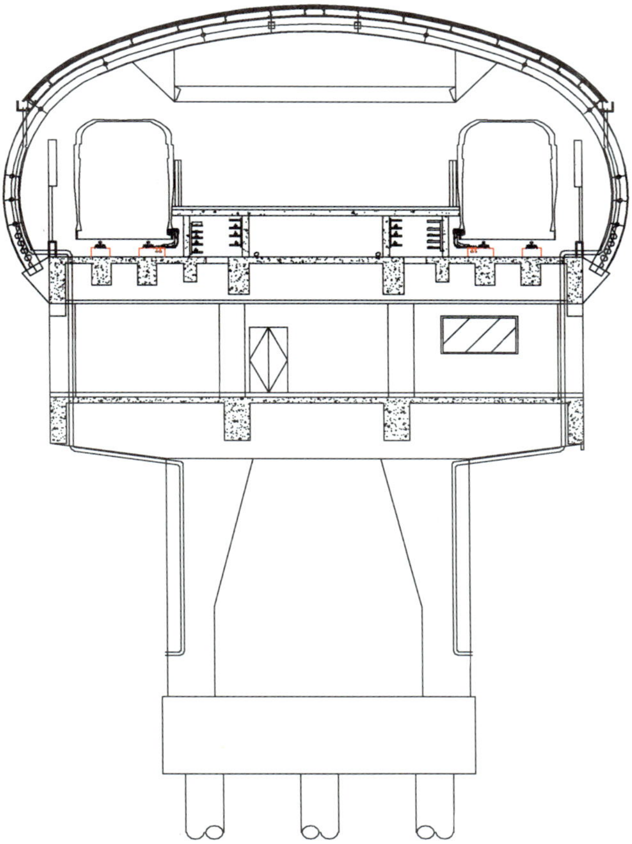

图 5.102 高架车站横断面

2）结构设计

高架车站采用桥建合一空间框架结构形式，桥梁和房建结构固结，桥梁的盖梁、墩柱、基础为桥梁结构和房建结构共有，桥梁的横向框架通过纵向房建结构梁板整体浇筑，形成空间框架体系。车站单榀结构采用Π形，横向柱中心距 8.0 m，两侧悬挑 3.6 m。Π形结构采用钢筋混凝土，横梁采用预应力混凝土结构，站厅两外边立柱采用预应力混凝土结构，墩柱、站厅中央立柱、站厅盖梁及轨道纵梁采用钢筋混凝土，如图 5.103 所示。

5.4.3.2 设计创新

1）车站长度的选择

根据建筑功能要求，车站总长度 120 m。车站为空间框架体系，若中间不设置变形缝，则结构超静定联长太长，温度变化和混凝土的收缩及徐变荷载将控制设计。也正是基于这一原因，我国《混凝土结构设计规范》规定室内或土中现浇式钢筋混凝土框架结构的伸缩缝的最大间距为 55 m，露天现浇钢筋混凝土框架结构的伸缩缝最大间距为 35 m；在高架车站设计过程中，结合空间分析结果，参照规范规定，在车站中部设置一处伸缩缝，将车站分成 60 m 长的两联结构。

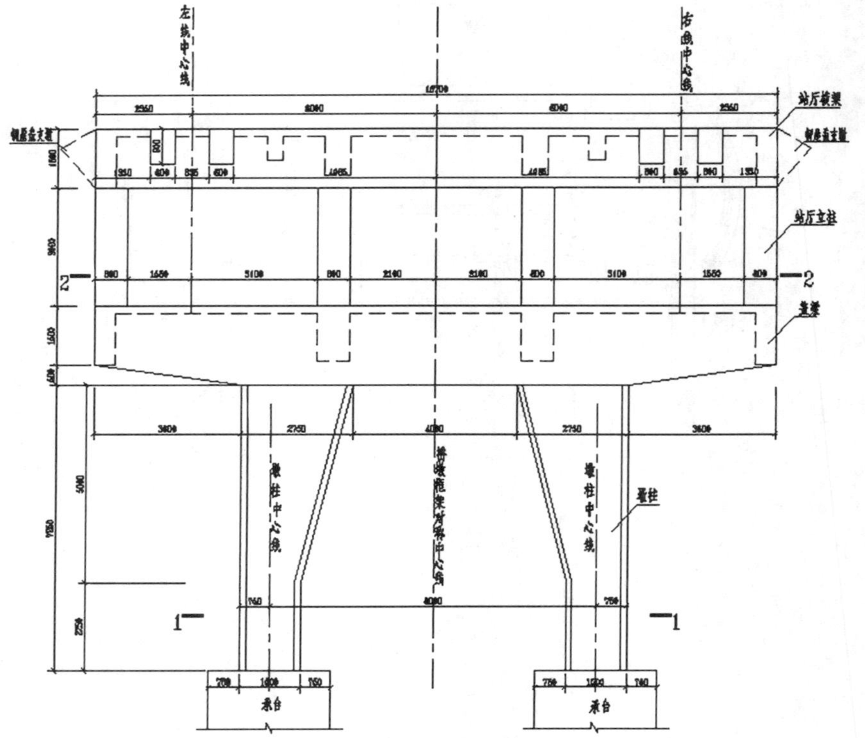

图 5.103 高架车站桥梁结构断面布置图（单位：mm）

2）后浇带的设置

混凝土的徐变、收缩与混凝土的组成材料及其配合比，周围环境的温度、湿度、构件截面形式、混凝土的养护条件、混凝土的龄期等诸多因素都有关系，收缩主要是由水泥浆的凝结而产生，且总是和徐变伴随发生的，混凝土收缩产生收缩力，而徐变的发生则使收缩力在一定程度上抵消，混凝土的收缩、徐变主要发生在混凝土浇筑后的前几个月，到后期发展则较为缓慢。桥建合一的高架车站一般都是多次超静定结构，跨度小，但联长较长；通过设置后浇带，对车站进行分段浇注，让一部分收缩、徐变发生在结构合龙以前，从而可以减小收缩对结构的影响。图 5.104 是根据车站按整体浇筑与设置后浇带后边墩墩底的主力与温度力组合的内力值。通过对比分析我们可以发现，设置后浇带能有效减小收缩、徐变所产生的结构内力，墩柱底弯矩由原来的 4 900 kN · m 减少到 4 200 kN · m，减小幅度约 15%。也正是基于这一原因在深圳地铁高架车站中普遍采用了后浇带的施工工艺。

3）墩柱预偏心设置

车站结构中的设计控制因素是温度以及混凝土收缩，其中温度效应中的整体降温以及混凝土的收缩效应叠加效果对车站两端的墩柱及基础设计效应是最为显著。通过分析发现，两者的综合效应是使墩柱向车站内部弯曲。为了平衡该弯矩在桥墩桩基础中产生的不利影响，设计中考虑将墩柱向车站外侧设置偏心，而偏心的设置不能过大，因为车站在整体升温工况作用下，车站墩柱是向外侧弯曲的，因此偏心的设置必须要找到一个平衡点，该平衡点的设置原则是使车站基础顺桥向基顶弯矩在两个方向数值大致相等。通对计算比较，最终确定边墩墩柱向外侧设置 15 cm 的预偏心是比较合理的。

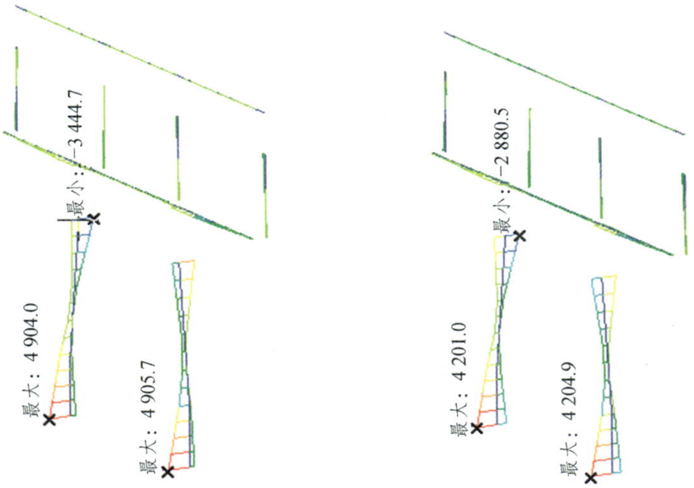

图 5.104 整体浇注与设置后浇带端墩墩底横桥向弯矩（单位：kN·m）

5.5 轨道工程

5.5.1 轨道工程概述

深圳地铁 3 号线是一条集地下线、高架线、地面线于同一工程的城市轨道交通线路，主要以高架线为主，也是深圳第一条以高架线为主的线路。本节系统阐述本线轨道结构设计的难点与重点问题，介绍本工程的轨道产品设计、轨道重点结构设计、减振降噪设计等方面内容，结合后期实施及运营过程中发现的问题、经验和体会，对现有地铁轨道设计的深度、广度及具体方案上进行总结和探讨。

5.5.2 设计过程、技术标准和工程方案

5.5.2.1 设计过程

在全线的轨道结构设计过程中，遇到了很多地铁轨道设计新的课题，为适应这种长距离的以高架线路为主的敷设方式，需要对高架线路的轨道进行重点设计。根据本线的特点选用和开发适应本工程的轨道产品，同时将国内轨道施工、设计的新技术灵活地应用于本工程，使本线的轨道设计技术含量高、结构合理、达到少维修、低振动、安全可靠的设计目的。设计过程从 2005 年一直持续到 2011 年开通运营，其中 2009 年 3 月 16 日，地铁 3 号线首期段正式开始铺轨工程。全线需铺轨的双线长约 32.9 km，其中地下线约 8.6 km，地面线及过渡线约 2.5 km，高架线约 21.8 km。2009 年 9 月 28 日，在横岗车辆段举行地铁 3 号线接车暨高架段轨通仪式。2011 年 3 月，完成了 3 号线所有铺轨工程。在 3 号线运营近 10 周年的设计近期年限，然后对轨道运营又进行了全面的设计回访，在此基础上我们全面总结了轨道工程设计。

5.5.2.2 技术标准和工程方案

本工程集地下、高架和地面线于一体的地铁线路，并采用了双层车辆段。全线轨道结构的设计重点是如何适应这种立体线路敷设方式，即把地下线、高架线和地面线的轨道结构有机地结合起来，根据本工程的特点设计轨道结构，使轨道设计技术含量高、结构合理。

（1）采用 60 kg/m 钢轨、全线 $R \geqslant 300$ m，地下线和高架线均铺设区间无缝线路。

（2）全线采用弹性分开式扣件、钢筋混凝土短轨枕整体道床。

（3）高架线设置防脱护轨、大跨度桥梁段设置钢轨伸缩调节器。

（4）正线主要采用 60 kg/m 钢轨 9 号单开道岔及单渡线、交叉渡线，在出入段线和双龙站前设置了 12 号单开道岔和交叉渡线。

（5）根据沿线环境，采取了分级减振措施，分别采用了轨道减震器、弹性短轨枕、钢弹簧浮置板等减振措施。

（6）地面线及过渡段采用路基整体道床；车辆基地库内线采用短枕式整体道床，库外线为碎石道床；全地下停车场采用了全整体道床结构。

5.5.3 技术特点和设计创新

本工程在总结国内地铁轨道技术经验基础上，根据国内外技术发展所编制的轨道扣件及图纸，对桥上无缝线路设计检算的研究和软件开发，对减振降噪的调研和实施，对钢筋笼法、路基整体道床、全地下停车场、合成轨枕、智能挡车器、辊轮滑床板、锌镍渗层防腐技术等措施在后续国内多个城市的地铁设计中得到了推广和应用，在设计、施工及供货效率、降低成本以及便于建设管理等方面，发挥了重要作用。

在消化和吸收国内外各种减振措施的基础上，采用了钢弹簧浮置板替代了先锋扣件，不仅显著提高了减振效果，并且增加了运营的安全性。后期先锋扣件在多个地铁中容易产生波磨而逐渐在减振市场上应用较少，更加验证了当初设计选择的正确性，体现了减振措施的耐久性和长效性。本工程还实现了整体道床地段接触轨和轨道一体化施工，不仅满足了接触轨与走行轨的相对位置精度要求，而且大大提高了施工质量和效率。针对高架线大跨度桥梁、预拱度大、徐变时间长的特点，对桥梁的线刚度取值、无缝线路的检算、轨面高程取值，徐变预压，木枕过渡等设计施工方法进行了全面研究和实施，探索了大跨度桥梁的简便有效施工方法，为类似地铁工程提供了开创性的案例借鉴。

5.5.3.1 轨道设备

轨道各个部件的安全性和技术性能是直接关系到行车运营安全的基础，考虑到当时国内各种轨道部件种类繁多，但是针对地铁高架适应的、标准化和适用性的研究较少，我们针对高架线的轨道设备进行了进一步的标准化和新型小阻力扣件研发和试验。

1）扣件的系统化和研发

扣件一直是轨道结构的重要部件之一，它的设计也是体现轨道设计水平的重要指标。但现有城市轨道交通的扣件形式太多，不像国铁具有统一的形式，这个是由很多的历史原因造成的。为了尽量统一系列，深圳地铁 3 号线从以下几个方面做了部分努力：扣件结构的统一、扣件减振弹性的研究、扣件防锈处理、扣件阻力研究等等。

深圳地铁 3 号线高架线路较长，研发适用经济可行的桥上小阻力扣件是重中之重。我院联合高等院校、业主、咨询、承包商、厂商等各方，从设计参数、施工难度、产品性能、工程制造、试验试制等多方面全方位进行了合作，并成功应用于高架线路。扣件装图及实验结果如图 5.105 所示。

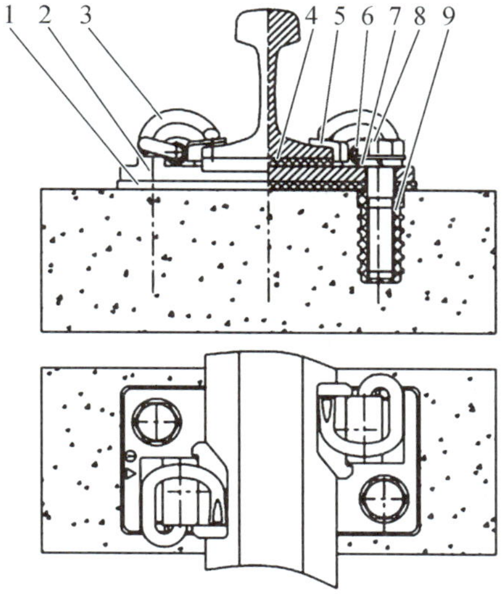

南车株洲电力机车研究所有限公司新材料检测中心
The New material Test center of CSR ZELRI Co.，Ltd
检 验 报 告
Test Report

成品检验 Product test　　环 境 条 件: Environment conditions　(23±2)°C　　No:20080151

样品编号 Identification Number	序号 Item's No	检验项目 Test items	检验方法 Test Method	技术要求 Technical Requirement	检验结果 Results	单项结论 Particular Conclusion	备注 Remark
20080151	1	扣件节点静刚度：垂向加载 60 KN，计算（10~40）kN之间的刚度。	技术条件	(25~40) kN/mm	33.09 kN/mm	合格	曲线见图1
	2	扣件节点动刚度：垂向施加载荷 25 kN，振幅±15 kN，频率4 Hz，1004次，计算动静刚度比。	技术条件	≤1.3	动静比：1.20	合格	/
	3	电阻试验：测量电压为500 V时的电阻，Ω	TB/T 2626-1995	$>10^8$ Ω	7.9×10^{10} Ω	合格	/
	4	钢轨纵向阻力试验：载荷作用于钢轨截面轨底中心位置，以2.5 kN为增量施加载荷，每加载到一个增量时停留30 s，待位移稳定后再施加下一个增量，当扣件和钢轨之间产生滑移时迅速移去纵向载荷，3 min后记录钢轨的最终位置，记录钢轨滑移前的弹性纵向位移值相对应的载荷。	EN 13146-1	/	4.76 kN	/	/
	5	疲劳试验（两组扣件同时试验）；样品呈24.6度角放置，垂向施加载荷（20~144）kN，进行300万次循环，频率（3~5）Hz。	EN13146-4	/	300万次循环后各个部件均无损坏，轨头动态移动为2.16 mm。	/	/

图 5.105 DT－Ⅲ型小阻力扣件

DT－Ⅲ型小阻力扣件以ϕ16 mm 的Ⅲ型弹条作为钢轨扣压件，取代了传统的ϕ20 mm、ϕ18 mm 的Ⅲ型弹条和 PR 弹条，扣压力稳定，同时纵向阻力更小，经 300 万次疲劳试验，扣压力损失小于 5%。且该扣件依然保留了其他扣件的特点，有较好的绝缘性能、良好的弹性，调距调高性能均能满足地铁轨道结构的要求，其综合性能已优于同类型扣件。经现场铺设的情况看，效果非常理想，该成果也在全国其他轨道交通线路上得到普遍应用。实际铺设效果如图 5.106 所示。

图 5.106　DT－Ⅲ型小阻力扣件实际铺设效果

2）道岔设计

道岔是地铁轨道设计的第一重要关键设备，也是地铁正常运营的安全保障。城轨交通中道岔的使用具有轴重轻、频率高等突出特点，而养护维修条件差、转辙频繁也是限制条件。所以道岔一直是轨道设计的重难点。传统地铁一般都采用国铁“专线 4 194”标准图基础上的道岔结构，我们在充分分析论证传统的直线尖轨道岔优缺点之后，根据工程实际，引入高铁道岔的新技术，增设了辊轮滑床板系统，以减少位移不足和减小扳动力，提高道岔的平顺性和安全性，减少部分养护维修工作，并通过了专家评审，如图 5.107 所示。

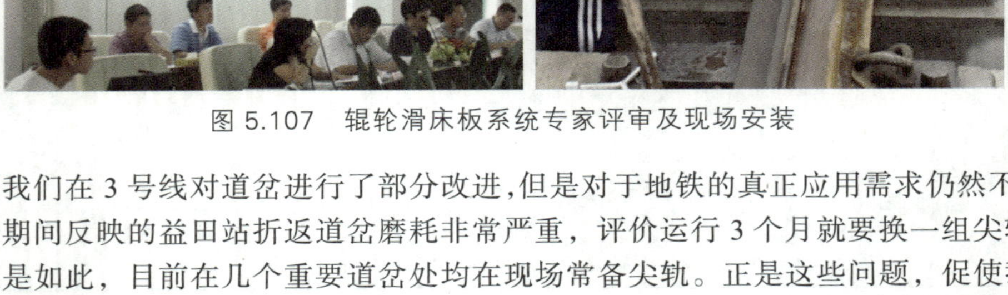

图 5.107　辊轮滑床板系统专家评审及现场安装

虽然我们在 3 号线对道岔进行了部分改进，但是对于地铁的真正应用需求仍然不能满足。后期运营期间反映的益田站折返道岔磨耗非常严重，评价运行 3 个月就要换一组尖轨，其他折返站也是如此，目前在几个重要道岔处均在现场常备尖轨。正是这些问题，促使我们对道岔进行了进一步地研究和试验，从道岔的线形、刚度、尖轨的耐磨性，高强度合金钢、激光涂覆等新技术进行了研究，最终形成了深圳地铁后期的道岔通用图，为后续的深圳地铁建设奠定了基础。图 5.108 为终点站双龙站站前交叉渡线。

图 5.108 双龙站站前交叉渡线

3）挡车器接入 BAS，提高安全性

在城市快速轨道交通线路的终端，为了防止调车作业的失误导致列车撞击车挡而发生事故，目前一般在线路的末端设置挡车器，传统的挡车器只是安装在线路末端的机械装置，没有任何的软件设置。

而挡车器应该由软硬件共同组成，即挡车器机械部分和挡车器监控报警系统控制箱组成，监控报警系统控制箱的功能如下：监控报警系统控制箱可以安装于挡车器附近部位，平时处于待命状态，一旦失控车辆撞击车挡时，该设备将现场发出声光报警并及时向车站控制室发出警报，并记录事故发生的时间、失控车辆的撞击速度，同时把这些数据实时用光纤传输到 BAS 中，BAS 中存储和显示这些信息，如图 5.109 所示。这提高了轨道系统工程的安全性和可靠性，同时也减少了人员的检查工作。后期在运营阶段的反馈中，该报警系统也发挥了报警监控的安全作用。

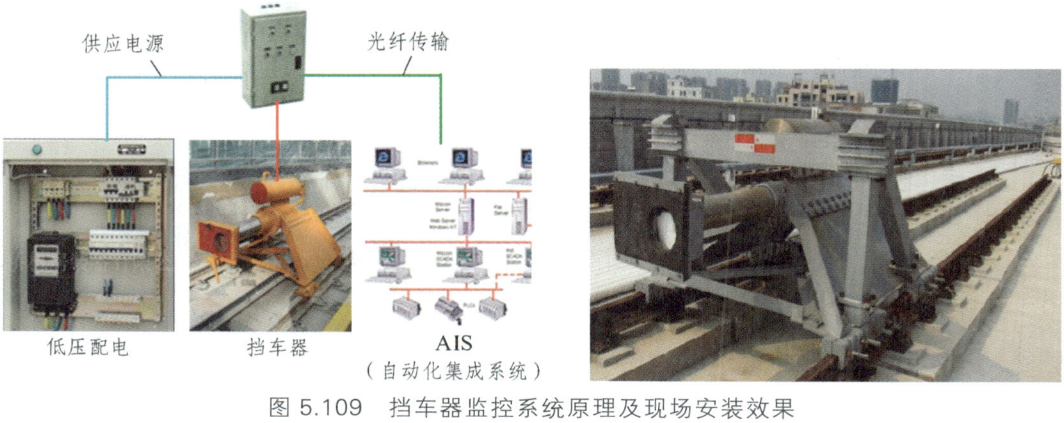

图 5.109 挡车器监控系统原理及现场安装效果

4）轨道防锈措施

近几年城市轨道交通大力发展，针对城轨扣件的很多新技术也不断涌现，由于 3 号线工程实施和招标都较早，很多新技术都尚未成熟，而没能采用。但是，这为轨道发展储备了更多的实践经验。结合工程实际进度情况，我们对较为成熟的扣件防锈技术，在 3 号线轨道工程中进行了对比试铺。扣件系统防腐技术对比分析如表 5.43 所示。

表 5.43　扣件系统防腐技术对比分析

序号	防腐技术	抗碱、抗腐蚀能力	附着力和结合能力	扣件系统机械性能	环境污染情况	渗透性	生产效率	经济性	经济指标/（元/t）
	发黑处理	差	差	不变	无	差	高	非常好	200
2	热镀锌	一般	较好	影响	有	好	较高	好	1 500～2 000
3	静电喷塑	较差	好	影响	无	差	高	很好	600～800
4	达克罗	好	差	不变	有	好	高	一般	2 500～3 200
5	气体多元共渗	一般	好	影响	无	好	一般	差	4 800～5 300
6	合金多元共渗	好	非常好	影响	无	好	低	不好	3 500
7	中温锌镍共渗	很好	非常好	影响	无	很好	高	一般	3 200
8	低温锌镍共渗	很好	非常好	不变	无	很好	好	一般	3 200

注：表中经济指标为市场调查价格。

城轨扣件的防锈腐相比国铁更为重要，要求能延长寿命、整洁、美观。传统防锈技术包括浸油、喷漆等，但均不是长效的防腐锈措施。我们在 3 号线对锌镍渗层防腐技术、多元共渗防腐处理技术、普通涂油防锈进行了对比，经过持续的对比观测发现，锌镍渗层防腐技术效果很好，如图 5.110 所示。在后期的地铁线路和国铁高铁线路中，该技术得到了大面积的推广应用。由于具有优异的防腐蚀效果，在国铁沿海等高腐蚀环境中，锌镍渗层表面处理技术得到了全面的使用。

图 5.110　锌镍渗层与普通涂油防锈实际效果对比

5.5.3.2　轨道结构设计

本工程轨道结构设计的重点是桥梁无缝线路设计和减振降噪设计。

1）桥梁无缝线路设计

本工程的高架线路较长，在此之前，地铁项目对于高架线路轨道设计的经验并不充分，国内开通的高架线仅上海和北京有局部高架线路。国内也无相应的规范和标准，基于此，我院联合西南交通大学，针对高架线路的轨道设计进行了研究和协作，开发了桥梁无缝线路设计检算的软件，在设计初期就针对桥梁和轨道均提出了相应的要求，对桥梁的墩台线刚度和相关桥梁轨道参数作了要求，也确定了全线的小阻力扣件参数和进行桥上无缝线路的全面检算，为后续的桥梁设计和轨道结构的安全打下了坚实的基础，也为轨道交通设计提供了宝贵的经验，如图 5.111 所示。

图 5.111 大跨连续梁及钢轨伸缩调节器的使用

2）轨道减振降噪设计

全线轨道减振设计采用了低刚度的弹性分开式扣件，具有良好减振降噪性能，设计阶段根据本工程环境影响报告书及沿线实地调查，预测了振动将超标地段，然后对振动将要超标地段的线路通过调整曲线半径或者坡度进行了优化设计，在无法进一步优化的情况下，分级选择轨道减振措施。在这些较高减振地段，采用国内技术成熟、具有较高减振性能的轨道减振器扣件和弹性短轨枕道床。在儿童医院急诊大楼等需要特殊减振地段，采用当时国际领先水平的高档钢弹簧浮置板道床系统，从而保证了儿童医院楼的使用功能。

减振地段的确认至关重要，决定了地铁运行对沿线振动敏感点的振动影响和振动治理的投资。因此，我们采取积极的设计控制措施，随工程的进展逐渐深化减振地段的确认，制定了具体确定减振地段的步骤：

（1）以《深圳地铁 3 号线工程环境影响报告书》为初步的减振设计依据。

（2）跟踪在各设计阶段线路平纵断面的调整，分析与振动敏感点之间的变化，及时提出减振地段的调整方案，并完成了补充环评。

（3）提出在换乘车站和两线交叉地段以及高架车站增加减振设计，解决城市地铁网络化进程中的新问题。这将避免两线间的振动空腔放大作用，减小两线间的振动干扰，减少两结构之间的动荷载传递。

（4）业主组织完成了环评报告及评审，在施工图阶段进一步确认减振地段和减振等级。

全线减振降噪地段分布为图 5.112 所示。

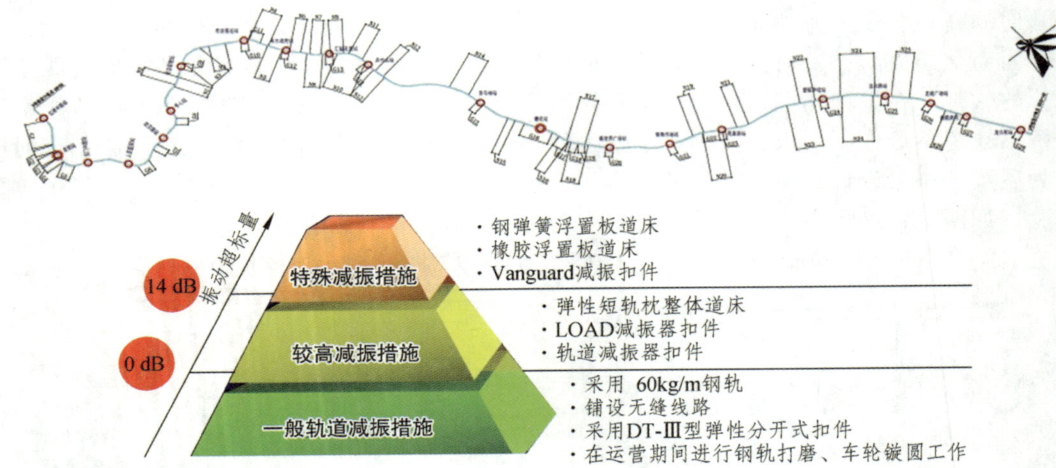

图 5.112　全线减振降噪措施的选用及分布情况

5.5.4　工程实施与跟踪回访

在本工程的实施与后期的运营过程中，我们一直全程参与和跟进，并进行了多次的回访和调研。

5.5.4.1　轨道排水

轨道的排水设计一直是地铁设计中的难题，几乎每个工程的转辙机基坑都会出现积水、轨道排水沟开裂、水沟内积水、排水不畅等问题。

在道岔转辙机基坑设计中，最初将传统的道岔转辙机基坑与道床排水沟连通，这样有利于清理转辙机基坑内积水及杂物，缺点是坑底比水沟低，故仍有部分水残留其中。后来进行了改进，沿线路下坡方向，在转辙机基坑前设置横截水沟，可以将道岔前的水通过另外一侧进行排放，在转辙机后设置排水沟，即可以将转辙机基坑内的水排走，如图 5.113 所示。

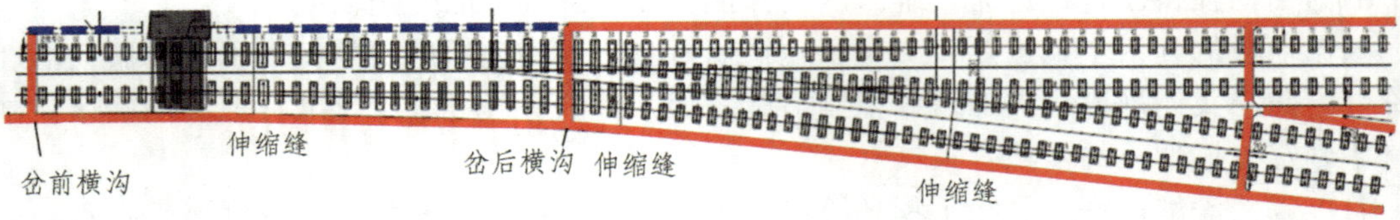

图 5.113　道岔转辙机坑设置及排水示意图

但在实际工程施工中并不理想，经现场调查研究，可以采用道岔转辙机基坑不与道床排水设计相通，道床排水沟自成体系，而道岔转辙机基坑可以设计得更大、更深些，在坑的角落设计一个落水槽。这样既可以保证道岔转辙机的安装要求，又可以保证基坑不积水，同时保证水沟排水的顺畅。另外，在进废水泵房处的积水坑处，由于在设计中细节考虑不足，此处经常有检修人员上下，应该在坑上设计盖板；在路基段调线调坡后，路基段边墙的排水沟比原有设计要深，在设计中也未考虑加设盖板以利于养护维修人员作业。

5.5.4.2 与其他专业的接口

地铁设计是多专业配合的大型综合性工程设计，各专业之间的设计接口是设计管理的重要内容。

1）与线路专业接口

线路与轨道的关系最为紧密，在 3 号线体现得尤为突出，正是由于线路线形好，高架线很多地段都不需要加设减振措施，因为优良的线形本身就是最好的减振降噪措施。另外在调线调坡中，轨道与线路的互动更是为地铁施工提供了最好的保障，线路提供标高，轨道工程复测，及时发现土建的问题，也为线路的调整和整个工程的实施提供了进一步保障，这在地下段及高架桥的铺设中体现得尤为明显。

2）与信号接口

由于信号专业的设备选型一般较为滞后，信号绝缘接头的位置确定滞后。除在设计说明书、施工技术要求文件中说明外，还在设计交底中明确，在道岔订货和施工前，需请信号专业确定道岔中绝缘接头的最终位置，以免造成工程返工。道岔转辙机的安装要求也是道岔区道床排水与结构设计的关键接口。除在设计中互相配合之外，也明确了道床局部需按转辙机基础安装图施工。

3）过轨管线预留预埋问题

在铺轨施工时，各过轨管线的施工单位和施工监理单位还没有进场。为防止过轨管线被错埋和漏埋，杜绝道床施工的返工，在今后的设计中应该编制《过轨预留预埋要求综合图》。在图中按里程将各种过轨管线表示清楚，并充分协调通信、信号、供电、动力照明、给排水等专业的过轨通道，调整密集管线的通道，以避免对轨道强度的削弱，经各管线设计单位会签后编制完成，并在设计中考虑适当地增加，以保证需求，遵循宁多勿少的原则，如图 5.114 所示。

图 5.114 为设备专业预留的过轨管线

4）与接触轨的关系

最初设计接触轨安装于轨枕上，后期采用更为简便的安装于道床上，既不用增加轨枕和道床，又能保证接触轨的安装预埋精度，更加良好地解决了接触轨、轨道安装施工一体化的问题，如图 5.115 所示。

图 5.115 轨道与接触轨一体化施工

5.5.4.3 减振降噪

3 号线在 2005 年就已经完成了初步设计，减振方案已经基本确定，并在初步设计之后提交了地铁 3 号线轨道施工图减振措施报告，并由业主组织国内轨道业内专家对“地铁 3 号线轨道施工图减振措施”进行了专项审查，以保证最终方案的确定。其中专家对《减振报告》中所列举的各种减振降噪措施予以肯定，我院也在施工图中具体实施。其中值得总结的有以下两个方面：

1）减振措施地段的选择

由于 3 号线设计得较早，环保减振节能价值的理念并未完全深入设计中，而且 3 号线的高架线线路主要布设在国道 205 改造后的路中心路基处，本身背景振动和噪声已经较高，相对而言轨道交通的振动和噪声问题并不明显。但是，随着人们对环境保护意识的加强，对环保的要求越来越高，从目前国内现有地铁的运营效果看，普遍存在沿线居民大量投诉、上访的情况，不论是高架部分，还是地下部分，振动及噪声超标已成为新线验收中备受公众关注的焦点。而且制约采用高架线路的除了景观因素之外，振动和噪声是另一个主要因素。

2）减振措施的选用

很多国外较好的减振降噪技术在当时并未引入国内，在减振措施的选用上并未有太多的方向，也基本上是根据环评的建议、线路实际变化情况按传统的经验进行减振设计。而减振措施也都是依据厂商自己提供的资料为依据，设计也无条件去验证数据的可靠性，只能依据承包商提供的试验和经验进行设计，存在很大的不确定性。例如在弹性短轨枕的选择上，虽然有很多反对的意见，如养护维修较困难、施工较烦琐、要求高等，但在根据广州地铁的实际测试效果来看，现在还没有更好的案例和措施证明能替代弹性短轨枕的减振效果，而且弹性短轨枕的减振效果除了与产品制造有很大关系外，与现场施工的质量关系也非常大，直接影响减振性能和养护维修。

车场线的轨道设计还有一些不足是未对横岗整体双层车辆段的减振降噪做进一步深入的研究和探讨，以形成专门的车场上盖的综合减振降噪措施，因为以后的发展是在车场上盖物业，特别是国内这样首座双层并带上盖住宅的建筑减振降噪措施值得深入研究和探讨。虽然我们在其中采取了减振扣件、有砟道床等措施，但对于整个车场而言，需要从全方面综合考虑它的环境保护和居住人员的舒适性。

轨道工程中引入用户需求书和设计联络是 3 号线在国内的首创，是借鉴系统设备的招投标模式，目的在于更好地发挥生产商和承包商的开发创新能力，提高轨道工程整体技术水平。由于国内的轨道工程设备厂家有限，而且大部分均为国有大型企业，在新技术、新产品的研发上企业间也是良莠不齐。但是，部分钻研能力强的企业不断提升产品，结合工程实际开发研制新产品并取得了成功。另外，设计联络中应加强产品与设计的互动，以很好地起到设计联络的功能。

轨道重视施工配合，为保证铺轨质量和工期做好设计服务，现场专职设计代表与设计人员相结合，坚持专业负责人的设计质量负责制，以贯彻设计意图、加强设计与施工的沟通。并由设计负责人进行全过程施工配合，确保了设计配合及时到位，及时解决施工中出现的问题，如图 5.116 所示。

图 5.116　全线限界检查及工地巡查

第6篇

车辆与机电设备

6.1 车 辆

6.1.1 编组形式

深圳市地铁 3 号线车辆采用 B 型车（图 6.1），其主要技术参数如下：

车辆编组：初、近、远期均采用六辆编组。

列车编组，6 辆/列：—Tc*M*M—M*M*Tc—。

Tc 车：带司机室拖车；

M 车：无司机室动车；

—：半自动车钩；

*：半永久牵引杆。

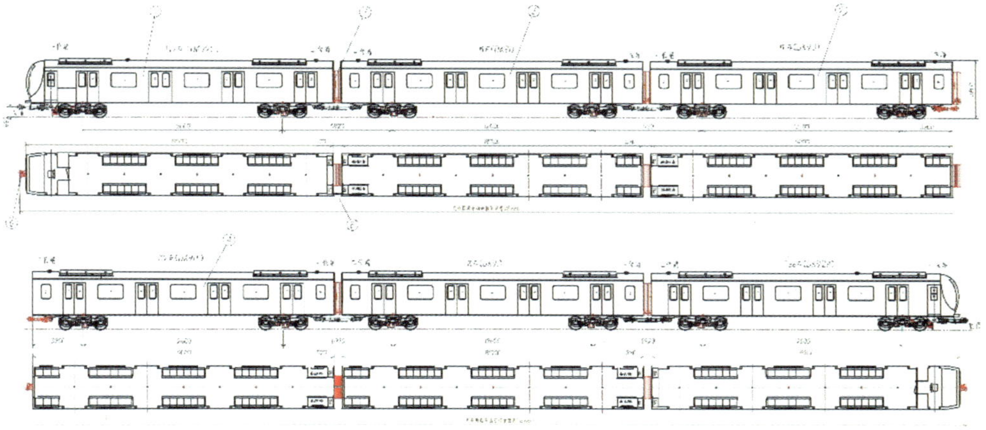

图 6.1 深圳地铁 3 号线采用的车型和编组方式

6.1.2 供电方式

车辆采用第三轨下部接触受电。

（1）供电方式：第三轨下部接触受电。

（2）供电电压：DC 1 500 V。

（3）电压波动范围：DC 1 000 ~ 1 800 V。

（4）再生制动时允许最高电压：DC 2 000 V。

6.1.3 车辆主要尺寸

车体长度：19 000 mm（Tc 车加长 500 mm）。

车辆宽度：2 800 mm。

车顶距轨面高度：≤3 800 m。

车辆地板至轨面高度：1 100 mm。
车钩中心线距轨面高度：（660 + 10）mm。
客室净高：≥2 100 mm。
客室侧门：每侧 4 个。
集电靴端部距车体横向中心距离（下部受流）：（1 444 ± 5）mm。
车轮直径：ϕ840 mm（新轮）。
车辆两转向架中心距：12 600 mm。
固定轴距：≤2 300 mm。

6.1.4 车辆质量

车辆质量如表 6.1。

表 6.1 车辆质量

拖车（Tc）	≤32 t
动车（M）	≤35 t
列车空车质量	≤204 t
轴重（超员状态下）	≤14 t

6.1.5 列车载客量

定员：客室座位全部纵向布置，见表 6.2。

表 6.2 列车载客量

项　目	T_C	M	一列车（六辆编组）
座席/人	36	42	240
定员载客（AW_2）（6 人/m^2）	226	254	1 468
超员载客（AW_3）（8 人/m^2）	290	325	1 880

6.1.6 牵引制动性能

在定员情况下（AW_2），车轮半磨耗时（ϕ805 mm）在正线的平直轨道上和额定电压下运行参数如下：

最高运行速度：100 km/h。
平均旅行速度：41 km/h（平均站停时间 30 s）。
加速度：

- 启动加速度（0 ~ 40 km/h）：≥1.0 m/s^2；
- 平均加速度（0 ~ 100 km/h）：≥0.6 m/s^2。

减速度：

- 最大常用制动：≥1.0 m/s²；
- 紧急制动：≥1.2 m/s²。

列车纵向冲击率：≤0.75 m/s³。

6.1.7 故障状态下列车性能

1）对列车在故障状态下的运行能力的要求

6 辆编组列车在超员状态下，当损失 1/4 动力时，列车仍然可以在 30‰的坡道上起动，并能以正常运行方式完成一次单程运行。

6 辆编组列车在空车状态下，当损失 1/2 动力时，列车仍然可以在 30‰的坡道上起动，并返回车辆基地。

2）对列车坡道救援能力的要求

一列 6 辆编组的空车能将另一列停在 30‰坡道上的 6 辆编组超员故障列车移至最近的车站（上坡）。

一列 6 辆编组的空车能将另一列停在 40‰坡道上的 6 辆编组故障空车救援到车辆段（上坡）。

6.1.8 主要部件与系统组成

1）车 体

车体结构采用薄壁筒型整体承载结构，车体材料采用高强度轻型不锈钢板，车体外表不涂装。

列车配置合理的吸能系统，满足 25 km/h 速度撞击时的能量吸收要求。

在首尾车底架两端设有防爬装置，以防止发生剧烈冲撞时与相邻车辆相互挤压车厢。

2）车 门

客室侧门采用塞拉门，司机室侧门采用手动内藏门。

3）牵引动力控制系统

牵引系统为变压变频（VVVF）逆变器调速，鼠笼式三相异步电机驱动的交流传动系统，采用 IGBT 逆变器元器件。VVVF 逆变器系统采用微机控制，并有故障诊断和信息存储功能。牵引逆变器与牵引电机的配置为 1C4M 方式。牵引系统应具有牵引、再生制动、电阻制动功能，采用与空气制动混合运算的控制方式，并具有防空转和防滑保护功能。每辆车均安装集电靴，拖车每车 2 个（每侧 1 个），动车每车 4 个（每侧 2 个）。

4）制动系统

制动系统采用再生制动/电阻制动和空气制动的混合制动系统。制动工况时，优先使用动车上的电制动。再生制动具有最高优先权，当再生电能吸收不足时，由电阻制动补足，当电制动力不足时，由空气制动补足。

基础制动为单元控制踏面制动方式。空气制动系统包括常用制动系统和紧急制动系统，其中常用制动系统可以和电力再生制动随时配合。

5）辅助电源系统

每列车的两个拖车各安装1套辅助电源装置，当列车中某一台静止逆变器故障时，另一台静止逆变器承担6辆编组列车的基本用电要求。每套静止逆变器的容量为195 kV · A。静止逆变器的功率元件采用大功率电力电子器件IGBT，其控制采用微机控制并有自诊断功能。输出的交流电压基波为正弦波，电压为三相380 V和单相220 V，频率为50 Hz；输出的直流电压为110 V，24 V通过模块电源变换得到。

蓄电池组选用140 A · h、中倍率、免维护、环保性好、安全可靠性高的密封铅酸蓄电池，容量满足6辆编组列车在无网压（DC 1 500 V）的情况下，紧急通风、照明、车门控制、车载安全设备等45 min内持续应急负载供电的需要。

6）转向架

转向架分动力转向架和非动力（拖车）转向架两种，均采用无摇枕焊接结构的转向架。构架为H型全钢焊接构架。一系悬挂为锥形橡胶金属叠层弹簧轴箱定位方式，二系悬挂为带高度阀的空气橡胶弹簧。基础制动采用单侧踏面制动，驱动装置采用单级减速的齿轮箱和齿式联轴节，中央牵引装置采用Z型拉杆结构。

7）空调系统

车辆客室空调机组为顶置式薄型单元式空调机组，每辆车安装两台制冷能力为40 kW的顶置式空调机组，分别布置在车顶两端，每台空调机组送风量不少于 4 000 m^3/h，新风量不小于1 270 m^3/h，紧急通风量不少于2 540 m^3/h，并可维持45 min。

8）控制与故障诊断系统

控制与故障诊断系统通过列车通信系统能控制和监测包括车载 ATC 装置、车载无线装置、传动控制、制动控制、辅助逆变器控制、车门控制、空调控制、列车信息系统等列车子系统状况，并能诊断和分析各系统发生的故障，记录与显示和各系统的接口参数以及自身备份。列车WTB和MVB都采用双通道的四芯线缆（两组通道），其中一组通道故障不会影响整个网络的通信。每列车设两套中央控制单元，两套中央控制单元互为主辅控制单元。

6.1.9 车辆的创新应用

（1）列车采用不涂装的不锈钢车体，大量减少车体维护维修工作量，节约了车辆基地油漆库的投资，减少了色彩涂料等对环境的污染。

（2）客室门采用电动塞拉门，首次在不锈钢地铁车辆上采用与车体外墙板同种表面状态的客室电动塞拉门门板。

（3）转向架为新型研发的地铁客车转向架，满足100 km/h最高运行速度要求，并设置轮缘润滑装置和抗侧滚扭杆。

（4）国内首次采用韩国 ROTEM 公司提供的 VVVF 交流传动系统，列车控制系统采用标准 TCN 网络控制技术，受流方式采用 DC 1 500 V 三轨高压受流，能实现列车对受流器工作位置的控制。

（5）首次在国内采用 DC 1 500 V 滑触线引车入库模式，在车辆上设置库用大功率插座，车辆入库时利用插座给列车牵引供电，极大地降低了车辆段内检修人员的作业安全风险。

（6）采用德国克诺尔公司 EP2 002 数字式制动控制系统，该系统是当时最先进的轨道车辆控制系统，除具有传统可靠的功能外，同时还具有使用寿命和维修周期更长、环境适应性更好、结构更紧凑、便于维护和完整性更高等优点。

（7）采用提高电制动性能、单侧双瓦的基础制动单元，改进地铁列车电制动与空气制动系统配合特性，有效解决了列车制动系统适配问题。

（8）列车采用 LED 点阵平面发光技术，首次实现地铁车辆客室照明采用环保、节能、舒适的 LED 平面光源，它具有耗电量少、寿命长、抗震性能好、无汞污染、亮度均匀无暗区、光感柔和等优点。

（9）车体采用了隔声性能好的汉高阻尼浆，地板采用了静音隔音毡和隔音降噪铝蜂窝地板，车轮采用了降噪阻尼器。车辆降噪效果明显，大大减少了高架环境噪声污染。

（10）首次在国内采用 LED 乘客信息显示系统，该系统为乘客提供了更多信息服务，使乘客可以提前了解车站情况，到站后可尽快离站，减少在站台的滞留时间。

（11）首次在国内地铁行业使用了空气净化装置，该装置设置在空调新风口附近，对客室补充的新风提前进行了除菌和除霉处理，对乘客健康提供了保障。

（12）首次在国内采用整司机台布置，这样更便于司机台按钮的布置，方便司乘人员的操作。

（13）考虑到 3 号线存在高架线和地下线，在地面行驶时客室的温度变化较大因素，空调系统除了采用大功率空调装置外，还在客室内布置了辐流风机，能更好地实现均匀送风，大大提高了乘坐舒适度。

深圳地铁 3 号线大运彩车如图 6.2 所示。

图 6.2　深圳地铁 3 号线大运彩车

6.2 供 电

6.2.1 供电系统概况

6.2.1.1 供电系统主要设计理念

供电系统的设计应针对本工程的具体特点，吸取其他城市轨道交通工程的设计、施工和运营管理经验，以“技术成熟、安全可靠、节能高效、维修简便”为原则，在保证轨道交通总体功能的需求的同时，应相互平衡，避免功能过剩、重复或不足。设备配置须根据运营各期的功能需求、设备的更新周期，尽量考虑设备的分期配置，以降低工程的初期投资。设备系统的组成尽可能采用模块化，便于今后的扩展，选用经运营验证功能有效、可靠性高、使用方便、免维修或少维修的设备，便于今后的运营管理和维修，体现“以人为本”的指导思想。供电系统设计应充分考虑与其接驳线路的工期及有关设施共用或相互支援的情况，使供电系统的设计方案尽量达到可行、完善和优化的程度。将供电系统设计和建设成“安全、可靠、经济、适用”的轨道交通线路。

6.2.1.2 供电系统组成

供电系统涵盖供电局地区变电站与轨道交通主变电所之间的专用输电线路（含地区变电站出线间隔）、轨道交通供电系统内部牵引降压输变电网络以及直流牵引供电网。

轨道交通供电系统由主变电所、中压供电网络、牵引变电所、降压变电所、牵引网系统、动力照明系统（在常规设备中阐述）、电力监控系统、杂散电流腐蚀防护及接地系统和供电车间等组成。

6.2.1.3 供电系统主要功能

供电系统是城市轨道交通系统中重要的基础能源设施，其功能是为轨道交通系统中的各种用电设备提供能源，确保轨道交通列车车辆和各机电设备系统的正常运行。供电系统的主要功能如下：

（1）接受、分配电能：主变电所将从地区电力系统引入的 110 kV 电源降压为 35 kV，经 35 kV 供电网络将电能分配到沿线的牵引变电所和降压变电所。

（2）降压整流及直流电能传输：牵引变电所将 35 kV 电压降压整流为 1 500 V 直流电，并通过沿线设置的接触轨不间断地供给地铁列车车辆，保证地铁列车车辆的安全、可靠、快速运行。

（3）降压及动力照明配电：降压变电所将 35 kV 电压降压为 0.4 kV 电压，向车站和区间的各种动力、照明设备供电，保证轨道交通系统的各种设备的正常运行，给旅客提供一个安全、舒适的乘车环境。

（4）供电系统各级电压供电网络应具有在正常运行情况下的控制、测量、监视和计量功能，正常运行方式和事故运行方式下的安全操作联锁功能。供电系统应具有故障自救功能、自我保护功能。

（5）供电系统为各类设备和建筑提供安全和工作接地，减少杂散电流腐蚀。

6.2.1.4 供电系统工程规模

全线设置银海、草铺、文化中心共 3 座主所为 3 号线供电（图 6.3），其中 3 号线工程建设的银海主所预留为 14 号线供电的条件，3 号线工程建设的草铺主所为 3、5 号线供电，1 号线工程既有的文化中心主所同时为 1、2、3、4 号线供电。将来新建中心公园主所后，则 3 号线原由文化中心主所供电的负荷全部由新建的中心公园主所供电，中心公园主所同时也预留为 14、16 号线供电的条件。这样布置最大限度地节约了城市土地资源、电力资源，实现了资源共享。

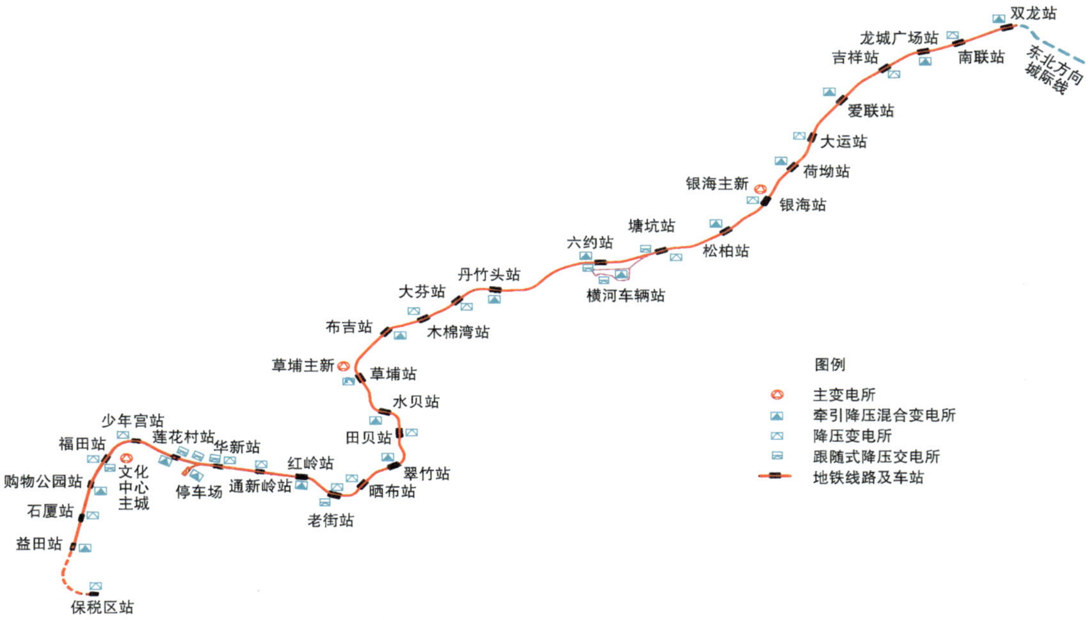

图 6.3 供电设施分布示意图

全线共设置 16 座牵引降压混合变电所（含车辆段、停车场各 1 座）、16 座降压变电所、8 座跟随式降压变电所。为便于调度管理，全线设一套电力监控（SCADA）系统，电力监控系统整体功能由自动化集成系统实现。全线按综合接地概念进行设计，正线设置集中式杂散电流监测系统。

6.2.2 主要设计原则与技术标准

6.2.2.1 主要设计原则

（1）供电系统采用集中式、110 kV/35 kV 两级电压供电方式，在经济合理的前提下，主变电所的设置位置、容量和 35 kV 馈线间隔数量应结合深圳市城市轨道交通线网规划和建设时序充分考虑为后续线路供电的条件。

（2）每座主变电所设置两台主变压器，应由城市电网地区变电站提供两回独立可靠的 110 kV 电源供电，两回电源可以来自不同地区变电站，也可来自同一地区变电站的不同母线。主变电所的两回进线电源应至少有一回为专线电源，以保证供电可靠性和供电质量。

（3）主变电所 110 kV 侧接线方式应满足电力系统的要求，原则上采用能满足地铁供电系统要求的、投资省的线路－变压器组接线方式。35 kV 侧采用单母线分段接线方式，并设置母线分段断路器。主变压器 110 kV 侧接地方式应根据电力系统的要求确定，35 kV 侧采用小电阻接地方式。

（4）全线只考虑一座主变电所解列的情况。当一座主变电所解列时，不考虑其 35 kV 侧母线（包括供电环网电缆）同时故障的情况，此时，相邻的主变电所应能承担该所供电范围内的牵引负荷和动力照明一、二级负荷。

（5）当主变电所内的一台主变压器解列时，另一台主变压器应能承担该所供电范围内的牵引负荷和动力照明一、二级负荷。

（6）降压变电所或跟随式降压变电所内的一台配电变压器解列时，另一台配电变压器应能承担该所供电范围内的动力照明一、二级负荷。

（7）牵引变电所、降压变电所的 35 kV 侧采用单母线分段接线方式，并设置母线分段断路器。跟随式降压变电所 35 kV 侧采用线路－变压器组接线方式。

（8）牵引变电所、降压变电所均引入两回 35 kV 进线电源，任意一回 35 kV 进线电源故障，不影响其供电范围内牵引负荷和动力照明一、二级负荷的供电。

（9）当牵引变电所的一套牵引整流机组退出运行时，另一套牵引整流机组在具备运行条件时不宜退出运行。

（10）正常运行时，正线接触轨应尽量由相邻的牵引变电所双边供电。当一座牵引变电所解列时，应由相邻的牵引变电所越区供电。

（11）正常运行时，车场牵引变电所向车辆段接触轨供电。当车场牵引变电所解列时，由正线邻近的牵引变电所向车场接触轨越区供电；一般情况下，不考虑车场牵引变电所向正线接触轨越区供电。

（12）为保证旅客和工作人员人身安全，每座车站设置两台钢轨电位限制装置，车辆段、停车场范围内根据实际情况确定钢轨电位限制装置的设置位置和数量。

（13）全线按综合接地概念进行设计。各车站、主变电所、控制中心、车辆段设置综合接地网，接地网接地电阻按《交流电气装置的接地》（DL/T621）要求设置，一般情况下 ≤0.5 Ω。当土壤电阻率较高时，接地电阻值可适当放宽，但应满足弱电系统的接地要求，且不大于 1 Ω，同时应满足接触电压和跨步电压的要求。

6.2.2.2 主要技术标准

（1）深圳地铁 3 号线工程供电系统采用集中式、110/35 kV 两级电压供电方式，牵引和动力照明共用 35 kV 供电网络。

（2）牵引供电系统采用 DC 1 500 V 接触轨下部授流、走行轨回流方式。

6.2.3 牵引供电系统构成及授流方式创新

6.2.3.1 电源系统构成及主变电所主接线

深圳 3 号线电源系统主要由 110 kV 电源进线、主变电所及 35 kV 环网构成。主变电所主接线应满足下列要求：

（1）简单、可靠、运行灵活。

（2）110 kV 侧接线方式应满足电力系统的要求，原则上采用能满足地铁供电系统要求的、投资省的线路 – 变压器组接线方式。

（3）在主变电所 110 kV 侧设置谐波监测装置。

（4）35 kV 侧采用单母线分段接线方式，并设置母线分段断路器，两台所用变压器分别接于两段 35 kV 母线，每段 35 kV 母线均设置一组电压互感器和一组避雷器，用于母线电压测量和过电压防护，并预留滤波装置和无功补偿装置接入的 35 kV 间隔及安装位置（场地预留）。

（5）主变压器 110 kV 侧接地方式应根据电力系统的要求确定，35 kV 侧采用小电阻接地方式、配接地变压器，在保证主变电所继电保护动作的可靠性和选择性前提下，可考虑所用变压器和接地变压器合并。

6.2.3.2 主变电所运行方式

1）正常运行方式

35 kV 母线分段断路器分闸，两回 110 kV 进线电源、两台主变压器和两段 35 kV 母线分列运行，主变电所以双回路分区环网方式向本工程沿线的牵引变电所和降压变电所供电。

2）故障运行方式

当银海、草埔、中心公园主变电所的一回 110 kV 进线电源（或一台主变压器）故障或检修时，切除该所供电范围内的三级负荷、35 kV 母线分段断路器合闸，由另一回 110 kV 进线电源和另一台主变压器承担该所供电范围内的牵引负荷和动力照明一、二级负荷。

当银海（或草埔）主变电所故障退出运行时（不考虑主变电所 35 kV 母线和 35 kV 环网电缆同时故障），设置在六约站牵引变电所的 35 kV 供电网络联络开关合闸，由草铺（或银海）主变电所承担 3 号线首期工程的牵引负荷和动力照明一、二级负荷。

中心公园主变电所未建成投运前，当文化中心主变电所的一回 110 kV 进线电源（或一台主变压器）故障或检修时，或当文化中心主变电所故障退出运行时（不考虑主变电所 35 kV 母线和 35 kV 环网电缆同时故障），均切除该所供电范围（西延线）内的三级负荷，设置在红岭站牵引降压混合变电所的 35 kV 供电网络联络开关合闸，由草埔主变电所承担该所供电范围（西延线）内的牵引负荷和动力照明一、二级负荷。

6.2.3.3 牵引供电系统构成及变电所主接线

牵引供电系统主要由牵引变电所设备、牵引网设备、回流线、均流线、单向导通装置、钢轨电位限制装置和排流柜等构成。

牵引变电所 35 kV 侧采用单母线分段接线方式，并设置母线分段断路器。设置两套 12 脉波牵引整流机组，其一次侧接于同一段 35 kV 母线上，并联运行构成等效 24 脉波整流。DC 1 500 V 侧采用单母线接线方式，牵引整流机组正极通过直流断路器、直流正母线、直流馈线快速断路器、电动隔离开关和接触网向牵引负荷供电，经走行轨、回流电缆至牵引变电所负极柜、牵引整流机组负极。负极通过手动隔离开关与 DC 1 500 V 负母排相连。

为保证旅客和工作人员的人身安全，每座车站设置两台钢轨电位限制装置；车场范围内根据实际情况确定钢轨电位限制装置的设置位置和数量。

为尽量平衡上下行钢轨中的电流、降低回流回路电阻和钢轨对地电位，在车站两端及区间的适当位置设置上下行均流线；在设置牵引变电所的车站一端，负回流线已将上下行钢轨连接，因此，在有负回流电缆的一端不再设置均流线。

6.2.3.4 牵引供电系统运行方式

1）正常运行方式

正常运行时，正线接触轨越区隔离开关分闸，接触轨由相邻的牵引变电所双边供电；车场线与出入场线接触轨间设置常开联络开关，车场线接触轨由车场牵引变电所供电。

2）故障运行方式

（1）当牵引变电所的一回 35 kV 进线电源失电时，故障电源进线断路器分闸，35 kV 母线分段断路器在满足合闸条件时，自投装置动作，35 kV 母线分段断路器合闸，两段 0.4 kV 母线分列运行、两台配电变压器和两套牵引整流机组并联运行，由另一回 35 kV 进线电源承担该所的牵引负荷和动力照明一、二级负荷。

（2）经验算，在运营初、近期，当牵引变电所的一套牵引整流机组解列时，另一套牵引整流机组可继续运行。在运营远期，当牵引变电所的一套牵引整流机组解列时，另一套牵引整流机组应退出运行，该所牵引部分解列。

（3）正线牵引变电所解列时（不含线路端头牵引变电所），由正线相邻的牵引变电所越区大双边供电。

（4）当线路端头牵引变电所解列时，由相邻牵引变电所越区单边供电。

（5）当车场牵引变电所解列时，由正线相邻的牵引变电所向车场接触轨支援供电。

6.2.3.5 牵引变电所分布

根据线路资料、行车组织方案、车辆类型、列车编组、牵引网构成等条件，通过牵引供电计算及模拟仿真，并经多方案比选后，提出本工程牵引变电所布点最终实施方案如下。

全线共设置 16 座牵引降压混合变电所（含车辆段、停车场各 1 座），其中正线共设 14 座牵引变电所，分别设置在益田站、购物公园站、莲花村站、红岭站、翠竹站、水贝站、布吉站、丹竹头站、六约站、松柏站、荷坳站、爱联站、龙城广场站、双龙站。在车辆段和停车场各设 1 座牵引变电所。

6.2.3.6 35 kV 环网构成

地铁 3 号线的 35 kV 供电网络采用“短串环接”的方式向牵引降压混合变电所或降压变电所供电，每 2 ~ 4 座变电所（跟随式降压变电所除外）为一个供电分区，每个供电分区中最靠近主变电所的变电所直接从主变电所的两段母线上各引入一回 35 kV 电源，其他变电所（跟随式降压变电所除外）采取环接形式从相邻变电所引入两回 35 kV 电源。跟随式降压变电所从邻近工点的牵引降压混合变电所或降压变电所的两段 35 kV 母线上分别引入一回 35 kV 电源。为实现主变电所间的相互支援，在红岭站和六约站的牵引降压混合变电所内分别设置 35 kV 环网联络开关。地铁 3 号线工程 35 kV 供电网络共设置 11 个供电分区。

中压供电网络图如图 6.4 所示。

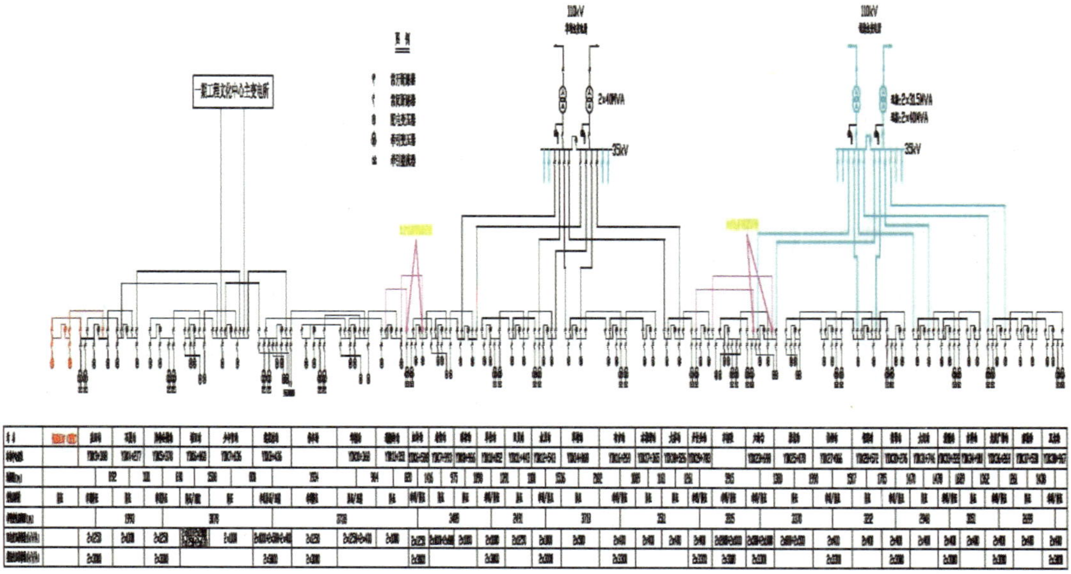

图 6.4 中压供电网络图

6.2.3.7 牵引供电授流方式选择

1）牵引供电授流方式介绍

城市轨道交通牵引供电授流方式是指将牵引电流从牵引变电所馈送到轨道交通列车的方式，一般分为架空接触网和接触轨（又称第三轨）方式。

架空接触网授流方式是将接触网架设在线路上方，车辆通过受电弓与接触线接触取电，在地下段一般采用刚性悬挂，地面及高架段一般采用柔性悬挂。架空接触网的安装位置较高，正线地面及高架区段接触导线的悬挂高度一般为 4.6 m，结构高度一般为 1.0 m，支柱高度一般为 7 ~ 8 m，为了满足列车大电流的需要，一般需要 2 根接触线、2 根承力索、2 ~ 3 根辅助馈线，为了防护雷击可能造成的损害，还需沿线路设置一根架空地线，高架区段接触网支柱处桥梁面通常会局部加宽加厚。因此，整个系统结构较复杂，对沿线城市景观和车站内景观均有一定影响，架空接触网授流方式视觉效果如图 6.5 所示。

图 6.5 架空接触网授流方式视觉效果图

接触轨授流方式是将接触轨沿走行轨敷设，列车通过集电靴与其接触取电。由于接触轨安装位置较低，一般距轨面高度不到 0.5 m，安装结构简单，对城市景观影响较小，接触轨授流方式视觉效果如图 6.6 所示。

图 6.6 接触轨授流方式视觉效果图

2）牵引供电授流方式比较

两种授流方式的综合技术经济比较见表 6.3。

表 6.3 授流方式技术经济综合比较表

项 目		DC 1 500 V 架空接触网	DC 1 500 V 接触轨
建设成本比较	中压供电网络	基本一致	
	牵引变电所	基本一致	
	牵引网	低	高
	土建费用	高	低
	车辆购置费	低	高
	车辆维修设备	低	高
	供电维修设备	高	低
	综合	**低**	**稍高**
施工比较	安装位置	高	低
	安装结构	地下区段简单，地面和高架区段复杂	简单
	安装、调整	困难	方便
	施工机械	需大型专用机械	不需大型机械
	工期	较长	很短
	综合	**困难**	**容易**
运营性能比较	使用寿命	柔性悬挂约 15 年，刚性悬挂大于柔性悬挂，受电弓滑板约 8 万千米	接触轨约 60 年，受流器滑橇约 10 万千米
	授流质量	好，可适应高速	较好，国外最高速度达 126 km/h
	可靠性	一般	高
	安全性	安装位置高，对人身安全威胁小，安全性好	安装位置低，对人身安全威胁大，安全性稍差，车场内人员出入频繁，安全防护措施复杂

续表

项 目		DC 1 500 V 架空接触网	DC 1 500 V 接触轨
运营性能比较	运营维护	地下区段工作量小，地面和高架区段工作量大	工作量小
	事故抢修	地下区段事故影响范围小，抢修时间短；地面和高架区段事故影响范围大，抢修时间长	事故影响范围小，抢修快速、方便
	对城市景观的影响	地面和高架区段有一定影响	无影响
	综合	**一般**	**好**
运营费用比较	电能损耗电费	高	低
	维护人员费用	高	低
	受流装置费用	低	高
	牵引网维修费用	高	低
	综合	**高**	**低**

注：比较前提条件为线路条件、车辆类型、列车编组、行车组织相同。

经国内外城市轨道交通实践证明，目前无论是 DC 1 500 V 架空接触网还是 DC 1 500 V 接触轨系统，都是技术成熟、安全可靠的方案，都能满足常规速度下的城市轨道交通工程的运行需求。

柔性悬挂、刚性悬挂、接触轨三种牵引网结构的主要零部件构成见表 6.4。

表 6.4 牵引网结构的主要零部件构成表

悬挂方式	主要零部件数量/个	主要零部件名称
柔性悬挂	69	接触线承力索、架空地线、辅助馈线、支柱吊弦、电连接金具接触线吊弦线夹、承力索吊弦线夹、整体吊弦接触线电连接线夹、线岔腕臂金具、平腕臂、斜腕臂、弓形腕臂、腕臂支撑、旋转腕臂底座、套管双耳承力索座、定位管支撑、斜拉线、定位器金具、定位器限位定位装置、铝合金定位装置、特型定位器、软定位器、定位环长定位环、防风拉线锚支定位卡子、长支持器、软横跨金具横承力索线夹、杵座鞍子钩头鞍子、悬吊滑轮定位环线夹、耳环杆中心锚结及下锚金具接触线中心锚结线夹承力索、中心锚结线夹、接触线终端锚固线夹、承力索终端锚固线夹、接触线接头线夹、承力索接头线夹、杵座楔形线夹、双耳楔形线夹架空地线线夹、补偿装置及附件、金具补偿装置 D 型连接器坠砣、限制架坠砣杆双环杆杵环杆承锚角钢钢、锚角钢棘轮拉线、其他基础锚栓、抱箍辅助馈线线夹、避雷器放电间隙硬横跨吊索辅助馈线、肩架架空地线、肩架限界门、分段绝缘器
刚性悬挂	21	汇流排、接触线、中间接头、外包接头、刚柔过渡、终端定位线夹、接地线夹、点连接线夹、中心锚结线夹、悬吊安装底座、下锚安装底座、锚栓绝缘子、T 型头螺栓地线线夹、吊柱绝缘子、横撑中心锚结绝缘棒、分段绝缘器、架空地线
接触轨	11	钢铝复合接触轨、端部弯头、中间接头、膨胀接头、中心锚结电缆连接板、绝缘支架、底座防护罩、防护罩支撑垫块、接地扁铝

从表 6.4 可知，接触轨零部件最少、结构最简单，与架空接触网系统相比较，其结构简单，各接触部件均刚性固定，稳定性好，不存在断线、钻弓等事故隐患。而且维护工作量小，需要的检修设备和维护人员也较少，同时其大修时间间隔长，零部件种类少，相应的备品备件数量也少，因此有效地减少了运营中供电部门的维修、维护成本。但是也存在其他如轨道、信号等专业需要检修时，接触轨需要派专门的挂地线人员去挂地线，从而给其他专业的检修带来不便，缩短了其他专业的可操作时间，同时对车辆的维修工作量也略有加大，由于其安装位置低，对人身安全防护措施要求高，这是接触轨授流方式的主要缺点。

两种授流方式在技术上都是可行的，但各自的优缺点也非常明显。接触轨授流方式安装结构简单、运营维护工作量小、有利于城市景观的保护、使用寿命较长，但是其安全感较差、允许列车运行速度较低；与之相反，架空接触网授流方式安装结构复杂、运营维护工作量大、不利于城市景观的保护、使用寿命短，但其安全感较好、允许列车运行速度较高。

3）接触轨节能研究

能源是我国国民经济和社会发展的根本，我国目前是一个能源供应紧张而又浪费严重的国家。虽然我国能源开发与节约工作取得重大进展，能源效率有所提高，但与发达国家相比，我国能源效率水平依然偏低，节能、环保是时代的主题。因此，城市轨道交通工程也应从长远考虑节能、环保的问题，正确处理城市轨道交通与城市自然环境的关系，通过资源的高效利用、合理配置和有效保护，实现城市可持续发展是城市轨道交通建设及发展的现代理念。

牵引供电系统的能量损耗分为电源系统损耗、牵引整流机组损耗和牵引网损耗。对于 DC 750 V 电压等级和 DC 1 500 V 电压等级，可以认为电源系统的能量损耗不变，但 DC 750 V 电压等级时，全线牵引整流机组的总安装容量较大，因而牵引整流机组的空载损耗大；在 DC 750 V 电压等级时，牵引网上流过的电流大，所以其牵引网损耗也较大。以深圳地铁 3 号线首期工程为例，以下 4 种牵引供电制式的能量损耗对比如表 6.5 所示。

表 6.5 四种供电制式的能量损耗比较表

项　目	DC 750 V 全线接触轨	DC 1 500 V 全线架空接触网	DC 1 500 V 全线接触轨	DC 1 500 V 车场架空接触网、正线区段接触轨
电源系统损耗/（万千瓦时/年）	—	—	—	—
牵引整流机组损耗/（万千瓦时/年）	301	237	237	237
牵引网损耗/（万千瓦时/年）	259	241	121	146
合计/（万千瓦时/年）	560	478	358	383
每千米/（万千瓦时/年）	16.63	14.20	10.63	11.37
全线相当于碳排放量/（t/a）	5 583.2	4 765.7	3 569.3	3 818.5
每公里相当于碳排放量/（t/a）	165.8	141.5	105.9	113.4

注：根据专家统计，每节约 1 kW·h 电，就相应节约了 0.4 kg 标准煤，同时减少污染排放 0.272 kg 碳粉尘、0.997 kg 二氧化碳、0.03 kg 二氧化硫、0.015 kg 氮氧化物。

从表 6.5 可知，由于钢铝复合接触轨牵引网阻抗最小，采用 DC 1 500 V 全线接触轨方案可以最大限度地减少能量损耗。相对于 DC 750 V 接触轨，每千米线路每年可减少碳排放量约 60 t，相对于 DC 1 500 V 架空接触网，每千米线路每年可减少碳排放量约 36 t。

4）深圳地铁 3 号线牵引供电制式选择

随着我国城市规模的扩大，中心城市和卫星城市的组团、融合，使得城市轨道交通线路不断延伸。目前，城市轨道交通已不仅仅是作为行驶在地下的交通设施，在城市中心区以外，为节省工程投资，线路按高架方式敷设已成为一种趋势，架空接触网影响城市景观的缺陷已经暴露出来。为保护城市景观，在高架线路比重较大的城市轨道交通线路的直流牵引供电系统中，接触轨系统应当成为首选方案，但由于 DC 750 V 接触轨系统工程投资和运营电能损耗均较 DC 1 500 V 接触轨和接触网系统要大，不符合国家节能环保政策。因此，研究和发展既能保证供电系统技术水平又能兼顾保护城市景观的 DC 1 500 V 接触轨系统就显得非常必要。

深圳地铁 3 号线大部分为高架线路（地面过渡段及高架线路占全长近 60%），在特区内以地下线敷设，在特区外基本均以高架敷设。深圳地铁 3 号线地面过渡段及高架线两边房屋密集，人口众多，沿线交通量大，是承担 2011 年在深圳举行的第 26 届世界大学生运动会交通运输任务的主要轨道交通线路，政府称之为“大运专线”，并对本工程的景观提出了较高的要求，保护城市景观的需要非常迫切。

本工程采用 DC 1 500 V 供电得到各方的支持和认同，但在到底是采用架空接触网授流还是采用接触轨授流的问题上存在一定的分歧。为此，在总体设计和方案设计阶段，特别针对本工程进行了牵引供电授流方式的专题研究。深圳市发展和改革局组织召开了由国家工程院院士、全国知名地铁专家、香港地铁专家以及相应的政府官员参加的深圳市地铁 3 号线牵引供电制式评审会，会议从设计、施工、运营、管理、安全、风险等多个角度对本线牵引供电系统授流制式进行了细致、深入的比较论证，专家组认为深圳市地铁 3 号线全线采用 DC 1 500 V 三轨供电制式是合理的。同时，专家组提出了“以车辆段人身安全防护为重点，对全线 DC 1 500 V 接触轨系统采取切实有效的安全防护技术措施”的要求。本工程最终全线统一采用 DC 1 500 V 电压等级的接触轨授流方式在国内城市轨道交通领域属首次。

6.2.3.8 供电系统的创新

根据深圳地铁 3 号线线路敷设方式、车辆选型、行车组织、运营速度、城市景观等条件分析，结合既有及在建线路牵引供电授流方式及运营管理模式，在国内首次提出了全线统一采用的 DC 1 500 V 钢铝复合接触轨下部授流方式，如图 6.7、图 6.8 所示。

图 6.7 深圳 3 号线采用 DC 1 500 V 接触轨供电实景图 1

图 6.8 深圳 3 号线采用 DC 1 500 V 接触轨供电实景图 2

6.2.4 主变电所选址及布置形式创新

6.2.4.1 主变电所选址

主变电所所址选择原则：

（1）主变电所所址应尽量位于地铁车站附近，以缩短主变电所至地铁车站之间的电缆通道距离。

（2）满足地铁内部供电系统的合理性。

（3）不仅要结合城市电网电源点的分布特点，使得外部电源接入方案既经济又可靠，而且要满足地方规划、国土等政府职能部门的要求。

根据上述原则，通过与深圳市龙岗区、罗湖区规划局和国土局多次协调，最后一致确定地铁 3 号线工程新建两座主变电所分别设置于草铺站和银海站附近。

6.2.4.2 主变电所布置

主变电所电气设备的布置采用开关楼的建筑形式，所有电气设备均布置在户内。开关楼主体为三层。一层为电缆夹层，二层为 35 kV 成套开关柜双列布置高压配电室、110 kV GIS 室、接地变室等，三层为继保室、蓄电池室及电容器室（预留）等，主变压器室与开关楼主体相连，相邻主变之间用防火墙分隔，主变 110 kV 及 35 kV 侧均采用电缆进线。

6.2.4.3 主变电所主要设备选择

（1）主变压器选用低损耗三相双卷有载调压变压器，电压等级为 110 kV/35 kV，接线组别为 Yn，d11。银海主变电所为自冷型油浸变压器，草铺主变电所为 SF_6 气体绝缘变压器，110 kV 侧采用进口有载调压开关。

（2）110 kV 开关设备采用全封闭的 GIS 组合电器，35 kV 开关柜选用具有完善五防功能的气体绝缘中压开关柜，柜中配真空断路器。

（3）主变电所的 35 kV 侧系统采用接地变压器经过小电阻接地，接地（站用）变压器选用干式变压器，接线组别为 ZN，yn11。

（4）本工程所用电屏选择 GQH-Ⅱ智能型所用电源柜。

（5）本工程设一套 220 V 直流系统，用于控制、保护、综合自动化系统设备以及事故照明等负荷供电，直流系统设两组免维护铅酸蓄电池，充电设备采用高频开关电源，全所事故停电按 2 h 考虑。

6.2.4.4 主变电所的创新

结合深圳市市政规划，为节约宝贵的土地资源，利用立交桥环形道路内不可他用的自然空间，首次在深圳市设置了地下主变电所，并在国内地铁首次采用了气体绝缘主变压器。

从深圳城市轨道交通主变电所资源共享考虑，本工程在草埔新建的地下主变电所须为 3 号线和 5 号线供电，由于深圳土地资源特别紧张，经过 2 年多的反复选址，最后将草埔主变电所建设在立交桥的环形匝道绿化带内。为了不干扰司机行车视线，草埔主变电所为一座采用 SF_6 气体绝缘变压器的地下变电所，在国内城市轨道交通领域属首次，以充分利用城市土地空间资源、电力资源，实现资源共享，并对草埔主变电所进行顶部进行覆土和绿化，美化城市景观。本工程草铺地下主变电所建设用地选址及设计和建成效果如图 6.9 ~ 图 6.11 所示。

图 6.9 草埔地下主变电所所址

图 6.10 草埔地下主变电所建成后地面实景图

图 6.11 草埔地下主变电所建成后内部实景图

6.2.5 接触轨施工设计及安全防护措施创新

6.2.5.1 牵引网的构成

牵引网系统在满足技术要求和经济性的前提下应充分考虑与城市景观之间的协调。本工程除车场库内检修线路牵引网悬挂类型采用滑触线系统外，全线其余牵引网均采用 DC 1 500 V 钢铝复合接触轨下部授流方式，如图 6.12、图 6.13 所示。

图 6.12 本工程采用接触轨后实景图

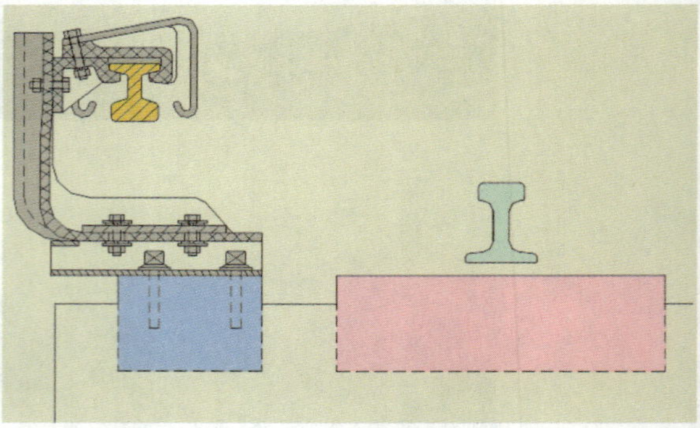

图 6.13 下部授流接触轨安装示意图

接触轨系统主要由导电轨、绝缘支架、防护罩、支撑垫块、连接电缆及各种附件等构成，其中的导电轨、绝缘支架和防护罩是接触轨系统中送电、支撑、防护的三大部件。

6.2.5.2 接触轨主要技术数据

1）接触轨

采用钢铝复合导电轨，其额定载流量根据牵引供电计算确定，不锈钢带的厚度为 6 mm。

钢铝复合接触轨标准制造长度一般为 15 m。

2）绝缘支架

接触轨支架用于承载接触轨系统的所有动态和静态负荷，同时支撑、固定防护罩。支架除应具有足够的机械强度、绝缘耐压水平和耐腐蚀能力外，还应具有抗紫外线、耐老化的特性，适于露天使用。

3）防护罩

防护罩应随同接触轨在车站、区间、停车场等全范围布置，防护罩面积应尽可能避免人员无意中触碰到带电设备并保证集电靴无障碍通过。防护罩要求绝缘性能好、机械强度高、难燃、低毒和耐腐蚀。防护罩应保证在其外表面接地的情况下，其内表面任何一点均可承受工频 AC 10 kV 的电压。防护罩包括以下 6 种：

（1）接触轨防护罩。
（2）绝缘支架处防护罩。
（3）电缆连接处防护罩。
（4）端部弯头处防护罩。
（5）膨胀接头处防护罩。
（6）车场库内集电靴防护罩。

当体重 100 kg 的人踩在防护罩上时，防护罩不会裂开或断裂，当人离开时，防护罩应恢复至最初的状态。

防护罩靠自身弹性及支撑垫块固定在导电轨上。支撑垫块绝缘电阻应不小于 10^{12} Ω，介电强度应不小于 10 kV/mm，整体湿耐受电压应不小于 10 kV。

4）悬挂点间距

悬挂点间距由绝缘支架的承载能力和接触轨自重引起的悬垂度决定，最大一般为 5 m，在端部弯头、膨胀接头、馈线上网点处相应减小。

5）锚段长度

钢铝复合导电轨间采用铝合金鱼尾板连接，每段通过铝合金鱼尾板连接的接触轨称为一个锚段。两个接触轨锚段采用膨胀接头连接，膨胀接头用于补偿接触轨的热胀冷缩并保证两段接触轨间机械和电气的连续性。锚段长度应根据安装位置处的温度变化范围及膨胀接头的补偿范围经计算确定。

6）中心锚结

每个接触轨锚段的中部应设置中心锚结，防止该段接触轨的自由爬行。每处中心锚结由两组防爬器组成，线路纵向坡度超过 20‰的锚段增设一组防爬器。

7）端部弯头

在接触轨电分段、道岔、人防门等设有接触轨断轨处，为使列车集电靴平滑搭接和离开接触轨，在接触轨端部设置具有适量纵向坡度的端部弯头。正线采用高速弯头，其余采用普通弯头。

8）绝缘距离

接触轨带电部分与结构体、车体的最小净距满足《地铁设计规范》（GB 50 157）的规定，即静态为150 mm，动态为100 mm，绝对最小动态为60 mm。接触轨绝缘距离按重污区考虑，绝缘支架和绝缘子的泄漏距离不小于250 mm。在有条件的情况下应尽量加大绝缘净距。

9）安全系数

（1）接触轨金具。

① 抗拉：≥3.0；

② 抗弯：≥3.0；

③ 对碳素结构钢制造的零件采用许用应力法进行强度计算，其安全系数应不小于材料屈服强度的1.5倍。

（2）绝缘支架

在各种动、静荷载作用下，上、中、下部绝缘支架的合成拉伸应力、合成压应力和螺孔剪应力的安全系数均应大于3.0。

10）接地方式

全线接触轨所有不带电金属部分与接触轨地线连接，接触轨地线采用接地扁铝。在有牵引变电所的车站，接触轨地线通过电缆与牵引变电所内的接地母排相连，构成接触轨系统的接地保护回路。

11）防腐蚀措施

采用导电油脂、铜铝过渡金具等措施防止异相金属（主要是铜铝）间出现的电腐蚀。M14及以下螺栓采用高强度不锈钢件。接触轨金属零部件采用热浸镀锌或DACROMET防腐技术。

6.2.5.3 供电分段及电连接

1）电分段的设置

为缩小事故范围、方便停电检修作业，在正线车站电动车组进站端和出入车场线等处设置电分段。正线电分段的形式，采取断轨式电分段。

2）机械分段的设置

在道岔区、线路平交道口等位置，应根据限界及人身安全的要求，设置接触轨机械分段。

3）电连接的设置

接触轨同一供电分区相邻断轨之间设置电连接（电分段除外）。如人防隔断门处、道岔处和平交道口处设置电连接，该电连接采用电缆连接。膨胀接头处设置电连接，该电连接采用紫铜材质的铜板，表面镀银，使得主副片滑动时导电性能良好。

6.2.5.4 接触轨安全防护新措施

1）设置滑触线系统

适当增加车场直流馈线数量，使得车场内接触轨供电分区尽量小，相邻供电分区间设置隔离栏，库内双周检、季检和静调线由于工作人员活动频繁，设置滑触线系统，其目的在于让维修人员能够安全和有效率地完成日常列车检修工作，减低接触轨授流方式对轨旁工作人员带来的危险，如图 6.14 所示。

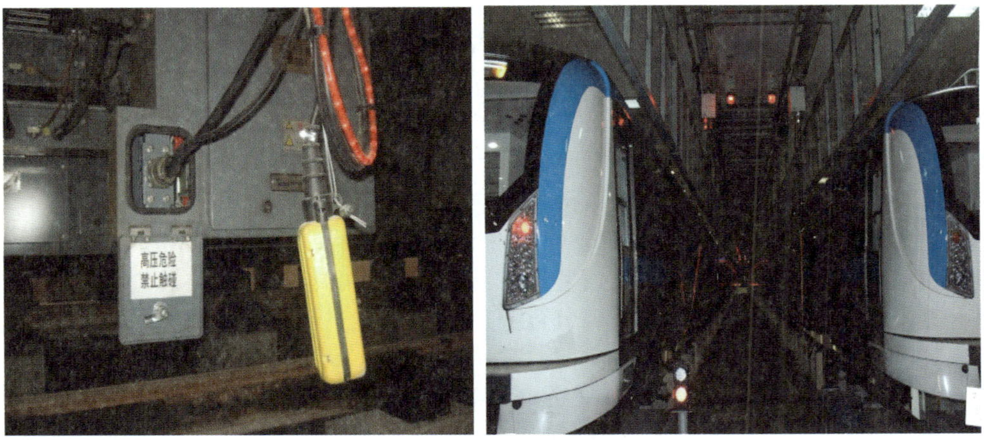

图 6.14 滑触线系统实际效果图

2）设置接触轨带电显示装置和紧急停电按钮（EPB）系统

接触轨带电显示装置主要是考虑正线道岔处及车场内运营维修作业频繁，而接触轨就敷设在轨道旁边，工作人员无法通过肉眼来判断接触轨是否带电，为了确保运营维修人员的安全，尽量避免触电事故，为此，设置接触轨带电显示装置，对接触轨带电状态进行警示。

EPB 控制系统主要是考虑 DC 1 500 V 的接触轨敷设在轨道旁，不同于敷设在线路上方的架空接触网。当发生火灾或其他事故需要人员疏散时，为防止旅客或工作人员在慌乱中跌倒后身体碰到接触轨而发生人员的伤亡，在各车站值班室 IBP 盘上以及车辆段各库线设置 EPB 紧急断电按钮，各车站或车辆段工作人员可以在第一时间按下 EPB 按钮，从而切断接触轨的电源，不需要通过控制中心的电调来实现断电操作，从而提高接触轨的安全性，如图 6.15 所示。

图 6.15 接触轨带电显示装置及 EPB 实际效果图

6.2.5.5 高架线路防雷措施

深圳地区属于雷电频发区，在采用接触轨授流方式时，地面及高架线路上的列车或钢轨可能遭受雷击，由于钢轨处于电气悬浮状态，即钢轨与道床之间采取了绝缘措施，当钢轨出现雷电压时，极可能将钢轨与道床之间的绝缘层击穿，不仅造成杂散电流增大，而且可能造成车辆及轨旁设备损坏，如牵引变电所附近的钢轨遭到雷击，雷电波还会通过回流电缆进入牵引变电所负极柜内，造成电气设备的损坏。因此，深圳市地铁3号线高架区段钢轨应考虑防雷措施,对沿线容易受到雷电和过电压侵入而损坏从而影响供电系统正常运行的电气设备，也应采取保护措施。

（1）在高架桥梁区段，每隔300 m左右，利用桥墩结构钢筋做地网，在桥墩结构钢筋的最上部，用铜排和桥墩竖向主结构钢筋焊接，引出接地端子，供高架区段的防雷接地用。

（2）在高架桥区段，钢轨每隔300 m左右设置1处避雷器，进行防雷保护。防雷接地极利用高架桥梁桥墩结构钢筋。隧道口钢轨设置均流线和避雷器，防止雷电波通过钢轨进入隧道。

（3）在地上区段，接触轨上网处设置避雷器，在隧道出、入口处接触轨也设置避雷器。

（4）避雷器采用有串联间隙的金属氧化锌避雷器。

（5）变电所35 kV母线上设置避雷器。

（6）地上牵引变电所的DC 1 500 V负母线对地间增设避雷器。

（7）在地上区段，牵引变电所馈线上网隔离开关处设置避雷器。

（8）在城市轨道交通车辆内应设置与供电系统相适应的过电压保护措施。

（9）全线接触轨接地扁铝与各牵引变电所综合接地网相连。

6.2.5.6 接触轨施工安装预留、预埋新技术

本工程接触轨系统施工安装均采用预留、预埋新技术，使用高绝缘性能的预埋尼龙套管取代传统的预埋螺栓或现打化学锚栓，利用尼龙套管不锈蚀、绝缘性好、防腐性优良等特点，有效地解决了道床内钢筋网与金属螺栓之间的绝缘问题，减小了杂散电流的不利影响。

接触轨工程的预埋施工和轨道工程的道床混凝土施工同时进行。接触轨专业的施工人员通过专用的模具将尼龙套管在道床外侧准确定位，当整体道床进行混凝土浇筑的时候，尼龙套管随之固定在整体道床内，如图6.16所示。因此，当接触轨绝缘支架底座安装的时候，就不需要现场进行打孔，直接用螺栓把绝缘支架底座固定在尼龙套管上即可。

图6.16 尼龙套管现场预埋实景图

通过预留、预埋技术进行接触轨绝缘支架底座的施工，由于节省了现场打孔所带来的钻孔及锚栓费用，从而减少了对道床的破坏并节省了接触轨工程的投资，并且预埋尼龙套管有

利于轨旁设备的整体景观协调性。预埋尼龙套管进行安装的工序，加快了接触轨系统整体的施工进度，有效提高了施工效率，并且有利于通车后的运营现场维护，如图 6.17 所示。

图 6.17 预埋好的尼龙套管及接触轨安装后的实景图

6.2.5.7 接触轨未来研究方向

采用接触轨授流方式时，除了加强轨行区作业的安全教育，制定挂地线作业管理、规程规范外，为减少安全隐患降低运营成本，接触轨授流方式未来的研究方向主要在于残留电压危害及显示技术研究、接触轨专用接地开关及其安全显示系统研究、集电靴导电润滑系统研究。

6.2.5.8 牵引网系统的创新

为保证和提高接触轨运营安全，在国内首次采用了车场检修线设置滑触线、全线设置 EPB 紧急停电按钮和接触轨带电显示装置，并对停车场的接触轨运营安全进行了研究，提出了通过合理划分功能分区、设置围栏、告警指示等等安全辅助措施。

6.3 通信系统

6.3.1 概 况

通信系统由专用通信系统、民用通信系统、警用通信系统三部分组成。主要技术特征如下：

（1）传输网络应能传输地铁运营、管理所需要的语音、文字、数据、图像等信息，构成光纤自愈环路，主要信道采用一主一备方式。

（2）交换系统采用时分数字程控交换机，具有各种用户及中继接口。

（3）无线通信系统采用数字集群方式进行组网，隧道内弱场区采用漏泄同轴电缆来实现场强覆盖。

（4）专用电话系统包括调度、站内、站间电话。

（5）视频监控系统采用卫星站值班员、轴心站值班员、中心调度员三级监视方式。车站至控制指挥中心的视频信号通过传输网络以数字方式传输。

（6）广播系统采用卫星站值班员、轴心站值班员、中心调度员三级广播，以及分区设置喇叭的方式进行组网，并在系统中设置相应优先权。

6.3.2 系统主要功能

6.3.2.1 专用通信系统

1）传输网络

传输网络是通信系统的骨干，是最重要的子系统，它应具有可靠、冗余、可扩展、可重构和灵活的特性。传输网络的传输服务质量及接口功能，应符合国家标准及信息产业部（原邮电部）标准。传输设备应具有良好的抗电磁干扰功能，足够的带宽及灵活的分下/插入（D/I）功能。

2）无线通信系统

该系统为控制中心的行车调度员、通信控制员/防灾调度员、停车场值班员对列车司乘人员、运营人员和现场人员等有关用户提供无线通信服务。

3）公务电话系统

公务电话系统应满足轨道交通的维修单位、运营管理部门之间的公务电话通信和数据交换，应具有 ISDN 交换功能，能构成与市内公用电话网之间及深圳市其他轨道交通线之间的通信。市话应采用全自动呼入呼出方式，内部采用 4 位统一编号。通话功能及话音质量应符合信息产业部标准。

4）专用电话系统

调度电话为控制中心指挥人员（如行车调度、电力调度、环控调度、通信控制员）提供专用直达通信服务。调度电话应具有选呼、组呼、全呼、强插、强拆、应急处理、自检等特定功能。

站内电话可为车站值班员提供与站内各有关部门之间的直达通信服务。

站间电话可为车站值班员与相邻车站的车站值班员之间提供直达通信服务。

夜间通行门内部视频通话机可为车站值班员与进出车站人员之间提供直达通信服务。

乘客求助电话、问讯售票亭通话机、车控室通话机、电梯通话机为车站值班员与乘客之间提供直达通信服务。

5）视频监控系统

该系统为控制中心的行车调度员、通信控制员和车站（含停车场）值班员提供对车站的站厅、站台、扶梯以及停车场的出入口、各建筑房屋出入口通道等主要区域的监视服务。

控制中心的行车调度员实时监视全线各车站的情况。各站/场的值班员能够实时监视本站/段情况。

视频监控系统分为中心级、车站级及停车场/车辆段独立视频系统，同时在车站警务室为公安提供车站视频信息。中心级系统能选控及监视任何车站摄像机及车站 CCTV 设备。车站级应分为卫星站及轴心站级。卫星站能对本地进行监视、轴心站能对本地及其所管辖的卫星站进行监视。停车场独立视频系统能监视停车场内重要位置的情况。

6）广播系统

广播系统为控制中心调度员、车站值班员提供对相应区域的有线广播。

广播系统具有自动、人工广播以及相应的选择功能，并具有优先级功能。车站广播主要用于对车站内的乘客及工作人员进行实时及数码语音预录等广播。中心级系统能选控及对任何车站的广播区进行广播。车站级应分为卫星站及轴心站级。卫星站能对本地进行广播、轴心站能对本地及其所管辖的卫星站进行广播。

7）时钟系统

时钟系统具有为各系统设备提供统一时间信息的功能，保证 3 号线各系统执行统一的时间标准。

8）录音系统

录音子系统可对车站、控制中心各调度员、值班员以及其他工作人员的各种通话（公务、专用电话系统、无线电系统及广播系统）进行录音。

9）乘客信息系统（PIS）

通过设置在车站和列车上的各种显示媒介，为地铁乘客及地铁内部员工提供以运营信息为主商业广告为辅的多媒体综合信息显示系统。在正常情况下，播放列车运营信息、出行信息、政府公告、公益广告等实时多媒体资讯；在火灾等紧急情况下，可迅速、直观、优先播放紧急疏散和防灾等文本和图像信息，以便预先告知和引导乘客，起到辅助防灾、救灾的作用。

10）车载视频监控系统

通过在列车上设备、轨旁及车站无线以太网设备、中央控制等设备选控及监视列车上的安全状况，起到维护列车的治安秩序，加强地铁安防的作用。

11）弱电综合 UPS 系统

弱电各系统采用综合 UPS 的供电方式，为保证在交流故障时，各系统仍可正常工作一段时间，电源设备的容量应满足为各弱电系统后备供电时间的要求。

车站、停车场、控制中心的弱电综合电源室应设接地装置，接地电阻≤1 Ω。

6.3.2.2 民用通信系统

1）移动通信引入系统

地铁移动通信引入系统是地面移动通信系统的延伸部分，是为了满足乘客在乘坐地铁时能享受与地面一样的移动通信服务而建设的。本系统还应满足将来新的无线通信运营商和综合业务接入的需要，为了保证 3 号线能高水平地为乘客服务，本系统建成后应够满足并支持如下无线系统的接入：GSM900 MHz（移动、联通）、CDMA800 MHz、DCS1 800 MHz（移动）、中国电信市话通（CDMA）1 900 MHz、3G（WCDMA/SCDMA）2.1 GHz。

2）民用传输系统

民用通信传输系统应能传输各移动通信运营商的移动电话引入和系统网络管理所需的各类通道，预留可能引入的各种数据通道接入条件。

6.3.2.3 警用通信系统

1）警用无线通信系统

地铁是一个客流量大，人口密集的重要公共交通场所，为了提高公安、消防对地铁及周边范围内的治安和防灾救援管理水平，更好地为地铁乘客服务，需要建立一套警用无线通信指挥调度系统，以保证 3 号线地下与地下、地下与地面、地下与其他已建地铁线路和与公安局所属各部门之间的公安、消防无线通信联络，当出现各种治安问题、重大案情和发生灾害事故时，该系统应是 3 号线现场公安、消防人员之间快速联络、统一进行指挥调度通信的重要工具。

2）警用计算机网络

3 号线警用计算机网络是地铁警用计算机网络的一部分，可以实现地铁公安办公自动化，实行资源共享，提高地铁公安的快速反应能力。应能与市公安局计算机网络的联网。

3）警用电视监控系统

3 号线地铁公安电视监控系统是地铁公安部门维护 3 号线正常运营管理秩序的重要设备，是为各级公安人员实时监视、提高地铁治安水平，保证地铁列车安全正点运送旅客的有效工具。

6.3.3 主要系统构成

6.3.3.1 专用通信系统

1）传输系统

传输系统由光纤数字传输设备构成，传输网络是采用自愈环形网，4 纤双向复用段保护方式的 MSTP（基于 SDH 的多业务传送节点）2.5 Gb/s 加窄带接入设备的光纤数字传输系统。

2）无线通信系统

无线通信系统主要包括中心级、车站级、车辆段、列车、工程车之间的语音和数据无线通信。运营无线系统采用 800 MHz 数字集群（TETRA）系统，包括运营控制中心集群交换机和调度台、车站基站、车辆段基站及调度台、无线电调度固定台、车站台、手持台等。

3）公务电话系统

公务电话子系统在横岗运营控制中心设一套汇接局程控交换机，连接横岗车辆段及车站内各公务电话用户出入局中继。在各车站各设一套站内交换机，连接每个车站内的公务电话用户。

4）专用电话系统

专用电话子系统在横岗运营控制中心设一套专用电话交换机，连接横岗车辆段及车站内各专用电话用户无阻塞的语音通道。在 22 个车站各设一套站内专用电话交换机，连接每个车站内的专用电话用户。本系统为各站及车辆段内提供调度分机、站内及站间电话机[含乘客求助电话、车控室及问讯售票亭通话机、夜间通行门视频通话机（VIC）]。

5）视频监控系统

视频监控系统（CCTV）提供中心级、车站级、车载视频系统及车辆段独立视频系统（图

6.18）。中心级系统能选控及监视任何车站摄像机及车站 CCTV 设备。车站级应分为卫星站及轴心站级。卫星站能对本地进行监视、轴心站能对本地及其所管辖的卫星站进行监视。车辆段独立视频系统能监视车辆段内重要位置的情况。

图 6.18 视频监控系统

6）车站广播系统

车站广播系统（PA）主要用于对车站内的乘客及工作人员进行实时及数码语音预录等广播。系统包括中心级及车站级广播设备。中心级系统能选控及对任何车站的广播区进行广播。车站级应分为卫星站及轴心站级。卫星站能对本地进行广播、轴心站能对本地及其所管辖的卫星站进行广播。

7）时钟系统

时钟及同步子系统（CLK）设备在中心设置一级母钟，车站设置二级母钟及子钟，如图 6.19 所示。本系统在地铁运营过程中为工作人员、乘客及全线各系统（信号、AFC、自动化集成等系统）提供统一的时间标准。

图 6.19 时钟系统

8）录音系统

录音子系统在横岗运营控制中心设一套中心录音系统设备并通过传输网络的以太网10M以太网通道连接各车站录音系统设备。

9）乘客信息系统

乘客信息系统（PIS）是通过设置在车站和列车上的各种显示媒介，为地铁乘客及地铁内部员工提供以运营信息为主商业广告为辅的多媒体综合信息显示系统。

10）弱电综合 UPS 系统

弱电综合 UPS 电源系统由控制中心、各车站、车辆段的交流不间断电源设备（UPS）、交流智能配电盘及电源集中监控系统组成。考虑到弱电综合 UPS 电源需为所有弱电系统供电，为提高本系统的可靠性，本系统 UPS 在信号设备集中站及控制中心采用双机并联（其余地点采用单机）。

当采用 UPS 双机并联方式时，在正常工作时，两台 UPS 均分负载，在一台 UPS 故障时，另一台 UPS 承担全部系统负载，本系统的 2 台 UPS 互为备份。

6.3.3.2 民用通信系统

1）民用无线通信系统

民用无线通信系统可以满足乘客在乘坐轨道交通 3 号线时能享受与地面一样的无线通信服务。采用一个将各民用无线通信运营商的各种制式信号合路在一起进行综合覆盖的无线多网接入 POI 系统。民用无线通信系统包括：POI 设备、天馈系统、漏泄电缆、网管终端等。

2）民用传输系统

民用传输系统由光纤数字传输设备构成，传输网络是采用自愈环形网，2 纤双向复用段保护方式的 MSTP（基于 SDH 的多业务传送节点）2.5 Gb/s 加窄带接入设备的光纤数字传输系统。

6.3.3.3 警用通信系统

1）警用无线通信系统

地铁警用无线通信系统采用同播方式，与地面公安指挥无线通信系统的制式完全一致。公安无线通信系统可靠的同播无线通信与公安指挥、地铁警用、消防三个 350 MHz 专用频道覆盖地铁 3 号线沿线各车站、区间及横岗车辆段派出所。公安无线系统采用专用 350 MHz 频道同播基站、无线电固定台、手持台、室内天线、室外天线等。

2）警用计算机网络

公安计算机网络系统利用千兆以太网交换机的 1 000 M 光口实现光信号的传输，从六约站至各车站、派出所的网络结构需采用 1 000 M 以太网交换机利用光纤相连组成光纤环网。

3）警用电视监控

警用视频监控系统（GCCTV）与运营视频监控子系统共享前端摄像机设备，在有警务室的车站设置监控终端，派出所视频监控系统能监视车站、派出所内重要位置的情况。

6.3.4 设计理念的创新

6.3.4.1 运营管理模式

3 号线运营模式将采用“站群控制”管理方式，除运营控制中心（OCC）外，各轴心车站均具有监控其邻近卫星车站能力（表 6.6）。“站群控制”管理模式能提高运营管理人员的管理素质及技术水平，达到减员增效，使运营管理更方便、高效。

表 6.6 轴心站和卫星站布置

车站群组别	轴心站	卫星站
一	益田站	石厦站
二	福田站	购物公园站、少年宫站
三	华新路站	莲花村站、通新岭站
四	老街站	红岭站、晒布路站
五	田贝站	翠竹站、水贝站
六	草埔站	布吉站、木棉湾站
七	丹竹头站	大芬站、六约站
八	塘坑站	松柏站、银海站
九	爱联站	荷坳站、体育新城站、吉祥站
十	双龙站	龙城广场站、南联站

塘坑站为 3 号线后备线控站，在运营控制中心（OCC）瘫痪的情况下，通信系统设计能满足后备线控站操作员与列车及时各车站之间的基本通信要求。

6.3.4.2 录音系统

3 号线采用先进的数字录音系统，录音系统可以确保控制中心和车站、车辆段之间调度指令和安全指令的正确保存，可对每个话路进行录音、监听、回放及识别来电号码，并运用信息化、网络化的技术，为地铁调度通信中心提供现代化的管理手段，提高管理部门信息的收集、处理能力、联动及反应能力，为各级领导和管理人员提供准确、及时的分析数据，提高管理的科学性和工作效率，达到促进企业管理工作流程的合理化、规范化、系统化。

6.3.4.3 视频监控系统

本工程视频监控系统模拟地铁的建筑风格，设计了较为直观和立体的三维人机界面，使操作更灵活、简便，如图 6.20 所示。

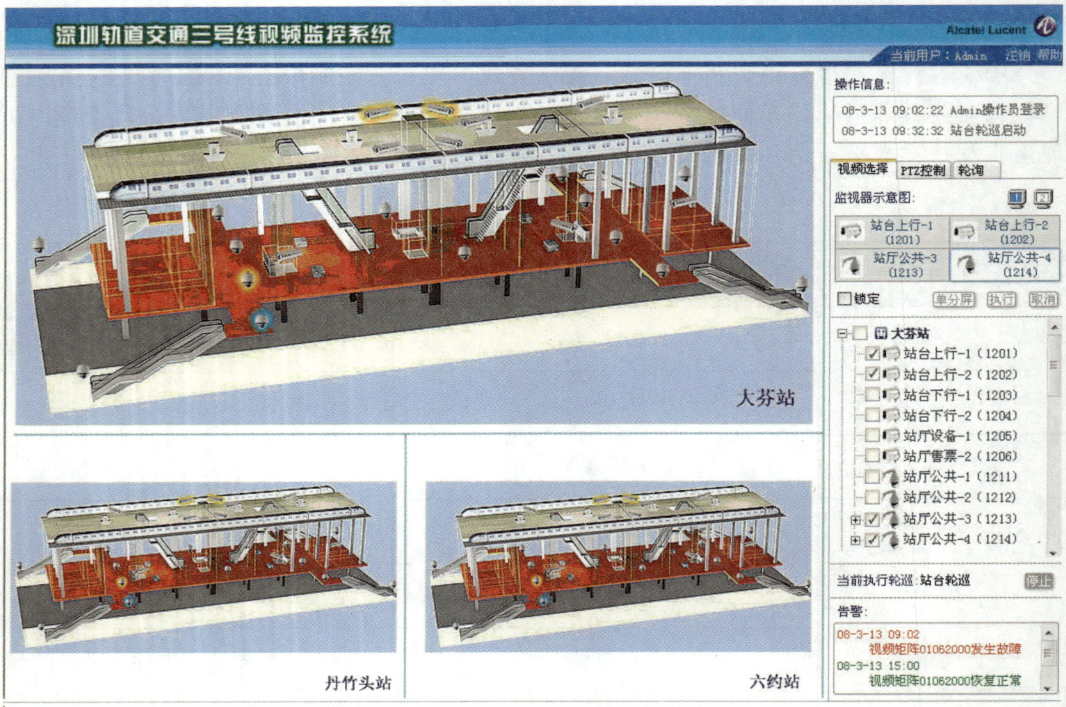

图 6.20 视频监控系统

6.3.4.4 综合 UPS 与供电方式

地铁 3 号线弱电各系统采用综合 UPS 的供电方式，为保证在交流故障时，各系统仍可正常工作一段时间，电源设备的容量应满足为各弱电系统后备供电时间的要求，如图 6.21 所示。

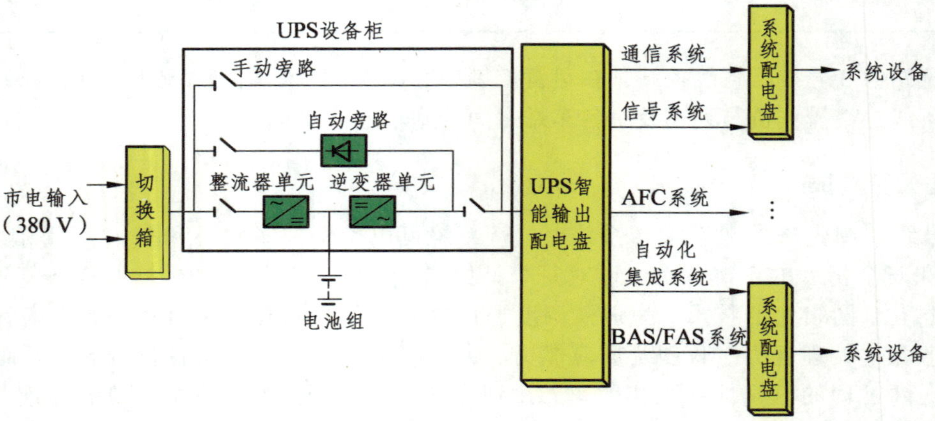

图 6.21 综合 UPS 供电方式

随着电源技术的发展，特别是基于目前弱电系统设备都采用先进的计算机电子设备，其对电源品质的要求基本一致，地铁弱电系统可采用 UPS 分散供电或采取集中供电方式。

对于地铁弱电系统的供电方式，显然可以分为两种，一是目前的分散供电模式；二是集中供电模式。表 6.7 给出了两种模式的比较。

表 6.7 技术经济比较

序号	比较项目	分散配置方式	集中配置方式
1	网络构成	各个系统单独建设，整个 UPS 网络复杂	统一设置 UPS，各个系统集中从 UPS 取电，结构简单
2	房屋面积	一个车站内往往同时投入至少 4～6 套 UPS 系统，分布各系统设备房或专用的电源室，其中控制中心约需 120 m^2，车站约为 60 m^2	仅一个综合电源室，整合后中心约需 80 m^2，车站为 30～40 m^2
3	运营维护	各系统均有自己的 UPS 维护设备，维护工作量大，所需维护人员多	中心和车站仅需一套维护设备，易实施，减少人力资源
4	资源共享性	各个系统 UPS 相对独立，不能实现富余资源的共享	一套设备，各个系统用电由一套 UPS 系统统一调配，实现资源共享
5	监控系统的设置	各个系统 UPS 系统均有自己的监控系统，要实现整个 UPS 系统的监控，还需增加设备	仅一套 UPS 监控系统，能实现对所有设备的集中监控
6	备品备件	各个系统 UPS、电池等设备可能不同，备品备件种类多，不便于统一维护和管理	型号统一，易实施统一维护和管理
7	设备投资	各系统分散配置投资较大	由于 UPS 功能整合，投资较低
8	可靠性	各专业所选 UPS 的可靠性根据所选择的 UPS 及配置方式决定，没有整体断电风险	UPS 的可靠性根据所选择的 UPS 及配置方式决定，但有整体断电风险

从以上比较分析可以看出，在确保对弱电每一个系统可靠供电的前提下，采用弱电各系统 UPS 电源集成化的设计理念，对弱电各系统实现 UPS 电源设备集中设置并统一供电的方式，具有以下优点：

（1）UPS 电源和蓄电池冗余容量得到合理的控制。

（2）UPS 电源设备房面积得到合理的控制和有效的使用，减少了电源设备用房面积，节省土建的投资。

（3）有助于统一 UPS 电源、蓄电池、备品备件的设备型号，便于维护管理和使用。

（4）有助于实现资源共享，减少工程和运营维护费用。

综上所述，弱电系统集中统一配置 UPS 电源和蓄电池，采用集中供电和后备蓄电池方式，对弱电系统的供电具有很高的适应性、可用性、可靠性、可管理性、可扩展性以及更低的维护费用。

6.3.5 工程实施总结与反思

1）与多条线路具有换乘关系

地铁3号线与多条线路形成换乘关系。通信系统设计应充分考虑在换乘站的资源共享，应结合换乘站建设的工期时序、实施进度、换乘方式、技术发展及设备招标程序的限制实际情况，并考虑运营主体等多方面因素，合理划分通信系统在换乘站的设计、设备供货、实施方式等接口界面。老街站机电系统改造工程是一个换乘站设计的典范工程，在此工程中针对1、3号线的系统技术特点、各运营主体的需求进行了综合分析，最终提出了满足1、3号线换乘要求的系统设计方案。

2）与线网内其他各线和应急指挥中心的互联互通

地铁3号线通信系统应充分考虑将来与线网内其他各线和应急指挥中心的互联互通能力，满足线网应急指挥中心（TCC）在传输、交换、无线、调度、视频、时钟分配、网管等方面的联网运营需求。

目前深圳线网应急控制中心（TCC）正在筹建中，在与TCC建设与设计单位进行了深入的沟通，并针对在传输、交换、无线、调度、视频、时钟分配、网管等方面的系统技术特点，提出了满足TCC接入要求的系统方案。

3）列车跨线运营及人员漫游的无线通信

考虑到本线车换乘站较多，换乘站有运营人员跨线漫游呼叫的使用需求。因此，如何解决运行列车及有关运营人员与控制中心调度员的调度通信，是本工程系统设计应考虑的问题。在工程实施过程中，根据深圳市地铁频点的总体规划要求，优化频点设计，提出满足换乘站无线通信功能的设计方案。

4）设计接口方案

通信系统与大多数机电系统存在接口关系，处理好这些接口关系是充分发挥3号线通信系统整体功能、降低造价、提高效益的重要保证。因此，为了确保接口设计的完整性、合理性，在工程实施阶段编制了接口规范，以明确通信系统与相关专业接口关系，内容主要包括，接口界面（含分工与责任）、功能要求、实施阶段以及接口配合方式等。

5）PIS车地通信的电磁兼容及抗干扰性

由于3号线工程存在较多换乘车站，以及绝大部分线路为高架的情况，因此车–地无线信息的传输存在受背景噪声干扰的可能，在设计过程中对各种车–地无线通信设备的电磁兼容及抗干扰性进行了认真的研究和比较，同时还需对3号线可能存在的干扰信号源进行了分析，从而推荐适应工程环境的车–地无线通信系统，并在工程实施中采取相应抗干扰措施。这是通信系统设计中存在的特殊风险，处理不好将导致PIS系统（图6.22）受到严重干扰。

图 6.22 PIS 通信系统

6.4 信号系统

6.4.1 工程概况

深圳地铁 3 号线全线分为首期工程和西延线工程两部分。首期信号系统工程范围为红岭至双龙段线路，包括：

- 约 32.94 km 长的新建正线、辅助线及线上 22 座车站的信号设备；
- 一个控制中心；
- 一座车辆段（含试车线）及其车辆段出入段线；
- 24 列客运列车的车载 ATC 设备；
- 与 3 号线各相关机电系统及土建接口；
- 培训中心信号设备；
- 维修中心的信号专用维修设备；
- 备品备件。

西延线信号系统工程范围为红岭至益田段线路，包括：

- 约 8.7 km 长的正线、辅助线及线上 8 座车站的信号设备；
- 控制中心一个调度台；
- 一座停车场及其停车场出入段线；
- 19 列客运列车的车载 ATC 设备；
- 与 3 号线西延段各相关机电系统及土建接口；
- 备品备件。

信号系统由正线移动闭塞制式的列车自动控制系统和车辆段计算机联锁设备组成。列车自动控制系统采用庞巴迪 CITYFLO 650 基于无线通信技术的移动闭塞系统，车辆段和停车场计算机联锁采用铁道科学研究院 TYJL-Ⅱ型计算机联锁系统。

6.4.1.1 信号系统主要技术特点

（1）采用先进的控制技术、计算机技术、冗余技术、网络技术和通信技术，符合轨道交通技术发展方向。

（2）高可靠性设计，ATP/联锁采用 2 乘 2 取 2 冗余结构，ATS 子系统和 ATO 子系统采用双机热备的冗余结构，车载 ATP/ATO 为 2 取 2 冗余结构，双套车载设备构成 2 乘 2 取 2 冗余结构，提高了系统的可用性。

（3）车载 ATO 采用平滑协调的控制技术，并拥有预加速、减速功能，实现列车节能运行和提高旅客乘坐舒适度。

（4）模块化的软件结构设计，产品灵活性高，便于将来系统的扩展，系统中所有关键子系统都采用多重冗余的容错设计，故障产生时，支持快速恢复。

6.4.1.2 信号系统主要性能

（1）最小运营行车间隔为 105 s，最小设计行车间隔为 90 s，目前承包商正在优化设计方案，以使折返间隔达到合同要求的运营指标。

（2）线路最高土建允许行车速度为 100 km/h，线路最高运营速度为 90 km/h，最高 ATO 推荐速度为 86.86 km/h，EB 触发速度为 90 km/h。

（3）ATO 模式在站台停车精度控制在 ± 500 mm 范围内的正确率为 99.999 8%，停车精度控制在 ± 300 mm 范围内的正确率为 99.99%。

（4）RAM 指标：如表 6.8、表 6.9 所示。

表 6.8 车载信号系统

项 目	说 明	单 位	目 标
可靠性（故障次数）	2 min 或以上之初始延误	故障每百万列车公里	≤12.24
	不适合继续服务/未能发送	故障每百万列车公里	≤3.41
可维护性（MTTR）	可更换组件	h	≤0.5

表 6.9 其他非车载信号系统（例如轨旁信号系统）

项 目	说 明	单 位	目 标
可靠性（故障次数）	2 min 或以上之初始延误	每月故障次数	≤7
可维护性（MTTR）	轨旁信号设备	h	≤1
	道岔电动转辙机及其配套设备	h	≤3
	设备房间内信号系统设备	min	≤45

6.4.2 系统主要功能

6.4.2.1 列车自动保护子系统（ATP）

列车自动保护子系统（ATP）为故障-安全系统，保证列车在任何驾驶模式下均可安全地运行，不会超越允许运行的安全速度。系统不会因设备或组件故障而出现不安全情况。ATP系统提供列车位置和速度探测、列车间安全距离、运行方向、屏蔽门/安全门控制、列车客室门控制和保护以及员工人身安全保护等功能。

6.4.2.2 列车自动驾驶子系统（ATO）

列车自动驾驶子系统（ATO）保证列车顺畅、高效地运行。它在 ATP 的保护下，根据 ATS 的指令，通过控制牵引及制动系统，自动地驾驶列车、调节列车速度和保证列车停站的精确性，确保达到设计的行车间隔和线路平均旅行速度，满足运营要求。

6.4.2.3 列车自动监控子系统（ATS）

列车自动监控子系统（ATS）在 ATP、ATO 子系统的支持下，对全线列车的运行进行监视和追踪、自动进路排列、自动调整列车运行（将列车延误对运行时刻表的影响降至最低，帮助行车调度员在列车服务紊乱后恢复至按时刻表运行的服务状态），为运营人员提供实时的控制和显示信息，以及为乘客提供实时的导乘信息。

6.4.2.4 计算机联锁子系统（CBI）

计算机联锁子系统（CBI）是保证列车运行安全，实现轨道区段、道岔、信号机之间正确联锁关系的系统。系统须具有自诊断、故障报警、对敌对进路、延续进路、超限区段及对进路进行侧面防护等功能。

6.4.3 主要系统构成

该系统包括 ATP 列车自动防护子系统、ATO 列车自动运行子系统、ATS 列车自动监控子系统、联锁子系统（EBILOCK）、DTS 数据传输子系统和 TWC 车-地通信等子系统，如图 6.23 所示。

6.4.3.1 区域 ATP/ATO（RATP/RATO）

RATP 是一个安全子系统，采用 2 乘 2 取 2 的结构，能确保列车的安全间隔运行。RATP 接收联锁 EBILOCK R4 的联锁信息，通过 TWC 子系统对列车位置、速度信息进行连续监控，计算移动授权，并传送信息到所有装载 CBTC 通信设备的列车上。

RATO 子系统提供了与所辖区域 CBTC 系统其他子系统如 RATP、ATS 之间的接口。RATP/RATO 设置分区域设置，实现一个区域内的列车正常运行控制。

6.4.3.2 ATS 子系统

ATS 子系统包括控制中心 ATS 设备和车站、停车场/车辆段 ATS 设备。

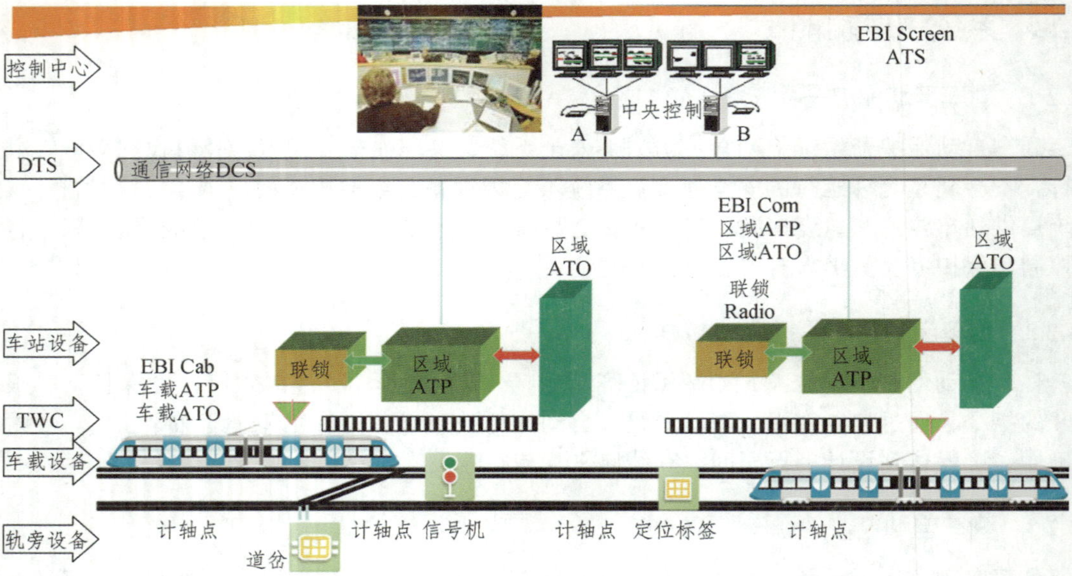

图 6.23 系统结构图

控制中心 ATS 设备层：包括用于发送调度指令、培训和模拟等目的调度员工作站，热备冗余的 ATS 应用服务器、冗余的数据库服务器、通信服务器，运行图/时刻表编辑工作站、模拟培训工作站、大屏幕接口计算机、事件控制室等设备，如图 6.24 所示。

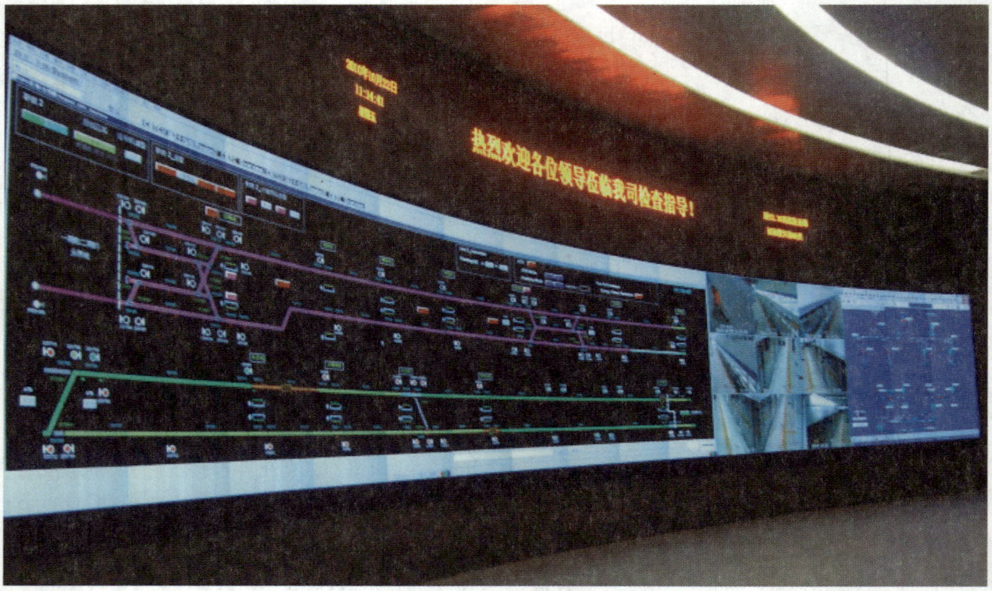

图 6.24 控制中心信号显示大屏

车站和停车场及车辆段 ATS 设备层：在各站设现地控制工作站、停车场及车辆段设 ATS 分机及停车场/车辆段 ATS 工作站、停车场/车辆段派班室设 ATS 派班室终端、在试车线现地控制工作站。

6.4.3.3 联锁子系统

EBI Lock 是一个全电子化的联锁系统，它的组成包括一个中央联锁计算机和一个目标控制器，还有一个本地控制盘和测试设备。

计算机联锁（CBI）检查所有授权列车运行和在线路网络中遇到的其他运行的条件。CBI 通常放置在联锁站的设备室中。转辙机、信号机和计轴将与目标控制器连接。

目标控制器：在各设备集中站设置目标控制器，用于实现联锁信息与轨旁设备之间的接口，目标控制器与紧急停车按钮、IBP、信号机、防火门、侧线开关、计轴等接口。

6.4.3.4 DTS/TWC 子系统

DTS 子系统提供了控制中心、车站、轨旁到轨旁子系统之间的双通道的双冗余的骨干通信网，它将 ATS 系统、RATP/RATO 子系统等系统连接起来，组成一套完整的、高安全的列车控制系统，如图 6.25 所示。

TWC 子系统是一个无线通信系统，用于提供列车和轨旁设备之间的无线通信。TWC 采用全冗余设计，具有很高的可靠性，可以克服任何单点故障，数据传输速度较快。TWC 子系统具有其自身的数据网络，TWC 无线网络核心设备提供与轨旁设备间的通信，并与所有的轨旁分布式数据无线装置 WNRA（图 6.26）相连接。

图 6.25 DTS 机柜

图 6.26 轨旁 WNRA 箱

6.4.4 主要技术创新

6.4.4.1 引入全新的运营管理模式

采用先进的“后备线控站”和“站群控制”管理模式：

（1）在中央级 ATS 设备出现故障时，由塘坑后备线控站的 ATS 设备对全线列车实行全功能的 ATS 监控，如图 6.27 所示。

（2）车站级采用“站群控制”管理方式：当 OCC 和线控站的 ATS 系统故障时，可由轴心站对其控制区域内的卫星站进行降级联锁控制。

图 6.27 后备线控站——塘坑站信号设备室

（3）通过采用后备线控站的控制模式，在不降低 ATS 功能的前提下，提高了 ATS 系统的冗余度和可靠性，极大地提高 ATS 系统对全线的监控能力，并节省了系统的投资；通过采用“站群控制”管理模式，减少了设备和人员配置数量，有利于节约运营成本。

6.4.4.2 优化降级运行管理模式

目前，国内已开通和在建的地铁项目为确保系统的按时开通和提高系统的可用度，其信号系统均采用在 CBTC 移动闭塞系统的基础上，配置有降级的点式 ATP 列控系统方式。这对 CBTC 系统的调试增加了相应的工作量和难度，尤其在工期紧张的情况下更为突出，同时也增加了一定的投资费用和运营维护成本。在本项目中，结合工程工期紧张和开通运营风险大，以及开通初期突发客流大的特点，通过采用现代先进、成熟、高安全性和高可靠性的容错计算机系统、车－地无线通信系统和计算机网络系统，对系统进行了大量的优化配置和设计，主要包括优化轨旁设备布置，结合系统特点，分散设置对轨旁 ATP 设备，减少设备故障影响范围，同时紧密结合工程建设的总体策划方案及工程实施状况，对信号系统的安装、测试、调试等工作进行认真细致的规划和安排，确保了 3 号线信号 CBTC 移动闭塞 ATC 系统主要功能的一次性开通，创造了国内地铁建设史上在两年内一次性开通 CBTC 功能的范例。

6.4.4.3 联锁系统和列控系统的优化配置

目前，国内联锁及轨旁 ATP/ATO 设备主要采用“分散式”结构的配置方案，由于设备数量较多，系统的可靠性降低。在本项目中，通过采用高安全性、高可靠性的计算机和网络系统（图 6.28），对区域 ATP/ATO 和联锁系统的配置及数量进行了认真细致的优化，全线仅配置三套 R4 联锁计算机系统和区域 ATP/ATO，提高了系统的可靠性和可用性，减少了运营维护成本，并较大地减少了房屋建筑面积，节省了土建投资。

图 6.28 一体化联锁列控设备

6.4.4.4 CBTC 车-地无线通信系统

提高移动闭塞的 CBTC 车-地无线通信系统的稳定性和可靠性，满足运营的需求，历来是移动闭塞信号系统工程的难点之一，也是在工程中必须予以重点解决的问题，尤其对于本项目具有高架线路及地面开放线路长的特殊性，信号车－地无线通信系统易受周边电磁噪声的干扰，从而增加了信号系统调试的难度和按时开通的风险。

为此，通过反复的技术论证，本工程移动闭塞的车－地无线通信系统采用基于 ISM 的 2.4G 开放频段，利用专用的工业级无线设备组网，通过提高无线系统的处理增益和信噪比，使用窄带的无线频段（使用 1.7 MHz DSSS 扩频，而普通 802.11DSSS 扩频是 22 MHz），并在地下区段隧道内采用安全可靠的漏缆传输网络，在高架线路及地面开放线路上采用 LOS 天线进行车－地通信。通过以上技术措施后，将本项目的车－地无线通信系统设计成具有多重抗干扰性、高可靠性、高可用性和高维护性的无线通信系统，减少了调试的工作量和调试周期。运营实践证明，系统的安全性和可靠性能够满足 3 号线的运营需求。

6.4.4.5 土建配合的优化措施

为控制工程投资和确保预留预埋件的施工质量，在本项目中，采用由土建承包商承担大部分信号设备安装预埋件的施工工程方式，内容主要包括：电缆支架/桥架、过轨钢管、孔洞、信号基础坑和转辙机坑等，信号承包商承担部分信号器材的安装支架预埋工作。为确保施工质量，杜绝工程中出现“差、错、漏”质量事故的发生，在预埋件的设计过程中，必须与相关的土建专业、其他系统专业以及信号系统承包商进行充分的技术沟通，明确信号设备安装及线缆敷设的技术要求，避免与其他系统专业管线和安装装置的位置冲突，同时还需对涉及的区间隧道、高架桥、道床、车站建筑等的土建结构状况、施工工法、施工时序等予以详细了解，在此基础上提出信号专业预埋件工程的实施图纸及相关技术说明。

工程实践证明，采用土建承包商和信号承包商分别承担信号设备安装装置及线缆管线的预埋工作，能够确保施工质量，避免遗漏情况的发生。

6.4.4.6 车辆段独立设置 ATS 系统

车辆段采用独立的 ATS 系统，除能实现对车辆段内联锁设备的控制、监视和报警外，还能实现段内车辆运行车组号的跟踪，给车辆的运营和管理提供了极大的便利条件。

6.4.4.7 提高人性化服务水平

本项工程中采用了较多人性化方面的考虑，采取了更多的措施，主要体现在以下方面：

（1）侧线开关：系统在红岭、田贝及爱联等站靠近停车线和站台端部设置了侧线开关，以用于司机到停车线取车时切断接触轨供电，确保司机的安全。

（2）降低噪声：在某些高架或地面区段，可通过调整列车运行速度的方式降低噪声，减少对线路周围居民的干扰。

6.5 自动化集成系统

6.5.1 工程概况

深圳地铁 3 号线工程的自动化集成系统（AIS，又称综合监控系统）建设除包括 AIS 网络本身外，还包括环境与设备监控系统 BAS、门禁 ACS 以及控制中心中央控制室和车站综合控制室的装修。其中：AIS 系统软件平台采用施耐德（schneider）平台，由集成商深圳达实智能公司进行二次开发；BAS 选用 SIEMENS 公司 PLC-S7 系列，均为国内外著名品牌产品。系统的工程合同性质为集成施工总包，负责并承包系统的供货、施工安装和设备调试。其中由于 FAS 属特种行业范围，所以独立招标，FAS 选用美国 SIMPLEX 公司 4 100U 智能型火灾报警控制系统。

深圳市地铁 3 号线工程分首通段和西延段两期建设，3 号线首通段和西延段工程的 AIS 系统技术标准统一，全线于 2011 年 6 月底工程竣工建成。

地铁 3 号线 AIS、BAS、FAS 系统的设置要求如下：

6.5.1.1 AIS 系统

（1）自动化集成系统的设计应充分考虑系统的安全性与可靠性要求，主要设备考虑冗余措施。自动化集成系统采用分层分布式体系结构，三级控制、两级管理运行方式，系统应能全天候运行。

（2）当出现异常情况，自动化集成系统应能迅速转变运行模式，为防灾和事故处理提供方便。自动化集成系统各子系统应相对独立。

（3）自动化集成系统采用模块化开放式架构设计，预留一定的扩展能力。

（4）自动化集成系统在换乘站预留一定的扩展条件，满足与邻线的数据交换和相关联动控制的要求。

（5）自动化集成系统与各集成互联系统的接口应该功能明确，接口界面清晰，以减少接口配合难度。

自动化集成系统集成以下系统：

① 机电设备监控系统（BAS）；

② 电力监控系统（SCADA）。

自动化集成系统互连如下系统：

① 防灾自动报警系统（FAS）；

② 自动售检票系统（AFC）；

③ 信号系统（SIG）；

④ 屏蔽门系统（PSD）；

⑤ 门禁系统（ACS）；

⑥ 时钟系统（CLK）；

⑦ 闭路电视监视系统（CCTV）；

⑧ 广播系统（PA）；

⑨ 乘客资讯系统（PIS）；

⑩ 综合 UPS 系统（UPS）。

（6）借鉴香港地铁管理经验，3 号线采用车站群运管模式，即车站自动化集成系统有两种配置形式：一种为轴心站自动化集成系统，另一种为卫星站自动化集成系统。轴心站负责兼管所辖卫星站的各机电系统并设有冗余服务器，卫星站不设置服务器。车辆段、停车场自动化集成系统为独立系统，不纳入全线系统。

（7）车辆段控制中心设置中央级系统，可实现全线统一管理。

（8）塘坑站为后备线控站，非常情况下可替代中央级执行降级监控管理功能。

6.5.1.2 FAS 系统

（1）防灾报警系统的设计按全线区间及车站同一时间发生一次灾害的情况考虑。

（2）深圳地铁 3 号线 FAS 监控管理范围包括全线所有车站、区间隧道及车辆段和停车场。

（3）防灾报警系统采用中心、车站两级管理模式，中央级管理功能由自动化集成系统提供。

（4）车站按一级保护设计火灾自动报警系统，区间隧道按就近原则分别纳入相邻车站监控管理。

6.5.1.3 BAS 系统

（1）深圳地铁 3 号线 BAS 系统监控管理范围包括深圳地铁 3 号线所有车站和区间隧道、车辆段及停车场。

（2）BAS 系统采用中心、车站两级管理模式，主要负责对本工程所有车站、区间内的一般机电设备（如照明、通风、空调、给排水、自动扶梯、人防门等）进行集中监视和管理，在满足环境调控的同时达到节约能源的目的。中央级的功能由自动化集成 AIS 提供，车辆段、停车场 BAS 系统各为独立系统，不纳入中央管理。

（3）BAS 除负责日常的机电设备运营管理外，还承担火灾时的防排烟控制任务。平消共用的风机和风阀（包括电动防火阀）均由 BAS 控制，执行正常和救灾两套运行模式。火灾时由 FAS 或 AIS 下达指令，BAS 接受并优先执行，并在图形工作站上显示防排烟运行模式的执行状态。

（4）车站 BAS 的监控范围除了本车站以外还包括相邻区间隧道的一半（车辆段、停车场出入段线归由毗邻的车站管辖）。区间隧道通风设备直接由中央级自动化集成系统监控管理，必要时可以授权相应车站进行监管。

（5）系统在车站完成与自动化集成系统的信息交互，系统传至自动化集成系统的信息的种类、数量、实时要求应满足实际管理需要。

6.5.2 系统主要功能

6.5.2.1 自动化集成系统

1）一般要求

深圳地铁 3 号线工程自动化集成系统功能定位于运行可靠、技术先进、经济适用。自动化集成系统的功能旨在提高对机电设备的运营管理水平，提高管理效率。同时能为运营维护部门和公司管理决策提供相关信息支持。

2）AIS 中央级功能

中央级自动化集成系统设于车辆段维修工务大楼控制中心内，由系统存储、处理从被控系统中读取的数据，实时反映现场状态变化信息，并在中央级数据库实时记录、更新、处理这些数据，生成报表。在各中央操作员工作站和大屏幕背投式显示屏（OPS）上可显示这些信息，中央操作员能够发布控制命令，形成相关的控制信息传送给和自动化集成系统接口的各监控系统。

中央调度员工作站可根据不同的用户权限激活相应的人机对话界面（HMI），实现地铁全线中央级的全部监视、控制功能。中央级自动化集成系统和各调度员工作站均配设相应的打印机，实现图形、事件、报表等的打印。

3）AIS 车站级功能

车站级自动化集成系统设于地铁各车站，由系统存储、处理从被控系统中读取的数据，实时反映现场信息的状态变化，并在车站级数据库实时记录、更新、处理这些数据，生成报表。各车站控制室内值班员工作站可显示这些信息，并能够发布控制命令，形成相关的控制信息传送给被集成互联的各监控系统。

车站值班操作员工作站可根据不同的用户权限激活相应的人机界面（HMI），实现地铁车站级各监控系统的全部监视、控制功能。车站级自动化集成系统配置各类打印机，用于图形、事件、报表等的打印记录。

6.5.2.2 火灾自动报警系统

1）中央级功能

3 号线 FAS 中央级功能由自动化集成系统（AIS）在控制中心提供，AIS 提供的 FAS 中央级功能主要包括：

（1）负责全线防、救灾设施的管理。

（2）编制制定全线 FAS 系统的运行模式。

（3）监视全线 FAS 系统及相关设备的运行工况，接收车站报送的灾情信息，并记录存档，进行历史资料档案管理。

（4）各站接入中央级系统，实现对全线各站的监视和控制。

（5）对灾害点车站及相邻车站发出控制指令，对相应防、救灾设施按预定的运行模式进行启/停控制。

2）车站级功能

FAS 车站级（包括车辆段、停车场）系统包括报警部分、控制部分及通信设施。FAS 车站级功能如下：

（1）监视车站管辖范围内的火灾情况，自动采集火灾信息，显示报警部位，同时打印记录，并经 AIS 报送中央控制中心。

（2）监视气体自动灭火系统的运行状态。

（3）显示火灾报警区域，火灾自动报警设备所在的位置和运行状态画面。

（4）显示区间消防干管蝶阀、消防泵、防火阀等消防设备状态。

（5）火灾发生时通过与车站级 BAS 的通信接口发出指令，BAS 按指令将环控系统的正常运行模式转换为事故运行模式，并接收命令执行后的返信。

（6）灾害时切断相关区域的非消防电源，停止非消防设备运行。

（7）控制防火卷帘。

（8）灾害时，控制电梯停靠于疏散层。

由于本工程设计有自动化集成系统，以下消防联动控制功能由自动化集成系统实现：

火灾发生时切换服务广播为火灾应急广播，经闭路电视监视系统（纳入通信系统）的显示屏，监视站厅、站台、疏散通道等人员密集的救灾现场。

火灾发生时手动控制自动扶梯停运，电梯停靠出入口层或疏散层，打开自动检票机闸门，打开站台屏蔽门。这些操作由 AIS 系统的 IBP 综合后备盘实现。

6.5.2.3 环境与设备监控系统

1）BAS 中央级功能

（1）BAS 系统中央级功能由 AIS 提供，可便于有效地监督全线各车站及区间隧道的环控设施（车站通风系统、车站空调系统、区间隧道通风系统）在设定标准范围内运行，并监视和记录车站典型区域测试点的温度、湿度和室外温度、湿度等环境参数。（给排水、自动扶梯、电梯、人防门、照明、导向标志设备等设备由车站操作员在车站级 AIS 工作站监控。）

（2）根据地铁运行环境及车站其他系统的监控要求，修改并确定全线隧道及车站通风空调系统的运行模式，向车站下达 BAS 控制的所有环境控制设备的运行模式和时间表控制程序。

（3）接收各车站报送的设备运行状态、故障报警信息、环境参数检测数据、机电设备运行计时。对接收的数据进行处理，并作存档资料，为设备维修和运营管理部门提供维修和设备主/备切换报告。

2）BAS 车站级功能

（1）车站操作员能在车站级 AIS 工作站上监视或监控给排水、自动扶梯、电梯、人防门、照明、导向标志等设备状态。

（2）在正常情况下，区间隧道环控设施由 OCC 监控，车站只可监视，不可控制。在紧急情况下，通过相应授权，车站操作员可控制隧道环控救灾模式。

（3）对所有被控设备实现单独控制、联锁控制和各种模式自动和手动控制。

（4）将车站被控设备运行状态、报警信号及测试点数据及时送至车站 AIS，并接受中央级的各种监控指令和运行模式指令。

（5）火灾时，当工作站出现故障，可以通过综合后备盘（IBP）控制通风排烟设备按预设灾害模式运行。

3）BAS 现场级功能

（1）现场控制器通过 BAS 在车站的总线网络与车站主 PLC 通信，接收控制指令并对现场设备进行就地控制，满足设备的现场调试要求，同时将设备运行状态和参数传送到车站主 PLC。

（2）现场级控制箱中的 I/O 连接被控设备、传感器和执行器，实现状态信息的采集、监视和控制信号的输出。

（3）PID 调节控制功能、逻辑控制及模式控制功能在 PLC 中实现。

6.5.3 主要系统构成

6.5.3.1 自动化集成 AIS

1）系统结构原则

（1）软件构成。

自动化集成系统的软件从逻辑上分为三层：

- 数据接口层，专门用于数据采集和协议转换。
- 数据处理层，对收集数据进行判断和处理。
- 人机界面层，用在工作站上显示人机界面，完成各种监控和操作。

（2）硬件构成。

自动化集成系统从硬件设备配置上分为三层：

- 中央级自动化集成系统；
- 车站级自动化集成系统（包括轴心站和卫星站系统）；
- 现场级控制设备（各子系统底层设备部分）。

2）中央级 AIS 系统

中央级 AIS 系统的主要设备包括：

- 100/1 000 Mb/s 以太网。

双冗余的交换式以太网组网为物理星型逻辑总线型，网络通信协议采用 TCP/IP，以太网应符合 IEEE 802.3 及 IEEE 802.3u 的规定。双冗余以太网的工作模式为双网热备用，即在正常情况下使用一套网络工作，工作中的网络故障时自动切换到另一套网络。

- 实时服务器。

采用冗余的高端实时服务器作为全线信息的中心，担任全线服务器的角色。它可将 3 号线各车站 AIS 系统的必要信息汇集到实时数据库中，支持各调度员工作站的监管功能。

- 历史服务器。

用以减轻实时服务器的负担，提高系统的运行效率，处理系统的实时采集数据，并存储及管理系统的历史数据。

- 网络时间服务器。

又称 NTP（网络时间协议）服务器，为一台基于 NTP 协议方式的服务器，通过网络提供时间同步功能。

- 前置数据处理机。

设置两台冗余的前置数据处理机（或称通信前置机），负责 AIS 系统在控制中心与其他系统的接口管理。两台前置数据处理机互为热备，并与其他常规设备各系统的物理接口提供冗余设置。

- 维护工作站。

设于车辆段内之 MEC，在维护方面，主要实现对各子系监视和故障报警和有关数据。在工程师方面，提供性能管理、配置管理和故障管理；同时负责全线计算机设备的组态、维护管理和提供支持系统维护的功能。

- 网管工作站。

设于车辆段内之 MEC，配置成熟的网管软件，对全线网络进行管理，提供性能管理和故障管理。

- 调度员工作站。

分别为行调工作站、电调工作站、环调工作站及总调工作站。行调、电调、环调均配置两套工作站，总调配置一套工作站，每台工作站均配有双显示器。

- 操作员工作站。

设于车辆段控制中心，主要实现对车辆段供电设备的监视。

- 打印机。

行调工作站、总调工作站各设置一台网络打印机；电调工作站、环调工作站共享一台网络打印机，即事件/报表打印机。正常情况下各调度员使用指定的打印机，故障情况下，打印机可互相调用。另设一台彩色激光打印机，进行屏幕或报表打印。维护及工程师工作站设置一台网络打印机。

- 大屏幕显示。

AIS 系统与闭路电视系统及信号系统共享大屏幕，整个大屏幕显示主要分为三个区域：AIS 系统显示区域、CCTV 画面显示区域及行调显示区域。主要功能为：显示全线供电设备状态图（电力主接线图）和列车运行状态；可动态显示各系统的重要信息和系统紧急信息；实时显示闭路电视监视系统的画面。占用 48 块 70 in 的显示单元（3 行 × 16 列）。

- 培训设备。

培训设备设于车辆段综合办公大楼内的模拟培训室，配置包括培训一台服务器、一台导师工作站、两台学员工作站、一台打印机、网络交换机等。

3）车站级 AIS 系统

（1）车站级自动化集成系统硬件配置。

车站级自动化集成系统硬件主要由以下几部分构成。

● 车站服务器（仅设于轴心站）：

采用两台冗余服务器，实现本站及所管辖范围内卫星站的数据处理和存储。冗余配置的服务器应具备双机热备的功能，热切换必须稳定、有效、快速，同时不影响系统的正常运行。

● 车站交换机：

车站配置两台以太网交换机，交换机提供车站级自动化集成系统的冗余运行环境，应选用稳定可靠的产品。

● 前置数据处理机：

车站设置两台冗余的前置数据处理机（或称通信前置机），负责 AIS 系统在车站与其他系统的接口管理。两台前置数据处理机互为热备，并与各系统提供冗余物理接口。

● 综合后备盘（IBP）：

设置于各车站控制室内（图 6.29）。当车站发生紧急情况时，可启用 IBP 直接控制车站内重要环控和常规设备。轴心站与卫星站 IBP 均只监控本站环控和常规设备（轴心站 IBP 提供本站及受管辖的卫星站的 ESS 控制及指示）。

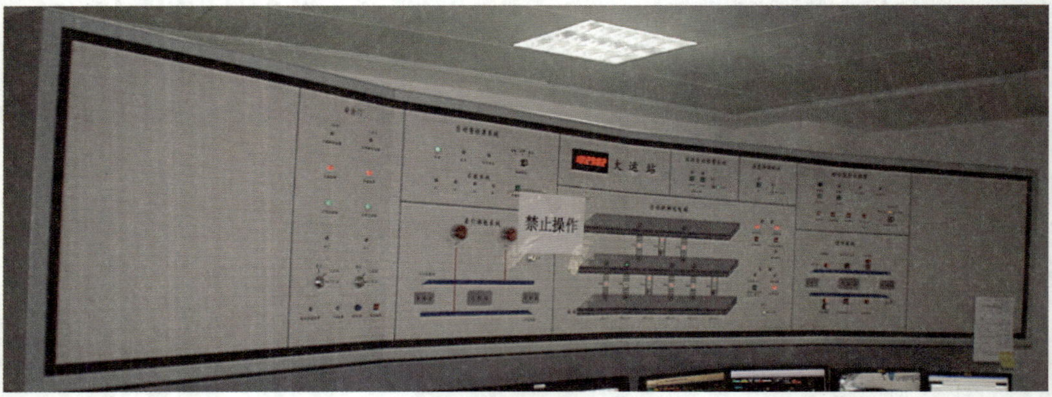

图 6.29 综合后备盘

● 值班站长工作站（仅设于轴心站）：

轴心站车站控制室均配置两套工作站，每套工作站均设双显示器作为 AIS 系统与操作员的接口界面。系统管理人员可在值班站长工作站查询轴心站、卫星站的系统信息，对系统进行维护操作。

● 操作员工作站（仅设于卫星站）：

卫星站车站控制室均配置一套双显示器的工作站作为 AIS 系统与操作员的接口界面。系统管理人员可在此工作站查询本站系统信息，对系统进行维护操作。

● 站台值班员工作站：

设于站台监察亭内（换乘站和端头站），作为 AIS 系统与值班员的人机界面以了解站台和有关设备状态，及时处理站台发生的紧急事故。

- 维护工作站：

设于所有轴心站计算机房内，对车站进行维护、性能和故障管理。

- 打印机：

轴心站控制室设置一台网络打印机，即事件/报表打印机。维护工作站设置一台系统打印机，供屏幕或档案打印。

（2）车站级自动化集成系统软件。

车站级自动化集成系统包括以下软件：

- 车站级 AIS 系统应用软件；
- 操作系统软件；
- 接口管理软件；
- 防毒杀毒软件；
- 网络管理软件；
- 系统维护软件。

4）自动化集成系统网络设计

OCC 与各轴心车站之间的信息交换通过由通信提供的专用单模光纤（从 OCC 至各轴心站，每轴心站 4 芯光纤），AIS 系统提供交换机等网络设备，通信信道冗余配置，通信类型为 1 000 Mb/s（GE）以太网。

后备线控站与其他轴心车站间由通信系统提供 100 M 带宽的后备通信通道，当 OCC 故障时，后备线控站 AIS 系统通过后备通信通道与其他轴心站 AIS 系统通信，完成对全线系统的监控、管理。

轴心站 AIS 系统与其管辖卫星站 AIS 系统之间的信息交换通过通信系统提供的专用光纤，由自动化集成系统组网实现，如图 6.30 所示。

图 6.30 自动化集成系统网络通信室

6.5.3.2 火灾自动报警系统 FAS

3 号线不专门设置独立的 FAS 系统中央级，车站级 FAS 主要由火灾自动报警主机、图形工作站、现场设备、现场总线以及消防专用电话等组成（图 6.31）。系统中央、车站级的管理功能均由自动化集成系统实现。

图 6.31 火灾自动报警系统

车站的火灾自动报警系统通过标准的数据通信接口直接与车站自动化集成系统连接，车站的火灾自动报警系统可向控制中心报送火灾信息并接受控制中心发布的防救灾指令。同时轴心站的自动化集成系统也能接收所属卫星站的火灾报警信息。

车站（包括车辆段、停车场）内共用的风机和风阀均由 BAS 直接控制，执行正常和救灾两套运行模式。火灾时由 FAS 下达指令，BAS 接受并优先执行，并返回设备动作信号。车站的火灾自动报警系统（FAS）与本站环境与设备监控系统（BAS）采用通用的数据通信接口，接口通信协议、接口硬件标准要求统一或兼容。

系统现场设施包括点形和线形火灾自动探测器、手动报警按钮、警铃、各种监控模块等。探测器及警报设备应采用环形接线方式。

6.5.3.3 环境与设备监控系统 BAS

本工程 BAS 系统主要负责 3 号线全部车站以及车辆段和停车场相关机电设备的自动化监控管理。

（1）BAS 系统主要由维护工作站、主 PLC 控制器、现场设备如 RI/O 模块及总线网络等几部分组成。系统中央、车站的管理功能均由自动化集成系统实现。

（2）车站环境与设备监控系统（BAS）纳入车站自动化集成系统（AIS），车站控制室不单独设 BAS 工作站，相应功能由 AIS 值班员工作站统一实现。各车站计算机房设 BAS 维护工作站，负责车站 BAS 本系统管理、维护、程序修改等。

（3）在每个车站设一套冗余 BAS 主 PLC，可执行环控正常及紧急模式控制、自动 PID 控制、时间表控制、联锁控制以及手动控制。

（4）在每个车站设一套 IBP PLC，紧急情况下可不经过 BAS 主 PLC 对重要消防设备进行手动紧急模式控制。

（5）车辆段、停车场 BAS 系统的构成与车站基本相同，按设一套冗余 BAS 主 PLC 考虑。

6.5.4 主要技术创新

6.5.4.1 采用轴心站/卫星站方式构建 AIS 系统

3 号线 AIS 系统在设计之初就考虑了借鉴香港地铁的车站群运营管理模式，采用了与车站群运营管理模式相适应的系统架构，车站级 AIS 系统有两种形式：一种为轴心站 AIS 系统，另一种为卫星站 AIS 系统。轴心站负责管理卫星站的各常规设备并设有冗余服务器，卫星站不设置服务器，功能由所属轴心站服务器实现，但设置了值班员工作站和紧急后备盘（IBP），便于完成紧急情况下的操作。采用车站群模式构建 AIS 系统，除了能够节约部分硬件设备外，还可减少车站定远，减少运营成本。

6.5.4.2 报警、监控和消费联动控制一体化

随着技术的不断发展，FAS 的组网方式也有了突破。根据 3 号线工程的特点，FAS 系统在车站与自动化集成系统接口，借助其传输通道组网，接入全线自动化集成中央级系统，取消设置独立的 FAS 中央级，传统提供的 FAS 中央级功能由 AIS 实现。此种方式充分体现了“报警、监控和消防联动控制”的防灾救灾一体化设计思想。通过建立一个全线自动化集成系统平台，实现集成系统间的有机结合，达到信息共享、功能集成的目的。

6.6 通风空调

6.6.1 通风空调概述

6.6.1.1 主要设计原则与标准

（1）通风空调系统的设计保证整体的先进性。

（2）地下车站按站台设置屏蔽门设计通风空调系统。

（3）高架车站站台设置安全门，公共区采用自然通风和自然排烟，不设空调系统。

（4）车站通风空调系统设备用房均结合车站的具体情况灵活布置。通过风亭传播的噪声及室外运行的环控设备噪声控制在有关标准所规定的范围内。

（5）通风空调系统按最大运营条件（预测的各期最大客流和最大通过能力）进行设计。

（6）通风空调系统设计满足运营要求、简洁、高效（如风管和水管的布置、通风空调机房的布置、通风空调工艺的控制模式等），系统设计采取相应节能措施。

（7）设备及管理用房，根据各区域使用功能、环境控制参数要求、运行时间的不同、建筑布置等因素分别设置通风空调系统。

（8）车辆段及综合基地、停车场、控制中心的工艺设备用房通风空调系统满足工艺设备运行环境要求及防排烟要求。

（9）通风空调系统采用运行安全、技术先进、可靠性高、节省空间、便于安装和维护、高效节能且自动控制程度高的设备，提高设备国产化率。

（10）空调水系统的设备配置和调节满足空调负荷变化的要求。

（11）按全线同一时间内发生一次火灾进行防排烟系统设计。换乘车站按该站相关范围内同一时间发生一次火灾进行防排烟系统设计。

（12）列车火灾发热规模按 5 MW 计算，设计系数取 1.5。

6.6.1.2 主要技术标准

1）室外计算参数

（1）车站公共区。

夏季空调计算干球温度：$t = 33$ °C；

相对湿度：$\phi = 75\%$；

夏季通风计算温度：$t = 31$ °C；

冬季通风计算温度：$t = 15$ °C。

（2）设备及管理用房。

夏季空调室外计算干球温度：$t = 34$ °C；

相对湿度：$\phi = 75\%$；

夏季通风计算温度：$t = 31$ °C。

2）站厅公共区设计标准

夏季空调干球温度：$t = 30$ °C；

相对湿度：$\phi = 45\% \sim 75\%$。

3）站台公共区设计标准

夏季空调干球温度：$t = 28$ °C；

相对湿度：$\phi = 45\% \sim 75\%$。

4）空调送风温差（相对站台设计温度）

$\Delta t \leqslant 10$ °C。

电气用房冷风降温系统送风温差保证在设备空载时不结露的情况下，可适当提高送风温差：$\Delta t \approx 15$ °C。

其他管理、设备用房区域：$\Delta t \approx 8 \sim 10$ °C。

5）设备及管理用房设计标准

按照《地铁设计规范》第 12.2.35 条规定执行，如表 6.10、表 6.11 所示。

表 6.10 高架车站主要管理、设备用房设计标准表

房间名称	夏季室内		换气次数/（次/h）		备注
	计算温度/°C	相对湿度/%	进风	排风	
站长室、站务室、会议室、警务室、乘务员休息室、男更衣室、女更衣室、弱电系统综合值班室、安全办公室、外包商办公室	27	≤65	保证人员新风量要求		空调（运营时间）
安全门控制室	27	40～60			空调
变电所控制室	27	40～60			空调
公安通信设备室、民用通信室、AFC票务室	25	40～60			空调
弱电综合电源室、党政通信设备室	25	40～60	保证人员新风量要求		空调（气体保护用房）
车站控制室	25	40～60			空调（备用空调、独立进风和正压）
信号设备室、车站计算机室、车站通信设备房	25	40～60			空调（备用空调）
跟随降压所、整流变压器室、动力变压器室、低压配电室、1 500 V 直流开关柜室、0.4 kV 开关柜室； 照明配电室、隔离开关柜室、35 kV开关柜室、RIC 室	36				机械排风 自然进风
电力电缆井、消防泵房、备用房、检修室、储藏室、车站备品库、备用房、工务用房			4	4	通风
茶水室、盥洗室				10	排风
蓄电池室	30		6	6	独立排风（备用通风）
工作人员卫生间、公共卫生间				15	独立排风
污水/废水泵房				15	独立排风（如为封闭的房间，需采用送风）
保洁工具间、垃圾间及垃圾收集间				15	独立排风

表 6.11 地下车站主要管理、设备用房设计标准表

房间名称	夏季室内		换气次数/（次/h）		备 注
	计算温度/°C	相对湿度/%	进风	排风	
车站控制室，站长室、站务室、会议室、警务室、安全办公室、AFC 设备室、AFC 维修室、AFC 票务室、乘务员休息室、男女更衣室、弱电系统综合值班室、保洁间	27	≤65			空 调（运营时间）
通风空调集中配电室、变电所控制室、屏蔽门控制室、安全门控制室、车站通信设备室、公安通信设备室、党政通信设备室、信号设备设备室、弱电综合电源室、自动化集成系统设备室	27	40～60			空 调（气体保护用房）
整流变压器室、35 kV 开关柜室、低压配电室、1 500 V 直流开关柜室、隔离开关柜室、跟随变电所、RIC 室	36	<95%			通风或冷风降温（气体保护用房）
照明配电室/电缆井、电梯/扶梯机房弱电缆井、废水泵房、消防泵房、气瓶室、保洁工具间、蓄电池室	36		4	4	通风
走道、车站备品库、保洁工具间、检修/储藏室、工务用房、备用房			4	4	通风
空调机房、冷水机房、隧道风机房			6	6	通风
茶水室、盥洗室			10	10	通风
工作人员卫生间、公共卫生间、污水泵房				10	通风

6）新风量标准

空调季节≥12.6 m^3/h·人，且≥总风量的 10%。

车站公共区空调季节全新风运行或非空调季节全通风季节≥30 m^3/h·人，且需满足通风换气次数≥5 次/h 的要求及消除车站余热要求。

6.6.2 系统组成和功能

通风空调系统由地下段通风空调系统、高架段通风空调系统和车辆基地通风空调组成。

6.6.2.1 地下段通风空调系统

地下段通风空调系统对地铁内部环境起到调节作用，保证区间、公共区、设备区正常运营，在事故时保证乘客安全疏散及消防扑救的需要。

地下段通风空调系统包括隧道通风系统和车站通风空调系统。

1）隧道通风系统（含防排烟系统）

（1）系统功能：列车正常运营时有效排除隧道内的余热余湿，确保隧道内温度最热月日最高平均温度不大于 40 °C；列车阻塞时能向阻塞区间提供一定的通风量，控制隧道温度满足列车空调器正常运行及补充列车内乘客所需的新风量；列车火灾时能及时排除烟气和控制烟气流向，保证乘客安全疏散及消防扑救的需要。

（2）系统组成：隧道通风系统包括区间隧道通风系统和车站车行区排热系统。

① 区间隧道通风系统由隧道通风机、射流风机、推力风机、活塞风阀、活塞风道及其他配套的组合式风阀组成。

② 车站车行区排热系统由车站隧道排热风机 TEF（除红岭站 A 端、塘坑站、益田站 A 端、华新站单独设置车站隧道排热风机外，其余车站均由 TVF 风机兼用）、车站隧道的轨顶排风道（OTE）、站台下排风道（UPE）、排风道及配套的风阀组成。

典型站隧道通风机（TVF）兼作站内隧道排热风机（TEF）使用时，其排风亭与车站通风排风亭合用；同时，取消了进站端的活塞风道。车站每端加上车站通风空调送风系统的进风亭，各为 3 个地面风亭。

2）车站通风空调系统

地下段车站通风空调系统包括车站公共区通风空调和防排烟系统（大系统）、车站管理及设备用房的通风空调和防排烟系统（小系统）和车站空调水系统。

（1）车站公共区通风空调和防排烟系统（大系统）。

① 系统功能：根据地铁运营环境要求，在地下车站站厅、站台的公共区设置通风空调和防排烟系统，正常运行时为乘客提供过渡性舒适环境，事故状态时迅速组织排烟。

② 系统组成：地下车站大系统由组合空调柜、新风机、回排风机、排烟风机、送排风管道、调节阀、防火阀等组成。

（2）车站管理及设备用房的通风空调和防排烟系统（小系统）。

① 系统功能：根据地铁设备管理用房的工艺要求和运营管理要求，设置通风空调和防排烟系统，正常运营时为运营管理人员提供舒适的工作环境和为设备正常工作提供必需的运行环境，事故状态时迅速组织排除烟气。

② 系统组成：地下车站小系统由柜式空调柜、风机盘管、送风机、回排风机、排烟风机、送排风管道、调节阀、防火阀等组成。

（3）车站空调水系统。

① 系统功能：车站空调水系统为末端冷源提供冷水，3 号线地下车站均采用分站供冷，车站独立设置冷源，全线采用一次泵末端变流量系统。

② 系统组成：车站空调水系统由冷水机组、空调水泵、冷却塔、水系统管道、阀门组成。

6.6.2.2 高架段通风空调系统

高架段通风空调系统包括车站公共区通风空调（大系统）、车站管理及设备用房的通风空调和防排烟系统（小系统）。

（1）高架车站公共区通风空调和防排烟系统（大系统）。

高架车站公共区采用自然通风和自然排烟，站台层设置局部通风器。

（2）高架车站管理及设备用房通风空调和防排烟系统（小系统）。

① 系统功能：根据地铁设备管理用房的工艺要求和运营管理要求，设置通风空调和防排烟系统，正常运营时为运营管理人员提供舒适的工作环境和为设备正常工作提供必需的运行环境，事故状态时迅速组织排除烟气。

② 系统组成：高架车站小系统由变频多联空调、送排风机、风阀等组成。

6.6.3 系统技术方案

6.6.3.1 地下段设计方案

深圳地铁 3 号线地下段除渡线、停车线、折返线外，各区间隧道均采用单洞单线形式，有利于列车正常运行时活塞通风。全线隧道通风系统配置按 TVF 与 TEF 是否兼用可分为 G 两种基本形式。隧道通风机布置在车站两端，每端各设 2 台可逆转运行 TVF 风机，互为备用、可并联运行。典型车站 TVF 风机兼作 TEF 风机使用。区间隧道通风机（TVF）兼作车站隧道排风机（TEF），车站隧道排风系统分别由单端（列车进站端）排出，列车出站端对应线路设置活塞风道直通地面，进站端不设置活塞风道。采用此种布置方式的有红岭站 B 端、老街站、晒布路站、翠竹站、田贝站、水贝站、益田站 B 端、石夏站、购物公园站、福田站、少年宫站、莲花村站、通新岭站。此种布置方式为深圳地铁 3 号线隧道通风系统典型布置方案，如图 6.32 所示。

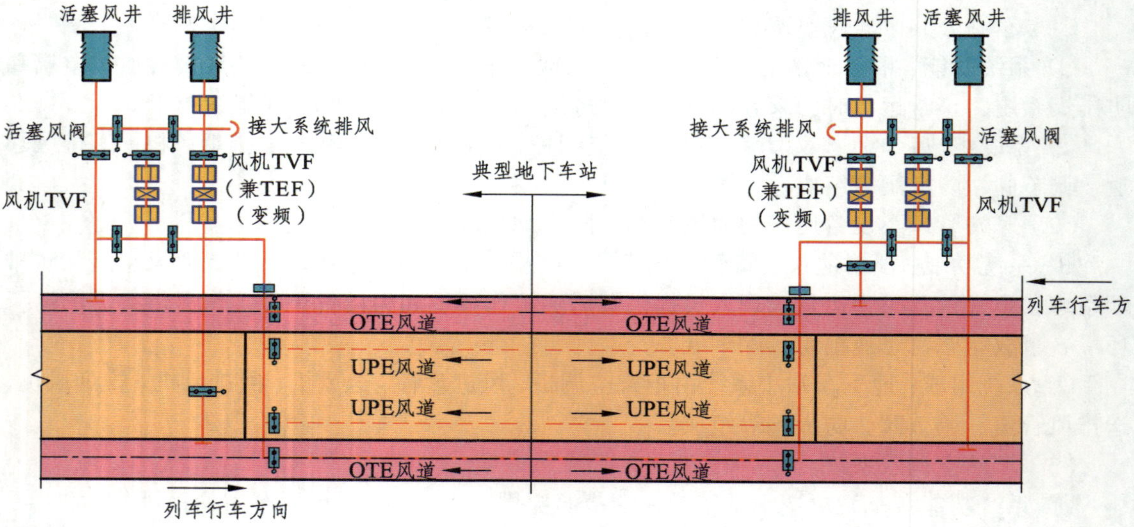

图 6.32 典型布置方案设计图

1）典型车站隧道风设计

在典型布置方案中，隧道通风机布置在车站两端，每端各设 2 台区间隧道通风机（TVF 风机），2 台互为备用，也可并联运行。2 台 TVF 风机均可兼作车站隧道排风机使用，为可逆转风机，耐温要求为 250 °C 连续工作 1h。

（1）单活塞风亭设计。

当列车进站时，其头部形成正压，此时活塞风的作用为向车站外排风；当列车出站时，其尾部形成的负压经活塞风道向区间隧道内吸入室外新风。活塞风道的开口一般设于隧道的顶面或侧面，均垂直于隧道轴线，即垂直于活塞风速的矢量方向，故经活塞风道口部出风或进风，其动力完全靠静压，并由帕斯卡定律可知，静压各向等值。由流体力学基本原理可知，射流段（正压段）的速度衰减较慢，因此在列车前方形成的正压中，动压所占的比例较大，从而使得活塞风道开口处的静压相对较小，致使向车站外排出的风量较少；而汇流段（负压段）速度衰减很快，尤其像在地铁区间隧道这样的受限空间内，在活塞风道开口处，列车尾部形成的负压几乎全部转换为静压，从而使得活塞风道开口处的静压相对较大，致使向区间隧道内吸入室外新风量较多。经模拟分析，活塞风道的负压进风量远大于其正压排风量，进风量与排风量之比平均为 7：3。通过 SES 程序计算，采用双风井方案（即在列车出、进站端均设置活塞风道）和采用单风井方案（即只在列车出站端设置活塞风道），区间隧道内温度相差不大，约 0.5 °C，对车载空调的效率基本没有影响。

正是基于以上原理和模拟分析计算，该系统采用只在列车出站端设置活塞风道，取消了进站端的活塞风道，其隧道排风亭与车站通风排风亭合用。这样，车站每端加上车站通风空调送风系统的进风亭，车站两端各为 3 个地面风亭。车站每端由 4 个风亭变为 3 个风亭，不仅减少了车站土建规模，更减少了风亭与地面周边景观及建筑物的协调难度。

（2）车站隧道排风系统单端布置。

由于隧道通风系统的活塞风道每端只在列车的出站端设置一个，面积约 20 m^2，如果车站隧道排风系统采用双端布置，会造成近端活塞风道端车站隧道排风系统与远端车站隧道排风系统风压不平衡。而车站隧道排风系统采用远活塞风道单端布置（即车站隧道排风从列车进站端排出）可以克服这种不平衡状况。

车站隧道排风系统采用远活塞风道单端布置对优化隧道通风系统活塞风道的布置十分有效。由于活塞风道布置在列车出站端，而车站隧道排风系统在远活塞风道端，即列车出站端线路在有效站台外不再有轨顶风道设置，活塞风井的布置将非常灵活，不再受轨顶风道布置的制约，从而使其隧道通风系统占用的车站建筑面积将较车站隧道排风系统双端布置方案减少，而且使得隧道通风系统与土建的配合更加灵活。

（3）隧道通风机兼作车站隧道排风机。

由于双向运转的轴流风机比单向运转的轴流风机效率低 9%左右（车站隧道排风机单设时为单向风机，其效率较高，通常可做到 82%左右；而隧道通风机兼作车站隧道排风机时，为正反转双向风机，其效率降低为 73%左右），从而使得隧道通风机兼作车站隧道排风机方案会使正常运行时车站隧道排风系统的风机效率有所降低。但隧道通风机兼作车站隧道排风机时，风机进出口流速减小（因为单条车站隧道的排风量设计为 45 m^3/s，车站隧道排风机单设时一般选型为 16#风机，而车站隧道排风机由隧道通风机兼用时一般选型为 20#风机），相应的风机进出口动压头减小，风机静压比会更高。从而，风机前后端天圆地方及消声器阻力损失较车站隧道排风机单设时减少约 57 Pa，如风机全压为 680 Pa，则“风机系统管路效率”会提高约 9%，可抵消因风机本身效率不高的不利因素。在具体设备选型中，尽量使正常运行时车站隧道排风系统的风机处于高效区。

由于车站每端均减少了车站隧道排风机，从而可减少车站土建规模和机电设备的初期投资。典型车站的隧道通风机房将减少车站隧道排风机的安装面积约 70 m^2，按地下车站土建造价约 8 000 元/m^2 计，每个车站可减少土建投资约 56 万元。还可减少单独设置的车站隧道排风系统，包括车站隧道排风机、配套的消声器、风阀等设备，费用约为 55 万元。从而一共可减少投资约 111 万元。

（4）隧道通风机采用变频运行。

隧道通风机兼作车站隧道排风机，其风量与风压的匹配通过隧道通风机变频实现。该类风机采用两级变频。隧道通风机工频风量为 60 m^3/s，风压一般为 850 Pa，轴功率约 68 kW；降频一级为车站隧道排风系统远期工作风量 45 m^3/s，风压约 600 Pa，轴功率约 35 kW；降频两级为车站隧道排风系统初、近期工作风量约 30 m^3/s，轴功率约 15 kW。显而易见，采用变频器调节风量，车站隧道排风系统初、近期的节能效果非常明显。

区间隧道通风机与车站隧道排热风机单独设置。

2）特殊车站隧道风设计

（1）塘坑站。

塘坑站为双岛式半地下车站，两岛之间为清客线，车站站厅设于地面上，站台处于地下。前、后端均为地面高架车站。

车站 A 端设有配线，除两条正线隧道外，还分别设置有两条车辆段出、入线；在正线左线距洞口约 280 m 处设置有 5 号线与深圳地铁 3 号线联络线。在塘坑站 A 端对应于两条正线隧道设置两台 TVF 风机及两条活塞风道，另在 A 端四条线路上各设置 2 组 4 台射流风机（共 16 台）引导各隧道的气流。深圳地铁 3 号线、5 号线联络线地下段在将来贯通后，需增设 1 组 2 台射流风机来控制气流方向。

车站 B 端除两条正线隧道外，尚有正线与清客线之间连接的渡线。本端设有两台 TVF 风机，并在右线隧道出站方向设一条活塞风道直通地面。另在 B 端每条正线隧道内各设有 2 组 4 台射流风机（共 8 台）以控制隧道内气流流向。

TEF 风机分两端设置，每端各设置两台，分别负担每条站内隧道一半的排风量。

塘坑站系统通风系统设计如图 6.33 所示。

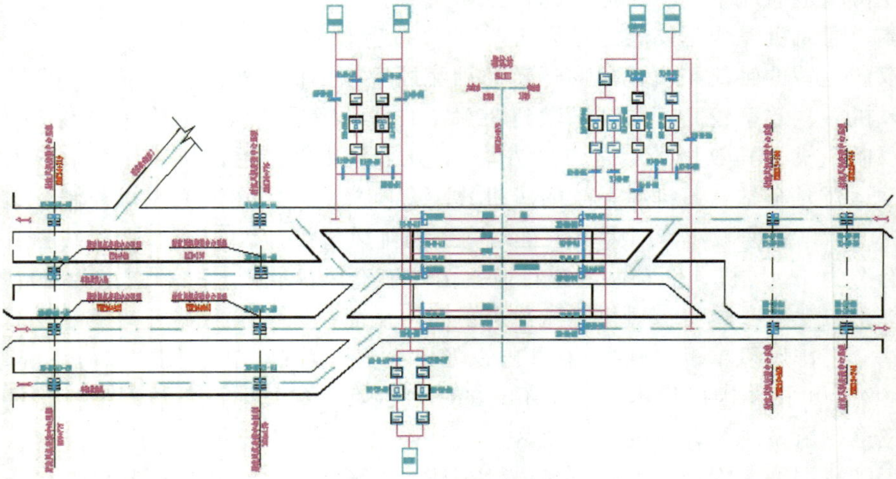

图 6.33　塘坑站系统通风系统设计图

（2）红岭站 A 端。

红岭站 A 端设置有站后折返线及停车线，同时预留深圳地铁 3 号线延伸到益田站的条件，隧道通风系统设计需同时满足深圳地铁 3 号线西延段开通前、后的运营条件。

由于车站 A 端正线与停车线通过交叉渡线交汇，在车站 A 端并联设置两台 TVF 风机对正线和停车线进行事故通风，并分别在左、右停车线各设置 2 组 4 台射流风机（共 8 台）以引导各隧道的气流。另在深圳地铁 3 号线近期线路起点处（近期为盲端）对两条隧道合设一条活塞风井，以满足西延段开通前隧道通风系统运行要求。

在车站 A 端并联设置两台 TEF 风机对右线站内隧道进行排热通风。

红岭站隧道通风系统设计如图 6.34 所示。

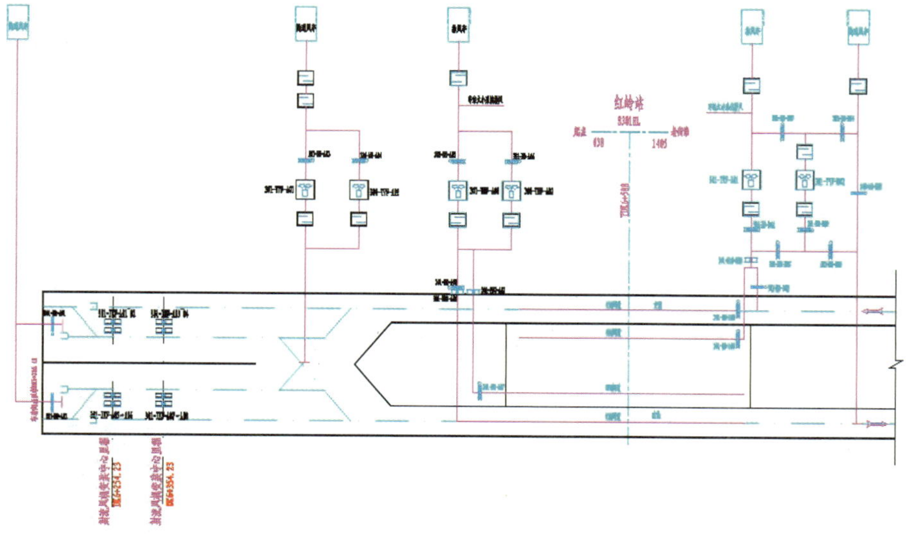

图 6.34 红岭站隧道通风系统设计图

（3）华新站。

华新站为一岛一侧式地下车站，岛侧之间为清客线。车站 A 端设有配线，除两条正线隧道外，还分别设置有两条停车场出、入线。在华强北站 A 端对应于两条正线隧道设置两台 TVF 风机及两条活塞风道，这两台 TVF 风机同时兼顾停车场出、入线一端的事故通风（在停车场出、入线的另一端设置有射流风机组和出地面风孔）。另在 A 端四条线路上各设置 1 台推力风机（共 4 台）以引导各隧道的气流。车站 B 端除两条正线隧道外，尚有正线与清客线之间连接的渡线，对应于两条正线隧道也设置两台 TVF 风机及两条活塞风道。

TEF 风机分两端设置，每端各设置两台，分别负担每条站内隧道一半的排风量。

华新站隧道通风系统设计如图 6.35 所示。

（4）益田站 A 端。

益田站 A 端设置有站后折返线。由于正线与折返线通过交叉渡线交汇，在车站 A 端并联设置两台 TVF 风机对正线和折返线进行事故通风，同时在左、右线及折返线上各设置有 2 组 4 台（共 12 台）射流风机，用于诱导组织气流。另在深圳地铁 3 号线西延段线路起点处对两条隧道合设一条活塞风道以满足隧道通风系统运行要求。

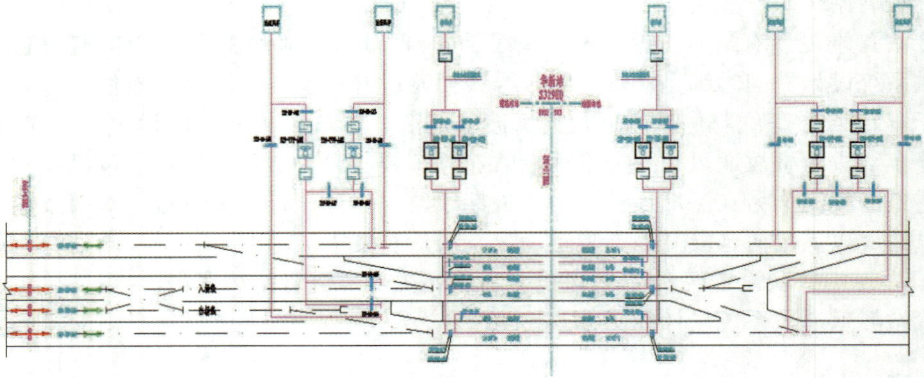

图 6.35 华新站隧道通风系统设计图

在车站 A 端并联设置两台 TEF 风机对右线站内隧道进行排热通风。

益田站隧道通风系统设计如图 6.36 所示。

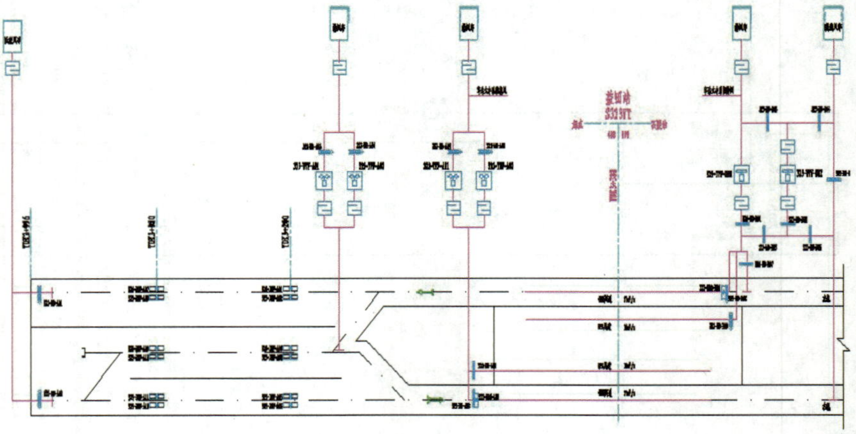

图 6.36 益田站隧道通风系统设计图

3）区间中间风机房设置

深圳地铁 3 号线莲花村站—华新站站间距为 1 933.6 m，两车站端部隧道通风口的间距为 1 780 m。根据行车专业所提供的资料，该区间行车时间为 121 s，均大于远期高峰时段的行车间隔 105 s，亦即在远期高峰时段内，该区间内可能出现两车追踪运行。

当该区间出现同时阻塞两列车时，通过阻塞运行模拟计算发现：若开启阻塞列车后方车站的两台隧道风机送风，开启阻塞列车前方车站的两台隧道风机排风，则后方列车阻塞处温度将接近 40 °C，前方列车阻塞处温度将超过 40 °C（不满足《地铁设计规范》GB 50157—2003 第 12.2.3 条的规定）；若设置区间中间风机房，开启阻塞列车前、后方车站各两台隧道风机送风、开启区间中间风机房两台隧道风机并联运行排风，此时前、后方列车阻塞处温度为 35 °C 左右。

对该区间的火灾工况分析如下：考虑最不利情况，即区间内出现两车追踪运行，假定区间中间风机房把区间隧道沿行车方向分为 A、B 两段。若 A 段列车火灾，B 段内列车应驶往前方站台。若 B 段列车的车尾火灾，则区间隧道内的排烟气流方向为逆行车方向，若开启区间隧道两端车站的隧道风机组织排烟，则烟气流将穿越 A 段列车，若先让 A 段列车倒退回车站后（可避免烟气流穿越非火灾列车）再组织排烟，则延误了火灾排烟的时间。若设置区间中间风机房，采用区间中间风机房与火灾列车端车站隧道风机组织排烟，就可以避免以上两种情况。

综上所述，为满足该区间平时活塞通风及事故通风的要求，须在该区间设置区间中间风机房。莲花村站—华新站区间中间风机房中心里程为 CK9 + 300，风亭布置在道路旁中央公园的绿化带。

4）特殊段隧道通风系统设计

田贝站—水贝站区间左、右线各设置两组推力风机用以引导气流，并在停车线上方设置 2 组（每组 2 台）射流风机用以引导气流；水贝站站后出入洞口左、右线各设置 2 组（共 8 台）射流风机用于诱导组织气流；莲花村站站后设有一单渡线，同时预留深圳地铁 3 号线、16 号线联络线，在左线隧道设有 2 组共 4 台射流风机用于诱导组织气流，深圳地铁 3 号线、16 号线联络线将来贯通后，需增设 1 组 2 台射流风机以控制气流方向；福田站站前设有一单渡线，在渡线后方左、右线各设有一组射流风机以控制气流方向。

6.6.3.2 地下站通风空调系统

1）典型地下车站公共区通风空调系统

地铁 3 号线典型地下车站，采用全空气双风机定风量系统，两端布置，如图 6.37 所示。

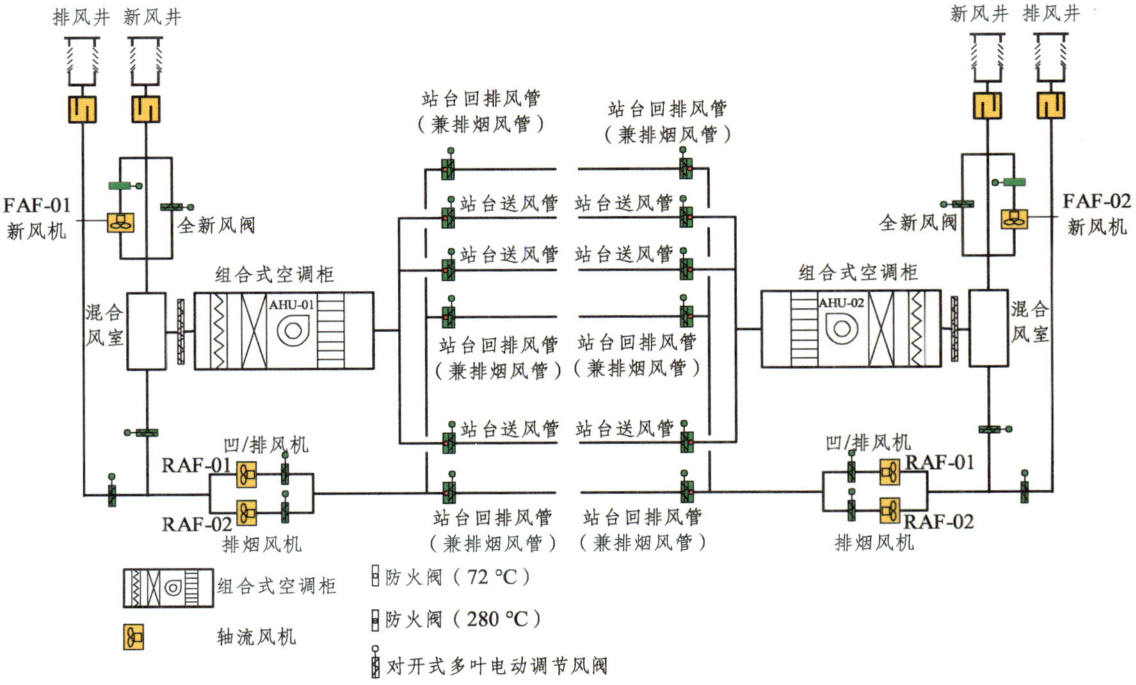

图 6.37 通风空调大系统图

车站两端各布置一台组合式空调机组、一台回/排风机、一台空调新风机、一台排烟风机。所有设备均对称布置于车站两端，每端设备负责公共区一般负荷，具有空调小新风、空调全新风、全通风三种运行模式，系统按全空气双风机一次回风的定风量系统设计。

2）防排烟系统设计

（1）车站公共区通风空调防排烟系统。

车站公共区一般不设置独立的防排烟系统，但排烟风机单独设置，排烟管路由通风空调系统回/排风管路兼用。

当站厅发生火灾时，关闭车站送风系统、车站回/排风机和切断站台回/排风管路，开启排烟风机，利用站厅回/排风管路对着火点所在的防烟分区进行排烟。站厅层另一端的排烟风机对所负担的站厅层所有防烟分区全排风。

当站台发生火灾时，关闭车站送风系统、车站回/排风机和切断站厅回/排风管路，开启站台排烟风机，利用站台回排风管路对着火点所在的防烟分区进行排烟。站台另一端的排烟风机对所负担的所有防烟分区全排风。在确认相邻区间列车已越行本站后，可由站务人员在车控室 IBP 盘上打开屏蔽门两端端部靠近端门附近各一对滑动门（其余滑动门均仍然保持关闭状态），开启车站隧道排烟系统辅助排烟。

（2）车站设备及管理用房通风空调防排烟系统。

车站设备及管理用房通风空调防排烟系统分三种情况。

① 气体灭火系统保护的房间发生火灾时,气体灭火系统的控制盘接收到保护区的两路警报信号时，即确认发生火灾，控制盘首先关闭该保护区进、出风管上的防烟防火阀，然后喷洒灭火气体进行灭火，待达到设计要求的淹没时间后消防人员进入保护区确认已灭火，再将通风空调系统转入气体灭火完成后的后续运行模式。

② 面积大于 50 m^2 的通风空调机房、冷水机房、民用通信设备室和 35 kV 开关柜室和到公共区直线距离大于 20 m 的内走道，均设置机械排烟系统。火灾时，服务于该区域的通风空调系统转入排烟模式运行，同时，排烟补风系统开启补风，消防人员进入着火区域灭火。与该区域同端如果设置有机械加压送风系统时，该系统要同时开启。

③ 除上述情况外，建筑面积小于 50 m^2 的房间发生火灾时，与其相邻的内走道设置有机械排烟系统时，则机械排烟系统开启排烟，补风及加压送风系统开启，消防人员进入进行消防扑救。如内走道按规范要求不必设置机械排烟系统时，消防人员直接进入进行消防扑救，机械加压送风系统开启运行。

3）特殊地下车站公共区通风空调系统

（1）塘坑站。

塘坑站位于深惠公路横岗镇塘坑路段，为半地下站，站台位于地面以下，站厅为地面一层，站厅设备区局部设于地面二层的半地下站，本站采用明挖顺作法施工。本站地面风亭 4 组，A 端设置两个隧道风亭；B 端站台下穿平盐铁路，两组风亭设于平盐铁路高架下方，分别为 2 个送风亭、2 个隧道风亭（其中一个兼作排风亭）。本站设有一组冷却塔（共 2 台），设置于 A 端屋面。

① 车站通风空调大系统：

公共区站厅层通风空调系统采用空气-水系统以节省空调机房面积：在公共区吊顶内共设

置 12 台吊顶式空调柜，其中：AHU-G01、AHU-G12 两台新风机组承担新风负荷，将新风处理至室内状态等焓线送至公共区；其余 10 台吊式空调柜（AHU-G01～AHU-G11）负担站内余热余湿，气流组织采用上送风就地回风方式。

公共区站台层设在地面以下，该部分大系统分为 4 部分，每部分由空调新风机、柜式空调器、回排风机、排烟风机、消音器、风阀和风道组成，各自承担 2 个岛式站台一半的空调负荷，具有空调小新风、空调全新风、全通风三种运行模式，系统按全空气双风机一次回风的定风量系统设计。

② 车站通风空调大系统防排烟系统：

站厅公共区分为 6 个防烟分区，设置一台排烟风机，按同时排除两个防烟分区烟量配置，当某一防烟分区火灾时，通过电动风阀关断其他防烟分区的排烟口，对火灾分区进行防排烟，由出入口自然补入新风。

站台层的 2 个岛式站台均在有效站台中心设挡烟板，共分为 4 个防烟分区。某一个站台火灾时，启动该站台两端的排烟风机对该站台进行排烟，在确认相邻区间列车已越行本站后，可打开该站台屏蔽门，隧道通风机协助排烟，出入口自然补入新风，保持扶梯和楼梯通道内形成向下气流，乘客迎着新风方向疏散。

（2）老街站。

老街站为 1 号线和 3 号线换乘站。两线上下重叠，在本站同站台平行换乘。

① 车站通风空调大系统：

老街站地下一层是转换层，站厅层处于地下二层，地下三层是左线站台层，地下四层是右线站台层。大系统采用定风量一次回风全空气系统，两端送、排风，在车站的东、西两端的每层的通风空调机房内，各设有一台组合式空调器、一台回/排风机。

② 车站通风空调大系统防排烟系统：

老街站公共区面积较大，其中站厅公共区面积约 4 276 m^2，站台层每层约 4 462 m^2，将每层划分为 7 个防烟分区，共计 21 个防烟分区。单独设置排烟风机 3 台：西端负二层空调机房内设置排烟风机 1 台，通过管道及各阀门的转换为西端负二、负三和负四层的排烟系统服务；东端设置 2 台排烟风机，分别设于负二层及负三层机房内，分别为东端站厅层（负二层）和站台层（负三、负四层）的排烟系统服务。

车站各出入口通道长度均小于 60 m，不设通风空调及防排烟系统。

（3）红岭站。

红岭站明挖顺作法地下两层，10 m 岛式站台车站，共设 4 个出入口。在红岭站站厅层设置一开孔中庭，面积 580 m^2。A 端在南侧设一组 3 个风亭，分别为送、排风亭和隧道风亭；B 端在南侧设一组风亭，分别为送、排风亭和隧道风亭。本站设有一组 2 台冷却塔，设置在 A 端地面风亭地块附近。

红岭中路站的大系统是典型的全空气双风机定风量系统（两端布置）系统，但由于车站的公共区为大共享空间，该车站公共区的防排烟系统的设计有别于其他车站：

由于车站西端的站厅层大部分设备管理用房及上下相对应的站台层的牵引变电所用房全部布置在车站的西端，充分利用车站的明挖区间的上部空间，结合车站公共区的布置，设置了两个长度为 29.2 m、宽为 9 m 的大共享空间。站厅公共区分为 6 个防烟分区，中庭为一个防烟分区，站台除去中庭后两端各一个防烟分区。车站每端各设置一台排烟风机 SEF-A01，

SEF-B01 排除车站站厅、站台烟气，排烟风机按 120 $m^3/(m^2 \cdot min)$ 排烟量配置。在车站 B 端单独设置一台排烟风机 SEF-B02 对中庭排烟，排烟风机按 120 $m^3/(m^2 \cdot min)$ 排烟量配置。车站公共区站厅、站台任一处发生火灾，启动排烟风机 SEF-A01，SEF-B01 对站厅或站台排烟。当中庭发生火灾时，启动排烟风机 SEF-B02 对中庭进行排烟。

4）地下车站设备管理用房通风空调系统

根据车站设备管理用房的功能、使用时间、室内环境条件以及消防保护要求的不同，共可分作 6 类，详见表 6.12。

表 6.12 车站主要管理、设备用房设计标准表

类别	房间类别	设计标准	运行时间	消防模式	房间名称
第 1 类	管理用房	空调	18h	人工扑灭	站长室、会议室、警务室、乘务员休息室、更衣室、弱电系统综合值班室、安全办公室、保洁间、AFC 票务室
第 2 类	设备用房	空调	24h	人工扑灭	站务室、公安通信设备室、蓄电池室、AFC 设备室
第 3 类	设备用房	空调	24h	气体灭火	车站控制室、通风空调集中配电室、变电所控制室、信号设备室、通信设备室、弱电综合电源室、车站计算机室、屏蔽门控制室、党政通信设备室
第 4 类	设备用房	空调冷风降温	24h	气体灭火	整流变压器室、动力变压器室、跟随所、低压配电室、1 500 V 直流开关柜室、0.4 kV 开关柜室
第 5 类	设备用房	通风	24h	机械排烟	通风空调机房、冷水机房、超过 20 m 的内走道、超过 50 m^2 但未设气体灭火的电气用房（35 kV 开关柜室、民用通信室）
				人工扑灭	照明配电室、电力电缆井、消防泵房、备用房、检修室、储藏室、车站备品库、工务用房、气瓶室
第 6 类	其他房间	独立排风	24h	人工扑灭	茶水室、盥洗室、卫生间、污水/废水泵房、保洁工具间、垃圾间及垃圾收集间、蓄电池室

空调管理用房，即表中的第 1 类房间，均为有人停留房间。此类房间只需在地铁运行时段内有人进入工作时开启，按每日运行 18h 设计，尤其像会议室、更衣室等这类房间只是偶尔才会有人在房间内。

此类房间空调系统形式采用风机盘管加独立新风的空气－水系统，各房间内风机盘管负担室内热、湿负荷、新风负荷，新风量按人员新风量计算[30 $m^3/(人 \cdot h)$]。若采用全空气系统，应注重该部分房间的节能运行。

空调设备用房包括表中第 2、3 类房间，其中第 3 类用房为气体灭火系统保护房间。此两

类用房空调系统均需 24h 连续运行。气体保护区的排风系统的排风口根据强条规定需设置向下排风口。每个气体保护房间设置一根尺寸为 250 mm × 250 mm 的排风管，风管尽量沿房间边墙、边角设置，风管底部设置一个尺寸为 400 mm × 250 mm 的单层百叶风口，风口底边距离房间装修完成面 350 mm。

空调设备用房采用全空气系统，并应核算送风温度，保证风口不结露。此两类设备用房可合用一套系统，并在第 3 类用房送、回风支管上设防烟防火阀以保证在气体喷洒前切断。

表中第 4 类房间，包括除控制室和检修储藏室以外的所有变电所类房间。此类房间因发热量相对较大，如采用一般机械通风排热方式，则所需风量过大。相应地，送、排风管断面尺寸也大。其经济性和可实施性皆不符合地铁环境的实际情况。故采用全空气一次回风空调冷风降温系统，空调送风口应避开电气设备正上方布置。根据具体房间布置情况，也可对部分变电所房间采用简单降温循环，并辅以补充少量新风的方式。

表中第 5、6 类房间为通风房间。其中，超过 50 m^2 的空调机房、冷水机房、民用通信室、35 kV 开关柜室等以及超过 20 m 的内走道均应设机械排烟。

5）地下车站水系统

（1）空调水系统采用一次泵末端变流量系统。

（2）空调冷冻水系统供、回水温度为 7 ~ 12 °C。

（3）制冷机选型通过对负荷进行分析后确定选用制冷机的台数、容量等，以使制冷机在任何负荷情况下均能处在高效或较高效区运行。

（4）制冷机采用螺杆式冷水机组。

（5）制冷机房内设置分水器、集水器，在分水器和集水器间设压差旁通装置；水处理装置（电子水处理仪）靠近被保护设备布置。

（6）冷却塔布置在通风良好的室外地面或结合附近构筑物布置，存水盘间设置连通管。

（7）在空调器末端回水管上设动态流量平衡电动调节阀或动态流量平衡二通阀。

（8）在水系统的最低点设放水阀，最高点设自动放气阀。所有阀门及仪表均布置在便于观察和操作的方位。

（9）冷水机组、水泵、冷却塔、组合式空调器、空调柜布置在混凝土基础上，基础周边应设截水沟并引至排水点；组合式空调器、空调柜的基础高度满足冷凝水管的水封安装要求。

6）地下车站控制模式

地下车站通风与空调系统控制由就地控制、车站控制室控制和中央控制室控制三级组成：

（1）就地控制。

在环控电控室内的各种设备设置电源控制开关，作为就地控制装置。为确保安全，就地控制具有优先权。就地操作（安装、调试、检查、维修等）时，车站控制室和控制中心接受其操作信号，对其控制失效，就地控制在结束操作后，恢复其正常功能。

（2）车站控制。

车站设备监控系统设于车站控制室内，并在通风、空调范围内设置温、湿度探测器，控制室内设置监控系统显示操作台和值班点。根据收集与反馈的信息，自动确定通风与空调系统运行模式，同时向控制中心传送车站的各种信息及通风与空调系统控制状况，并执行控制中心的各项指令。

（3）中央控制。

中央控制中心设有轨道交通的中央监控系统，其与车站控制系统组成计算机网络，对全线各车站通风与空调系统的主要设备进行监控，使其协调、统一运行。

大系统通风与空调系统设备按就地控制、车站控制、中央控制三级控制设计。小系统通风与空调系统设备按就地控制、车站控制两级控制设计，中央控制室可对其进行监视。

6.6.3.3 高架车站通风空调系统

全线共有15座高架车站：草埔站、布吉站、木棉湾站、大芬站、丹竹头站、六约站、松柏站、银海站、荷坳站、大运站、爱联站、吉祥站、龙城广场站、南联站、双龙站。高架车站通风空调分为高架车站公共区通风空调系统和高架车站设备管理用房通风空调系统。

1）高架车站公共区通风空调系统

车站按站台设置半高安全门设计，车站公共区不设空调系统，采用自然通风、自然排烟模式。考虑乘客在车站站厅逗留的时间较短，因此站厅不设空调，利用建筑外墙的可开启外窗和通风百叶进行自然通风及火灾时排烟，可开启外窗和通风百叶有效面积应符合《建筑设计防火规范》要求。站台公共区采用开敞式设置，并在站台设置局部通风设备，改善乘客的舒适度，共设置4组通风器，每组通风器的风量为7 800 m^3/h。

2）高架车站设备管理用房通风空调系统

高架车站设备管理用房通风空调系统分为通风空调系统和防排烟系统。

（1）高架车站设备管理用房通风空调系统设计。

根据设备管理用房布置情况和使用功能，高架车站的通风空调共设有4个系统。

多联变频空调系统：服务范围包括站厅两端的各个设备管理用房、设备层的控制室、站台层的安全门控制室。该系统采用多联变频空调系统，共设置4台室外机，室外机设于地面一层（设备层）A、B两端端部。其中室内机采用4面出风嵌入式，室内机应避开信号、通信等机柜的投影位置。空调凝结水采用集中排放，凝结水管采用保温材料保温。

信号设备室、车控室、通信设备室与计算机房这4个重要房间的空调设备需要考虑备用量，即这4个重要房间的空调按照2个系统设计，以便2套系统可以互为备用。各个系统的室内机备用量是：信号设备室按照室内负荷100%全容量备用，车控室、通信设备室与计算机房按照室内负荷60%容量备用。即在信号设备室内1台室内机故障时，剩余的室内机能够满足室内全负荷100%的要求，在车控室、通信设备室或计算机房内1台室内机故障时，剩余的室内机能够满足室内全负荷60%的要求。室外机选型原则：室外机选型按照各房间室内实际负荷加新风负荷之和，但室外机总容量需大于备用容量，其中信号设备室负荷容量只计入正常运行时所开启室内机所对应的室外机中。

该系统还设置有2台低噪声风机箱，对空调房间送入新风，为避免室外新风直接接入空调房间可引起冷凝水结集于百叶风口，将新风通过金属保温软管引至空调室内机。新风负荷计入室内机组，排风通过嵌墙百叶排至走道，并在走道端部设置排气扇对其进行集中排放。其中车控室单设管道风机送入新风，并兼火灾工况下的加压送风机。

变电所机械通风系统：服务范围包括设备层的牵引变电所（部分高架车站没有）、降压变电所。该系统采用机械通风系统，在外墙上设百叶进风，排风机采用大风量工业排气扇。

厕所排风系统：服务范围包括站厅的男、女卫生间，设置天花板管道式换气扇。

其他排风系统：服务范围包括其他非空调且通风换气量小的房间，均采用排气扇对其进行通风换气。

（2）高架车站设备管理用房防排烟设计。

在车控室设置加压送风机，在火灾时保证车控室相对正压。车站两端设备管理用房内走道最远点至公共区长度均大于 20 m 处的内走道设置自然排烟口。根据《地铁设计规范》《建筑设计防火规范》《高层民用建筑设计防火规范》《10 kV 及以下变电所设计规范》等相关规范要求，车站设备管理用房内无须设置排烟措施。

3）高架车站控制模式

车站通风空调系统由车站控制和就地控制两级组成，就地控制具有优先权，其中就地控制用于环控设备初调、检修时就地操作。车站控制设于车站控制室，在火灾情况下关闭本车站通风空调设备的运行，开启车控室加压送风机。

车站通风空调系统由 BAS 系统进行监控。BAS 系统需要监视的参数有车站控制室、通信设备室、信号设备室、计算机房温度；BAS 系统需要控制的设备有车站站台局部通风器、车站设备管理用房新风送风机、车控室加压送风机；高架车站变频多联空调器的控制包括变频多联空调器中央控制盘应具有与 BAS 系统的通信接口，BAS 系统可通过该通信接口对变频多联空调器室内、室外机进行监视和控制。

变频多联空调室外机、室内机、设备管理用房新风机、车控室加压送风机需在车站控制室控制其开、关，并显示其开、关、故障报警停机状态；站台公共区局部通风器需在车站控制室控制其开、关；所有换气扇只需现场就地控制，不在车站控制室控制其开、关。

6.6.4 系统运行模式

6.6.4.1 车站公共区通风空调系统运行模式

1）正常运行

（1）空调季节小新风工况。

当室外空气焓值大于车站空调大系统回风空气焓值时，空调系统采用小新风加一次回风运行，开启空调新风机、组合式空调机、回/排风机，新风与回风混合经空调机组处理后送往公共区空调区域。

（2）空调季节全新风工况。

当站外空气焓值小于或等于车站空调大系统回风空气焓值且站外空气温度大于空调送风温度时，采用全新风空调运行。空调器处理室外新风后送至空调区域，回风阀关闭。

（3）非空调季节工况。

当室外空气温度小于“空调送风温度”（该温度值不是定值，会随室内负荷的变化而改变）时，停止冷水机组运行，外界空气不经冷却处理直接送至空调区域，回/排风机采用全排风工况运行。

（4）夜间运行工况。

夜间收车后停止车站空调大系统的运行。

2）车站乘客过度拥挤

当发生突发性客流、区间阻塞、线路故障及其他原因引起车站乘客过度拥挤时，大系统的组合式空调器、制冷机、冷冻水泵、冷却水泵、冷却塔等空调设备根据实际情况按当时季节正常运行的满负荷状态运行。

3）火灾事故运行

车站公共区发生火灾时，立即停止无关的车站小系统（除车控室需加压送风外所有设备管理用房的空调通风系统均停止）以及空调水系统，转换到车站大系统火灾模式运行。

当站台层发生火灾时，利用站台层排烟系统排烟。在确认相邻区间没有后续列车进入本站后，打开屏蔽门两端端部靠近端门附近各一对滑动门（其余滑动门均仍然保持关闭状态），开启车站隧道排风机和区间隧道通风机辅助排烟，车站两端组合式空调器启动向站厅和楼梯口送风，乘客迎着新风方向从站台经站厅疏散至地面。

当站厅层发生火灾时，利用站厅层排烟系统进行排烟，乘客迎着新风方向从车站出入口向地面疏散，补风由各出入口自然补风。

若某一车站火灾时，已进入相邻区间的列车应迅速越行至下一站，其他后续列车由行调及信号系统保证在远端安全车站扣车并组织乘客疏散。

6.6.4.2 设备管理用房通风空调系统运行模式

1）正常运行

当室外空气焓值大于室内回风空气焓值时，空调系统采用小新风加一次回风运行，新风阀开启至小风量开度，新风与回风混合后经空调柜处理后送往空调房间。

当室外空气焓值小于或等于室内焓值且站外空气温度大于空调送风温度时，采用全新风空调运行。新风阀、排风阀全开，回风阀关闭。

当室外空气温度小于空调送风温度时，停止冷水机组运行，外界空气不经冷却处理直接送至空调区域，回/排风机采用全排风工况运行。

为满足通信设备室、信号设备室、AFC设备室、自动化集中控制室、弱电综合电源室等弱电系统的设备用房全天环境工艺要求，以及变电所各开关柜室、控制室、配电室的环境工艺要求，服务于这些房间的通风空调系统根据房间工艺要求24 h不间断运行。

2）火灾事故运行

当车站设备管理用房发生火灾时，车站水系统、大系统正常运行立即停止，小系统转入到设定的火灾模式运行。即根据小系统的既定模式立即排除烟气或隔断火源和烟气，与着火区相邻的内走道，设有排烟系统的立即进行排烟，着火区所在车站端设有加压送风的疏散楼梯以及车站控制室立即进行加压送风。

气体灭火系统保护房间的防烟防火阀由气体灭火系统负责配电及控制。当房间着火时，气体灭火系统关闭与着火房间相应的防烟防火阀，喷洒灭火气体进行灭火。灭火完成后，防烟防火阀手动复位，开启相应排风机进行直流式通风运行，排除灭火后房间的残余气体。

设置机械排烟的房间或走道，配置有不小于 50%排烟量的补风量。

6.6.4.3 水系统运行模式

冷水机组的运行工况的转换是由综合监控系统根据冷水温度自动控制，冷冻水泵、冷却水泵的流量不随机组负荷的变化而改变。冷水机组、冷却塔、冷水泵、冷却水泵一一对应，由综合监控控制启停顺序。末端设置动态平衡阀，调节末端水量。

6.6.5 主要设备及材料选型

深圳地铁 3 号线主要设备有变频多联空调、冷水机组、消声器、组合风阀等。

6.6.5.1 变频多联空调设备

（1）深圳地铁 3 号线变频多联空调设备采用的是青岛海尔空调电子有限公司的全变频多联中央空调。

（2）机组采用的是 R410A 环保冷媒。

（3）机组节能性能好：采用直流全变频压缩机、180°矢量驱动控制技术、四面回风热交换技术，从而实现高能效。

（4）机组可实现总长达 300 m，单程配管最长达 170 m 的超长配管。

（5）冷媒管：冷媒管道全部采用紫铜管，冷媒管与主机之间、冷媒管与分歧管之间的连接全部采用铜焊。焊接过程中必须充入氮气进行保护。冷媒管道必须进行保温，以防止散热和冷凝，在保温层外用胶带进行包扎。冷媒管吊架间距为 1.5 m，冷媒管与支架间采用隔热处理。

（6）冷凝水管：冷凝水管采用 PVC-U 管，保证凝结水以 1%的坡度排向凝结水管。冷凝水管作绝热处理，用 20 mm 厚难燃 B1 级橡塑材料保温，并在保温材料管壳接缝处用胶水粘贴，并用胶带封口。

六约站多联空调室外机如图 6.38 所示。

图 6.38 六约站多联空调室外机

6.6.5.2 冷水机组

（1）深圳地铁3号线采用的是上海一冷开利提供的30HXY/HXC高效型螺杆式冷水机组。机组在标准机组基础上，进一步改善传热、优化系统，实现更高的满负荷效率和部分负荷效率。

（2）冷媒采用R134A环保型冷媒。

（3）机组采用多压缩机设计：相互备机功能，系统更可靠；根据用户负荷灵活调节，部分负荷性能更优。

（4）机组采用双回路设计，将故障停机影响降到最低，大大提高机组可靠性。

（5）机组采用微电脑控制，用户界面友善，具有强大的安全保护、控制及通信功能。采用PID控制，保证蒸发器出水温度恒定，避免机组频繁启停，有效保证机组运行的稳定性和经济性。

（6）安全保护功能：冷水出水温度过低、油压低、制冷剂压力过高、漏电流、电机过载、电压过高及过低、缺相保护等。

（7）为防止或减少冷水机组振动的影响，冷水机组与设备基础间采用减振垫。

塘坑站冷水机组如图6.39所示。

图6.39 塘坑站冷水机组

6.6.5.3 消声器

（1）深圳地铁3号线消声设备采用深圳中雅机电实业有限公司产品。

（2）消声器可分为金属外壳式消声器和结构式消声器两类，前者多用于通风机进出口两端，直接与风机前后渐扩管/渐缩管相连接；后者多用于进、排土建风道内。该类型消声器对于风机运转时发出的中低频噪声具有较好的吸声效果，且气流阻力较小，具有防火、防潮性能。

（3）根据以往地铁工程经验，本线消声器采用阵列式结构，模块化制作，便于运输、安装。消声器均在现场拼装安装。

6.6.5.4 组合风阀

（1）深圳地铁3号线风阀采用的是妥思空调设备（苏州）有限公司的产品。

（2）一台组合风阀由一台（或多台）执行机构控制，但任一单体风阀的叶片不允许作为力量传递的桥梁，力量传递必须由轴和连杆来完成。当采用多台执行机构控制时，控制电源采用并联形式，限位器的信号反馈采用串联形式。工况转换运行时间小于 20 s。

（3）风阀的有效过风面积为 85%；在 10 m/s 面风速下，风阀全开时阻力损失不大于 25 Pa。

（4）对于最大尺寸的单体多叶风阀，在风阀全闭时，在静压为 2 000 Pa 时，空气泄漏量不大于 0.1 $m^3/(s \cdot m^2)$。

6.6.6 主要技术特点、难点及技术创新

6.6.6.1 主要技术特点、难点

深圳地铁 3 号线线路长，土建形式各异，包括了高架站、半地下站、地下站、高架区间、地下区间以及与车站结合的交通枢纽、行人过街工程、大型物业开发，换乘站众多，因此在通风空调系统设计具有如下技术特点和难点。

1）主要技术特点

深圳地铁 3 号线通风空调系统有着安全、经济实用、环保、高效的特点。

（1）地铁是大型公共建筑，人民的生命财产安全重于泰山，通风空调系统设计，应充分考虑各种运行模式的安全性，重点是火灾状况时排烟和人员的安全疏散。本线在隧道风、大系统、小系统防灾措施都做了充分研究。

（2）系统设计以深圳市气候特点为要求进行设计。根据本工程特点，全面分析影响工程投资的主要因素，提出质量控制方案。坚持“固本简末”的原则，精心设计是达到合理控制工程规模及投资最根本的途径，在设计全过程中，通过技术经济反复比选，逐步深化设计方案，从而实现合理控制工程规模的目的。

（3）在设计中采用系统消声隔振措施和环保制冷工质。消声设计降低风道传播的风机噪声，控制风机的空气传声；隔振的任务是隔离所有设备沿建筑结构传递的振动和该振动辐射的噪声，控制固体传声。无论是消声还是隔振，其最终的目的是使通风空调区域（含设备机房）和影响到的室外环境区域达到规定的允许噪声标准。空调制冷系统采用环保工质，可以减少对大气臭氧层的破坏。在满足安全、可靠运营的前提下，本线通风空调系统尽可能地选用国产化设备，降低工程造价，促进国内相关产业的发展。

（4）选用高效设备，使设备均工作于高效点。冷冻机房应尽量靠近负荷中心设置，以缩短冷冻水供/回水管路的长度，减少冷损失。

2）主要技术难点

（1）接口繁杂。

通风空调系统与土建和各种的机电系统均有接口，环控设备房间基本是所有设备房间中占地最大的，环控方案的好坏直接关系到车站建筑方案的好坏。

（2）防排烟设计。

防排烟设计是地铁空调设计的难点。隧道风设计需保证车辆阻塞、火灾等非正常工况的要求，根据线路和结构条件全线进行 SES 模拟分析，确定设备形式和系统模式；地下车站大、

小系统根据规范要求确定防烟分区，分系统进行防排烟设计；高架车站采用 CFD 进行模拟，以保证自然排烟效果。

（3）节能设计。

节能设计也是地铁空调设计的难点。设计均需满足国家《公共建筑节能设计标准》；选用高效节能设备，保证设备均在高效区工作。

6.6.6.2 首次在深圳地区采用单活塞风井作为地下站技术标准

深圳地铁 3 号线在经过详细技术经济方案的比较下在深圳地区首次采用单活塞作为地下站技术标准，改变了以往各线均为单端四风井模式。

列车正常运营时排除隧道内的余热余湿，确保隧道内温度最热月日最高平均温度时不大于 40 °C。

列车阻塞时应能向阻塞区间提供一定的通风量，隧道断面控制风速≥2 m/s，控制阻塞点隧道温度不高于 40 °C，以满足列车空调器正常运行及阻塞列车车载乘客的新风量要求，气流组织方向与行车方向一致。

列车在区间内发生火灾时，应能排除烟气和控制烟气流向，保证乘客安全疏散。隧道断面控制风速≥2 m/s。

1）隧道通风设计基础资料

（1）列车资料。

根据深圳地铁 3 号线初步设计车辆资料，模拟计算所采用的列车的主要参数为：

列车为 B 型车，采用第三轨方式授电。

列车编组方案：初、近、远期均为 6 辆编组，4 动 2 拖。

车辆主要几何参数：列车全长度为 117.2 m，车轮直径（新轮）ϕ840 mm。

列车运行参数：

最高运行速度：100 km/h；

平均旅行速度：41 km/h；

起动平均加速度（0 ~ 40 km/h）：≥1.0 m/s^2；

常用制动减速度（100 ~ 0 km/h）：1.0 m/s^2；

紧急制动减速度（100 ~ 0 km/h）：≥1.2 m/s^2；

列车载客量：240 人/辆；

供电电压：DC 1 500 V；

隧道周围热壑温度：25 °C；

列车表面摩擦阻力系数：0.023；

列车横截面积：约 10.36 m^2；

平均周长：约 13.14 m；

再生制动能量反馈率：20%；

列车空调散热量：30 × 2 kW/辆。

乘客散热量（27 °C）：

显热：52 W；

潜热：129 W。

列车质量如表 6.13 所示。

表 6.13 列车质量

车型	TC（拖车自重）	M（动车自重）	列车总重（6 辆编组）
空车/t	32	35	204

（2）土壤热工资料。

深圳地铁 3 号线地下区间隧道周边的地层地质条件按残积土层考虑，其传热学参数取值如下：

土壤导热系数：0.4w/（m · °C）；

土壤导温系数：6.45×10^{-7} m^2/s。

2）技术方案分析

（1）常规系统形式简介。

采用屏蔽门制式的通风空调系统，为了排除隧道内的余热，抑制土壤的温升，其常规做法是：针对每条线路即上行线或下行线，在车站两端分别设置活塞风道，利用列车产生的活塞效应来排除区间热量。即列车进站时，通过“活塞风效应”将其在运行过程中产生的热量通过进站端活塞风井排出，列车重新启动后，利用尾部的产生的负压从出站端的活塞风井吸入室外冷空气以冷却隧道。

这样，典型车站每端对应于上下行线各设置 1 座机械/活塞风井、1 座排风井（TEF 系统与车站大、小系统合用）、1 座新风井（大、小系统合用），即车站每端共设置 4 座风井。

其系统形式如图 6.40 所示。

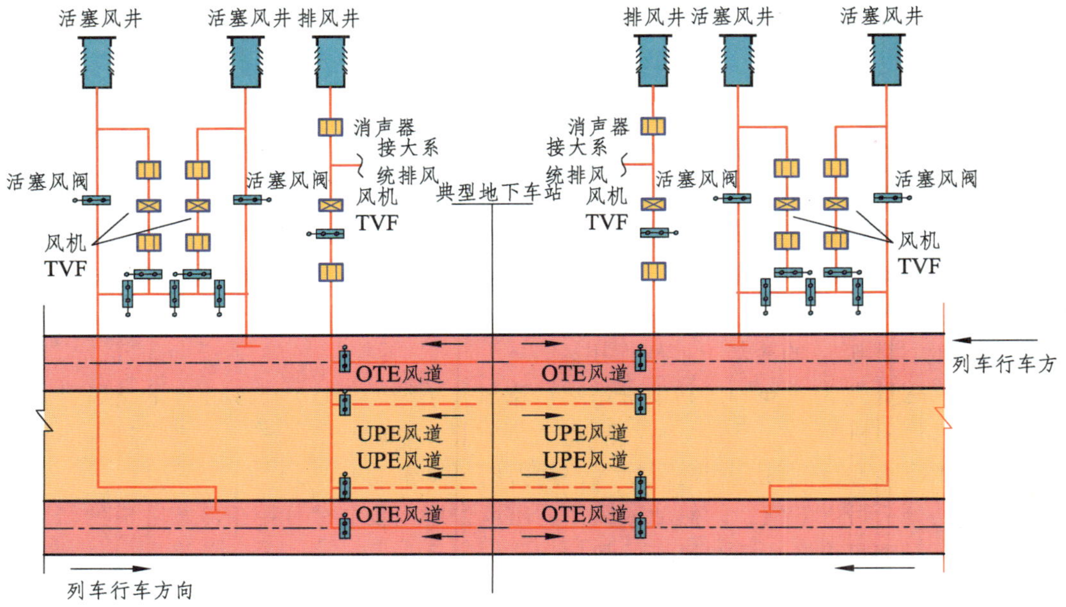

图 6.40 常规系统形式原理图

目前，该种形式应用广泛。该方案隧道通风系统在车站每端设置 2 台 TVF 风机、1 台 TEF 风机，TVF 风机与 TEF 风机分开设置；2 台 TVF 风机完全互为备用，能实现“同送或同排”和“一送一排”的运行方式。

但是由于对风井本身的面积及各风口间最小 5 m 净距要求，在城市土地日益紧张、城市环境景观日趋高标准要求的情形下，风井的数量、大小及风机的合理设置都是一个值得仔细研究和考虑的问题，它不仅受到规划用地的限制，而且对车站建筑的布置、周边环境及对工程造价均有较大的影响。

（2）系统形式的优化、比较。

由于车站设置的屏蔽门将上下行区间完全隔开，所以系统方案的比较、优化均以上行线为例，从以下两个方面对采用常规系统形式的典型车站进行具体分析。

① 常规系统形式的技术分析。

a. 活塞风井进/出风作用。

图 6.41 为运用 SES 程序对深圳地铁 3 号线工程采用常规系统形式的典型车站(两端均设置活塞风道）进行模拟、得到的活塞风井进出风量及相邻区间隧道活塞风量、温度计算结果（模拟条件：远期晚高峰时段、30 对/h、列车停站区域设置 45.0 m^3/s 的排热风机）。

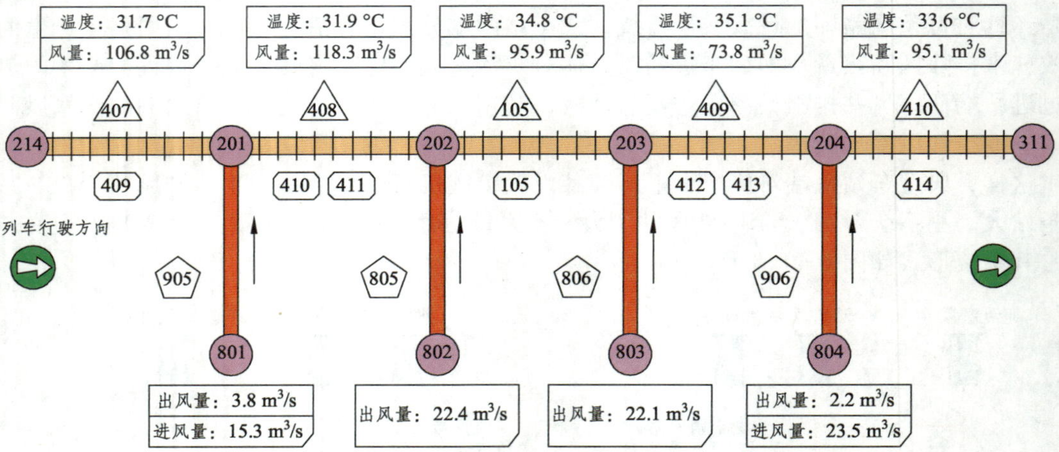

图 6.41 常规系统形式温度、风量节点图

从节点图中可以看出，进站端、出站端活塞风井（编号 905、906）出风总量为 6.1 m^3/s、进风总量为 38.8 m^3/s，出风量比进风量小很多；也就是说，活塞风井的出风作用比较弱，且车站出站端活塞风井进风量比进站端大。

b. 新风对区间隧道的冷却、换气作用。

车站进风总量为 38.8 m^3/s，其中进站端活塞风井（编号 905）15.3 m^3/s 的新风进入车站隧道后，被排热风机排走，只有出站端活塞风井（编号 906）22.5 m^3/s 的新风进入车站隧道后，被直接用于冷却区间隧道和通风换气，约占新风总量的 60%。

从上面的分析可以知道，既然活塞风井的出风作用比较弱，且用于冷却隧道的新风量比例不是很高，是否可以减少活塞风道的数量。

② 常规系统形式的优化设想。

减少活塞风道的数量，有以下两种方案：其一，取消进站端活塞风道；其二，取消出站端活塞风道。

a. 取消进站端活塞风道（优化方案一）。

运用 SES 程序分别对有无配线的车站取消进站端活塞风道方案进行模拟计算，得到的活塞风井进出风量及相邻区间隧道活塞风量、温度的结果见图 6.42 和图 6.43。

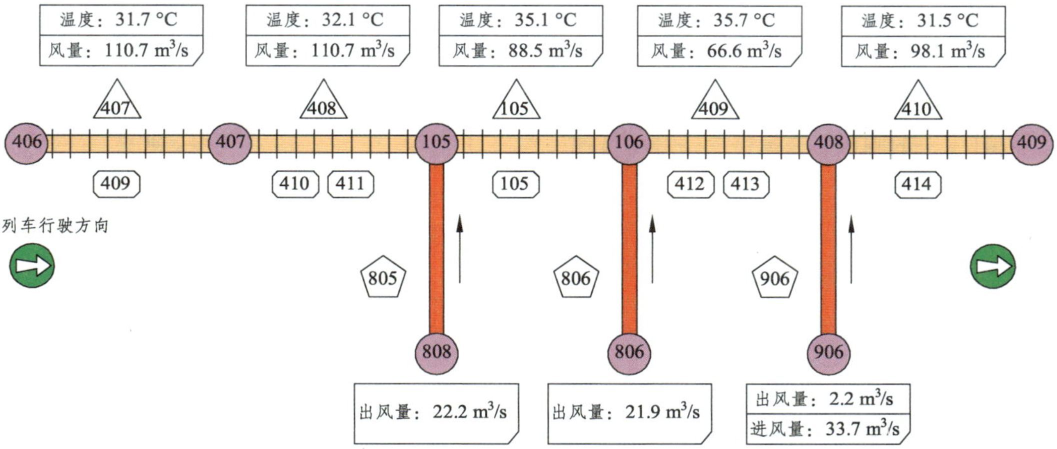

图 6.42　无配线车站温度、风量节点图（优化方案一）

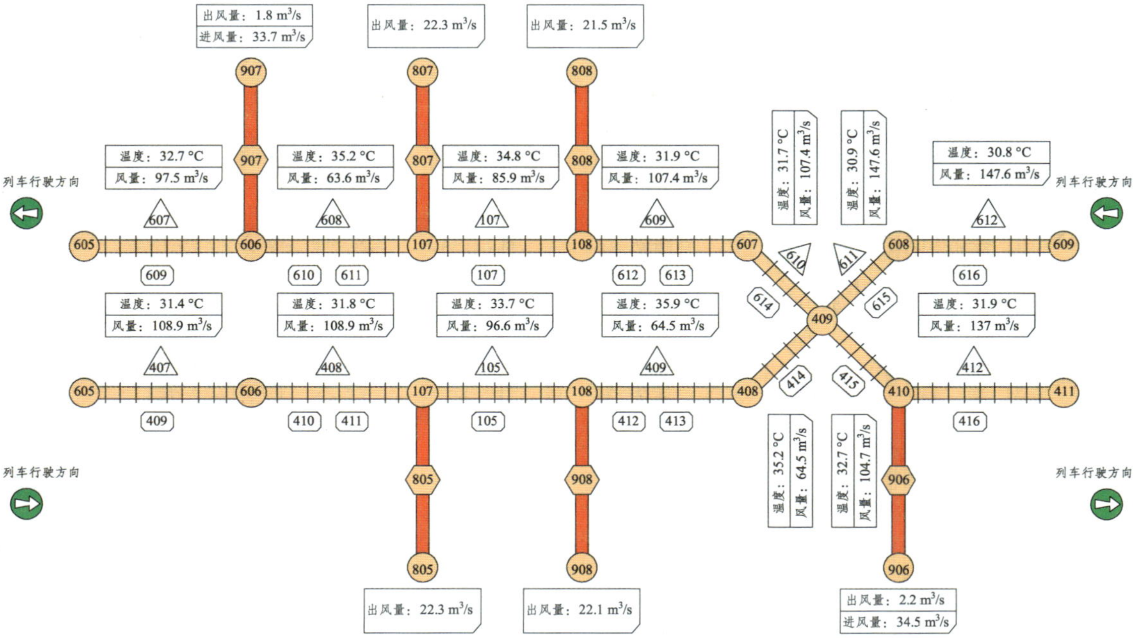

图 6.43　有配线车站温度、风量节点图（优化方案一）

由计算结果发现，新风通过活塞风道进入车站隧道后，大部分直接用于冷却区间隧道。区间隧道温度：无配线车站 32.4 °C，有配线车站 32.1 °C，比常规系统形式略低；车站隧道温度：无配线车站 36.3 °C，有配线车站 35.5 °C，比常规系统形式略高；但区间隧道的通风换气明显好于常规系统形式。

b. 取消出站端活塞风道（优化方案二）。

运用 SES 程序分别对有无设置配线的车站取消出站端活塞风道方案进行模拟计算，得到的活塞风井进出风量及相邻区间隧道活塞风量、温度的结果见图 6.44 和图 6.45。

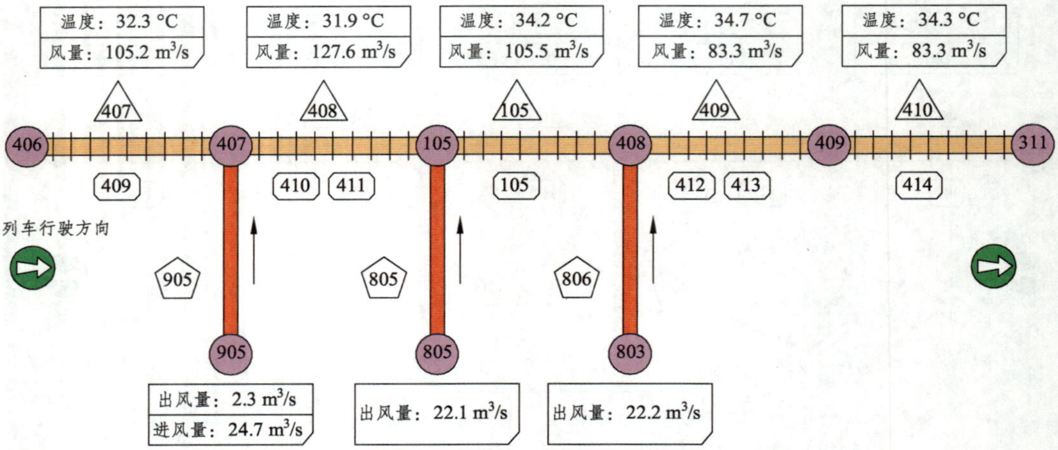

图 6.44 无配线车站温度、风量节点图（优化方案二）

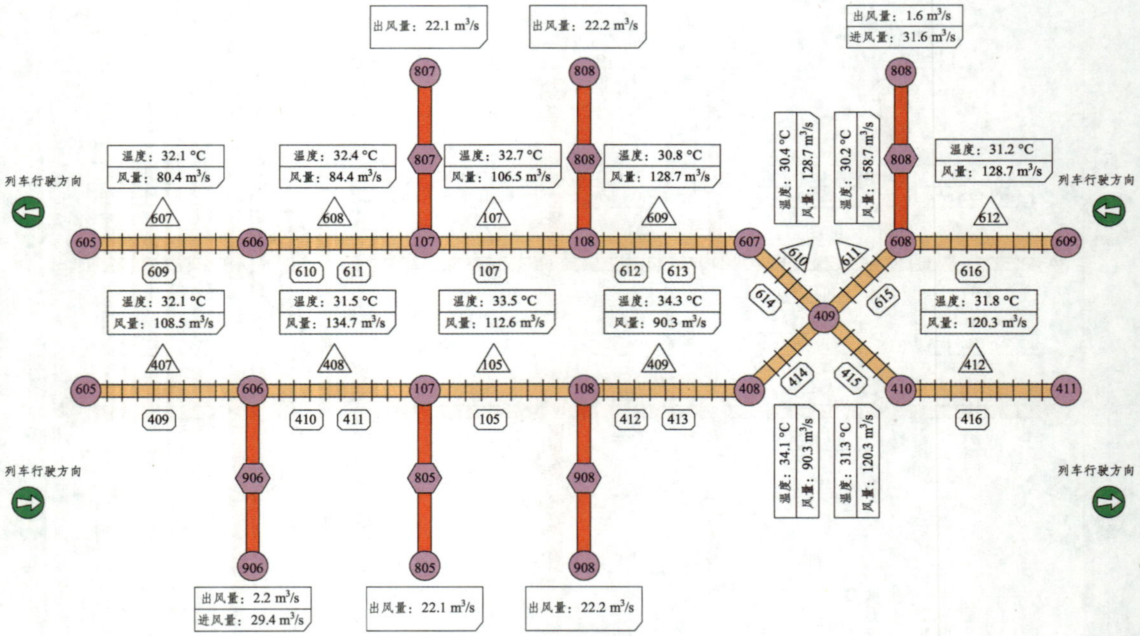

图 6.45 有配线车站温度、风量节点图（优化方案二）

由计算结果发现，新风通过活塞风道进入车站隧道后，大部分被车站排热风机排走，只有很小一部分被用于冷却区间隧道。区间隧道温度：无配线车站是 34.6 °C，有配线车站是 32.6 °C，比常规系统形式略高；车站隧道温度：无配线车站是 34.3 °C，有配线车站是 34.9 °C，比常规系统形式略低；但区间隧道的通风换气明显低于常规系统形式。

c. 结论。

通过对上述三个方案的技术分析可以得出，所有方案均满足区间隧道对温度的要求；但常规系统形式每座车站多两条活塞风道、“优化方案二”对区间隧道的通风换气作用很弱，因此，深圳地铁 3 号线工程采用“优化方案一”的系统形式，即隧道通风系统只在上、下行线的车站出站端设置一条活塞风道。经过近 10 年的运营实践，三风井系统方案满足 3 号线运营要求。

（3）推荐的系统形式实施方案。

采用“优化方案一”的系统形式后，对应于上、下行线路，只在车站出站端设置 1 座机械/活塞风井、1 座排风井、1 座新风井，即车站每端共设置 3 座风井。

该方案在实施时，又有三种形式。

① 系统形式一。

采用该系统形式的隧道通风系统在车站每端设置 1 座活塞/机械风井、1 座排风井（与大、小系统合用）、2 台 TVF 风机（兼 TEF 风机），两台 TVF 风机完全互为备用；2 台 TVF 风机能实现“同送或同排”和“一送一排”的运行方式。其原理图如图 6.46 所示。

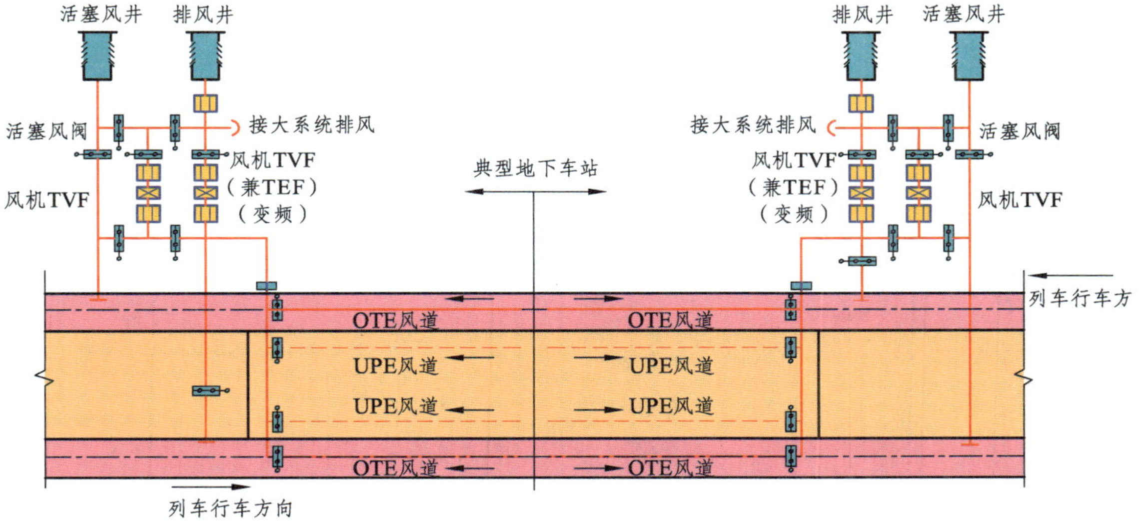

图 6.46 系统形式一原理图

从原理图上可以看出，由于 TVF 系统、TEF 系统合并设置，此种系统形式非常有利于车站的布置。

② 系统形式二。

该形式在车站每端设置 1 座活塞/机械风井、1 座排风井（与大、小系统合用）、2 台 TVF 风机、1 台 TEF 风机，TVF 风机与 TEF 风机独立设置；2 台 TVF 风机完全互为备用，能实现“同送或同排”和“一送一排”的运行方式。其原理图如图 6.47 所示。

从原理图上可以看出，TVF 系统、TEF 系统分开设置。

③ 系统形式三。

该形式在车站每端设置 1 座活塞/机械风井、1 座排风井（与大、小系统合用）、2 台 TVF 风机、1 台 TEF 风机，TVF 风机与 TEF 风机独立设置；2 台 TVF 风机完全互为备用，但只能实现“同送或同排”的运行方式。其原理图如图 6.48 所示。

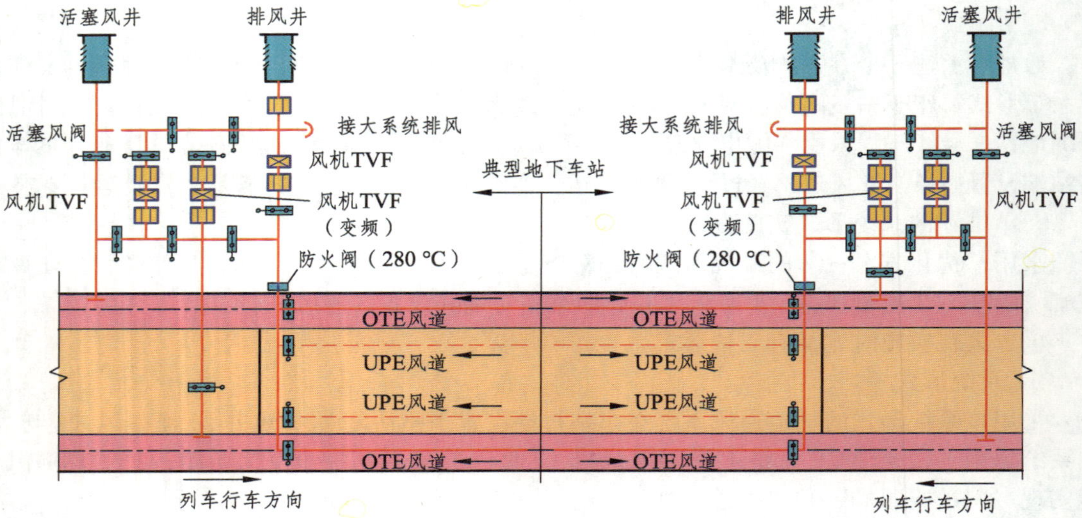

图 6.47 系统形式二原理图

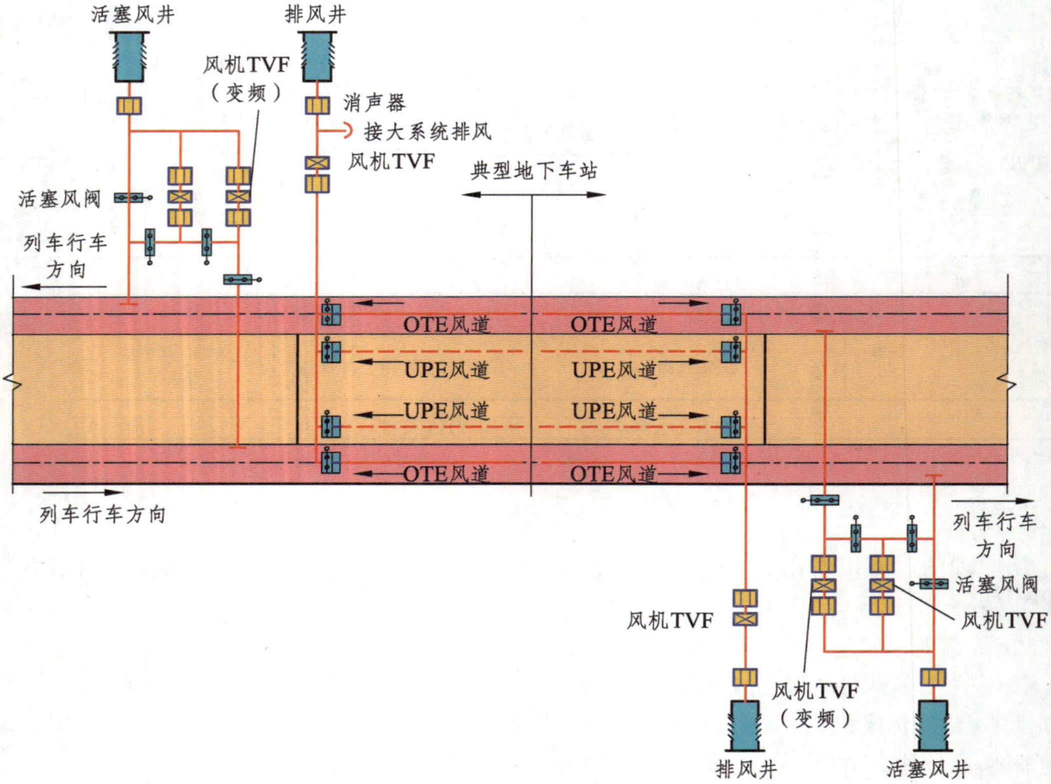

图 6.48 系统形式三原理图

④ 下面就隧道通风系统的 TVF 风机进行具体分析：

a. 设备闲置率和利用率。

由于 TVF 风机属于事故风机范畴，除早间运行前/晚间运行后各半小时的通风换气外，长期闲置不用，设备的使用频率很低，但其购置费用相当高。常规系统形式不能充分发挥其最大的使用功能，而“三风井系统形式一”则将 TVF 风机与 TEF 风机合并设置，即将车站每端 1 台 TVF 风机兼作 TEF 风机，在非事故时间加以利用，做到一机两用，充分发挥 TVF 风机的兼用性，同时取消了常规系统形式中的 TEF 风机，达到减少设备数量、风道及机房占地面积，使车站规模得到进一步压缩，实现节省土建、设备投资（包括相关的动力、BAS、FAS 等相关设备专业投资），降低设备的维护工作量和费用的目的，同时也提高了 TVF 风机的使用性和能效性。

TVF 风机与 TEF 风机合并设置大大提高了设备利用率。

b. 火灾和阻塞工况。

火灾工况按照全线一次考虑是符合地铁设计规范的，阻塞工况地铁规范并没明确全线只有一处。另根据我国香港及国外地铁运营经验在列车达到设计远期高峰对数时，列车阻塞工况在区间多列多点同时阻塞时有发生，也经常出现上行线下行线同时阻塞的工况。因此建议：火灾工况按照全线一次考虑，阻塞按照全线多处出现考虑。因此，机械风需要考虑“同送或同排”和“一送一排”的运行方式。

“三风井系统形式一”和“三风井系统形式二”均能满足要求。TVF 和 TEF 合并后的系统方案既能满足列车正常运行时的区间隧道、车站车行区隧道的通风换气和排热要求，又能满足隧道事故时的事故通风和排烟功能。

c. 运营费用。

在运行费用方面，隧道通风机 TVF 通过变频调节兼车站隧道排热风机 TEF 方案与排热风机 TEF 独立设置比较。采用隧道风机兼排热风机，风机直径比单独设置的 TEF 风机大，相应的风机进出口动压头减小，风机前后端天圆地方及消声器阻力较专用排热风机减少，可完全抵消因风机本身效率较低的不利因素。表 6.14 为针对两个方案对系统的综合效率比较。

表 6.14　两方案对比

类别	风机动压/Pa	风机段阻力/Pa	风量/（m^3/s）	风机效率	对应功率损失/kW
TEF 独立设置	187.8	135.2	45	83%	14.3
TVF 兼用 TEF	123.2	92.2	45	74%	13.3
比较	TVF 兼用 TEF 与 TEF 风机独立设置比较，风机段综合效率比独立设置高 7.7%，因此，两种方案对整个系统来讲，运营费用应基本相同				

注：TVF 风机选择 20#风机，TEF 风机选择 18#风机。排热风机全压按 560 Pa 考虑。TVF 风机效率为 74%，TEF 风机效率为 83%。风机段阻力包括风机前后端天圆地方管及消声器。风机前后端天圆地方阻力系数取 0.52。1 m 片式消声器面风速为 6 m/s 时风阻取 25 Pa。

兼用方案中，可逆隧道风机兼排热风机较单向风机效率较低也可以通过对隧道风机的特别选型得到提高。一是风机布置时应使风机电机侧迎排热气流方向布置，因为气流在该方向时，风机效率比另外方向要高。二是因隧道风机一般为事故风机，可对风机的叶片形状及叶片安装角度适当调整，适当提高排热工况气流方向效率，牺牲反向事故工况风机效率。

d. 控制模式。

由于“三风井系统形式三”牺牲了“一送一排”的运行方式模式，组合风阀个数较少，因此较“三风井系统形式二”和“三风井系统形式三”简单，但不利于多点阻塞的事故处理。

隧道通风形式经济技术分析见表6.15。

表6.15 典型地下站隧道通风系统形式比较表

序号	项目		单位	四风井形式	三风井形式一	三风井形式二	三风井形式三
1	设备配置	TVF风机	台	4	4	4	4
		TEF风机	台	2	0	2	2
		总功率	kW	410	300	410	410
2	设备功能	使用性		一般	好	一般	一般
		闲置率		高	较高	高	高
		兼用性		一般	好	一般	一般
		运转的能耗性		好	较好	好	好
3	系统功能	系统转换灵活性		好	较好	好	好
		可靠性、安全性		好	好	好	好
		维护、管理工作量		大	小	较大	较大
4	土建	活塞风井数量	条	4	2	2	2
		系统机房面积	m^2	400×2	320×2	380×2	370×2
		通风道面积	m^2	250×2	180×2	220×2	200×2
		地面风口面积	m^2	40×2	20×2	20×2	20×2
		地面风口占地面积	m^2	60×2	20×2	20×2	20×2
5	社会效益	风道、风井与规划的协调难度		大	小	小	小
		噪声源数量	个	6	4	4	4
6	初投资	隧道通风系统	万元	240.5	220.8	230.7	228.5
		配电、BAS、FAS	万元	75	58	72	68
		土　建	万元	1 076	832	887	885
		小　计	万元	1 391.5	1 110.8	1 189.7	1 181.5
		差　值	万元	0	−280.7	−201.8	−193.6
7	推荐方案				√		

从上面的分析结果和 4 种系统形式的原理图可以看出：三风井系统形式较“四风井形式”的优点突出，每座典型车站每端减少 1 条活塞/机械风道，大大减少了风道和机房的占地面积，而且“三风井系统形式一”减少了 2 台风机，使得车站的规模得到进一步压缩，同时在保证列车正常运行火灾工况满足系统技术要求的前提下，又没有降低系统的防灾功能。

采用“三风井系统形式一”的方案后，深圳地铁 3 号线隧道通风系统减少 24 条活塞风道，减少 24 台 TEF 风机，可节省土建面积约 1 000 m^2，共节省初期投资 3 368.4 万元。

3）隧道通风模拟计算

根据隧道通风系统设计方案建立数学模型，采用地铁环境模拟程序 SES 进行模拟计算，确定该系统方案配置的合理性。模拟计算按系统最大设计能力 34 对/h 进行。

正常运行模拟条件按 2036 年远期线路运行条件进行，同时核算系统初、近期的节能运行方案。

火灾防排烟方案模拟条件按列车火灾发热规模 7.5 MW，列车头部火灾及尾部火灾两种情况模拟。

6.6.6.3 高架车站站台通风器设置

高架车站需要为乘客提供一个舒适便捷安全的候车环境。现在国内高架车站站台公共区通风设计主要采用以下两种模式：① 站台轨行区两侧完全透空，站台公共区完全采用自然通风模式，不设置任何机械通风措施；② 在站台层公共区靠轨行区两侧分别设置送风管，在必要时开启风机对站台进行送风。两种通风模式均有以下问题：根据消防要求，在站台层上每隔 30 m 须设置一个消火栓，在高架车站站台公共区设置消火栓极大影响车站景观，因此消火栓在高架站站台公共区设置是一大难题；高架站紧急停车按钮一般设置在车站端头，未在明显地方示意，对运营操作和维护均带来不便。第一种模式未采用任何机械措施，当站台客流过大或站台局部温度过高时无法采取有效机械通风措施；深圳夏季空气湿度较大，如果没有通风措施人的舒适度不高。第二种模式对车站层高有影响，设置空调送风管需增加车站站台层高；需在站台层两端独立设置风机房，对车站建筑布局有一定的影响；风管距离站台较高，送风距离过大，吹风感较小。

站台通风器是一种集成通风机、消火栓、紧急报警按钮、站台绿化为一体的站台机械通风设备。通风器顶部设置一台风量为 7 800 m^3/h 通风机，车控室对通风机进行开/关控制。消火栓供水由站台下夹层提供，高架站站台层通风器中部设置消火栓箱，箱内包含口径 65 mm 的消火栓一个，口径为 19 mm 的水枪一个，长度为 25 m 的水龙带一条，消防软管卷盘一套，下格设灭火器，并设启泵按钮一个。消火栓箱一侧设置排水地漏，用于平时和消防时排水。通风器两侧花台设置给水管，提供花台绿化用水，并设置排水地漏，用于排放花池积水。消防给水和绿化给水管由站台板下夹层中的消防给水环网和给水管给水。

高架车站站台设置通风器（图 6.49）可增加站台公共区气流流动，增加乘客迎面气流扰动，给乘客一定的迎风感，保证站台公共区空气质量；局部站台通风器两侧均留有绿化空间，可以放置盆栽植物，对整个站台形成美观绿化，提供给乘客一个舒适美观和谐的候车环境；局部站台通风器集成消火栓和紧急停车按钮，设置在站台中间，标志明显，便于运营人员操作和维护。

图 6.49 站台层公共区局部通风器

6.6.6.4 采用综合管线三维透视图模拟安装设计手段

地铁安装施工是一个多工种、周期短、空间有限、同步施工的复杂工程。地铁综合管线包括通风空调、给排水、消防、气体灭火、高压电缆桥架、低压配电电缆桥架、通信、信号、综合监控、AFC 电缆桥架、屏蔽门电缆桥架等十几个专业的管线。地铁层高有限，深圳地铁 3 号线层高一般不超过 4.8 m，管线可安装垂直高度不大于 2.0 m。地铁工期紧张，一般机电施工周期不超过 6 个月，各专业管线几乎同时施工。因此，地铁综合管线设计决定着地铁安装的好坏。

深圳地铁 3 号线在 2005 年首次采用综合管线三维透视图模拟安装设计手段，具体的应用体现在：

精准的三维模型能够显著减少设计中的差、漏、错、碰等问题。通过精准三维模型的碰撞检查、空间分析，能够提高管线布置和设备布置专业的设计质量，有助于项目各专业间的协同工作。

翠竹站设备透视图如图 6.50、图 6.51 所示。

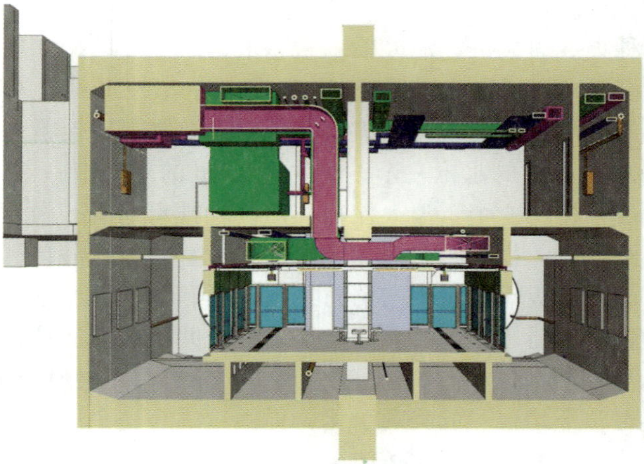

图 6.50 翠竹站设备区剖面透视图

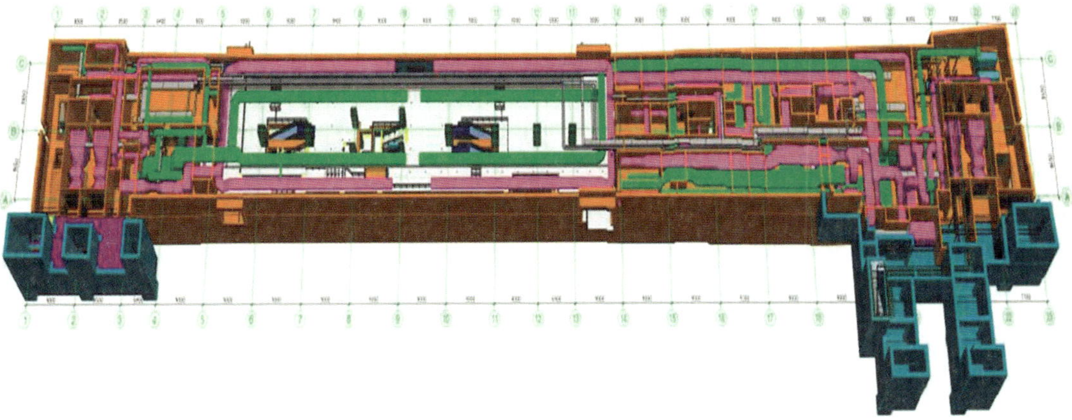

图 6.51 翠竹站站厅层平面透视图

三维综合软件能自动检测管线碰撞结果，详见表 6.16。

表 6.16 翠竹站碰撞检测结果表

检测对象 A	检测对象 B	碰撞数目	实际数量
暖通专业	给排水专业	47	3
暖通专业	电缆桥架	83	12
给排水专业	电缆桥架	8	2
暖通专业	暖通专业	33	5
给排水专业	给排水专业	15	8
电缆桥架	电缆桥架	28	4
暖通专业	结构专业	59	1
给排水专业	结构专业	252	没有实际统计
电缆桥架	结构专业	39	1（出入口高度低）
总计		564	

碰撞检测结果分析：由于建模时没考虑给排水过楼板时的预埋管，所以给排水与结构专业的碰撞有 252 个之多，实际上无此问题。同一碰撞点的重复统计，有的碰撞点甚至多达 4 次。主要是由于软件是以单个构件为单元来检测碰撞，特别是转弯处，同一碰撞点往往会被统计为多个点，如弯头与管线、管线与管线等。在建模时，将桥架高度考虑为 300 mm，实际上是包括了 150 mm 的桥架实际高度和 150 mm 的操作间距；但是当空间不够时，特别是在管线交叉处会适当减少操作间距，这样就引起了模型碰撞检测时，检测出了大量的假碰撞；将正常连接点视为碰撞点。例如：空调专业的空调机柜与空调水系统的水管不在一个平面内，软件将空调机柜与从空调机柜处的水管视为碰撞。

采用综合管线三维透视图模拟安装设计手段，能通过软件自行检测管线的碰撞，大幅度减少了综合管线设计中的差、错、漏、碰；有效地起到了模拟和指导安装的作用，提高了设计精度，有效保证了管线检修维护的操作空间。根据三维综合管线透视图能提高现场安装效率，减少返工。施工单位能根据图纸更好地做出施工计划，完全达到“按图施工”。

6.6.6.5 全线采用阵列式消声器

深圳地铁3号线所采用的阵列式消声器，是在传统片式消声器基础上的一次技术创新，可以有效解决在城市轨道交通建设中的消声降噪设备要提高消声能力、降低能耗，同时又要方便运输、搬运以及安装施工的问题。

1）传统片式消声器和阵列式消声器

消声器是地铁建设中最常用的一种消声降噪设备，传统片式消声器利用在风机前后或风道内设置消声片的方式来降低风机和列车噪声对站台以及地铁风亭外敏感点的影响，这种消声器具有结构简单的特点，但存在消声效果不理想、气流阻力大、体积庞大、运输安装不便、与土建适应性不强的缺点。

阵列式消声器的主体由吸声体和支撑结构组成，吸声体可以在消声器的宽度和高度方面上自由调整。阵列式消声器的安装位置与传统片式消声器一致，在保证同样的降噪效果的情况下，整个消声器的长度和体积可以减小，单位截面积的气流流通面积增大，吸声体间的流速降低，气流再生噪声减小，压力损失也减小，从而可以减小系统风机的压力，降低整个通风系统的成本。

传统片式消声器和阵列式消声器的典型结构见图6.52、图6.53。

图6.52 传统片式消声器侧视图

图6.53 阵列式消声器侧视图

2）阵列式消声器的性能介绍

消声器性能的评价标准包括消声量、气流再生噪声和压力损失三个指标。

与传统片式消声器相比，阵列式消声器由于吸声体宽度增加，低频吸声系数提高，低频吸声效果相应提高；同时，由于阵列式消声器的通道宽度减小，高频截止频率提高，可以保证较好的高频消声效果；此外，由于阵列式消声器总的有效吸声面积增加，整体吸声量相应提高。

在通风系统中设置消声器降低通风设备的噪声对外的影响，其代价之一是增加了通风阻力，这将导致通风效果（及连带的空调效果、制冷效果、散热效果等）的下降；通常采用提升通风设备的压头，来稳定通风效果，但这会增加运行时的耗电量。因此，在保证消声量的前提下，消声器的通风阻力越小，则通风效果的下降率越低，同时增加的耗电量也就越少。

与片式消声器相比，在保证 P/S（P 为消声器吸声面积在剖面上的周长，S 为消声器的净流通面积，P/S 与消声器的阻力系数成正比例关系）不变的前提下，由于净流通面积（S）更大，风速更低，所以阵列式阻力更小，气流再生噪声也更小。同时由于阵列式的排列方式，气流通过阵列式结构的消声器时，气流分布的均匀程度有所提高，因此在实际应用场合，阵列式结构的通风阻力进一步减小。

3）阵列式消声器节约能耗估算

根据上面的分析，在保证消声量一定的条件下，由于阵列式消声器的通风阻力更小，可以在降低风机压头的情况下达到同样的降噪效果，这样就可以减少整个系统的能耗。

一般情况下，为了使地铁站隧道通风系统 TVF 风机噪声传至站台公共区和风亭外控制点的噪声能够满足噪声控制标准要求，需要在风机近站台端设置一台消声器，风亭百叶出口端混凝土风道内设置两台消声器设备。

假如消声器断面尺寸不变，在保证消声效果相同的前提下，把传统片式消声器改装为阵列式消声器，其节能效果为：

（1）隧道通风工况：

系统总压力损失可以降低 60 Pa，假设每台 TVF 风机风量为 60 m^3/s，全压为 900 Pa。据相关资料数据，其耗电量为 73.6 kW · h。改装为阵列式消声器后在风机风量不变的情况下，风机全压可以下降 60 Pa，耗电量降低 6.9 kW。按照每个地铁车站两端各有一台 TVF 处于运转状态，其运转时间为每天早晚各 0.5 h（共 1 h）计算，阵列式消声器较传统片式消声器年平均节省能耗可以达到 0.5 万千瓦时。

（2）排热工况：

深圳地铁 3 号线车站隧道风采用 TVF 变频兼用 TEF。每台 TVF 风机轨排风量为 45 m^3/s，全压为 650 Pa。据相关资料数据，其耗电量为 42.1 kW · h。改装为阵列式消声器后在风机风量不变的情况下，风机全压可以下降 34 Pa，耗电量降低 7.2 kW。按照每个地铁车站两端各有一台 TVF 处于运转状态，其运转时间为每天 6:30—23:30 分（共 17 h）计算，阵列式消声器较传统片式消声器年平均节省能耗可以达到 8.9 万千瓦时。

深圳地铁 3 号线隧道通风系统的 TVF 风机每年节省总电量将达到 141 万千瓦时。

阵列式消声器的应用优势：

① 除了性能上的优势之外，阵列式消声器在城市轨道交通工程的施工过程中也具有特殊的优势。

② 由于阵列式的结构特点，其断面尺寸调整的灵活程度大大提高，对设计尺寸的修改和调整提供方便，消化施工尺寸误差提供便利条件，很大程度上降低整改费用。

③ 对于同样降噪效果、同样压力损失要求的前提下，阵列式消声器体积较小。对于风道内设备较多、占用空间资源有限的情况下可以起到缓减作用。

④ 由于阵列式消声器的主体由规格一致的吸声体组成，零部件种类少，能有效简化诸如地铁等大型基础设施建设的施工管理程序。

⑤ 由于阵列式消声器的结构特点，现场安装工作量减少，安装难度降低，对保障工程项目的施工进度和安装工人的技术要求起到积极作用。

⑥ 由于阵列式消声器采用型钢构件固定连接，整台消声器承受内外压力的强度增加，安全性能提高。

⑦ 阵列式消声器的活动机构，采用门轴式设计，不与地面直接接触，对基础平面度要求降低。

以深圳地铁 3 号线项目水贝站敞口风井内竖直安装的风道片式不锈钢消声器为例进行比较分析。详见表 6.17 所示。

该消声器投产清单尺寸（设计确认尺寸）为：

2 000 mm（W）×4 000 mm（H）×3 000（L）;

施工完成后，安装消声器位置的风道实测尺寸为：

2 481 mm（W）×3 725 mm（H）×3 000（L）。

表 6.17 阵列式消声器和传统消声器比较表

消声器类型	整改项目	整改工具	整改人员素质要求	整改地点	整改时间	整改费用/元
阵列式消声器	宽度方向增加 6 个消声片（383 mm×383 mm×3 000 mm）	专用工具	掌握消声片加工工	供货商工厂	不占用时间（提前生产、存货调用）	8 250
	高度方向支撑结构（矩形空心型钢 8 根）截短 275 mm	切割机、电钻	一般钳工、钣金工等均可用	未到货设备：供货商工厂 已到货设备：安装现场	1 人×1 d	300
传统片式消声器	宽度方向增加（300 mm×3 725 mm×3 000 mm）	专用工具	掌握消声片加工工	供货商工厂	约 10 d	11 500
	高度方向消声片（4 片）截短 275 mm	专用工具	掌握消声片加工工	供货商工厂	约 10 d	5 500

深圳地铁 3 号线阵列式消声器如图 6.54 所示。

图 6.54 深圳地铁 3 号线阵列式消声器

6.6.6.6 全线设置动态流量平衡电动阀

深圳地铁 3 号线全部采用动态平衡阀设计，在组合空调柜、柜式空调器冷水回水管和通道风机盘管冷水回水总管上安装动态流量平衡电动调节阀，由 BAS 控制其开度；车站设备管理用房和公共卫生间的风机盘管，每个风机盘管出水管上均需分别安装一个动态流量平衡电动二通阀，房间内设置三速开关，此类风机盘管均不由 BAS 控制。动态平衡平衡电动阀减少水利失调，使各末端达到设计工况运行；维持水系统稳定性，减少波动，提升地铁空调服务水平；减少水系统调试时间，只需一次性设置末端工作流量即可。

电动调节功能是指阀门能根据目标区域温度控制信号的变化自动调节阀门的开度，从而改变水流量，最终使目标区域的实际温度与设定温度一致。

电动调节功能的好坏在于电动调节阀的流量特性曲线。在空调系统中，常用的电动调节阀的理想流量特性曲线是直线的或者等百分比的。但是对于一般的电动调节阀，在实际使用过程中由于阀权度较小，使得实际的流量特性曲线偏离理想的流量特性曲线。如图“普通电动调节阀特性曲线”，某电动调节阀理想的流量特性曲线是直线型（图 6.55 中曲线 1），但是在安装到系统管路上后实际的流量特性曲线接近快开型（图 6.55 中曲线 2），调节特性变差。

动态平衡电动调节阀由于独特的阀体结构，在实际的使用工作中阀权度基本为 1，因此其实际的流量特性曲线与理想的流量特性曲线一致（动态流量电动调节阀特性曲线），没有偏离，因此具有优良的电动调节功能，如图 6.56 所示。

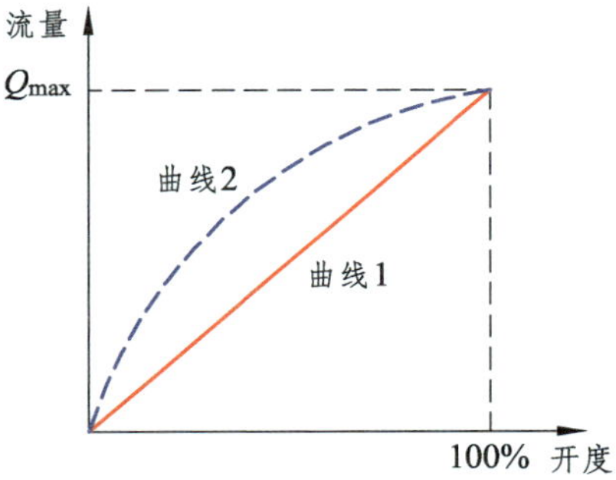

图 6.55 普通电动调节阀特性曲线

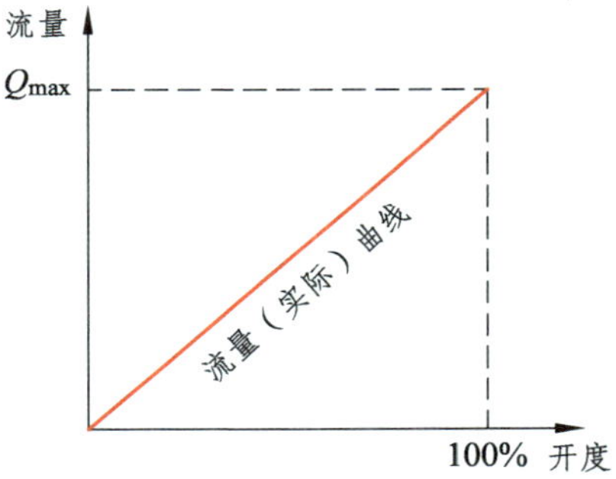

图 6.56 动态流量电动调节阀特性曲线

动态平衡电动调节阀是电动两通比例积分调节阀与动态平衡阀的组合，是一种动态平衡与电动调节同步执行的阀门，其阀芯是由可调部分和水力自动调节部分两个部分组成。可调部分的开度依实际需要随时进行电动调节；水力自动调节部分可根据不同的压差来自动调节阀芯的开度，即出水端过流面积的大小，而使通过阀门的流量恒定在可调部门的设定值上。当电动调节阀接到来自控制系统的指令而进行调节时，结果会停留在某一开度处，这相当于随时设定流量，动态平衡阀则保持此流量不变。当指令改变时，电动调节阀又进行新的调节，随之调节至新的设定流量，动态平衡阀又保持此流量的不变。通过如此不断地根据实际需要，随时进行电动调节；同时，根据不同的压差自动调节平衡阀并保持此流量不变。这样，就可不受外界影响，保持该末端装置要求的流量，使系统保持稳定，从而使通过阀门的水量恒定在可调部分的设定值上。流量与压差的关系详见图 6.57。

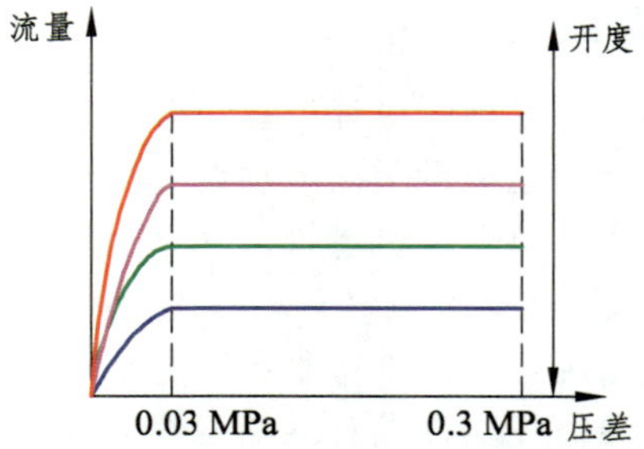

图 6.57 动态平衡电动调节阀流量－压差曲线图

6.7 动力与照明

6.7.1 主要技术原则与标准

6.7.1.1 主要设计原则

（1）动力照明设计范围主要包括车站和相邻半个区间范围内各系统设备的配电、常规设备动力配电及控制、照明配电及控制、车站综合接地网、与其他相关专业的接口设计和配合等。

（2）系统整体设计符合安全可靠、经济合理、运营便捷、节能环保的要求；结合工程实际情况，合理布局、协调统一；接口设计职责分明、内容具体、操作可行；充分考虑满足运营需要和相关系统功能及扩容改造等要求。

（3）系统容量按远期最大负荷设计，合理选择需要系数和同时系数进行变压器容量计算和选型。

（4）高架站设置一个降压变电所，有牵引变电所的车站，合建为牵引降压混合变电所，变电所设置于负荷集中端（重负荷端）。地下站根据车站规模和负荷分布等情况，采用两所（降压所、跟随所）或一所一室（降压所、低压室）的布置形式。

（5）用电负荷根据其用途和重要性，按一、二、三级划分。一级负荷采用双电源末端切换；二级负荷采用一路电源放射式直供；三级负荷采用一路电源放射式、树干式和链式供电。

（6）车站设置强弱电及防雷共用的综合接地网。

（7）主要设备和材料选型符合国家标准并满足深圳气候、温度、地质等的要求。

6.7.1.2 主要技术标准

（1）电压等级：AC380 V/220 V；动力设备（风机、水泵等）配电采用 AC380 V，照明采用 AC220 V，站台板下安全照明采用 AC36 V。

（2）地下站设置专用的通风空调集中配电室，对环控设备进行集中配电和控制；高架站不设置通风空调集中配电室，采用配电箱就地配电和控制。

（3）应急照明电源系统（EPS）采用交—直—交系统，选用铅酸免维护胶体电池，后备应急时间 90 min。

（4）变压器正常运行时，负载率为 60%～70%；事故运行时，一台变压器负担全部一、二级负荷，负载率约 100%，并允许短时过载运行。

（5）车站变电所设置集中自动无功补偿装置，低压侧补偿后的功率因数大于 0.9。

（6）动力照明的低压配电系统采用 TN-S 接地保护系统；车站综合接地网接地电阻值一般情况下不大于 0.5 Ω，特殊情况下不大于 1 Ω。

（7）地下站变电所的两段低压母线各预留一回路，以备战时人防电源接入。

（8）电气设备电压波动范围：

正常情况下，电气设备端子供电电压偏差允许值：+5%～-5%；

特殊情况下，电气设备端子供电电压偏差允许值：+5%～-10%。

6.7.2 系统构成和功能

动力照明系统构成主要包括：变电所低压配电系统、动力配电和控制、照明配电和控制、防雷及接地系统。

6.7.2.1 变电所低压配电系统

（1）主要内容：变电所及低压室的设置和设备布置、低压系统主接线形式、低压开关柜配电设计、低压主开关投切逻辑等。

（2）主要功能：为车站用电设备提供低压电源，并对配电负载提供相应的保护。

6.7.2.2 动力配电和控制

（1）主要内容：通风空调集中配电室的设置和设备布置、环控柜的配电和控制设计、区间环控设备的配电和控制、各系统设备的配电箱设计、电气元件和电缆的选型等。

（2）主要功能：实现对各系统设备的末端配电、动力设备（风机、水泵等）的配电和控制等。

6.7.2.3 照明配电和控制

（1）主要内容：车站公共区、设备管理用房、区间的照明配电和控制，车站应急照明电源（EPS）的设计，疏散标志、广告、导向等的配电和控制等。

（2）主要功能：为整个车站和区间提供正常的工作照明，在事故状态下为乘客提供应急照明和疏散引导等。

6.7.2.4 防雷及接地系统

（1）主要内容：车站强弱电综合接地系统，高架站和半地下站的防雷设计等。

（2）主要功能：为车站设备提供工作接地、保护接地及防雷保护，保障设备正常运行和人身安全。

6.7.3 系统技术方案

6.7.3.1 变电所低压配电系统

1）主接线及运行方式

车站变电所设两台 35 kV/0.4 kV 配电变压器，变电所低压侧 0.4 kV 主接线采用单母线分段方式，并设三级负荷分母线。正常运行时，母线分段断路器开路，两路 0.4 kV 电源同时供电，负荷均分至两段母线。当一路电源失电或失压后，自动切除三级负荷总开关，母线分段断路器自动闭合，由另一路电源供本所全部一、二级负荷；当电源恢复时，母线分段断路器断开，恢复正常运行方式。火灾事故时，由 FAS 切除三级负荷供电。典型车站变电所主接线图如图 6.58 所示。

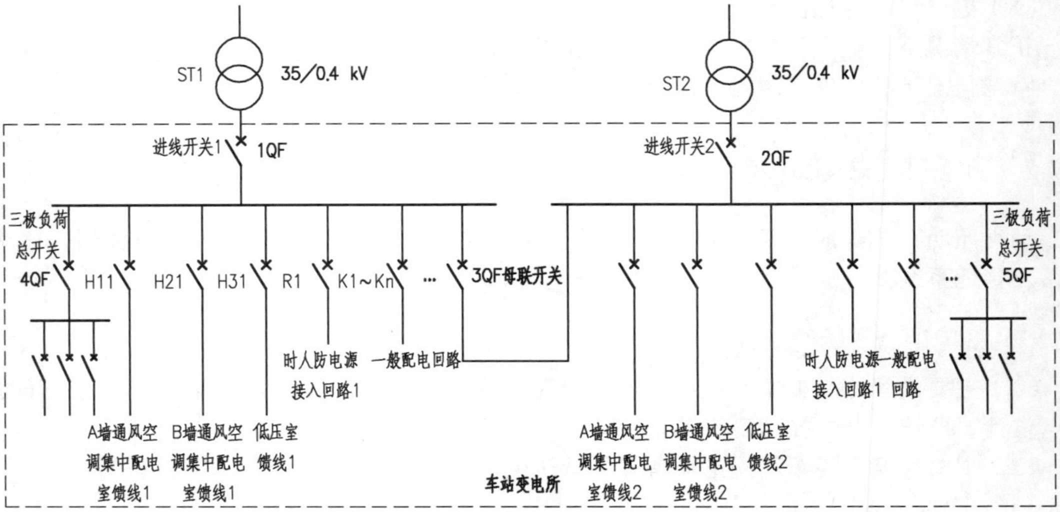

图 6.58 典型车站变电所主接线图

两路电源进线总断路器、母线分段断路器、三级负荷总断路器采用电气联锁和合理的动作时间配合整定。变电所上述开关均为带通信接口的智能开关，其控制与信号纳入电力监控系统（SCADA），设现场和远程监控两种方式，实现遥控、遥测、遥信功能。

2）不同等级负荷配电方式

（1）一级负荷：自变电所（或低压室）两段 0.4 kV 母线各引一路电源至设备附近，两路电源在线路末端的双电源切换箱实现自动切换。站厅、站台公共区的正常照明由两段 0.4 kV 母线各负担一半，并交叉配电。

（2）二级负荷：从变电所（或低压室）单回路供电至设备就地配电箱。

（3）三级负荷：从变电所（或低压室）的三级负荷母线单回路供电至设备配电箱。

3）继电保护和测量

（1）保护。

0.4 kV 进线断路器：短路短延时保护、短路瞬时保护、过负荷保护、接地保护、失压脱扣。此外，进线柜设浪涌保护装置。

0.4 kV 母线分段断路器：短路瞬时保护、短路短延时保护、过负荷保护。

0.4 kV 三级负荷总断路器：短路瞬时保护、短路短延时保护、过负荷保护。

0.4 kV 出线断路器：短路保护、过负荷保护。

电容补偿柜：短路瞬时保护、过电压保护。

至低压室、通风空调集中配电室馈线断路器：短路短延时保护、短路瞬时保护、过负荷保护、接地保护。

（2）测量。

0.4 kV 进线：电流、电压、有功功率、有功电能、无功电能。

0.4 kV 母线分段、各馈出回路：电压、电流。

0.4 kV 三级负荷总回路：电流、有功电能。

照明回路、广告照明回路、商铺和银行配电回路：电流、有功电能。

电容补偿柜：电流、功率因数。

4）无功补偿

在变电所低压侧内设置集中自动无功补偿装置，功率因数补偿采用并联电力电容器，低压侧补偿后的功率因数大于 0.9。

6.7.3.2 动力配电和控制

1）主要设计原则

（1）根据车站负荷分布的特点，划分不同的供电分区，在适当位置设置配电室，满足动力设备的用电要求。

（2）低压母线至车站动力设备的配电级数一般不超过两级，特殊情况不宜超过三级。

（3）地下站环控设备由车站通风空调集中配电室配电，高架站环控设备由变电所直接配电，地下区间的环控设备由变电所/低压室或区间变电所直接配电。

（4）环控设备采用三级控制方式，即控制中心控制、车站控制和就地控制。在控制中心和车控室内由 BAS 实现对车站（含区间）环控设备的远程集中控制和状态监视；在通风空调集中配电室环控柜和环控机房就地控制箱实现对环控设备的就地控制。环控冷水机组由自带的控制装置实现控制，低压配电系统仅提供其配电电源。

（5）地下区间及车站设备用房均设置维修电源。区间维修电源插座箱电源引自变电所（或低压室）一、二级 0.4 kV 母线，容量为 20 kW，外壳防护等级为 IP67。车站维修电源引自二级负荷小动力配电箱，容量为 5 kW，外壳防护等级为 IP54。

（6）在站厅、站台公共区、出入口通道插座应由单独回路供电，每一回路插座数量不超过 10 个，并具有漏电保护功能，漏电保护动作电流为 30 mA。

（7）所有系统设备末端电源箱均带有浪涌保护装置。

（8）车站环控设备容量 < 75 kW 的电机采用直接启动，设备容量 ≥ 75 kW 的电机采用软启动方式（变频控制除外）。给排水水泵容量 < 22 kW 采用直接启动，水泵容量 ≥ 22 kW 采用降压启动（Y-Δ 启动或软启动）。

（9）消防泵采用三级控制方式，即就地控制、车控室 IBP 盘控制和 FAS 远程控制，设备状态信号和事故信号在车控室显示。

（10）污水泵、废水泵、雨水泵采用液位自动控制、就地手动控制、BAS 远程控制。设备状态和水位信号在车控室显示。

（11）所有穿越防火分区的缆线孔洞均应作防火封堵。

2）主要技术方案

（1）环控设备配电和控制。

变电所两段 0.4 kV 母线各引一路电源至通风空调集中配电室，两路电源在进线电流 $I \geq$

630 A 时，采用单母线分段主接线形式；在进线电流 $I < 630$ A 时，采用双电源切换的主接线形式，环控电控柜至末端环控设备采取单回路供电。两种环控负荷配电主接线方式如图 6.59 所示。

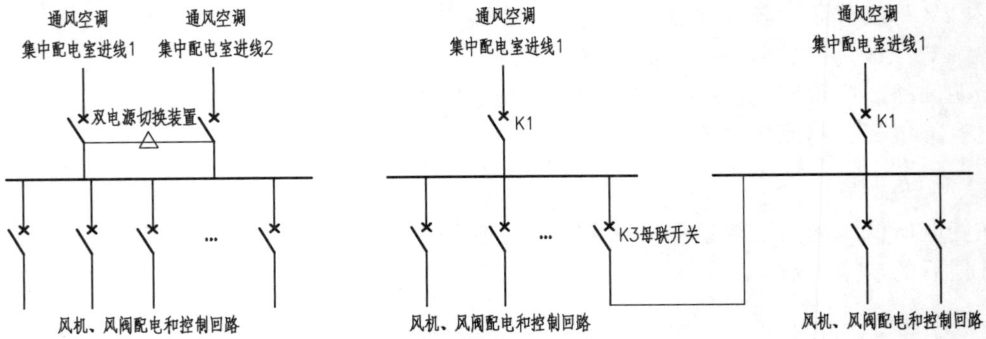

图 6.59 环控负荷配电主接线图

车辆段检修库、运用库、调机库和中心公园地下停车场建筑面积大，环控设备布置分散，不设通风空调集中配电室进行集中控制。采用从变电所（或低压室）直接配电至现场配电箱，实现就地配电和控制。相邻同负荷等级的环控设备合用一个配电箱，对周边的风机、风阀等进行相对集中的就地配电和控制。与 BAS 的接口在就地的配电箱，控制电缆将监控信号传输至附近的 BAS 柜，从而实现 BAS 的远程监控。

（2）特殊区间设备配电和控制。

本工程特殊区间主要有：

① 车辆段和中心公园停车场附近车站的两端区间，包括正线、出入段线和牵出线等，配置有数量较多的射流风机或推力风机。

② 长距离区间，设置射流风机和区间水泵等大功率动力设备。

③ 地面与地下过渡段区间，在其洞口处（离车站较远）设置大容量的水泵。

特殊区间内的动力设备配电和控制设计方案：

① 由邻近的车站进行配电和控制（如六塘区间）。

② 在区间设备集中处设置区间变电所进行配电和控制(如莲华区间风机房设置配套的变电所)。

其中，六塘区间具有上述特殊区间所有特征（与车辆段相连、含有地面与地下过渡段、距离长）。在六塘区间的 5 个隧道内设置了分散的射流风机且距离车站较远、洞口处设有大功率的雨水泵，采用从塘坑站变电所独立配电至各设备处的方案，设备监控也纳入塘坑站。

（3）人防配电。

具有人防要求的地下车站，变电所每段低压一二级负荷母线为人防预留一回路，开关额定电流为 160 A，以接入 30 kW 的战时车载移动电源。战时车站所有电源受袭破坏后，可自动或手动切除低压进线断路器和所有非人防负荷，闭合母线分段开关。

6.7.3.3 照明配电和控制

1）主要设计原则

（1）车站照明设计简洁、实用、满足运营功能和照度要求、便于安装维修、注重装饰效果并与车站建筑风格相协调。

（2）照明分为公共区一般照明、公共区节电照明、出入口照明、设备和管理用房照明、区间照明、站台板下安全照明、应急照明、导向标识照明、疏散标志照明和广告照明等。

（3）高架站设备层、站厅层、站台层各设置一个照明配电室，负责所在层公共区和设备区的照明。地下站站厅和站台两端各设置一个照明配电室，分别负责本层本端设备房照明和以车站中心线为界的公共区照明。站台层照明配电室除负责站台照明外，还负责相邻半个区间的照明。

（4）每个照明配电室内设两个总照明配电箱，其电源由车站变电所不同母线段提供。两个总照明配电箱交叉向公共区一般照明、节电照明供电。每个总照明配电箱各带一半一般照明、节电照明，并负责设备管理用房照明。

（5）应急照明电源装置（EPS）保证应急照明负荷（备用照明和疏散照明）90 min 的应急时间和人防用电要求。应急照明配电箱设于照明配电室内，为车站和区间隧道应急照明供电。

（6）广告照明配电箱设于照明配电室内，其电源由变电所三级负荷母线提供。高架站负责两端半个区间内的广告照明，每个桥墩广告照明按 1 kW 预留。

（7）站台板下安全照明配电箱设于站台照明配电室，采用 AC 220/36 V 安全变压器供电，电源来自站台层总照明配电箱。

（8）区间应急照明配电箱和站台应急照明配电箱合用，设于站台层照明配电室，电源由 EPS 专用回路供电。地下区间行车方向左侧隧道壁设置诱导疏散标志灯及三防荧光灯，高架区间仅设置诱导疏散标志灯。

（9）三相照明线路各相负荷尽量平衡分配，最大与最小相的负荷电流差不超过 30%。在正常供电状态下，车站照度的均匀系数不小于 0.7。

（10）在集散厅出口、车站出口及其他通向站外的出口处、气体保护房间均设置出口标志灯，安装高度距地 2.2 ~ 2.5 m。

（11）在集散厅、站台、楼梯、通道及通道转弯处、出入口等处当看不见或看不清出口标志灯时，设置指向标志灯，其安装间距不大于 15 m，底边距地面 0.3 m 安装。

（12）车站照明光源选用节能高效的 T5 型荧光灯，站台板下安全照明选用白炽灯，区间照明选用三防荧光灯。

（13）公共区一般照明、节电照明、出入口照明和广告照明设车控室 BAS 控制和照明配电室控制。公共区应急照明作为正常照明的一部分，保持常亮。

（14）设备及管理用房照明设就地开关控制。应急照明作为正常照明的一部分，设置就地双控开关控制。事故情况下，所有设备及管理用房应急照明由 BAS 强制开启。

（15）区间应急照明设 BAS 控制和照明配电室控制。

（16）各种类型的照明按照规范及标准规定的照度值进行设计。

2）主要技术方案

（1）典型高架站照明系统。

在设备层、站厅层和站台层各设置一个照明配电室，负责所在层的照明配电，其典型照明配电系统如图 6.60 所示。

（2）典型地下站照明系统。

在站台层和站厅层两端分别设置一个照明配电室，负责所在层各端的照明配电，其典型照明配电系统如图 6.61 所示。

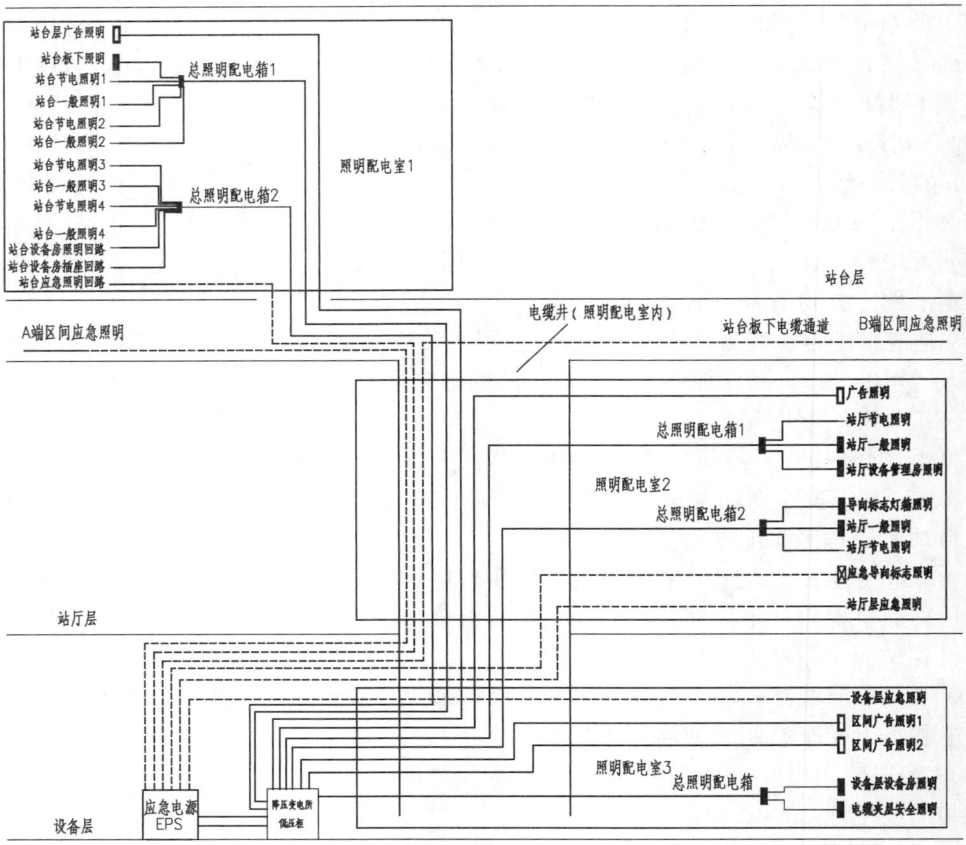

图 6.60 高架站典型照明配电系统图

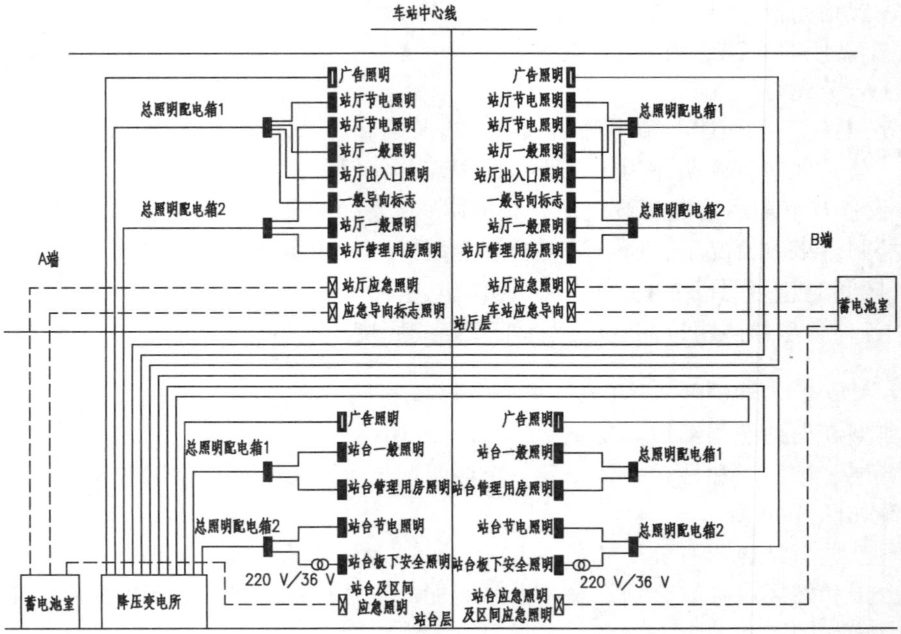

图 6.61 地下站典型照明配电系统图

（3）典型应急照明系统。

车站设应急照明系统（EPS），为整个车站和相邻半个区间的应急照明和疏散标志提供电源，其典型应急照明系统如图 6.62 所示。

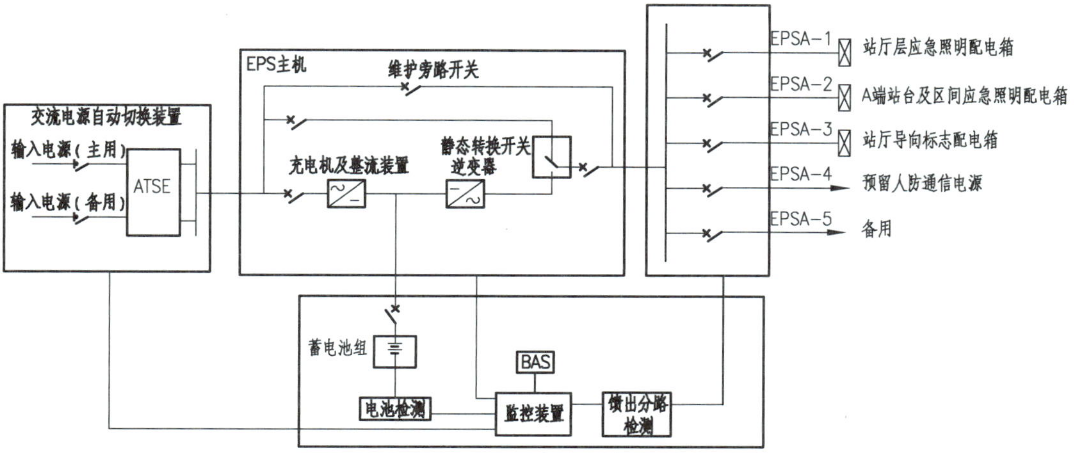

图 6.62 典型应急照明系统图

6.7.3.4 防雷及接地系统

低压配电系统采用三相四线制以及 TN-S 接地形式。所有电气设备不带电的金属外壳、设备基础及支吊架、电缆桥架、金属管线等均采用安全接地。

1）高架站防雷

高架站按二级防雷设计，利用高架站的金属屋面作为接闪器，屋面的金属构件与金属屋面连成电气通路，使用结构柱内的主钢筋作为防雷引下线，并连接至综合接地网。

2）接地网

高架站利用车站桥梁的承台和桩基钢筋网作为自然接地体，并与车站周边的人工接地网连接，组成强弱电和防雷共用的综合接地装置，接地电阻 $R \leqslant 0.5\ \Omega$。

地下站在结构底板下设置独立的人工综合接地网，一般情况下接地电阻 $R \leqslant 0.5\ \Omega$；当土壤电阻率较大时，采用垂直接地极和降阻剂等措施，满足接地电阻 $R \leqslant 1\ \Omega$。

3）接地引上线

车站强、弱电系统应分设接地引出线，每组接地引出线为三根（两用一备），强、弱电系统接地引出线与综合接地装置的连接点，间距不小于 20 m。接地引出线应采用 50 mm × 5 mm 铜排，穿过结构底板时套非磁性套管并进行防水处理。

4）接地端子箱

在变电所、通信设备室、信号设备室、车控室、安全门设备室等房间均设有接地端子箱，通过接地电缆环状连接各设备房间内的接地母排。另外，进出车站的给排水管道、FAS 金属管道等金属管道外壁亦通过接地电缆与专用接地母排连接。

5）电涌保护（SPD）

在变电所进线柜内设置一级 SPD 保护，对电源质量要求较高的通信、信号、屏蔽门/安全门等系统设备的双电源切换箱内设置二级 SPD 保护。

6.7.3.5 设备房设置

（1）高架站变电所设于设备层（地面一层）重负荷端（位于车控室所在端）。地下站变电所一般设置于站台层或设备层，且位于车站负荷较重一端（位于车控室所在端），另一端可以根据负荷大小在站台层或站厅层设置跟随所或低压配电室。

（2）当区间环控设备集中、总容量大且距离车站较远时，设置区间变电所，可与区间风机房合建。

（3）高架站环控负荷较小且比较分散，不设通风空调集中配电室。地下站两端为环控机房，在重负荷端环控机房附近设置通风空调集中配电室；另一端设置通风空调集中配电室或与低压室合建为低压室兼通风空调集中配电室。

（4）高架站在站台层设置蓄电池室布置 EPS 成套装置，与安全门控制室合建。地下站两端各设置一个蓄电池室。

（5）高架站设备层、站厅层、站台层各设置一个照明配电室，地下站各层每端各设置一个照明配电室，为使进出线的方便应靠近电缆井。

（6）在车站两端设备房缆线需贯穿各层的密集处各设置一个上下连通的低压电缆井。

（7）有变频隧道风机的地下站，设备至通风空调集中配电室的距离超过 30 m 时，在设备附近设置专用放置变频控制柜的配电间。

6.7.4 系统运行模式

6.7.4.1 变电所低压系统运行模式

变电所智能低压配电系统主要功能有：实现变电所进线、母线分段、三级负荷总断路器与上位 SCADA 系统进行双向通信，接受控制命令和状态信号上传；完成变电所各种情况下开关间的投切逻辑和备自投关系；实现对智能断路器遥控、遥测、遥信等功能，进行数据存储和形成报表，以及各种电气参数的集中设定和监测。

1）网络构成

由 PLC 读取仪表器件的通信信息，在经过信息处理后除了提供备自投程序使用外，PLC 将所有的通信信息组织打包后从 COM1 高速通信接口转发给上位 SCADA 系统。

低压开关柜内智能器件的监控网络构成如图 6.63 所示。

2）备自投时间设置

变电所/变电所兼通风空调集中配电室的备自投（BZT）时间设置：进线开关 2 s、三级负荷总开关 3 s、母联开关 4 s。

低压室兼通风空调集中配电室/通风空调集中配电室备的自投（BZT）时间设置：进线开关 5 s、三级负荷总开关 5.5 s、母联开关 6 s。

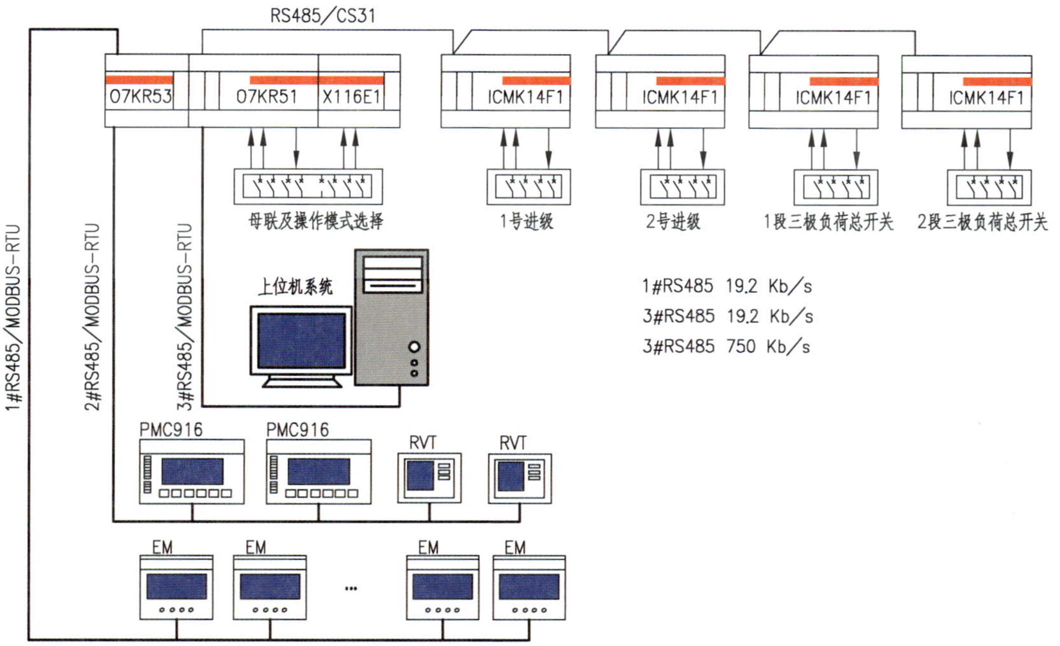

图 6.63 低压柜监控网络构成图

3）开关动作逻辑

进线、母联开关满足最多三合二的要求，母联设一转换开关（SA），有“自动－手动－远控”挡位，控制两进线一母联的投切权限。两个三级负荷总开关分别设一转换开关（SA1/SA2），有“手动-自动”挡位，控制该三级负荷总开关的投切权限。通常情况下，SA位于自动位置，SA1/SA2 位于手动位置，其逻辑投切关系如下所述：

（1）正常状态下，进线开关 1QF、2QF 均为合闸状态，母联开关 3QF 处于分闸状态，Ⅰ段三级负荷总开关 4QF，Ⅱ段三级负荷总开关 5QF 为合闸状态。此时，4QF 和 5QF 可通过手动按钮分合闸，不能接受 SCADA 的分合闸控制。

（2）当进线（1QF）回路发生失压或电压低于 60%，且持续时间超过 2 s 时，1QF 分闸，延时 1 s 后，4QF、5QF 分闸，再延时 1 s 后，3QF 合闸。

（3）当进线（1QF）回路电压恢复或高于 85%时，3QF 分闸，延时 1 s 后，1QF 合闸，4QF、5QF 的合闸只能通过手动按钮控制。

（4）当进线（2QF）回路发生失压或电压低于 60%，且持续时间超过 1 s 时，2QF 分闸，延时 1 s 后，4QF、5QF 分闸，再延时 1 s 后，3QF 合闸。

（5）当进线（2QF）回路电压恢复或高于 85%时，3QF 分闸，延时 1 s 后，2QF 合闸，4QF、5QF 的合闸只能通过手动按钮控制。

（6）当两个进线回路（1QF、2QF）同时掉电时，进线开关分闸，来电须手动复位。

（7）当发生故障（LSIG）时，需要闭锁自动投切。

（8）当变压器低压侧输出端电压 1.15 倍额定电压并持续 1 s（防止瞬时的脉冲高电压）时，进线断路器跳闸。

（9）无论转换开关 SA1/SA2 处于何位置，事故时 FAS 都可以直接切除三级负荷总开关。

6.7.4.2 环控系统运行模式

环控设备智能控制系统采用全集成自动化（TIA）理念，优化了传统的网络构成，使用双冗余总线结构。从结构上分为三个层次：设备监控层、站级监控层、上位监控层。设备监控层包括监控电机保护控制模块、软起动器、变频器、风阀智能 I/O（PLC）等设备；站级监控层指网关，设备监控层的设备通过 Profibus 总线接入网关，由网关通过双冗余总线上传至上位监控层系统（BAS）。通过底层的 PLC 实现对环控设备的监视、测量、控制和保护，其自带的 CPU 可实现参数设定、复位等；同时，通过网关和上位监控系统的通信实现对环控设备设就地控制、通风空调集中配电室控制、上位监控系统控制。环控设备监控网络构成如图 6.64 所示。

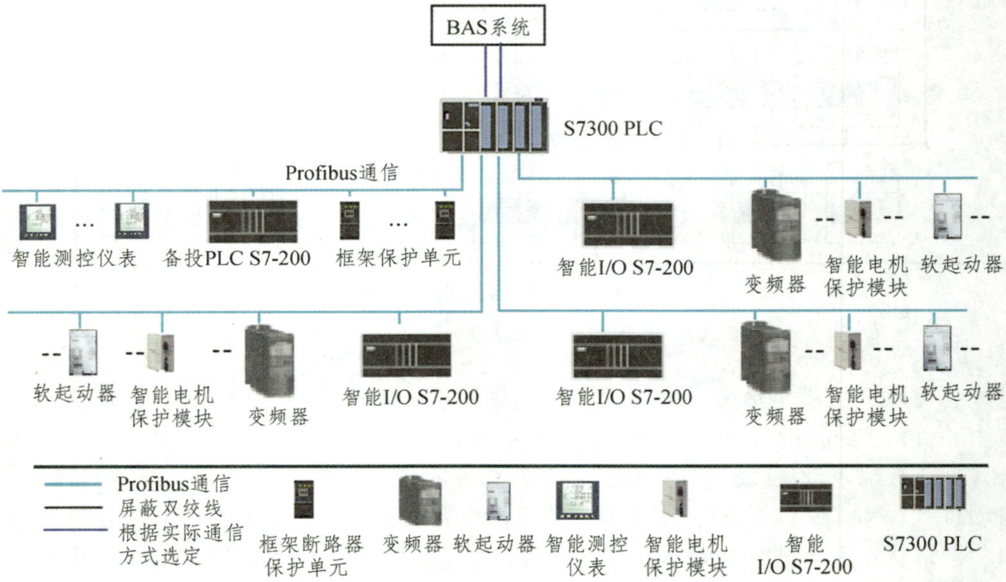

图 6.64 环控柜监控网络构成图

环控设备的控制模式如表 6.18 所示。通过环控柜抽屉回路上的转换开关 SA1 和环控设备就地控制箱上的转换开关 SA2 可实现环控设备（主要是风机）的就地控制、通风空调集中配电室控制和上位系统的 BAS 控制。

表 6.18 环控设备控制模式表

控制模式	SA2 挡位		SA1 挡位	
	就地挡	环控/BAS 挡	环控挡	BAS 挡
就地控制	√	×		
环控柜控制	×	√	√	×
BAS 控制	×	√	×	√

从环控设备控制模式表中可看出：

（1）三种控制模式在同一时间仅一种控制模式有效，就地控制为最高控制级别。当就地的转换开关 SA2 处于就地挡时（SA1 处于任意挡），仅就地控制有效。就地控制一般在设备调试、检修或其他控制方式失效时供现场人员操作。

（2）只有当 SA2 处于环控/BAS 挡时，才可实现环控或 BAS 控制。此时，当 SA1 处于环控挡时，可在通风空调集中配电室的环控柜上对单个的风机和风阀进行控制；当 SA1 处于 BAS 挡时，控制系统才能接收 BAS 控制信号，进行单个设备或环控模式控制。

（3）正常运行状态时，环控系统采用 BAS 控制，BAS 主控系统通过环控智能控制系统在车控室或控制中心实现对每台环控设备的监控，并在各种工况下进行对应的环控模式控制。

6.7.4.3 照明系统运行模式

照明系统主要包括区域和照度两方面的控制，根据客流量、时段和各种状态采取相对应的控制模式。公共区一般照明、节电照明、广告照明、设备区应急照明以及区间照明均可实现 BAS 控制；设备区的正常照明和应急照明还可实现就地开关控制；车站公共区的应急照明常亮，无须控制。各区域各状况下的照明控制模式如表 6.19 所示。

表 6.19 照明控制模式表

运行模式	公共区				设备区		区间	
	正常照明		应急照明	辅助照明	正常照明	应急照明	正常照明	应急照明
	一般照明	节电照明		广告照明				
高峰模式	√	√	√	√	就地控制	就地控制	无	×
一般模式	√	×	√	√	就地控制	就地控制	无	×
节电模式	×	√	√	√	就地控制	就地控制	无	×
停运模式	×	×	√	×	就地控制	就地控制	无	维检时开
事故模式	×	×	√	×	×	√	无	√

6.7.5 主要设备及材料选型

设备和材料选型满足深圳城市轨道交通的环境要求，选用技术先进、工艺成熟、安全可靠、结构紧凑、便于安装和维护、可连续运行的节能型产品。在满足技术和功能要求的前提下，优先选用国产设备，并做到全线统一。

6.7.5.1 开关柜和环控柜

低压开关柜和环控电控柜采用了技术先进、生产工艺成熟可靠、结构紧凑、通用性强、组装灵活、便于安装和维护的柜型。

变电所（或低压室）内低压开关柜（PC 柜）用于配电，采用 ABB－MNS3.0 固定分隔式柜型（图 6.65）。通风空调集中配电室的环控电控柜（MCC 柜）用于电机的配电和控制，采用西门子 SIVACON 8PT 抽屉（抽出）式柜型（图 6.66）。地下站低压室兼通风空调集中配电室的开关柜和环控柜均采用西门子 SIVACON 8PT 的两种柜型组合，固定柜用于配电，抽屉柜用于电机配电及控制。

图 6.65 低压开关柜及其布置图

图 6.66 环控电控柜及其布置图

6.7.5.2 应急电源成套装置

为保证地铁乘客和工作人员在紧急情况下的安全疏散，选用满足地铁运行环境、技术先进、生产工艺成熟可靠、结构紧凑、便于安装和维护的应急照明电源成套装置（EPS）。应急电源成套装置及其布置如图 6.67 所示。

图 6.67 应急电源成套装置及其布置图

6.7.5.3 配电箱

配电箱包括动力配电箱、照明配电箱、维修电源插座箱、区间动力配电箱等，如图 6.68 所示。

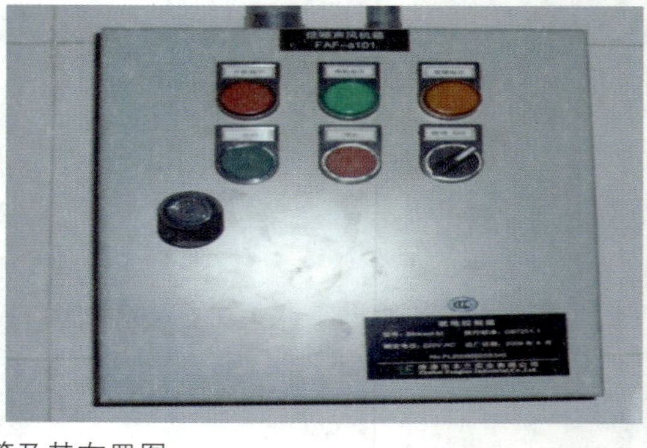
图 6.68 配电箱及其布置图

6.7.5.4 灯 具

（1）车站的照明灯具选用寿命长、高效节能的 T5 型三基色荧光灯。

（2）应急照明灯具和疏散标志灯满足消防部门认可，采用 LED 光源。

（3）站台板下选用 AC36 V 的安全照明白炽灯具。

（4）区间隧道内的照明灯具应选择防水、防尘、防震型的三防荧光灯具。

6.7.5.5 缆线

（1）地下应急照明、消防设施的配线电缆，选用绝缘水平为 1 kV 低烟无卤阻燃耐火交联聚乙烯绝缘聚烯烃护套铜芯电缆，电线选用绝缘水平为 450 V/750 V 的低烟无卤耐火铜芯电线，其余设备配线电缆和电线选用阻燃铜芯缆线。

（2）重要信号的控制电缆采用金属屏蔽电缆，防止电磁干扰。

（3）变电所至低压室或通风空调集中配电室的线路载流量大于 600 A 时，采用密集型母线槽配电。

（4）区间低压动力和照明缆线敷设在行车方向左侧。在岔线地段无隧道中墙时，采用电缆桥架方式敷设在隧道顶部。

（5）缆线穿越电缆井、防火墙等敷设完工后，采用防火材料进行封堵。

6.7.6 主要技术特点及技术创新

6.7.6.1 主要技术特点和难点

深圳地铁 3 号线线路长，土建形式各异，包括了高架站、半地下站、地下站、高架区间、地下区间以及与车站结合的交通枢纽、行人过街工程、大型物业开发等，故本工程动照系统具有如下技术特点和难点。

1）主要技术特点

（1）根据负荷分布情况，地下站同端的通风空调集中配电室与低压配电室尽量合并，站厅站台层的照明配电室对齐，减少电缆井的设置，可节约车站设备房面积，使机电设备的安装调试简捷以及节省投资，设备的维护管理集中方便。

（2）低压配电系统和环控设备控制系统采用智能监控模式，所有需要监测的信号和需要控制的对象均纳入全线的自动化集成系统管理，减少了维护人员、运营方便快捷、管理清晰有序，实现了真正意义上的远程自动监控。

（3）特殊区间内配置了大量的动力设备，包括各种大功率的风机和水泵等，根据其分布特点和控制要求采用不同的方案。对于区间分散的动力设备由就近的车站进行配电和控制；对于区间环控设备集中、总容量大且距离车站较远时，与区间风机房合建，设置区间变电所，将配电和控制纳入其中。

（4）车站应急照明系统（EPS）采用全智能监控方式，包括电池内阻的监测、运行数据上传等，减少了日常维护工作量。同时，后备电源的电池采用铅酸免维护胶体电池，使用寿命高达 15 年，也避免了以往地铁采用常规铅酸电池的定期检查和维护。

（5）根据国家节能减排的要求，照明采用节能型的绿色光源——T5 三基色荧光光源，比地铁常规 T8 光源节能 40%以上。

2）主要技术难点

（1）接口繁杂。

动照系统与土建和所有的机电系统均有接口，须根据各车站和区间的设备布置、电源需求、控制功能等采用合理的配电和控制方案。设计工作中接口繁多、复杂、具体，使其动力照明系统的设计文件、现场安装、设备调试等均可能产生诸多接口问题。

（2）服务要求高。

动照系统作为末端服务性专业，理论上须在各机电设备的各种电气参数和控制要求确定后才能进行具体设计，但目前往往是与各专业同时开展工作，势必造成设计内容中一定的不确定性。设计完成后，业主和各政府职能部门的一些新要求以及各专业设备数量、位置、容量、用电需求等的变化，引起后续的变更设计，造成设计工作变化性大、重复性高、工作量大。

（3）配合强度大。

地铁各专业均拥有大量的设备，动力照明系统配合和调试项目涉及面广、设备多、接口复杂。对于每个 BAS 监控点、风机、风阀、水泵、照明、导向等的配电和控制都需要进行反复的核对、配合和调试，使其完成各项功能需求。

（4）换乘站众多。

3 号线与 1、2、4、5、7、9、11、12、16 号线、广深港客运专线均有换乘。根据各站点换乘位置、建设时序、运营主体等，协调处理本系统既有线路和规划线网的管理模式、解决系统的设计接口、资源的整合利用、安装空间的预留、设备容量的考虑，投资的有效控制、概算的分劈等与动力照明系统都是息息相关的。

（5）资源开发要求高。

资源开发是今后地铁运营可持续的需要，提前考虑车站配套物业的定位和资源开发、变压器的容量选择、商铺和广告的设置等，可有效地优化和稳定系统设计方案。

6.7.6.2 主要技术创新

1）六塘区间风机的配电和控制

（1）配电方案。

塘坑站为本工程唯一的一个半地下站，除正线外还通过出段线、入段线和牵出线与横岗车辆段相连，5 条隧道区间里程长且相互交织。六塘区间一共分散布置了 16 台 18.5 kW 的射流风机，区间射流风机的配电和控制是本工程的一个创新。

综合现状，对两种供电方案进行比较：一种是在区间设置区间变电所，为其区间的动力设备供电；另一种方案则由塘坑站变电所为区间的动力设备供电。综合比较两种方案，各有优劣：设置区间变电所为动力设备供电，设备处电压降小，节省了部分电缆投资，但增加了土建费用。但是 5 条隧道区间交错且设备分散，很难找到合适的变电所位置。从车站供电至区间动力设备，节省了土建费用和变电所投资，同时不会影响区间线路，但增加了电缆费用，且动力设备处电压降较大。

综合评价这两种方案，首先，考虑到区间动力设备比较分散，区间变电所供电同样存在至设备处电缆长，也有较大压降的缺点；其二，对区间的动力设备考虑使用软启动的方式，并且保证电缆的压降在能够满足规范和设备正常运行的范围内即可；最后，对区间设备的动力配电电源取消了 N 线节省电缆投资。

基于以上考虑，采用从车站变电所直接供电至区间各动力设备，配电原则为：一个区间同里程的一组（2 台）射流风机在就地设置配电箱（外挂隧道壁）进行配电和就地控制；在相邻 2 个区间同里程处的二组（4 台）射流风机设置一个区间配电室（隧道旁外挖而成），放置一台环控柜对其进行配电和控制。六塘区间射流风机位置和配电电缆选型如图 6.69 所示。

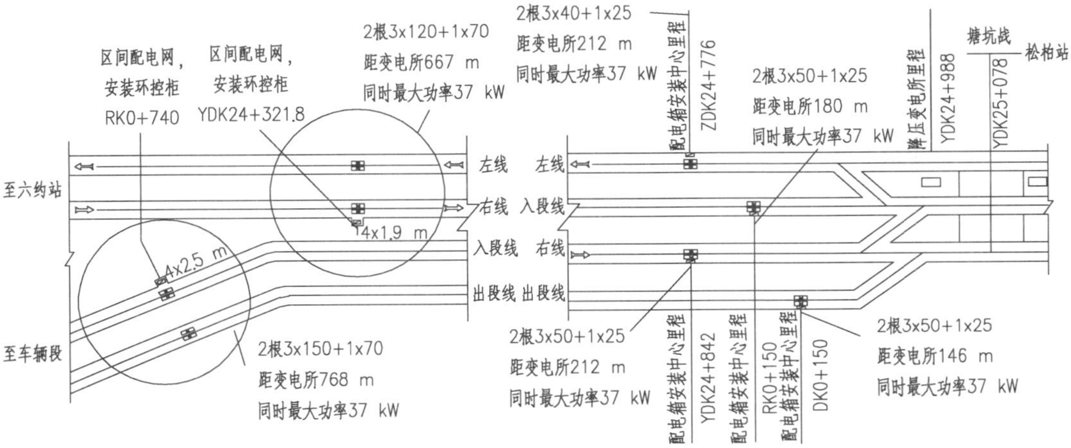

图 6.69　六塘区间射流风机布置和电缆选型图

区间射流风机、区间配电间和区间配电箱实物如图 6.70 ~ 图 6.72 所示。

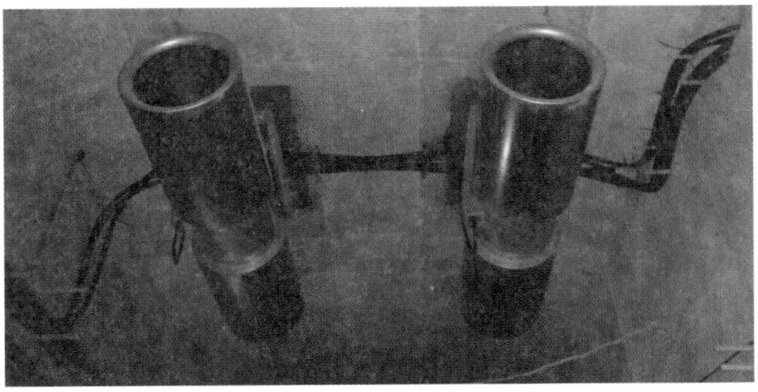

图 6.70　六塘区间射流风机

图 6.71　六塘区间射流风机配电间

图 6.72　六塘区间射流风机配电箱

（2）控制方案。

区间射流风机的控制是本工程的一个技术创新，常规做法是用控制电缆敷设至车站通风空调集中配电室，用于监控信号的传输。但塘坑站两端区间射流风机分散，且最远距离车站约 800 m，采用控制电缆传输监控信号电压降和信号衰减较大，难以完成通信功能。故本工程采用的光纤来实现该功能，在就地和车站均采用了光电转换器进行光电信号转化，并采用高可靠性的环网拓扑结构敷设光纤形成环状接入各分散的射流风机信号，从而实现监控信号有效和可靠传输。

此外，由于区间射流风机西门子的软启动器要求的输入信号较多，而软启动器仅有 4 个输入端子数量不够，无法实现风机的正反转信号上传至 BAS 的功能。故在区间环控柜和配电箱内设置了 PLC 输入扩展模块，完成信号收集后传送至光电转换器，再通过采用环状拓扑结构的网络传输至塘坑站 A 端通风空调集中配电室。区间光纤冗余环网拓扑结构如图 6.73 所示，环控柜和配电箱内电气元件连接如图 6.74 所示。

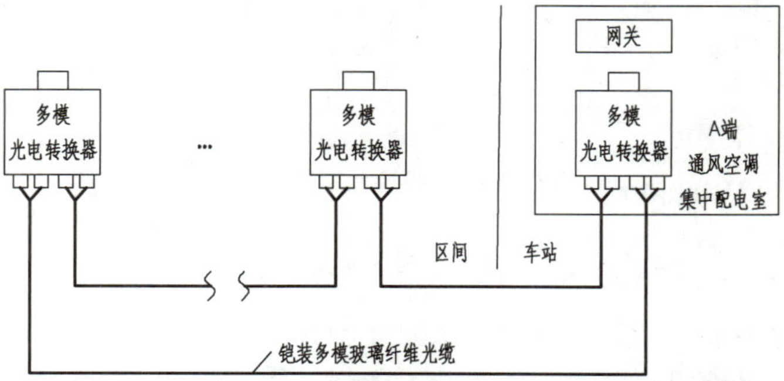

图 6.73 区间射流风机控制环网拓扑结构图

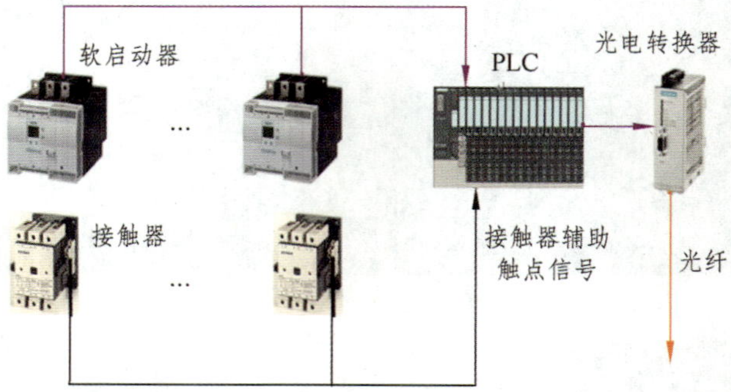

图 6.74 区间射流风机配电箱电气连接图

2）维修电源插座箱

维修电源插座箱选用技术领先的驳克码插座。传统的工业维修电源插座是从民用插头插座继承而来的，采用的是插针和套管配合的形式，滑动的连接会引起电弧。驳克码插座是从现代的工业凸轮开关方式创造出来的，采用的是触点连接的方式，具备满负载开断的能力。

驳克码触点连接的技术特点：

（1）采用银镍合金作为触点材料，相比纯银、纯铜和黄铜具有防弧能力高、接触电阻小、防腐能力强、维护性能好等卓越性能。

（2）插拔接触压力恒定。传统插头长时间频繁地插拔会使张力变小，若为达到接触的良好，必然使摩擦力增大，反而又不易插拔。驳克码插座靠弹力工作，采用弹簧和保护编织网的结构，长时间的插拔接触压力仍然恒定。

（3）具备满负载开断能力而不会产生电弧，驳克码的灭弧室可保证 15 ms 的切断时间。

（4）具有很强承受过流的能力，具备承受 10 倍额定电流 1 min 的能力，特别适用于动力设备维修用。

（5）插座对于短路的情况是安全的，具有 10kA 过流能力。

（6）具有 IP67 的防水性能力，外形尺寸小（宽 × 高 × 厚：300 mm × 400 mm × 160 mm），特别适用于户外的高架区间，且没有侵限之忧。

（7）一个插座可有多种组合，可提供 AC 220 ~ 380 V 的电源，如图 6.75 所示。

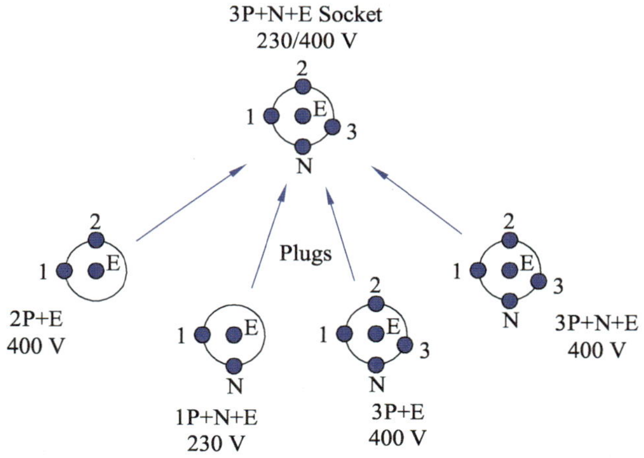

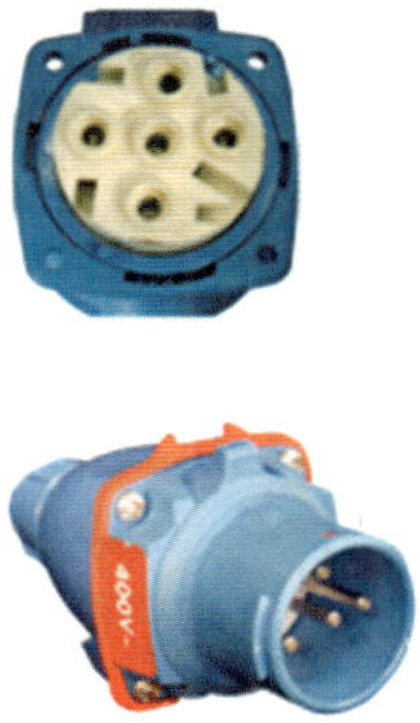

图 6.75　驳克码插座组合形式

驳克码的区间维修电源插座箱和车站维修电源插座箱如图 6.76 和图 6.77 所示。

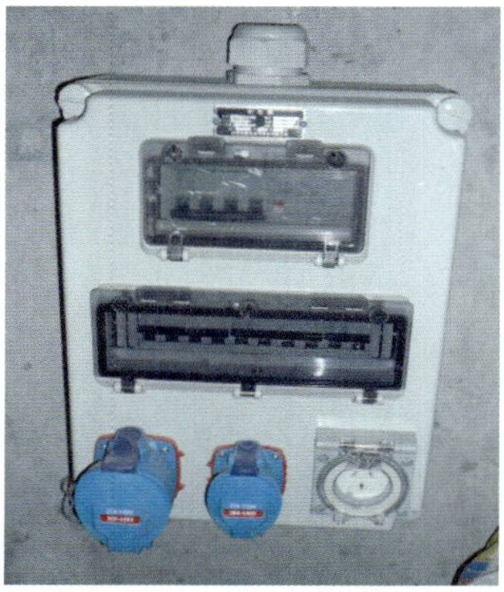

图 6.76　区间维修电源插座箱

图 6.77　车站维修电源插座箱

3）高土壤电阻率的接地网设计

莲花村站基坑底部地质为微风化花岗岩，岩面完整且渗漏水较少，人工水平接地网敷设于结构底板下 0.6 m 处，面积 1 715 m^2。此外，还采用降阻剂、打垂直接地极和换素土的辅助措施减小接地网的接地电阻。

对初期完成的一段 15 m 长的接地网进行现场实测，平均土壤电阻率为 1 353 Ω·m，接地网接地电阻为 8 Ω，依此推算整个接地网完成后接地电阻将不能满足设计要求。因车站结构底板下可供敷设水平接地网的面积有限，故在车站主体侧墙两边设置垂直接地网，垂直接地网敷设于结构侧墙与围护结构间，面积为 2 163.5 m^2。此外，采用 50 mm × 5 mm 铜排穿过底板将垂直接地网与水平接地网连接起来，接地网总面积达 6 042 m^2，接地网的设置所图 6.78 所示。完工后经现场实测，接地电阻值为 0.41 Ω，满足不大于 0.5 Ω 的设计要求。

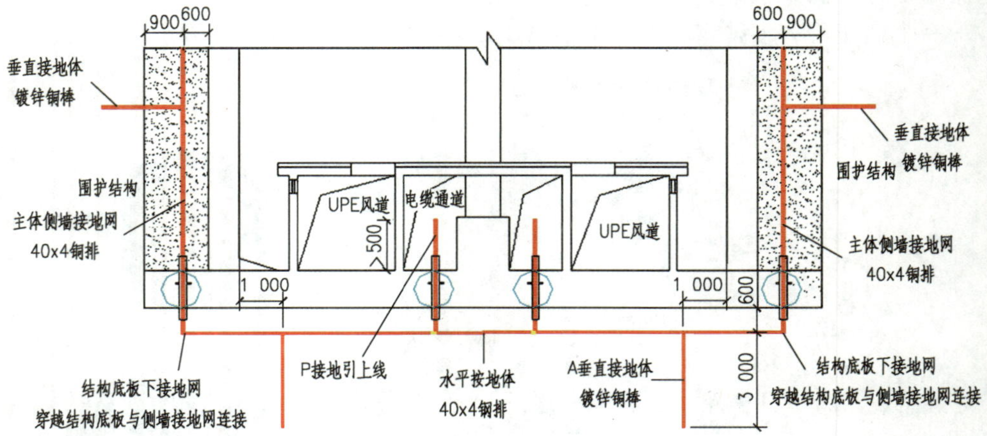

图 6.78 车站底板接地引出线示意图（单位：mm）

深圳市除沿海区域外土壤电阻均偏高，地铁车站强弱电综合接地网接地电阻要求不大于 0.5 Ω，对于一些车站难度较大。莲花村站采用水平接地网和垂直接地网结合的设置形式，为深圳地铁高土壤电阻率车站的接地网设计提供了一个很好的实例和借鉴。

6.8 给排水及消防

6.8.1 主要技术原则与标准

6.8.1.1 主要技术原则

（1）给水及消防给水系统水源采用城市自来水。

（2）地铁排水系统采取分类集中，就近排至城市雨、污水系统。

（3）地铁消防系统按规范要求，消防设计能力按全线同一时间内发生一次火灾计。

（4）地铁消防应有完善可靠的与生产、生活用水分开的消防给水系统。所有地铁车站、地下区间及大体量地面建筑物均设置消火栓消防给水系统。

（5）地下区间消防用水由两端相邻车站供给。

（6）高架区间消防采用外救，利用城市道路沿线消防设施。

（7）对重要电气设备用房采用气体灭火系统，采用 IG541 灭火剂；气体灭火系统采用组合分配系统，全淹没的灭火方式。

（8）设置手提式灭火器，以确保能迅速有效地扑灭各种火灾。

（9）给排水设备采用技术先进、可靠性高、结构简单、规格统一、便于安装调试和运营维护的产品，产品在满足系统功能的条件下立足于设备国产化。

6.8.1.2 主要技术标准

1）生产、生活给水系统

（1）工作人员生活用水量按 50 L/（班・人）计（含开水供应），小时变化系数为 2.5。

（2）乘客生活用水量根据各车站卫生间给水管道设计秒流量计算。

（3）空调系统补充水按循环冷却水量的 3%计。

（4）冲洗用水量按 2 L/（m^2・次）计，每次按冲洗 1 h 计算。

（5）生产设备用水量按所选设备、生产工艺的要求确定。

（6）不同类别的地面附属建筑用水量按《建筑给水排水设计规范》确定。

2）水消防系统

（1）地下车站、商场和商业街的消火栓用水量按 20 L/s 计。

（2）地下人行通道、地下区间、地下折返线消火栓用水量按 10 L/s 计。

（3）高架车站消防用水量按《建筑设计防火规范》执行。

（4）消火栓火灾延续时间按 2 h 计算，自动喷水灭火系统按 1 h 计算。

（5）自动喷水灭火系统的水量及水压按《自动喷水灭火系统设计规范》执行。

（6）车辆段和停车场消防用水量标准按《建筑设计防火规范》或《高层民用建筑设计防火规范》执行。

（7）消火栓栓口的静水压力不应超过 0.8 MPa，消火栓栓口处出水压力不应超过 0.5 MPa。

3）气体灭火系统

地下车站、车辆段重要的电气设备用房设置 IG541 气体灭火系统进行保护，按气体灭火系统设计规范执行。

4）排水系统

（1）工作人员生活排水量按生活用水量的 95%考虑。

（2）冲洗水排水量按 2 L/（m^2・次）计，每次按冲洗 1h 计算。

（3）生产排水量按生产工艺的要求确定。

（4）消防废水量与消防用水量相同。

（5）结构渗漏水量为 1.0 L/（m^2・d）计。

（6）地下站露天出入口及敞开式风亭排水泵房的雨水排放设计按深圳市 50 年一遇暴雨强度计算，集流时间为 5 min。

（7）洞口的雨水泵房的排水能力按深圳市 50 年一遇的暴雨强度计算，集流时间按计算确定。

（8）高架车站、车辆段的运用库、检修库、综合楼和停车场等大型地面建筑屋面暴雨设计重现期按10年计算，其他地面建筑物屋面暴雨设计重现期按5年计算，高架车站室外场地暴雨设计重现期按5年计算，高架区间暴雨设计重现期按3年计算，路基段区间暴雨设计重现期按10年计算。

6.8.2 系统构成和功能

6.8.2.1 系统组成

由车站、区间、车辆段与综合基地、停车场和主变电所的给排水系统和消防系统组成。

给排水系统由生产、生活给水系统和排水系统组成，排水系统由污水、废水和雨水系统组成，消防系统由消防给水系统、自动灭火系统和灭火器组成。

6.8.2.2 系统功能

1）给水系统

给水系统应满足沿线车站、区间隧道及车辆段建筑的生产、生活和消防设施对用水水量、水压和水质的要求。

2）排水系统

排水系统应能及时排除地铁运营过程中产生的各种污、废水和雨水等，以满足地铁安全运营的要求。各类污、废水的排放应符合当地和国家现行的排放标准。

3）消防系统

地铁的消防系统应能迅速有效地扑灭各类火灾，以确保地铁的安全运营。

6.8.3 系统技术方案

6.8.3.1 给水及消防系统流程图

1）高架车站给水系统流程图（图6.79）

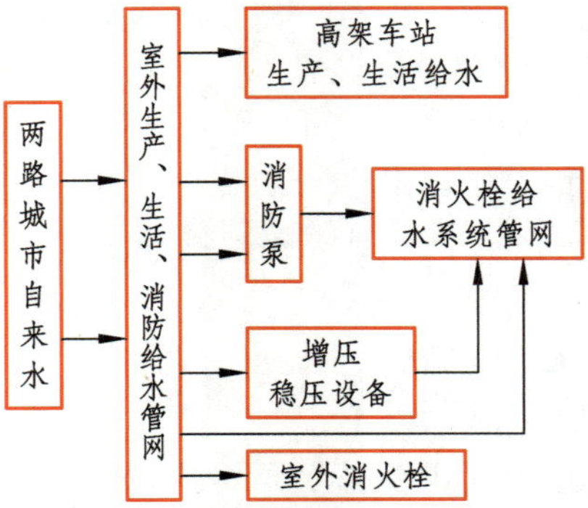

图6.79 高架车站给水系统流程

2）地下车站给水系统流程图（图6.80）

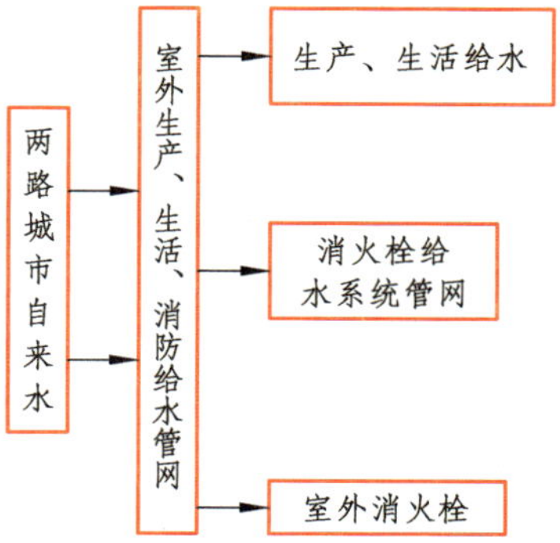

图6.80 地下车站给水系统流程

3）车辆段给水系统流程图（图6.81）

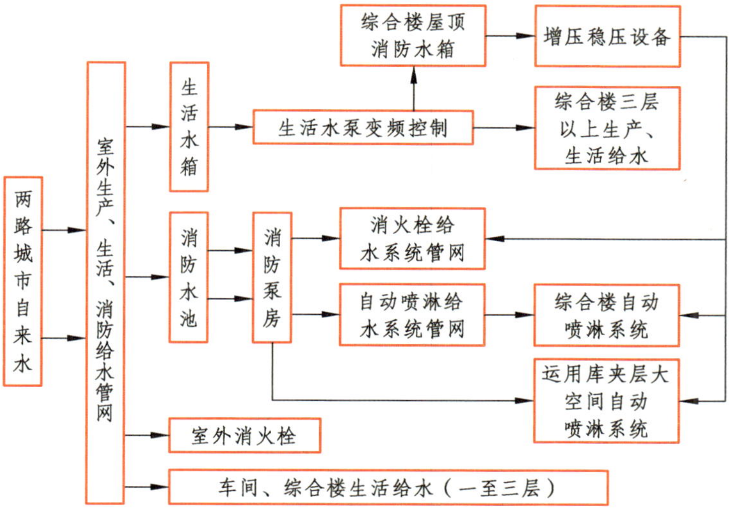

图6.81 车辆段给水系统流程

4）停车场给水系统流程图（图6.82）

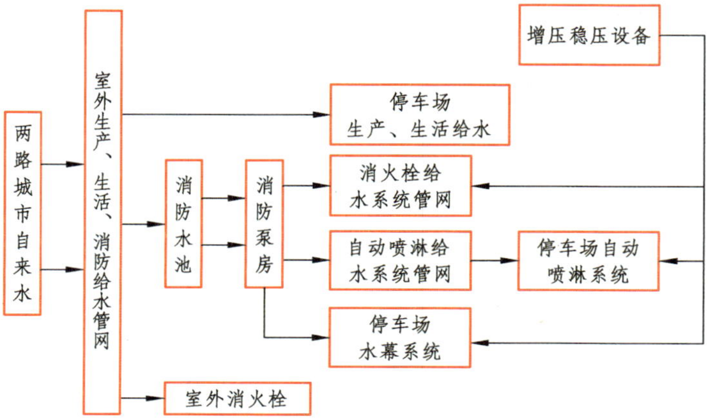

图6.82 停车场给水系统流程

6.8.3.2 生产、生活给水系统

（1）车站、区间以及沿线附属建筑的各项用水水源采用城市自来水为水源，由市政给水管网直接供水，进水口设置倒流防止器。

（2）生产、生活给水系统从车站、车辆段、停车场、主变电站、控制中心等建筑物附近不同的城市给水管网（不同管网或环状管网的不同管段）接入一条 DN65 ~ DN250 引入管（车辆段和停车场为 2 条），生产、生活给水引入管与消火栓引入管在室外水表井内分开。

（3）采用生产、生活用水和消防用水分开的给水系统，生产、生活给水系统为枝状管网。

（4）地铁车站生产、生活给水系统主要供车站范围内的冲洗用水、空调系统补水和卫生间、盥洗间及茶水间生活用水。

6.8.3.3 水消防系统

1）消防水源

地铁的消防给水水源采用城市自来水。

2）地下车站和地下区间

（1）地下车站消防给水水源就近接用城市自来水。

（2）为保证不间断供水，消防系统从车站两端风亭附近不同的城市给水管网（不同管网或环状管网）上分别接入一条 DN150 引入管，两处接管点的水压均应能保证 0.25 MPa。每一条给水引入管按通过 100%消防用水设计秒流量计算，两条引入管互为备用，引入管上设置闸阀和倒流防止器。

（3）车站消防给水管网采用水平成环竖向成环的环状消防供水管网。

（4）地下区间每条隧道分别从地下车站消防给水环状管网上引入一根 DN150 消火栓给水干管，地铁车站和区间消防管网相连，使整个地铁形成一个完整的环状消防给水管网。

（5）车站出入口或风亭的口部等处明显位置设消防水泵接合器，并在 15 ~ 40 m 范围内设置供水量相当的室外消火栓。

3）高架车站与高架区间

（1）高架段沿线给水系统分布吉段、横岗段、龙岗段三个区段，三个区段市政给水管网均为环状管网。

（2）高架车站室外设环状消防管网，室内采用消防稳高压系统，不设置消防水池，由城市管网直接抽水；不设置高位消防水箱，初期火灾由城市管网直接供水。

（3）高架区间消防采用外救，利用道路沿线消防设施。

4）车辆段和停车场

（1）车辆和停车场由城市自来水引入两根给水管和室外给水管网相接。

（2）室外消防给水管网采用环状管网。

（3）城市给水管网的供水压力不满足车辆段和停车场消防用水压力要求，设置贮存室内消防用水的消防水池、消防加压、稳压装置和高位消防水箱等。

（4）车辆段综合楼（含控制中心）和停车场设置自动喷水灭火系统。

5）自动喷水灭火系统

（1）车辆段综合楼（含控制中心）和停车场设置自动喷水灭火系统。

（2）自动喷水灭火系统由消防泵房的喷淋泵和稳压泵组供水，设湿式报警阀、信号阀、水流指示器、末端试水装置。信号阀和水流指示器按防火分区设置，在管网末端设末端试水装置。

（3）火灾初期的消防用水量由屋顶的高位消防水箱供给。

（4）室外设消防水泵接合器和室外消火栓。

6.8.3.4 灭火器系统

（1）地铁沿线各车站及各类建筑物均设置手提灭火器，配置场所的危险等级按《建筑灭火器配置设计规范》确定。

（2）手提灭火器选用扑救 A、B、C 类火灾和带电火灾的灭火器。

6.8.3.5 气体灭火系统

地下车站及车辆段（含控制中心）中的重要电气设备用房设置气体灭火系统，高架站的重要电气设备用房不设置气体灭火系统。

1）气体灭火控制流程图（图 6.83）

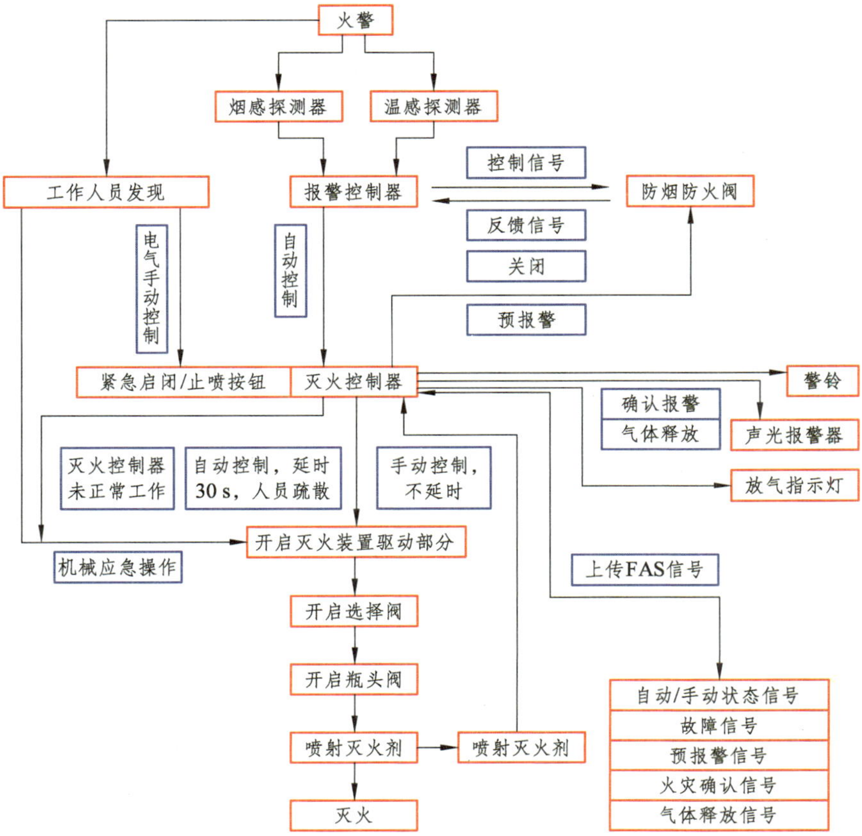

图 6.83 气体灭火控制流程

2）气体灭火系统的保护范围

（1）地下车站的车站控制室、弱电综合电源室、车站通信设备室、信号设备室、党政通信设备室、AFC设备室、自动化集成系统设备室、通风空调集中配电室、地下车站低压配电室、牵引降压混合变电所的1 500 V直流开关柜室、整流变压器室、控制室、降压变电所及跟随变电所的0.4 kV开关柜室。

（2）车辆段（含控制中心）的降压混合变电所的开关柜室、整流变压器室、控制室、程控交换室、通信联合设备室、AFC机房、AFC综合设备室、弱电综合电源室、信号ATC设备室、运行图编辑室、自动化集成设备室。

（3）主变电所主变室、主控制室、滤波装置室及电缆夹层。

3）气体灭火系统

气体灭火系统采用IG541灭火系统，按全淹没组合方式设计。

4）系统组成

IG541气体灭火系统由报警控制子系统和管网子系统两部分组成。其中：报警控制子系统由报警控制器、RP-1 002PLUS灭火控制器、探测器（感烟、感温或其他类型）、控制和输入模块、警铃、蜂鸣器及闪灯、释放指示灯、手拉启动器、紧急止喷按钮、手动/自动转换开关等部分组成。

管网子系统则由钢瓶及其相应组件、机械启动装置、自动启动装置、高压软管、集流管、安全阀、逆止阀、减压装置、选择阀、压力开关及管道和喷头等部分组成。

6.8.3.6 排水系统

1）排水体制

（1）地铁的粪便污水及卫生间冲洗水等生活污水应经化粪池处理后，就近排入城市污水系统。

（2）地铁的结构渗漏水、生产及消防废水就近排入城市雨水系统。

（3）出洞线、车站露天出入口、敞开式风亭、高架车站、高架区间以及车辆段等附属建筑的雨水就近排入城市雨水系统。

（4）车辆段和停车场的生产污水设置污水处理装置进行处理后，达到当地和国家现行的排放标准后排放。

2）地下站和地下区间排水系统

排水就近排入城市排水系统。

（1）地下车站及区间排水泵房。

区间隧道废水泵房设在线路实际坡度的最低点均设置区间废水泵站，区间废水泵房的扬水管沿区间隧道将扬水管接至相邻车站，通过相邻车站排风道接出地面，排入市政雨水管网。

排水泵房设在车站线路坡度的下坡方向的一端。

污水泵房设在卫生间附近或下方。

地下车站露天出入口、敞开式风亭雨水泵房设在露天出入口、敞开式风亭底部，用于排除雨水。

地下区间洞口内侧设置洞口雨水泵站。地下区间与地面衔接处设横向截水沟，阻止雨水排入隧道，雨水直接排至城市雨水系统，引道段的两侧设置边沟，并在洞口设置横向截水沟，保证将雨水导流至泵站集水池。

（2）排水泵站。

车站、区间废水泵房设两台排水泵，平时一用一备，当排除消防废水时，两台泵同时工作。排水泵的总排水能力，按消防时的排水量和结构渗漏水量之和确定。每台排水泵的排水能力大于最大小时排水量的 1/2。

地下车站露天出入口及敞开式风亭的雨水泵房设 2 台排水泵，平时一用一备，暴雨时两台泵同时工作。每台排水泵的排水能力大于最大小时排水量的 1/2。

洞口雨水泵站，设 3 台排水泵，平时 2 用 1 备，暴雨时 3 台泵同时工作，每台泵的排水能力大于最大小时排水量的 1/3。

车站污水泵房、局部排水泵房设两台泵，一用一备，每台泵的排水能力不小于最大小时的污、废水量。

排水泵房的排水泵采取自动、手动控制方式，并在车站控制室内显示排水泵工作状态和水位信号。

（3）排水泵房集水池的有效容积。

洞口雨水泵站的集水池有效容积，不应小于最大一台水泵 10 min 的出水量。

其他各类排水泵房的集水池有效容积不小于最大一台排水泵 15 ~ 20 min 的出水量。

3）高架车站、高架区间排水系统

高架车站污、雨水系统采用重力流的形式排入深惠路沿线城市污、雨水管网。

从景观考虑，高架区间的雨水泄水管暗埋在桥墩结构内部，地面按每 5 个桥墩一组采用雨水管道收集后集中就近排入沿线城市雨水系统。

4）车辆段和停车场排水系统

车辆段和停车场排水系统采用分流制，设雨水排水系统、生产污水排水系统和生活污水排水系统。

生产污水设置污水处理装置进行处理，达到国家或当地现行的污水综合排放标准的规定后排入城市污水系统。

车辆段的生活污水集中后，按重力流方式排入城市污水系统，不能重力流方式排放，设置污水泵站提升排入城市污水系统。

车辆段和停车场内设有检修坑等场所的低洼处，应设置排水设施。

车辆段和停车场内设有污水处理、中水回用设施，对生产废水进行处理，达标后排放入市政污水管网，并对处理后达到用水水质指标的重水，回收用作绿化用。

6.8.4 系统运行模式

6.8.4.1 给排水设备控制方式

（1）消防水泵：就地控制、车站控制室集中手动控制、FAS 系统自动控制。消火栓箱内设消防水泵启动按钮控制，设稳压装置时由管道压力自动控制。

（2）喷淋泵：就地控制、车站控制室集中手动控制、FAS系统自动控制。设稳压装置时由管道压力自动控制。

（3）车站主废水泵房、区间主废水泵房、露天出入口及敞开风亭排水泵房：就地液位自动控制、就地手动控制、BAS系统自动控制。应将起、停泵液位信号及高、低水位报警信号接入BAS系统。

（4）洞口雨水泵房：就地液位自动控制、就地手动控制。应将起、停泵液位信号及高、低水位报警信号接入BAS系统。

6.8.4.2 气体灭火系统控制方式

系统具有火灾报警和自动灭火的功能。在正常运营时，由报警控制子系统监视防护区的状态，在火灾时能自动报警并按预先设定的控制方式启动管网子系统释放灭火剂，迅速扑灭防护区内的火灾。

系统同时具有自动控制、手动控制和机械应急操作三种控制方式。

6.8.5 主要设备及材料选型

（1）给排水设备采用技术先进，可靠性高，结构简单，规格统一，便于安装调试和运营维护的产品，在满足系统功能的条件下立足于设备国产化。深圳地铁3号线采用的消防水泵、给水泵和潜水泵均为ITT飞力泵，其既为世界品牌，又在国内制造，对产品质量、后期的运营维护提供了比较便捷有力的保障。

（2）地铁消防器材的选型应严格执行国家相关规范、规定。深圳地铁3号线采用的消火栓箱等消防器材为深圳香蜜湖设备器材有限公司生产，其在深圳当地具有较高的知名度，并为当地企业，为设备安装过程中的运输调试、后期的运营维护更换提供了便利条件。

（3）在选型上，充分考虑系统安全性与独立性特点，按照设备和材料的功能进行合理分类，具有相同功能的设备和材料选用同一类型，从而保证设备和材料的简统性，尽量减少接口繁杂性，为运营维修提供便利性和互换性。

6.8.6 主要技术特点及技术创新

（1）高架车站消防给水系统室外设置消防环状管网，室内采用直接从市政给水管网直接吸水增压，充分利用市政给水管网水压。高架车站消防给水系统采用稳高压系统，由城市管网直接供水满足初期火灾所需消防流量，较好地解决了高架车站无法设消防水箱的问题。

（2）车辆段和停车场采用污水处理工艺处理生产废水，并回收利用，不但减少了废水排放量，也充分利用水资源。

（3）车辆段运用库设计中大胆利用新技术，设置大空间自动喷水灭火系统，并通过消防验收。

（4）停车场在无现行消防规范可以依据的条件下，通过参考国家相关类似场所的消防规范，国外类似案例，并与深圳市消防局积极沟通，最终确认了现行方案，对停车场的设置了消火栓系统、灭火器系统、自动喷水灭火系统和水幕系统，使停车场的消防安全得到了全面完善的保护。

（5）地下车站污水泵房采用密闭提升装置，解决了传统污水集水池不能完全密闭、臭气外泄的问题。

（6）高架车站的绿化用水采用了滴灌技术，是首次在地铁绿化中采用滴灌技术。

（7）地铁排水系统更加人性化，在给水点、消火栓、清扫间的地方，设有地漏排水，使车站排水不再困扰。高架车站排水繁多复杂，完全配合了高架车站景观。

（8）地下车站采用 IG541 气体灭火系统。

（9）地下区间消防系统设置，采用环状消防给水管网，并与车站形成一个完整的环状消防给水管网。区间消防给水管材采用新型管材：内外涂环氧钢塑复合管，解决了过去使用球墨铸铁管自重大、管件复杂、安装维护麻烦的难题。

（10）高架区间排水，采用 5 个桥墩排水为一个排水单位接入市政排水管网，减少了对路面的破坏，排水管道接口更加合理。

6.8.7 主要工程经验与反思

（1）高架区间的雨水立管暗敷在桥墩内，虽然美化了区间外部景观，但对施工难度和以后的运营维护提出了较高要求。在以后的设计中应与多方配合采用外部凹槽设置，雨水立管暗敷凹槽，既满足建设美观要求，又便于运营维护。

（2）高架车站和高架区间室外给排水在设计初期考虑与国道 205 改建工程同步实施，国道 205 市政管线为地铁预留接口，但在后续的施工过程中并没有按此实施，给市政接驳带来了不少困难，在以后的类似的设计施工工程中应加强不同实施主体项目的接口协调。

（3）高架车站为了控制规模，未在车站内设置公共卫生间，给乘客带来了不便，在以后的设计中应从技术经济、乘客服务及城市功能上统筹考虑，确定高架车站公共卫生间是否设置及设置位置。

6.9 电梯及电扶梯

6.9.1 工程概况

深圳地铁龙岗线是连接特区与龙岗中心城沿东部发展轴布设的客运干线。全线 30 座车站及一段一场，共设自动扶梯约 275 台，电梯 94 台，在超过 100 m 的通道设置人行自动步道共 2 台。车站内部及与地面的交通可通过自动扶梯完成。自动扶梯是轨道交通车站内集散乘客的主要运输工具之一，通过它可以将地面上需要乘坐轨道交通的乘客安全、快速、舒适地送入站台或将需要出站的乘客安全疏散到地面。

由于轨道交通运营条件和环境的特殊性，所以配置的自动扶梯应为技术水平先进的成熟产品，性能安全可靠，整机质量经久耐用，结构及零部件应设计、配置合理，具有足够的强度和刚度及一定的规范性和互换性，易于调整和维修。扶梯采用先进的节能技术，以达到节省运营费用的目的。

为了方便残疾人、视力障碍者、老人、病人及孕妇乘坐轨道交通，在出入口、站厅至站台之间应分别设置电梯，电梯也可供一般乘客使用。

车站站台至站厅层一般设置2台上行自动扶梯和1台下行自动扶梯；出入口提升高度超过6 m时，设上行自动扶梯，提升高度超过9 m时，设上下行自动扶梯，至少一个出入口设上下行扶梯，考虑到深圳市处于珠三角经济发展核心地区，对于换乘车站、重点车站及客流量大的车站，可在站内及出入口适当增设扶梯数，提高运营服务水平，方便乘降。

6.9.2 主要设计参数

6.9.2.1 自动扶梯（含人行步道）

（1）形式：公共交通、重载型。

（2）环境温度：－5～40 °C 出入口自动扶梯应能在露天使用。

（3）额定速度：0.65 m/s；节能速度：0.13 m/s。

（4）倾斜角度：30°，人行步道为0～12°。

（5）梯级宽度：1 000 mm。

（6）水平梯级数量：上四块、下三块，自动步道当角度大于6°时上端要设置不小于400 mm的水平段。

（7）曲率半径：上导轨≥3 600 mm（提升高度＞10 m）、≥2 600 mm（提升高度≤10 m）；
下导轨≥2 000 mm（提升高度＞10 m）、≥2 000 mm（提升高度≤10 m）；
自动步道从水平段到倾斜段的曲率半径不小于400 mm。

（8）理论输送能力：11 700 人/h，自动步道为9 000 人/h。

（9）控制方式：变频控制。

（10）运转方式：上下可逆。

（11）工作制度：每日20 h，每周7 d。

（12）工作条件：适应在任何3 h的间隔内、持续重载时间不少于1.0 h，其载荷应达100%的制动载荷，其余2 h的载荷为50%。

（13）正常工作条件下，采用就地控制和车站控制室集中监视相结合的方式；紧急情况下，车站控制室可揿下紧急停止按钮，使车站内全部自动扶梯停止运行。

（14）大修周期：20年。

6.9.2.2 电 梯

（1）车站选用无机房电梯，场段根据功能需求采用有机房电梯。

（2）车站电梯额定载质量：1 000 kg。

（3）运行速度：1 m/s。

（4）速度控制方式：VVVF。

（5）开门方式：中分双扇，电梯各层开门方向宜一致，如有特殊条件，可允许前后开门，其他开门方向则不允许。

开门尺寸（宽×高）：1 100 mm×2 100 mm。

（6）开门控制：VVVF。
（7）井道与机房尺寸：井道净尺寸 2 800 mm × 2 800 mm（宽 × 深）（透明井道）；
井道净尺寸 2 400 mm × 2 400 mm（宽 × 深）（不透明井道）。
（8）轿厢尺寸：宽 × 深 × 高为 1 400 mm × 1 600 mm × 2 300 mm。
（9）驱动方式：永磁无齿轮曳引机驱动。
（10）操作方式：单台单控，可实行有/无司机操作。
（11）控制方式：远程监视和控制，有故障自动诊断系统。

6.9.3 工程实施经验及反思

6.9.3.1 站厅—站台扶梯设置标准

由于本线高架站较多，对于高架车站将层高控制在 6 m，站厅—站台、出入口均仅设置上行扶梯，从运营情况看，部分车站客流较大，高架车站仅设置有 2 组楼扶梯，当 1 台扶梯故障时，站台客流容易发生拥堵。因此，站厅—站台的楼扶梯设置应充分考虑扶梯故障对车站通行能力的影响。

6.9.3.2 出入口通道电梯标准

高架车站出入口均未设置上行扶梯，部分出入口由于周边拆迁的影响，甚至没有设置扶梯的条件，给周边居民的出行带来不便。本线高架车站沿深惠路设置，红线宽度达 100 m，利用车站过街的需求较大，通过在道路两侧设置电梯，较好地解决了车站过街的问题。随着社会经济的发展，应在出入口尽量考虑设置上下行扶梯及电梯，满足各种人员出行的需求。

6.10 屏蔽门/安全门系统

6.10.1 主要设计原则与标准

6.10.1.1 主要设计原则

（1）系统设计安全、准确、可靠、美观、节能、环保、经济实用。
（2）地下站采用屏蔽门，高架车站采用半高安全门。
（3）控制系统的硬件和软件设计充分考虑可靠性、可维修性和可扩展性，具备故障诊断、在线修改和集中下载的功能，同时遵循模块化和冗余设计的原则。
（4）采用经验成熟、性能先进、结构简单、易于拆装、维修方便、质量稳定、外形美观、运营安全可靠的产品。
（5）在满足系统功能的前提条件下，优先采用国产化设备，节约投资。

6.10.1.2 主要技术标准

（1）行车速度 100 km/h，系统最大设计能力为 34 对/h。
（2）列车编组：B 型车 6 辆编组；停车精度：± 300 mm；车门数量：4 档门/节。

（3）轨道侧温度：0 ~ 50 °C；相对湿度≤100%；站台侧温度：0 ~ 50 °C；相对湿度≤100%；备房相对湿度：≤100%。

（4）平常工作时间：18 h/d；工作天数：7 d/周；高峰运行时间开/关门关间隔：105 s；

（5）人群载荷：距地 1 125 mm 高度 + 1.5 kN；列车产生的压力载荷：± 900 N/m^2；高架车站风压力载荷：± 1 200 N/m^2。

（6）地震水平 7 级，水平加速度 0.25g，垂直加速度 0.125g。

（7）系统采用 TN-S 接地方式，屏蔽门/安全门采用分段绝缘及钢轨等电位连接。

（8）总体设计寿命≥30 年，平均无故障间隔周期（MCBF）为开/关门 100 万次。

6.10.2 系统构成和功能

屏蔽门/安全门系统负责保证地铁运营的安全性和可靠性，在应急情况下，兼备乘客紧急疏散、配合排烟。

屏蔽门/安全门系统主要由机械系统、电气系统两大部分组成。

6.10.2.1 机械系统

1）门体结构部件

屏蔽门/安全门门体安装在站台边缘，用于轨行区和站台公共区的区域隔离。

（1）承重结构。

将门体承受的人群荷载、活塞风压/风压、冲击载荷和地震力等，传递至站台土建结构，使其在全部负载最不利条件组合的共同作用下在规定的弹性变形范围内。

（2）高度补偿装置。

可在承受水平荷载的同时，实现 ± 35 mm 高度自动补偿，保证结构安全，如图 6.84 所示。

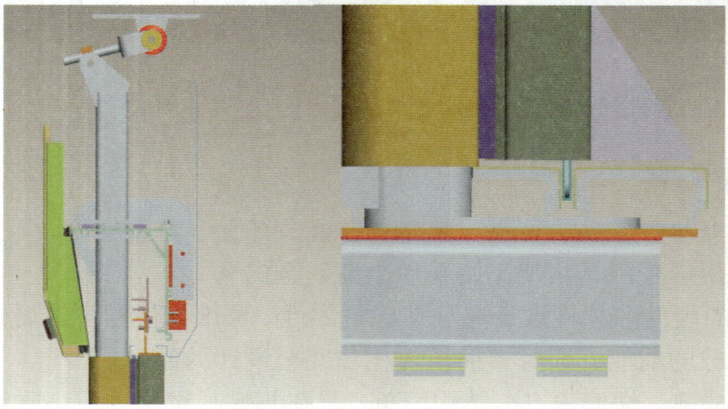

图 6.84 屏蔽门上部调节结构和下部补偿装置效果图

（3）门槛。

固定门门槛承受固定门自身重量的垂直载荷，应急门门槛、滑动门门槛能承受乘客荷载，且不会有明显的弹性变形。滑动门门槛作为底部导向装置，保证滑动门滑动自如、平稳，且便于清扫杂物。

（4）顶箱（屏蔽门）。

门体顶箱型材用于固定驱动和控制系统，同时也作为应急门（EED）转门枢轴上部支架和固定门（FP）支架，并对所有内部设备提供一定的密封保护。

（5）门体组合。

滑动门（ASD）：当列车静止停在站内并且停靠在正确的位置时，滑动门正好与每个列车车厢的车门对齐，为乘客上下车提供通道。

固定门（FP）：固定门设置在滑动门与滑动门之间、滑动门与端门之间，是车站与区间隧道隔离和密封的屏障。

应急门（EED）：正常运营状态，应急门保证关闭并锁紧，作为公共区与隧道区间的屏障；当列车进站无法对准滑动门以及出现紧急情况时可作为应急疏散通道。

端门（MSD）：主要用于车站工作人员在站台和轨道之间的进出，兼顾紧急情况疏散通道。

2）驱动系统部件

主要功能：开/闭滑动门，满足各种运营模式的控制要求，按设定的速度曲线控制滑动门的开/闭和锁定。

（1）门梁。

门楣梁作为固定门支柱的上支点，门机梁是滑动门的吊挂点，能够承受滑动门的重量和负载条件下的外力作用。

（2）电机。

驱动电机采用无刷直流电机，电机调速性能和输出转矩应满足门运动学曲线和动力曲线要求。

（3）传动装置。

采用皮带传动，利用皮带与带轮轮缘之间的齿间配合来传递驱动力，通过带轮的正反转实现滑动门的开门/关门动作。

6.10.2.2 电气系统

1）供电电源

屏蔽门/安全门供电系统包括驱动电源及控制电源、蓄电池组等。每个车站屏蔽门/安全门设备房内各设置一套驱动电源和一套控制电源。

2）控制系统

控制系统主要由主控机（PSC）、门控单元（DCU）、就地控制盘（PSL）、就地控制盒（LCB）、监控模块以及网络系统等组成。

（1）PSC。

控制功能：执行信号系统指令，控制 DCU 实现相应操作，并应向信号系统反馈屏蔽门/安全门的状态信息；可靠执行 PSL 上的操作命令。

监视功能：系统运行监视功能和自诊断功能；能够通过现场总线在线监视所有 DCU 的工作运行状况。

（2）PEDC。

PEDC 是每个控制子系统的主要设备，属于整个总线网络的主设备，可实现系统内部信息的收发、采集、汇总和分析，并实现与自动化集成系统、PSL、DCU 各单位之间的信息交换。

（3）DCU 功能。

能执行系统控制和就地控制设备发来的控制命令，能够采集并发送门状态信息及各种故障信息。

（4）PSL 功能。

当故障滑动门不能关闭锁紧，站台工作人员或列车驾驶员可通过 PSL 向信号系统发出“互锁解除”信号，允许列车离站。

（5）LCB 功能。

当运营期间某道滑动门故障时，车站工作人员可通过操作 LCB 将该道门设置为隔离模式，不再参与正常的开关门。

6.10.3 系统技术方案

本工程全线共设车站 30 座，地下站（含塘坑站）15 座安装屏蔽门系统，高架站 15 座安装半高安全门系统。典型安全门实景如图 6.85、图 6.86 所示。

图 6.85 典型高架站安全门实景图

图 6.86 典型地下站屏蔽门系统实景图

6.10.3.1 供电系统

屏蔽门/安全门的供电系统主要由不间断电源（UPS）、驱动电源配电盘组成，同时设置对配电系统的监测功能。

1）不间断电源（UPS）

车站单个站台系统各配置一套驱动电源 UPS 和一套控制电源 UPS。

驱动 UPS 的蓄电池的配置满足 30 min 内屏蔽门开/关 1 次的要求。

控制 UPS 的蓄电池的配置满足负载持续工作 30 min。

2）电源配电盘

驱动电源回路分配保证当有一路电路产生故障时，每节车厢最多只有一个门单元不能打开。

3）配电方式

本工程屏蔽门/安全门系统采取交流配电方式。

6.10.3.2 控制系统

屏蔽门/安全门控制系统采用现场总线技术，把 DCU 组作为网络节点挂接在总线上，实现 PSC 与被控的各 DCU 之间的通信，如图 6.87 所示。

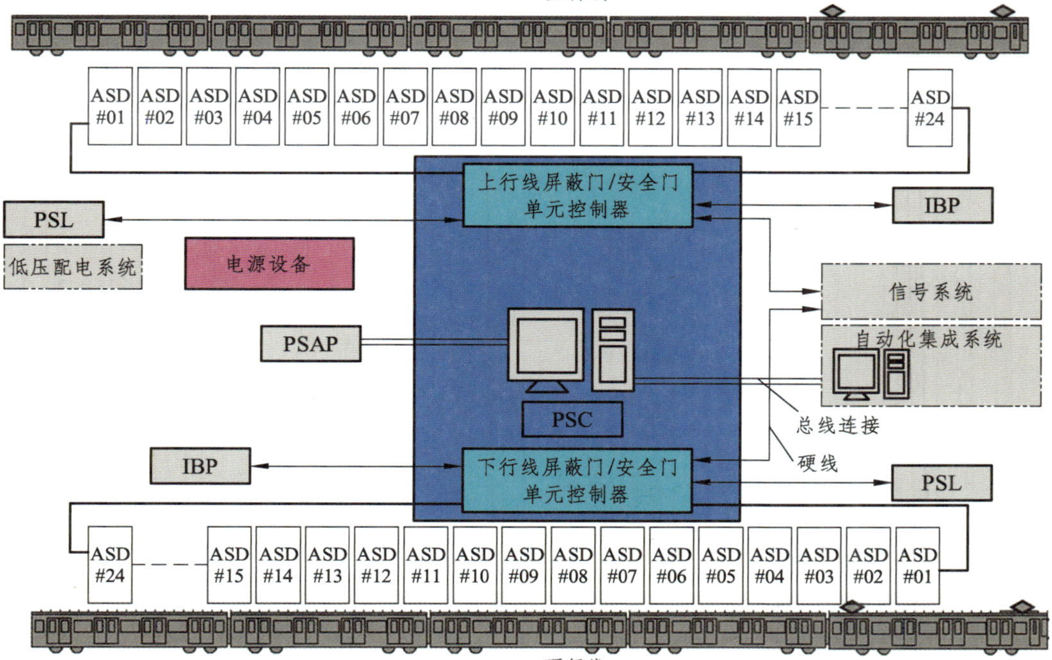

图 6.87 网络构成示意图

为保证屏蔽门/安全门系统控制命令传输的有效性、可靠性，所有重要的控制回路及重要的状态反馈回路都采用点对点的继电器回路。

6.10.3.3 安装设计

本工程屏蔽门门体结构固定方式采用顶部悬挂与下部支承相结合的方式。

（1）车站站台边轨顶风道底纵梁预埋工字钢，吊挂上部将门体重量，如图 6.88 所示。

（a）

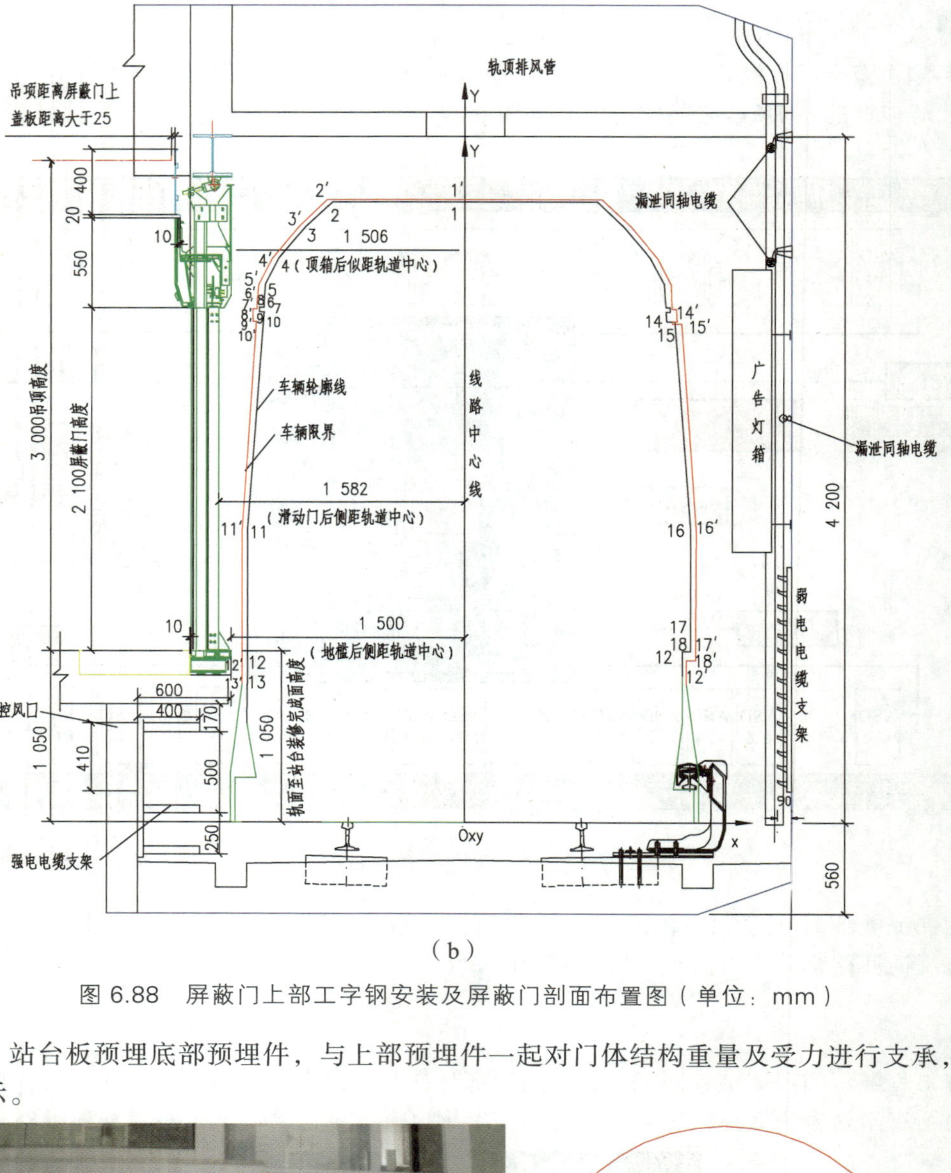

（b）

图 6.88 屏蔽门上部工字钢安装及屏蔽门剖面布置图（单位：mm）

（2）站台板预埋底部预埋件，与上部预埋件一起对门体结构重量及受力进行支承，如图6.89 所示。

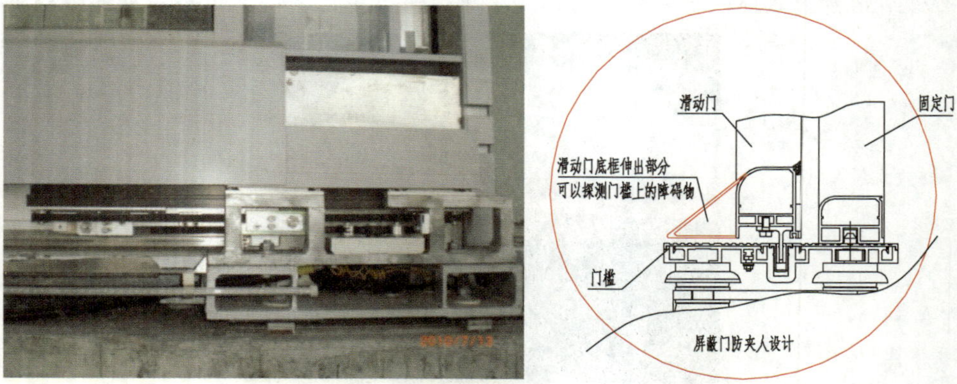

图 6.89 屏蔽门/安全门底部预埋件

6.10.3.4 安全防护

1）防夹设计

本工程在滑动门靠轨道外侧设置斜撑的被动式防夹防护，如图 6.90 所示。

图 6.90 屏蔽门/安全门门体与车体之间间隙

2）绝缘及接地

（1）工作接地。

本系统控制设备的外壳及电缆屏蔽层和金属管线的安全接地，采用电源系统 PE 线接地。屏蔽门/安全门设备房里的 PSC 和其他所有设备都将与车站的综合接地系统连接。其总接地电阻不大于 0.5 Ω。

（2）等电位连接。

为保证乘客安全门，屏蔽门/安全门门体与预埋件所有金属部件应保持等电位连接（图 6.91）。屏蔽门/安全门构架与运行轨道对地连接，采用一点与钢轨直接连接的接地方式，即与钢轨保持等电位（图 6.92）。

图 6.91 门体预埋件等电位连接

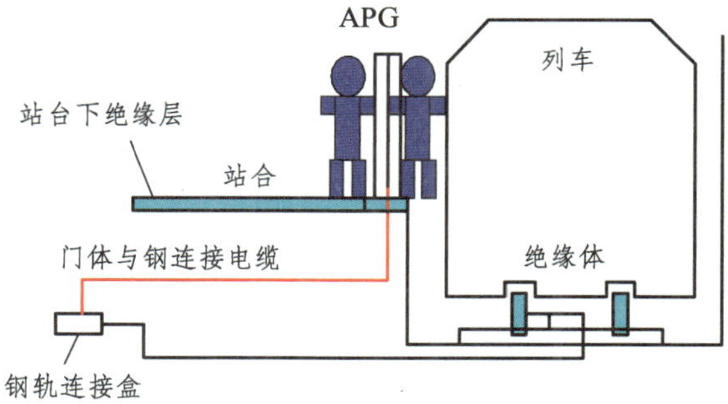

图 6.92 钢轨等电位连接示意图

（3）绝缘。

屏蔽门/安全门结构与站台土建相隔离，以防牵引电源泄到站台地面。为了更容易检验屏蔽门系统绝缘的故障，屏蔽门/安全门门体以一节车厢长度为单位，使每辆列车门所对应的该节屏蔽门/安全门进行分段绝缘，方便地进行隔离/连接，如图 6.93 所示。

地下车站端门附上方，任何附上或者交叉越过端门单元的电缆都要使用绝缘的线槽或者管道。

在站台距离屏蔽门 2 m 范围内设置绝缘层（图 6.94），绝缘电阻大于 0.5 MΩ。

图 6.93 屏蔽门顶箱分段绝缘

图 6.94 站台绝缘层施工现场

6.10.4 系统运行模式

1）控制方式

屏蔽门/安全门系统具有系统级、站台级和手动操作三种控制方式。三种控制方式中以手动操作优先级最高，系统级控制优先级最低。

2）监测方式

每侧站台屏蔽门/安全门单元中所有设备的状态信息均可通过现场总线传送到每 PSC 上，可在 PSC 上查询到所监视设备的当前状态。PSC 将与运营相关的屏蔽门/安全门状态及故障信息通过电缆或光缆发送至车站综合控制系统工作站进行状态、故障显示，综合控制系统的车站控制室工作站可实现屏蔽门/安全门相关状态的查询及故障报警。

3）障碍物探测方式

当屏蔽门/安全门在关闭过程中，如探测到障碍物，滑动门立即停止关闭，并同时释放夹紧力，打开一段距离，以解脱被夹障碍物，在一定时间内，门重新关闭。

4）火灾运行模式

屏蔽门/安全门在火灾状态下的运行方式应与区间和车站发生火灾的模式相对应。

6.10.5 主要设备选型

屏蔽门/安全门系统设备应采用性能结构简单、维修方便、质量稳定、运行可靠的产品，系统的软硬件设计充分考虑可靠性、可维修性和可扩展性，遵循模块化和冗余设计的原则。

1）钢架结构

立柱、安装支架等主要受力部件采用性能不低于 Q235A 的钢材，表面采取热浸镀锌防腐蚀处理，在立柱和支柱的外表面均外包铝合金包板，门槛的表面材料选用 Q316L，顶箱采用低碳钢结构件并进行表面热浸镀锌处理。

2）门体结构

所有门体外包板材料是 T6 6 063 铝合金，门体玻璃应使用高强度的安全环保钢化玻璃，固定门体的玻璃应将门框全部遮蔽。

3）门机及驱动装置

门机即屏蔽门/安全门的驱动系统，包括驱动电机、减速箱、传动装置、门锁装置以及门机梁和悬挂组件等，布置在每道滑动门上方的顶箱内，如图 6.95、图 6.96。其主要功能为：开/闭滑动门，满足各种运营模式的控制要求，按设定的速度曲线控制滑动门的开/闭和锁定。

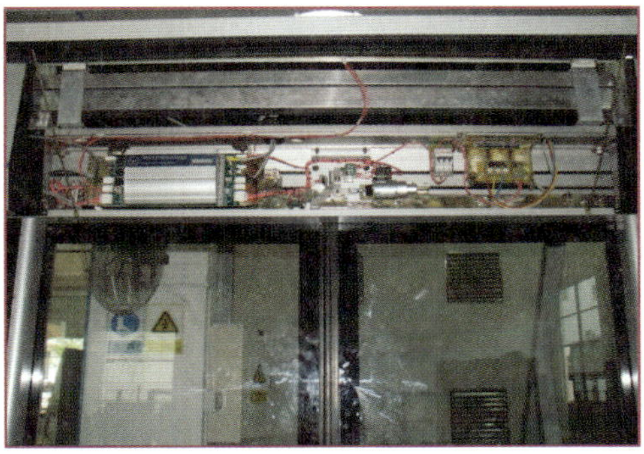

图 6.95 屏蔽门门机单元图

图 6.96 安全门门机单元

（1）门机。

采用直流无刷电机，驱动两扇滑动门，开/闭曲线可调。

（2）传动装置。

屏蔽门传动装置为单电机驱动，安全门为双电机，均采用同步齿形带传动，如图 6.97、图 6.98 所示。

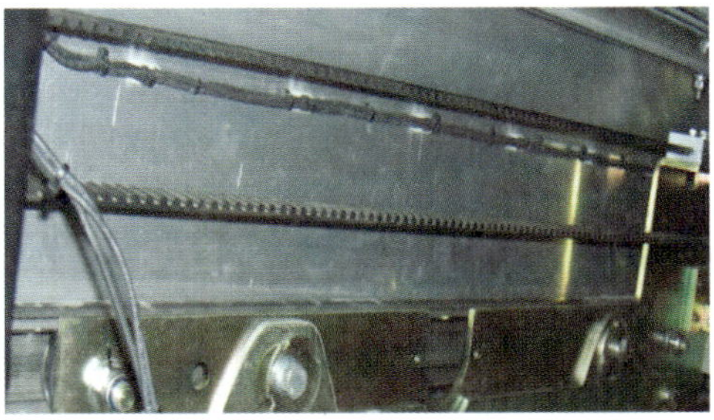

图 6.97 屏蔽门皮带传动图

图 6.98 安全门皮带传动图

4）UPS 电源

为了保证 UPS 电源的长期稳定和可靠地运行，UPS 电源具有节能环保技术，配置手动维修旁路，可实现不断电维修。

5）控制系统

（1）主控机（PSC）是屏蔽门控制系统的核心，主控机采用微电脑控制，其核心控制部件为高集成式电路板具有双 CPU、双电源配置，一主一备。

（2）PEDC 具有足够存放数据和软件的存贮单元，具有运行监视功能和自诊断功能。

（3）DCU 具有足够存放数据和软件的存贮单元，具有自诊断功能。

6）网络系统

（1）网络总线构成开放的网络系统，网络拓扑结构宜为总线型。

（2）网络系统应具有先进性、可靠性，采用成熟产品。

6.10.6 主要技术特点与创新

6.10.6.1 主要技术特点

本工程屏蔽门/安全门系统的工程设计特点：准确、安全、可靠、美观、节能、环保、经济实用。

1）准 确

按车辆 B 型车以车站站台中心为基准，沿站台两边纵向布置，每侧 24 扇滑动门，12 扇应急门。

地下车站采用屏蔽门，高架车站采用 1.5 m 半高安全门。

接受来自信号系统的开/关门命令，其运行规律满足信号及行车的需求：平常工作时间：18 h/d；工作天数：7 d/周；高峰运行时间开/关门关间隔：105 s。

门体上/下部均与土建紧密连接，在土建出现变形时门体结构可通过自身的调节机构自动调节。

2）安 全

门体荷载满足相应的设计要求，在允许的活塞风荷载、乘客挤压荷载和冲击荷载下，门体结构的最大弹性形变满足限界要求，并且无永久变形。

在不侵限的情况下，尽量缩小屏蔽门与列车之间的间隙，并根据车辆的外形轮廓，采取多种辅助性措施（设置防爬斜撑及 LED 门槛灯和瞭望灯），避免乘客可能被夹在列车与屏蔽门/安全门之间的安全隐患。

采取等电位连接及其他绝缘措施，避免乘客被电击。

滑动门采取防夹措施，避免乘客被夹伤。

具备各种灾害模式要求的功能需求。

3）可 靠

电源系统采用双回路供电及 UPS 配电，设置 30 min 后备电源。

系统控制设置三级控制，即系统级控制、站台级控制和手动控制，可根据不同运营模式，选择合理的、符合实际需求的控制模式。

控制命令采取双切硬线继电器回路、监视总线和后备电源采取冗余系统。

所有配线均采用低烟无卤阻燃型。

4）美　观

屏蔽门/安全门作为地铁站台公共区内，乘客上下车的通道，直接面对乘客，其色彩、造型与整个车站建筑装修保持一致，简洁、大方，能适应建筑装修的需要。

5）节能、环保

在满足运营要求和荷载条件下，尽量减小滑动门门体尺寸，采用抗载能力强、质量轻的材料（门体材料采用新型铝合金型材），以降低驱动电机的功率。

所选材料应环保、阻燃、无任何污染（电池采用铅酸免维护胶体电池）。

6）经济实用

在满足功能需求的情况下，减少对土建的影响及其他专业的要求。

尽量提高国产化设备的比重，降低工程造价。

6.10.6.2 主要技术难点

1）接口专业多

作为地铁轨道交通核心系统设备，与屏蔽门/安全门系统设计有关的接口专业众多，包括：车辆、行车、信号、建筑、结构、供电、综合监控（ISCS）、装修、通风空调、限界、行车等。稳定接口设计，确定接口内容是设计的首要条件，如图 6.99 所示。

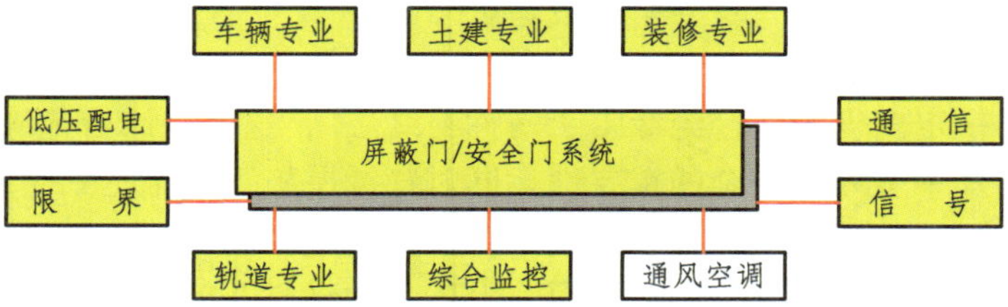

图 6.99　屏蔽门/安全门系统接口概要图

2）控制因素多

（1）屏蔽门/安全门设计应根据车辆的选型、限界的要求、信号专业的停车精度以及土建车站站台的布置形式进行屏蔽门的平面布置和断面设置。

（2）屏蔽门/安全门设计应根据行车速度的要求、通风空调风压、人群挤压等要求进行结构受力计算和材料选型。

（3）屏蔽门/安全门设计还要结合建筑装修条件进行外观装饰设计。

（4）屏蔽门/安全门设计应结合通风空调、运营管理要求及消防控制实现相关的控制系统设计。

（5）屏蔽门/安全门设计应结合地铁供电的要求，选择适当配电系统、接地方式。屏蔽门系统的配电系统设计的稳定和实用性，是保证系统的可靠运行的重要支撑。

（6）屏蔽门设计/安全门应结合地铁运营实际情况，充分考虑足够的安全措施设计以保证乘客的安全。

（7）由于屏蔽门/安全门系统在城市轨道交通设备系统中的重要性，系统各种设备的选型应实现绝对的安全、可靠、长寿命、低维护的要求。

3）土建配合要求高

（1）屏蔽门/安全门系统门体设计布置位置和尺寸、预留预埋件的精确定位是与土建接口的关键，需确定屏蔽门与土建和装修专业的结构及设备安装接口关系（预埋件、端门横梁、端门墙、站台层装修面、端门装修收口、站台 OTE 风道侧吊顶等）。

（2）根据目前国内多条地铁线路的站台屏蔽门/安全门的绝缘层设计及施工情况，选择一种施工便捷、绝缘性能好的材料以及门体的可靠等电位连接方案，是保证乘客电气安全的关键。

屏蔽门/安全门系统的网络控制设计，是整个屏蔽门系统的核心，其系统构成的完整、功能的齐备、传输的稳定，直接关系到屏蔽门系统的正常使用以及全线的列车正常运行。

6.10.6.3 技术创新

1）环氧树脂绝缘涂层

（1）目的。

地铁站台屏蔽门/安全门设置在站台边缘，是乘客与列车轨行区的隔离屏障，其重要构件为金属材质。地铁牵引配电系统采用直流供电，并把钢轨作为汇流通道，因此钢轨与大地间存在电位差；另外，地铁站内大量用电设备使用，难以避免在屏蔽门的金属结构内产生接触电压或感应电压，其中电压值超过人体所能够承受的安全电压值（36 V）。由于地铁乘车客流数量值在运营高峰小时期间极大，站台的候车空间有限，乘客在候车及上下车时极其容易接触屏蔽门，这样就会对乘客的人身安全造成隐患。

基于以上情况，在设计中除了考虑屏蔽门与轨道、列车车体保持等电位之外，在站台屏蔽门内侧还设置了一定宽度的站台绝缘带（简称绝缘层），这就是站台绝缘层设置的概念。

由于绝缘层涉及乘客人身安全的重要性，同时绝缘层施工很难达到绝缘要求，目前国内外绝缘材料主要分为自黏性橡塑复合绝缘膜、合成橡胶绝缘地板、环氧绝缘防潮层以及有机人造地砖等，在地铁建设中均有采用。下面就上述各种材料及施工的特点、使用范围、经济性等方面作相应的分析和比较。

（2）环氧树脂漆施工。

① 材料组成。

环氧树脂，是一种双组分无溶剂环氧树脂液体，适用表面防潮层。

② 安装及施工。

施工工序：基层处理→第一遍环氧涂层→第二遍环氧涂层→养护→绝缘测试，如图 6.100 所示。

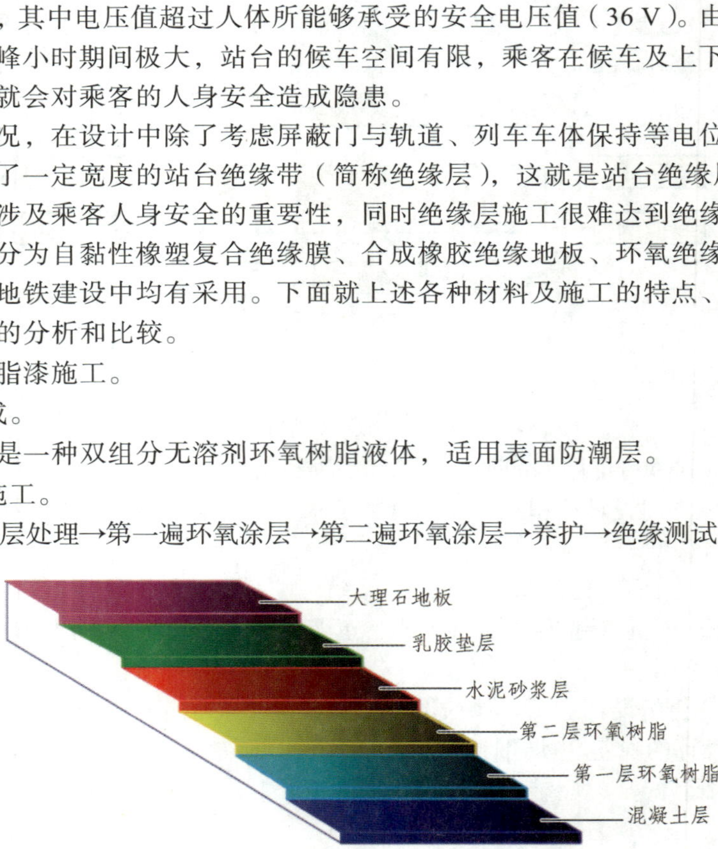

图 6.100 环氧树脂漆施工顺序图

经过施工实测数据，全线 30 个车站绝缘电阻值均满足大于 0.5 MΩ 的设计要求，如图 6.101、图 6.102 所示。

图 6.101 站台绝缘施工过程照片

图 6.102 站台绝缘施工完成照片

2）后备电源

结合工程实际情况，通过对运营模式的分析，无论是区间、车站何处发生火灾（全线火灾按一次设计考虑），单个车站屏蔽门/安全门配合相关系统动作只需开/关操作 1 次即可。同时，该车站在故障未排除前退出全线运营。

通过工程实践，备用电源容量减少一半，对于土建设备房屋面积相应减少，建筑布局更加合理，全线设备投资减少约 300 万。同时，由于蓄电池数量的减少，对电池回收利用、环境保护、能源消耗，备品备件等方面均产生了良好的经济效益和社会效益。

3）警示 LED 灯

由于车辆限界的限制要求，通常在列车与站台边缘之间保留有一定的间隙，这个无法消除的间隙也存在一定的安全隐患，在国内既有地铁的运营中，曾多次出现过乘客在上下列车时由于疏忽踩空的情况。因此，本工程在每档滑动门门槛下方，设置 LED 警示灯带。在主控机向 DCU 发出开门命令的同时，也向 LED 灯带控制器发出控制信号开启 LED 灯带，以警示乘客注意列车与站台之间的间隙，防止乘客踩空，如图 6.103 所示。

图 6.103 屏蔽门/安全门门槛下 LED 灯

6.11 自动售检票系统

6.11.1 工程概况

深圳地铁龙岗线全线配备自动售检票系统（AFC），系统涵盖龙岗线首期工程22个车站和西延段8个车站的售检票系统和横岗车辆段的一个中央计算机系统，并配备了维修系统和培训系统。系统采用目前世界上最先进的非接触式IC卡技术和计算机管理技术，能够向乘客提供从售票、充值到检票、验票的全部自动化服务，并为地铁运营管理提供票务信息、设备状态信息的自动监测、采集、存储、分析、查询等功能。整个售检票系统由深圳市高新现代智能系统股份有限公司负责提供售检票设备和系统集成。

6.11.1.1 自动售检票系统主要技术特点

（1）采用非接触式IC卡技术，兼容ISO14 443 TYPE A、TYPE B、TYPE C三种标准，不仅与深圳市既有线路票卡兼容，而且预留广州“羊城通”卡和香港“八达通”卡等的接入条件。

（2）符合深圳市轨道交通清分中心统一清分标准，满足轨道交通联网运营的要求。

（3）采用国产剪式门检票机，性能好，节约投资。

（4）采用触摸屏售票充值机，界面美观，操作方便。

6.11.1.2 自动售检票系统主要技术特性

（1）中央计算机处理能力≥600万人次/d。

（2）中央数据库存储容量≥2年。

（3）车站客流完成检票出站的时间≤120 s。

（4）运营结束报表处理时间≤1 h。

主要的工程阶段包括：初步设计、系统设备招标、3次设计联络会议、单系统调试、系统联调、开通试运行。

6.11.2 主要实现功能

6.11.2.1 售检票服务功能

正常情况下，对乘客的售票、充值、检票、验票等服务均采用自动方式，乘客自助操作售票机、充值机、检票机、验票机等，不需要运营人员人工干预。只有在乘客求助、设备故障、更换钱箱、票箱以及紧急疏散等特殊情况下，才需要运营人员的参与。所有售检票设备都具有联机和独立工作、存储功能、通信功能、自我诊断和恢复功能。系统具有紧急疏散功能，在火灾等需要紧急疏散的情况下，检票通道作为紧急疏散通道使用，系统可以自动打开检票通道，保证疏散通道畅通。

6.11.2.2 运营及监控管理功能

系统采用计算机网络对售检票设备进行控制和管理，计算机系统能够对票务、客流信息和设备状态信息进行采集、存储、统计、传输和打印，运营人员也可以通过计算机系统向售检票设备发送指令和参数，从而满足运营需要。系统具有设备监控、客流监控、黑名单管理、财务管理、维护管理、网络管理、日志管理、报表管理等完善的运营管理功能。控制中心 AFC 系统主要功能是票务管理、密钥管理、运营管理、通信管理、清算管理、设备管理、设备监控、决策支持、维护管理。车站 AFC 系统主要功能是本站的票务管理、运营管理、通信管理、设备监控、维护管理。

6.11.2.3 培训及维护开发功能

深圳地铁龙岗线配备了培训及维护开发系统，将培训和开发系统放到一起，主要是为了提高系统利用率。该系统能模拟 AFC 系统的所有功能，并能利用真实数据或模拟数据运行。利用该系统，可以对地铁运营、维护、设计人员进行所有售检票设备的安装、操作、升级、故障检测等的培训。

6.11.3 主要系统构成

该系统主要由中央计算机系统、车站计算机系统和售检票终端设备组成，中央计算机设在横岗车辆段，每个车站设车站计算机，售检票设备通过网络接入计算机系统，如图 6.104 所示。

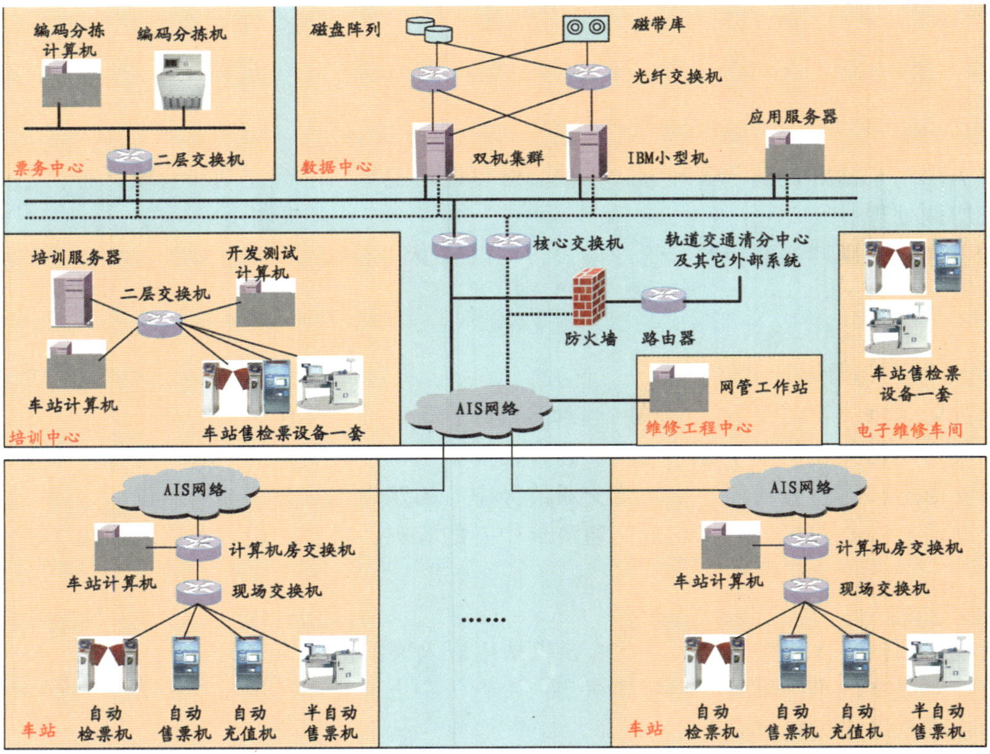

图 6.104 龙岗线自动售检票系统构成图

6.11.3.1 中央计算机系统

中央计算机系统作为龙岗线自动售检票系统的核心，采用高性能 IBM 小型机服务器，并采用双机集群方式进行冗余，以确保系统可靠性。中央计算机配备磁盘阵列和磁带库，磁盘阵列能够存储 2 年的历史数据，超过两年的数据存入磁带库。中央计算机系统具有与轨道交通清分中心以及其他外部系统的接口。

6.11.3.2 车站计算机系统

每个车站设一套车站计算机系统，包括车站计算机、管理工作站、维护工作站、紧急按钮、网络设备、UPS 电源设备（由弱电综合 UPS 提供）和打印机等。

6.11.3.3 系统网络

系统网络分为中央网络和车站网络，与国内其他地铁不同的地方在于，它由自动化集成系统采用 VLAN 的方式提供从车站到中央，以及轴心站到卫星站之间的网络传输通道。

6.11.3.4 售检票终端设备

系统为车站配备了自动售票机、自动充值机、自动验票机、自动检票机、半自动售票机、便携式验票机等设备，用于完成自动售检票服务。系统在车辆段还配备了编码分拣机、个性化票卡印刷设备等，用于为地铁提供制票服务。

6.11.4 设计理念创新

6.11.4.1 引入全新的运营管理模式

（1）采用“站群控制”管理方式，轴心站可以对卫星站进行控制和管理，有利于事故情况下的协调处理。

（2）通过采用“站群控制”管理模式，可以减少设备和人员配置数量，有利于节约运营成本。

6.11.4.2 清分方案

系统紧紧围绕轨道交通线网联网运营的目标进行设计，抓住关键的统一清分方案，积极推进和配合轨道交通清分中心的建设。建设初期由于轨道交通清分中心的建设不确定，所以龙岗线考虑了临时清分功能。在轨道交通清分中心的建设方案和工期明确以后，积极协商与轨道交通清分中心的接口，将轨道交通清分中心的容灾后备中心引入龙岗线横岗车辆段。

6.11.4.3 嵌入式售票机房设计

自动售票机、自动充值机和自动验票机采用嵌入售票机房的方式安装，如图 6.105 所示。运营人员对设备的维护维修都在售票机房内进行，一方面提高了运营维护工作的安全性，另一方面也增加了车站的美观性。

图 6.105 嵌入式售票机房

6.11.5 主要技术特点、难点及技术创新

6.11.5.1 兼容性设计

为满足深圳市轨道交通网络化运营的需要和深港一体化、广深一体化等的要求，系统特别强调兼容性，系统不仅兼容既有的深圳地铁 1、4 号线票卡，还兼容广州羊城通卡、香港八达通卡。

目前非接触式 IC 卡的主流国际标准有 ISO14443—TYPE A、TYPE B、TYPE C 三种。为确保龙岗线 AFC 系统的兼容性，系统选用了兼容 ISO14443—TYPE A、TYPE B、TYPE C 三种标准的读卡器，每个读卡器中设计了 4 个 SAM 卡插槽，完全满足三种卡兼容读写的要求。

6.11.5.2 系统设备新技术

系统设备上应用了当前主流的技术。自动售票机采用了大屏幕声波触摸屏，可以分级显示整个轨道交通线网和站点，点击相应区域可以放大显示。自动检票机采用了完全自主研发的通行算法，可以降低逃票和票卡丢失率。售票机前盖和检票机前盖均为可翻盖设计，方便了运营维护。应用硬币图像识别技术，提高了对高仿真假币的识别能力。检票机语音提示功能能够更好地为乘客提供指引服务。ARM 平台的读写器、32 位 ARM 通用控制板、钱箱/票箱电子 ID（RF 电子标签）、整机功率自动控制等技术都大大提升了设备的性能。

6.11.5.3 故障监测和告警

系统设备具有故障自动监测和告警功能，可以对设备部件级别的故障进行告警，告警信息包括告警类别、设备编号、故障部件、次数、时间、修复时间等，大大减轻了运营维护人员的负担，方便了运营维护管理。

6.11.5.4 预留港币接口

硬币模块应能接受所有流通的中国硬币，并具有学习功能，业主可根据需要自行增加对新硬币种类的识别。纸币处理模块能接受至少 13 种 4 面不同的纸币（一共至少可识别 52 面），并具有学习功能，业主可自行下载有关新纸币的参数文档，通过更新应用软件及部件，以识别新纸币。因此，龙岗线售检票设备可以根据业主需要增加对港币的识别功能。

6.11.5.5 在不影响既有线路运营的情况下完成换乘站改造

龙岗线的老街站，作为与既有地铁 1 号线的换乘站，同站厅换乘，要求在不影响 1 号线运营的情况下进行换乘改造。为了满足这个要求，我们对站厅售检票设备进行了重新布置，对原 1 号线设备采取分阶段拆除的方式，在新的售检票系统正常工作后才最后拆除 1 号线设备，从而保证了 1 号线的正常运营。

6.11.5.6 全面的安全设计

除了在系统层面上采用加密、认证等手段保证系统数据安全，龙岗线还从很多细节上考虑了对设备、乘客和运营人员的安全保护问题。从设备内折边防划伤设计、机身外边缘防碰伤设计到嵌入式售票机房的安装设计、票箱/钱箱运输小车防盗链和告警装置设备设计、防撞墙板设计（图 6.106）、设备等电位连接防触电设计等，对系统安全进行了全面的规划。

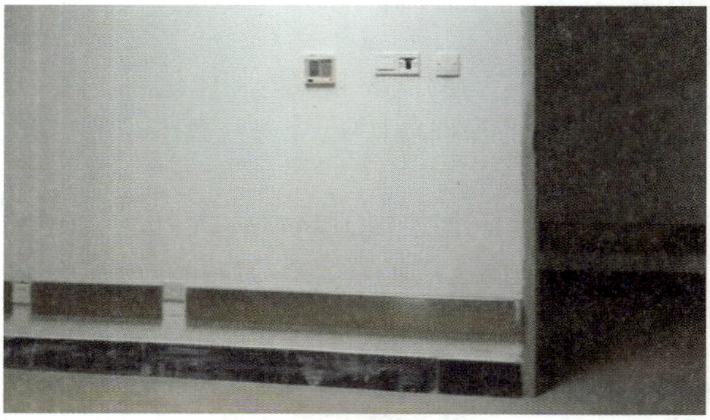

图 6.106 防撞墙板

6.12 门禁系统

6.12.1 工程概况

深圳地铁龙岗线门禁系统涵盖龙岗线首期工程 22 个车站、1 个车辆段和西延段 8 个车站、1 个停车场。控制中心设在横岗车辆段。系统采用加拿大 RBH Access Technologies Inc. 公司生产的爱克信 V 门禁与安全集成管理系统，系统集成商为深圳达实智能股份有限公司。

6.12.2 主要实现功能

门禁系统的设计目标是保护重要设备区及管理区域安全，规范地铁员工管理。

门禁系统具有正常、离线、紧急疏散等多种运营模式。正常情况下，所有门禁终端设备的操作和状态信息均实时上传到门禁计算机，门禁计算机也可以向门禁终端设备发出指令、参数。离线状态是指门禁计算机与门禁终端设备之间，或者车站门禁计算机与中央门禁计算机网络中断时的运营状态，此时门禁终端设备可以根据保存在控制器中的数据离线运行。在火灾等紧急情况下，系统可以释放所有门禁点或指定门禁点的门锁，保证疏散安全。

系统采用图形化的管理界面，对设备故障、非法操作以及系统设定的情况能够给出声光报警信号，说明报警位置、时间和原因等并记录。

6.12.3 主要系统构成

本工程门禁系统采用中央、车站两级管理和中央、车站、终端三级控制模式，横岗车辆段设中央计算机，每个车站设车站计算机，终端设备通过控制器和网络接入门禁计算机。龙岗线门禁系统由自动化集成系统提供从车站到中央，以及车站之间的网络传输通道。

门禁控制器集中设置在车站计算机房或低压配电室。

本工程门禁点分为 A、B 两种，其中 A 级门禁点配备电控锁，B 级门禁点只监视门开关状态。所有 A 级门禁点在门外设非接触式 IC 卡读卡器，员工需刷卡进入。首期工程电锁采用电子机械一体化锁，西延段采用磁力锁。

6.12.4 设计理念创新

门禁系统纳入自动化集成系统招标范围统一招标、统一实施，以自动化集成系统为平台，可实现与电视监控、火灾报警等系统的联动控制。

6.12.5 主要技术特点、难点及技术创新

为提高系统网络的可靠性，门禁现场网络采用环形总线，总线中任何一点发生故障不影响控制器通信。

系统采用非接触式 IC 卡技术，门禁卡与地铁员工卡合用。

由于车站规模大小不一，建筑形式变化较大，导致门禁系统布线比较复杂。门禁设计需要综合考虑门禁点的分布情况，尽量将相邻的门禁点归入同一组控制器，以简化布线。

第7篇

车辆基地

7.1 设计概述

7.1.1 设计经过

7.1.1.1 横岗双层车辆段与综合基地设计经过

横岗双层车辆段与综合基地（以下简称横岗双层车辆段）是深圳市地铁 3 号线工程的一个重要组成部分，最初方案为没有上盖物业的常规平面车辆段。横岗车辆段扩大初步设计于 2005 年 8 月完成，并于同年 9 月通过了专家评审，车辆段场坪工程的施工图（B 版）于 2006 年 3 月完成，车辆段主体工程的施工图于 2006 年 8 月底完成。

2006 年 6—8 月，根据政府部门投融资及引进香港地铁公司作为合资方，对集约用地并进行上盖开发的有关文件精神，在深圳市地铁三号线投资有限公司的组织下，我公司在原平面车辆段的基础上对双层车辆段的技术方案进行了研究。2006 年 9 月完成了横岗双层车辆段修改初步设计，并于 9 月 28 日通过了深圳市发改局、规划局、建设局联合主持的深圳市地铁 3 号线工程修改初步设计（五站一段）评审。

2006 年 12 月完成横岗双层车辆段的场坪工程施工图设计，2008 年 6 月完成横岗双层车辆段的主体工程施工图设计。横岗双层车辆段主要技术经济指标如表 7.1 所示。

表 7.1 横岗双层车辆段主要技术经济指标

序号	项目		数量		
			初期	近期	远期
1	编组辆数		6	6	6
2	设计规模	停车列检/列位	60		
		检查/列位	6		
		定修/列位	2		
		临修/列位	1		
		大架修/列位	4		
3	土石方/m^3		1 864 733		
4	铺轨长度/km		16.681		
5	道岔数量	9 号单开/组	1		
		7 号单开/组	46		
		7 号交叉渡线/组	1		
		合计/组	48		
6	用地	新征用地面积/hm^2	28.28		
		车辆段用地面积/hm^2	18.24		
		物业开发用地/hm^2	10.04		
7	新建房屋总建筑面积/m^2		188 523		

7.1.1.2 中心公园地下停车场设计经过

中心公园地下停车场是深圳市地铁3号线西延段工程，2007年7月完成《深圳市地铁3号线西延段工程可行性研究报告》、《深圳市地铁3号线西延段工程总体设计》及专家审查；2008年1月完成《深圳市地铁3号线工程西延线停车场修改初步设计》，2008年6月完成中心公园地下停车场施工图设计。中心公园停车场主要技术经济指标如表7.2所示。

表7.2 中心公园停车场主要技术经济指标

序号	工程项目		单位	主要工程数量
1	停车列检		列位	18
2	土石方	开挖土方	10^4 m^3	51.24
		土方回填		21.06
3	铺轨	铺轨长度	km	5.084
		整体道床	km	5.084
4	道岔	7号单开道岔	组	14
		交叉渡线	组	1
5	新征用地面积		hm^2	5.0
6	新建房屋总建筑面积		m^2	42 213

7.1.2 本线车辆基地的布局和功能定位

深圳市地铁3号线车辆基地为一段一场布局，设置横岗双层车辆段和中心公园地下停车场，其中中心公园地下停车场属于3号线西延段工程。

由于3号线是深圳市近中期线网中最先建设的地铁B型车线路，横岗双层车辆段定位为深圳市线网性B型车大/架修基地，承担3号线及相邻线B型车辆大、架修任务，以及3号线列车的定修、临修、周月检等任务。中心公园地下停车场由于条件限制，其功能主要是停车列检及简易临修。

7.1.3 本线车辆检修工作量及设计规模

7.1.3.1 车辆检修修程表

3号线车辆检修指标如表7.3所示。

表7.3 3号线车辆检修指标

修程	检修周期/万千米	停修时间/d	库停时间/d
大修	120	36	30
架修	60	24	16
定修	15	8	6
季检	3	2	2
双周检	0.5	0.5	0.5

7.1.3.2 车辆检修工作量表

3 号线检修任务量如表 7.4 所示。

表 7.4 3 号线检修任务量

设计年限	初期（2 014 年）	近期（2021 年）	远期（2036 年）
大修/（列/年）		6.10	7.44
架修/（列/年）	9.00	6.10	7.44
定修/（列/年）	27.00	36.60	44.63
季检/（列/年）	144.01	195.22	238.00
双周检/（列/年）	900.09	1 220.12	1 487.52

7.1.3.3 车辆基地设计规模表

3 号线车辆基地总设计规模如表 7.5 所示。

表 7.5 车辆基地设计规模

修程	近期（2019 年）		远期（2034 年）	
	计算规模	设计规模	计算规模	设计规模
大修/列位）	0.70	2+2（相邻线）	0.93	2+2（相邻线）
架修/列位	0.38		0.50	
定修/列位	0.92	2	1.22	2
临修/列位		1		1
三月检/列位	1.64	2	2.16	2
双周检/列位	2.56	3	3.38	4
停车能力/列位	44	44	78	78

3 号线车辆基地规模分配如表 7.6 所示。

表 7.6 3 号线车辆基地规模分配

序号	修程	横岗车辆段	中心公园停车场	合计
1	大架修/列位	2+2	—	4
2	定修/列位	2	—	2
3	临修/列位	1	1	2
4	（双周/三月检）/列位	6	—	6
5	停车列检/列位	44+16（远期）	18	78

7.1.4 横岗双层车辆段和中心公园地下停车场的选址

7.1.4.1 横岗双层车辆段的选址

横岗双层车辆段用地位于深圳市龙岗区横岗镇六约村，北侧紧临深惠路，深圳市地铁 3 号线六约站位于车辆段北侧的深惠路上；东面紧临牛始埔路；西面有在建的盐排立交和拟建的平安大道；西南面为鹏深甲线高压电网（2 条 500 kV 高压线）。

横岗双层车辆段交通资源和地理位置良好。用地内西面和东南面有高差约 80 m 小山 2 座。整个场地呈不规则的多边形，东西长约 1 070 m，南北宽约 480 m。

横岗双层车辆段的选址示意图见图 7.1 及图 7.2。

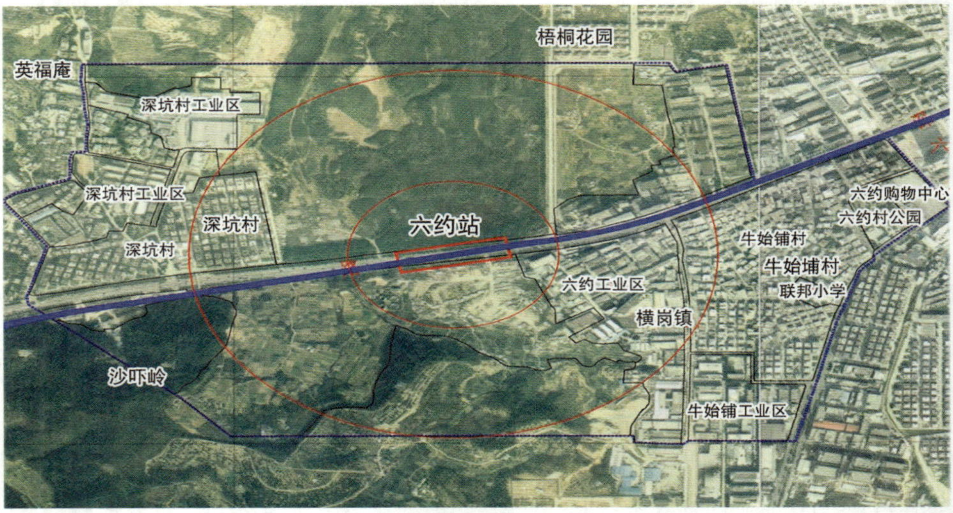

图 7.1 横岗双层车辆段选址示意图

图 7.2 横岗双层车辆段原始地貌照片

7.1.4.2 中心公园地下停车场的选址

中心公园地下停车场位于深圳市福田区，范围北至笋岗西路，西至皇岗路，南至滨河大道，东至华富路、福田路，总用地面积为 188.65 hm^2，在西延段莲花村北站与华强北站之间，近期将进行全面改造。

3 号线西延段中心公园地下停车场为地下建筑，顶部恢复公园绿化。场址紧邻笋岗西路南侧、红荔路北侧、华富路西侧、皇岗路东侧，该用地与其东侧的华富村遥相对应，西面为福田河。场址范围内植被发育，主要为荔枝树，枝繁叶茂。

福田河发源于梅林关口溪谷，经莲花山东侧向南流，于渔农村汇入深圳河，长约 7 km，福田河流向大致与停车场平行，从停车场西侧 100 ~ 150 m 处流过，河宽 8 ~ 20 m，常年流水，福田河为笔架山水库的主要泄洪通道，为附近表水的主要汇聚地和排泄通道，夏季水量丰沛。

中心公园停车场位于深圳市福田区中心公园东北部的公园用地范围内，停车场在华强北站接轨，如图 7.3 所示。

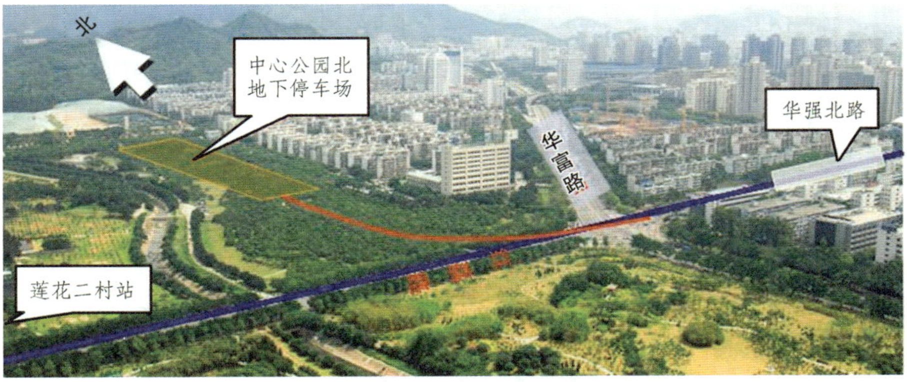

图 7.3　停车场场址示意图

7.2 横岗双层车辆段

7.2.1 总平面布置方案

横岗双层车辆段总建设征地面积 28.28 hm^2，分为 18.24 hm^2 车辆段用地和 10.04 hm^2 物业发展净用地两个部分。

7.2.1.1 总平面布置

横岗双层车辆段采用顺向纵列式布置。其中：运用库双层布置，运用库分为检查库和停车库上下两层重叠设计；车辆段行政办公大楼、地铁公安派出所设于 C 区物业用地的东北角，维修车间、控制中心等设于检修主厂房南侧的维修工务大楼中；C 区物业预留车辆段的管线走廊以及和六约站连接的人员步行通道。横岗双层车辆段的总平面布置示意图见图 7.4，总平面布置效果图见图 7.5。

总平面分为 A、B、C、D 四区，其中 A、B 两区为双层车辆段用地。

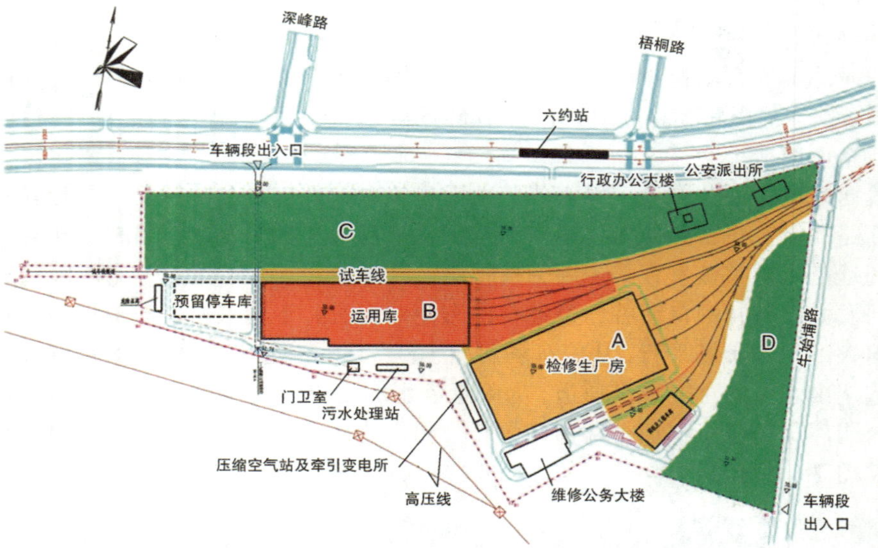

图 7.4 横岗双层车辆段总平面布置示意图

图 7.5 横岗双层车辆段鸟瞰图

A 区为单层平台，地面为车辆段咽喉区和检修主厂房，检修主厂房设有静调线 2 条、临修线 2 条、大/架修线 4 条（设有单元式固定式架车机 2 处），机加工间、轮对检修区、轴承检修区、构架检修区、车体检修区、蓄电池间、电子电器间、空调间等检修工区。车辆段咽喉区平台上为绿化及休闲空间，检修主厂房平台以上为低密度低层住宅。

B 区为双层平台，地面为停车和检修线（设有试车线 1 条、镟轮库 1 条、自动洗车线 1 条、一线两列位停车线 13 条）。中间层列检和二层道岔区，中间层列检设有一线两列位停车场线 3 条、一线两列位列检线 6 条（带滑触线）以及双层作业平台的双周/三月检 4 条（带滑触线），平台以上为低密度低层住宅；

C、D 区为物业落地高密度开发区。

双层运用库长 279 m、宽 78.3 m，一层（地面层）为停车库，二层为检查库，运转综合楼为 1 幢长 171.4 m、宽 10 m 二层建筑，附着在双层停车库南侧前端。

检修主厂房与物资总库组合成 1 幢独立建筑，设在运用部分岔群的东南侧，与运用部分通过牵出线连接。

调机库（调机线 2 条）与工程车库（工程车线 3 条）合建于检修库东南侧，工程车库与检修库之间设材料运输线 1 条。

在检修主厂房南侧设维修工务大楼 1 幢。大楼内设置有 3 号线的综合维修办公房屋、控制中心、食堂、浴室、乘务员休息室及给水所等。

运营管理综合楼（行政办公、地铁公安派出所）设于 C 区物业用地的东北角，紧靠六约站，方便员工上下班和民警出勤。

7.2.1.2 竖向设计

（1）场坪高程：双层车辆段地面层（一层）设计轨顶高程为 59.0 m；

C 区高程为 58.0 ~ 59.0 m，与车辆段场坪高程一致；

D 区高程为 70.0 ~ 71.0 m，与牛始埔路高程一致。

（2）双层车辆段二层（A 区）设计高程：

检查库及库外咽喉区设计轨顶高程为 67.7 m，与一层设计轨顶高程的高差为 8.7 m；

检修库顶部的物业平台设计高程为 71.3 m，与一层设计轨顶高程的高差为 12.3 m；

（3）双层车辆段物业平台（B 区）设计高程：76.8 m。

横岗车辆段断面示意如图 7.6 所示。

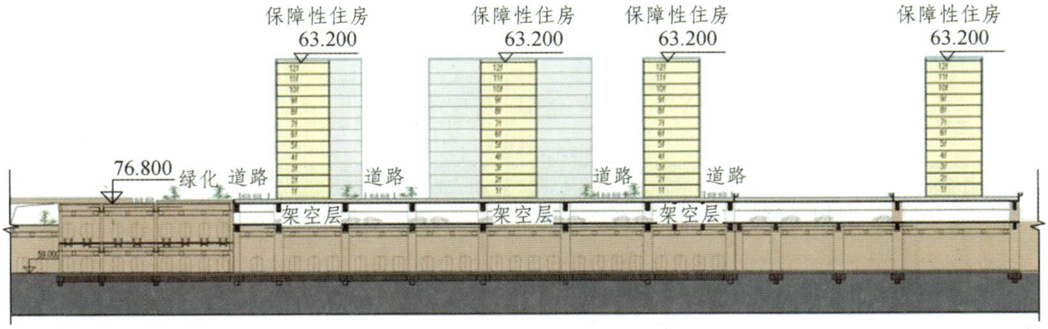

图 7.6 横岗车辆段断面示意图

7.2.1.3 交通组织

结合车辆段地理位置特点，根据交通规划的要求，车辆段在用地东南角设有车辆段第一出入口与城市道路牛始埔路相接，在用地西北角设有与上盖物业共用的车辆段第二出入口，经车辆段地下公路涵与深惠路相接。同时车辆段内设有环形通道联系各工艺生产厂房及其他生产生活服务用房，满足交通、消防功能。

运营管理综合楼在用地东北角沿深惠路单独布置，设有一个独立的人流和车流出入口（与上盖物业共用的车辆段第三出入口），运营管理综合楼为高层建筑，建筑四周设消防车道环通。

车辆段内主要道路分三级：主干道宽 7 ~ 9 m，次要干道路宽 4 m，人行道宽 1.5 m。

车辆段内的静态交通系统考虑地面停车，在人员较密集的建筑附近布置，主要布置在维修公务大楼、调机及工程车库附近共两处停车场地；段外的运营管理综合楼的静态交通系统主要考虑地下停车。

横岗双层车辆段地面道路布置示意如图 7.7 所示。

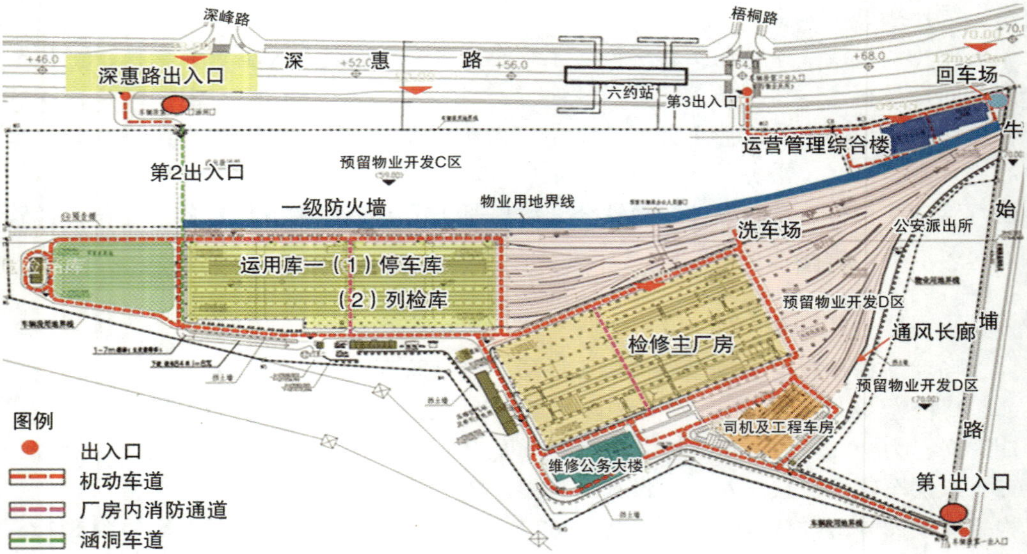

图 7.7 横岗双层车辆段地面道路布置示意图

7.2.1.4 物业开发

横岗双层车辆段综合物业开发布置方案示意如图 7.8。

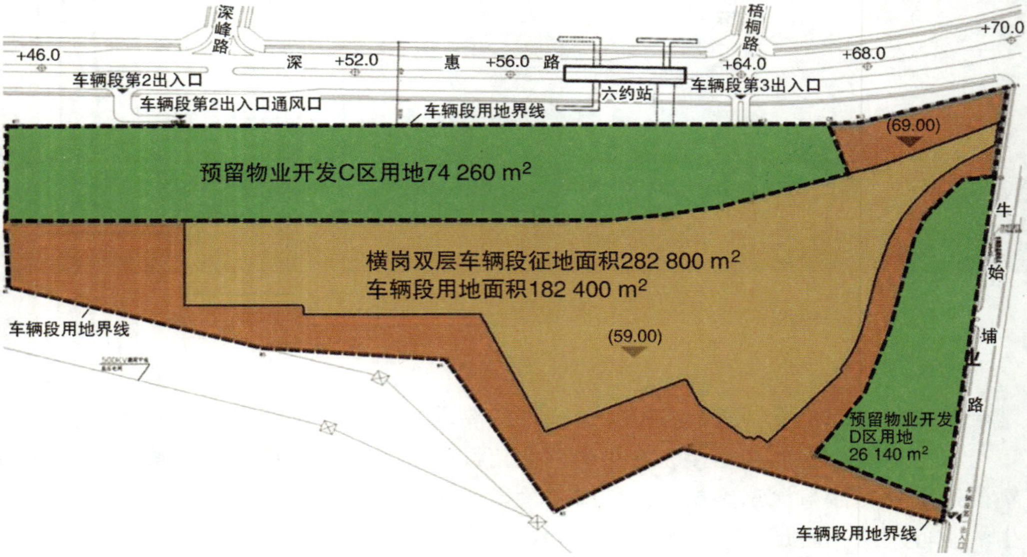

图 7.8 横岗双层车辆段综合物业开发布置图

车辆段总用地面积为 28.28 hm^2，用地性质集工业、商住及配套设施于一体；以居住为主并包含办公、商业、酒店等大型综合项目。可供物业开发用地面积 18.89 hm^2，物业开发总建筑面积 45 hm^2（不计车辆段建筑面积），容积率 2.38，其中保障性住房部分 18 hm^2，商品房开发部分 27 hm^2。

横岗双层车辆段物业开发示意图见图 7.9 ~ 图 7.11。

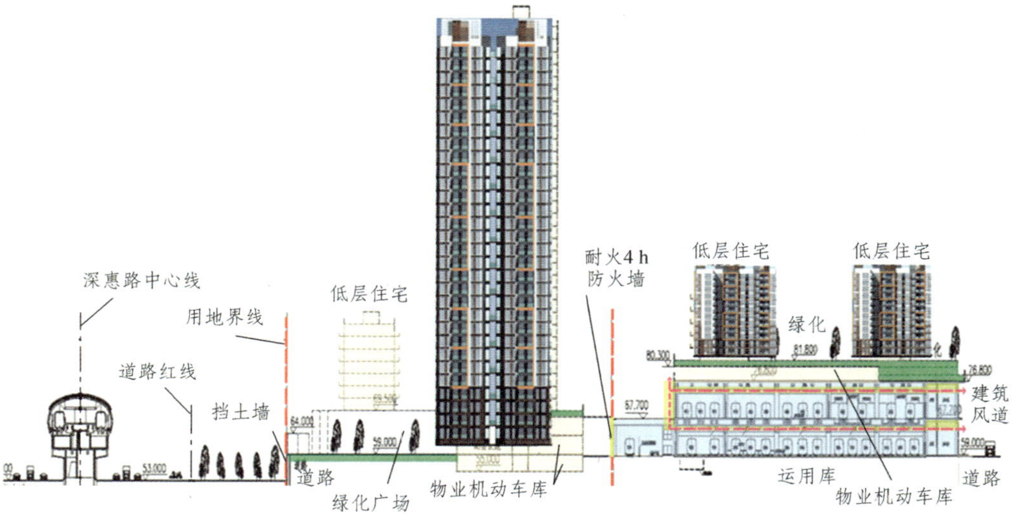

图 7.9　横岗双层车辆段物业开发示意图一

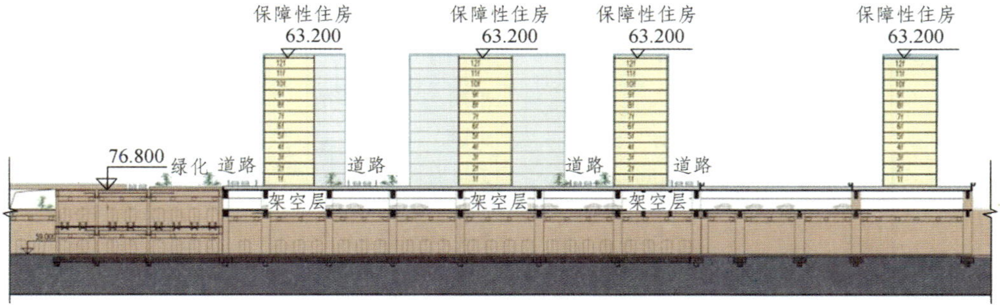

图 7.10　横岗双层车辆段物业开发示意图二

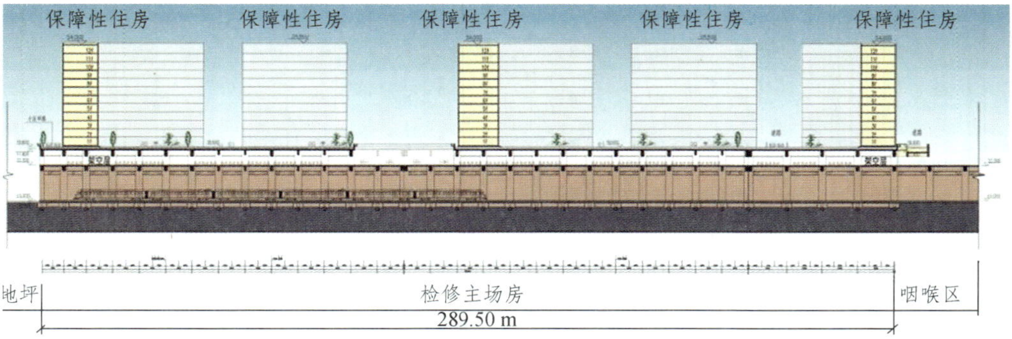

图 7.11　横岗双层车辆段物业开发示意图三

7.2.2　横岗车辆段厂房组合及主要建筑

7.2.2.1　双层运用库

车辆段运用部分由检查库、停车库和运转综合楼组成，其平面布置及断面图如图 7.12 ~ 图 7.14 所示。

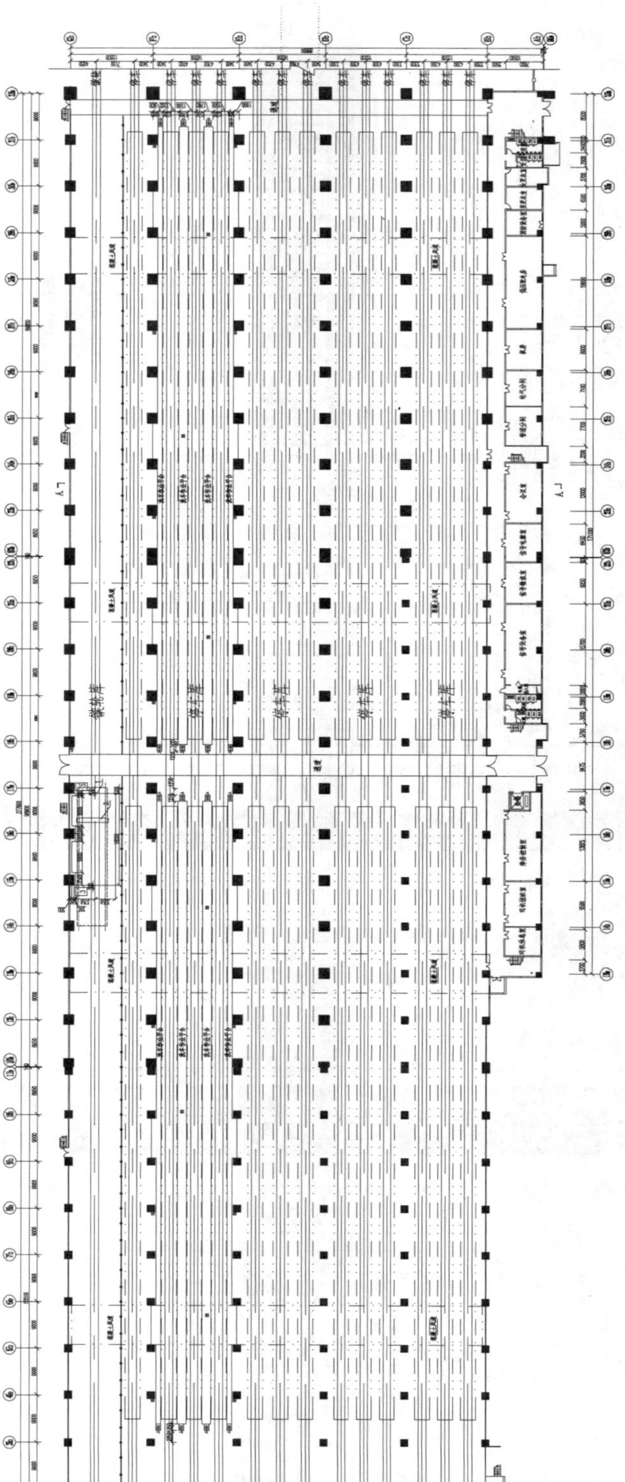

图 7.12 运用库一层平面布置图

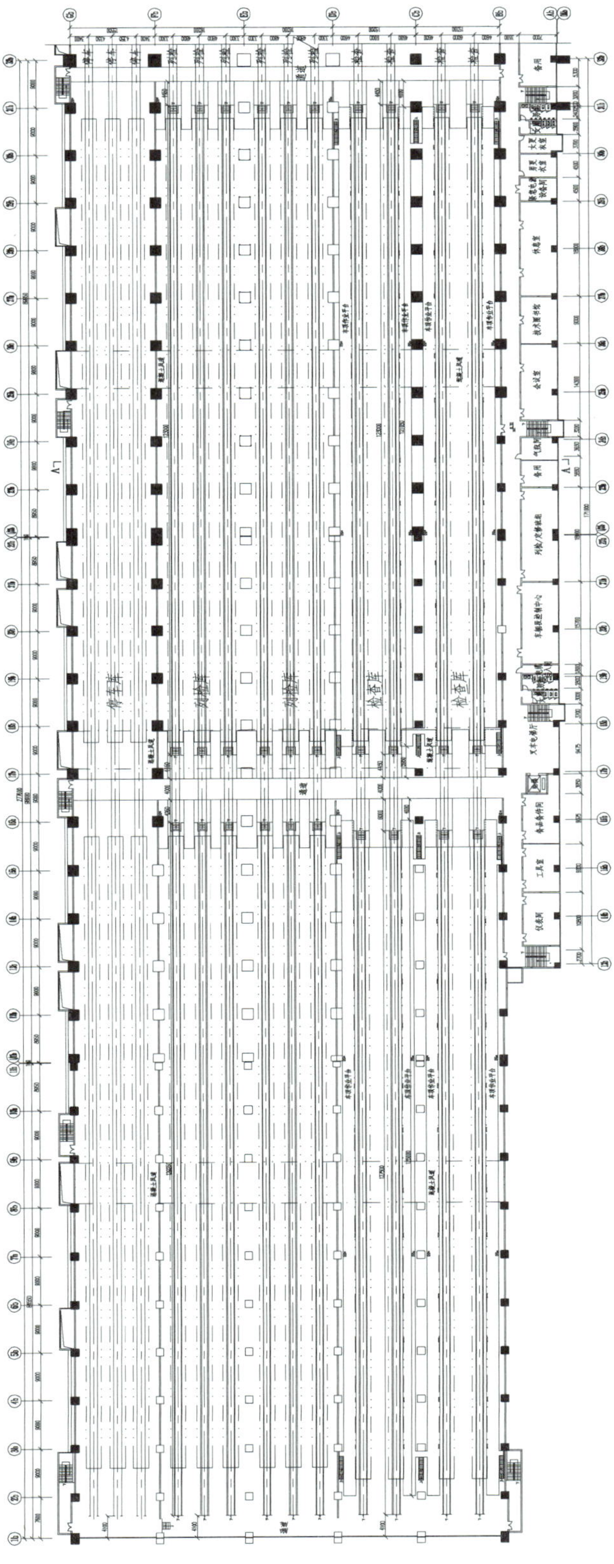

图 7.13 运用库二层平面布置图

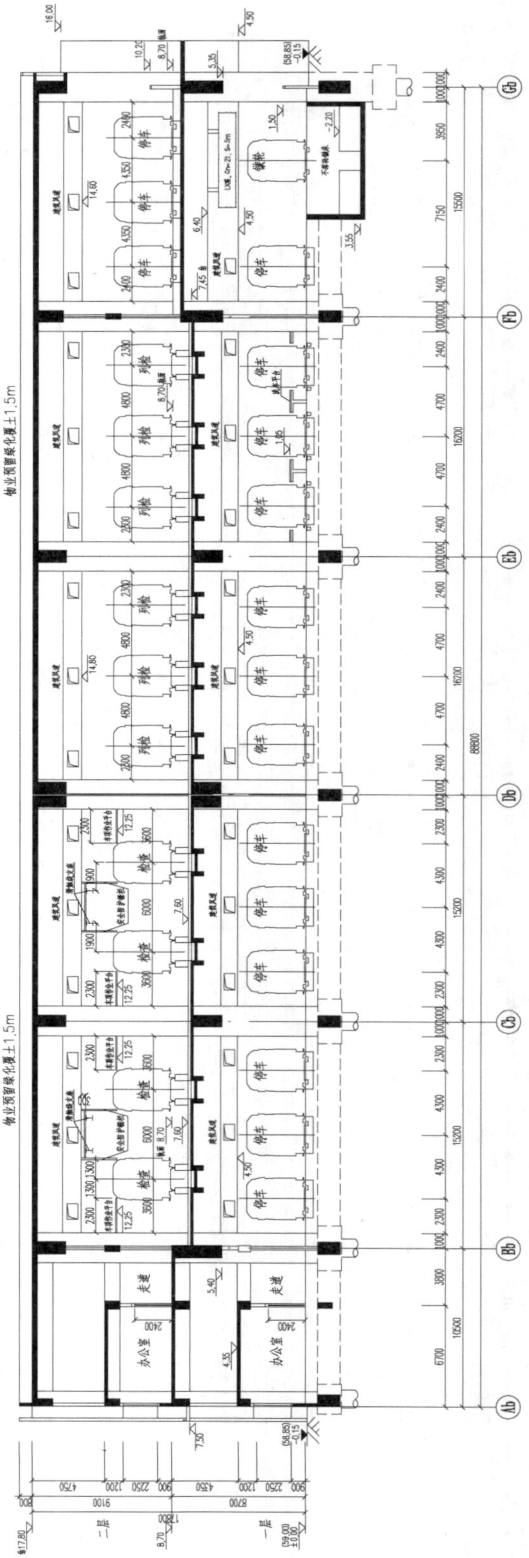

图 7.14 运用库断面图

一层（地面层）为停车库，由 1 个 2 线镟轮库和 4 个 3 线停车库由北向南依次并列布置组成，长 279 m、宽 78.3 m，库内设 14 股道。其中，镟轮库宽 15.5 m，库内设镟轮线和停车线各 1 条。镟轮线不设接触轨，中部设不落轮镟床设备 1 套。停车线采用接触轨供电，每股道可停放列车 2 列。远期有 7 条股道可以延长。停车库停车能力为近期 28 列，远期 35 列。

二层为检查库，由 1 个 3 线停车库、2 个 3 线列检库、2 个 2 线检查库由北向南依次并列布置组成，长 279 m，宽 78.3 m，库内设 13 股道。远期，有 9 条股道可以延长。

停车线和列检线采用接触轨供电，每股道可停放列车 2 列，列检线每列位设置普通检查地沟。检查线 4 股，采用带滑触线的外接电源供电，库内不设接触轨，库线长度按 2 列位的作业需要考虑，股道为架空式布置，库内设置车顶作业平台。列车通过出入段线后，再经过设在铁路桥上的双线坡度为 38.67‰的线路，上爬进入检查库。停车库与检查库内股道轨面高程相差 8.70 m。

检查库停车能力为近期 26 列，远期 35 列。

运转综合楼为 1 幢二层建筑，附着在双层停车库南侧前端。长为 171.4 m，宽为 10 m。一、二层设置车辆段调度控制室、司机乘务室以及生产办公、管理用房。

7.2.2.2 检修主厂房

检修主厂房为多跨联合厂房，库长 240 m，宽 115 m，由静调库、临修/吹扫库、大修/架修库、空压机检修间、车钩缓冲器检修间、电机电器检修间、制动检修间、电子检修间、空调机组检修间、转向架及轮对轴承间、存轮场、门窗检修间、金工间、蓄电池间、物资总库和生产班组房屋等组成。

大修/架修库按照直通库形式设置。本线列车设大架修线 2 条，6 辆编组列车单元分解后入库架车检修；预留相邻线列车大架修线 2 条。

大架修库两侧分别为宽 18 m 和宽 21 m 的辅助检修车间，在宽 18 m、长 240 m 的辅助边跨内设空压机检修间、车钩缓冲器检修间、空调机组检修间、制动检修间、电子检修间、门窗检修间、金工间和蓄电池间，在宽 21 m、长 240 m 的辅助边跨内及预留大架修库后端设电机电器检修间、转向架及轮对轴承间和存轮场。

临修库为两线库，长 144 m、宽 17 m，线间距为 6.4 m。临修线设普通检查坑，股道两边设条形架车机基础，股道旁配置静调电源柜，供列车辅助系统调试，并在库边设移动式车顶作业平台，方便检修人员上车顶检修空调。

静调库为两线库，长 144 m、宽 17 m，设静调线和待修车和修竣车停放线各 1 条，线间距为 6.4 m。静调线轨道为零轨，在静调线上设接触轨，设限界门，股道旁配置静调电源柜，供列车辅助系统调试，股道设置宽检查坑。

检修主厂房后端设长 96 m、宽 34 m 的物资总库，物资总库由立体仓储区、大件库及其他物品存放库等组成，如图 7.15、图 7.16 所示。

7.2.2.3 维修工务大楼

检修主厂房南侧设置 1 幢维修工务大楼。楼内设有 3 号线综合维修办公房屋、培训中心、控制中心、食堂、浴室及乘务员公寓等，给水所设于大楼一层。

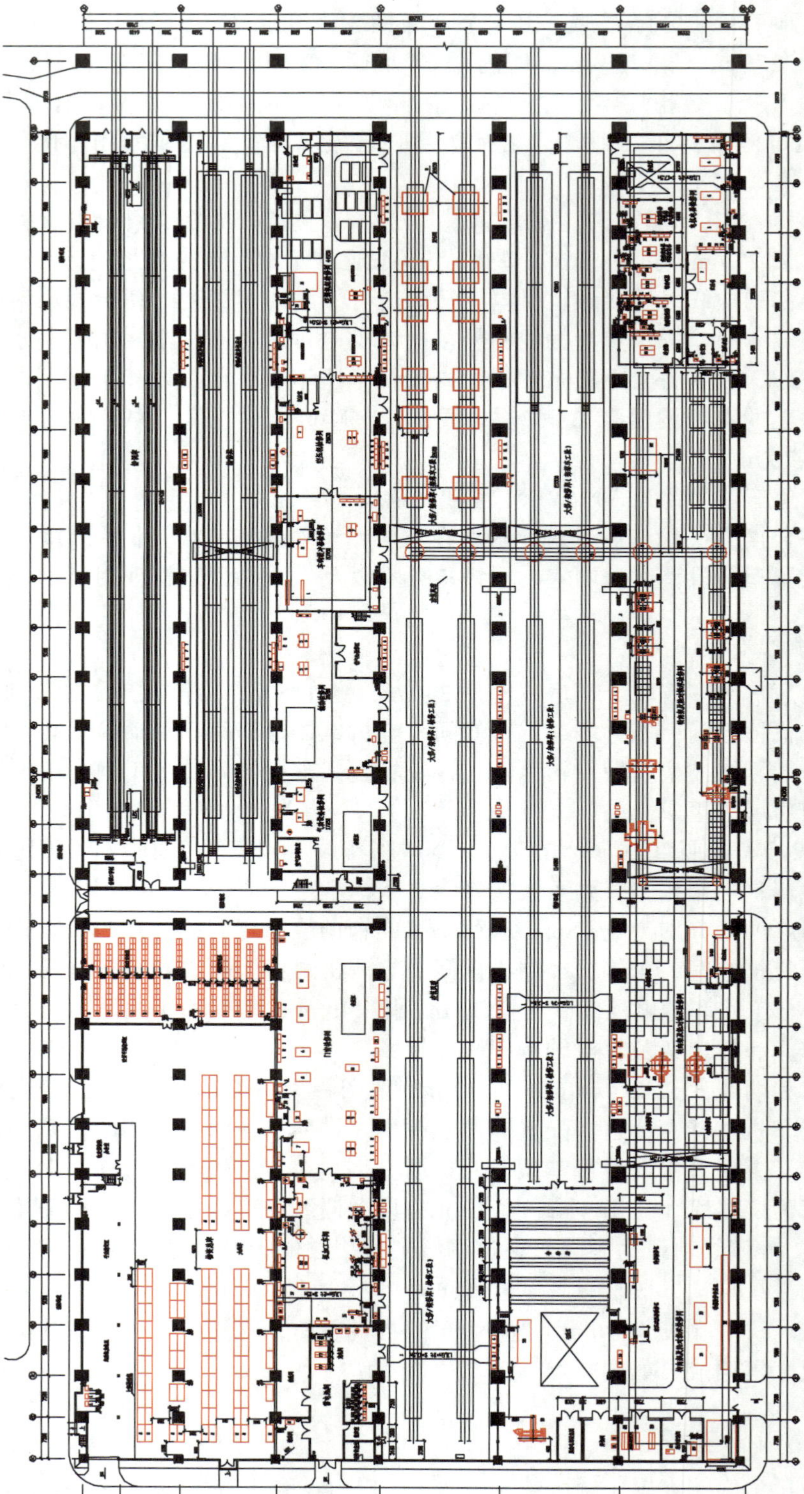

图 7.15 检修主厂房平面布置图

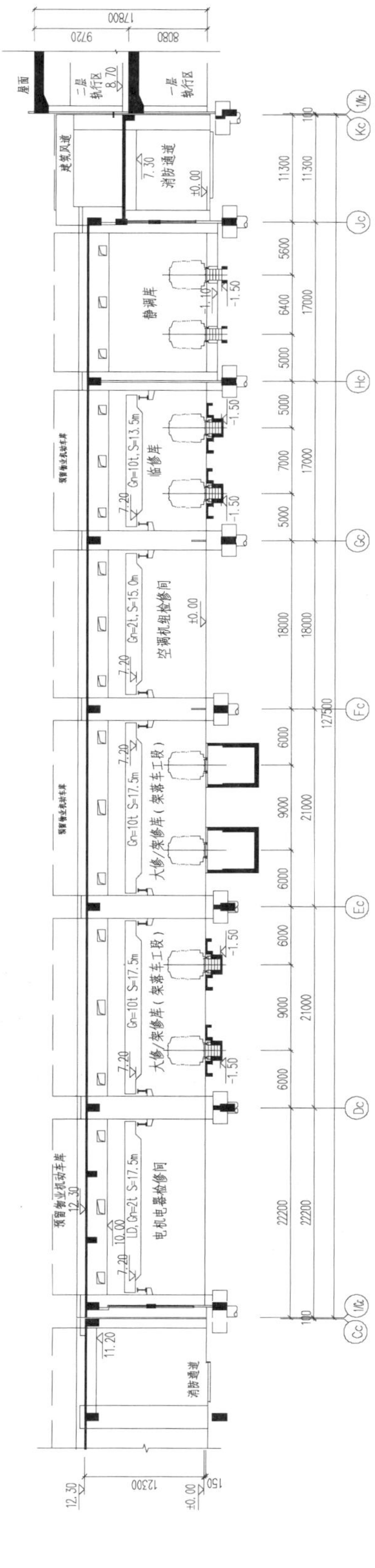

图 7.16 检修主厂房断面图

大楼内布置有车辆段大部分综合办公房屋，其中设置有票务组、基建维修建筑结构组、基建维修供电组、基建维修信号通信组、基建维修支援组、车站维修、司乘人员公寓、食堂淋浴等分区用房。另外全线控制中心和培训中心也布置在本大楼中。

7.2.2.4 其他房屋

调机库与工程车库合建于检修库东南侧，与出入段线顺接，方便工程车进入正线；紧靠调机库西侧设置 1 幢 2 层的房屋，一层为广告工区和机加工车间，二层为轨道组房屋。检修主厂房和调机库之间预留焊轨工区；运用库南侧设污水处理场；压缩空气站和牵引降压混合变电所合设在检修库西侧的空地上。运用库西侧设危险品库。在二层出入段线桥下空间、洗车线南侧设洗车机设备房和控制室，洗车机由车辆段调度室进行日常远程控制。行政办公大楼、地铁公安派出所设于 C 区物业用地的东北角，紧靠六约站，方便员工上下班和民警出勤。

7.2.3 主要工艺设备

7.2.3.1 架落车设备

检修主厂房内的大架修库长 240 m、宽 21 m，设大架修线 2 条，在各股道端部均设置 3 辆编组固定式架车机 1 组。1 列车 6 辆编组，采用单元（3 辆车为 1 单元）入库架车检修的方式，车辆被架起后，转向架通过架车机尾部的转向架转盘推至转向架车间进行检修，再将工艺转向架放在车体下，推至大架修库尾部进行车体检修。

固定式架车机设备能将独立车辆、2 辆车及 3 辆车升降，能将完整、已连接好的列车升降。无论转向架安装与否，固定式架车机设备能将独立车辆、EMU 或转向架升降至与地面至最高的高度之间。当固定式架车机设备进行操作时，只有控制操作台才能在地面上进行操作。设备组升降及相关设备的范围区域内视为检修区所在工作间地面的一部分，其轨道桥轨顶高度应与室内工艺轨道及地面标高一致。固定式架车机如图 7.17 所示。

图 7.17 固定式架车机

7.2.3.2 洗车设备

洗车机设置于通往一层的入段线外侧，与试车线之间的空地上，洗车线与一层出入段线平行贯通式布置，列车洗车后可直接进入停车库的 6 条停车线，洗车频率为 1 次/2 d。在二层出入段线桥下空间、洗车线南侧设洗车机设备房和控制室，洗车机由车辆段调度室进行日常远程控制。

列车自动清洗机主要用于清洗地铁列车外表面的灰尘、油污及其他污渍。通过水、清洗剂和清洗刷的作用，自动清洗列车的两侧、车头和车尾，包括车门和窗玻璃。列车自动清洗机由机械系统、电控系统、水供给系统、水循环系统、气动系统、洗涤剂供给系统等组成。采用列车自行牵引、以 3 ~ 5 km/h 速度通过库内洗刷的形式，在带电的情况下，自动对列车两侧（包括车门和窗玻璃）、车头、车尾及车顶进行洗刷和冲洗工作，清洗后车体外表面无灰尘、泥土和其他附着物，清洗后的污水经过处理后循环使用。

列车自动清洗机设有 2 套控制台，如图 7.18 所示。在就地控制室配备 1 套控制台，在 DCC 设置 1 套对列车自动清洗机进行远程控制的控制台，该控制台能对列车自动清洗机进行自动模式开机操作，并显示列车自动清洗机的故障状态。就地控制室控制台要优先于 DCC 控制台控制。

图 7.18 列车自动清洗机

7.2.3.3 不落轮镟床

镟轮库长 279 m、宽 15.5 m，库内设镟轮线和停车线各 1 条，在镟轮线和停车线之间设置 2 m 高金属扩张网。镟轮线不设接触轨，中部设不落轮镟床设备 1 套（图 7.19），库长能保证设备前后均有 1 列 6 辆编组列车的长度。

不落轮镟床能对踏面受损、轮缘变形的车轮进行镟削操作，并配备公铁两用车进行牵引作业。不落轮镟床为单头车床设计，能同时对 1 个轮对的 2 个车轮进行镟削外廓，并按双头车床的基础进行预留设计，能同时对 1 个转向架的 4 个车轮进行镟削外廓。不落轮镟床能为不同类型的车辆轮对镟削外廓，如地铁列车（包括动车和拖车）、工程车辆（轨道车和平板车）、内燃机车等。在镟轮库基础坑上方 27 m 长的范围内设置 2t 悬挂式起重机 1 台，方便吊运样板轮。

图 7.19 不落轮镟床

7.2.3.4 其他重要设备

车辆段内除固定式架车机、洗车机和不落轮镟床三大设备以外，根据运用和检修的需要，还设置了大量的通用和专用检修设备，如移动台、立体仓储装置、内燃机车、轨道车、各类起重机、叉车及搬运车、充电机、钢轨打磨车等。

7.2.4 站场路基工程

7.2.4.1 站场线路

1）出入段线

出入段线最小曲线半径 200 m，最大坡度 29‰。最小竖曲线半径采用 2 000 m。接轨站为塘坑车站（浅埋车站），出入段线在塘坑车站西端双线接轨。出入段线在塘坑车站西端两正线间引出在规划深惠高速公路下方以 24.6‰坡度下穿右正线后以 29‰坡度上坡与正线不等高并行，在规划深惠高速公路外牛始埔路西侧出洞接入车辆段。

2）试车线

试车线在停车库外北侧设置，紧邻物业 C 区，试车线有效长约 970 m。试车线尾部穿越山体，设隧道一座长约 180 m，能满足 70 km/h 速度试车要求，最高速试车须在正线进行。

3）车场线

一层车库车场线最小曲线半径 150 m，轨顶高程为 59.0 m；二层设计轨顶高程 67.7 m。车场线一般设计为平坡，一层与二层联络线最小曲线半径 150 m，最大坡度 38.67‰。最小竖曲线半径采用 2 000 m。

7.2.4.2 路基土石方及软基处理工程

1）土石方

土石方设计方案采用土质改良和加固措施相结合的包心路堤方案。路堤采用基床表层 0.5 m 厚 B 组填料加 D 组改良土，其下 0.1 m 厚中粗砂夹 1 层复合土工膜，基床底层 C 组填料加 D 组改良土，基床底层以下 A、B、C、D 组填料填筑，路堤边坡外侧 4 m D 组改良土填筑的包心路堤方案。D 组填料改良采用化学改良方法，拟掺 6%（重量比）水泥，D 组填料（改良）分层碾压填筑达到（压实系数、地基系数）双控指标。

2）软基处理

整体道床区部分工后沉降标准参照《无碴轨道铁路客运专线设计指南》（铁科技函〔2005〕754 号）要求，路基在整体道床区铺设完成后的工后沉降，应满足扣件调整和线路竖曲线圆顺的要求。工后沉降按 2cm 进行控制设计。

车辆段范围内有砟轨道部分工后沉降标准参照《铁路路基设计规范》（TB 10001—2005）中Ⅱ级铁路标准，按 30cm 进行控制设计。

根据不同的道床结构要求，采用对应的处理措施加固地基，以满足不同的工后沉降要求。

横岗车辆段地基加固平面示意如图 7.20 所示。

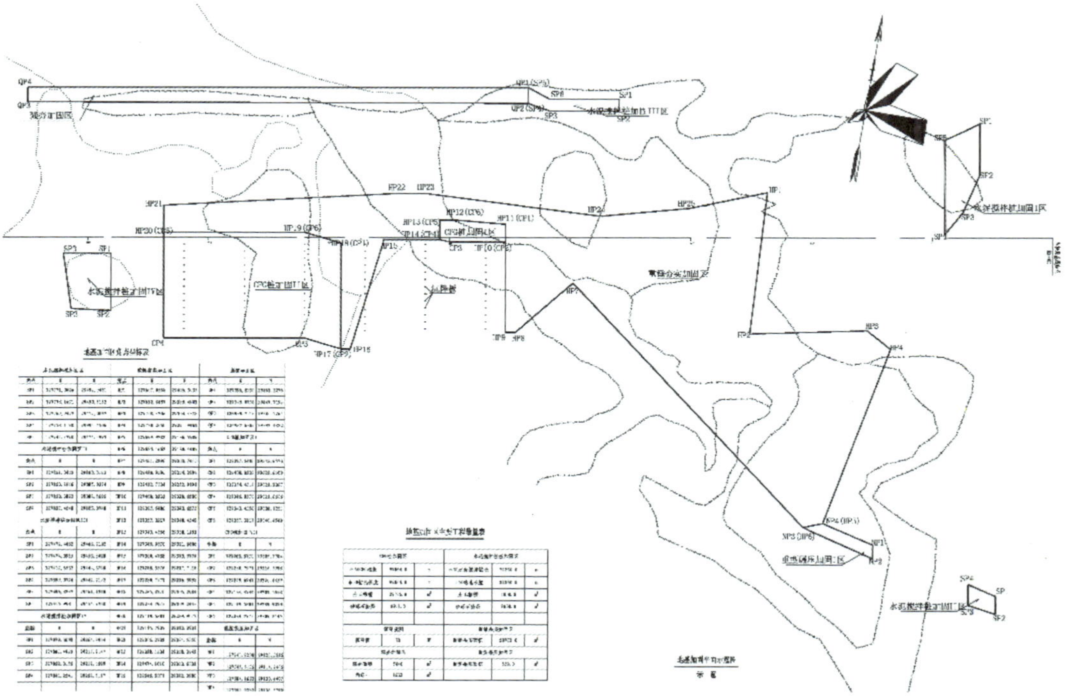

图 7.20　横岗车辆段地基加固平面示意图

3）路基支挡

路基支挡工程主要有：路堑桩板墙（局部桩间土钉墙）5 处，锚索桩间土钉墙 1 处，路堤桩板墙 1 处。

横岗车辆段桩板墙及桩间土钉墙代表性断面如图 7.21 所示。

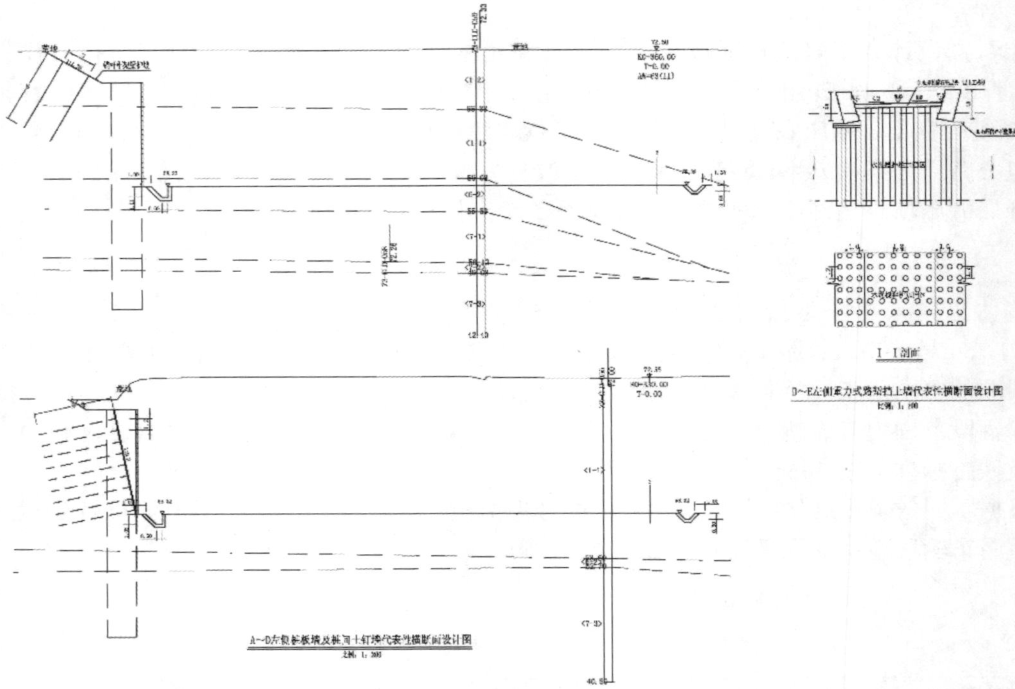

图 7.21 横岗车辆段桩板墙及桩间土钉墙代表性断面图

7.2.4.3 站场道路及排水

1）道 路

车辆段设 2 条通段公路，车辆段主干道通过一、二层之间框架通道连通二层物业平台并与牛始埔路连接。另一条通段公路在相应车辆段基线 JK0 + 740.34 从深惠路引入。通过 7 m × 4.5 m 框架箱涵下穿车辆段后引入段内。2 条通段公路通过段内道路相连通。段内道路呈环状。干道与停车库（带电区）之间用防护栅栏隔离开。

2）排 水

由于车辆段整体上盖做物业开发，车辆段库区内部基本无地面水，但上盖的雨水需通过排水管引入站场排水沟槽，故需在车辆段库区道路边设置排水沟槽，以满足车辆段的站场排水要求。道路旁及线路股道区根据流量计算设置排水槽。根据车辆段生产性质及要求，确定采用排水沟、纵横向排水槽相结合的排水系统。股道区设渣底式纵向排水槽，段内主干道一侧设公路排水槽，经纵横向排水槽汇集后集中排入车辆段南侧侧沟，引入车辆段箱涵后，接入深惠路雨水箱涵系统。

7.2.4.4 桥 涵

车辆段基线 JK0 + 740.34 处设置一个 7 m × 4.5 m 框架箱涵（图 7.22），作为从深惠路引入车辆段的通段公路同时兼具立交及排洪功能。

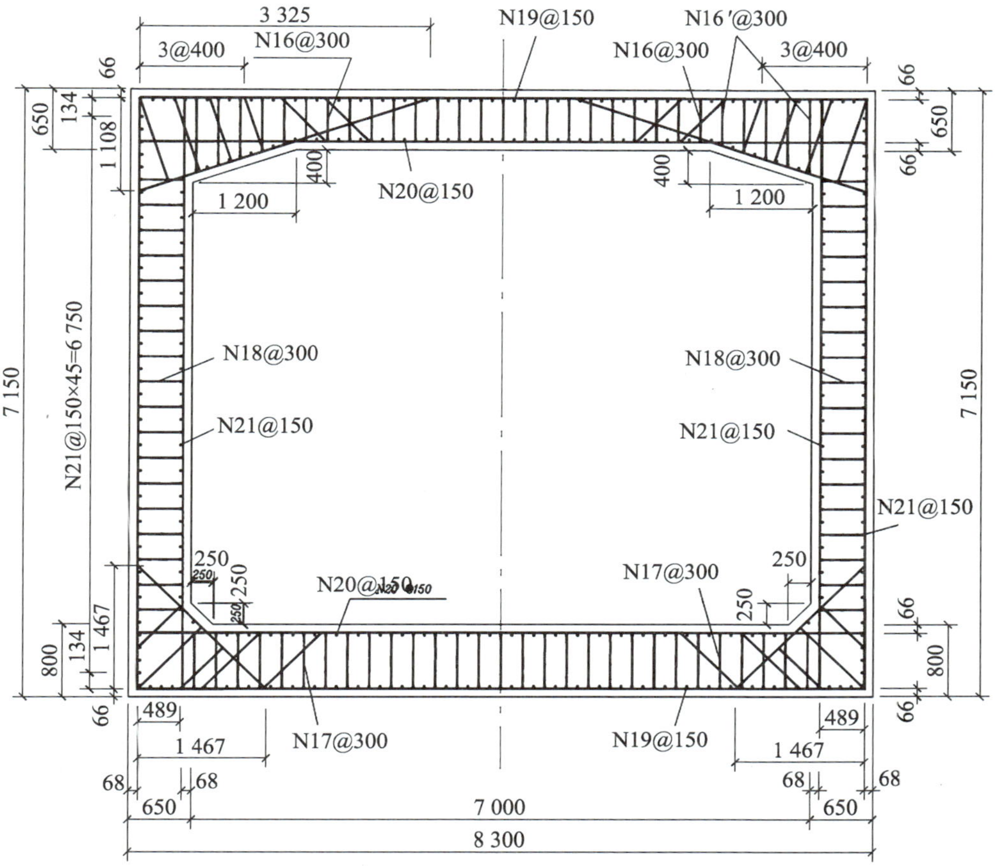

图 7.22 框架箱涵断面图（单位：mm）

框身净空按高度不小于 4.5 m、宽度满足双向两车道 7.0 m 考虑，入口处渐变加宽为 9.0 m，侧壁局部处设有 D300 mm 排水管；一般段涵节顶板厚 650 mm，侧壁厚 650 mm，底板厚 800 mm，内侧上下角设 1 200 mm × 400 mm 和 250 mm × 250 mm 梗肋；入口第一个涵节为满足通段道路半径要求采用异型设计，侧壁厚为 700 mm，底板厚为 900 mm。涵内道路砼厚度为 250 mm，两侧下设侧沟排水，在箱涵出口设置截水沟后将水降至路面以下顺接入深惠路市政排水管网。

7.2.5 房屋建筑工程

7.2.5.1 概 述

横岗双层车辆段总建设征地面积 28.28 hm^2，划分为双层车辆段用地和物业开发用地两部分。其中车辆段用地 18.24 hm^2，总建筑面积 18.85 万平方米；物业开发净用地 10.04 hm^2。根据总用地的规划使用性质划分为 A、B、C、D 4 块区域（图 7.23），车辆段在（A、B 区）建造双层平台后可释放约 10.04 hm^2 的白地（C 区和 D 区）作物业开发。物业皆直接建于地面，可作高密度开发。A、B 区平台上盖只能建低密度住宅。

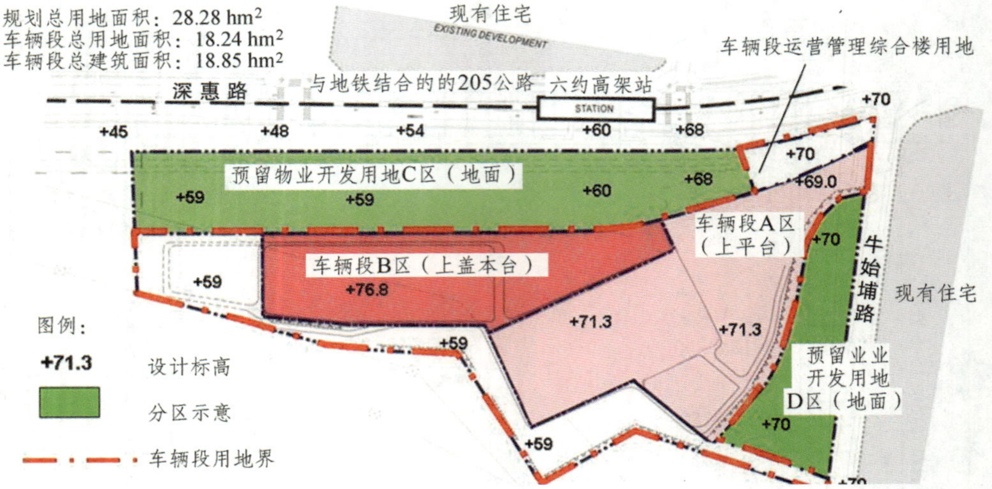

图 7.23 总用地分区示意图

7.2.5.2 建筑设计

1）设计年限

车辆段设计年限为 100 年，结构抗震烈度为 7 度。物业开发工程设计等级为一级，建筑（上盖转换层）设计年限 100 年，结构抗震烈度 7 度。

2）主要设计原则

车辆段：车辆段用地范围按远期规模进行预留，其站场股道、房屋建筑和机电设备按近期需要实施。车辆段房屋布置应符合城市规划要求，并结合生产工艺的需要统筹规划，力求布局紧凑、联系方便、路线短捷。房屋建筑在满足车辆段使用功能的前提下尽量合建，停车库、列检库、检修主产房、调机及工程车库、洗车机房、轨行区合并为双层车库。可节约 10 hm^2 左右的净地供物业开发。房屋建筑的形体处理应考虑深圳地区的地理环境，气候特点、当地的建筑风格及建筑的使用性质来确定其造型处理，要体现当代建筑的特色，办公房屋和生活服务类用房在建筑造型上注重新颖活泼，简洁明快，具有时代感并与周围的环境相协调。车辆段所有建筑均应符合有关国家规范及深圳市地方规范。车辆段双层车库为上盖物业提供了二层及三层平台空间及与车辆段双层车库共用的下部结构基础。车辆段的布置应满足消防及疏散的要求。

物业开发：综合考虑横岗城区大环境的协调以及小区处于城市主干道旁的特殊环境条件，充分利用地形特点和邻近地铁站的契机，将此项目打造成为横岗独特的门户住宅社区。以集约用地的概念来开发此项目，充分利用车辆段的上盖空间。充分利用其独特定位：综合着地铁、物业、商业的机遇。以地铁发展为前提，在车辆基地上创造一个以人为本，有着人性化尺度的社区环境。规划上必须考虑此项目的交通可达性和与地铁站无缝衔接的优势。充分利用南向的自然景观及车辆基地上盖平台高差创造独特景观环境。

3）用地现状高层分析

规划总用地面积为 28.28 hm^2，用地长边紧邻深惠路，深惠路道路高差较大，土石方平衡点定在场地的几何中心也是场地的中部，场坪基本标高定为 + 59。

车辆段 A、B 区场坪标高 + 59.0，车辆段运营管理综合楼场坪标高 + 70，物业 C 区场坪标高 + 59.0，物业 D 区场坪标高 + 70.0，如图 7.24 所示。

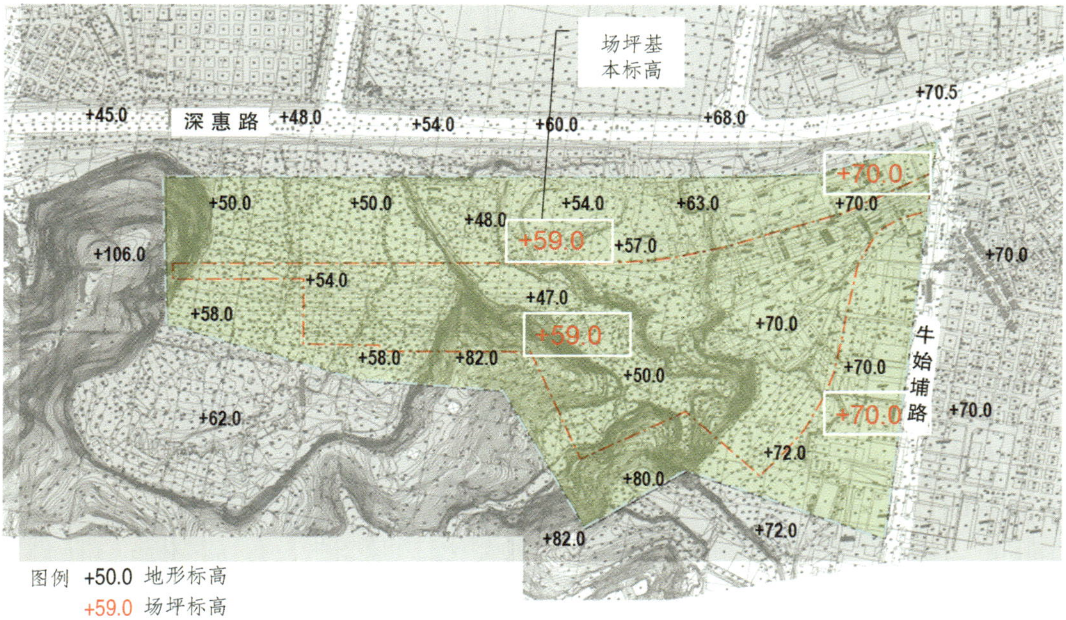

图 7.24 规划用地高程分析图

4）总平面布置

（1）车辆段总平面布局及功能分区。

横岗双层车辆段用地北临深惠路，东临牛始埔路，南面与规划路衔接（远期车辆段开口），车辆段在北侧与深惠路相接，在东侧与牛始埔相接。共有 3 个对外的出入口和城市道路连通。

在满足城市规划及消防间距和卫生间距的前提下，结合车辆段及地铁生产工艺的需要，总体规划做到布局紧凑、工艺流程合理、交通联系方便、路线短捷，并结合深圳地区的地域特点。考虑到运营管理的方便和节约城市用地等因素，车辆段工艺厂房和综合维修中心等几部分集中布置成双层车库，在北面及东面邻近城市道路的部分预留出空地用作物业开发。

双层车库主体一层平面布置有停车库、检修主厂房、调机及工程车库三大主要工艺库房和轨道咽喉区，二层为列检库和二层咽喉区。列车经过一层咽喉区通往坡度为 3.867%的坡道进入二层列检库。

维修工务大楼及其他各附属单体建筑分散布置在车辆段主体建筑周围，各建筑物之间的间距满足防火规范要求。

运营管理综合楼沿深惠路单独设置，并设有独立的人流和车流出入口，其与车辆段用地红线和城市道路的退缩间距满足深圳市城市规划要求。

车辆段功能分区示意如图 7.25 所示。

（2）物业开发总平面布局及功能分区。

物业开发临深惠路 C 区两处路口和深惠路相接，靠东侧口和车辆段共用，临东侧 D 区与牛始埔路相接，临南侧与预留规划路相接（远期预留）。远期共设 4 个出入口。

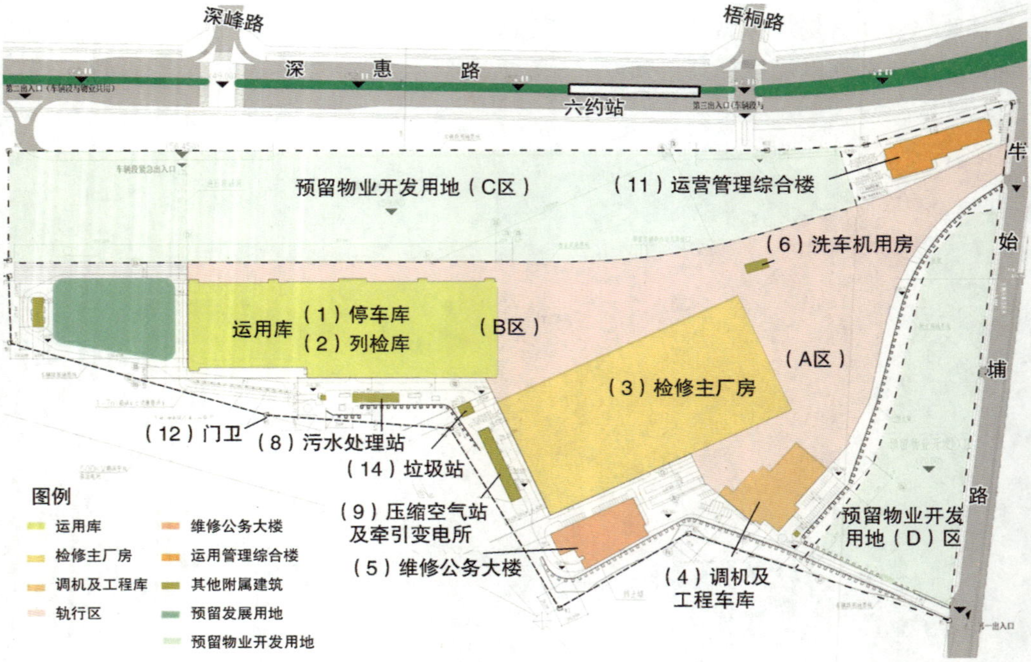

图 7.25 车辆段功能分区示意图

根据 A、B、C、D 地块将小区自然划分为 4 个部分，小区内不同尺度的建筑组合，结合地形起伏变化，创造出风情各异的景观空间。A、D 区为高密度高层商住组团，A + B 区为低密度多层商住组团。配套设施分布于小区内。物业开发功能分区示意如图 7.26 所示。

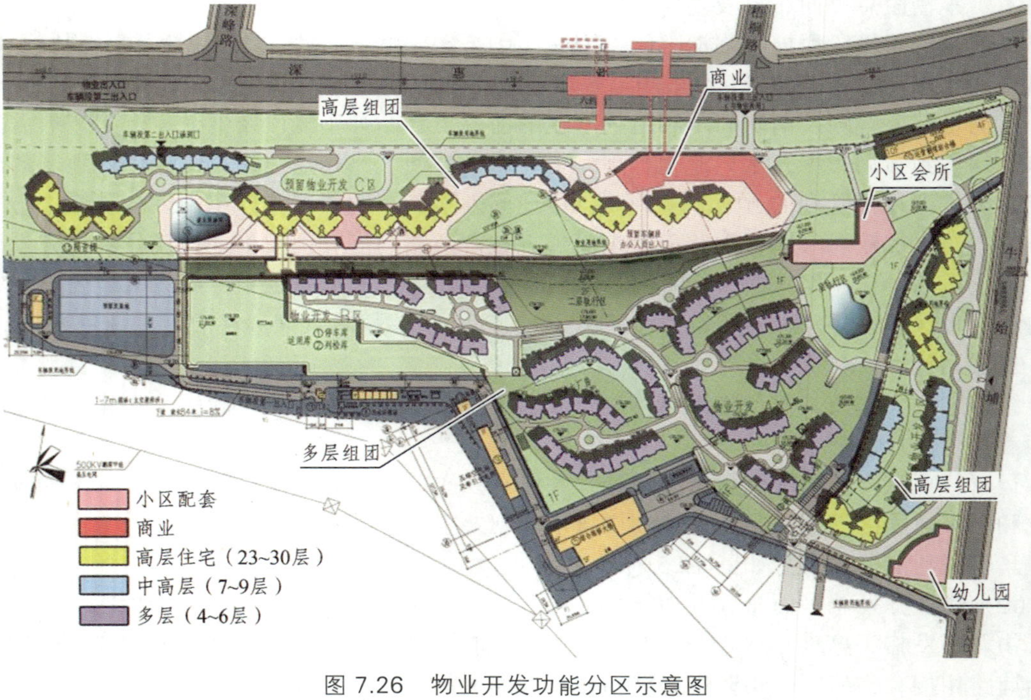

图 7.26 物业开发功能分区示意图

5）建筑平面设计

（1）车辆段建筑平面设计。

根据工艺专业的要求进行设计，各建筑均应满足车辆段的工艺要求和使用功能，如图 7.27 所示。

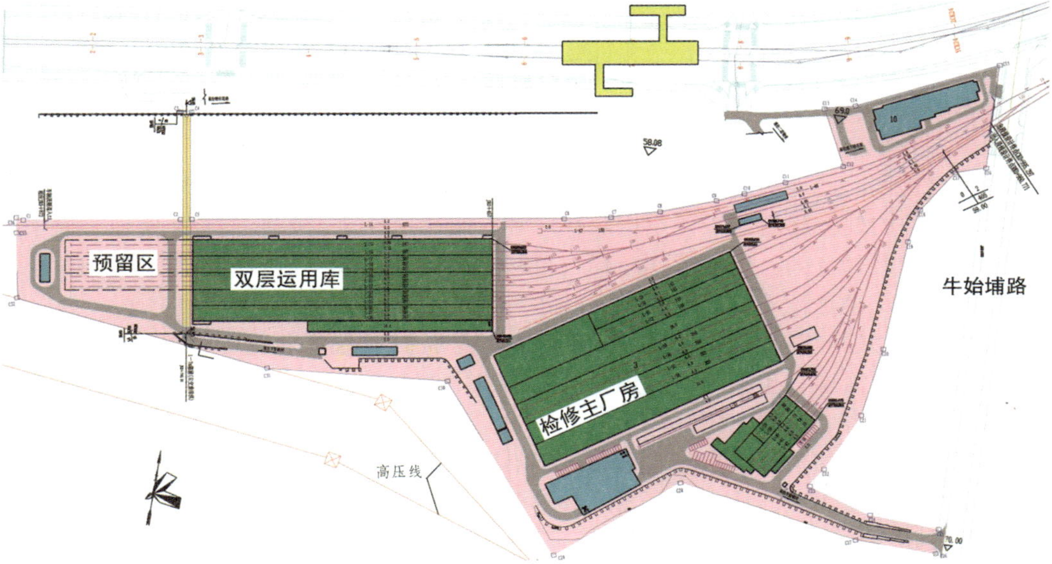

图 7.27 车辆段总平面布置图

车辆段主体建筑位于用地的中部，采用双层车库的形式，上部预留上盖物业的条件。主体建筑双层车库一层平面布置有停车库、检修主厂房、调机及工程车库三大主要工艺库房，各工艺库房均按独立的功能分区布置，各工艺库房之间有半敞开的宽度 4～7 m 的消防通道环通。由于停车库和检修主厂房长度超过 150 m，所以在停车库和检修主厂房内设有一条横向联系两侧宽 4 m 的消防车道。主体建筑双层车库二层平面布置有列检库，列车经一层通往二层的坡度为 3.876%的坡道进入列检库。

维修工务大楼位于车辆段用地的南侧，为 5 层的多层建筑，主要作为车辆段维修、培训、食堂、浴室、3 号线 OCC 控制中心、员工公寓等多功能的综合楼。

运营管理综合楼位于车辆段用地的东北侧紧邻深惠路，单独设置，运营管理综合楼由 10 层高的地铁运营管理办公和 4 层高的承担地铁公安的派出所两大功能组成，建筑四周有消防车道环通。在深惠路有接口与城市道路连接，并设有独立的人流和车流出入口方便办公人员的使用。临城市红线和城市道路的退缩间距满足深圳市城市规划要求。

污水处理站、压缩空气站及牵引变电所、危险品库、门卫（两处）、垃圾站等各建筑单体均为一层建筑，以上 6 栋作为车辆段的设备用房均布置在车辆段的南侧及西侧并临车辆段主要内部道路，各建筑与车辆段主体建筑联系紧密，交通方便，又自成体系，较好地满足了车辆段的使用功能和工艺要求。

（2）物业开发建筑平面设计。

A + B 地块为车辆段上盖地，这里平均标高比区外道路高约 10 m。加上位于基地最南侧，它的景观与地势都是最好的，适合开发高级住宅。亦因是建在车辆段上，所以建筑高度不能高（6层以下），此区特色是多层、低密度。车辆段上盖的地势是从南侧开始坡上去。建筑组团都依地势而建，每一个小区皆建在不同的标高地形上，可让更多单位享有南面的景观。基地南面有高压线，现有方案内住宅建筑皆有着 100 m 以上的后退。

A 跟 B 地块交接的位置上建有此区的大型小区配套中心。它的位置很有战略性，让几个地块的住客都可便利地到达。它的主要设施是一个大游泳池。B 地块最南侧的位置，在车辆段旁是一所铁路维修中心。它可从牛始埔路的支路进入。

C 地块是白地，位于深惠公路旁，主要的车辆入口也是通过 C 地块的。C 地块面向梧桐路的位置会有一个商场，此商场亦有桥与深惠公路中央的六约地铁站相连。主要的人流都会从此商场进出这区。此地块的东侧位置将会划出来兴建铁路办公楼和派出所，其余的部分用作住宅。此地块的住宅建筑是以两组中层住宅和三组高层住宅，蛇形布局在基地。此来每一组团均有附属的开放空间。以蛇形作布局也可减少屋外景观被阻挡的机会。本区的两个小区配套中心，其中一个是位于 C 地块西侧，主要设施包括一大游泳池。

D 地块位于牛始埔路旁，此区的次要车辆入口是通 D 地块的。此块功能以住宅为主。与 C 地块一样是中、高层，包括两组高层住宅和一组中层住宅，也是以小区概念来布局的。在此地块的东南角落有一所幼儿园。

在 C、D 地块内的中、高层住宅分布，把沿路的“墙”效应减低，使来往此区的车辆不会感到压迫，也能与周边的低密度开发区磨合。

物业开发功能分区示意如图 7.28 所示。

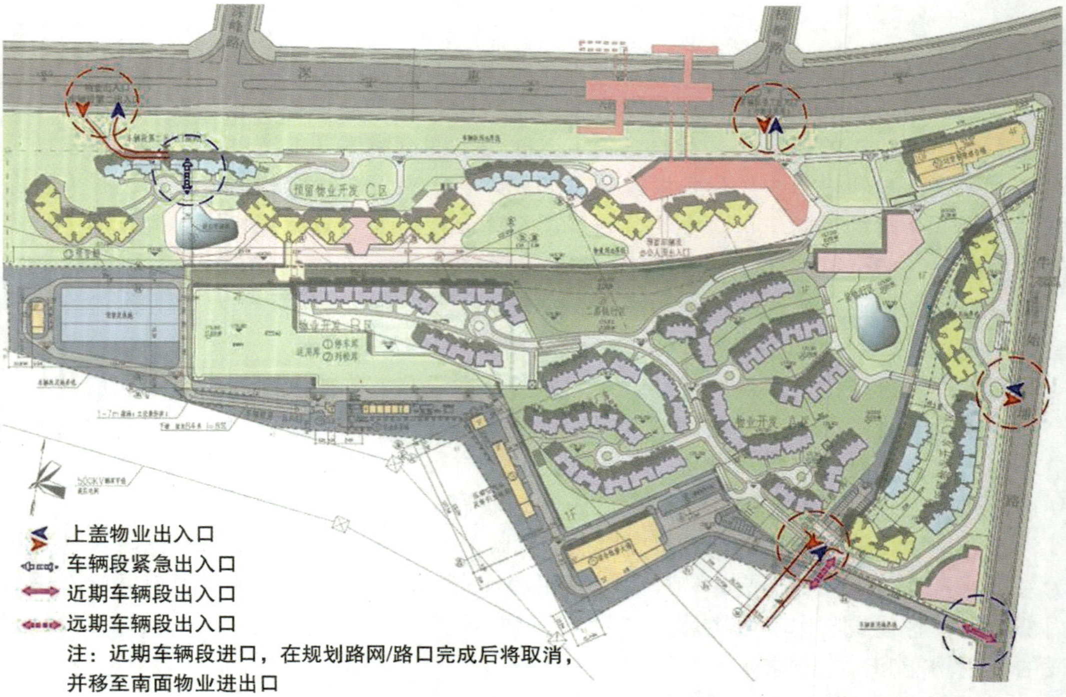

图 7.28 物业开发功能分区示意图

6）建筑立面及造型

（1）车辆段。

车辆段房屋建筑的造型在满足功能及工艺要求的前提下，力求简洁、大方、美观，充分体现现代工业建筑的特点，在简洁中求变化，在变化中求统一。

车辆段各建筑单体立面采用现代建筑风格，突出工业建筑设计线条明快、大方、简洁的特征。同时对建筑的细部处理力求精致化，突出视觉重点，通过对不同建筑材料质感来表现建筑的技术美。外墙面以浅灰色调为主，形成色彩淡雅、高贵、非常有特色的工业建筑。同时各栋建筑风格相近，突出了建筑的整体性，如图 7.29、图 7.30 所示。

图 7.29 运用库外立面

图 7.30 运营管理综合楼

（2）物业开发。

整个地块规划设计注重与城市设计的协调，形成高低起伏的天际轮廓线，北面及东面有 C 区及 D 区的 30 层的高层商住组团（高 99 m）、二到三层的商业建筑和小区配套房屋。中部有 A + B 区为 4 ~ 6 层的多层商住组团。

从空间布局上分区明确，功能清晰，主次分明。通过三大区域的空间组合，建筑形象丰富，现代化氛围浓郁，具有强烈的时代感、地域感。同时大片绿地和以水为主题的景观设置，不仅使居住区内的居民感到舒适，心情愉悦，也为城市调节大气候、改善大环境有着十分重要的意义。公建部分的设置也为城市的功能起到了区域中心的作用，能为周边地区提供多样性的服务，横岗车辆段鸟瞰和实景图如图 7.31、图 7.32 所示。

图 7.31 横岗车辆段鸟瞰效果图

图 7.32 横岗车辆段实景图

7.2.5.3 主要技术经济指标

1）车辆段

车辆段主要技术经济指标如表 7.7 所示，车辆段房屋面积如表 7.8 所示。

表 7.7 车辆段主要技术经济指标

序号	名称	数量	单位	备注
1	总用地面积	282 800	m^2	
2	车辆段用地面积	182 400	m^2	
3	总建筑面积	188 523	m^2	
4	建筑占地面积	119 158	m^2	
5	建筑密度	65.3	%	
6	容积率	0.64		
7	绿化率	23	%	
8	机动车停车位	133	个	
9	车辆段平台面积	112 150	m^2	供物业开发用

表 7.8 车辆段房屋面积

序号	房屋名称	建筑面积/m^2	结构形式	建筑层数
1	运用库及运转综合楼	48 640	框架	2 层
2	检修主厂房	29 744	框架	1 层
3	调机及工程车库	4 924	框架	1 层
4	维修工务大楼	15 953	框架	5 层
5	洗车机房	135	框架	1 层
6	危险品库	243	框架	1 层
7	污水处理站	349	框架	1 层
8	压缩空气站及牵引变电所	708	框架	1 层
9	运营管理综合楼	19 882	框架	10/1 层
10	门卫	50	框架	1 层
11	车辆段轨行区	67 753	框架	1 至 2 层
12	垃圾站	142	框架	1 层
总建筑面积 $\sum = 188\ 523\ m^2$				

2）物业开发

物业主要技术经济指标如表 7.9 所示。

表 7.9 物业主要技术经济指标

序 号	名 称	数 量	单 位	备 注
1	总用地面积	282 800	m^2	
2	物业（C+D）用地面积	100 400	m^2	$C = 72\ 460\ m^2$ $D = 26\ 140\ m^2$
3	物业平台（A+B）面积	112 150	m^2	
4	商住总建筑面积	350 000	m^2	
5	总建筑面积	35 万 + 商住配套面积	m^2	
6	建筑（C+D）占地面积	28 650	m^2	
7	绿化率	35	%	
8	容积率	3.5		
9	住宅总户数	3 580	户	
10	机动车停车位	2 120 ~ 3 600	个	

7.2.5.4 交通组织

1）项目进出口和外部交通组织

（1）项目物业部分与车辆段的进出口是分开设置的。物业规划共有 4 个进出口，其中两个位于深惠路，一个位于牛始埔路，还有一个位于项目南面。车辆段在牛始埔路规划有一个进出口和一个紧急出口连接深惠路。

（2）在深惠路上的两个物业进出口、一个是与规划梧桐路口连接，该进出口可以让物业交通往返深惠路东行或西行方向；另一个进出口位于深峰路路口以西，该进出口为一个主次路口，只允许车辆右进右出深惠路东行。在牛始埔路上的进出口为主次路口，而南面的进出口将会与项目南面的规划外部道路连接。

（3）车辆段交通在近期会利用在牛始埔路上的进出口，根据外部路网规划，未来车辆段进出口的南面不远处会有一个规划路口，为了避免车辆段的交通影响规划路口，当项目南面的规划道路和该路口完成以后，车辆段的进出口会改为开在项目南面，与物业南面进出口合并，而原牛始埔路上的车辆段进出口会取消。

（4）以上的布置方式有效地避免了车辆段和物业开发地面交通的交叉干扰，较好地解决了交通组织问题。

车辆段及物业开发道路进出口平面示意如图 7.33 所示。

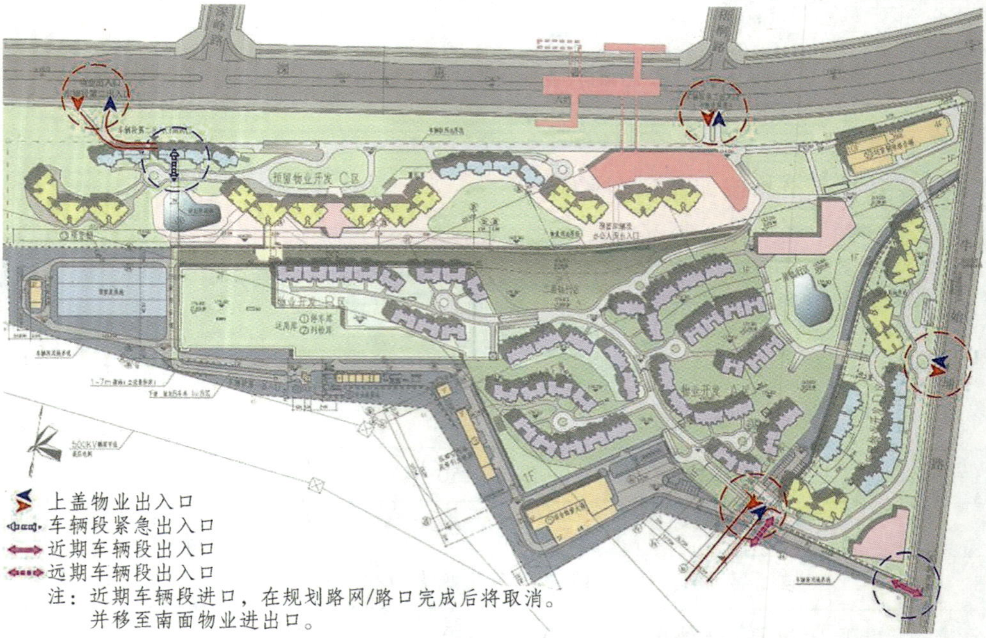

图 7.33 车辆段及物业开发道路进出口平面示意图

2）项目交通量分析

（1）本项目为一个交通导向型发展项目，周边设有完善的公共交通服务，其中规划的地铁 3 号线六约站在项目可接受的步行范围内。除地铁以外，其他往返项目的交通方式包括小汽车/出租车、公交和非机动车/步行等。由于项目体量较大，对交通出行总量及出行方式的预测主要影响项目交通及片区交通实施效果。因此，在参考了深圳市交通方式分布和其他类似项目的调查，预测本项目的交通方式划分如表 7.10。

表 7.10 交通方式分担率

地铁	小汽车/出租车	公交	非机动车/步行
30%	20%	40%	10%

（2）除了使用交通分担率来估算项目交通产生和吸引量外，也对深圳类似的居民和商场进行了出行调查。本次所调查的居民住宅分别为信义假日名城（箐华园）和中海华庭，商场物业则为华润万象城（一期），调查时间为 2006 年 12 月 4—5 日，调查早晚高峰时间段为早上 7:00—9:00、下午 6:30—8:30。

（3）住宅物业：信义假日名城位于龙岗区布吉新城区白鸽路，菁华园为信义假日名城第三期发展物业，总建筑面积为 74 065 m^2；中海华庭位于深圳市福田中心区民田路，离地铁一号线购物公园站仅为 2 min 步行距离，总建筑面积为 110 000 m^2。

（4）商场物业：华润万象城位于罗湖区深南路与宝安路路口西南地域位置，华润万象城商场建筑面积为 125 000 m^2，设有地下人行通道与地铁一号线大剧院站接驳。

（5）综合交通分担率分析和出行调查结果，预测本项目住宅和商业高峰小时小汽车/出租车产生率和吸引率如表 7.11 所示。

表 7.11 项目机动车出行率[单位：小汽车当量/（h · 100 m^2 建筑面积）]

物业类型	早高峰		晚高峰	
	产生	吸引	产生	吸引
住宅	0.10	0.08	0.08	0.11
商业	0.10	0.22	0.32	0.50

（6）基于上表的出行率，可以估算得出项目未来机动车交通产生和吸引量。估算的项目交通量可参见表 7.12。

表 7.12 项目高峰期交通量估计（单位：小汽车当量/h）

物业类型	早高峰		晚高峰	
	产生	吸引	产生	吸引
住宅	334	268	268	368
商业	10	22	32	50
办公	50	100	100	50
学校	20	40	40	20
公安局	10	20	20	10
车辆段	60	90	90	60
总计	484	540	550	558

（7）在交通方向分配方面，估计本项目交通以往返深圳市区为主，其次是往返龙岗方向。往返深圳市区的车辆可选择利用深惠路或规划的沙荷路，而往返龙岗方向的交通可利用深惠路、沙荷路、横岗区内道路或经深峰路接驳水官高速。

（8）预测约 30%车辆会使用项目南面的进出口和外部道路往返，因此外部规划路网，尤其是连接沙荷路的一段牛始埔路和牛始埔路与项目南面进出口之间的一段道路，需要优先开通以配合项目完成。这样可以把项目机动车交通量分流到规划道路上，减少深惠路的交通压力。

3）项目内部交通组织

（1）车辆进入项目物业部分后可以通过内部道路前往各个小区或停车库，内部道路形成一个环路，并连通 4 个物业进出口，物业内车辆可随意使用任何一个进出口。车辆段的内部交通组织较为简单，道路直接连接在牛始埔路（近期）或南面（远期）的进出口，在紧急情况下可以利用另外一条内部道路通往深惠路进出口。

（2）车辆段的内部交通组织较为简单，道路直接连接在牛始埔路（近期）或南面（远期）的进出口，在紧急情况下可以利用另外一条内部道路通往物业深惠路进出口。

物业车行路线示意如图 7.34 所示。

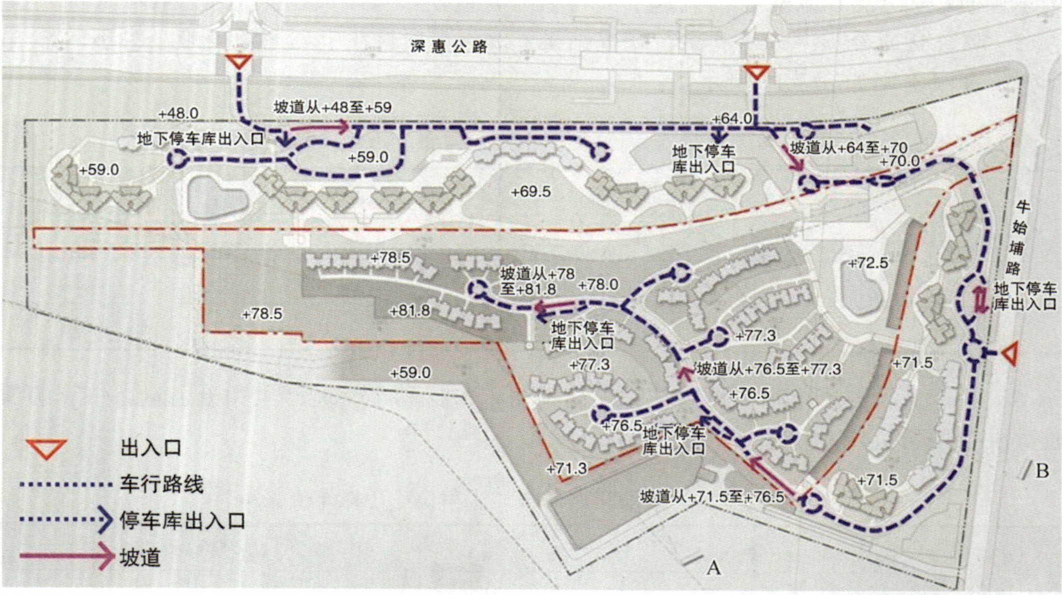

图 7.34 物业车行路线示意图

4）车辆段内部交通组织

（1）根据车辆段的位置特点，道路直接连接在牛始埔路（近期）或南面（远期）的进出口，在紧急情况下可以利用另外一条内部道路通往物业深惠路进出口。车辆段交通在近期会利用在牛始埔路上的进出口，根据外部路网规划，未来车辆段进出口的南面不远处会有一个规划路口，为了避免车辆段的交通影响规划路口，当车辆段南面的规划道路和该路口完成以后，车辆段的进出口会改为开在项目南面，与物业南面进出口合并，而原牛始埔路上的车辆段进出口会取消。

（2）车辆段场地内设有环形通道联系各工艺生产厂房及其他生产生活服务用房，满足交通、消防功能。

（3）运营管理综合楼在用地东北角沿深惠路单独设置，设有一个独立的人流和车流出入口（与上盖物业共用的车辆段出入口），运营管理综合楼为高层建筑，四周设消防车道环通。

（4）主要道路分三级。主干道宽 7 ~ 9 m，次要干道路宽 4 m，人行道宽 1.5 m。

（5）段内的静态交通系统考虑地面停车，在人员较密集的建筑附近布置，主要布置在维修公务大楼、调机及工程车库附近共两处停车场地；段外的运营管理综合楼的静态交通系统主要考虑地下停车。

车辆段地面道路布置示意如图 7.35 所示。

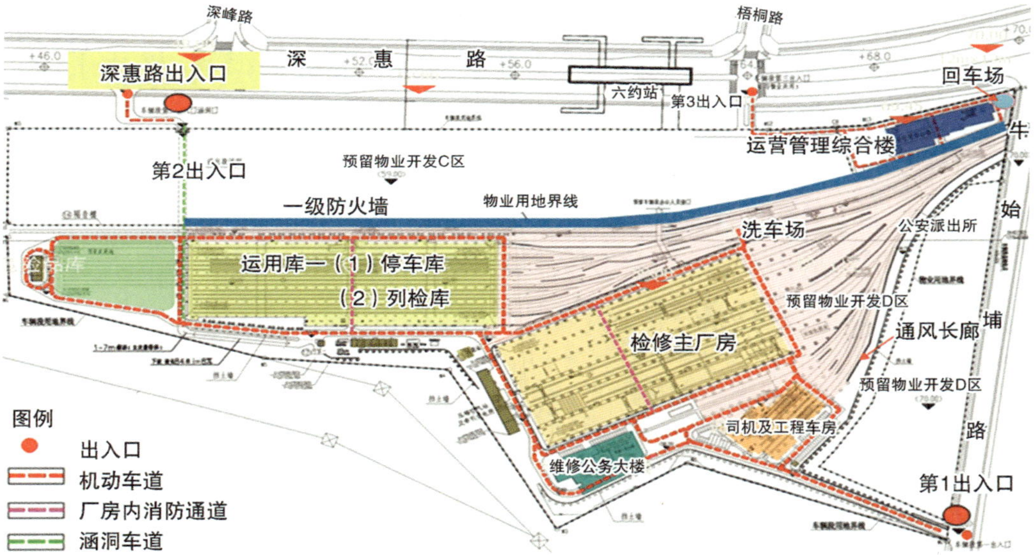

图 7.35　车辆段地面道路布置示意图

7.2.5.5　消防设计

整个规划用地在北、东面紧临城市道路，南侧临预留规划道路。所以有和城市道路的接口的良好条件（南面为预留），车辆段和物业消防车道各自成体系，互不干扰（只在深惠路接口部位共用与城市的道路接口条件）。

1）车辆段总平面布置

车辆段道路直接连接在牛始埔路（近期）或南面（远期）的进出口，在紧急情况下可以利用另外一条内部道路（地下公路涵）通往物业深惠路进出口。满足车辆段消防有两个出入口的功能要求。场地内设有环形消防车道，联系各工艺生产厂房及其他生产生活服务用房，段内主要道路宽 7 ~ 9 m，次要道路宽 4 m，运营管理综合楼设有独立环形消防车道，通道净宽不小于 4 m，满足防火规范要求。

车辆段各建筑物之间的间距均能满足防火规范要求。

2）物业开发总平面布置

项目物业部分与车辆段的进出口是分开设置的。物业规划共有4个进出口，其中两个位于深惠路，一个位于牛始埔路，还有一个位于项目南面。

场地内高层部分设有环形消防车道，多层部分有足够的消防扑救面，三处（C、D、A+B）区域块成环状接通。消防车道宽8 m。

物业各建筑物之间的间距均能满足防火规范要求。

3）车辆段与物业之间的消防措施关系

车辆段与上盖物业的消防系统，如消火栓系统等，均单独进行设置，互不相连；对于上盖物业而言，上盖平台可以作为物业楼群最终安全疏散区域，不需进入车辆段范围；上盖物业发生火灾后，消防队员以及消防车可以直接到达平台上的消防车道，对物业火灾进行扑救；车辆段平台上区域之内至少设置一条满足大型消防车双向通行的消防车道，并与两个市政道路出入口连接。上盖物业的火灾不会对盖下车辆段的运营造成影响。在发生火情时，物业上、下的消防控制中心进行互相通知。

上盖消防路线示意如图7.36所示。

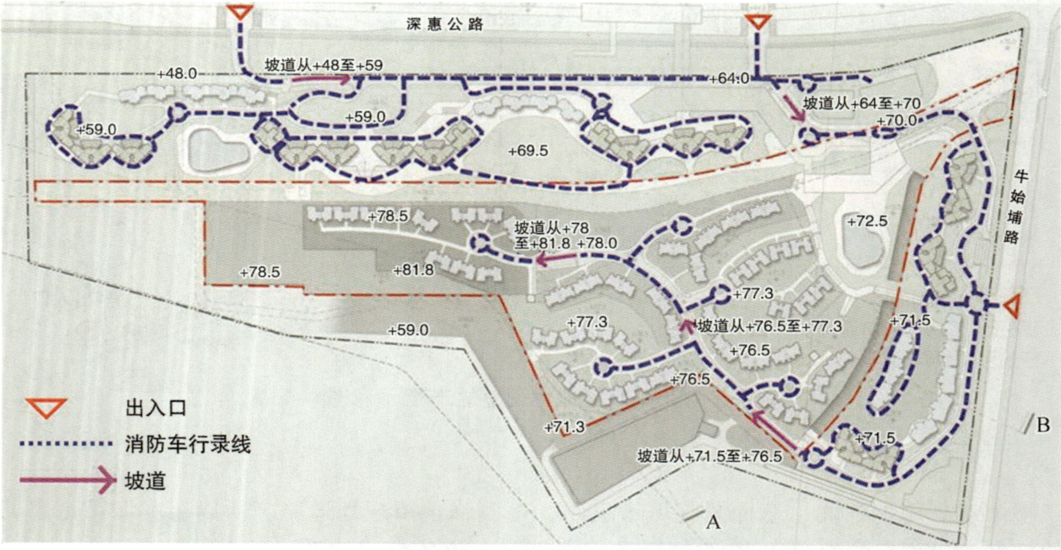

图7.36 上盖消防路线示意图

7.2.5.6 景观绿化

（1）在以往的车辆段设计中，往往仅注重于生产功能的发挥，对人员工作环境重视不够，与城市规划不够协调。横岗车辆段北侧紧临深惠路城市主干道，城市规划对车辆段景观要求较高。在横岗车辆段绿化设计中，我们本着以人为本的设计理念，结合横岗车辆段上盖物业的特点，在基地内建筑物相对集中布置，以减少建筑占地面积，尽可能增大绿化面积，充分利用室外屋面创造绿化环境。双层车辆段主体屋面平台结合物业开发设置园林绿化，库房内部道路绿化，基地内主要道路两侧及广场可进行绿化，对城市景观环境十分有利。车辆段绿化率达到了30%。

物业与车辆段景观绿化示意如图7.37所示。

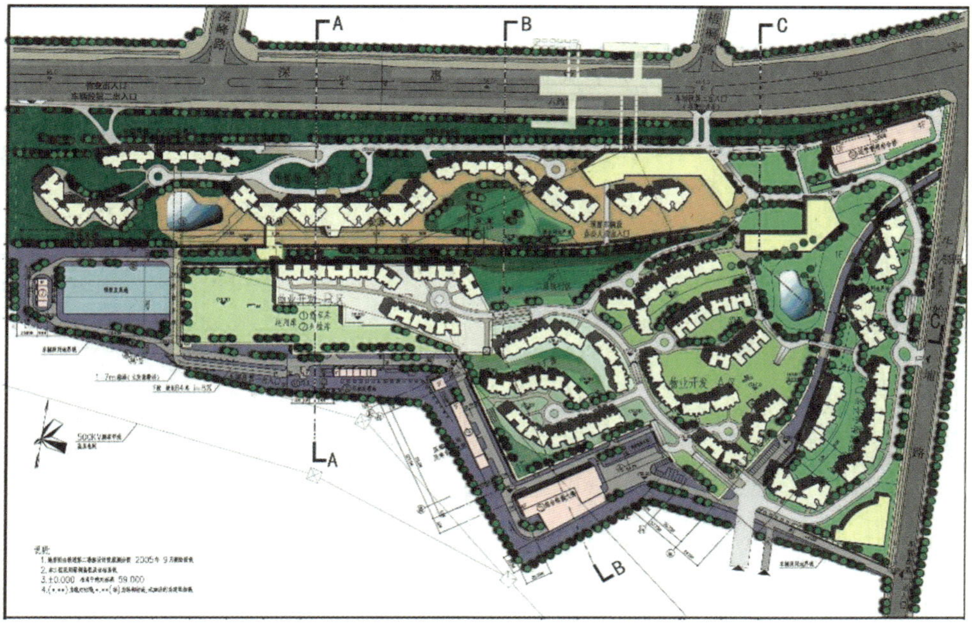

图 7.37 物业与车辆段景观绿化示意图

（2）车辆段南侧为浅丘陵地带，自然景观良好，设计充分利用南向的自然景观与采光效果，充分利用车辆段所在原始地形地貌，采用中国传统的设计手法“尊重自然，师法自然”的设计理念，充分利用车辆段的高差来创造独特景观效果。

7.3 中心公园地下停车场

7.3.1 选址及总平面布置方案

中心公园停车场位于深圳市福田区中心公园东北部的公园用地范围内，停车场用地紧邻笋岗西路南侧、红荔路北侧、华富路西侧、皇岗路东侧，该用地与其东侧的华富村遥相对应，西面为福田河，如图 7.38 所示。整个用地较为规整，南北长约 778 m，东西宽约 172 m。地形起伏较大，高差在 5 ~ 11 m 内。华富路下有埋深约 5.6 m 的雨水管和深约 8.7 m 的 220 kV 电力管线，均为控制性管线。华富路为城市主干道，双向 10 车道，宽 35 m，交通极为繁忙；笋岗西路为城市主干道宽 42.6 m，为自西向东的双向车道。

结合中心公园改造，经与市规划及其他相关部门协调，中心公园停车场设置在地面以下，沿南北向，靠笋岗西路南侧、红荔路北侧布置。负一层为地下地铁停车场。地铁停车库在东北侧设有一条 6.0 m 宽人行通道，与笋岗西路连接，主要供工作人员上下班使用。此路平时不考虑车辆进出，仅在火灾发生时作为救援消防车的进口，以满足消防设防要求。地铁停车场在东南侧设有一条 6.0 m 宽车行通道与华新路连接，主要供开车上下班的工作人员使用，火灾发生时也是救援消防车的出口。

中心公园停车场设置为全地下式，采用尽端式 1 线 2 列位布置，减少道岔数量和整体宽

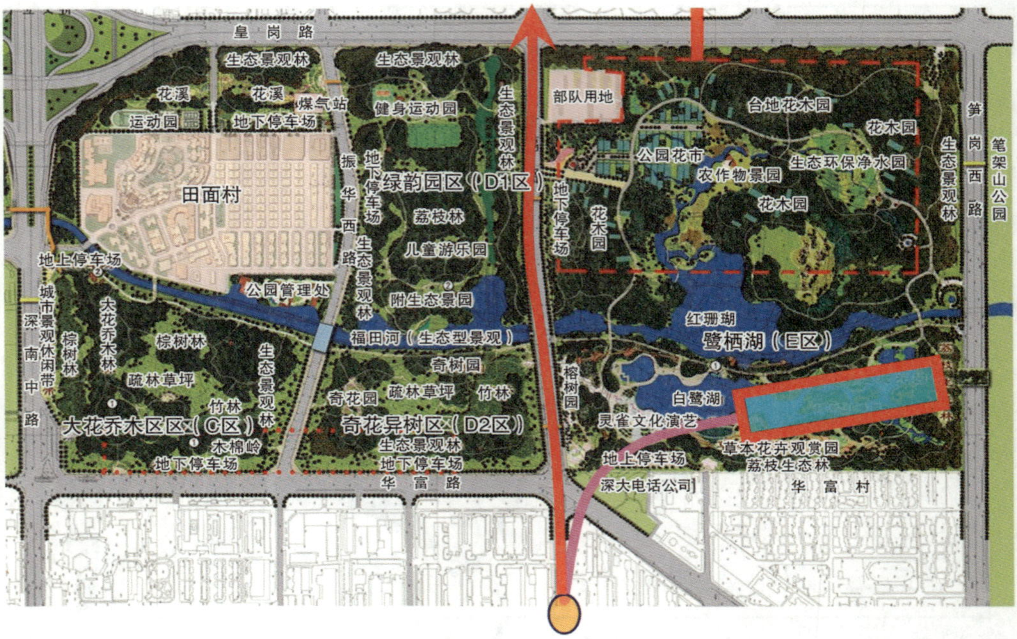

图 7.38 停车场场址平面示意图

度；洗车机与出入场线平行布置，采用咽喉区八字线通过式布置形式；在洗车折返线尾部设临修线。停车场股道群两侧设消防通道。地铁停车库总长 271.5 m、宽 87.3 m，咽喉区部分长约 216.0 m。停车场总用地面积约 5.0 hm^2，总建筑面积 42 213.53 m^2，其中主体面积 40 166.7 m^2，附属面积 2 046.83 m^2，建筑层数为地下一层。具体布置位置见图 7.39：

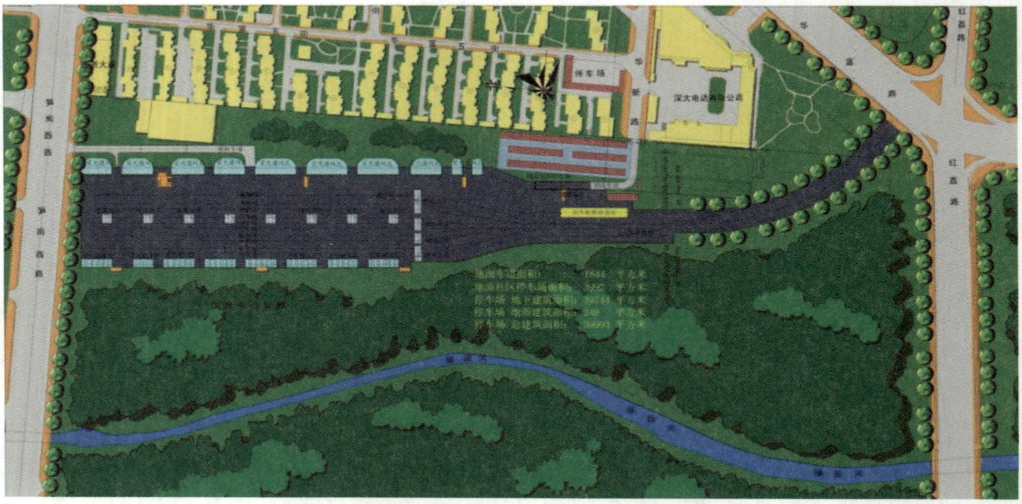

图 7.39 停车场总平面布置示意图

停车场靠华富村一侧设置必要的设备用房和办公用房，并在两侧设置楼梯及通道供内部交通及疏散使用，停车场中部及两端设置联系两侧的横通道。边跨房屋与车库间用防火墙分隔。

停车场的地面设置必要的疏散通风口和地铁停车场的人员出入口，并尽量结合地面景观设置，以减少对公园的影响。

7.3.2　主要工艺设备选型

7.3.2.1　洗车工艺布置及设备选择

由于受停车场用地条件控制，洗车机与出入段线平行布置，采用咽喉区八字线通过式布置形式。列车先通过咽喉岔区进入洗车机折返线，再反向通过式洗车进入洗车机牵出线，然后再次通过咽喉岔区进入停车库内。在洗车机一侧设置洗车机泵间和控制室。

列车自动清洗机主要用于清洗地铁列车外表面的灰尘、油污及其他污渍。通过水、清洗剂和清洗刷的作用，自动清洗列车的两侧、车头和车尾，包括车门和窗玻璃。洗车机主要的选型原则和技术要求与横岗车辆段的设备一致。

7.3.2.2　简易临修工艺布置及设备选择

在临修线上设置检查坑 1 处，并配备移动式架车机（起吊质量 25 t）、电动葫芦门式起重机及气垫运输小车等设备，以满足必须处理的车辆临修工作的需要。

7.3.3　站场线路

（1）出入场线：最小曲线半径 195 m；最大坡度不宜大于 30‰。最小竖曲线半径采用 2 000 m。接轨站为华新车站，出入场线在华新车站南端双线接轨。出入场线在华新车站南端两正线间引出在红荔路下方以 22.56‰坡度下穿左正线后以 29.92‰坡度上坡接入停车场。

（2）车场线：车场线最小曲线半径 150 m，轨顶高程为 2.30 m。车场线一般设计为平坡。最小竖曲线半径采用 2 000 m。

7.3.4　房屋建筑工程

3 号线西延段中心公园地下停车场为地下建筑，位于中心公园用地范围内，停车场建成后顶部恢复公园绿化。停车场主要由停车线、列检线、工程车停放线组成；承担配备列车停放和列检、一般故障处理、清洗及定期消毒等日常维护工作，及夜间工程车停放任务。由于国内没有地下停车场，就此我们组织相关部门到日本进行了关于地下停车场的考察，并与消防部门就停车场的消防疏散进行了专题研究，同时征求了国家防火规范组对地下停车场的防火性质分类的界定意见。

7.3.4.1　停车场布置

1）平面布置

为尽量减少土建工程数量，并改善停车场内部环境，中心公园停车场设置为全地下式，采用尽端式一线两列位布置，减少道岔数量和整体宽度；洗车机与出入段线平行布置，采用咽喉区八字线通过式布置形式；在洗车折返线尾部设临修线。停车场股道群两侧设消防通道。停车场的建筑面积为 40 395 m^2。具体布置位置见图 7.40 所示。

地铁停车场总长 271.5 m，宽 87.0 m，咽喉区部分长约 216.0 m。停车场靠华富村一侧设置必要的设备用房和办公用房，并在两侧设置楼梯及通道供内部交通及疏散使用，停车场中部及两端设置联系两侧的横通道。边跨房屋与车库间用防火墙分隔。

图 7.40 停车场平面布置示意图

2）停车场埋深

受华富路下有埋深约 5.6 m 的雨水管和深约 8.7 m 的 220 kV 电力管线的制约，本次设计停车场轨面标高为 2.30，埋深约 8 m。

为了给地铁停车库创造更好的自然环境，以及消防要求，停车库在用地的东西两侧，利用明挖施工法开挖后的基坑，不做回填，形成两条通长采光通风带，既解决了地下的自然通风和部分采光问题，也减少了土方回填，节约了工程投资，降低了日常运营费用。

同时由于结构顶板高出周边地面，顶板的设计已考虑结合景观的要求进行高低错落的调整。

停车场结构纵横断面如图 7.41、图 7.42 所示。

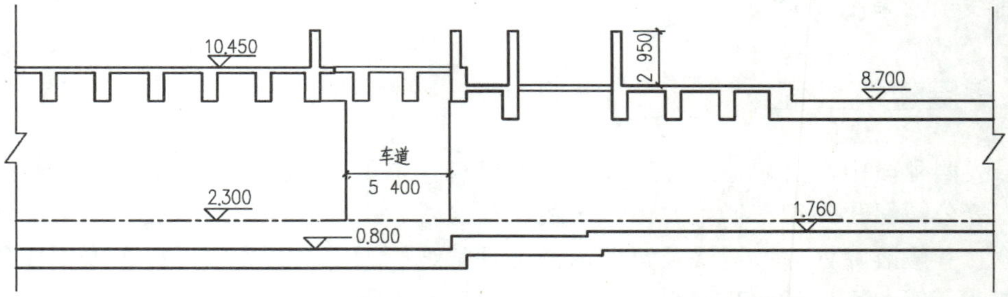

图 7.41 停车场结构纵断面示意图（单位：标高为 m，其余为 mm）

3）房屋配备

停车库总长 271.5 m、宽 87.0 m，咽喉区部分长约 216.0 m。根据工艺的要求在停车场边跨内设置必要的管理及设备用房，主要包括牵引变电所和降压变电所 1 处、弱电系统用房及环控、给排水消防系统用房等，建筑面积为 1 960 m^2。在轨行区洗车机线中部位置设置洗车机房及污水处理站，建筑面积为 528 m^2；在轨行区东侧与消防通道所夹区域内设置材料库及材料堆放区，建筑面积为 365 m^2。另在停车场边跨内设置办公用房，建筑面积为 547 m^2；设置工具室、材料室等检修用房，建筑面积为 115 m^2。另在停车场边跨内设置客梯及载货电梯各 1 台，便于工作人员出入及检修用材料的搬运。停车场地面层平面布置和断面如图 7.43 ~ 图 7.45 所示。

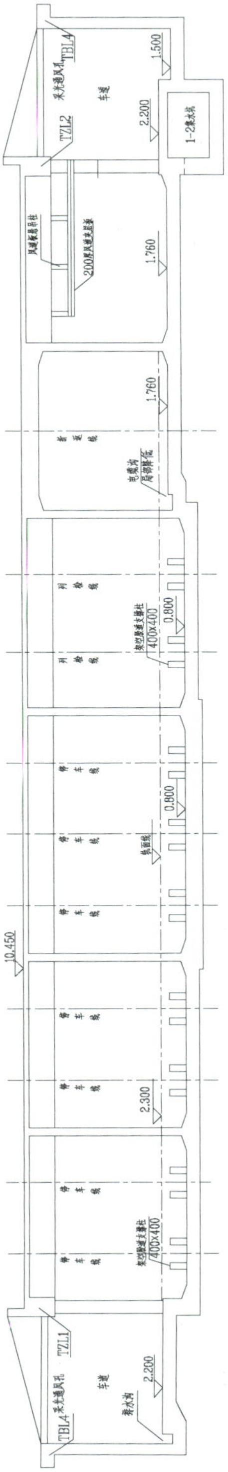

图 7.42 停车场结构横断面示意图（单位：标高为 m，其余为 mm）

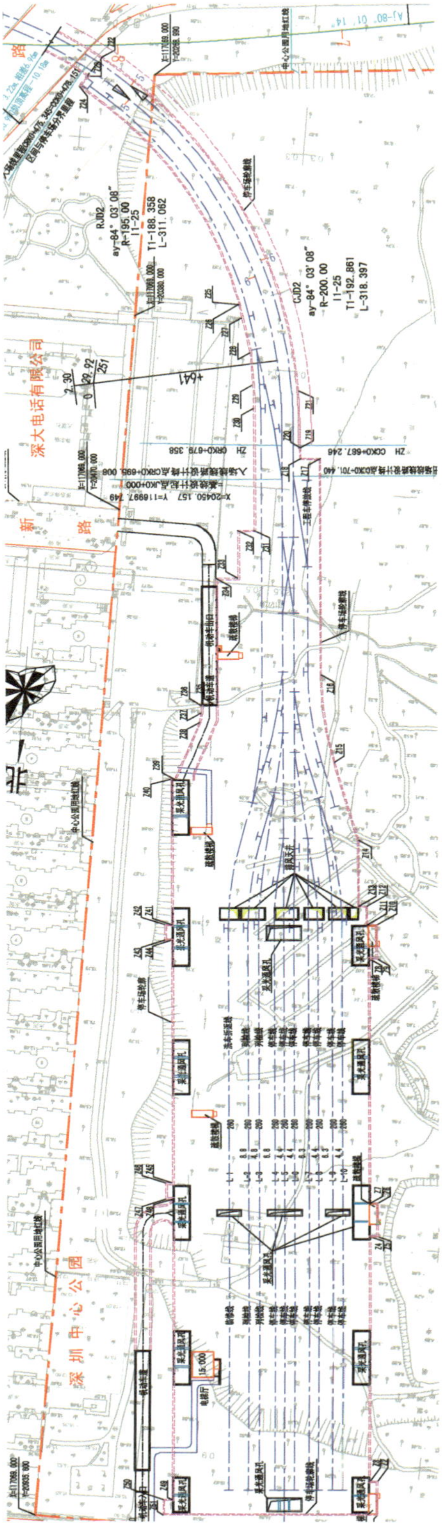

图 7.43 停车场地面层平面布置示意图

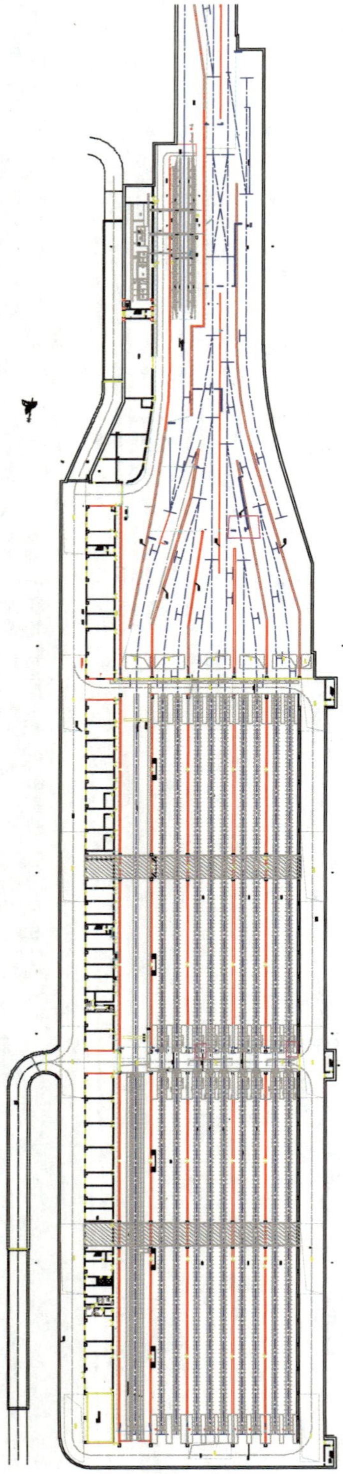

图 7.44 停车场地下一层平面布置示意图

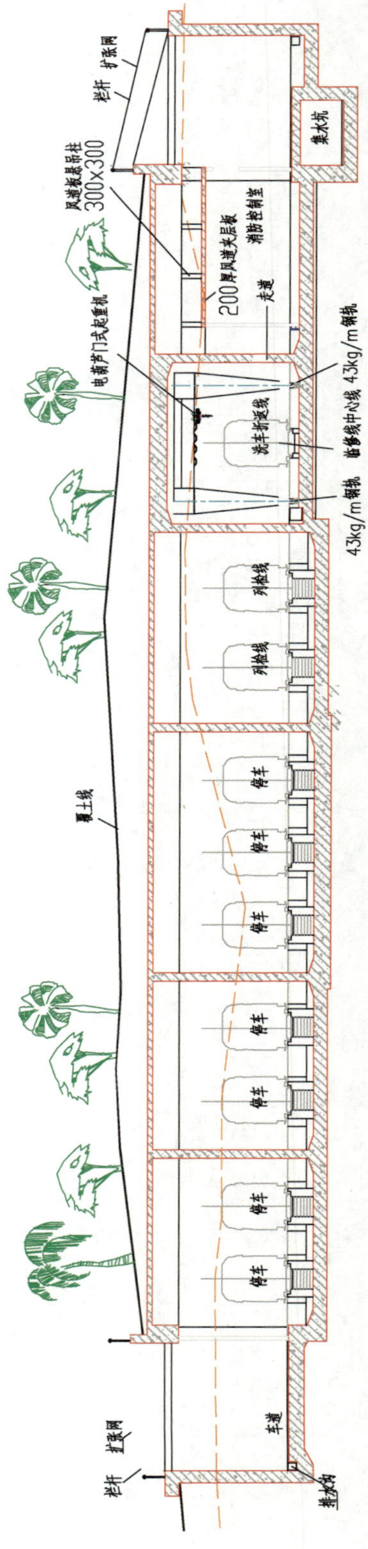

图 7.45 停车场断面示意图

7.3.4.2 主要建筑面积及技术指标

地铁停车库用地面积 85 722 m^2，地下地铁停车库南北长约 487 m、东西宽 87.3 m。停车场总建筑面积 40 395 m^2。地铁停车 18 列位。其主要建筑面积指标如表 7.13 所示。

表 7.13 停车场主要建筑面积指标

分 项	建筑面积/m^2
地铁停车库总共	40 395
地铁停车库地下	40 079
地铁停车库地面	316
地下车道	794
地面车道	1 568

7.3.4.3 房屋建筑标准、结构形式

顶板埋深 1 ~ 3 m，底板埋深 9 ~ 12 m。

本工程采用框架－剪力墙结构，框架及抗震墙的抗震等级为一级。

本工程结构设计使用年限为 100 年。建筑结构的安全等级为一级。工程所在地区抗震设防烈度为 7 度（设计基本地震加速度 0.10g，设计地震分组为第一组），建筑抗震设防类别为乙类。

7.3.4.4 建筑防火设计及措施

1）技术标准

（1）停车场的耐火等级为一级，设机动车进入的通道。停车区每跨按两个防火分区、出入段线区和岔区按一个防火分区、设备管理区按三个防火分区考虑。设备区域与停车区及出入段线区之间分别采用防火墙和防火水幕进行分隔。

（2）防灾设计按照《建筑抗震设计规范》《汽车库建筑设计规范》《建筑设计防火规范》《地铁设计规范》和《汽车库、停车库、停车场设计防火规范》的有关规定参照执行。

（3）停车场内的楼梯采用防烟楼梯间，地铁停车场人行区域至最近的楼梯间距离不超过 60 m。

2）建筑防火设计及措施

（1）根据国家标准《地铁设计规范》管理组的定性回复：确定停车场列检库定性为工业厂房。

（2）车库生产的火灾危险性分类：地铁停车库内考虑机动车进入；机动车出入口净宽及净高均不小于 4 m。地铁停车库没有明火作业，仅为停车、清扫和日常检查，不做维修，其属性应属于工业厂房，按戊类厂房设计。

（3）建筑防火分区的划分。

停车场划分为 14 个防火分区，分别是停车区 10 个、出入段线区和岔区 1 个、设备管理区 3 个。在横向设有 3 个安全区域，采用防火水幕与其相邻防火区分隔，火灾时各防火分区人员达到此区域即可认为安全。停车区设有自动喷淋系统。设备区与停车区之间用防火墙和防火水幕进行

分隔。由于地铁停车场中间部分的股道区不能设置楼梯或出入口，因此停车区各防火分区的防火疏散设计，通过南北两端设置的安全区及相邻的防火分区隔墙上开设的甲级防火门来解决。在停车区西侧设有3部防烟楼梯作为疏散口，在东侧与设备区相邻防火墙上开设5扇防火门作为人员疏散。在停车区内沿纵向设有5道防火墙，以此来阻止火灾的蔓延。火灾时人员可以通过防火墙上开的防火门或南北两端安全区逃生。并在地铁停车库外侧设有环形车道，环形车道的入口在地铁停车库东北侧与笋岗西路人行道连接，出口在地铁停车库东南侧与华新路连接。地铁停车场人行区域内任何一点至最近疏散楼梯或安全区域的距离均小于60 m，符合规范要求。

停车场设备管理区按《建筑设计防火规范》(GB 50016—2006)对厂房防火的相关要求(戊类厂房按要求采用一、二级耐火等级时，地下室防火分区的最大允许建筑面积为1 000 m^2，设置自动灭火系统时，每个防火分区的最大允许建筑面积可以增加一倍)，每个防火分区按2 000 m^2进行划分并设有自动喷淋系统。共分为3个防火分区，每个防火分区内均有一部直通地面的防烟楼梯，相邻防火分区间设防火门相连，且每个防火分区面积均小于2 000 m^2。

建筑构造：地铁停车场各防火分区之间采用耐火极限不低于3.00 h的不燃烧体隔墙分隔。防火墙两侧的门、窗、洞口之间的水平距离不小于2 m，车道上防火卷帘耐火极限不低于3.00 h。

地铁停车场主体工艺厂房内设置了直通地面的防烟楼梯间及安全区域，其间距均能满足疏散距离及疏散宽度要求。

地铁停车场设置水消防系统，地铁停车场重要电器房间设置气体消防系统。

7.3.4.5 主要建筑设备的选用

位于地下的地铁停车场设置两台载重量不小于1 600 kg的垂直升降客货梯，联系其下的地铁停车场办公、休息区。

7.3.4.6 卫生防疫要求及措施

(1)尽量利用自然通风采光。

(2)建筑物内无直接对外开窗的卫生间，采取通风换气措施。

(3)建筑物内通信、信号、电子计算器数据室、计算机房、控制室、设备室等特殊房间应满足适宜的空气温度、湿度等要求。

(4)装修材料选用无毒、无害、无污染环境、有益于人体健康的环保型材料和产品，使用能改善室内空气质量的先进技术及设备。

7.3.4.7 绿化布置的基本要求

(1)由于整个停车场布置在地下，大大减少了对地面的占用，为公园改造创造了有利的条件。应充分利用顶板覆土，为深圳市民创造更多优良的绿化环境。

(2)结构设计中考虑绿化对结构的抗渗要求，控制梁板裂缝宽度。

7.3.5 出入场线隧道

7.3.5.1 工程概况

出入线段位于红荔路与华富路的十字交叉口处，出入线起讫里程为RK0 + 310.781 ~ RK0

+479.025，其中出入线下穿电缆隧道 RK0+411.067～RK0+419.883、RK0+435.613～RK0+479.025 范围内采用矿山法暗挖通过，其余段采用明挖法施工。出入线平面和纵断面如图 7.46、图 7.47 所示。

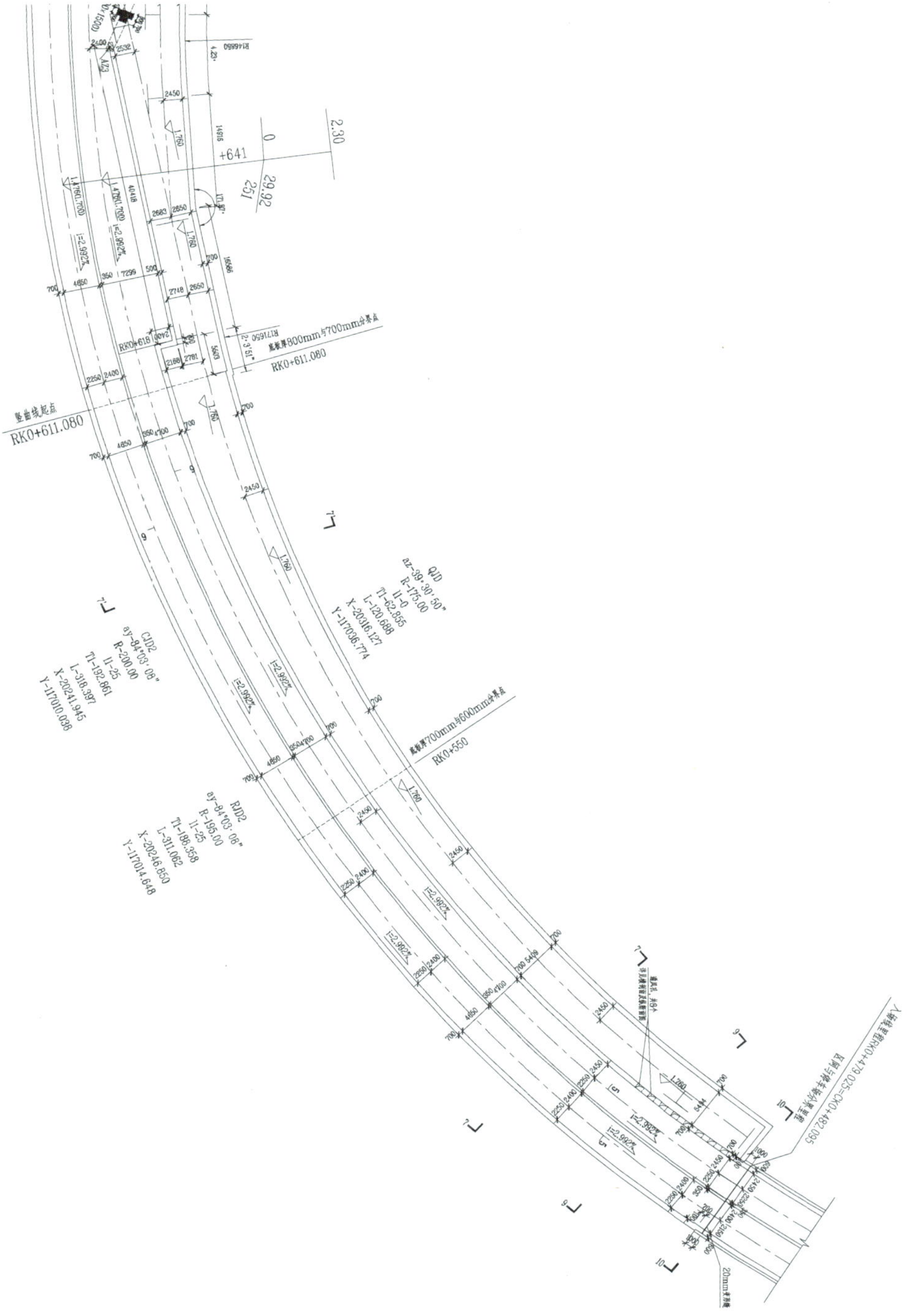

图 7.46 出入线平面布置图

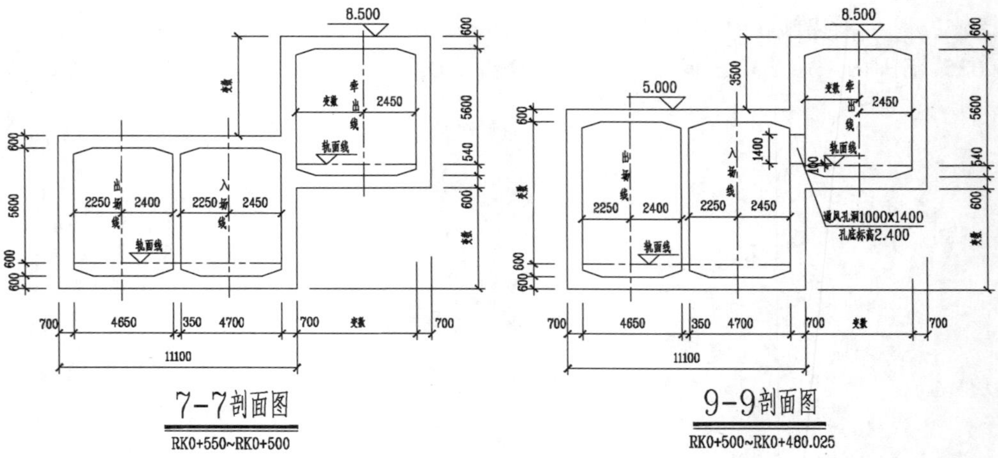

图 7.47 出入线横断面图

7.3.5.2 工程重点及难点分析

本出入场线与右线合建段为三线明挖段，出入段线分离段为双线明挖段，分离段与合建段通过暗挖段连接。出入段线主要下穿华富路，华富路两侧管线密布，有 220 kV 电缆隧道及 1 600 mm×1 800 mm 砼雨水管，管线迁改困难，此两处位置隧道采用暗挖法通过。出入段里程 RK0 + 411.067 ~ RK0 + 419.883 段隧道下穿 220 kV 电缆隧道，暗挖隧道与 220 kV 电缆隧道最小净距为 0.630 m。出入段里程 RK0 + 435.613 ~ RK0 + 479.025 段左线盾构隧道斜交，盾构隧道在下，盾构隧道与明挖主体结构最小净距为 0.522 m。因此出入段线下穿 220 kV 电缆隧道且上跨左线盾构隧道，且与两隧道净距较小，施工风险很大，成为本段区间施工的难点。

该隧道基坑开挖深度 15 ~ 20.6 m，支护工程安全等级为一级。顶板埋深 8.5 ~ 11.5 m，三线明挖长 103.16 m，双线明挖长 59.142 m，基坑宽 12.8 ~ 26.8 m，基坑外轮廓距北侧房建最小距离 15 m，距南侧深圳石化综合商社 33 m。基坑底部位于全风化花岗岩，桩底位于全、强风化花岗岩中，基坑开挖范围内存在较厚的中、粗砂层。

7.3.5.3 设计方案

1）明挖区间结构设计

基坑采用ϕ1 000 mm@1 100 mm 的钻孔灌注桩，桩间采用一根ϕ600 mm 的旋喷桩止水，灌注桩钢筋保护层厚度均为 70 mm，桩顶对应设置 1 m×1 m 冠梁。

基坑内支撑采用 A3 钢的ϕ609 mm、壁厚 t = 12 或 16 mm 的钢管支撑，支撑水平间距一般按 3 m 考虑，第一道钢支撑水平间距采用 6 m。竖向设置 3 或 4 道钢管支撑，局部地段设一道倒换撑。围护桩的插入深度根据基坑的稳定性设计，该区间围护结构进入土层和全、强风化岩层，插入深度取 5 m；对于盾构下穿段，为了使盾构推进过程中不破除围护桩，该段围护桩插入深度不进入盾构施工范围。

区间主体结构采用现浇钢筋混凝土框架结构。

2）暗挖隧道设计

出入线 RK0 + 411.067 ~ RK0 + 419.883 和 RK0 + 471.004 ~ RK0 + 479.025 范围内采用矿山

法暗挖通过，矿山法施工的隧道按喷锚构筑法设计，采用复合式衬砌结构形式。初期支护由喷混凝土、锚管、钢筋网、工字型钢等支护组合形成，二衬采用模筑钢筋砼，内外层衬砌之间铺设防水层。

7.3.5.4 设计经验总结与反思

本段区间隧道周边边界条件复杂，管线密布，交通繁忙，因此在设计之前尽可能地收集全相关的设计资料，避免出现重大方案的调整或变更，尤其是管线资料，对于 220 kV 电缆隧道、1 600 mm × 1 800 mm 混凝土雨水管等重大管线，迁改困难，在设计中尽量避开。

7.4 技术创新

7.4.1 横岗双层车辆段技术创新

7.4.1.1 双层车辆段的设计理念

横岗双层车辆段设计理念的提出是基于市领导及相关部门要求借鉴香港地铁集约化利用土地进行上盖开发的经验，在香港铁路有限公司提出的概念方案基础上，由我公司具体设计实现。

2006 年 1 月 9 日，刘应力常务副市长在 3 号线调研会上指示，应借鉴香港地铁经验高效集约利用土地，3 号线车辆段应该进行上盖物业开发。1 月 26 日，发改局领导与香港地铁公司龙家驹总监进行座谈，传达了刘应力副市长的指示，并请香港地铁有限公司组织相关人员进行车辆段上盖物业研究工作。

香港地铁有限公司于 2006 年 4 月向市政府提交了《深圳轨道交通 3 号线工程车辆段综合开发研究报告》，提出了横岗双层车辆段的功能和总体布局、综合物业开发基本方案、综合物业开发方案，并对新增成本及对工期的影响等进行了研究和综合评估。研究结果表明，新方案的车辆段功能及全线的停车列数不受综合开发的影响，但功能布局、空间设计须突破现有惯例；综合开发方案基本可行，可提供总建筑面积 35 万平方米的楼面开发量；考虑综合开发后的车辆段须按双层车辆段重新设计，物业开发的规划及设计亦须同时启动。

2006 年 8 月 16 日，市规划局在向深圳市轨道交通建设指挥部第三次工作会议作的《关于深圳市轨道交通规划工作的汇报》中明确表示，横岗车辆段采用双层布置模式，为城市节省 10.04 hm^2 用地，车辆段进行物业开发能充分发挥轨道交通对城市建设的带动作用，也为轨道交通增加稳定客流，这对深圳市建设集约型城市有着重要的意义，也为其他线路轨道建设提供借鉴。为此，建议采纳香港地铁公司提出的车辆段与物业结合的综合开发方案。

深圳市人民政府办公厅 2006 年 9 月 6 日印发的《深圳市轨道交通建设指挥部第三次工作会议纪要》，原则同意采用香港地铁（深圳）公司提出的双层车辆段的综合开发方案，要求三号线公司按调整后的方案开展双层车辆段初步设计修编及施工图设计和上部物业开发方案设计。

经我公司对横岗双层车辆段与综合基地初步设计修编，停车列位可达 79 列位，每辆车用地指标为 385 m^2/车，大大低于国家标准。

7.4.1.2 双层车辆段设计的技术突破

当时在国外，如日本东京大江户线、新宿线等多条线路的地铁车辆段已采用双层布置形式，将车辆段内各线路进行上下重叠垂直布置，减少占地面积，以达到高效节约利用土地的目的。但在国内除香港地铁外，车辆段双层布置尚属首例，没有可借鉴的经验。针对这些困难，我公司项目组积极组织与香港铁路有限公司进行技术交流，并到日本双层车辆段进行实地考察，在时间紧、任务重的情况下，凭借在国内车辆段建设方面多年积累的丰富设计经验，结合国外先进的设计理念，对双层车辆段的工艺、站场、建筑、结构、消防等方面进行了深入的探讨，很好地解决了双层车辆段设计的诸多难题，圆满完成了相关设计并付诸实施。横岗双层车辆段具有以下主要关键技术和创新点：

1）双层车辆段的运用和检修工艺设计关键技术及创新：在国内首次采用运用库内股道上下重叠双层布置

车辆段运用和检修的工艺设计是双层车辆段设计的关键，车辆段内运用和检修股道如何上下重叠是摆在设计面前的首要难题。横岗车辆段是深圳地铁线网 B 型车大架修基地，段内检修股道较多，且检修股道上方配备了起重机，股道下设有较深的设备基础坑（固定式架车机等）。若车辆段所有股道双层布置，检修股道无论布置在一层或者二层，一、二层之间的高程差均较大，通往二层的出入段线坡度也较大，对列车制动和调机作业均有一定的影响。因此，横岗车辆段设计采用运用库内股道上下重叠双层布置，检修股道主厂房采用单层布置。

横岗车辆段运用库由镟轮库、停车库、列检库、检查库及运转综合楼组成。由于库内各股道的功能不同，上下两层股道的布置情况将对运营带来一定的影响，也给设计带来一定的难度。设计从运营方便的角度出发，将各股道进行功能性分区，停车线、列检线、检查线独立设置。停车线集中布置在运用库一层，采用接触轨入库，运营收发车方便；列检线、检查线布置在运用库二层，采用安全滑触线入库，能满足列车运用的要求。运用库上下层股道功能分区明确，带电区域集中，方便管理，运营顺畅，提高安全性和列车出入段能力。同时停车、列检分开布置，缩小了运用库横向宽度，节约了土地。

双层运用库剖面示意如图 7.48 所示。

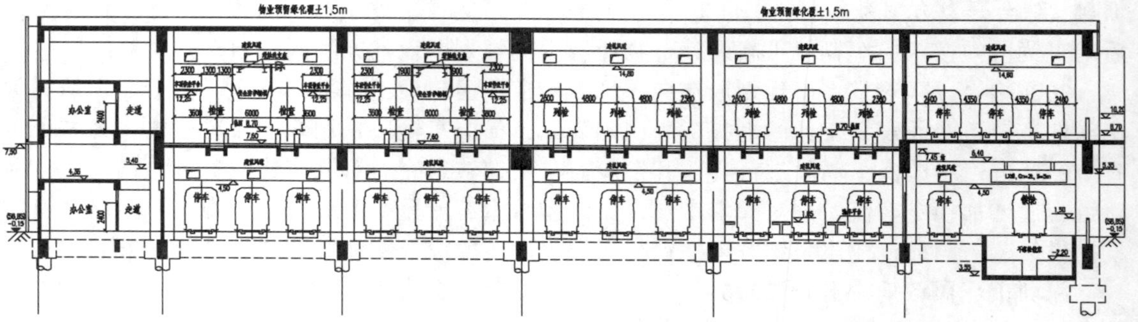

图 7.48 双层运用库剖面示意图

2）双层车辆段的线路布置设计关键技术及创新：将上下两层线路和咽喉岔区基本重叠布置，方便房建结构柱网的设置，使其能上下层贯通，并为上盖物业预留柱网条件

段内运用库上下线路重叠布置，与平面车辆段相比，上下两层出入段线的设计是一大难

点，既要保证上下两层各股道的线间距要求，又要满足上下两层库内及咽喉岔区结构柱网的布置要求，并且通往二层的出入段线坡度要满足列车的牵引制动要求。车辆段内出入段线在段内交叉渡线之后分开，分别通往上下双层。中间 2 条为通往二层出入段线，两边 2 条为通往一层出入段线。由于双层车辆段一、二层停车线轨顶高差达 8.7 m，在一、二层停车库联络线长度有限的情况下，根据车辆牵引能力计算，采用了 38.67‰的较大坡度，满足车辆出入库的需要。运用库一层设置 13 条股道，二层设置 14 条股道，将上下两层线路和咽喉岔区基本重叠布置，方便房建结构柱网的设置，使其能上下层贯通，并为上盖物业预留柱网条件，如图 7.49、图 7.50 所示。

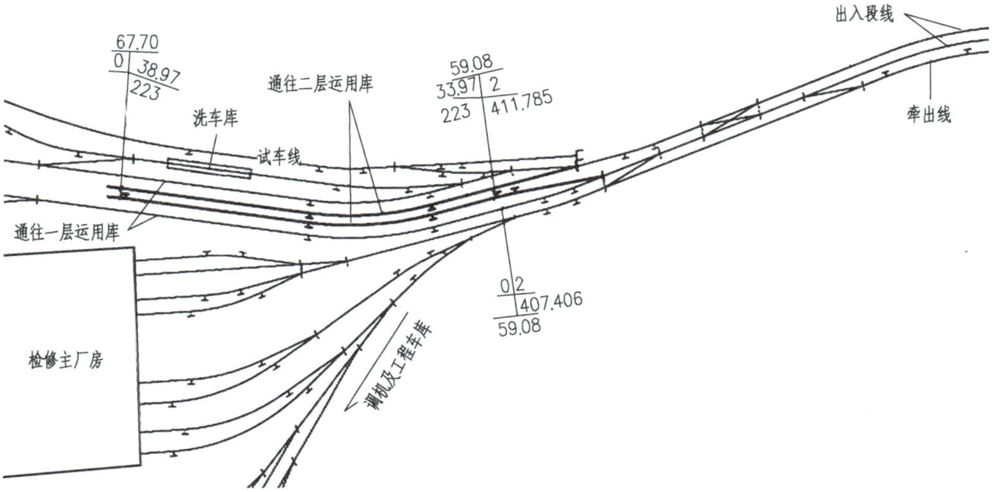

图 7.49 咽喉区线路布置示意图

图 7.50 通往运用库二层的坡道

3）双层车辆段及上部物业开发消防设计关键技术及创新

（1）针对双层车辆段建筑工程的多样性和复杂性，通过充分研究论证，确保执行标准规范的适用性和合理性。

横岗车辆段为国内首个双层车辆段，国内无完全对应设计规范可以参照；同时，车辆段内有众多单体建筑，如检修主厂房、运用库、调机及工程车库、维修工务大楼、运营管理综合楼等，各单体建筑相对独立，不能完全参照同一规范。在设计阶段我院就车辆段消防问题进行了专题研究并组织多次专题论证，同时咨询地铁设计规范编制单位“关于地铁停车列检库的定性问题”，规范组回复属性应为工业厂房。根据规范组回复和多次与消防局沟通，运用库、检修主厂房、调机及工程车库、轨行区及其附属工程，执行《建筑设计防火规范》关于工业厂房的相关规定，运营管理综合楼执行《高层民用建筑设计防火规范》，地铁公安派出所、维修工务大楼，执行《建筑设计防火规范》关于多层民用建筑的相关规定。

（2）充分考虑车辆段的正常使用功能与消防安全需要，科学合理地划分防火分区。

车辆段内建筑种类繁多，各建筑的功能不一，适用规范也不统一，设计根据各建筑功能进行分类，分别根据相应的防火设计规范，对车辆段的各单体建筑进行了科学合理的防火分区划分，确保满足正常使用功能及消防安全的需要，同时还要兼顾考虑经济合理。

① 运用库、检修主厂房、调机及工程车库及轨行区连为一体，共2层，一、二层均各自成一个防火分区（按规范，丁、戊类厂房单个防火分区最大允许建筑面积不限）；办公、物资储存等局部区域设独立防火分区。

② 维修工务大楼为6层一类高层综合楼：1~5层每层分为二个防火分区，每个防火分区的面积均小于2 000 m^2（设自动喷水灭火系统）；6层为一个防火分区。首层大堂与二层连通开口部位，其周边设置防火墙或防火门与其他部位分隔开。

③ 运营管理综合楼为11层的高层民用建筑：地下一层汽车库自成一个防火分区，防火分区面积小于4 000 m^2（设自动喷水灭火系统），停车78辆，设一个机动车出入口；派出所部分首层为架空停车；2~5层每层为一个防火分区；6层为运营楼的食堂，自成一个防火分区；运营楼部分每层为一个防火分区，每个防火分区面积均小于2 000 m^2（设自动喷水灭火系统）。

④ 其他单层附属建筑，各单体单层建筑自成一防火体系。

（3）采用“进、出风道总线布局，通风与防排烟设施分区设置，分区控制”的技术方案，经济合理地解决了大体量建筑空间的通风排烟问题。

① 检修主厂房。

检修主厂房除局部有夹层外，其余均为单层建筑。按使用功能区分，检修主厂房由物资总库、门窗检修间、蓄电池间、气动设备检修间、电机电器检修间、机加工车间、临修库、静调库、转向架及轮对轴承检修间、空压机检修间、空调机组检修间、办公用房及大修/架修库构成。由于检修主厂房上部为物业开发平台，不满足自然排烟条件，必须采用机械排烟。共分为19个防烟分区，每区设置独立排风机和补风机。在物业平台下夹层分别设置一送风道和排风道。

② 运用库。

运用库由镟轮库、停车库、列检库、检查库和办公用房构成。处于物业开发大平台下，不能满足自然排烟条件，均采用机械排烟。运用库一层共分为20个防烟分区，每区设置独立排风机和补风机，各设置两条送风道和排风道；运用库一层共分为20个防烟分区，每区设置独立排风机和补风机，各设置两条送风道和排风道。

（4）采用“相对独立，信息互通”的防灾报警系统方案解决车辆段与上部物业的消防控制问题。

① 车辆段与物业之间的关系。

上盖平台盖下区域与相邻物业之间有足够耐火极限4 h的防火墙或者楼板进行分隔。平台上方为物业发展用地，也有足够耐火设计的防火板将平台上方物业与盖下车辆段分隔。盖下车辆段内柱子等可支撑整个上盖物业，柱子的耐火极限也能满足规范要求。上盖物业与盖下车辆段分别设置各自的消防系统、疏散出口、消防救援通道。

② 车辆段与物业之间的消防措施如下：

车辆段与上盖物业的消防系统，如消火栓系统等，均单独进行设置，互不相连；

对于上盖物业而言，上盖平台可以作为物业楼群最终安全疏散区域，不需进入车辆段范围；

上盖物业发生火灾后，消防队员以及消防车可以直接到达平台上的消防车道，对物业火灾进行扑救；

上盖平台上方至少设置一条满足大型消防车双向通行的消防车道，并与两个市政道路出入口连接。

上盖物业的火灾不会对盖下车辆段的运营造成影响。

车辆段和上盖物业独立设置消防控制中心，在发生火情时，物业上、下的消防控制中心进行互相通知确认，采用相应的消防策略和防灾措施。

4）双层车辆段的结构体系及方案设计关键技术及创新

横岗车辆段采用双层车辆段，由于建设时序差异，车辆段先期实施时，上部按后期物业开发的设计方案进行预留，结构形式和受力条件复杂，需要解决超大面积现浇混凝土结构设缝、预留物业结构形式及位置不确定等问题。同时对二层轨行区结构还需要按照桥梁设计规范对建筑结构进行验算。

为满足车辆段功能及预留后期物业开发需要，双层车辆段采用人工挖孔桩基础、现浇钢筋混凝土框架结构形式，采用高层建筑结构空间有限元分析与设计软件 SATWE 进行结构整体分析，采用通用空间有限元分析与设计软件 ANSYS 进行桥梁结构整体分析复核。通过采取各种综合措施，成功解决了双层车辆段面临的多项结构设计难题：

（1）超长结构处理。

车辆段主体双层车库东西长 750 m，南北宽 360 m，为减小温度应力影响，结构分成 120 m 左右见方进行分块施工，各分块在结构外围采用保温层，并分析温度应力的影响，按规范控制其裂缝宽度。

（2）复杂地质条件下大体量上部结构的基础形式。

横岗车辆段场地普遍分布着人工填土层、淤泥、淤泥质黏土层、粉砂等软土层，以及存在着可能液化的粉细砂层等，且上部结构柱较大，结构基础全部采用人工挖孔灌注桩，桩径从 1.2 m 到 3.5 m 不等，共计 1 370 多根桩，一柱一桩。

（3）不同功能需求条件下的结构转换设计。

横岗车辆段不仅在其自身厂房进行双层布置，而且其上部还要进行物业开发。上部物业高层住宅都是大底盘多塔结构、竖向结构不均匀（100%转换），运用库还有转换层在 3 层以上达 23.9 m 高位转换，必须设置转换层进行超限审查（图 7.51）。平台结构按超限审查要求采用高层建筑结构空间有限元分析与设计软件 SATWE 进行结构整体分析和时程分析，采用高层建筑结构空间有限元分析与设计软件 PMSAP 进行结构整体分析复核。

图 7.51 转换层的设置
（单位：mm）

（4）双层车辆段进出库线的复杂坡道结构设计。

上二层列车坡道受柱网、限界等诸多因素限制，只能利用轨行区框架柱作为主结构支撑，因此该坡道是利用铁路桥梁计算模型的民用框架结构，在国内也属首次。

5）双层车辆段的通风采光设计关键技术

（1）采光措施。

横岗双层车辆段全位于上盖平台下方，为改善车辆段内部的采光条件，在运用库和检修主厂房库前岔区处设置采光天棚（图 7.52）。

图 7.52 咽喉区采光天棚

（2）通风设计。

① 车辆段的双层运用库、检修主厂房和调机及工程车库，处在一层和二层大平台下，均设置械通风系统。库内空气环境条件满足《工业企业设计卫生标准》（GBZ 1—2002）和《采暖通风与空气调节设计规范》（GB 50019—2003）的要求。同时运用库、检修主厂房和调机及工程车库都设机械排烟系统和机械补风系统，机械补风风量不小于机械排烟风量的 50%。机械通风系统和机械排烟系统合用一套系统，平时通风，火灾时排烟。机械补风系统可以作为机械通风和机械排烟时的补风，不足部分由门和百叶窗补给。

②子维修工务大楼和运用库办公用房合用一套水冷中央空调系统，各功能房间均由冷水机房集中供应冷冻水。运营综合楼和派出所采用变频多联空调系统对功能房间供冷。

③ 轨行区位于平台下，南侧外墙 5 m 以上至平台下沿开敞，北侧外墙设置 1 200 m^2 消声防水百叶风口进行自然通风。

6）双层车辆段的轨道及减振设计

因双层车辆段上盖物业，库外的轨行区采用具有良好弹性的碎石道床，库内整体道床地段全部采用弹性分开式扣件，同时，在相关区段采用了 GJ-Ⅲ型减振扣件，并将试车线及一层至二层上坡段焊接成无缝线路，以减轻振动对上盖物业的影响。

为减轻结构的恒载，二层库内的轨道结构除检查坑外采用承轨台结构，一层至二层上坡段亦采用承轨台结构。

出入段线咽喉区整体道床地段，为了增加轨道结构的弹性，以及控制整体道床区道岔的安装精度，1 组 7#交叉渡线及 1 组 7#单渡线的轨下基础采用了最新的合成树脂轨枕，取得了良好效果。

平过道设计采用了橡胶道口板，安装及卸载工作简单，能方便日后维修工作，同时平过道口整洁美观，如图 7.53、图 7.54 所示。

图 7.53 运用库库前橡胶道口

图 7.54 一层至二层上坡段轨道

7.4.1.3 双层车辆段的效益分析

1）节约土地资源的效益

横岗双层车辆段用地面积 18.24 hm^2，原单层平面车辆段用地面积 28.28 hm^2，通过采用双层车辆段减少用地约 10.04 hm^2。双层车辆段的停车列位可达 79 列位，车辆段用地 18.24 hm^2，用地指标为 385 m^2/车，不到《城市轨道交通项目建设标准》（建标 104—2008）规定的 1 000 m^2/辆的 40%，节约土地效益十分显著。

2）经济效益

（1）物业开发方案。

根据设计的物业开发方案，横岗双层车辆段物业开发白地面积 10.04 hm^2，可供上盖物业开发的平台面积 11.2 hm^2，合计造地 21.24 hm^2。物业开发总建筑面积 450 000 m^2，其中保障性住房 180 000 m^2，商业性开发面积 257 000 m^2，教育设施面积 13 000 m^2。据此按保守估计分析横岗双层车辆段的经济效益。

① 按土地出让方式计算收益。

深圳地铁 2 号线蛇口西车辆段物业开发土地出让早于 3 号线横岗车辆段于 2010 年完成，当时土地出让价格为 7.69 亿元，此外开发商还要补偿 2.469 亿元给地铁公司作为平台建造费用，因此平均地价为 7 836 元/m^2。若扣除开发商代建的保障性住房用地，则平均地价高达 1.59 万元/m^2。根据规划容积率计算，商业开发的平均楼面地价为 8 181 元/m^2。

横岗双层车辆段的造地成本为 67 137 万元，按照蛇口西车辆段物业开发土地出让平均地价测算，横岗双层车辆段的土地出让收益为 8.096 亿元，按照商业开发的平均楼面地价计算为 14.31 亿元，经济效益十分明显。

② 按自主物业开发计算收益。

根据横岗双层车辆段物业开发指标以及蛇口西车辆段的开发模式，暂不考虑保障性住房的收益，车位按商业开发和保障性住房面积比例分配。为方便效益分析，住宅、商业、酒店、车位等均按出售考虑，价格参考周边楼盘销售价并适当下浮确定，则横岗双层车辆段商业开发收入约为 41.87 亿元。要准确计算物业开发成本，需考虑营销、管理、税费及资金利息等因素，直接受到政策、开发周期、利率等影响，为了简化计算，按照销售收入的 15%计算以上营销及管理成本，则横岗双层车辆段商业开发的成本约为 23.49 亿元（含造地成本）。因此，横岗双层车辆段商业开发部分的净收益为 18.38 亿元，高于按土地出让方式测算的收益。

③双层车辆段的商业开发效益比平面车辆段上盖开发约高出 3.5 倍。

双层车辆段进行综合物业开发，由于增加白地开发的面积，提高了物业开发项目的整体容积率，在不考虑保障性住房效益的条件下，双层车辆段方案的商业开发效益明显，约为单层平面车辆段上盖开发的 3.5 倍，经济效益十分显著。

（2）物业开发现状。

横岗双层车辆段实际总物业开发面积达 750 000 m^2。其中为深圳市提供保障性住房 330 000 m^2，并于 2015 年交付入住。商业开发用地面积 11.12 hm^2，物业开发面积 420 000 m^2，计容面积 321 900 m^2。按照目前商业项目几期开盘的均价 3.5 万元/m^2 计算商业开发收入约为 112.66 亿元，扣除营销及管理成本（销售收入的 15%计）、土地成本（含造地成本）及建筑成本合计的 60.77 亿元，商业开发部分的收益为 51.89 亿元，经济效益十分显著。

3）环境效益

横岗双层车辆段及上盖物业的实施使车辆段的轨道交通功能与城市功能有机融为一体，减少了列车运用和检修对周边环境的影响，对城市设计具有较好的环境效益。

同时，工程在实施过程中，注重了通风、照明、减振、降噪等措施，有效地改善了盖下作业环境。

横岗双层车辆段实景如图 7.55 所示。

图 7.55 横岗双层车辆段实景图

7.4.1.4 双层车辆段与单层车辆段设计主要差异

（1）运用库双层之间调车作业比普通车辆段相对复杂，运用库一二层宜分别设置列检检查坑。考虑到检修设备和物资运输需求，二层运用库宜设置不小于 5t 的货梯。若存在个别大型设备安装需求，可以在二层设置起重梁和葫芦吊，通过吊装形式进行运用库二层的设备运输。

（2）横岗双层车辆段的上二层联络线坡度达到 38‰，在线路坡度须套用《地铁设计规范》中关于“联络线、出入线最大坡度宜采用 40‰”的规定，不能套用咽喉区车场线的标准。上二层列车坡道受柱网、限界等诸多因素限制，只能利用轨行区框架柱作为主结构支撑，因此该坡道是利用铁路桥梁计算模型的民用框架结构。

（3）设计使用年限：普通车辆段运用库设计按 50 年；双层运用库设计按 100 年，满足车辆段及上盖物业使用寿命周期要求。

（4）运用库为二层框架结构，结构设计复杂，车辆段结构构件均为普通钢筋混凝土结构。桥梁和房建结构合一修建，桥梁的盖梁、墩柱、基础为桥梁结构和房建结构共有，桥梁的横向框架通过房建结构纵向梁板整体联结，形成空间框架体系。结构设计除应按现行建筑结构设计规范，采用结构空间有限元分析设计软件 SATWE，对结构进行空间有限元分析计算外，其中支撑轨道的轨道梁、支撑轨道梁的框架梁、框架柱等结构构件及基础还应按现行铁路桥涵设计规范采用 MIDAS 程序进行结构分析计算。

（5）上盖结构转换设计。车辆段设置上盖物业后，物业高层住宅都是大底盘多塔结构、竖向结构不均匀（100%转换），运用库还有转换层在三层以上达 23.9 m 高位转换，必须设置转换层进行超限审查。平台结构按超限审查要求采用高层建筑结构空间有限元分析与设计软件 SATWE 进行结构整体分析和时程分析，采用高层建筑结构空间有限元分析与设计软件 PMSAP 进行结构整体分析复核。

（6）除了运用库首层设置有直接对外的出入口以外，运用库二层在库前后和中间平过道应分别设置疏散楼梯，通往一层室外地面。

7.4.2 中心公园地下停车场技术创新

7.4.2.1 地下停车场的设计理念

中心公园停车场位于中心公园内，经过与规划和相关景观设计单位的协调，考虑将上盖公园和地铁停车场一起建设。地铁停车场设置于地下一层，利用其上层空间恢复公园绿地。从而高效节约用地，提高了土地的综合利用价值，如图 7.56 所示。

图 7.56 中心公园地下停车场效果图

7.4.2.2 地下停车场设计的技术突破

中心公园停车场为国内第一座全地下地铁车辆停车场，虽然规模不大，但国内也没有项目可参考。研究项目组通过到日本、新加坡调研考察，及与消防部门多次沟通，解决了工艺、站场、消防、结构等方面多项难题，保证了停车场的顺利实施，并制定了相关设计标准，为地下车辆基地设计提供参考和借鉴。

1）地下停车场的工艺设计研究

为结合中心公园城市绿地进行建设，中心公园停车场设置为全地下式，采用尽端式一线两列位布置，减少道岔数量和整体宽度；洗车机与出入段线平行布置，采用咽喉区八字线通过式布置形式；利用在洗车折返线尾部的空间设置临修线，并在临修线两侧设置移动式架车机基础，配备移动式架车机（起吊质量 25 t）、电动葫芦门式起重机及气垫运输小车等设备，以满足必须处理的车辆临修工作的需要。

2）地下停车场的线路布置及设计标准研究

根据中心公园停车场使用功能要求和龙岗线正线线路条件、地质条件、管线分布及周围环境情况，本停车场及出入段线采用明挖法施工。除出入段线线路下穿 220 kV 电缆隧道需设 29.92‰外，其余部分尽量采用缓坡设计。工程车停放线设在平坡上，为防止工程车溜入出入场线，在工程车停放线往出入场线方向设安全线。

3）地下停车场的建筑设计

停车场采用环保节能型、开敞式设计，充分利用自然通风（空调）采光，结合合理的给排水、电力系统设计，尽可能采用技术先进的环保节能型设备达到节能的目的。

室外工程利用中心公园的改造、将出入口、风亭与景观设计融为一体，力求创造一个生态、自然的环境。

停车场生产、办公房屋产生的废气经过通风空调系统过滤净化后自然排放；停车场生产、办公产生的不能就地回收利用的固体、液体废弃物应集中收集放置，由市政部门统一回收处理，达到环保的目的。停车场噪声控制采用内墙墙壁四周及顶棚贴吸声材料来处理。

4）地下停车场的结构设计

根据中心公园停车场使用功能要求和龙岗线的现状以及线路条件、地质条件及周围环境情况，本站采用明挖法施工，围护结构形式为放坡开挖 + 搅拌桩止水，根据停车平面布置和使用功能及施工方法要求，主体结构采用地下单层多跨现浇钢筋混凝土矩形框架结构。停车场顶板设置纵横梁，底板仅设置纵梁。柱下（墙下）设置抗拔桩辅助抗浮。中心公园停车场分别设置一个消防车入口车道和出口车道。

5）地下停车场的消防设计

（1）车辆段和停车场采用污水处理工艺处理生产废水，并回收利用，不但减少了废水排放量，也充分利用水资源。

（2）停车场在无现行消防规范可以依据的条件下，通过参考国家相关类似场所的消防规范，国外类似案例，并与深圳市消防局积极沟通，最终确认了现行方案，对停车场设置了消火栓系统、灭火器系统、自动喷水灭火系统和水幕系统，使停车场的消防安全得到了全面完善的保护。

（3）污水泵房采用密闭提升装置，解决了传统污水集水池不能完全密闭，臭气外泄的问题。

（4）采用 IG541 气体灭火系统，IG541 灭火剂取自大自然，可以说是纯天然的洁净气体灭火剂，本系统为环保系统。

6）地下停车场的轨道及减振设计

因地下停车场还建中心公园覆绿，库外的轨行区采用具有良好弹性的碎石道床，库内整体道床地段全部采用弹性分开式扣件。平过道设计采用了橡胶道口板，安装及卸载工作简单，能方便日后维修工作，同时平过道口整洁美观，如图 7.57 所示。

图 7.57 中心公园地下停车场库前平过道

7.4.2.3 地下停车场的效益分析

1）节约土地资源的效益

中心公园地下停车场用地面积 4.9 hm^2，停车列位可达 18 列位，用地指标为 453 m^2/车，低于国家标准。同时中心公园停车场和公园绿化景观上下重叠同步建设，大大节约城市用地，提高了土地的综合利用价值。因此，中心公园地下停车场节约土地资源的效益十分明显。

2）环境效益

停车场的地面部分设置必要的疏散通风口和地铁停车场的人员出入口，并尽量结合地面景观设置，以减少对公园的影响。同时，工程在实施过程中，注重了通风、照明、减振、降噪等措施，有效地改善了地下作业环境。

7.4.2.4 全地下停车场相比地面停车场、下沉式停车场的主要设计差异

（1）地铁车辆停车场设置于地下，给后勤系统带来诸多不便。今后的设计中应尽可能争取得到当地规划部门的支持，在地面规划建造员工食堂和公寓，改善地铁运营人员基本生产生活条件。

（2）地下车辆基地结构的顶板、底板和侧墙都应做好防水处理，防水设计应满足《地下工程防水技术规范》（GB 50108—2001）的有关规定，并应加强抽湿、通风措施。

（3）地下车辆基地的采光孔既要保证采光通风良好，又要防止雨水进入。采光孔建议采用透光板材并设置为侧面通风的形式，避免雨水直接进入。

（4）车辆基地的设备布置时，应注意协调各专业的设备布置情况，力求设备布置合理有序，不互相干扰。

（5）办公房屋设计时应注意控制层高，以人为本，美观舒适。

（6）地下车辆停车场应尽量减少办公人员，只配备必要的辅助办公用房（车辆检修班组用房、工具间、材料间、会议室、DCC、车辆检修管理用房等）。

（7）地下车辆停车场应设置必要的疏散通风口和人员出入口，并尽量结合地面景观设置，以减少对周围环境的影响。

（8）地下车辆停车场应完善道路设计，宜有汽车道路连接地面，以方便设备、材料运输和人员疏散。

（9）地下车辆停车场内线路及各种轨旁设备数量较大，需在库内外（库端、库中部及道岔区）设置适当的环行小型起重运输机械运行通道或维修人员通道，便于设备的维修及更换。

（10）地下车辆停车场的有关消防设施和消防方案应取得消防部门认可，并应同时考虑以下问题：

① 地下车辆停车场应有完善的消防、通风和照明设施，采用水喷淋设施时应特别注意排水系统的设计。

② 地下车辆停车场的耐火等级为一级，需考虑消防车进入的通道，合理划分防火分区。设备区域与轨行区之间用防火墙和防火卷帘进行分隔。

③ 一般城市自来水的供水量和供水压力能满足生产和生活用水，但不能满足消防用水量要求，应设置消防水池和加压、稳压设施。

7.4.3 车辆段、停车场采用 DC 1 500 V 三轨供电的技术创新

7.4.3.1 车辆段、停车场采用 DC 1 500 V 三轨供电的设计理念及思路

车场内采用 DC 1 500 V 接触轨，与其他接触网悬挂方式相比，由于电压等级较高，可能存在安全隐患，因此设计上应按照有关安全标准进行分析和论证，管理上严格按安全规程要求并坚决执行，以确保人身安全。采用 DC 1 500 V 接触轨，与采用 DC 750 V 接触轨相比，在设计中需要牢固竖立“安全第一”的设计观念，从根本上确保工作人员的人身安全，而不是完全依靠制度。

车场内采用 DC 1 500 V 三轨供电的设计理念和技术思路如下：

（1）凡是工作人员需到达和作业的地方，应采取措施保证工作人员即使是在无意的情况下也没有触电的危险。

（2）接触轨采用下部接触授流方式，结构组成主要由导电轨、绝缘支架、支撑垫块和防护罩构成。下部接触授流方式便于装设防护罩，可以从顶部和内侧、外侧三面对接触轨进行防护，防护严密。除非故意，人员不易触及接触轨带电部分，安全性高。

（3）接触轨均安装绝缘防护罩。防护罩采用玻璃钢材质，其电气绝缘性能保证在其外表面接地情况下，内表面任何一点均可承受 10 kV 以上电压。防护罩靠自身弹性及支撑垫块固定在导电轨上。支撑垫块绝缘电阻不小于 10^{12} Ω，整体湿耐受电压不小于 10 kV。

（4）库内双周检、季检线由于工作人员活动频繁，设置滑触线系统，确保检修人员安全。库内设置司机上下车平台，设置工作人员通道，包括库内平交道口。

（5）未设置接触轨的线路一侧设置集电靴防护罩，避免人员可能无意识接触到集电靴，从而保证人员安全。相邻供电分区间设置如隔离栏等措施。设置接触轨带电显示装置和紧急停电按钮（EPB）系统。

7.4.3.2 车辆段、停车场采用 DC 1 500 V 三轨供电的安全性研究

1）工艺设计安全性研究

根据 DC 1 500 V 接触轨供电的特点重新审视原有的车辆检修工艺流程。例如，停车线和列检线的功能划分，虽然各个地铁的实际运作基本上将两项功能进行了整合，有便于车辆的运用和管理的优点，但考虑 DC 1 500 V 接触轨供电的特点，对停车线和列检线进行功能和设置位置的严格区分，减少作业人员进入的带电区域面积，车辆的集电靴位置设置防护罩；静调试期间，静调线应能做到完全封闭；运用库的季检线、双周检线采用滑触线外接电源供电牵引。

设备布局、工艺流程，以方便并保障操作人员安全操作为原则，避免过于复杂。

2）强化安全标识、标志及隔离措施

在硬件上，要以醒目的标志区分无电区和带电区，划分各种走行通道；要根据需要设计各种必需的隔离和阻挡等防护设施，设计监控和提示装置，严防人员误闯带电区。

3）强化安全培训，提高安全意识

在管理上，要设计严格的岗前（或入段）培训教育制度，设计严格的操作规范和管理制度，在思想上引起人们对 DC 1 500 V 接触轨供电的安全防范意识，在制度上保障安全生产。

在建立健全各种规章制度的同时，应通过建立和宣传相关的地方法规来教育沿线居民爱护城市轨道交通线路，意识到非法闯入线路的危险性，提高居民守法意识，防止出现由此而带来的法律纠纷。

7.4.3.3 车辆段、停车场采用 DC 1 500 V 三轨供电的效益

1）工程环境景观要求及系统方案

由于本工程高架线路占比较大，景观要求较高，正线采用接触轨系统将有利于城市景观设计。在正线已经确定采用接触轨授流方式的前提下，为减少车辆制造和检修的复杂程度、节约投资，并考虑到接触轨施工及运营维护简单且运营成本低等优点，在车场范围内也采用接触轨授流方式，只在检修库内采用滑触线系统。

2）工程投资效益分析

若正线采用 DC 1 500 V 接触轨、车场试车线同时架设接触轨和架空接触网、车场其余线路采用架空接触网的组合方案，由于同时采用集电靴和受电弓的轨道交通 B 型车车辆需要重

新设计，导致车辆购置费增加较多，在运营中须增加授流方式的转换而且车辆的检修工作更加烦琐，初期需增加车辆购置费约为 2 592 万元，供电车间还需配置接触网作业车（带检测装置）一辆，增加投资约 200 万元。

经以上分析，全线采用 DC 1 500 V 接触轨方案投资最省，性价比最高。

3）节省维护成本的效益

架空接触网授流方式零部件非常多、安装结构复杂，由于有张力的存在，使用寿命短、运营维护工作量大、不利于城市景观的保护，但其安全感较好。

与架空接触网系统相比较，由于接触轨零部件少，其安装结构简单，各接触部件均刚性固定，不存在张力，稳定性好，不存在断线、钻弓等事故隐患。而且使用寿命较长，维护工作量小，需要的检修设备和维护人员也较少，同时其大修时间间隔长，零部件种类少，相应的备品备件数量也少，因此有效地减少了运营中供电部门的维修、维护成本。

第 8 篇

枢纽设计

轨道交通建设作为推动城市发展的重要外部力量，能够有效地提升地区功能，创造出新的城市空间形态。深圳地铁3号线为深圳市的二期建设项目，在此之前仅有1、4号线一期工程建成通车。与3号线同期规划建设项目还包括2号线、4号线、5号线等，规划设计地铁的多线换乘以及与其他交通设施的接驳能够有效提升空间交通出行效率和车站服务水平。3号线在老街站与1号线换乘，并设置公交场站接驳，在布吉站与5号线及铁路线换乘，在福田站与2、11号线以及广深港高铁换乘，通过对换乘枢纽的统筹规划设计，达到交通组织方便快捷，城市空间合理利用，城市功能得到提升的预期效果。

8.1 老街换乘枢纽综合体

老街站位于东门商业区解放路与建设路交会处，车站大致呈东西走向布置，站台位于解放路地下，与南侧已建成的地铁1号线车站之间为站厅公共区，并规划设置有地面公交总站（老街换乘综合体）。车站周边建筑有永新商业城、人民医院门诊部、邮政大厦、金辉大厦、深圳市建筑工程公司、百货广场等，西侧为南北走向的建设路及广深铁路高架桥。

根据轨道交通线网规划，本站为地铁1号线与3号线的换乘站。

结合既有线（1号线）的车站形式，同时充分考虑车站两端区间的线路条件，为尽量减少桩基托换，3号线设计为左右线上下重叠的车站形式，与1号线实现同站台平行换乘，如图8.1所示。

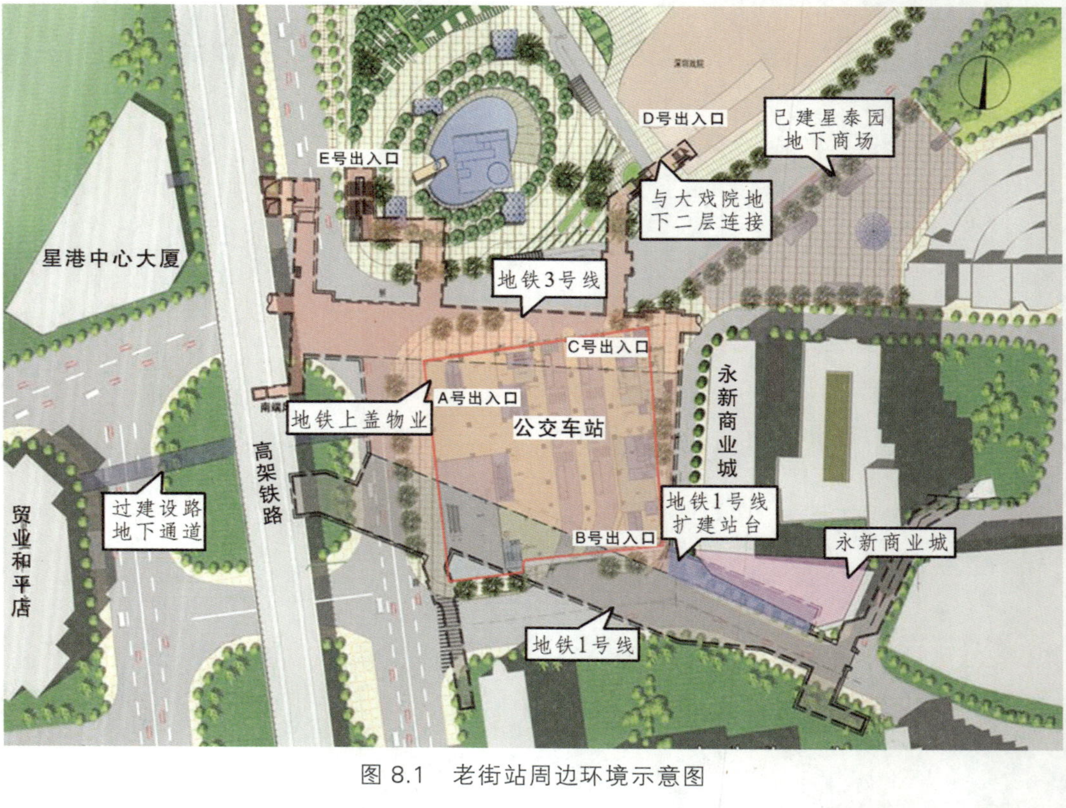

图8.1 老街站周边环境示意图

结合城市公共交通规划，早期在车站所在地块的地面层设置公交枢纽站，利用地下一层作为公交转换层，使本站形成轨道交通与城市公交相结合的公交一体化换乘枢纽站，极大地方便了各种交通方式之间的换乘。

同时由于本站位于商业中心区，土地利用价值高的特点，在换乘综合体的上部空间进行了综合开发，建成约 10 层高的商业综合体，极大地提升了土地的利用价值。老街站周边依托传统商业及换乘枢纽形成商业枢纽点。

老街站规划定位为交通功能为主导：与常规公交枢纽及大型商业中心、居住区、密集共用建筑区等结合的客运枢纽。

车站上方规划为高层建筑，其地面层为公交巴士车站，与地铁车站结合形成了地下、地面交通的换乘综合体。地下一层为地铁与公交车站换乘的转换层，地下二层至地下四层均与地铁车站共用。其中地下二层为地铁车站的站厅层，地下三层、地下四层为地铁 3 号线车站的站台层，如图 8.2 所示。

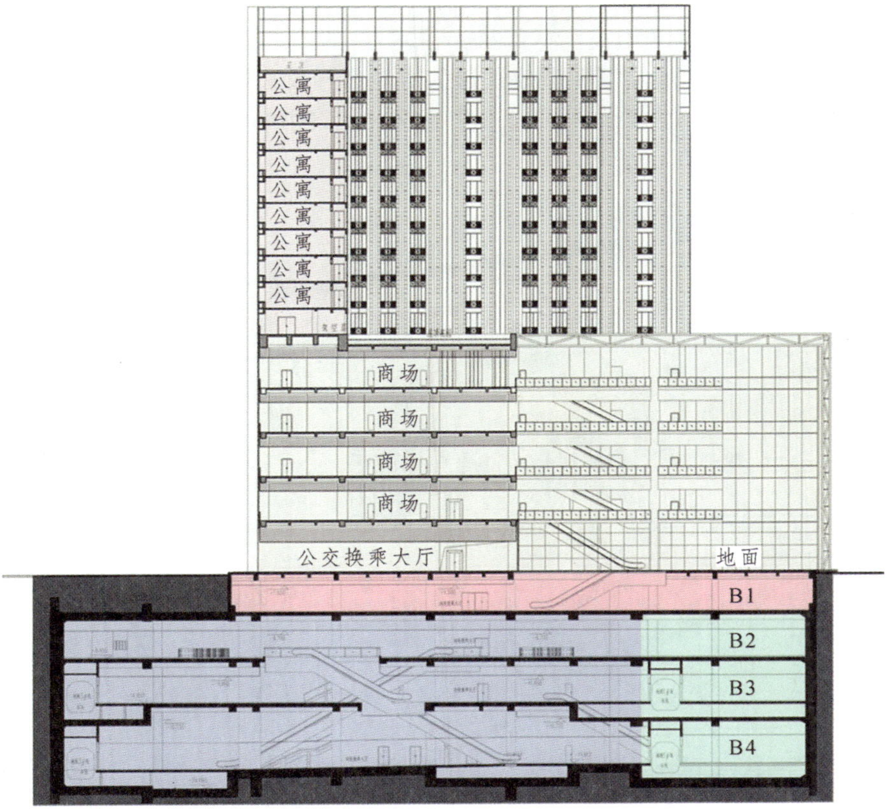

图 8.2 综合体各层关系示意图

整个换乘体的换乘功能自上而下分别为公交之间换乘，公交与地铁换乘，地铁 1、3 号线之间的平行换乘。

3 号线车站为三层侧式站台宽度为 5 m 的地下车站。车站利用综合换乘体与原 1 号线进行平行换乘，在中部形成同站台的换乘大厅，同时与公交进行垂直换乘。地下二层为车站站厅层，由非付费区、付费区、设备管理用房区三部分组成。整个站厅层连通原 1 号线，让 1、3 号线乘客及公交换乘客流方便、快捷地使用。在付费区中共设置 9 部扶梯和 1 部楼梯，其中 4 部为直达车站地下四层的扶梯分别放置在付费区的 2 侧，同时为了满足疏散要求，又分别在车站的西端及东端设置了 1 组 2 m 宽的疏散楼梯。进出站乘客通过出入口进入站厅，在非付费区购票后通过验票机进入付费区，在付费区内选择楼扶梯到达地下三层或地下四层站台层站台候车，出站客流反向运行即可。

车站地下三层站台层利用综合换乘体为 1 号线及 3 号线提供平行换乘的集散空间，同时在换乘体中部设置 2 组 2 m 步梯及 5 台上行，4 台下行共 9 部扶梯，满足乘客、方便、快捷进出站及垂直换乘的要求。并引导平行换乘客流在车站的 2 侧进行平行换乘，减少客流的交叉。同时为了满足疏散要求，又分别在换乘体两端设置了 1 组疏散楼梯。

车站地下四层站台层同样利用综合换乘体进行 1 号线及 3 号线的平行换乘，同时在换乘体中部设置 1 组 2 m 步梯及 2 台上行，2 台下行共 4 部扶梯，并分别在换乘体 2 侧设置了 2 台直达站厅层的扶梯，满足乘客、方便、快捷进出站及垂直换乘的要求。同样，为了满足疏散要求，又分别在换乘体两端增设了一部扶梯。

2012 年车站上盖建设单位深圳市地铁远为房地产开发有限公司提出对物业及车站出入口进行改造，将地下负一层调整为商业，并重新优化了客流组织以更有利于与商业空间的结合，如图 8.3、图 8.4 所示。

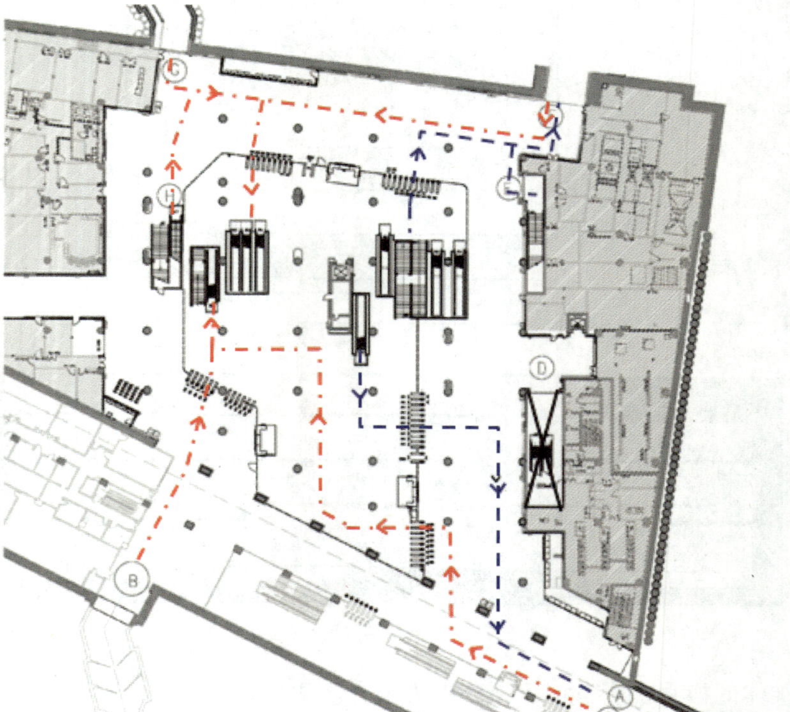

图 8.3 老街站站厅层客流示意图

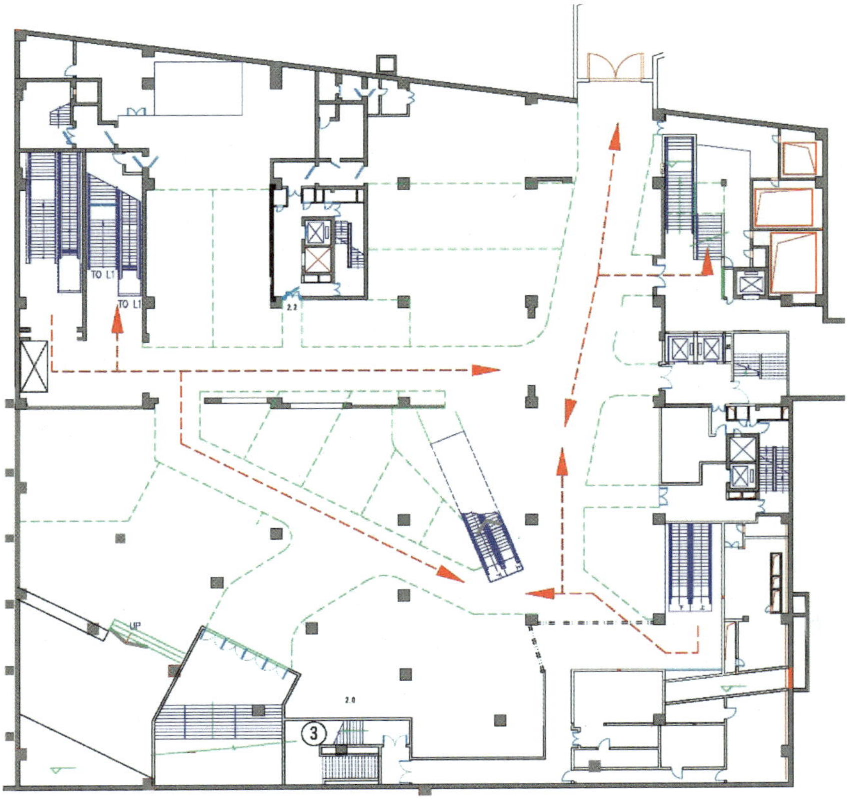

图 8.4 老街站地下一层客流流线图

8.2 布吉枢纽

深圳市布吉客运枢纽工程位于深圳市布吉镇，工程结合广深铁路布吉火车站进行建设，由于原布吉中心商贸区土地、交通建设现状环境较差，无法承载过大的设施、人流、车流集聚，如图 8.5 所示。因此，根据枢纽对周边用地的辐射程度，将布吉客运枢纽周边用地划分为站点核心及客流吸引区，对枢纽服务范围内周边用地的规划进行调整，提高城市土地和交通设施使用的集约化效率。

以深惠路为界，布吉客运枢纽核心客流吸引区被分隔成东西相对独立的两大片区，其周边是布吉片区的商贸、行政、居住以及文教娱乐设施的集中区域。

火车站西侧及西北部是目前布吉片区的商业集中区，有天虹商场、上海一百金鹏店等大型商场和凯利莱大酒店、布吉中心广场、金利大厦高层建筑等，商业气氛浓厚，但建筑质量参差不齐。振兴大道以西为布吉村，旧村面积大，密度高，环境较差，亟待改造，但因环境及交通问题面临很大的改造压力。

东南部的百鸽笼商业与居住组团为近期建成区，环境条件良好。此片区房地产开发迅速，另有一小部分工业。东北部木棉湾旧村拟改造为商业与居住组团，片区房地产开发迅速。火车站范围内的用地主要以工业厂房和车站生产用房为主。

图 8.5 原布吉火车站实景图

布吉交通枢纽工程位于广深铁路布吉火车站东西两侧，主要由东、西广场组成。布吉交通枢纽工程的周边为既有的城市道路和规划道路，东侧为待改造的深惠路和规划的铁东路，在西侧为既有的吉华路和规划的铁西路，交通条件良好，如图 8.6、图 8.7 所示。

西广场位于吉华路、规划的铁西路及火车站之间，西广场主要包括地下二层的东西广场连接通道、地下一层的火车站出站大厅、周边出租车场、社会车辆停车库、交通枢纽设备用房，地面一层的站前广场、公交站场及进入火车站的二层过街人行天桥以及跨铁西路人行天桥，广场两侧分别设有进入出租车场和小汽车停车库的下穿小汽车出入口。

东广场位于深惠路、铁东路及火车站之间。东广场包括地下二层的东西广场连接通道、地下一层的 5 号线布吉客运站站厅层、火车站出站大厅、社会车辆停车场、出租车停车场、交通枢纽设备用房，以及地面一层的站前广场和与地铁 3 号线的连通广场、公交站场及地上二层地铁 3 号线连接火车站候车厅的连接大厅。此外还有下穿深惠路的人行和车行通道，下穿布吉河的车行通道等，跨铁东路人行天桥。布吉交通枢纽横剖面和地面层平面如图 8.8、图 8.9 所示。

东西广场比较，东广场比西广场大，且承担了 70%的交通接驳量，因此东广场的道路设施比西广场道路交通功能强大。

地下二层为下穿广深铁路轨道线连接东西广场的地下人行通道，主要功能为方便西广场人流乘坐地铁 3、5 号线所使用。

布吉交通枢纽地下一层平面如图 8.10 所示。

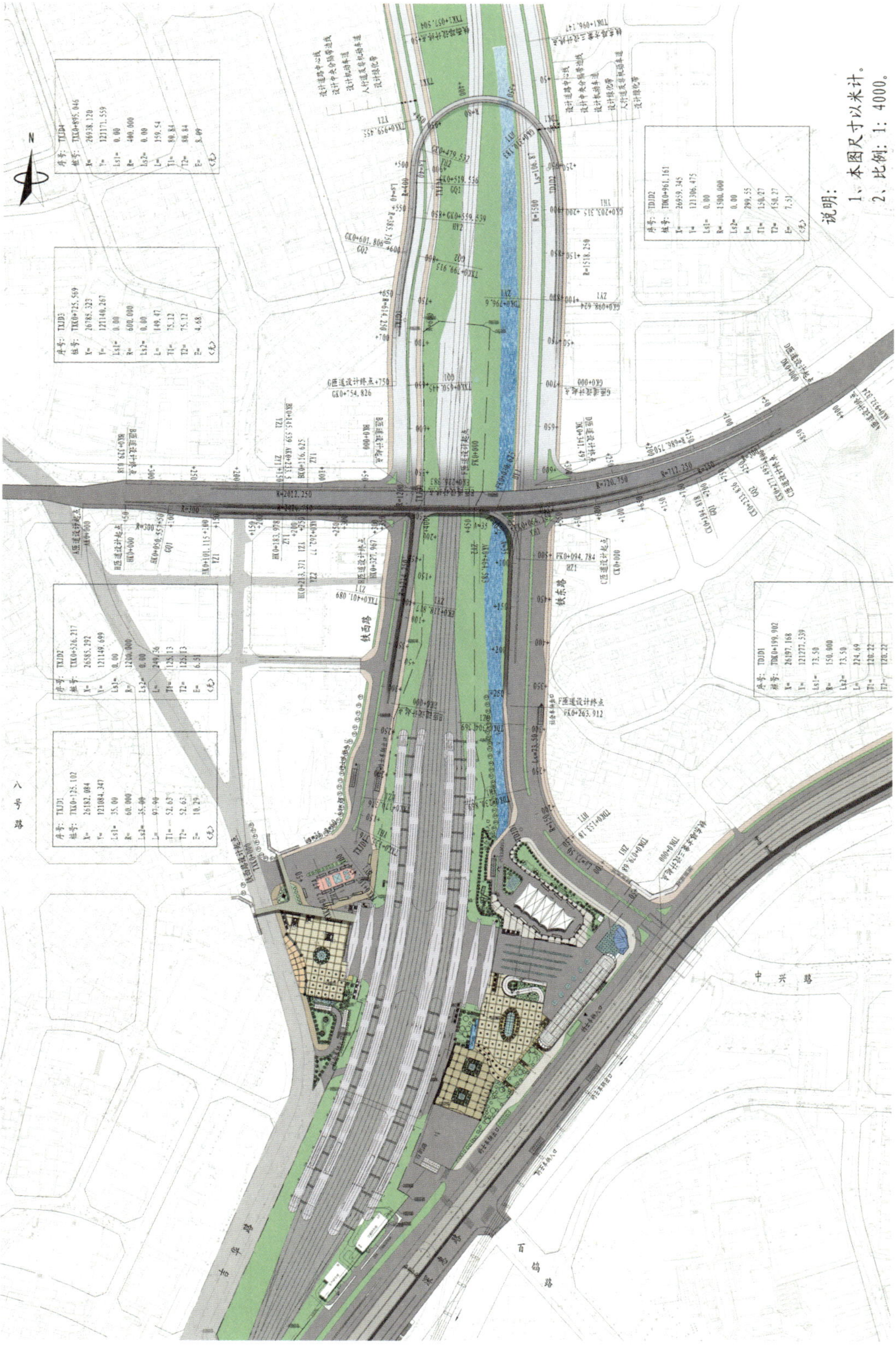

图 8.6 布吉交通枢纽总平面图

图 8.7 布吉交通枢纽规划鸟瞰图

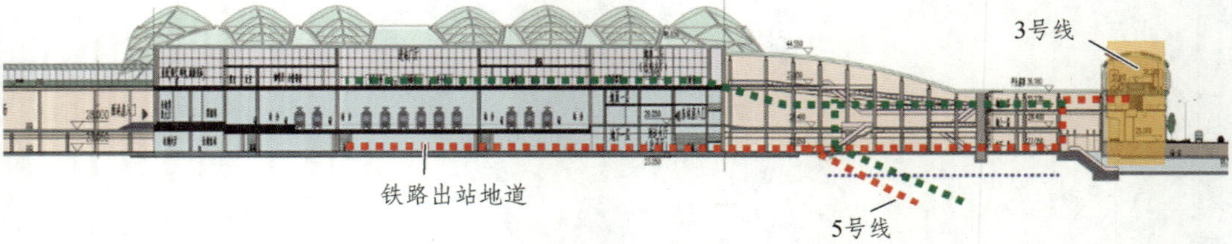

图 8.8 布吉交通枢纽横剖面图

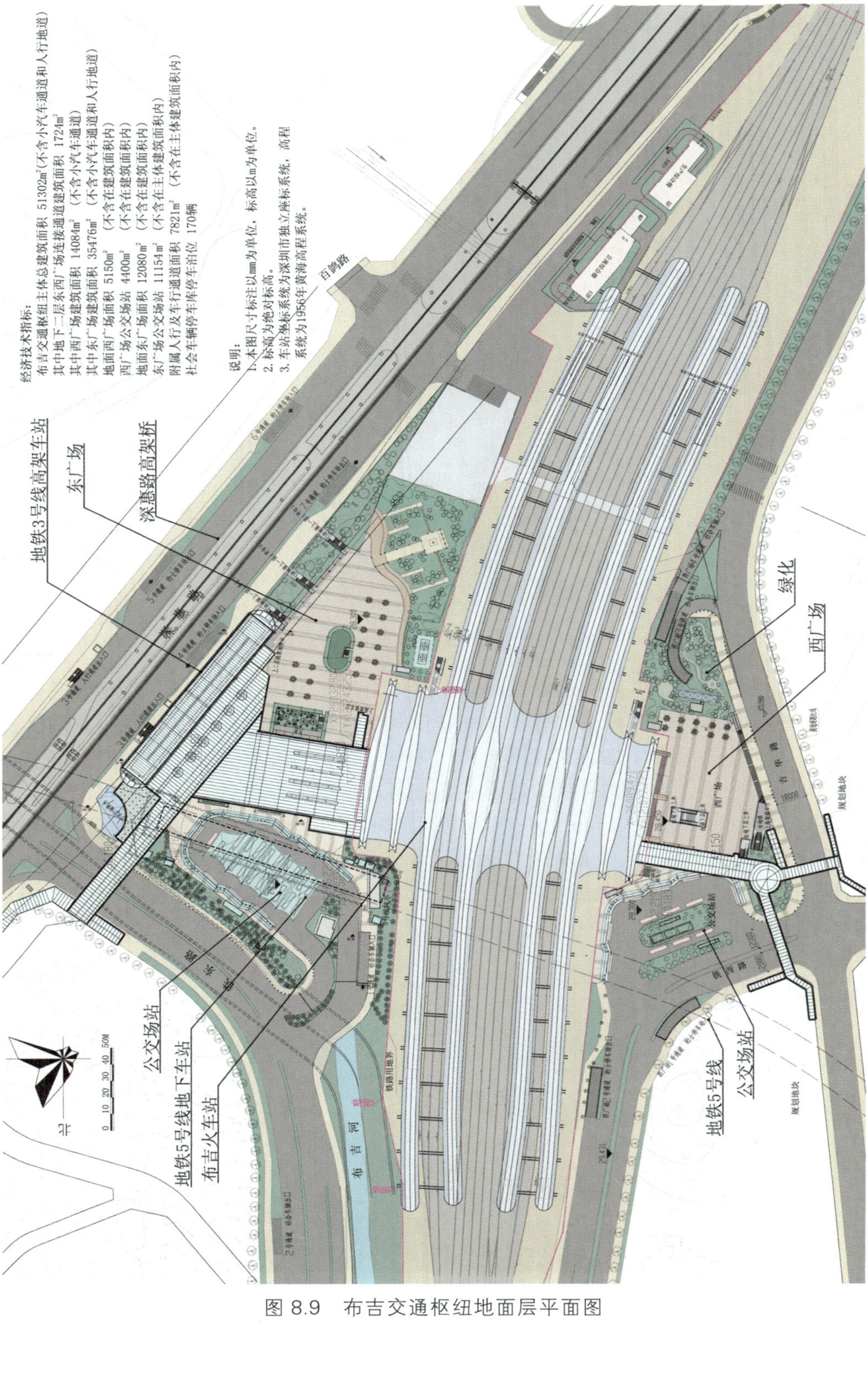

图 8.9 布吉交通枢纽地面层平面图

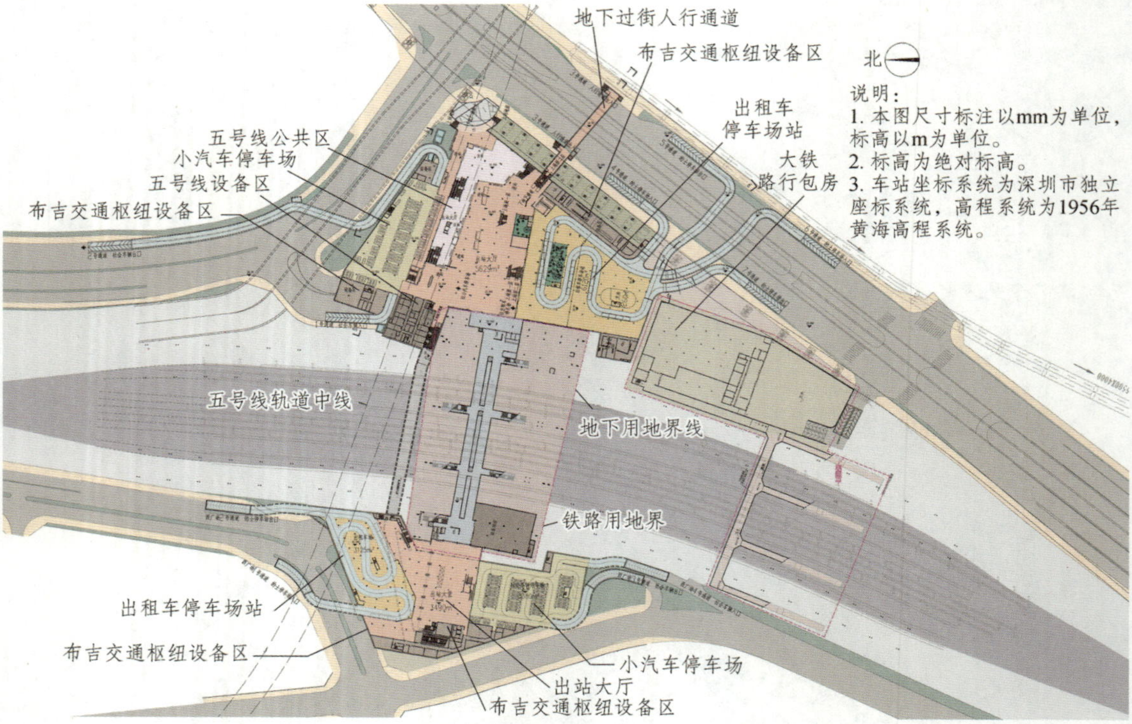

图 8.10 布吉交通枢纽地下一层平面图

枢纽周边既有的城市道路和规划道路，东侧为新改造完成的深惠路，西侧为现有的吉华路，为加强枢纽东西广场的联系，分别规划有铁东路和铁西路。铁东路和铁西路是枢纽外围的联系道路，与两侧的吉华路、深惠路连接，并通过铁路跨线桥使铁路周边的道路连通，加强了铁路两侧的联系，结合铁东路的建设对布吉河进行了局部改造。

枢纽总建筑面积 129 937.5 m^2，东广场建筑面积 46 031 m^2，西广场建筑面积 13 594 m^2，地下通道建筑面积 8 026 m^2；铁东路和铁西路道路工程约 4.57 万平方米，桥涵面积 16 542 m^2。项目总投资约 10 亿。建成后效果如图 8.11 所示。

图 8.11 布吉交通枢纽建成鸟瞰图

8.3 福田枢纽

深圳市福田站综合交通枢纽工程位于深圳市福田区（深圳市中心区），深南大道与益田路交叉口处。深圳市福田站综合交通枢纽工程以广深港客运专线深圳福田站为中心，汇集了地铁 1、2、3、4、11 号线等城市轨道交通线路，公交首末站、小汽车及出租车接驳场站等常规交通设施及配套服务设施等。其平面图如图 8.12 所示。

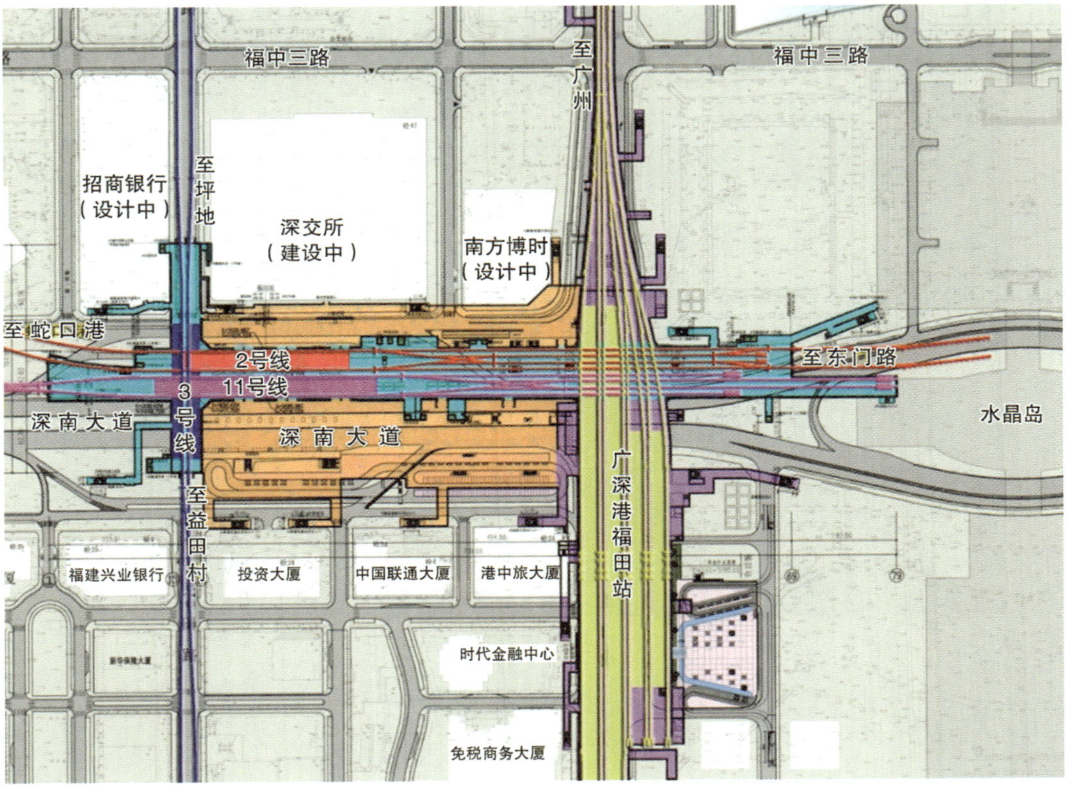

图 8.12 福田枢纽总平面图

福田综合交通枢纽创造性地将客运专线线路及车站通过地下线的形式引入到城市中心区，以提高铁路对城市的服务水平。福田站综合交通枢纽是我国第一个地下交通枢纽工程，由于枢纽位于城市中心区城市干道下方，确立了以轨道交通接驳换乘为主的换乘思路。通过便捷的地下人行系统，形成了枢纽地区人车分流，立体交通组织模式，极大地提高了轨道效率和交通品质。

福田综合交通枢纽工程总建筑面积约 27 万平方米（包括广深港客运专线福田站总建筑面积约 14 万平方米。

福田站作为重要的铁路和城轨换乘车站，与其他多种交通方式共同组成综合交通枢纽。该枢纽包括已运营的地铁 1、4 号线，二期建设的地铁 2、3 号线、11 号线（穗莞深城际线）、14 号线（深惠城际线），由于汇集 7 条轨道线路，换乘关系复杂且为全地下枢纽，埋深较深，因此工程复杂、难度大。同时，配置了一定数量的 P + R 停车场、常规公交、出租车及完善的慢行系统等，如图 8.13 所示。

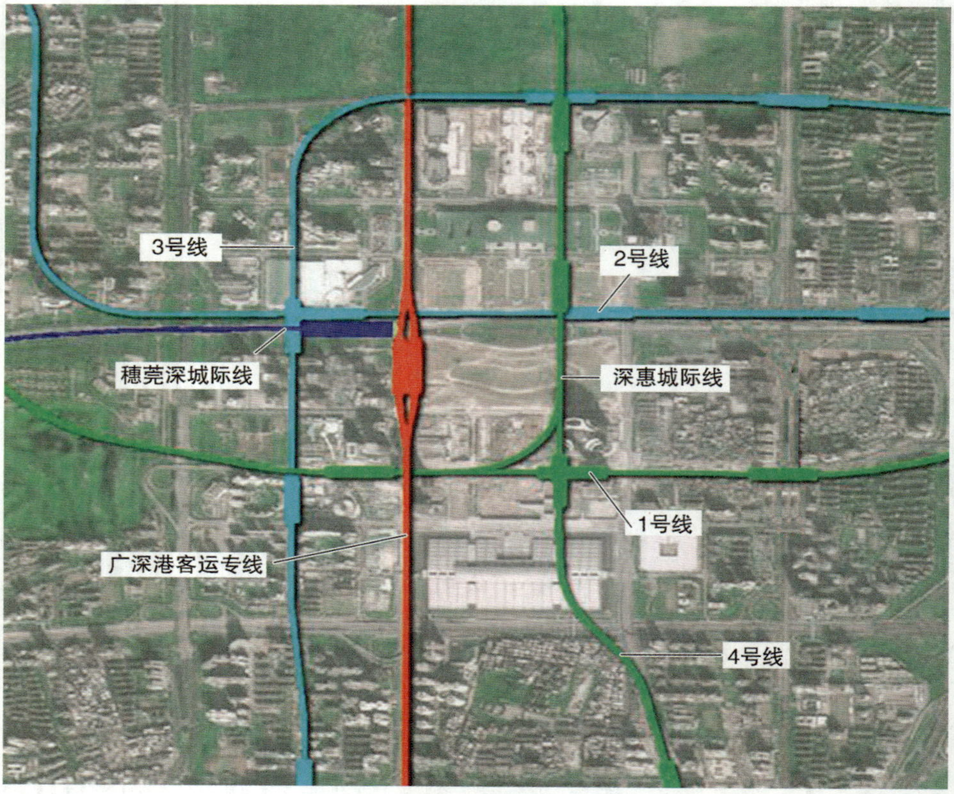

图 8.13 福田枢纽轨道示意图

8.3.1 规划设计思路

福田枢纽处于福田中心区，地理位置特殊，同时根据枢纽本身的功能要求，确定以下总体布局原则：

1）与城市紧密结合的原则

福田枢纽位于深圳市中心区，地理位置十分敏感。为配合广深港客运专线福田站的建设，深圳市及时调整了中心区的城市轨道交通线网规划，2 号线东延与 3 号线西延工程均在中心区设站，11 号线以福田站作为一期终点站，实现了中心区和机场的轨道交通连接，同时也将铁路客运专线与机场通过快速的机场线实现了连接。同时，作为对大型轨道交通枢纽接驳的补充，规划了小汽车及出租车场站以实现与轨道交通的换乘，并对局部道路进行了调整，以满足车场接驳的需要。

2）以人为本的布局原则

福田枢纽是一个综合交通换乘枢纽，其服务对象主要为乘客。在设计中必须贯彻以人为本的布局原则，也就是以乘客为本的布局原则。为乘客提供便捷的换乘、完善的服务、清晰的引导。

枢纽布局围绕客流组织进行，以客流预测为指导，优先满足主要客流的需求，依据客流的大小确定设施布局的优先等级。

3）客流管道化设计原则

客流流线应尽量实现管道化，尽量避免流线的交叉，同时设置清晰的流线标志，保证流线的强识别性，降低旅客寻找目的地的难度。

4）充分利用地下空间，适度开发的原则

充分利用地下空间布局各类设施，适度进行商业及其他服务开发，满足客流需求，但应以不对枢纽的客流组织产生不利影响为前提。

5）提升地下空间环境景观设计品质的原则

对于大型地下空间，除了防灾疏散要求，通过下沉广场和采光天井设计，大大改善枢纽地下空间环境景观的品质。

6）预留弹性，有利分期施工原则

充分考虑各类设施可能不同的实施主体和建设时期，明确各类设施边界条件和接口，预留分期建设的弹性。

8.3.2 设计方案

1）枢纽总体构成

福田站综合交通枢纽集客运专线铁路、城际轨道交通、地铁、常规公交、小汽车及出租车等多种交通方式换乘为一体，是深圳市重要的综合客运交通枢纽。枢纽总体构成为：

（1）广深港客运专线福田站

（2）轨道交通车站：包括 1 号线购物公园站及会展中心站（既有）、2 号线福田站及市民中心站、3 号线福田站及购物公园站、4 号线市民中心站及会展中心站（既有）、11 号线福田站。

（3）常规交通接驳设施：包括常规公交、出租车、社会车辆等场站设施。

2）相关交通设施规划设计概览

（1）广深港福田站。

广深港福田站是枢纽内最重要的轨道交通车站（属于本工程的研究范围，但不属于工程范围）。其平面位置受益田路两侧建筑物及线路敷设条件制约，位于福中路与福华路之间，站场规模为四线八台，全部为岛式站台，在福华路下穿地铁 1 号线会展中心站及购物公园站区间。

广深港福田站采用 4 线（含正线）2 长岛（450 m×12 m×2.5 m）加 4 线 2 短岛（220 m×10.5 m×2.5 m）（尽端式）规模，不对称布置方案，车站东侧为 4 线 2 短岛，西侧为 4 线（含正线）2 长岛（图 8.14）。按照广深港福田站站型布置特点，其西侧 2 长岛站台用于办理通过列车和香港方向始发终到城际列车作业；东侧 2 短岛（尽端式）站台只能办理广州方向城际列车作业。

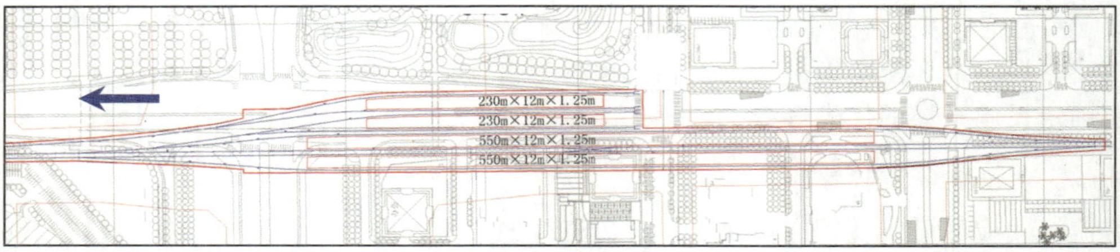

图 8.14 广深港福田站站场布置图

整个福田枢纽的空间布局受广深港福田站空间布局控制，福田站的埋深受地铁 1 号线控制。广深港在深南大道下穿 2 号线及 11 号线，在福华路下穿地铁 1 号线区间，轨顶标高约为 – 22 ~ – 24 m，埋深 – 30 ~ – 34 m，车站设为地下三层，地下三层为站台层（图 8.15）。

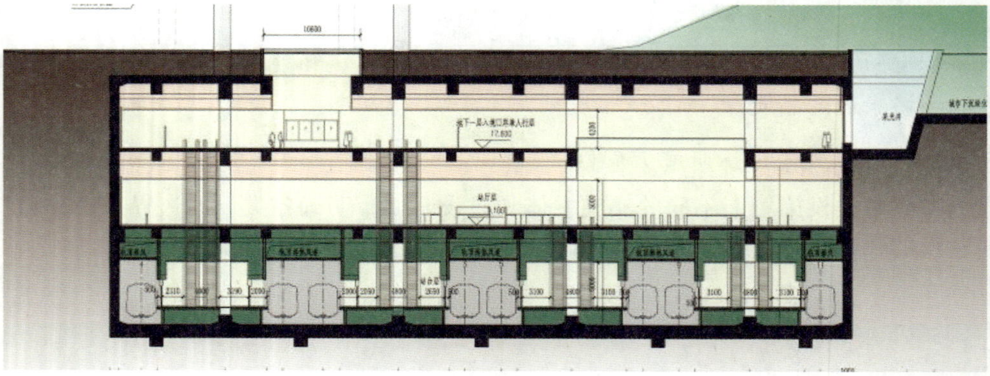

图 8.15 广深港福田站剖面图

（2）地铁车站工程。

此部分工程由 2、3、11 号线福田站组成。2、3 号线福田站纳入地铁 3 号线设计范围，作为 3 号线上的一座换乘站进行设计。新增 11 号线车站后，又在原方案的基础上，结合国铁福田站工程设计，对原方案进行了优化调整。增加 11 号线车站后，地铁车站的总规模为 79 385.2 m^2。车站的建筑布置、结构设计、风水电等常规设备的布置按同步实施换乘车站进行设计。

在枢纽范围内 2 号线共设两座车站，福田站与市民中心站，其中市民中心站不属于本工程同步设计范围。2 号线福田站设于深南大道，民田路与益田路之间，其东端与广深港福田站交叉。为避免与 11 号线交叉，车站靠深南大道北侧设置，车站可在民田路与益田路之间进行东西向调整。由于 2 号线与 3 号线、11 号线的换乘量要远远大于 2 号线与广深港福田站的换乘客流，因此，将 2 号线靠西布置，满足主要换乘客流的需求。2 号线与 4 号线在市民中心站换乘，考虑覆盖范围及站间距等因素，2 号线放置在 4 号线东侧，由于 4 号线为已建成线路，因此换乘采用通道换乘。

3 号线在枢纽范围内共设两座车站，福田站与购物公园站，其中购物公园站不属于本工程同步设计内容，3 号线福田站沿民田路布设。3 号线福田站可沿南北向调整，可与 2 号线、11 号线形成 T 形换乘、L 形换乘、十字换乘等，经综合比选，采用侧岛十字换乘为理想的换乘方式。3 号线购物公园站与 1 号线购物公园站换乘，考虑覆盖范围及站间距等因素，且由于 1 号线为已建成线路，因此 3 号线购物公园设置在一号线南侧，采用通道换乘。

11 号线福田站为 11 号线一期工程的终点站，设置在深南大道民田路与益田路之间，2 号线南侧，其东端与广深港福田站交叉。由于 11 号线与 3 号线换乘客流较大，因此车站靠 3 号线设置。为保持 11 号线远期规划的灵活性，车站设计考虑了向东延伸的条件。

（3）常规交通接驳设施。

深南大道北侧配套设施：此部分工程位于深南大道北侧辅道下方，三号线和广深港福田站之间，东西向长约 314 m，南北向宽约 38.5 m，为局部地下两层建筑，如图 8.16 所示。东侧局部地下一层为预留开发空间。地下二层主要为地铁与该地块地面出租车场站的换乘大厅及部分配套服务设施。该部分地下部分总建筑面积 17 318 m^2，地面出租场站面积 2 715 m^2。

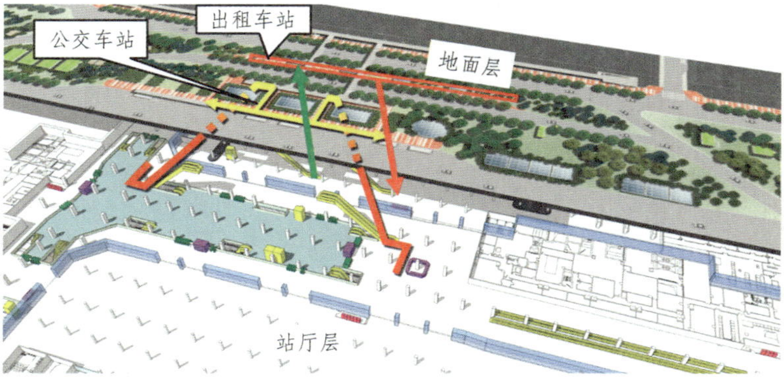

图 8.16　深南大道北侧配套设施平面布局图

深南大道南侧配套设施：此部分工程位于深南大道南侧主车道及南侧绿化带下方，三号线和广深港福田站之间，东西向长约 298 m，南北向宽约 76.8 m，为地下一层建筑，如图 8.17 所示。地下一层为地铁接驳出租车场站的换乘大厅，地铁与广深港福田站的换乘通道。其地下配套服务设施上部为半地下无盖出租场站，地下部分建筑面积为 21 250 m^2，半地下出租场站建筑面积为 5 437 m^2。

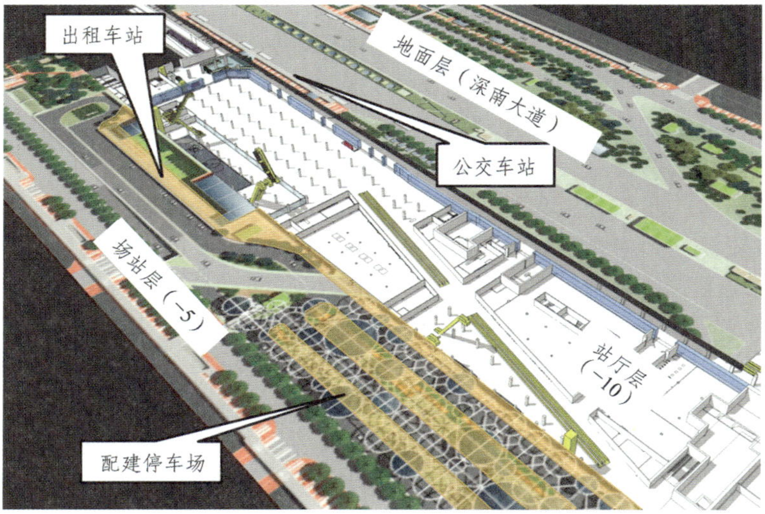

图 8.17　深南大道南侧配套设施平面布局图

公共大巴接驳设施：福田中心区属于城市建成区，既有公交线路覆盖完善，以通过式为主，主要分布在深南大道及益田路。公交乘坐率在早晚高峰往往到达满座，在平峰段有一定的富余。

广深港客运专线及地铁引入后，中心区的人流密度会进一步加大，由于轨道交通网在很长一段时间内其覆盖面存在盲点，常规公交需求也呈增长趋势。由于广深港客运专线、地铁的客流高峰与常规公交的客流高峰存在一致的情况。如仅在路面增加公交线路将无法满足高峰时段的乘客需求，会出现乘客上不去车的现象。结合中心区的实际情况，经综合比较，公交首末站设置于益田路东侧的绿化带内，如图 8.18 所示。

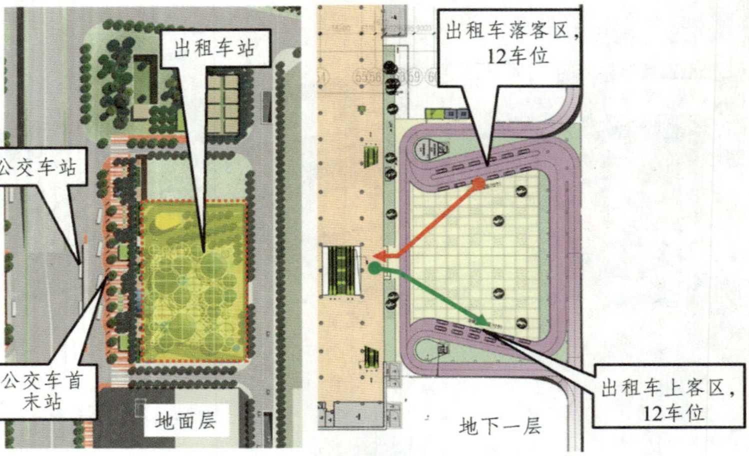

图 8.18 公交配套设施平面布局图

除公交首末站外，对于枢纽范围内的公交停靠站接驳设施也进行了调整，将枢纽深南大道辅道公交停靠站移至深南大道主道上来净化深南大道辅道交通，主要服务于枢纽轨道 2、3、11 号线及周边地方客流。

出租车及小汽车接驳设施：根据规划的整体思路，福田枢纽的客流疏导以轨道交通为主，对出租车采取适当限制的方法。出租车作为城市公共交通的重要组成部分，具有灵活、覆盖面广、运营时间长、司机对城市道路熟悉等优点，特别适合去机场及火车站等有大件行李者及初到深圳的旅客。作为综合交通枢纽工程，出租车接驳场站是必不可少的。

而小汽车作为一种交通工具，其需求始终是存在的，不能因为限制而彻底消除这部分需求。作为综合交通枢纽工程，设置合理的小汽车接驳设施，能为乘客提供更加完善的服务。特别是对于有国铁和机场线的综合交通枢纽工程更是如此。

益田路东侧场站：此部分工程主要位于益田路东侧，市民广场南广场西南角，为公交首末站及出租车接驳场站，南北向长约 116 m，东西向宽约 78.6 m，如图 8.19 所示。其地面层为公交首末站，地下一层为出租车接驳场站。主要为广深港福田站提供服务，其地面部分建筑面积为 11 003 m^2，其地下部分建筑面积为 11 184.5 m^2。

结合福田枢纽的总体布局特点，由于主要的接驳客流集中点相对比较分散，出租车接驳场站的布局采取分散设置的形式，分别在深南大道两侧及益田路东侧设置出租车接驳场站。

其中，深南大道北侧设置地面出租车即停即走场站，深南大道南侧 – 5 m 层集中设置规模较大出租车及小汽车接驳场站，主要服务于轨道 11 号线及国铁福田站客流，同时利用深南大道南侧的剩余空间设置 80 个停车位规模的枢纽管理工作人员的配建停车场，如图 8.20 所示。

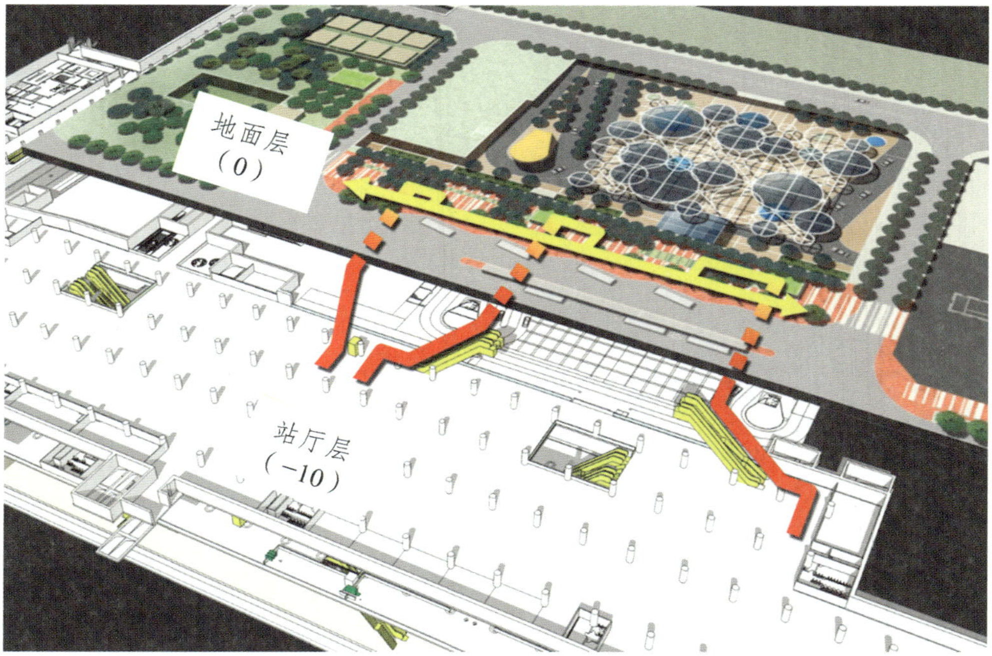

图 8.19 益田路东侧场站布局图

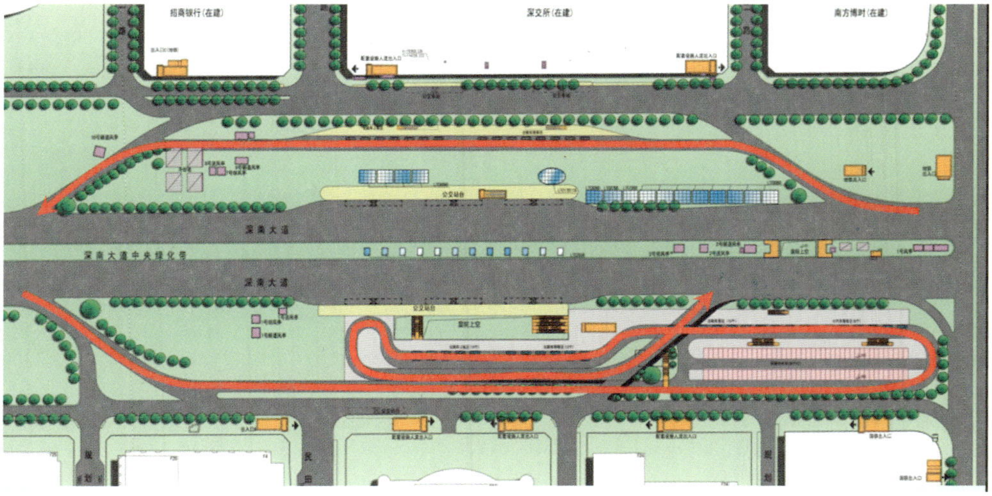

图 8.20 深南大道两侧出租及小汽车场站平面布局图

停车场：由于中心区用地紧张，且周边分布有两座大型停车场，枢纽工程不再新建停车场。既有的停车场一是位于深圳市市民广场的地下停车场，并对公众开放的停车场，有一定的停车富余量（约 600 个），可以为枢纽提供停车服务，枢纽设计时已考虑了人行连通口。另一可以利用的停车场为正在兴建的深交通所地下停车场，共设 2 000 多个停车位。枢纽亦考虑了人行出入口与之相连。

第9篇

交通一体化与综合开发

9.1 公铁一体化规划建设

9.1.1 概 述

国道 205 深圳段改建工程共计约 26.3 km 与地铁 3 号线共线，共线段地铁设置高架车站 15 座，半地下站 1 座（塘坑站）；地铁既有高架线，也有地下线和地面线；既有布置在 G205 中央分隔带内，也有布置在其路侧。由于形式多样，空间位置多变，两者线形技术标准不同，一体化设计难度较大。

由于地铁工程的需要，三号线在 G205 同步改造上采用了高架、地面、地下及路中、路侧等多种敷设方式（图 9.1）。为确保高架桥路中、路侧的架设，地面线的布置，地下线洞口及高架车站的设置，G205 在不同改造路段采用了 4～12 m 的不同中央分隔带宽度。

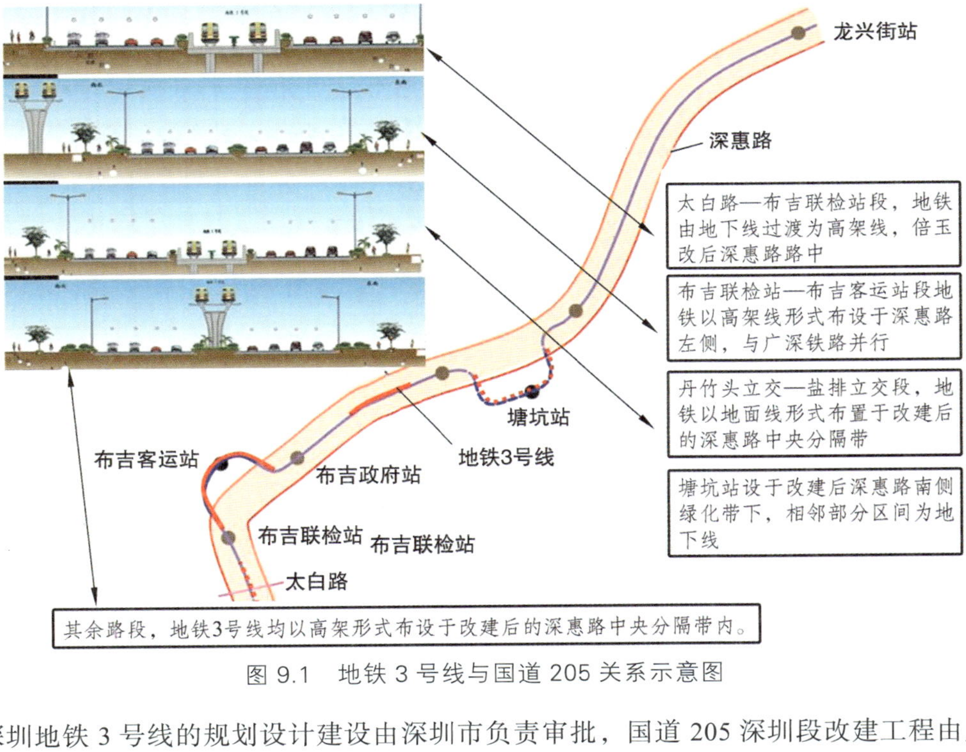

图 9.1 地铁 3 号线与国道 205 关系示意图

深圳地铁 3 号线的规划设计建设由深圳市负责审批，国道 205 深圳段改建工程由广东省交通厅和深圳市共同负责审批。地铁线路和公路路线技术标准存在一定的差异。国道 205 沿线现状及规划相交道路众多，同时存在很大的规划不确定性。因此为一体化规划设计带来了较大的难度。

常规的地铁设计是在一个基本确定的地形地貌上进行线路选线，而 3 号线与国道 205 并行段既在确定的地形地貌又在不确定的道路改道线上进行线路设计。为了稳定尽快稳定线路方案，我们采取地铁、公路一体化规划设计方法。

9.1.2 一体化规划设计基本流程

深圳地铁 3 号线和国道 205 深圳段改建工程一体化设计的基本流程，如图 9.2 所示。此框图为理想情况下的基本流程，由于设计的复杂性，在实际使用中需灵活变通，经常存在流程交错的情形。

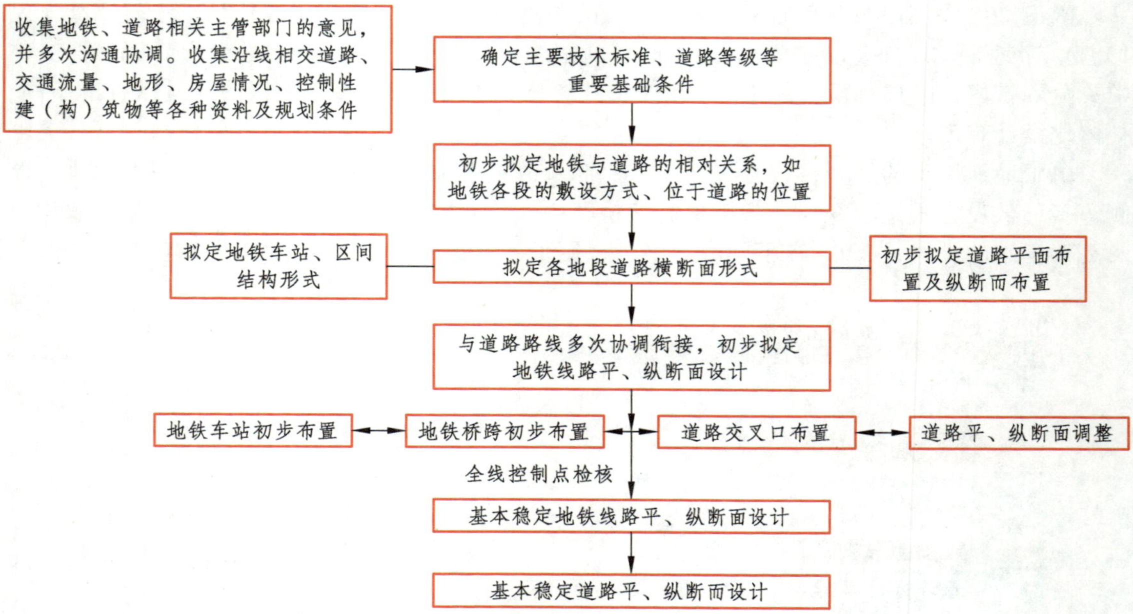

图 9.2 一体化规划建设基本流程图

9.1.3 一体化主要内容

9.1.3.1 地铁、国道和城市道路建设标准一体化

在设计前期就需根据地铁、道路各自的工程特点，与相关部门进行充分的协调，确定轨道交通制式及相应技术标准，确定国道 205 改造后的道路等级、标准段路幅宽度、技术标准等。

9.1.3.2 道路横断面设计一体化

在进行道路横断面设计时就充分考虑地铁 3 号线车站及区间在国道 205 的位置、敷设形式、需要的宽度。结合道路两侧的地形情况、建筑物情况，采取合理的道路横断面形式，满足地铁设置的需要，满足网络改造的城市快速道路的使用要求，同时注意房屋拆迁量和工程实施难度。

9.1.3.3 地铁线路和道路中心线一体化

地铁线路技术标准重点考虑车辆性能和乘客的舒适度，道路路线设计重点考虑道路行车。二者的技术标准穿在必然的不同一性。地铁线路一般均为标准平曲线；道路线形比较丰富，除了标准平曲线外还有 S 形、C 形等多种形式。设计过程中要注意地铁线路中心线与道路中心线的拟合。有时车站在道路的转弯处，需要地铁、道路的线路反复调整，必要时还需要和相关部门协调，对车站位置进行调整。为了让地铁结构（高架线或地面线）与道路有一个良好的衔接，在设计过程中需对地铁和道路进行线路一体化设计。

9.1.3.4 景观一体化

地铁高架线做好了就是城市一道亮丽的风景线，做得不好就会带来较大的视觉影响。因此在设计过程中就对景观效果进行一体化考虑。高架车站的造型、色彩、材质、灯光需要与道路断面形式、景观等综合考虑。区间桥梁的结构形式、高宽比、跨度等同样也需与道路设计综合研究。区间桥梁是否绿化、如何绿化也与道路景观设计综合考虑。

9.1.3.5 桥跨布置一体化

地铁高架结构桥跨布置需考虑国道 205 改造的车道布置。特别是在交叉路口，更需考虑交叉形式、车道布置、路幅构成、通视条件等。有些相交道路无法稳定，就预留合理的实施条件，同时注意工程量大小和工程投资。道路交叉口设计过程中同样也需考虑方便地铁桥跨布置。国道 205 改造沿线相交现状及规划道路众多，采用桥跨布置一体化设计的办法较快稳定了地铁、国道 205 改造及相交道路的关系。

9.1.3.6 道路管线一体化

国道 205 改造同步实施市政管线设计时需考虑地铁结构布置，将市政管线规划设于合适的位置，同时需给地铁接入市政的管线预留合理的接口。进行市政管线的一体化设计可以给施工带来便利、降低工程投资。

9.1.3.7 施工一体化考虑

国道 205 是深圳市一条重要的东部交通干线，交通量较大，道路拥挤，已处于严重饱和状态。根据道路改造进行了路幅调整及道路红线拓宽，因此沿线房屋拆迁量较大，3 号线和国道 205 改造总的房屋拆迁量近 100 万平方米。拆迁的实施安排、交通疏解、建设工序等都需进行一体化综合统筹安排，把施工期间对市民生活的干扰、对交通的影响降到最低，同时节省工程投资。

由于地铁建设周期要比 G205 改造长。G205 改造工程基本上需分两次进行，前期道路一侧进行疏解拓宽，以确保地铁应有的施工场地，另一侧进行道路改造。当地铁基本施工完成后，释放围挡，再施工本侧的道路改造。两工程的施工及工期需进行充分协调。

9.2 交通一体化

由于地铁 3 号线贯穿于深圳市东部发展轴，除特区内线路位于城市建设成熟区外，特区外线路均位于城市建设的半成熟区或旧城改造和新城开发区，通过 3 号线的建设可以促进沿线城市建设和城市化进程。轨道交通发展与城市规划和综合交通规划的有机结合是能否实现城市发展目标和城市综合交通发展目标的关键，也是关系到本线建成后能否成功运营实现预期的社会、经济效益的关键。通过3号线建设调整交通现状的同时实施综合交通规划，实现以轨道交通为骨干，以常规公交为主体的，各种交通方式高效衔接的综合客运交通体系；通过对3号线车站的定位、站点周边城市规划及物业开发和综合交通规划的理解，确保车站与公交接驳一体化设计的有效实施，实现以轨道交通建设促进城市建设的双赢局面。

车站站点设计充分考虑与常规公交的接驳换乘，形成以3号线为骨干，以常规公交为主体，与小汽车有竞争力，各种交通方式高效衔接的一体化客运交通体系，并在规划建设时同步实现配套交通设施，充分发挥轨道交通的大运量运输优势。

9.2.1 地铁3号线车站交通接驳特征分类

根据站点周边片区的用地性质、车站接驳区域、车站所衔接的客运交通方式以及车站集散客流量和换乘客流量大小等影响因素，将车站交通接驳功能分为四类：

（1）综合枢纽站：为重要的对外交通枢纽及大型常规公交枢纽与轨道交通车站结合的大规模综合性客运枢纽。既承担多方式交通换乘的功能，也集大型居住、商业、就业、娱乐等设施于一体，形成交通与区域服务并举的综合性功能。枢纽内部应采用“无缝接驳”方式，使乘客在“不知不觉”中换乘其他交通工具，或者便捷地到达出行目的地。

（2）交通接驳站：位于城市道路网络的咽喉部位，或特区内外的交通转换点，与城市各级道路网络结合紧密的轨道车站。该类车站通过道路网络的辐射，乘客吸引范围较大，为截留进入中心城区的各类交通流量具有较大的作用。其功能以交通换乘为主，片区交通服务为辅。交通接驳以小汽车停车换乘和常规接驳换乘为主要模式。

（3）片区接驳站：为重要的轨道交通车站与常规公交枢纽及大型商业中心、大型居住区、密集公用建筑区等结合的客运枢纽。这类枢纽大多是以轨道带动城市土地综合开发形成的交通枢纽和区域中心，功能以区域交通服务为主，以交通换乘为辅。枢纽设置完善的接驳换乘和步行设施，引导乘客方便、迅速地到达目的地。

（4）一般换乘站：为一般轨道交通车站与常规公交站点及片区商业中心和居住区相结合的客运枢纽。功能主要是为片区交通服务，应设置完善的步行设施，引导乘客快速到达目的地。

3号线各车站功能特征如下：

综合枢纽站：布吉站、福田站；

交通接驳站：草埔站、丹竹头站、荷坳站；

片区接驳站：购物公园站、老街站、田贝站、塘坑站、横岗站、龙城广场站、双龙站；

一般换乘站：益田站、石厦站、少年宫站、莲花村站、华新站、通新岭站、红岭站、晒布站、翠竹站、水贝站、木棉湾站、大芬站、六约站、永湖站、爱联站、吉祥站、南联站。

9.2.2 车站与公交一体化设计原则

地铁3号线的设计以地铁车站为对象，组织其他各种交通方式的接驳，通过车站来优化配置常规公交场站、道路断面、公共空间以及小汽车换乘停车场、自行车换乘停车场、出租车上落客站、社会车辆接送客站等各类交通设施，形成以车站为核心、换乘方便高效的综合换乘中心。并优化车站周边步行系统，设置适合的人行指示标志，形成通达性强、指向明确、环境舒适、安全便捷、空间园林化的步行接驳系统。

设计原则：在轨道沿线，利用车站来组织公交、路网、人行系统等，使轨道交通成为主要交通方式和主要接驳对象。

这一原则包括两个关键：一是交通网络整合，二是交通设施整合。交通网络整合是全线交通设计的过程，设施整合具体表现在各个车站具体设计时，对于各交通设施的设置中。

轨道客流接驳方式主要有步行、自行车、公交、出租车、长途客车、小汽车等，其分担比例主要受如下因素影响：

- 车站性质（端点站、区间站）；
- 车站功能定位（普通站、一般枢纽站、大型枢纽站）；
- 车站周边交通设施分布及道路衔接情况；
- 车站区位（中心区、郊区或城市边缘区）；
- 车站周边用地情况（商业区、办公区或住宅区）；
- 轨道相对于其他交通方式费用差异。

9.2.3 接驳场站布局原则

9.2.3.1 公交场站规划布局原则

（1）公交接驳场站的规模应根据车站换乘预测客流量，结合车站周边已有公交场站的实际情况以及相应的规划情况，经统一整合后确定。

（2）公交接驳场站布局应尊重车站周边土地利用的实际情况，与其用地功能、性质和开发密度相协调，并具有一定的弹性和可操作性。

（3）公交接驳场站尽量靠近车站出入口，缩小乘客换乘的时空距离，提高公交接驳换乘效率。

（4）常规公交接驳场站可以结合其他建筑设施统一设置，不单独占地。

（5）常规公交接驳场站的车辆出入口尽量设置在次干道或支路上，尽量减少公交车辆的出入对道路交通的影响。

9.2.3.2 公交停靠站规划布局原则

（1）尽量靠近车站出入口布置，间距一般为 500 m 左右。

（2）尽量采用港湾式停靠站，主干道一般设 3 个停车位，次干道设 2 个。对客流多、线路多的停靠站，采用拆分站台、深港湾式站台等措施进行改善。

（3）尽量设置在交叉口出口道，与缘石切点的距离：主干道至少 50 m、次干道 40 m、支路 20 m；若需设置在进口道，则与停车线的距离主干道至少 100 m、次干道 70 m、支路 50 m。

（4）交叉口外侧拓宽增加车道时，宜将拓宽车道与停靠站进行一体化设计。

（5）一块板道路上下行站点宜错开设置，错开距离不小于 30 m。

9.2.3.3 小汽车停车场规划布局原则

（1）尽量靠近轨道车站布置，并有利于小汽车交通组织。

（2）车辆出入口尽量设置在次干道或支路上，若须设置在主干道上，出入口距离交叉口停车线至少 80 m。

（3）为方便接驳交通组织，可开辟专用通道与主干道相连。

9.2.3.4 出租车上落客站和社会车辆接送客站规划布局原则

（1）尽量靠近车站出入口布置，方便乘客使用。

（2）采用港湾式上落客站，尽量减少对其他交通的影响。

（3）一般在车站周边道路两侧分开设置，也可结合车站周边建筑设置；若附近有公交停靠站时，应设在公交停靠站上游至少 50 m 处。

（4）规模依据车站功能而定，一般接驳站为 2～4 辆，片区接驳站为 4～6 辆，交通接驳站为 6～8 辆。

9.2.3.5 自行车停车场规划布局原则

（1）尽量靠近车站出入口布置。

（2）应在道路两侧分开设置，避免自行车穿越道路。

（3）根据车站周边用地和道路情况，可布置在人行道外侧或道路绿化带上，也可结合车站周边建筑布置。

9.2.3.6 车站周边人行系统布局原则

（1）以车站为核心对步行设施进行统一整合，形成人车分离的步行系统；对沿线道路断面进行优化设计，结合道路网络功能的调整，尽量拓宽人行道的宽度。

（2）对步行范围内人行过街设施进行统一整合，视道路功能与流量的大小，并尽量利用车站出入通道，增加必要的立体过街设施，形成连续的、无障碍的步行系统。

（3）根据步行范围内，各类设施特别是交通接驳设施布局情况以及客流集散点的分布情况，在大型客流集散点与车站之间设置直达的步行专用通道。

（4）设置必要的人行指示标志，在车站周边建立通达性强、指向明确的人行系统，尽可能多地吸引车站覆盖范围内的出行者使用轨道交通。

（5）对步行系统进行园林化的设计，形成舒适的步行空间环境。

9.2.3.7 车站周边支路系统布局原则

根据车站周边土地开发情况和道路网络特征，打通车站周边地区微循环系统。

9.2.3.8 车站周边交通组织原则

（1）尽量减少穿越车站地区的过境交通，流量大且较宽的片区过境道路布置在站点周边高密度开发地区的外围。

（2）对于轨道沿其敷设的道路，将其功能调整为车站周边片区集散性的道路，主要为车站接驳交通组织和沿线进出交通组织提供服务，避免地面道路与轨道交通产生客流竞争。

（3）加强车站周边片区的交通管理，规范不同车种的行驶路线，使车站周边形成有序的交通环境。

（4）对轨道沿线特别是车站周边道路的横断面进行优化设计，为机动车辆和非机动车辆的行驶以及行人提供独立的功能空间，并为轨道建设时期交通疏解和建成后路网恢复提供依据。

（5）对轨道沿线特别是车站周边道路的交叉口进行渠化改造设计，为车站接驳交通提供顺畅的通行条件。

9.2.4 车站与公交一体化设计方案

根据车站的功能、接驳区域的大小、车站交通接驳模式以及车站周边用地情况，规划预测的各车站交通接驳设施规模见表 9.1。

表 9.1 3 号线全线车站交通接驳设施规模

序号	站名	公交枢纽面积/m^2	小汽车停车场面积/m^2	备注
1	红岭站	3 000	—	
2	老街站	4 000	—	
3	晒布站	—	—	
4	翠竹站	2 000	—	
5	田贝站	6 000	—	
6	水贝站	3 000	—	
7	草埔站	8 000	15 000	
8	布吉站	—	—	枢纽规划
9	木棉湾站	—	10 000	
10	大芬站	3 000	—	
11	丹竹头站	5 000	—	
12	六约站	3 000	—	
13	塘坑站	6 000	12 000	
14	横岗站	5 000	—	
15	永湖站	3 000	—	
16	荷坳站	—	600	
17	爱联站	3 000	—	
18	吉祥站	4 000	—	
19	龙城广场站	6 000	—	
20	南联站	3 000	—	
21	双龙站	6 000	—	

下面以老街站为例说明本线车站的公交一体化设置情况：

1）车站概述

车站布置于罗湖区解放路与建设路交会处的空地和解放路地下，地处东门商业区，随线路呈东西向布置。站址周边建筑密集，用地紧张，站位北侧是深圳戏院、东侧紧邻9层楼的永新商业城、西侧为南北走向的建设路和即将扩建的广深铁路桥，距3号线路南侧约50～70 m处为1号线老街站。

车站设置在一综合体内，为一高层综合楼，该高层设有四层地下室，地面设公交站场，其中地下一层为交通转换层，地下二层至四层空间为地铁车站专用。形成老街片区地铁1、3号线车站、地面公交系统和上盖物业有机结合的综合换乘体。其交通功能定位为片区接驳站。

2）车站客流分析

该站晚高峰客流及比例如表9.2所示。

表9.2 老街站分向客流

方 向	比例/%	分向客流/（人次/h）	设施及规模
东北	8	2 229	
东南	6	1 668	
西南	5	1 518	
西北	10	2 898	
公交场站	12	3 619	
自行车场	0	133	
城市轨道	59	17 112	
合计	100	29 178	

3）车站交通设计

出入口布局：在车站设有7个出入口，其中3个出入口布置在综合换乘体内，在满足车站功能要求的同时，方便了公交和地铁之间的换乘。一个出入口放置在深圳戏院与解放路之间的人行道侧，以吸引车站西南面的客流，并预留了与路中地下商场衔接的条件。预留有消防紧急通道的出入口，设置在车站西北角的人民公园路侧，并预留了与横穿人民公园路和广深铁路桥的地下人行通道接口。

接驳场站布局方案如图9.3所示。

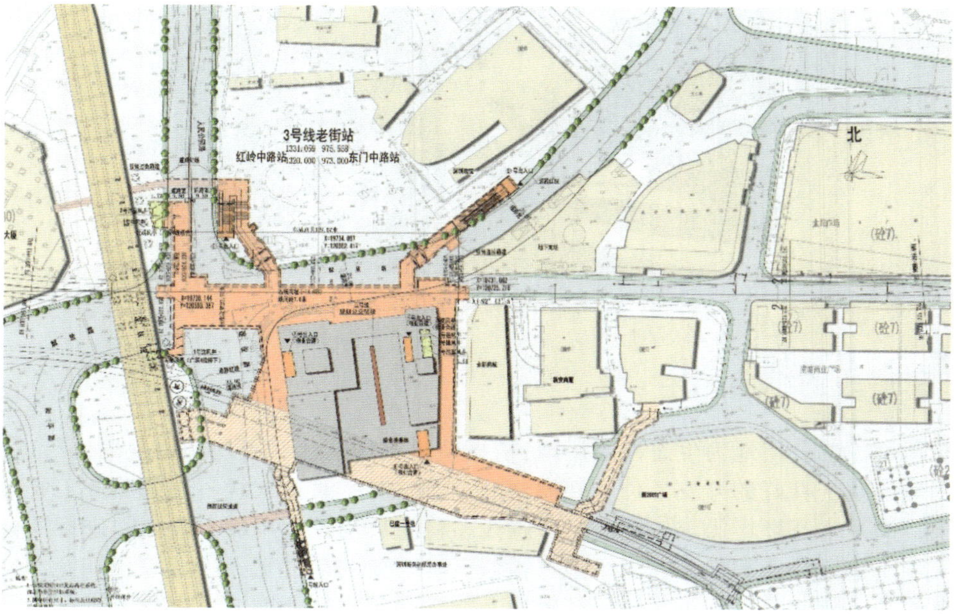

图 9.3 老街站公交一体化接驳总图

9.3 综合开发

9.3.1 车站的物业开发

规划轨道交通将成为城市生活的重要组成部分，人们可以通过车站快速到达城市的商业中心、办公地点以及居住地，同时车站也成为人们进行社交活动的场所，在乘轨道交通上班途中，人们可能把生活中的事务需求安排在站点内完成，而车站也成为沿线小商业货物供给的主要通道之一，如图 9.4 所示。

图 9.4 地铁站点内小商业

3 号线车站在车站非付费区端部，在不影响客流流线的条件下，预留了适当的小商业，方便人们的正常使用，并提升了地铁的使用价值。

对于有配线的车站则利用配线区域预留物业开发的条件，结合周边环境条件进行适当的开发，如华新站配线空间利用，如图 9.5 所示。

图 9.5 车站配线空间利用

9.3.2 车辆段的综合利用

由于车辆段部分用地为生态控制用地，依据轨道站场功能对土地利用规划进行适当调整，车辆段用地具备了良好的开发条件。在用地规划调整时，对出入线占用的部分工业用地进行性质置换，满足生态环境需求。同时对车辆段检修主厂房及运用库上盖空间进行综合开发，在确保实现车辆段功能和任务，满足地铁检修运营需要的前提下，进行综合开发。

将上盖平台物业项目的选择置于车辆段及周边大的规划环境中考虑，形成车辆段上盖开发和周边白地开发相结合的综合开发方式。车辆段上盖拟以居住为主，地块东侧拟以片区的大型商业为主，兼顾公共服务性功能配套。

在充分利用景观设置采光天窗和通风井，满足车辆段日常需求。运用库、检修主厂房上盖区域柱网规则布置。根据结构形式适当设计高层住宅，增加配套设置。道岔区域柱网布置不规则，且考虑列车通过小曲线半径区域带来的噪声和震动对环境的影响，该区域布置一些相互影响较小的项目，如绿化公园、汽车停车场、体育公园、住宅区商业服务设施，以达到既不影响工艺，又集约利用土地、节约资源、环境良好的目的，努力使上盖与周边结合的综合开发建设为本片区及土地资源带来巨大的经济效益和社会效益。车辆段综合开发效果图详见图 9.6。

图 9.6 车辆段上盖物业综合利用

9.3.3 益田地下空间利用

益田地下空间利用建设项目是与深圳地铁 3 号线西延线终点站站后折返线同步规划建设

的深圳市益田村中心广场地下停车库工程。该项目充分利用了益田站站后折返线及其周边地下空间，并与地铁工程一体化设计、同步建设、同期开通，有效解决了该区域“停车难、行车难”的交通难题，并建成了深圳地铁第一个 P + R 交通接驳示范工程。

停车库呈方形布局，占地面积 3.56 万平方米，总建筑面积 6.49 万平方米，由地下停车库、地上建筑和地面广场三部分组成。地下为二层停车库，建筑面积共 58 380 m^2，长宽深为 177 m × 168 m × 12 m，停车位 1 498 个；地上建筑有康乐中心和娱乐中心，各三层，建筑面积共 6 483 m^2；地面广场包括景观、绿化及文体活动区等。

益田村中心广场地下停车库是国内首座集中采用了泄水抗浮、无撑、无锚、无抗拔桩、环板支撑逆作、叠合结构、混凝土自防水、主体结构不设变形缝、中水回用、自然通风和自然采光等先进技术于一身的超大地下工程，是将地下结构工程的创新理念和先进技术集成综合应用的优秀建造工艺的典范。

该工程智慧的创新理念是“多用智慧，少用资源”，将传统的结构力学、材料力学、岩土力学、流体力学等理论，与自然规律、环境工程学、哲学、艺术等充分融合于一体，提出了全新的建造理念，充分利用永久结构固有的力学特性，摒弃一切多余的、繁杂的施工工艺，在确保安全和质量的基础上，减少了建材用量，降低了对环境的污染，如图 9.7、图 9.8 所示。

图 9.7 地面建筑鸟瞰图

图 9.8 地下车库实景图

该工程的设计充分利用了丰富的经验、过硬的技能、创新的思维，创造了集工艺先进、安全可靠、投资最省、节能环保为一体的超大地下空间建造的优秀工程，在设计创新、建造工艺、环保节能等方面达到了超大地下工程的先进水平，此后其设计理念也很快在其他工程建设中推广应用。该工程的优秀设计理念具体如下：

9.3.3.1 全面的泄水抗浮设计和建造成套技术

利用对超大浅埋地下结构按精确计算后的设定标高降低地下水位减少浮力，形成了一套全面的泄水抗浮设计和建造成套技术，对大型地下结构泄水抗浮设计的理论发展和工程应用做出了贡献。

1）采用控制标高泄水抗浮理论进行抗浮设计

根据本工程地下结构的荷载特点以及工程地质和水文地质条件，综合比较各种抗浮措施，在国内首次对超大地下结构采用控制标高泄水抗浮理论进行抗浮设计。

（1）抗浮问题突出。

本工程位于深圳益田村大面积居住区的中部，周边均为高密度住宅，沉降控制要求严格；车库呈方形布局，位于深圳地铁3号线益田站站后折返线的上部，埋深受控；基坑长宽深约为177 m×168 m×12 m，顶板覆土仅为1.3 m，地面为小区休闲广场，地下结构的上部荷载小；该工程场地靠近海边，地下水位较高（设计水位为–1.5 m），水浮力较大，且对钢筋有中等腐蚀性，扣除结构本身及上部荷载后仍有90 kN/m^{2}的浮力，结构抗浮问题突出，如图9.9、图9.10所示。

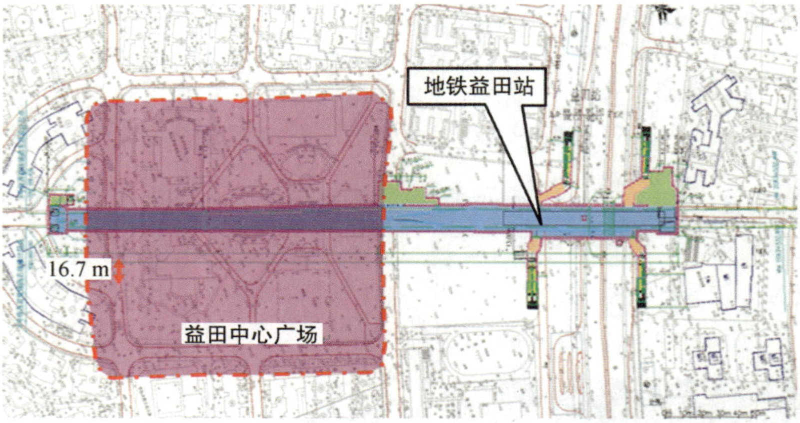

图9.9 工程周边环境示意图

图9.10 停车库剖面图

本工程场地属海冲积平原地貌，地下水主要为第四系孔隙水和基岩裂隙水。工程地质自上而下为：人工素填土、海冲积淤泥质土、黏土、砂层及残积黏土，下伏基岩为燕山期花岗岩，如图9.11所示。基坑底板大部分位于黏性土及全风化花岗岩中，局部位于淤泥、淤泥质土及中、粗砂中。

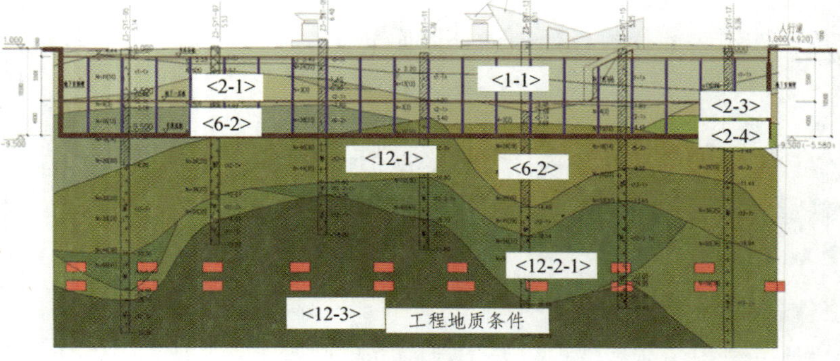

图9.11 工程地质条件

本工程的工程地质和水文地质为泄水抗浮的实施提供了充分的自然条件，利用了淤泥质土和粉质黏土形成的天然隔水层，其渗透系数 $k\leqslant0.002$ m/d，为弱透水层；同时利用了静水压力和动水压力的不同特性，为泄水抗浮提供了水利条件。其水文地质条件如图 9.12 所示。

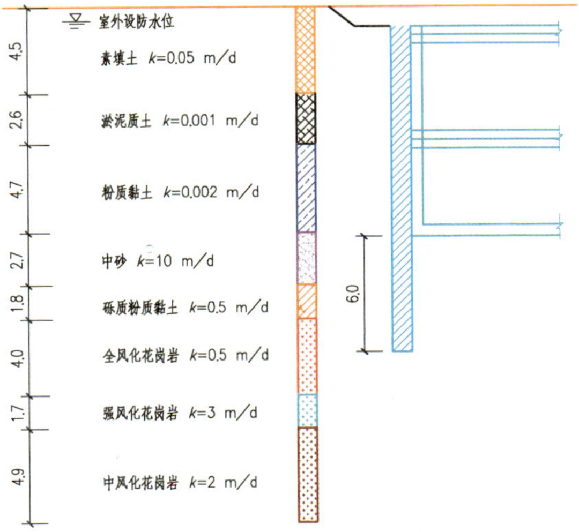

图 9.12 水文地质条件（单位：m）

（2）抗浮方案比选。

对本工程综合比选了表 9.3 所示 3 种结构抗浮设计方案：锚杆抗浮、钻（冲）孔灌注桩抗浮及泄水抗浮。

表 9.3 抗浮方案比选

名称	工法比较	工艺特点	施工效果	经济对比
锚杆抗浮	采用 ϕ180 mm 预应力锚杆，按 2.1 m×2.1 m 布置，抗拔设计承载力特征值为 400 kN，数量约 5 500 根，需进入强风化岩层	锚杆截面小，表面积与体积之比大，不易振捣密实，需采取压力灌浆等措施保证成桩质量	底板 100 ~ 200 mm；锚杆防腐处理工作量大、费用相应提高	以 1 个柱网 8.4 m×8.4 m 计，需锚杆 15 根，锚杆长度约 20 m；1 个柱网的锚杆造价约为 9 万元
钻（冲）孔灌注桩抗浮	采用 ϕ1 000 mm 钻（冲）孔灌注桩抗浮，桩按 4.2 m×4.2 m 布置；抗拔设计承载力特征值为 1 200 kN，桩端进入全风化花岗岩不小于 7 m	桩直径较大，表面积与体积之比较小，成桩质量更有保证，无须采用特别措施	受地下水的腐蚀影响小；布置间距大，可比较充分地利用承压桩的抗浮能力	以 1 个柱网 8.4 m×8.4 m 计，需钻孔桩 3 根，桩长约 15 m；1 个柱网的抗拔桩造价约为 8 万元
泄水抗浮	地下连续墙进入基坑地下的弱透水层并基本切断了基坑内、外的水力联系，通过倒滤层排泄部分地下水	控制地下水的压力，使地下水的浮力与结构自重及覆土重达到平衡，解决抗浮问题	基底暴露时间少，施工安全性高，节约工期约 6 个月	仅投入滤水、排水的一次性投资及后期维护成本（与中水回用节省的水费可基本相抵），较锚杆及抗拔桩抗浮方案减少工程投资约 1 500 万元

本工程地下连续墙进入了基坑底下的弱透水层并基本切断了基坑内、外的水力联系，地下水只能通过弱透水层绕流过地下连续墙到达底板下。通过在底板下设置倒滤层排泄一部分地下水，控制底板下地下水压力，使地下车库的水浮力与结构自重及覆土重达到一定的平衡，从而解决抗浮问题。不需设置抗拔桩及锚杆等结构工程，只需投入滤水、排水工程的一次性投资及后期维护成本（与中水回用节省的水费可基本相抵），较锚杆及抗拔桩抗浮方案减少投资约 1 500 万元。此外，因施工开挖至基底后，不需施工抗浮锚杆或抗拔桩，减少了基底暴露时间，可及时封闭底板，有利于基坑施工的安全，同时缩短了工期约 6 个月。

通过上述综合分析，泄水抗浮方案在保障安全和可靠的基础上，还可大幅减少投资和工期，因此采用泄水抗浮方案。

2）确定泄水抗浮的降水设定标高和排水量

成功应用有限元数值分析方法进行浸润线和渗流场模拟试算，并以周边建筑沉降控制进行验算，科学地确定泄水抗浮的降水设定标高和排水量。

（1）地下水动水压高度的确定。

本工程采用泄水抗浮方案允许地下水穿过结构底板，流入地下结构内部的排水体系中，形成地下水在地下结构内外的渗流体系，故在地下结构底板下的水压为动水压。本工程的泄水抗浮设计遵循地下结构的动水压力小于静水压力的原理，满足：

$$Q_{浮} = h_{动}\gamma A = (h_{静} - h_{设} - h_{损})\gamma A < h_{静}\gamma A$$

式中：$h_{动}$为动水压中结构底板的相对水位高度（m）；$h_{静}$为结构底板的水位高度；$h_{设}$为动水压中设计降低的水头高度（m）；$h_{损}$为动水压中的水头损失（m）；γ 为水的重度（kN/m^3）；A 为结构底板的面积（m^2）。

动水压力中的 $h_{动}$由 $h_{静}$、$h_{设}$、$h_{损}$ 3 个因素控制。其中，$h_{静}$为固定值，地下水位探明后便可确定；$h_{损}$是在 $h_{设}$确定后，利用达西定律通过有限元数值模拟或经验公式计算得出；$h_{设}$是确定 $h_{动}$的关键，通过多次设定，使动水压力产生的水浮力与结构自身及上部荷载的总和基本相当，并综合考虑泄水量引起的投资变化、地面沉降对周边环境的影响等因素确定。

但是 $h_{设}$的确定应充分考虑以下因素：① 如果 $h_{设}$设定越大，则使得地下结构内外水压越大，地下水的渗流流速越大，结构周边土体中的微小颗粒被地下水带走得越多，引起周边地面沉降越大，对周边环境影响就越大，这与泄水抗浮方案的设计初衷不符。② 如果 $h_{设}$设定太小，则结构底板所受动水压力就大，水浮力 $Q_{浮}$也大，可能还需增设抗拔桩或抗浮锚杆等措施，增大了工程投资，这也与泄水抗浮方案的设计初衷不符。

针对该工程的实际情况，我们进行了泄水抗浮的专题研究，进行了多次有限元模拟试算后，最终确定本工程的 $h_{设}$为 4.5 m。

（2）对周边环境的影响。

泄水抗浮需在运营期间不断地抽排地下水，但地下水的流动穿过了弱透水层以及倒滤层，全程是通过渗流的方式到达塑料盲管内的，水流速度比较慢，土层内颗粒的流动、流失比较少，对周边沉降影响不大。

通过多次的有限元模拟试算得到，当 $h_{设}$ = 3.4 m 时，连续墙外侧浸润线（地下水位线）

的最大降深为 2.8 m，距围护结构 15 m 处（周边房屋位置）的最大地面沉降约 8 mm；当 $h_{设}$ = 5.7 m 时，连续墙外侧浸润线（地下水位线）的最大降深为 4.9 m，距离围护结构 15 m 处的最大地面沉降约 15 mm。最终本工程 $h_{设}$设定为 4.5 m，距离围护结构 15 m 处的长期地面沉降推算可控制在 10 mm 左右。目前该工程已投运 8 年，周边房屋位置最大地面沉降为 5 ~ 8 mm，满足周边沉降在可接受的较小范围。

确定 $h_{动}$后，通过有限元模拟计算可以得到运营期间泄水量约为 400 m^3/d；但实际上施工底板期间的整个基坑内排水量为 200 m^3/d；建成投运后，得到的泄水量仅为 60 ~ 100 m^3/d，周边的永久沉降也基本稳定和可控，且远小于预测值。

3）施作工艺及效益

结构底板下倒滤层建造工艺先进，泄水管网设置精妙，泄水回用自然环保，实现了整个泄水抗浮系统的可靠性、合理性和环保性，目前已成为国内泄水抗浮倒滤层设计和施工的代表作。

结构底板下的倒滤层工艺控制严格，通过结构底板的土工布倒滤层，地下水进入碎石层内的塑料盲管，由其将地下水汇集到底板周边上的 8 处取水口，如图 9.13 ~ 图 9.16 所示。

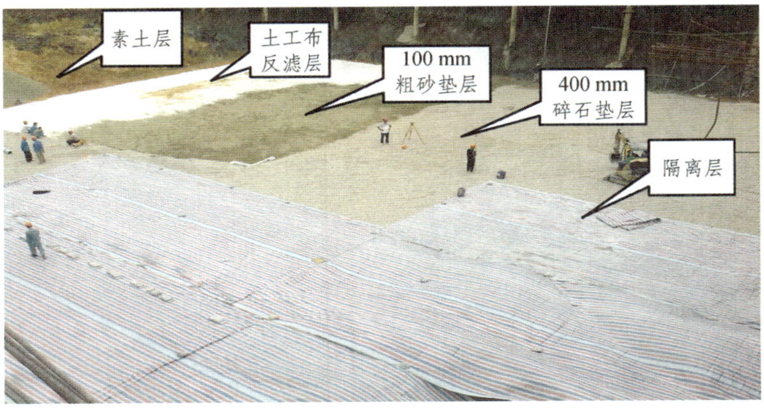

图 9.13 倒滤层的施作 1

图 9.14 倒滤层的施作 2

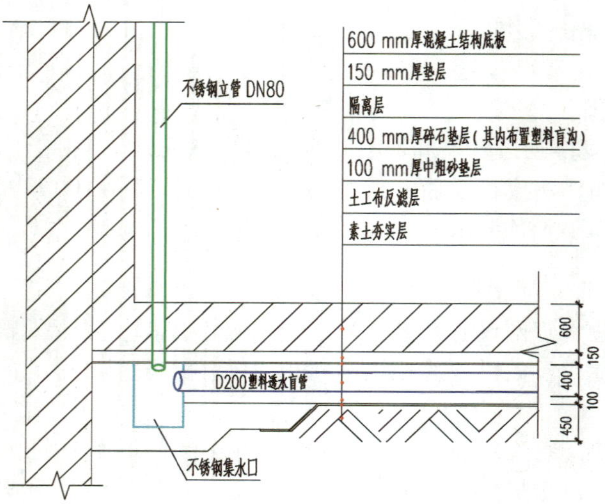

图 9.15 结构底板下倒滤层的组成

图 9.16 抗浮取水口及水位观测管

采用连通器原理设置泄水管网，可有效控制地下水位，泄水管网垂直和水平分别成环，保证了管网泄水的可靠性。网管的立管高度为 $h_{立}$（$h_{立}=h_{静}-h_{设}$），有压的地下水在水压的作用下进入立管，当底板下的水压力超过了设计的 $h_{动}$，渗流进立管的地下水水头则大于立管高度 $h_{立}$，立管里的水则可自动流入水平管内（即工程区域的地下水位不会超过水平管标高），然后汇入车库两侧的蓄水池中，如图 9.17 所示。

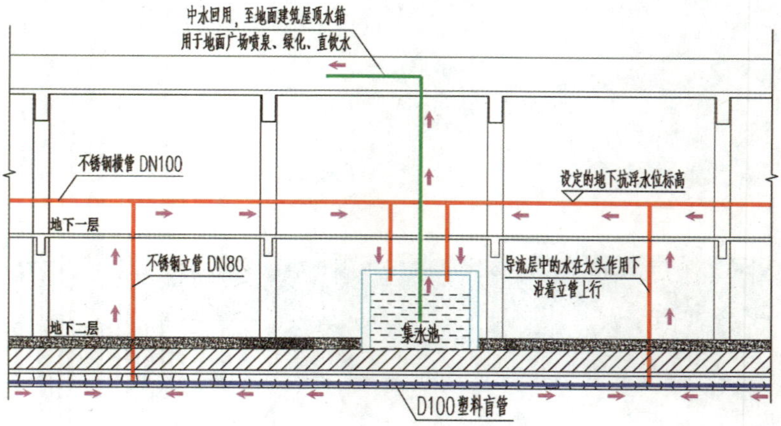

图 9.17 泄水抗浮工作原理

践行环保理念，实施中水回用。泄水抗浮排出的地下水收集于车库两侧的蓄水池中，通过水泵，将蓄水池内的水抽到地面康乐中心屋顶的地下水存储装置和净化装置（图 9.18）。一部分接入地面喷泉给水系统、一部分接入地面绿化浇灌管网，剩余部分则通过水净化装置后接入地面广场直饮水系统。中水回用的合理设计，一方面保证了泄水抗浮的出水来自地下并回归自然的就地循环环保使用，保障了地下水位的相对稳定；另一方面也解决了地面喷泉、绿化浇灌和饮用水的用水需求，是节水和环保的典型。泄水抗浮的现场铭牌如图9.19所示。

图 9.18 屋顶地下水存储和净化装置

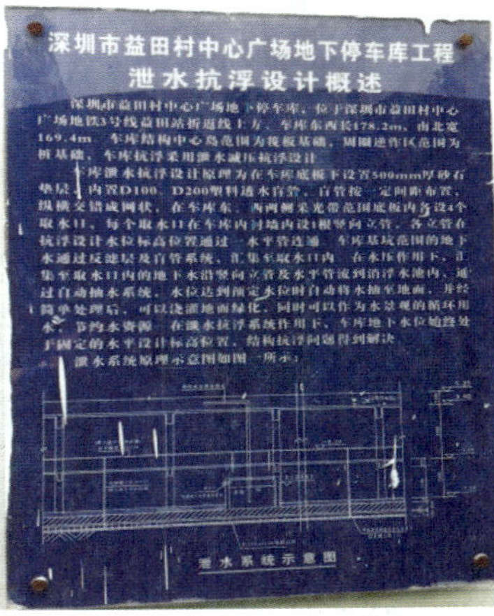

图 9.19 泄水抗浮的现场铭牌

9.3.3.2 超大地下工程新型设计和建造工艺成套技术

本工程为国内首座同时采用无撑、无锚、无抗拔桩、泄水抗浮、环板支撑逆作、叠合结构、混凝土自防水、主体结构不设变形缝等先进技术于一身的超大地下工程，总结出了“超大地下工程新型设计和建造工艺成套技术”，丰富和提升了大型地下工程的设计理念。

1）技术优势

本工程在国内首次采用了一种适合大型地下结构基坑工程的新型支撑体系——“半逆作”无撑无锚环板支撑体系，推动了大型地下结构工程设计和建造工艺的发展。

本工程超大深基坑长宽深为 177 m × 168 m × 12 m，根据混凝土环板支撑体系的设计理念，充分利用永久结构梁板体系的水平力学性能，抵抗围护结构外侧水土压力，并在“岛”式开挖基础上，结合地铁工程中普遍采用的“盖挖逆作”工法，在无内支撑和外拉锚前提下，提出了一种适合大型地下结构基坑工程的新型支撑体系——“半逆作”无撑无锚环板支撑体系。

其具体施作顺序为：先在基坑周边进行放坡开挖，之后在基坑顶部四周施作环板支撑体系，然后顺作施工中心岛主体结构，最后采用逆作法实施环板区域主体结构。实践证明本工程的支撑体系具有以下特点和优点：

（1）支撑体系安全可靠，地下连续墙和逆筑的板、柱构成一个整体，在分层施工中起着围护、挡土及挡水的作用。因不需进行深基坑支护与主体工程施工空间的土方开挖，因此土体变形小，结构受力相对可靠。

（2）临时挡土结构与永久结构合二为一，施工作业面空间大，加快了施工进度，节省了临时支护，减少了工程投资。

（3）保证邻近建（构）筑物及设施的安全。由于地下连续墙在地下各层结构环板连续支撑体系保护下，土方分层开挖，环板水平刚度非常大，故结构变形很小；深基坑降水时连续墙外土体不受扰动，避免了地下室在土方开挖时对周围建（构）筑物地基沉降的影响。

（4）由于结构外土层不受扰动，基础在封闭条件下施工，减少了气候、季节的影响，有利于工程围护和质量。

该体系具体实景如图 9.20 ~ 图 9.22 所示。

图 9.20 超大基坑“半逆作”无撑无锚环板支撑体系

图 9.21 环板逆作支撑体系

图 9.22 环板逆作支撑体系下的基坑开挖

工程实践证明该支撑体系具有科学性、安全性、实用性和可操作性，节省了工程投资，为基坑中地下主体结构提供了尽可能宽敞的作业空间，减少了施工工期。不仅获得了国家发明专利——超大地下钢筋混凝土框架结构的建造方法，还出版了针对本工程的学术专著《大型地下空间工程建造关键技术研究》，具有巨大的应用和推广价值，如图 9.23、图 9.24 所示。

图 9.23 发明专利证书

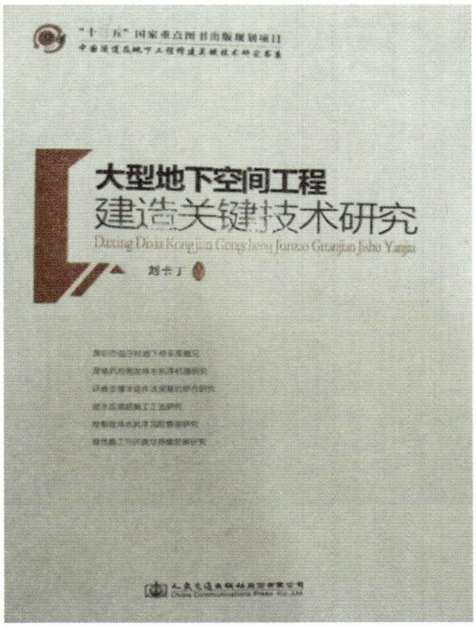

图 9.24 工程学术专著

2）变形缝

本工程在国内首次采用了超大地下主体结构不设永久变形缝的设计，通过理论分析和工程实践，提出了以控制有害裂缝为目标的不设永久变形缝的成套技术。

本工程地下主体结构的建筑面积为 5.8 万平方米，若设伸缩缝，将因为伸缩缝较多，会对建筑外观、结构安全、防水质量、施工及耐久性产生一定的不利影响。通过对大型地下混凝土结构防裂技术的研究，结合深圳的气候条件、使用环境等具体情况，计算温度应力对钢筋混凝土的影响，得出可利用大型地下结构自身的变形约束来抵抗温度应力，在本工程中不设永久变形缝是可行的，不仅可满足结构的抗裂要求，还大大提高了结构防水效果。

同时针对在不设永久变形缝的条件下，以控制主体结构不出现有害裂缝为目标，对工程结构形式、抗裂材料、施工要求、现场监测以及裂缝处理预案进行了研究，提出了成套的技术方案。

通过初步理论分析和实践证明，采用“抗放兼施”的技术路线，本工程的大型钢筋混凝土地下结构不设变形缝，其主体结构建设期的收缩应力和全寿命周期内的温度应力小于钢筋混凝土的抗拉强度，满足结构主体的抗裂要求。本工程经过 8 年的使用，证明“大型钢筋混凝土地下结构不设永久伸缩缝”是可行的。

9.3.3.3 绿色设计

本工程采用环保节能技术，打造了国内首个集节地、节材、节能、节水、环保、生态、省工期、省投资、省运营费等于一体的绿色停车库，开地下停车库绿色设计之先河。

（1）深圳市用地紧张，寸土寸金，为解决居民停车无位、休闲无地之难，本工程在同一用地上通过空间的组合利用实现了节约用地的设计理念。

本工程位于深圳的繁华区域，身处高密度居住小区的中心广场，周边没有一寸多余的土地。但本工程采用节地的设计理念，在原地块上通过空间的合理组合利用，建造的地下停车库解决了停车难的问题，地面的建筑和广场解决了居民休闲娱乐和健康生活的需求，充分体现了节地设计的优势，如图 9.25、图 9.26 所示。

图 9.25 地下双层停车库

图 9.26 地面休闲广场

（2）本工程采用的无撑、无锚、无抗拔桩、泄水抗浮、环板支撑逆作等先进技术组成“超大地下工程新型设计和建造工艺成套技术”，大大节省了钢筋混凝土用量和施工工期，集中体现了节材、省工期和省投资的设计理念。

土木工程应在保证安全使用的条件下尽量减少钢筋、混凝土用量，实现工程建设的可持续性发展。泄水抗浮通过“疏导”而不是通过抗拔桩及锚杆的“抵抗”，解决了抗浮问题。采用泄水抗浮设计较锚杆及抗拔桩抗浮方案减少投资约 1 500 万元，同时还缩短了工期约 6 个月。采用环板支撑逆作体系，充分利用永久结构梁板体系的水平力学性能，不设内支撑和外拉锚，大大减少了工程投资和工期，充分体现了节材、省工期和省投资的设计理念。

（3）地下停车库设计了大规模的自然通风采光带（井），其内配置绿化，可实现白天不开灯的节能运营，大大提高了地下车库的环境舒适度和运营节能性，实现了节能、环保和省运营费的设计初衷。

根据日照特点，在地下停车库的东西两侧均设置了自然通风采光带（长宽高为 115 m × 2.7 m × 12 m），在中心区域设置了 4 个自然通风采光井（长宽高为 16 m × 8 m × 12 m），并在其内配置绿化，如图 9.27、图 9.28 所示。这样的设计一方面可为地下车库的司乘和运营人员提供一个自然、舒适的环境，减小了地下空间的压抑感；另一方面可节省通风和排烟等机电设备的初始投资和运营费用，更重要的是基本实现了整个地下车库白天自然采光，仅照明一项便可为运营节省约 50 万元/年的电费。本工程的以上设计方案和技术措施，实现了节能、环保、节省投资和运营费用。

（4）践行环保设计理念，实现中水回用。通过有效控制地下水位泄压排放及收集使用等，使泄水抗浮的地下水充分利用并回归自然，充分实施了节水、生态和环保的设计理念。

采用中水回用的环保理念，泄水抗浮排出的地下水收集于车库两侧的蓄水池中，通过水泵，将蓄水池内的水抽到地面康乐中心屋顶的地下水存储装置和净化装置。一部分接入地面喷泉给水系统、一部分接入地面绿化浇灌管网（图 9.29），剩余部分则通过水净化装置后接入地面广场直饮水系统（图 9.30）。中水回用的合理设计，一方面保证了泄水抗浮的出水来自地下并回归自然的就地循环环保使用，另一方面也解决了地面喷泉、绿化浇灌和饮用水的用水需求，是节水和环保的典型。

图 9.27　地下停车库自然通风采光带

图 9.28　地下停车库自然采光照明

图 9.29　中水回用地面绿化浇灌

图 9.30　直饮水的水净化装置

第 10 篇

工程投资与效益分析

10.1 工程投资

10.1.1 工程规模变化

1)《深圳市近中期轨道网基本方案》(2001 年 12 月)

2001 年 12 月底，深圳市城市规划委员会审议通过了近中期轨道网基本方案。基本方案轨道网由连接城市中心区、次中心、主要策略发展区和重要客运交通枢纽的 1、2、3、4 号线，以及利用既有铁路改造的城市铁路（快速轻轨）等 5 条线构成。其中 3 号线连接罗湖中心、布吉、横岗镇和龙岗次中心的线路，形成都市区东部连接罗湖中心的南北向和东部发展轴的客运干线，长 30.8 km，预计投资约 94.3 亿元，经济指标 3.06 亿元/km。《规划轨道网（2000—2010 年）》3 号线为老街至横岗，线路全长 17.5 km（地下 6.9 km，高架 10.6 km），投资 62.9 亿元，经济指标 3.59 亿元/km。

2)《深圳市城市轨道交通近中期发展综合规划》(2002 年 6 月)

3 号线线路从老街站引出，穿东门城区，沿东门中路、东门北路拐至翠竹路，经过布心路后进入布心片区，经过布吉客运站、横岗塘坑车站至终点龙岗中心城。老街站至龙兴街站，线路全长约 30.8 km（地下 6.9 km，高架 23.9 km），设车站 18 座（地下 6 座，高架 12 座），投资 94.3 亿元，经济指标 3.07 亿元/km，覆盖人口及就业岗位 82.3 万。

3)《市政府常务会议纪要》(2002 年 9 月 5 日)

将 3 号线（老街至塘坑）等线路作为近期优先发展线路，进一步论证 3 号线延长至龙岗新城的可行性，在线路安排、投资成本合理的前提下，可以考虑线路延长方案。

4)《深圳市城市轨道交通二期 3 号线工程预可行性研究报告》(2003 年 5 月)

3 号线规划起点为购物公园站，初期建设范围起自红岭中路站止于龙兴街站，近期工程起点由红岭中路站延伸到购物公园站，线路总长 40 km。初期（红岭中路站至龙兴街站）正线全长 32.7 km（地下 13.22 km，高架 19.58 km），设车站 19 座（地下 10 座，地面 1 座，高架 8 座），投资 118.29 亿元，技术经济指标 3.62 亿元/正线公里。

5)《深圳市城市轨道交通二期 3 号线工程环境影响报告书》及其批复意见(2005 年 1 月)

3 号线工程位于深圳市罗湖区和龙岗区，起于罗湖区红岭中路，止于龙岗镇的龙兴街站。全长 32.8 km（地下段 6.8 km，地面段 0.3 km，高架段 25.7 km），设车站 19 座（地下站 6 座，高架 13 座）。

6)《深圳市城市轨道交通二期 3 号线工程可行性研究报告》(2005 年 2 月)

根据深圳市轨道网络规划方案，3 号线规划起点为购物公园站，初期建设范围自红岭中路站止于龙兴街站，近期工程起点由红岭中路站延伸到购物公园站。初期正线全长 32.9 km（其中地下线 8.8 km，高架线与地面线 24.1 km），设车站 21 座，投资 107.37 亿元，经济指标为 3.26 亿元/正线公里。

7)《国家发改委关于地铁 3 号线一期工程可行性研究的批复》(2006 年 3 月)

根据《国家发改委关于地铁 3 号线一期工程可行性研究的批复》(发改投资〔2006〕572 号),深圳市轨道交通 3 号线由购物公园站至龙兴街站,全长 39.7 km。实施的一期工程自红岭中路站至龙兴街站,线路全长 32.9 km(其中地下线 8.8 km,高架线与地面线 24.1 km),设车站 21 座(其中地下站 6 座,半地下站 1 座,高架站 14 座)。该项目总投资为 106.7 亿元,经济指标为 3.24 亿元/正线公里。

8)《深圳市轨道交通建设指挥部第二次工作会议纪要》(2006 年 3 月 13 日)

根据《深圳市轨道交通建设指挥部第二次工作会议纪要》(2006 年 3 月 13 日)中关于 3 号线新增奥体新城站问题,原则同意市规划局提出的增设 3 号线奥体新城站规划方案,新增站位纳入 3 号线统一建设,增加的投资由市发展改革局审核后纳入 3 号线概算。

9)《深圳市地铁 3 号线工程修改初步设计》(2006 年 9 月)

深圳市地铁 3 号线工程 2006 年 9 月完成修改初步设计,根据规划部门要求,为解决该地段的客流,在地铁 3 号线奥体新城站附近增设奥体新城站,并在深圳市轨道交通建设指挥部第二次工作会上得到指挥部的明确,同意增设奥体新城站。此站修正概算总额为 1.32 亿元。

10)《关于地铁 3 号线一期工程总概算的批复》(市发改局,2008 年 4 月 23 日)

深圳市发展和改革局于 2008 年 4 月 23 日下发了《关于地铁 3 号线一期工程总概算的批复》(深发改〔2008〕743 号)。深圳市地铁 3 号线一期工程起点为红岭站,终点为龙兴街站,线路 32.849 km,其中地下线长 8.518 km,高架线长 21.729 km,地面线长 1.692 km,过渡段长 0.910 km。3 号线工程在横岗六约村设车辆段与综合基地 1 处;全线设车站 21 座(不含老街站),基中地下站 5 座,浅埋半地下站 1 座,高架站 15 座;全线设主变电站 2 座;控制中心设在车辆段综合楼内。

项目总概算调整为 113.179 9 亿元(不包含老街站及综合换乘体部分费用),经济指标为 3.45 亿元/正线公里。

11)《深圳市轨道交通建设规划调整(2005—2011 年)》(2007 年 8 月)及其批复意见

深圳市发展与改革局、规划局于 2007 年 8 月完成了《深圳市轨道交通建设规划调整(2005—2011 年)》的编制。3 号线西延段从一期工程红岭站引出,至益田村,预留远期延伸至保税区的条件。采用地下线敷设方式。西延段长约 8.7 km,共设车站 8 座。投资估算总计 51.8 亿元,经济指标 5.95 亿元/km。

3 号线西延后,全长(益田站至龙岗双龙站)约 41.7 km,设站 30 座。

2008 年 3 月 5 日国家发改委下发了《国家发展改革委关于深圳市城市快速轨道交通建设规划(2005—2011 年)调整方案的批复》(发改投资〔2008〕2 678 号),原则同意提前实施地铁 3 号线西延段工程(红岭路至益田村段,长 8.7 km),建设期延长至 2011 年。

12)《深圳市地铁 3 号线西延段工程可行性研究报告》(2008 年 10 月)

深圳市地铁 3 号线西延段工程由益田至红岭,线路长约 8.7 km,全地下线,设车站 8 座,在中心公园设停车场 1 处,并预留由益田延伸至保税区的线路条件。

工程投资估算总额 55.94 亿元，经济指标为 6.39 亿元/正线公里。

13）《国家发展改革委关于深圳市地铁 3 号线西延段工程可行性研究报告的批复》（2009 年 3 月）

国家发展和改革委员会于 2009 年 3 月 25 日下发了《国家发展改革委关于深圳市地铁 3 号线西延段工程可行性研究报告的批复》（发改基础〔2009〕1 340 号），同意建设深圳市地铁 3 号线西延段工程，该工程线路起于福田区益田站，止于首期工程终点红岭站，线路全长 8.7 km，全部为地下线。共设车站 8 座，其中换乘站 7 座。控制中心、车辆段均与首期工程共用，同时在中心公园设地下停车场 1 处。

工程总投资 57.87 亿元，经济指标为 6.65 亿元/正线公里。

14）工程实施情况（2011 年 6 月）

深圳地铁 3 号线（运营期又名深圳地铁龙岗线）工程线路全长约 41.666 km（其中地下线长 17.364 km，高架线长 21.809 km，地面线长 2.493 km）；全线车站 30 座（其中地下站 14 座，半地下站 1 座，高架站 15 座）；主变电所 3 座（新建 2 座、利用 1 座）；车辆段及停车场各 1 座；总建筑面积 58.28 万平方米（包括 30 座车站、横岗车辆段、中心公园停车场、草埔及银海主变电所）。设计概算总额 166.40 亿元，经济指标 3.99 亿元/正线公里。

竣工决算约 154.59 亿元，经济指标 3.71 亿元/正线公里。

10.1.2 各阶段投资分析

深圳地铁 3 号线自 2001 年在“深圳市近中期轨道网”研究中提出基本的线路走向、长度、敷设方式、车站个数及工程投资后，经过预可、工可、初步设计的逐步深入，规划需求的调整，工程范围由最初的老街站至双龙站（龙兴街站），南延至益田站。线路长度由 30.8 km 增长到 41.666 km；车站数也由 18 座增加到 30 座。但在整个变化过中，全线仍保持了较高比例的高架线路，因而项目具有较高的以济性。从表 10.1 中可以得出以下结论：

（1）国家发改委批复的一期及西延段工程估算较《建设规划》经济指标增幅分别为 106% 及 112%，符合国家相关文件要求。

（2）全线竣工决算的每千米经济指标为 3.71 亿元，为批复概算指标 3.99 亿元的 93%，项目工程投资控制较好，节约 11.81 亿元。

（3）在不考虑物价上涨因素的条件下，一期工程在《近中期发展综合规划》中高架线占比 78%，经济指标 3.07 亿元/km；国家发改委的批复中高架线占比 73%，经济指标 3.24 亿元/km；对于全线来说高架线占比为 58%，经济指标 3.71 亿元/km。可以看出，随着高架线占比逐渐降低，工程造价逐步趋高。相对于地下线，其对降低工程造价作用明显。

（4）全地下线的西延段每公里经济指标达到 6.65 亿元，为高架线占七成的一期工程每千米经济指标 3.24 亿元的两倍，高架线的经济性远高于地下线。

（5）全线竣工决算的每公里经济指标为 3.71 亿元，相对于一期工程只增加了 8%；而相对于西延段指标下降了 79%。正因为（原）特区外采用大量的高架线，才使 3 号线具有良好的经济性，得以顺利建成。

表 10.1 地铁 3 号线各阶段投资变化及经济分析表

<table>
<tr><th rowspan="2">段落</th><th rowspan="2">阶段</th><th colspan="3">线路长度/m</th><th rowspan="2">投资总额/亿元</th><th rowspan="2">经济指标/（亿元/km）</th><th rowspan="2">变化率/%</th><th rowspan="2">备注</th></tr>
<tr><th>总长</th><th>高架线</th><th>占比</th></tr>
<tr><td rowspan="5">一期工程</td><td>《深圳市城市轨道交通近中期发展综合规划》</td><td>30.8</td><td>23.9</td><td>78%</td><td>94.3</td><td>3.07</td><td>—</td><td></td></tr>
<tr><td>《深圳市城市轨道交通二期 3 号线工程预可行性研究报告》</td><td>32.7</td><td>19.58</td><td>60%</td><td>118.29</td><td>3.62</td><td>118</td><td></td></tr>
<tr><td>《深圳市城市轨道交通二期 3 号线工程可行性研究报告》</td><td>32.9</td><td>24.1</td><td>73%</td><td>107.37</td><td>3.26</td><td>106</td><td></td></tr>
<tr><td>《国家发改委关于地铁 3 号线一期工程可行性研究的批复》</td><td>32.9</td><td>24.1</td><td>73%</td><td>106.7</td><td>3.24</td><td>106</td><td></td></tr>
<tr><td>《关于地铁 3 号线一期工程总概算的批复》</td><td>32.849</td><td>23.421</td><td>71%</td><td>113.18</td><td>3.45</td><td>112</td><td>不含老街</td></tr>
<tr><td rowspan="3">西延段工程</td><td>《深圳市轨道交通建设规划调整（2005—2011 年）》</td><td>8.7</td><td></td><td></td><td>51.8</td><td>5.95</td><td>—</td><td></td></tr>
<tr><td>《深圳市地铁 3 号线西延段工程可行性研究报告》</td><td>8.7</td><td></td><td></td><td>55.94</td><td>6.39</td><td>107</td><td></td></tr>
<tr><td>《国家发展改革委关于深圳市地铁 3 号线西延段工程可行性研究报告的批复》</td><td>8.7</td><td></td><td></td><td>57.87</td><td>6.65</td><td>112</td><td></td></tr>
<tr><td rowspan="4">全线</td><td>工程实施情况</td><td>41.666</td><td>24.302</td><td>58%</td><td>166.4</td><td>3.99</td><td></td><td>发改批复</td></tr>
<tr><td rowspan="3">竣工决算</td><td rowspan="3">41.666</td><td rowspan="3">24.302</td><td rowspan="3">58%</td><td rowspan="3">154.59</td><td rowspan="3">3.71</td><td>93</td><td>相对于发改委批复</td></tr>
<tr><td>8</td><td>相对于一期</td></tr>
<tr><td>−79</td><td>相对于西延段</td></tr>
</table>

10.2 运营效益分析

10.2.1 客票收入情况

1）客流情况

如前所述，3 号线自开通以来客流量呈逐年稳步上涨趋势，2019 年 7 月日均客运量达到 92.56 万人次，客流平均运距为 10.00 km，客运强度达到 2.24 万人次/km。

3 号线为典型职住不平衡的通勤线，潮汐客流特征较为突出，早高峰时段上行方向（至市中心）客流量明显高于下行方向；晚高峰双向客流断面特征相反。

2）票价情况

深圳地铁目前的地铁票价规定（表 10.2）：

① 首 4 km 为 2 元/km；

② 4 ~ 12 km 部分，每 1 元可乘坐 4 km；

③ 12 ~ 24 km 部分，每 1 元可乘坐 6 km；

④ 超过 24 km 部分，每 1 元可乘坐 8 km。

表 10.2 深圳地铁收费标准

公里	0 ~ 4	4 ~ 8	8 ~ 12	12 ~ 18	18 ~ 24	24 ~ 32	32 ~ 40	40 ~ 48	48 ~ 56
票价/（元/人次）	2	3	4	5	6	7	8	9	10

根据深圳地铁线网统计资料，2019 年深圳地铁人均票价约 3.5 元。

3）客票收入情况

结合以上客流数据和票价原则，大致测算在 2019 年 3 号线的客流效益为 324 万元/d，按全年计算约 11.8 亿元/年。

10.2.2 运营成本分析

1）总体运营成本情况

地铁运营成本主要包括职工薪酬、动力费、综合维修费、营运费、其他费用五部分构成。据统计，深圳地铁总体上车公里运营成本大概 20 元/车公里，职工薪酬、动力费、综合维修费各约占运营成本的 30%。

按照每天 200 对的开行计划测算，3 号线运营成本大约 7.3 亿元/年。可见，3 号线票务收入可以覆盖直接成本，且有一定盈余可以用于还本付息及设备更新改造。

2）高架车站节能效果分析

3 号线是目前深圳地铁开通运营线路里面高架线比例最高的线路，在节约能耗方面优势明显，2017 年、2018 年的主要能耗指标详见表 10.3 所示。

表 10.3 深圳地铁 3 号线 2017 年、2018 年的能耗指标统计

3 号线主要能耗指标	2017 年	2018 年
总耗电量/万千瓦时	12 208	12 767
牵引耗电量/万千瓦时	7 929	8 237
平均车公里牵引耗电量/（kW · h /车公里）	1.909 5	1.887 6
全年动力照明电量/万千瓦时	4 279	4 530
全年平均每座车站的动力照明耗电量/（万千瓦时/站）	148	156
全年地下站平均每座车站的动力照明耗电量/（万千瓦时/站）	241	258
全年高架站平均每座车站的动力照明耗电量/（万千瓦时/站）	61	61

从表 10.3 可以看出，高架站的平均能耗仅为地下站的 1/4，可见节能效果非常显著。按基本电价 0.934 0 元/（kW·h）计算，每年每座高架站可以节约能耗 175 万元，3 号线全线共计高架站 15 座，全年合计在能耗上可以节约 2 600 万元。